유럽의 문
우크라이나

유럽의 문
우크라이나

독립과 생존을 위한 투쟁의 역사

세르히 플로히 지음 · 허승철 옮김

한길사

키이우 드니프로 강변의 크이 3형제와 리비드 공주 동상
현지 전설은 키이우의 설립을 근처를 흐르는 강과 연계시킨다.
이곳 주민들은 이 도시가 자신들의 현지 통치자인 크이(Kyi)에 의해
세워졌다고 주장했다. 크이의 두 남동생은 인근 언덕에 이름을 남겼고,
키이우를 관통해 드니프로강으로 흘러들어가는 샛강은 그들의 여동생인
리비드의 이름을 땄다. 네 명의 도시 설립자의 동상은 강변에
서 있고, 지금은 우크라이나 수도의 명소 중 하나다.

스키타이 사슴 모양 금 장식품
기원전 7~6세기 스키타이족의 특징 중 하나는 동물 문양을 딴
금 장식품이 많다는 점이다. 우크라이나 남부의 무덤들에는 이런 부장품이
풍부하다. 특히 웅크린 사슴과 표범 그리고 뿔 등 다양한 자세로 싸우는
동물 문양의 금 장식품은 스키타이 문화의 높은 성취도를 보여준다.

스키타이족과 슬라브인들의 전투(빅트로 바스네초프, 1881)
스키타이족은 크림 반도에서 소(小)스키타이를 건설했다.
그리고 그리스 식민지를 포함한 반도와 닿은 북쪽 지역을 통제했다.
사르마티아족은 폰트 스텝 외의 지역을 장악했지만
그리스 식민 지역에는 접근할 수 없었다.
스키타이족은 스텝과 내륙 지역에 대한 통제권은 상실했다.

크림 반도의 판티카파움 유적지와 헤르소네수스 유적지
흑해 북부 연안에 세운 그리스 식민지 가운데에는 케르치시 인근의
판티카파움, 페오도시아 자리에 세워진 테오도시아, 세바스토폴시 인근의
헤르소네수스가 있었는데 모두 크림 반도에 세워진 식민도시였다.
그러나 가장 유명한 식민도시는 남부흐강 어귀의 올비아였다.

드니프로 강변의 볼로디미르 대공 동상
볼로디미르는 980년 루스 왕좌에 올랐다. 그는 선왕들이
만들어놓은 왕국을 공고히 했고, 할머니 올하의 숙원대로 기독교를 받아들였다.
그는 자신의 왕국이 모방할 정치, 종교 모델을 비잔틴 제국에서 찾았다.
볼로디미르와 루스의 기독교 수용을 흔히 콘스탄티누스 황제와
로마의 기독교 공인에 비유하기도 한다.

키이우의 성 소피아 대성당
볼로디미르의 아들 야로슬라우 현재(賢者)는 탁월한
건축 업적을 남겼다. 그중에서도 뛰어난 것이 1037년에
완공한 것으로 추정되는 성 소피아 대성당이다. 그는 성당의
이름뿐만 아니라 디자인 요소를 콘스탄티노플에 있는
하기아 소피아 성당에서 빌려왔다.

키이우의 황금의 문
황금의 문은 고고학자들이 야로슬라우 구역이라고 부르는
지역에 지은 성 안으로 들어오는 주요 관문이다. 야로슬라우의 황금의 문과
제국 수도의 개선문이자 관문인 콘스탄티노플 황금의 문 사이에
유사성을 발견하는 것은 어려운 일이 아니다.

술탄에게 편지를 쓰는 코자크(일리야 레핀, 1893)
타타르의 습격과 노예무역은 우크라이나의 기억에 깊은 상처를 남겨 놓았다.
노예들의 운명은 우크라이나의 구전 서사시 두마(duma)의 소재가 되었다.
두마는 포로가 된 자들의 운명을 슬퍼하고, 크림 반도의 노예제도에서 탈출하려는
이들의 시도를 묘사하며, 노예를 구하고 해방한 사람들을 영웅화했다.
이러한 민중영웅들은 코자크라고 알려졌다.

폴타바 전투 패배 후 드니프로 강변의
칼 12세와 이반 마제파(구스타프 체더스트룀, 1880년대)
마제파의 반란은 모스크바 공격과 러시아 제국의 공식 창시자인
표트르 대제를 목표로 했다. 이것은 러시아군이 칼 12세가 우크라이나로
끌고 들어온 스웨덴군을 제압하면서 실패로 끝났다. 1709년 폴타바 전투는
코자크 헤트만령과 우크라이나 전체의 운명을 크게 바꾸어놓았다.
칼 12세의 패배는 마제파와 그의 비전의 이중적 상실이었다.

미국 워싱턴의 타라스 셰브첸코 동상
화가이자 시인, 우크라이나 민족의 아버지로 추앙받는
셰브첸코의 동상이 워싱턴을 가로지르는 작은 강 근처에 세워져 있다.
19세기 러시아 제국의 억압과 싸워온 그의 기나긴 행로는
제2차 세계대전 후 냉전 시기 소련 지배 아래서 자유를 박탈당한 상황이
시인의 삶과 다름없음을 기려 재미 우크라이나인들을 중심으로 당시
미국 아이젠하워 대통령의 허가로 건립되었다. "억압받고 있는
나라의 해방과 자유, 독립에 바친다"는 문구가 주목을 끈다.

「카테리나」(타라스 셰브첸코, 1842)

셰브첸코는 농노 신분을 벗어나 자유인이 되어 우크라이나를
여행하면서 우크라이나인의 비참한 상황을 목격하고 이를 시로 쓰고
그림으로도 남겼다. 그 가운데 「카테리나」는 자신이 쓴 시에 나오는
장면을 표현했다. 빨간 띠를 머리에 두른 여인과 챙 넓은 모자를 쓰고
앉아 있는 남자는 고난받는 우크라이나인을, 뒤쪽 말을 탄 병사는
러시아 정권의 압제를 상징한다.

코자크 지도자 보흐단 흐멜니츠키 동상(키이우, 1895)
흐멜니츠키의 새로운 목표는 더 이상 봉기 초기처럼 단순히 코자크의
권리와 지위를 지키는 것이 아니었지만, 폴란드를 파괴하는 것도 아니었다.
흐멜니츠키는 1649년 1월과 2월 키이우 남동쪽의 페레야슬라우로 그를 찾아온
폴란드 사절에게 자신의 새로운 목표를 알렸다. 보흐단 흐멜니츠키의 코자크 국가 비전은
영토 확장이었지 영토 분할은 아니었다. 폴란드-리투아니아 대공국에 대한
봉기를 일으켜 폴란드 지주들을 몰아내고, 유대인을 학살하고
헤트만령이라고 불리는 코자크 국가를 건설했다.

우크라이나의 혁명의회 '중앙 라다' 건물
1917년 3월 초 키이우에서는 우크라이나의 정치·문화조직
지도자들이 '중앙 라다'(Central Rada)라는 통합 조정기구를 만들었다.

중앙 라다의 초대 집정내각 구성원들(1917)
유명한 모더니즘 작가 볼로디미르 빈니첸코(아랫줄 가운데)를
수장으로 임명했다. 그는 1919년 3월 친소비에트적 인사가 되어 내각에서
제외되었고, 5월 초에 시몬 페틀류라(아랫줄 맨 오른쪽)가 독재적 권한을
가진 수반으로 선출되었다. 두 사람은 집정내각 안에서 대립했다.

키이우 소피아 광장에 모인 '중앙 라다' 수뇌부(1917)
계단 위의 가운데 세 인물이 시몬 페틀류라, 미하일로 흐루솁스키,
볼로디미르 빈니첸코이다. 이들은 우크라이나 혁명기를 이끈
주요 지도자들이다.

유로마이단 혁명(2014)

2013년 11월 말 수십만 명의 사람들이 다시 한 번 키이우 중심부로
쏟아져 나왔다. 이들은 개혁, 집권층 부패 종식, 유럽 연합과의 좀더 가까운
관계수립을 요구하며 시위를 벌였다.

2014년 1월과 2월 100명 이상의 시위대가 사망했다. 이 인명 살상으로
22년간 지속되어 온 우크라이나의 비폭력정치는 막을 내리고 역사의 극적인
새로운 페이지가 열렸다. 소련 말기에 평화적으로 얻은 민주주의와
1991년 12월 투표함에서 승리한 독립은 이제 말과 행진뿐만 아니라
무기를 들고 지켜야 했다.

우크라이나 전도

우크라이나의 역사적 지역

우크라이나의 여러 지역을 언급하지 않고 우크라이나의 역사를
말할 수 없다. 경계선의 이동으로 인해 만들어진 문화적·사회적 공간은
동질적이지 않았다. 국가와 제국의 경계선이 우크라이나의 인종적 경계로
정의된 지역에서 이동하면서 이것들은 우크라이나 각 지역의 기초가 되는
독특한 문화적 공간을 만들어냈다.

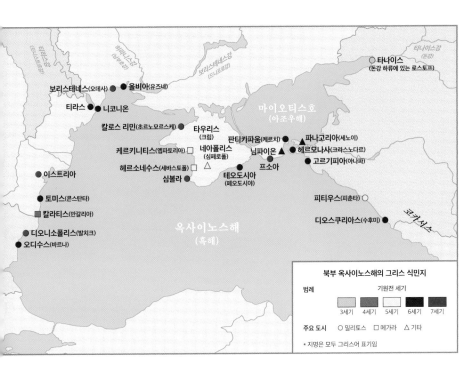

북부 옥사이노스해의 그리스 식민지

범례

기원전 세기
3세기 4세기 5세기 6세기 7세기

주요 도시 ○ 밀리토스 □ 메가라 △ 기타

* 지명은 모두 그리스어 표기임

흑해 연안의 그리스 식민지
크림 반도와 흑해 북부 지역은 키메리아인들이 정착지를
떠나고 난 뒤 기원전 7~6세기 그리스 세계의 일부가 되었다.
그리스 식민 정착자들이 이 지역 여기저기에 나타나기 시작했다.
이 식민지 대부분은 당시에 그리스 도시국가 가운데 강성한
한 곳이었던 밀레투스에서 온 정착자들이 세웠다.

키이우 루스 초창기 판도(1054~1132)

키이우 루스라는 용어는 10세기부터 13세기 중반까지

키이우를 중심으로 존재했던 정치체(polity)를 의미한다.

키이우 루스는 몽골의 침입을 받고 해체되었다.

유럽의 문
우크라이나

독립과 생존을 위한 투쟁의 역사

세르히 플로히 지음 · 허승철 옮김

한길사

유럽의 문
우크라이나

5 독립으로의 여정

극적이고 매혹적인 역사

• 개정판 서문

미국 대통령 탄핵의 관행에서 보자면, 2019년 12월 미국 하원에서 진행된 도널드 트럼프 탄핵은 특별했다. 오늘날까지 미국 역사에서 네 번 있었던 탄핵 절차에서 이번 경우에만 유일하게 외교정책과 관련된 대통령의 행동에 초점이 맞추어졌다. 문제가 된 나라는 우크라이나였다.

지난 몇 년 동안 나는 같은 질문을 여러 번 받았다. "왜 우크라이나가 세계 정치에서 이 같은 주목을 받게 되었는가?" 나는 2013년과 2014년 마이단 시위와 그 직후 이어진 러시아의 크림 반도 합병, 우크라이나의 다른 지역에 대한 공격, 그리고 미-러 관계와 EU-러시아 관계가 급격히 악화된 상황에서 이런 질문을 처음 받았다. 같은 질문이 미 대통령 탄핵과정에 우크라이나의 역할과 관련해 제기되었고, 2020년 대통령 선거운동에서 다시 제기되었다.

내 대답은 늘 한결같았다. 우크라이나가 유럽, 다음으로 미국 정치 중앙무대에 나타난 것은 우연이 아니었다. 포스트-소비에트 공화국 중 러시아 다음으로 크고, 현재 러시아의 공격 대상이 된 우크라이나는 지난 몇 년간 전쟁터가 되었다. 동슬라브 이웃국가인 러시아 그리고 벨라루스와 달리 우크라이나는 포스트-소비에트 혼란의 시기 내내 민주제도와 정치를 유지해왔고, 지정학적 지향과 사회, 문화 가치에서 유럽을 지향해 왔다.

지난 7년간 1만 4,000명 이상의 목숨을 앗아간, 우크라이나 돈바스 지역에서 러시아가 선전포고 없이 벌이고 있는 전쟁은 하이브리드 민주주의와 전체주의 사이의 세계적 투쟁이 가장 선명하게 드러난 현상 중 하나로 미국과 서방의 주의를 집중시켰다. 우크라이나에서 진행 중인 군사충돌은 단순히 정치적 가치의 경쟁만이 아니다. 크림 반도를 장악하고 돈바스 일부 지역을 점령함으로써 제국적 쇠퇴를 역전시키려는 러시아의 노력은 민족국가의 주권과 영토적 통합성의 원칙을 확고한 기반으로 한 국제질서에 제2차 세계대전 후 전례가 없는 정도로 주요한 도전을 제기했다.

우크라이나는 아주 최근에 세계의 주목을 받았지만, 오랫동안 극적이고 또한 매혹적인 역사를 가지고 있었다. 이것은 여러 세기 동안 그 영토를 지배한 제국들의 거대담론에 자주 파묻혔다. 최근 수십 년 전까지만 해도 서방에 잘 알려지지 않은 그 역사를 탐구하는 것은 세계의 주목 중심에 있는 국가뿐만 아니라 서유럽과 동유럽 전체를 이해하는 데 도움을 준다. 나는 이 책이 개정판을 출간하는 출판사가 제공해 준 기회를 이용해 우크라이나의 가장 최근 역사를 다룬 장을 추가했다. 이것은 초판이 발행된 2015년 이후의 기간을 다루었다. 이것은 이 나라와 지역의 이야기를 새로운 조명 아래 제시한다.

세르히 플로히

2021년 3월 21일

우크라이나 민족과 국가성의 역사

• 서문

    스코틀랜드인이나 다른 민족들이 인간 역사의 진행과정을 형성하는 데 자신들이 기여한 바를 주장하는 것과 마찬가지로 우크라이나인들도 세계를 변화시키는 데 자신들의 역할을 했다고 주장할 권리가 있다. 1991년 우크라이나 시민들은 독립 여부를 묻는 국민투표에 대거 참여해 강대국 소련을 역사의 쓰레기통에 처박히도록 만들었다. 우크라이나에서 일어난 사건들은 상당한 국제적 반향을 가져왔고, 실제로 역사의 진행 방향을 변경시켰다. 우크라이나 국민투표 일주일 뒤에 소련은 해체되었다. 조지 부시(George H. W. Bush) 미국 대통령은 오래 지속되고 강대국들의 힘을 소진시킨 냉전에서 서방이 최종적으로 승리했다고 말했다. 그다음으로 세계가 다시 우크라이나를 TV 화면에서 보게 된 것은 2004년 11월 축제 분위기 속에 오렌지색 옷을 입고 키이우(키예프)의 광장과 거리를 채운 거대한 군중이 공정한 선거를 요구하는 장면이었고, 우크라이나 국민은 결국 이 요구를 관철시켰다. 오렌지 혁명은 세르비아에서 레바논, 조지아에서 키르기스스탄에 이르는 세계 여러 곳에서 일어난 혁명들이 '색깔 혁명'(color revolution)이라는 공통의 이름을 얻게 된 계기가 되었다. 색깔 혁명이 포스트-소비에트 세계를 변화시키지는 않았지만, 이 혁명들은 지속적인 유산을 남겼고, 언젠가 세계를 바꿀 수 있다는 희망을 주었다. 우크라이나인들은 2013년 11월과 12월에 TV 화면에 다시 나타났다. 다시 한 번 키이우 거리를 채운 우크라이나 시민들은 유럽 연합과의 좀더 밀접한 관계를 지지했다. 우크라이나의 유럽 연합 가입에 대한 열정은 회원국들 사이에 식은 상태였고, 우크라이나인들이 며칠, 몇 주, 몇 달을 영하의 날씨 속에서 행진을 하고 거리에 남아 있겠다는 결의는 서유럽과 중유럽 국가 시민들을 놀라게 했고 감동을 주었다.

시위자들과 정부 공권력의 대결이 이전의 시위에서 나타난 축제 같고 거리 파티 같은 분위기를 파괴하면서 우크라이나에서 진행된 사건들은 2014년 초 예상치 않은 비극적 상황으로 변했다. 2014년 2월 TV 카메라가 시위 진압 경찰과 정부군 저격수들이 사격을 개시해 수십 명의 친유럽 시위대를 사망하게 하는 장면을 방송했고, 이러한 광경은 세계를 놀라게 했다. 2014년 3월 러시아의 크림 반도 합병과 이후 봄에 이어진 동부 우크라이나 돈바스 지역의 혼합 전쟁(hybrid warfare)도 세상을 깜짝 놀라게 했다. 7월 친러시아 분리주의자들이 말레이시아 민간 여객기를 격추시켜 300여 명의 사상자가 나오면서 러시아-우크라이나 갈등은 본격적인 국제분쟁이 되었다. 우크라이나에서 진행된 일은 유럽과 세계정세에 큰 영향을 주었고, 정치가들로 하여금 '유럽의 미래 전투'와 더불어 1991년 냉전이 종식되었던 바로 그 지역에서 냉전이 회귀했다는 말을 하게 했다.

무엇이 우크라이나 위기를 일으켰는가? 이 사건들에서 역사는 어떠한 역할을 했는가? 우크라이나인들은 러시아인들과 어떻게 다른

가? 누가 크림 반도와 동부 우크라이나에 대한 영유권을 가지고 있는가? 왜 우크라이나의 행동은 큰 국제적 파장을 가져왔는가? 최근에 거듭 제기된 이런 질문들은 포괄적인 답을 필요로 한다. 현재 우크라이나에서 일어나는 사건들의 기저에 깔린 경향과 이것이 세계에 미치는 영향을 이해하기 위해서는 그 뿌리를 검토해 보아야 한다. 이것이 가장 일반적인 관점에서 살펴본 이 책의 핵심 과제다. 나는 역사가 현재에 대한 혜안을 제공함으로써 미래에 영향을 미칠 수 있다는 희망을 가지고 이 책을 썼다. 현재 우크라이나가 당면한 위기의 결과나 국가로서 우크라이나의 미래에 대해 예측하는 것은 쉬운 일이 아니지만 불가능하지는 않다. 역사 속으로의 여행은 매일 쏟아지는 뉴스의 홍수 속에서 정신을 차리게 해 우리가 일어나는 사건들에 사려 깊게 반응하고 그 결과를 만드는 것을 도와준다.

이 책은 헤로도토스 시대부터 소련 붕괴와 작금의 러시아-우크라이나 갈등까지 우크라이나의 유구한(longue durée) 역사를 제시한다. 프랑스만한 면적과 오늘날 4,600만 명의 인구를 보유하고 있고, 역사에 존재하는 동안 수억 명이 살다 간, 1,000년 이상 이어진 우크라이나의 역사를 불과 몇백 페이지에 담을 수 있을 것인가? 이를 위해서는 무릇 역사학자들이 늘 하듯이 핵심을 뽑고 골라야 한다. 그러나 역사학자들의 접근은 서로 다르다. 이 책에 등장하는 인물이자 하버드 대학 우크라이나 석좌교수직에 이름이 붙은, 현대 우크라이나 역사학의 아버지인 미하일로 흐루셉스키(1866~1934)는 이 주제를 기억할 수 없는 먼 시간부터 존재하고 번영, 쇠퇴, 부활을 겪은 한 민족의 역사로 다루었다. 부활은 제1차 세계대전 중과 종전 후 만들어진 우크라이나 국가로 절정을 이루었다.

흐루솁스키는 우크라이나 역사를 독자적인 연구 분야로 확립했지만, 많은 비판자들과 후계자들은 그의 접근법에 의문을 제기했다. 흐루솁스키의 제자들은 우크라이나 국가성(statehood)의 역사를 강조한다. 소련 역사가들은 우크라이나의 역사를 계급투쟁의 관점에서 서술했다. 일부 서방 역사 저술가들은 우크라이나의 다민족적 특성을 강조했지만, 오늘날 점점 더 많은 학자들이 초민족적(transnational) 접근을 중시한다. 우크라이나와 다른 국가 역사 기술에서 이러한 최근 경향이 나의 담론(narrative)에도 영향을 미쳤다. 나는 또한 역사 연구와 정체성의 역사 연구에서 일어난 최근의 문화적 변화를 이용했다. 내가 제기하는 질문은 당당하게 예언적(presentist)이지만, 현대적 정체성과 충성, 사고, 동기, 감각을 과거에 투사하지 않으려고 최선을 다했다.

이 책의 제목인 『유럽의 문』(*The Gates of Europe*)은 당연히 환유(換喩, metaphor)다. 그러나 이것은 가볍게 받아들이거나 마케팅을 위한 술수로 무시되어서는 안 된다. 유럽은 우크라이나의 중요한 한 부분이고, 우크라이나는 유럽의 한 부분이다. 유라시아 스텝의 서쪽 가장자리에 위치한 우크라이나는 오랫동안 유럽으로 통하는 문이었다. 어떤 때는 이 '문'이 전쟁이나 갈등으로 인해 닫혔다. 우크라이나는 동과 서로부터 외적의 침입을 막아주는 완충지대였다. 우크라이나 역사의 대부분 기간이 그랬지만, 이 문이 열렸을 때 우크라이나는 유럽과 유라시아의 가교 역할을 하며 사람과 상품, 사상의 교류가 활발히 이루어지는 곳이었다. 오랫동안 우크라이나는 로마 제국, 오스만 제국, 합스부르크 제국, 로마노프 제국 등 다양한 제국이 만나는 장소(그리고 전장)였다. 18세기에 우크라이나는 러시아와 오스트리아, 폴란드, 오스만튀르크의 지배를 받았다. 19세기가 되자 첫 두 국가만 남게 되었다. 20세기 후반 러시아(소련)만이 우크라이나 땅 대부분을 절대적으로 지배했다. 각 제국은 땅과 노획물을 획득했고, 풍경과 주민들의 성격에 자신들의 족적을 남겨 놓았으며, 독특한 변경(frontier) 정체성과 감성이 형성되는 것을 도왔다.

민족(nation)은 분석의 범주이자 이야기의 중요한 요소다. 또한 이 것은 유럽에 대한 개념이 변화해온 상황에서 이 담론의 성격을 규정한다. 이 책은 인류학자들이 정의하고 19세기와 20세기 초 지도 제작자들이 정의한 경계 안에서의 우크라이나 역사를 서술한다. 이 경계선은 종종(항상 그렇지는 않았지만) 현재의 우크라이나 국가의 경계선과 일치했다. 이것은 역사학에서 키이우 루스(Kyivan Rus')라고 알려진 중세 키이우 국가 시절부터 이 땅들을 연계시킨 사상과 정체성의 발전과정을 근대의 민족주의 부상 시기까지 따라가서 현대 우크라이나 국가와 정치적 민족의 기원을 설명한다. 그렇게 하는 과정에서 이 책은 가장 큰 인종집단인 우크라이나인들에 초점을 맞추고, 뒤로 가면서 현대 민족과 국가의 창설을 추동한 힘에도 초점을 맞춘다. 이 책은 우크라이나 내의 소수민족, 특히 폴란드인과 유대인, 러시아인에게도 주의를 기울였고, 현대의 다민족, 다문화 우크라이나 국가건설은 아직도 진행 중인 일이다. 우크라이나 문화는 항상 다른 문화와 공유된 공간에 존재했고, 초기부터 '타자들'(others) 사이를 헤쳐 나가는 과정이었다. 우크라이나 사회가 내부, 외부 경계선을 건너고, 이로 인해 형성된 정체성을 다듬어나가는 과정은 이 책에 제시된 우크라이나 역사의 핵심 성격을 구성한다.

국제 정치와 국내 정치는 편리한 이야기 줄거리(storyline)를 제공한다. 그러나 나는 이 책을 쓰면서 지리와 자연환경, 문화가 장기적으로는 가장 오래 지속되고, 그래서 가장 큰 영향력을 끼친다는 것을 발견했다. 유구한 문화 경향의 관점에서 보았을 때 현대 우크라이나는 두 개의 움직이는 경계선의 상호작용 결과로 만들어진 것이다. 하나는 유라시아 스텝과 동유럽의 대정원(parklands) 사이의 경계선이고, 다른 하나는 동방 기독교와 서방 기독교 사이의 경계선이다. 첫 번째 경계선은 정착 주민과 유목민 사이의 경계선이었고, 이것은 후에 기독교와 이슬람의 경계선이 되었다. 두 번째 경계선은 기독교가 로마와 콘스탄티노플 사이에 분열된 것으로 거슬러 올라가고, 현재까지 존재하는 유럽의 동방과 서방 사이의 정치문화 차이를 만들었다. 오랜 기간에 걸쳐 이 경계선들이 움직인 것은 현재 우크라이나 정체성의 기초를 형성한 일련의 독특한 문화적 양상을 만들었다.

우크라이나의 여러 지역에 대한 이야기를 언급하지 않고 우크라이나의 역사를 말할 수 없다. 경계선의 이동으로 인해 만들어진 문화적·사회적 공간은 동질적이지 않았다. 국가와 제국의 경계선이 우크라이나의 인종적 경계로 정의된 지역에서 이동하면서 이것들은 우크라이나 각 지역의 기초가 되는 독특한 문화적 공간을 만들어냈다. 주요 지역으로는 헝가리 제국이 지배했던 카르파티아, 역사적으로 오스트리아 제국에 속했던 갈리시아, 폴란드가 장악했던 포돌리아와 볼히냐, 코자크가 장악했던 강변 저지대를 포함한 드니프로강 좌안(드니프로강 동부 지역), 슬로보다 우크라이나(Sloboda Ukraine), 그리고 마지막으로 흑해 연안과 제정 러시아 시기 식민화된 도네츠강 분지가 있다. 이 책 이전에 나온 대부분의 역사서와 다르게 나는 다양한 지역(러시아가 지배한 지역과 오스트리아가 지배한 지역)의 역사를 별도의 장에 다루는 것을 피하고, 이 지역들을 함께 서술해서 일정한 기간 동안 두 지역의 발전과정에 대한 비교적 시각을 제공한다.

끝으로 이 책에 사용된 용어에 대해 설명한다. 현대 우크라이나의 조상들은 10여 개의 전근대 공국, 근대 공국, 왕국, 제국에 살았고, 시간이 흐르면서 다양한 명칭과 정체성을 갖게 되었다. 우크라이나 인들이 자신들의 땅을 정의하는 데 사용한 두 개의 핵심 용어는 '루스'(Rus')와 '우크라이나'(Ukraine)다(키릴 문자로는 루스Русь다. 마지막 철자는 앞의 자음이 구개음화된다는 것을 나타내는 연음부호다). '루스'라는 용어는 9~10세기 바이킹에 의해 이 지역에 들어왔지만 바이킹 공후와 전사들을 포용하고 슬라브화한 키이우 루스 사람들이 채택해 사용했다. 오늘날 우크라이나인, 러시아인, 벨라루스인은 스칸디나비아/슬라브식 '루스'와 그리스어화된 '로시아'(Rossiia)에 이르기까지 다양한 형태로 '루스'라는 명칭을 차용했다. 18세기 모스크바 공국은 '로시야'를 국가와 제국의 공식 명칭으로 채용했다.

우크라이나인들은 거주하는 지역에 따라 다른 호칭을 갖게 되었다. 폴란드에서는 루신(Rusyns), 합스부르크 제국에서는 루테니아인(Ruthenians), 러시아 제국에서는 소러시아인(Little Russians)이라고 불렀다. 19세기 동안 우크라이나 민족 건설자들은 '루스'라는 명칭을 버리고 '우크라이나'(Ukraine)와 '우크라이나인'(Ukrainians)이라는 명칭을 사용해서 혼란을 끝내고, 자신들의 땅과 러시아 제국 그리고 오스트리아-헝가리 제국 내에 거주하는 인종집단(ethnic group)을 나머지 동슬라브족, 특히 러시아인과 차별화하기로 결정했다. '우크라이나'라는 이름은 중세에 기원을 두고 있지만, 근대 초기 드니프로강 연안 우크라이나(Dnieper Ukraine)의 코자크 국가를 가리켰다. 19세기 민족 활동가들의 집단적인 생각에 지역 토박이인 코자크들은 근본적으로 우크라이나인들이었다. 미하일로 흐루솁스키는 루스와 과거 그리고 우크라이나의 미래를 연계짓기 위해 자신의 10권 짜리 대작에 『우크라이나-루스의 역사』(History of Ukraine-Rus')라는 이름을 붙였다. 실제로 오늘날 우크라이나의 과거에 대한 저작을 쓰는 사람은 누구나 현대 우크라이나인들의 조상을 정의하기 위해 둘 또는 그 이상의 용어를 사용해야만 한다.

이 책에서 나는 '루스'라는 명칭을 예외적이지는 않지만 주로 중세시대를 지칭하는 데 사용한다. '루테니아인'이라는 명칭은 근대 초기 우크라이나를 지칭할 때 쓰고, 근현대시대를 서술할 때는 '우크라이나인'이라는 용어를 사용한다. 1991년 독립 우크라이나 국가가 창설된 후 이 나라 국민들은 인종적 배경에 관계없이 모두 '우크라이나인'으로 알려졌다. 이러한 용어 사용은 학문적 역사 연구를 하는 현재의 규범이 되었고, 이것이 약간의 혼란을 일으키기는 하지만 혼동을 일으키지 않았으면 한다.

근현대 우크라이나 역사의 근간이 되는 저술 중 하나인, 『루스의 역사』(History of the Rus')의 알려지지 않은 저자는 책의 서문 말미에 "와서 보라"고 말했다. 나는 이보다 더 나은 초청으로 내 서문을 마무리할 방법을 알지 못한다.

폰트 변경에서

헤로도토스의 세계는 남쪽으로는 이집트까지 뻗고,
북쪽으로는 크림 반도와 폰트 스텝까지 뻗은 고대 그리스의
도시국가들에 집중되어 있었다. 이집트가 공부하고
모방해야 할 고대 문화와 철학의 땅이었다면,
오늘날 우크라이나 지역은 그리스 문명이
야만적 타자를 만나는 본질적인 경계였다.

제1장 세상의 끝

우크라이나의 첫 역사가는 역사의 아버지인 헤로도토스(Herodotos)였다. 이 영예는 보통 지중해 세계에 속한 국가와 민족들의 역사에 한정된 것이었다. 그리스인들에게는 폰토스 욱사이노스(Pontos euxeinos, 자애로운 바다Hospitable Sea라는 뜻으로 로마인들이 라틴어로 폰투스 에욱시누스Pontus euxinus로 표기함)라고 알려진 흑해 북쪽의 스텝과 산악, 삼림이 이어진 이 땅은 그 세계의 중요한 부분이었다. 헤로도토스의 세계는 남쪽으로는 이집트까지 뻗고, 북쪽으로는 크림 반도와 폰트 스텝까지 뻗은 고대 그리스의 도시국가들에 집중되어 있었다. 이집트가 공부하고 모방해야 할 고대 문화와 철학의 땅이었다면, 오늘날 우크라이나 지역은 그리스 문명이 야만적 타자(alter ego)를 만나는 본질적인 경계였다. 이것은 서구세계라고 알려지게 되는 정치와 문화 영역의 첫 경계였다. 여기가 서구 자신과 타자를 정의하기 시작하는 곳이었다.

그리스어로는 헤로도토스로 불리는 헤로도투스(Herodotus)는 현재 터키에 있었던 그리스 도시인 할리카르나수스 출신이었다. 그가 살고 글을 쓰고 자신의 『역사』(Histories)를 암송한 기원전 5세기 그의 출생지는 페르시아 제국의 일부였다. 헤로도토스는 생애의 상당 부분을 아테네에서 보냈고, 이탈리아 남부에서 살다가 지중해와 중동세계를 훑고 다니며, 이집트와 바빌론을 포함한 많은 곳을 여행했다. 아테네의 민주주의를 숭앙한 그는 이오니아식 그리스어(Ionic Greek)로 글을 썼지만, 그의 관심은 당시 기준으로 전 세계적이었다. 후에 아홉 권의 책으로 쓴 『역사』는 기원전 499년에서 기원전 5세기 중엽까지 이어진 그리스-페르시아 전쟁의 기원을 다루었다. 헤로도토스는 이 시기 대부분을 살면서 기원전 449년에 전쟁이 끝난 후 30년 동안 이 주제를 연구했다. 그는 이 전쟁을 자유와 노예제의 서사시적 투쟁으로 묘사했다. 전자는 그리스인이, 후자는 페르시아인이 대표했다. 자신의 정치와 이념적 동정이 관련되어 있기는 하지만, 그는 이야기의 양 측면을 모두 이야기하고 싶어했다. 그가 한 말에 따르면, "그리스인과 야만인 모두의 놀라운 성취를 기록에 남김으로써 과거에 대한 기억을 보존하는 작업에 착수했다"는 것이다.

이 이야기의 '야만인'(babarian) 부분에 대해 헤로도토스는 폰트 스텝 지역으로 관심을 돌리게 했다. 전쟁이 시작되기 13년 전인 기원전 512년에 페르시아의 가장 강력한 군주였던 다리우스 대왕은 자신에게 속임수를 쓴 스키타이인들에게 복수하기 위해 이 지역을 침공했다. 스키타이 왕들과 흑해 북쪽 거대한 영역의 유목민 통치자들은 다리우스로 하여금 다뉴브강에서 돈강까지 자신을 추격하게 만들었다. 기동성이 뛰어난 이들의 군대는 다리우스에게 전투할 기회를 주지 않았다. 이것은 15년 후 그리스 세계에 큰 위협을 제기하게 되는 통치자에게는 치욕적인 패배였다. 헤로도토스는 『역사』에서 신비에 싸인 스키타이인과 그들이 사는 땅, 풍습, 사회에 대해 자신이 알고 있는 것과 전해들은 것을 모두 쏟아 넣었다. 폭넓은 여행 경험에도 불구하고 그는 이 지역을 직접 방문하지 않은 것으로 보였고, 다른 사람들이 한 이야기에 주로 의존해야 했다. 그러나 스키타이인과 그들의 거주 지역, 이들이 지배하는 인종들(peoples)에 대한 그의 상세한 서술은 그를 우크라이나에 대한 최초의 역사가뿐만 아니라 최초의 지리학자이자 인류학자로 만들었다.

고고학 발굴 결과에 따르면 흑해 북쪽 지역은 기원전 4만 5000년경 맘모스 사냥꾼인 네안데르탈인들이 처음으로 정착했다. 고고학자들이 제공한 더 많은 증거에 의하면 약 3,500년 후 폰트 스텝 지역으로 이주한 사람들은 말을 길들였다. 기원전 5세기에는 이른바 쿠쿠테니-트리필리아 문화(Cucuteni-Trypilian) 보유자들이 다뉴브강과 드니프로강 사이 삼림-스텝 지역에 정착해 가금류를 기르고 농경생활을 하며 큰 주거지를 마련하고 점토 조각상과 유채 토기를 만들었다.

헤로도토스가 아테네의 축제에서 『역사』 일부를 낭송하기 전 대부분의 그리스인들은 흑해 북쪽 지역에 대해 아는 것이 거의 없었다. 이들은 이곳을 야만인의 땅이고 신들의 놀이터라고 생각했다. 일부 그리스인은 트로이 전쟁의 영웅이자 호메로스의 『일리아드』의 주인공인 아킬레스가 드니프로강이나 다뉴브강 하구에 있는 섬에 영면했다고 믿었다. 활을 계속 쏠 수 있도록 오른쪽 유방을 자른 그리스 신화의 여성 전사들인 아마존도 이 지역에 살았고, 그 지역은 돈강 근처로 추정되었다. 다음으로 이곳에는 용맹한 타우리아인들도 있었다. 이들은 그리스인들에게 타우리카(Taurica)로 알려진 크

헤로도토스 흉상

헤로도토스는 『역사』에서 신비에 싸인 스키타이인과 그들이 사는 땅,
풍습, 사회에 대해 자신이 알고 있는 것과 전해들은 것을 모두 쏟아 넣었다.
또한 스키타이와 그 주민들을 왕족 스키타이인, 스키타이 농경민,
삼림-스텝 변경 지역의 정착민 등 다양한 계층으로 분류했다.

림 반도에 살았다. 이들의 공주인 이피게니아는 흑해의 광풍을 피해 크림 반도 산악지대로 피신한 운이 나쁜 여행자들에게 전혀 자비를 베풀지 않았다. 그녀는 아버지인 아가멤논이 자신에게 내린 죽음의 형벌에서 자신을 구해준 아르테미스 여신에게 이들을 바쳤다. 아무도 '자애로운 바다'에 면한 이 땅을 여행하려고 하지 않았다. 사실이 바다(흑해)는 항해하기가 매우 어렵고, 난데없이 닥치는 폭풍으로 악명이 높았다.

그리스인들은 키메리아인(Cimmerians)이라고 알려진 전사민족으로부터 흑해 북쪽 땅과 사람들에 대해 처음 얘기를 들었다. 키메리아인들은 기원전 8세기 스키타이인들이 이들을 폰트 스텝에서 몰아낸 후 아나톨리아에 나타났다. 유목민인 키메리아인은 처음에는 코카서스 지역으로 이동했다가 다음으로 남쪽으로 이동해 소아시아 지역으로 와서 오랜 정착생활 전통과 문화적 성취를 이룬 지중해 문화권과 만나게 되었다. 이 유목 전사들은 성서에도 기록된 전형적인 야만인이었다. 구약 선지자 예레미아는 "이들은 활과 창으로 무장하고, 잔인하며 자비가 없다. 이들은 말을 타고 달릴 때 울부짖는 바다와 같은 소리를 지르며, 당신들을 공격할 때 전투 대형을 하고 달려든다"라고 기술했다. 야만적 전사로서 키메리아인의 이미지는 현재 대중문화에도 들어왔다. 아널드 슈워제네거는 1932년 작가 로버트 호워드가 만들어낸 가상인물을 주인공으로 한 1982년 할리우드 히트작「야만인 코난」(Conan the Barbarian)에서 코난 역을 맡았다.

크림 반도와 흑해 북부 지역은 키메리아인들이 정착지를 떠나고 난 뒤인 기원전 7~6세기 그리스 세계의 일부가 되었다. 그리스 식민 정착자들이 이 지역 여기저기에 나타나기 시작했다. 이 식민지 대부분은 당시에 그리스 도시국가 가운데 강성한 한 곳이었던 밀레투스에서 온 정착자들이 세웠다. 밀레투스인들이 흑해 남부 연안에 세운 시노페는 스스로 식민지 모국 같은 역할을 했다. 흑해 북부 연안에 세운 식민지 가운데에는 현재 케르치시 인근의 판티카파움(Panticapaeum), 페오도시아 자리에 세워진 테오도시아(Theodosia), 세바스토폴시 인근의 헤르소네수스(Chersonesus)가 있었는데 모두 크림 반도에 세워진 식민도시였다. 그러나 가장 유명한 밀레투스의 식민도시는 남부흐강(Buh Boh) 어귀의 올비아(Olbia)였다. 이곳에서 부흐강은 더 넓은 드니프로강과 합쳐진 다음 흑해로 흘러들어간다. 올비아에는 석제 성벽과 광장, 아폴로 델피니오스 신전이 있었다. 고고학자들에 따르면 올비아에는 전성기 때 120에이커 지역을 차지했다. 최대 1만 명의 주민이 이 도시에 살았고, 이들은 민주적 정부제도를 채택하고, 모도시인 밀레투스와 조약을 맺어 우호관계를 유지했다.

이 지역에 있는 다른 그리스 도시들과 상업도시들(emporia)과 마찬가지로 올비아의 번영은 폰트 스텝 지역 주민들과 좋은 관계에 의존했다. 이 도시가 세워진 시기와 번영기인 기원전 5~4세기에 이 지역 주민들은 이란계 여러 부족의 혼합체인 스키타이인들이었다. 올비아의 그리스인들은 이웃 부족들과 같이 거주했을 뿐만 아니라 통혼해서 그리스인과 '야만인' 혼혈 혈통을 만들어냈다. 이들의 풍습은 그리스와 현지 전통을 혼합한 것이었다. 올비아의 상인들과 선원들은 곡물, 말린 생선, 노예를 밀레투스와 그리스 다른 지역으로 수출하고, 와인과 올리브유, 직물, 금속 제품을 포함한 그리스 예술품을 가져와 지역시장에다 팔았다. 교역 품목에는 스키타이 왕들의 무덤(Kurban)에서 발굴되는 것과 같은 금으로 만든 사치품도 있었다. 우크라이나 남부의 무덤들에는 이런 부장품이 풍부하다. 이러한 무덤들은 작은 언덕으로 변했고, 우크라이나어로는 '쿠르한'(kurhany)으로 알려져 있다.

이른바 스키타이 금속 세공품 가운데 가장 유명한 것은 1971년 우크라이나 남부에서 발굴된 세 줄 가슴장식품(pectoral)이다. 이 장식품은 키이우 역사유물박물관에서 볼 수 있다. 기원전 4세기 것으로 추정되는 왕의 가슴을 장식하는 이 유물은 당시 스키타이 사회와 경제의 내막을 들여다볼 수 있게 해준다. 이 장식품 중앙에는 양가죽 코트를 든 두 명의 턱수염 난 스키타이인이 무릎을 꿇고 있는 모습이 새겨져 있다. 가슴장식품을 만든 물질로 판단하건대 이것은 권위와 왕권의 상징인 아그로호 선원들의 황금 양털을 떠올리게 한다. 중앙 그림 좌우에는 사육된 동물들, 즉 말, 암소, 양, 염소가 그려져 있다. 스키타이 노예의 모습도 들어 있다. 한 명은 암소에서, 다른 한 명은 암양에서 젖을 짜고 있다. 이 가슴장식품은 스키타이인들이 남성중심의 사회였고, 가축 사육을 생업으로 하는 스텝의 전사사회였음을 확실히 보여준다.

스키타이인과 길들여진 동물들 모습이 스키타이인 세계의 내부를 보여준다면, 장식품에 그려진 야생동물 그림은 그리스인들이 폰트 스텝의 실제 생활보다는 자신들 세계에서 가장 멀리 떨어진 곳에 대해 어떻게 상상하는지를 보여준다. 사자와 표범이 야생돼지와 사슴을 쫓고, 그리스 신화에서 가장 힘이 센 동물이자 반은 독수리이고 반은 사자인 날개 달린 그리핀(griffins)은 스키타이식 생활양식에서 가장 중요한 동물인 말들을 공격한다. 이 가슴장식품은 그리스의 문화적 전파뿐만 아니라 폰트 스텝 지역의 그리스 세계와 스키타이 세계의 상호작용을 보여주는 이상적 상징이다.

이런 문화적 상호결합 덕에 헤로도토스는 스키타이 생활에 대해 어떤 고고학 발굴도 제공할 수 없는 정보를 모을 수 있었다. 스키타이인의 건국신화도 분명히 이런 범주에 들어간다. "스키타이인들이 스스로 얘기하는 바에 따르면, 이들은 모든 민족 가운데 가장 젊은 민족이다"라고 헤로도토스는 『역사』에서 설명하며, 세 명의 아들을 가진 타르기타우스라는 인물의 후손들인 것으로 추정했다. "이들이 땅을 통치하는 동안 하늘에서 모두 금으로 된 네 가지 기구가 떨어졌다. 이것은 쟁기, 굴레, 전투용 도끼, 물을 마시는 컵이었다"라고 헤로도토스는 스키타이 건국신화를 전달해서 얘기했다. 두 아들은 하늘로부터 오는 선물을 잡으려고 했지만 모두 불길 속에 사라졌고, 막내아들이 이 도구들을 잡아서 보관했다. 그는 이 나라의 최고 지도자로 바로 인정받았고, 왕족 스키타이인(Royal Scythians)이라고 알려진 스키타이 부족의 시조가 되었다. 이들은 폰트 스텝을 지배하고 하늘로부터 떨어진 금을 보관했다. 그렇지 않았다면 이들은 자신들이 시조의 부모인 타르기타우스 중 아버지는 하늘의 신이고, 어머니는 오늘날 드니프로강으로 알려진 이 지역의 가장 큰 강 보리스테네스의 딸이라는 것을 주장할 수 없었을 것이다. 이 신화는 스키타이인들이 유목민의 통치를 받았지만 자신들을 농경민족으로 생각했다는 것을 보여준다. 하늘이 이들에게 준 도구에 굴레뿐만 아니라 정착문화의 분명한 상징인 쟁기도 있었다.

헤로도토스는 스키타이인을 기마부족과 농경민으로 나누었고,

스키타이 가슴장식품

이 가슴장식품은 스키타이 부족이 남성중심의 사회였고,
가축 사육을 생업으로 하는 스텝의 전사사회였음을 확실히 보여준다.
또한 그리스의 문화적 전파뿐만 아니라 폰트 스텝 지역의 그리스 세계와
스키타이 세계의 상호작용을 보여주는 이상적 상징이다.

각 집단은 흑해 북쪽 지역에서 자신들에게 맞는 환경을 찾아 거주했다. 남쪽으로 이동하는 배의 관점에서 보았을 때 드니프로강 우안(서쪽)은 올비아의 그리스 식민지 바로 위에 위치했고, 헤로도토스는 이곳으로부터 이 지역에 대한 거의 모든 지식을 얻었다. 이곳에서 그는 칼리페다족(Callipedae)이라는 부족을 찾아냈는데, 아마도 이부족은 그리스인과 스키타이인의 혼혈 부족으로 보인다. 북쪽으로 왕족 스키타이인들이 통치하는 드니스트르강 인근과 스텝 북쪽 지역은 알라조니아족(Alazonians)이 거주했다. 이들은 "곡물과 양파, 마늘, 콩, 수수를 파종하고 먹는다는 것 외에 다른 면에서는 스키타이인을 닮았다." 알라조니아족보다 북쪽의 드니프로강 우안에서 헤로도토스는 밭을 경작해 옥수수를 판매하는 스키타이족이 있다고 기록했다. 드니프로강 좌안(동쪽)에는 농경 스키타이족 또는 보리스테니족(Borysthenites)이 거주했다. 그는 이 부족들이 폰트 스텝 지역에 거주하는 남쪽의 스키타이족과 많이 달랐다고 기록했다.

헤로도토스는 드니프로강 유역이 세계에서 가장 생산성이 높은 지역이라는 것을 발견했다.

스키타이 강들 중 두 번째로 큰 강인 보리스테네스강은 내 생각에 세계 이 지역뿐만 아니라 다른 모든 지역을 통틀어 다른 무엇과 비교할 수 없는 나일강을 빼고는 가장 소중하고 생산성이 높은 지역이다. 이 지역은 가장 풍요로운 목초지와 가장 뛰어난 각종 어류, 마시기에 가장 좋은 깨끗하고 맑은 물을 제공해 준다. 인근에 있는 다른 강들의 물은 탁하다. 이 강 유역보다 더 좋은 작물을 생산하는 곳은 없다. 이곳에서는 곡식을 파종할 필요가 없고, 목초는 세상에서 가장 풍부하다.

이것은 정말 적절한 묘사였다. 드니프로강 유역의 흑토는 지금도 세계에서 가장 생산력이 좋은 토양으로 알려져서 현대 우크라이나에 '유럽의 빵바구니'(breadbasket of Europe)라는 별명을 안겨주었다.

농경 주민들이 정착한 드니프로강 중류 지역은 헤로도토스의 변방(frontier)의 끝이 아니었다. 그 북쪽에는 흑해 연안 식민지의 그리스인들뿐 아니라 여러 계층의 스키타이인들도 거의 알지 못하는 사람들이 있었다. 이 주민들은 최종 변경 지방에 살고 있었다. 드니프로강 우안 지역에서는 이들을 네우리족(Neuri)이라고 불렀다. 좌안과 더 동쪽 그리고 북쪽에서는 이들을 단순히 식인종이라고 불렀다. 헤로도토스도 이들에 대해 아는 것이 별로 없었지만, 오늘날 우크라이나 땅인 프리파트 숲지인 네우리족 거주 지역은 고대 슬라브인들이 살았던 것으로 추정되는 터전 중 하나와 일치한다. 이 지역에서는 가장 오래된 우크라이나어 방언군이 발견된다.

헤로도토스와 그의 자료를 믿는다면 스키타이 왕국은 다양한 인종집단과 문화의 혼합체였다. 정치제의 보편적 구조와 노동의 분화 속에 지리와 환경이 각 인종집단의 거주 지역을 결정했다. 그리스인과 그리스화된(Hellenized) 스키타이인이 해안 지역을 장악해 교역과 문화면에서 지중해의 그리스 세계와 내륙 지역의 중계자 역할을 했다. 주 교역품목인 곡물, 말린 생선과 노예는 대정원 지역 또는 목초지와 삼림-스텝 혼합 지역에서 왔다. 흑해 항구에 도달하기 위해 이 산품들, 특히 곡물과 노예는 왕족 스키타이인이 거주하는 스텝 지역을 통과해야 했다. 이들은 교역과정 전반을 통제하며 자신들의 황금 보물들을 이 지역의 무덤에 남겼다. 해안, 스텝, 삼림을 구분한 헤로도토스의 분류는 우크라이나 역사의 주요 분할선이 되어 수십 세기 동안 영향을 미쳤다.

헤로도토스의 『역사』에 기록된 다계층적인 스키타이 세계는 기원전 3세기에 막을 내렸다. 흑해 북부 지역의 그리스 식민 지역을 통제하고 기원전 1세기에 이 지역으로 보호권을 확대한 로마인들은 스텝 지역의 다른 주인들을 상대해야 했다.

동쪽으로부터 온 유목인의 새 물결인 사르마티아족(Sarmatians)은 농경 지역과 그리스 식민지를 연결하는 교역로를 통제하던 스키타이족 기마병을 격파해서 몰아낸 끝에 이들의 자리를 대신했다. 이 새로운 종족도 스키타이인과 마찬가지로 이란계 민족이었다. 돈 강 동쪽에서 이들을 찾아낸 헤로도토스는 이들이 스키타이족과 그리스인에게서 도망친 아마존 여인들 사이에서 태어난 자손들이라는 전설을 소개했다. 스키타이족과 마찬가지로 사르마티아족은 다양한 부족으로 구성되었고, 록솔란족(Roxolani), 알란족(Alani), 야지게족(Iazyges) 등 다양한 부족들을 통치했다. 사르마티아족은 기원후 4세기까지 약 500년간 스텝 지역을 통치했다. 세력이 정점에 달했을 때 이들은 동쪽으로는 볼가강부터 서쪽으로는 다뉴브강까지 장악했고, 중유럽을 관통해 비스툴라강까지 도달했다.

사르마티아족은 이 지역에서 스키타이족 못지않게 강력한 세력이었지만, 우리는 이들에 대해 많이 알지 못한다. 그 주된 이유는 스키타이족 통치 아래 번성했던 그리스 식민지와 우크라이나 내륙 지역 사이의 교역(이에 부수해서 정보의 흐름)이 사르마티아족 통제 아래서는 거의 멈춰버렸기 때문이다. 이들은 스키타이족을 크림 반도로 쫓아냈다. 이곳에서 이 지역의 과거 통치자였던 스키타이족은 소

(小)스키타이(Schytia Minor)를 건설했다. 스키타이족은 크림 반도와 그리스 식민지를 포함한 반도와 닿은 북쪽 지역을 통제했다. 사르마티아족은 폰트 스텝 외의 지역을 장악했지만 그리스 식민 지역에는 접근할 수 없었다. 스키타이족은 스텝과 내륙 지역에 대한 통제권은 상실했다. 스텝의 옛 주인과 새 주인 사이의 갈등은 이 지역의 교역과 번영을 훼손하고, 시간이 지나면서 그리스 식민지의 안전도 불안하게 했다(스키타이인들과 다른 유목 부족들은 교역이 잘 되건 안 되건 간에 식민 지역으로부터 돈과 상품을 요구했다). 교역을 축소시킨 또 다른 강력한 요인은 지중해 지역에 곡물을 수출하는 새로운 공급자가 나타난 것이었다. 곡물은 이제 알렉산드르 대왕이 만든 교역로와 로마 제국의 부상으로 이집트와 중동 지역에서 에게해와 이오니아 해안 지방으로 공급되기 시작했다.

기원전 1세기 로마인들이 흑해 북쪽 해안에 도달하면서 이들은 이제 어느 정도 자신들의 보호 아래 있게 된 그리스 식민지들이 담당하던 교역을 되살렸지만, 이것은 쉽지 않은 과제였다. 기원후 8년 아우구스투스 황제에 의해 현재의 루마니아 지역인 흑해의 토미스라는 지역으로 유형을 와서 10년 후 이곳에서 사망한 오비드(퍼블리우스 오비디우스 나소)는 기원후로 전환되는 시기 그리스 해안 지역 식민지에서 일상적인 위험을 생생하게 묘사했다.

> 수많은 부족들이 돌아가며 무서운 전쟁을 벌이고,
> 약탈 없이 살아가는 것은 불명예로 생각한다.
> 외부 세계에 안전한 곳은 없다,
> 언덕은 보잘것없는 벽으로 방어되고, 그 위치의 기발함이란…

우리는 요새의 피난처에서 거의 보호를 받지 못하고,

그 안에는 야만적 주민이 그리스인과 뒤섞여서 공포를 자아낸다.

야만인들이 아무 차별 없이 우리 안에 거주하고 있고,

집의 절반 이상을 차지하고 있다.

야만적 '이웃들'과의 적대적 관계와 안전의 부재로 인한 어려운 상황은 한때 번성했던 이 지역 식민지들의 현실을 그대로 반영한 것이다. 1세기 말 올비아(당시 외부 사람들에게는 보리스테네스로 알려짐)를 방문했다고 주장하는 그리스 연설가이자 철학자인 디오 크리소스톰은 쇠락해가는 식민지에 대한 생생한 서술을 남겼다.

보리스테네스 도시는 끊임없는 점령과 전쟁으로 그 규모가 고대의 명성에 걸맞지 않게 줄어들었다. 이 도시는 너무 오랫동안 야만인들 한 가운데 있었고, 야만인들은 호전적이었기 때문에 이 도시는 항상 전쟁 상태에 있었다…. 이런 이유로 이 지역 그리스인들의 운명은 정말 최악의 상황에 달했고, 이들 중 일부는 도시를 형성할 수 있을 만큼 단합할 수 없었으며, 다른 그리스인들은 처참한 상태의 공동체를 그대로 유지했다. 그러나 이곳에 모여드는 사람 대부분은 야만인들이었다.

이것은 로마인들이 이 지역에 도착한 지 1세기가 넘은 시기 그리스 식민지의 상태였다. 이 지역은 헤로도토스 시대에 누렸던 번영, 교역, 내륙과의 연계를 다시는 회복하지 못했다. 지역 주민들과 끊임없이 전쟁을 하거나 전쟁의 두려움에 사는 식민정착자들은 자신들의 이웃에 대해 아는 것이 별로 없었다. "보스포루스와 돈강, 스키타이 늪지가 그 너머에 펼쳐져 있었다. 이 지역의 몇 안 되는, 이름도 잘 알려지지 않은 더 먼 곳에는 사람이 살 수 없는 추위만 있었다. 아, 나는 지구의 끝에 얼마나 가까이 와 있는 것인가!"라고 오비드는 토미스의 유형지에서 북쪽과 동쪽을 바라보며 썼다.

오비드와 동시대인이며 유명한 『지리』(Geographies)를 쓴 스트라보(스트라본)는 이 유명한 로마 유형자보다 폰트 스텝 지역에 대해 아는 것이 더 많았다. 우리는 스트라보로부터 사르마티아족들의 이름과 이들이 통제하는 지역에 대해 알게 되었다. 그의 기술에 따르면, 야지게족과 록솔란족은 "마차에 거주하는" 부족이거나 유목민이었다. 그러나 이 유명한 지리학자는 더 북쪽의 산림 지역은 말할 것도 없고, 드니프로강 인근의 삼림-스텝 지역에 거주하는 정착 주민에 대해서는 말 그대로 아무것도 기술하지 않았다. 그러나 오비드와 달리 그는 이 지역 주민들 사이에 거주해 본 적이 없었고, 그의 정보 제공자도 헤로도토스만큼 사정이 좋지 않았다. 스트라보는 이들이 '북쪽 사람들'(northerners)에 대해 아는 것이 전혀 없었으며 "다음으로 북쪽에 있는 그 밖의 사람들에 대해" 아무 지식도 없는 것을 불평했다. "나는 바스타르나족(Bastarnae), 사우로마타족(Sauromatae)을 알지 못하고, 한마디로 폰투스 북쪽에 사는 사람들에 대해 전혀 알지 못하며, 이들이 대서양에서 얼마나 떨어져 있는지, 이들의 나라가 어디와 경계를 접하고 있는지도 알지 못한다"라고 썼다.

스트라보의 정보는 식민지 중 한 곳에서 온 것이고, 헤로도토스가 드니프로강을 수없이 언급한 데 반해, 스트라보는 돈강을 더 잘 알고 있었던 것 같았다. 그의 정보 출처는 보스포루스 왕국에 속했던 돈강 하구의 그리스 식민지 타나이스(Tanais)였던 것 같다. 이 왕국은 로마인의 도착으로 다시 살아난 세력이 막강한 그리스 식민지 연합국가였다. 스트라보에게 돈강은 특별한 의미를 지니고 있었다. 이것은 유럽의 동쪽 끝 경계를 의미했고, 이 용어는 에게해의 본토에서 외부 세계에 존재하는 그리스 세계의 넓이를 기술하는 데 사용되었다. 유럽은 돈강 서쪽에 놓여 있고, 아시아는 돈강 동쪽에서 시작되었다.

그래서 로마인들인 폰트 식민지에 도착한 기원후 새천년 초기에 우크라이나 지역은 후에 서구 문명이 되는 지역의 가장 끝자리에 있게 되었다. 헬레니즘 세계의 북쪽 경계는 유럽의 동쪽 경계가 되었다. 이 경계선은 거의 2,000년 동안 남아 있었고, 18세기 말 러시아 제국이 일어나면서 유럽의 지도를 다시 그리며 유럽 경계를 우랄 산맥까지 밀어냈다.

폰트 스텝을 유럽과 아시아 지역으로 나누는 것은 로마인들 시대에는 큰 의미가 없었다. 스트라보는 돈강 좌안과 우안 모두에 있는 사르마티아인에 대해 썼고, 그의 후계자 중 한 사람인 프톨레마이오스는 기원후 2세기에 두 집단의 사르마티아, 즉 유럽 사르마티아와 아시아 사르마티아가 존재한다고 썼다. 이 구분은 이후 1,500년간 유럽 지리학자들의 저술에 계속 남아 있었다. 유럽의 상상적 동쪽 경계보다 더 중요한 것은 흑해 북쪽 연안의 지중해 식민지와 폰트 스텝의 유목민 사이의 실질적 문명 경계선이었다. 둘레가 요새화된 그리스 식민지와는 달리 이 경계는 돌로 만들어지지 않아서 식민지와 현지인들 사이에 넓은 상호작용 공간을 만들어냈고, 그 안에서 언어와 종교, 문화가 혼합되어 새로운 문화적·사회적 현실이 만들어졌다.

헤로도토스에게 알려진 스텝 유목민과 삼림-스텝 지역의 농경민 사이의 경계는 스트라보에게는 보이지 않았다. 이것이 완전히 사라졌는지, 아니면 지중해 지역 저자들이 이것을 전혀 알고 있지 못했는지는 정확히 말하기 어렵다. 지리와 환경은 그대로 남았지만, 주민들은 그렇지 않았던 것 같다. 이것은 기원후 첫 1000년 중반에 그대로 남아 있기를 거부하면서 우리는 학식 있는 그리스인들이 저술에서 이 지역에 대한 새로운 언급을 만나게 된다.

제2장 슬라브인의 도래

기원전 마지막 세기에 교역과 문화 교류가 고대 그리스인과 우크라이나 스텝 지역 거주민과의 관계를 대체적으로 정의한 데 반해, 기원후 초기 로마인들은 교역과 전쟁을 혼합하는 것 외에 다른 선택의 여지는 없었다. '야만족의 침입'(barbarian invasions)이라고 불리는 이 시기가 시작되면서 4세기 로마인들의 스텝 거주민과의 관계는 거의 전쟁상태와 같았다. 과거 역사학에서 이렇게 불렸던 시기는 현재 대이주 시기(period of migration)로 불린다. 이 시기에 유라시아와 동유럽의 주민 그리고 부족들은 중유럽과 서유럽으로 대거 이동했고, 5세기 후반 '야만족'의 압력을 견디지 못한 로마 제국이 붕괴되었다. 세력이 약해지기는 했지만 역사학에 비잔틴이라고 알려진 로마 제국의 동부 지역은 유목민과 북쪽에서 이들을 따라온 농민들의 침탈을 견뎌냈다. 비잔틴 제국은 15세기 중반까지 살아남았다.

이주의 드라마에서 우크라이나는 중요한 역할을 했다. 로마 제국의 멸망을 가져온 침공의 주요 주인공들은 우크라이나 지역에 거주했거나 이곳을 통과해 지나갔다. 이들 중에는 고트족과 훈족이 있었고, 훈족은 부족장인 아틸라가 이끌었다. 폰트 스텝 지역에서 스키타이족과 사르마티아족 같은 이란계 유목 부족들이 통제한 오랜 기간은 이 이동으로 끝이 났다. 고트족은 독일계 부족이었고, 학자들 대부분이 몽골 스텝 지역에서 발원한 것으로 보고 있는 훈족은 많은 중앙아시아계 부족들과 함께 이 지역으로 이동해 왔다. 7세기 중엽이 되자 훈족은 사라지고, 그 자리를 튀르크어를 사용하는 부족들이 차지했다.

앞서 이주 이야기에 등장한 모든 부족들은 우크라이나로 이동해 왔고 스텝을 통치하고 일정 기간 머물다가 결국 떠났다. 그러나 이주의 혼란 속에 나타난 한 부족은 이 지역을 떠나려 하지 않았다. 이 부족은 슬라브족으로 언어·문화적 배경에서 혼합적 민족이었고, 다양한 정치 형태를 보였다. 이들의 언어가 인도유럽어에 속한다는 사실은 이들이 기원전 7세기에서 3세기 사이 어느 시점엔가 동쪽에서 유럽으로 건너와 헤로도토스가 이 지역과 그 거주민을 기술하기 훨씬 이전에 동유럽에 정착했다는 것을 알려준다. 폰트 스텝 지역 북쪽의 삼림 지역을 자신들의 거주지로 삼은 이들은 초기 역사 대부분 기간 동안 지중해 지역 저자들 눈에 띄지 않았다.

슬라브족은 비잔틴 제국 변경 지방에 대규모로 나타난 6세기 초 다른 사람들 시선에 들어오기 시작했다. 비잔틴 제국이 고트족과 훈족에 의해 약해지자 슬라브족은 발칸 지역으로 들어왔다. 6세기 고트족 출신 비잔틴 저자인 요르다네스(Jordanes)는 당시 슬라브족을 두 주요 집단으로 구분했다. "그들의 이름이 지금 다양한 부족과 장소에 흩어져 있지만, 이들은 주로 스클라베니족(Sclaveni)과 안테족(Antes)으로 불린다"라고 그는 서술했다. 그는 스클라베니족이 다뉴브강과 드니스트르강 사이에 거주하고, 안테족이 "폰투스해가 꺾어지는" 드니스트르강과 드니프로강 사이에 거주한다고 설명했다. 언어적 자료는 슬라브족 조상의 원거주지가 드니프로강과 비스툴라강 사이, 즉 오늘날 우크라이나의 볼히냐와 프리퍄트 늪지 인근의 삼림과 삼림-스텝 지역이라는 것을 보여준다. 요르다네스가 글을 남긴 시기에 슬라브족은 후미진 삼림 지역에서 스텝 지역으로 나와 로마의 유스티니아누스 대제에게 심각한 문제를 안겼다.

유스티니아누스 대제는 527년부터 567년까지 비잔틴 제국을 통치했고, 동서 로마 제국 전체를 재건하려는 야심을 가지고 있었다. 로마 제국이 토착 부족세력의 끊임없는 공격에 시달리는 다뉴브강 전선에서 유스티니아누스 대제는 공세를 취하기로 결정했다. 유스티니아누스 대제가 수행한 전쟁에 대한 상세한 기록을 남긴 6세기 비잔틴 저자인 프로코피우스에 따르면, 530년대 초 황제의 측근인 킬부디우스가 다뉴브강 북쪽 지역에서 전쟁을 수행하기 위해 파견되었다. 그는 안테족을 상대로 많은 승리를 거두어서 유스티니아누스의 제왕 명칭에 '안티쿠스'(Anticus)가 추가되게 했다. 그러나 이 성공은 오래가지 못했다. 전투에 파견된 지 3년 후 킬부디우스는 전투에서 전사했고, 유스티니아누스 대제는 국경을 확장하기보다는 다뉴브강을 따라 뻗은 국경을 방어하는 이전 정책으로 회귀했다.

유스티니아누스 대제는 '분할과 통치'(divide and rule)라는 오래된 로마의 전술을 다시 도입했다. 530년대 말 비잔틴 제국의 충동이나 지원 없이 안테족은 스클라베니족과 전투를 벌였고, 비잔틴 장군들은 두 집단을 제국 군대에 끌어들였다. 이런 상황에서도 슬라브족의 습격은 계속되었다. 안테족은 스클라베니족과 싸우는 동안에도 동부 발칸 지역인 비잔틴 제국의 트라키아를 공격했다. 이들은 이 지역을 약탈하고 많은 노예들을 잡아 다뉴브강 좌안으로 끌고 갔다. 자신들의 파괴적 공격력을 과시한 안테족은 비잔틴 제국에 부역을 제공했다. 유스티니아누스 대제는 이들을 자신의 휘하에 거두고, 다뉴브강 북부의 버려진 그리스 도시 투리스를 이들의 사령부로 지정했다.

비잔틴 제국의 다른 많은 적들과 마찬가지로 안테족은 제국으로부터 정기적으로 돈을 받는 대가로 제국의 방어자가 되었다. 안테족은 황제의 최고 장군인 킬부디우스를 포로로 잡았다고 주장하며 자신들의 지위를 높이려고 시도했다. 유스티니아누스 대제는 킬부디우스에게 최고사령관(magister militum) 또는 이 지역 제국 군대 총사령관이라는 칭호를 부여했기 때문에 안테족도 이런 인정을 받으면 비잔틴 제국의 단순한 문지기가 아니라 정당한 시민으로 대접을 받을 수 있었다. 그러나 이 모략은 성공하지 못했다. 당연히 진짜 킬부디우스는 이미 오래전에 전사한 상태였다. 그를 참칭하는 자가 체포되어 유스티니아누스 대제에게 보내졌지만, 안테족은 대제국의 시민이 아니라 연맹(foederati)이라는 지위를 받아들여야 했다.

그러면 비잔틴 제국의 새로운 동맹이 된 이들은 어떤 사람들인가? 이들은 어떻게 생겼는가? 이들은 어떻게 싸우는가? 그들은 무엇을 믿었는가? 프로코피우스는 여러 번에 걸쳐 안테족과 스클라베니족이 같은 언어, 종교, 관습을 공유하고 있다고 썼다. 우리는 그래서 그가 상세하게 기술한 슬라브족의 생활방식을 두 집단 모두에 적용할 수 있다. 프로코피우스 서술에 따르면, 슬라브족은 반(半)유목민이었고, "서로 멀리 떨어진 곳에 만든 보잘것없는 가축우리 같은 움막에 살았다." 이들은 수시로 주거 지역을 바꾸었다. 슬라브족 전사들은 "아주 키가 크고 체격이 건장한 남자들이었다." 프로코피우스는 그들의 외관을 이렇게 기술했다. "이들의 몸과 머리카락은 아주 밝은 색도 아니고 금발도 아니었지만, 그렇다고 아주 검은 색도 아니었다. 이들은 모두 불그레한 빛을 띠었다." 슬라브족은 "일상의 안락에는 신경 쓰지 않고 험한 생활을 했으며, 그리고 항상 오물로 덮여 있었다. 그러나 그들은 비천한 것과 악행자를 존경하지 않았다. 그러나 그들은 모든 단순성에서 훈족의 특징을 보존했다."

오물로 덮여 있었지만 슬라브족은 민주주의 관습을 지니고 역사에 등장했다. "이 민족들 가운데 스클라베니족과 안테족은 한 사람에 의해 지배되지 않았고, 옛날부터 민주주의 아래 생활해 왔다. 그래서 이들의 복지와 관련된 좋고 나쁜 일은 모두 주민들의 의견으로 결정되었다." 이들은 반쯤 벌거벗은 상태에서 싸움을 했지만, 멜 깁슨이 주연한 할리우드 히트작 「브레이브하트」(Braveheart)에서보다는 자신들의 국부를 어느 정도 가렸다. "이들이 전투를 시작할 때는 대부분 작은 손에 방패와 창을 들고 적에게 달려간다. 그러나 이들은 흉갑을 입는 일이 없었다. 이들 중 일부는 셔츠나 망토도 걸치지 않았고, 국부까지 바지를 끌어올려 입은 채 적들과 전투에 돌입했다."

슬라브족이 전쟁을 치르는 방법에 대한 추가적인 정보는 비잔틴에서 600년경에 쓰인 『전략』(Strategikon)에 나온다. 이 글을 쓴 사람은 마우리키우스 황제로 추정된다. 저자는 다뉴브강 전선을 건너와 발칸 지역에 정착한 슬라브족을 비교적 자세하게 서술했다. 그는 슬라브족이 여행자들에게는 호의적이었지만, 자유분방했고 조약을 지키거나 다수 의견을 존중하지는 않는다고 서술했다. 다뉴브강 북부에 있는 고향에서 이들은 침입자들의 접근이 어려운 강변의 삼림이나 숲지에 주거지를 건설했다. 이들이 가장 좋아하는 전술은 공격이었다. 이들은 개활지에서 싸우는 것을 기피하고 정식 군대 대형을 좋아하지 않았다. 무기는 짧은 창, 나무 활과 화살이고 이 가운데 일부는 끝에 독이 묻어 있었다. 이들은 포로를 노예로 만들었지만 노예로 부리는 기간은 일정 기간으로 제한되어 있었다.

프로코피우스는 슬라브족의 종교에 대해 흥미로운 서술을 했다. 슬라브족은 단일신을 숭배한 것은 절대 아니었다. "이들은 한 신, 즉 번개를 만드는 신만이 모든 것의 주인이라고 믿었다. 이들은 그에게 소와 다른 제물을 바쳤다"라고 기록했다. 그러나 주된 신을 믿으면서도 슬라브족은 자연을 숭배하고 희생물을 바치는 습관을 버리지는 않았다. "그들은 강과 요정 그리고 기타 정령을 숭배하고, 이들 모두에게 제물을 바치며, 이 모든 제물을 가지고 점쳤다"라고도 썼다. 프로코피우스는 기독교 이전 시기 로마인들과 공통의 관습이었던 신에게 제물을 바치는 것에 놀란 것이 아니라, 이들이 다른 로마 제국 신민들처럼 기독교 신앙을 받아들이지 않은 것을 기이하게 생각했다. "그들은 이것을 모르거나 아니면 이것이 사람에게 권능이 있다는 것을 절대 인정하지 않았다"라고 프로코피우스는 실망이 아니더라도 다소 놀라서 기록했다. "그러나 병에 걸리거나 전쟁이 시작되어 죽음이 눈앞에 다가오자, 이들은 죽음을 피하게 되면 바로 자신들의 생명에 대한 보상으로 제물을 바치겠다고 약속했다. 만일 그들이 죽음에서 도망치면 그들은 약속한 대로 제물을 바쳤고, 그 제물로 인해 자신들의 안전을 샀다고 생각했다."

프로코피우스와 다른 비잔틴 저자들이 슬라브족에 대해 우리에게 남긴 것은 우크라이나에서 나오는 고고학 자료의 증거와 일부 일치한다. 안테족은 주로 우크라이나 주거지의 이름을 딴 판키우카 고고학 문화(Pankivka archeological culture)와 관련이 있다. 이 문화 보유자는 6~7세기와 8세기 초 드니스트르강과 드니프로강 사이 우크라이나 스텝-삼림 지역에 거주했고, 드니프로강 양안에 살았다. 프로코피우스가 서술한 안테족과 스클라베니족과 마찬가지로 판키우카 부족은 땅을 파고 만든 단순한 주거지에 살았다. 이들도 역시 자주 주거지를 바꾸었다. 정착지는 사람이 살다가 버려졌다가 다시 사람이 살며 그 거주자들이 이동식 농경생활을 영위했다는 것을 보여준다. 고고학 자료는(프로코피우스는 그렇지 못했다) 판키우카 부족이 거주지를 요새화하고 지역 통지차의 사령부와 행정, 군사력의 중심으로 삼았다고 말해준다.

슬라브족이 이 지역에서 독립적 역할을 수행하던 시기는 아바르족이 침입해 오면서 7세기 초에 끝났다. 카스피해 북부 스텝 지역의 혼합 터키어 사용 부족인 아바르족은 안테족 정치체(polity)를 파괴했다.

아바르족은 이 지역에 좋지 않은 기억을 남겼고, 이것이 11~12세기까지 지속되어 키이우의 기독교 수도사들은 후에 「원초 연대기」(Primary Chronicle) 또는 「지나간 시대의 이야기」(Tale of Bygone Years)라고 알려진 역사 기록의 일부를 썼다. 이 연대기의 앞부분은 비잔틴 원전과 결합된 지역 전설에 바탕을 두고 있다. 「원초 연대기」에 의하면, 아바르족은 "슬라브족에 전쟁을 걸어오고, 슬라브족에 속하는 둘레비아족(Dulebians)을 괴롭혔다"라고 기록했다. 이 단어는 부

키이우 루스의 역사서 「원초 연대기」

아바르족은 카스피해 북부 스텝 지역에 좋지 않은
기억을 남겼고, 이것이 11~12세기까지 지속되어 키이우의 기독교
수도사들은 후에 「원초 연대기」 또는 「지나간 시대의 이야기」라고
알려진 역사 기록의 일부를 썼다. 이 연대기의 앞부분은
비잔틴 원전과 결합된 지역 전설에 바탕을 두고 있다.

흐 강변에 살던 슬라브족을 지칭하는 말이다. "그들은 둘레비아족 여인들에게도 폭력을 저질렀다. 아바르인 한 명이 여행을 갈 때면 그는 말이나 조랑말을 마차에 묶지 않고, 4~5명의 여인을 자신의 마차에 묶어서 여자들이 자신을 끌고 가게 했다. 이러한 행위는 신의 분노를 샀다." "아바르는 신체가 크고 성정이 오만해 신이 그들을 멸절시켰다"라고 연대기 작가는 말을 이어나갔다. "그들은 모두 사라졌다. 단 한 명의 아바르인도 살아남지 못했다. 오늘날까지 러시아 속담에는 '그들 모두 아바르족처럼 사라졌다'라는 표현이 남아있다."

아바르족은 폰트 스텝 통치자의 자리를 불가르족(Bulgars), 다음으로는 하자르족(Khazars)에게 내주었다. 하자르족은 대이주의 시대가 막을 내리게 하고, 7세기 말 이 지역에 상대적 평화를 가져왔다. 하자르족은 우크라이나 스텝에서 이전에 아바르족의 신민이었던 사람들에게 훨씬 더 좋은 기억을 남겼다. "그런 다음 하자르족이 언덕과 숲에 살고 있는 그들에게 왔다. 그리고 이들에게 공납을 요구했다"라고 키이우 연대기 작가는 드니프로강 연안의 슬라브족을 지칭하며 기록했다. 연대기 작가에 의하면, 전에 데레블랸족(Derevlians)이라고 알려진 슬라브족에 지역 주민들이 칼과 함께 공납을 바쳤다. 이것은 반항의 표시였고, 앞으로 복수를 하겠다는 약속이었다. 하자르족에게 공납을 바치기로 약속한 키이우 주민들은 무죄라고 주장하며 이 전설을 다시 이야기한 키이우 연대기 작가는 침략자들에 대한 적대감을 보이지 않았다.

하자르족은 삼림-스텝 지역에 대해서는 제한된 통제력만 가지고 있었다. 드니프로강은 삼림 지역에 대한 이들의 지배력의 경계선이 되었다. 평화와 교역에 관심이 많은 튀르크족인 하자르 엘리트는 외부로부터의 영향에 열린 태도를 보였다. 하자르족은 자기들 땅에 기독교 선교사들이 들어오는 것을 환영했고, 유대교를 수용해 동유럽 유대인들은 하자르족에 기원을 두고 있다는 전설이 만들어지기도 했다. 하자르족이 만든 국가의 지리적 중심은 볼가강 하류와 돈강 하류 지역이었다. 핵심 중심지는 볼가강의 이틸과 돈강의 사르켈이었다. 하자르족 엘리트는 교역로를 통제하며 부를 쌓았고, 페르시아 제국과 아랍 지역으로 연결되는 볼가강 교역로가 가장 중요했다. 처음에 이 교역로는 비잔틴 제국으로 연결되는 드니프로강 교역로를 압도했다.

620년대 하자르족은 비잔틴 제국과 조약을 맺었고, 이때 이미 흑해 북부에 다시 거점을 만들었다. 4세기에 고트족이 차지한 올비아는 완전히 상실했지만, 비잔틴 제국 사령관들은 산맥에 의해 크림 반도 스텝 지역으로부터 보호받는 남부 해안에 작은 땅을 확보했다. 그곳 헤르소네수스에 비잔틴의 크림 영토의 행정 중심지가 생겨났다. 유스티니아누스 시대에 주요 소도시에는 군대가 주둔했고 로마 제국은 크림 반도의 자국 영토를 보호하기 위해 크림 고트족을 고용했다. 크림 고트족은 형제 부족이 서쪽으로 이동해 간 다음 이 지역에 분열된 채로 남아 있었다. 서쪽으로 이동해 간 고트족은 처음에는 중유럽으로 갔다가 이후 이베리아 반도까지 이동했다. 로마 제국 기술자들은 고트족이 크림 반도 산악 지역에 있는 동굴도시들을 요새화하는 것을 도와주었다. 하자르족은 페르시아와 아랍 세력에 대항하는 비잔틴의 동맹세력이 되어서 지구상에서 가장 부유한 시장인 콘스탄티노플까지 교역로를 유지했다.

하자르족이 우크라이나 동부와 중부 지역을 통제할 때 우크라이나에 살던 슬라브족에 대해 우리가 알고 있는 것은 무엇인가? 이전 시기 주민들에 대해서보다는 좀더 알지만, 아주 많이 아는 것은 아니다. 여기서 우리의 주요 정보 제공자이자 어떤 때는 유일한 정보 제공자는 훨씬 후에 이들에 대해 기록을 한 키이우 연대기 작가들이다. 고고학은 우크라이나 삼림 지역에서 하자르족의 가장 서쪽 전초기지가 된 키이우는 6세기가 되기 얼마 전부터 존재하기 시작했다. 그러나 이 장소가 왜 그렇게 중요하고, 정착지로 선택되었는지에 대해 설명해 주는 것은 연대기다. 현지 전설은 키이우의 설립을 근처를 흐르는 강과 연계시킨다. 이곳 주민들은 이 도시가 자신들의 현지 통치자인 크이(Kyi)에 의해 세워졌다고 주장했다. 크이의 두 남동생은 인근 언덕에 이름을 남겼고, 키이우를 관통해 드니프로강으로 흘러들어가는 샛강은 그들의 여동생인 리비드의 이름을 땄다. 네 명의 도시 설립자의 동상은 강변에 서 있고, 지금은 우크라이나 수도의 명소 중 하나다.

키이우 연대기 작가는 카르파티아 산맥 이서 지역에 12개의 슬라브족을 기술하고 있다. 이들의 정착지는 북쪽으로는 현재 상트페테르부르크 인근에 있는 라도가 호수까지 진출했고, 동쪽으로는 볼가강과 오카강 상류까지, 남쪽으로는 드니스트르강 하구와 드니프로강 중류 지역까지 뻗어 있었다. 이 슬라브족들이 오늘날 우크라이나인, 러시아인, 벨라루스인의 조상이다. 언어학자들은 6세기부터 발전한 방언적 차이를 기반으로 이들을 동슬라브족이라고 정의하며, 이들을 오늘날 폴란드인, 체코인, 슬로바키아인의 조상인 서슬라브족과 구별하고, 또한 세르비아인, 크로아티아인, 기타 과거 유고슬라비아의 슬라브 인종으로 구성되는 남슬라브족과도 구별했다.

키이우 연대기 작가들이 열거한 12개 슬라브 부족 중 7개 부족은 드니프로강, 드니스트르강, 부흐강, 프리퍄트강, 데스나강, 소즈강을 따라 현재 우크라이나 땅에 거주했다. 이 부족 중 일부만 하자르족의 통제 아래 있었다. 이들의 주군과 정치는 달랐지만, 이들의 관습과 풍습은 같거나 이웃 부족들과 아주 유사했다. 이것이 최소한 기독교 수도사였던 키이우 연대기 작가가 전해준 인상이다. 그는 자신의 부족과 다른 모든 부족들을 야만인으로 생각했다. "이들은 야생동물처럼 숲속에 살며 불결한 것들을 먹었다"라고 앞서 살았던 이교도들과 당대 이교도들을 멸시해 연대기 작가는 적었다.

고고학자들은 동슬라브족들이 정착민에 가까웠다는 것을 보여주었다. 이들은 통나무집에 살며 30~40채의 집이 마을을 이루었다. 마을의 집들은 서로 밀집해 모여 있었다. 마을 한가운데에 슬라브인들은 적들이 공격해 올 때 사령부 역할을 하는 요새를 만들었다. 슬라브족들은 농업과 가축 사육에 종사했다. 이들은 족장을 두었으며 프로코피우스가 서술한 슬라브족과 같이 이들이 군사외교도 수행한 것으로 보인다. 안테족과 스클라베니족과 마찬가지로 이들은 페룬(Perun)이라고 부른 천둥 신을 자신들의 가장 중요한 신으로 숭배했다.

프로코피우스가 서술한 슬라브인과 비교해 키이우 연대기 작가가 서술한 슬라브인들은 개인위생에서 어느 정도 진보된 모습을 보였다. 연대기 작가는 키이우에 기독교를 전파한 것으로 알려진 사도 성 안드레아의 입을 빌려 다음과 같은 말을 했다. "나는 슬라브인들이 사는 땅을 보았다. 내가 그들과 함께 있을 때 나는 나무로 된 목욕탕을 보았다. 이들은 아주 뜨거운 증기로 자신들이 몸을 덥히고, 그 다음 옷을 벗고 산성 액체로 자신의 몸을 발랐다. 이들은 어린 나뭇 가지를 가져다가 자신의 몸을 때렸다. 이들은 거의 죽을 정도로 자신의 몸을 세게 때렸다."

키이우 인근에서 살았고, 그곳에서 자란 것으로 보이는 키이우 연대기 작가는 오늘날 러시아와 스칸디나비아 등 북부 지역 거주자들이 즐긴 목욕법에 대해 조롱하기를 주저하지 않았다. 그는 기독교 수용 이전 동족들의 관습을 혹평했다. 그는 과거 키이우의 주군이었던 부족에 대해 이렇게 썼다. "데레블랸족은 짐승 같은 모습을 하고 소 떼처럼 살았다. 이들은 서로를 죽이고, 깨끗하지 않은 것을 먹으며, 그들 사이에는 결혼이라는 것이 없었다. 대신에 이들은 처녀를 잡아 와서 부인으로 삼았다." 연대기 작가는 다른 슬라브족들도 이와 같은 죄를 저질렀다고 기록했다. "그들 사이에는 결혼이라는 게 없었고, 마을 간에 축제만 있었다. 사람들이 동물을 잡고, 춤을 추며, 모든 악마적 유희를 위해 모이면 그 기회를 이용해 남자들은 여자를 데리고 가서 부인으로 삼았다. 남자들은 각각 서로 뜻이 통하는 여자를 데려갔고, 실제로는 두세 명의 부인을 두는 경우도 종종 있었다."

연대기 작가가 슬라브인들의 결혼 관습, 아니면 결혼이 없는 것에 대해 서술한 것을 일탈이 아니라 정상적 규범이라고 받아들이는 것은 잘못된 것일 수 있다. 후세 열성적인 기독교인이었던 연대기 작가는 기독교 도덕성에서 벗어나는 모든 것에 대항해 싸우고, 결혼이라는 제도에 반하는 젊은이 축제에 주의를 집중했다. 10세기 중반에 서슬라브족이 사는 땅을 방문한 코르도바 출신 무어족 유대인 이

브라힘 이븐 야쿠브는 슬라브인들이 결혼제도가 견고하고 지참금을 받는 것이 부를 축적하는 중요한 방법이라고 기록했다. 그러나 그는 젊은 남자와 여자들이 결혼 전에 성적 경험을 하는 것을 당연한 것으로 생각한다고도 서술했다. "이들의 여자들은 일단 결혼하면 바람을 피지 않는다. 그러나 젊은 여자는 남자와 사랑에 빠지면 그에게 가서 성욕을 채운다. 남편이 여자와 결혼해 그녀가 처녀인 것을 발견하면 이렇게 말한다. '만일 너한테 좋은 것이 있었다면 남자들이 너를 원했을 것이고, 누군가 너의 처녀성을 가져갔을 것이다'라고 말하고 그녀를 돌려보내서 그녀와 절연한다."

우리는 10세기나 11세기 이전 우크라이나 땅에 정착한 슬라브인들에 대해 아는 것이 극히 적다. 우리가 아는 것은 주로 적국인 비잔틴이나 고트족이 남긴 기록, 키이우 연대기 작가처럼 후세의 열성적 기독교인들이 기록한 것이 전부다. 그는 슬라브인들을 이교도 미신을 신봉하는 부족 정도로 간주했다. 연대기 작가들이 무시하고 우리에게 대체로 알려지지 않은 채 남아 있는 것은 이들이 동유럽을 대체적으로 평화롭게 식민화한 과정이다. 이들은 오늘날 우크라이나의 북서부 지방인 원정착지에서 이동을 시작해 남쪽으로는 발칸 지역 깊숙이 들어가고, 서쪽으로는 비스툴라강과 오데르강 너머까지 진출하며, 북쪽으로는 발트해까지, 동쪽으로는 볼가강과 오카강까지 진출했다. 슬라브인들은 유목민의 침입 경로를 따라간 농경민족이었다. '역사를 만든' 유목민들은 가축들을 방목할 수 있는 스텝이 아닌 땅을 어떻게 이용해야 하는지를 알지 못했다. 슬라브족의 식민화는 느리지만 대체로 평화롭게 진행되었고, 그 결과는 아주 오래 지속되었다.

제3장 드니프로강의 바이킹

유럽의 다른 지역과 마찬가지로 우크라이나에서 대이주의 시대 또는 '야만인의 침입' 시대는 바이킹 시대에 자리를 내주었다. 이 시대는 8세기 말부터 11세기 후반까지 지속되었다. 예상할 수 있는 바와 마찬가지로 야만인 침입 시대가 끝났다는 말은 침략 자체가 끝났다는 것을 의미하는 말이 아니다. 새로운 침입자는 스웨덴, 노르웨이, 덴마크에서 왔다. 이들은 서유럽에서는 노르드인(Norsemen) 또는 노르만족(Normans), 동유럽에서는 바랑기아인(Varangians)이라고도 알려진 바이킹이었다. 이들은 약탈하고 주민을 복속시키며 나라 전체나 일부를 통치했다. 이들은 또한 기존의 정치체를 변경하거나 새로운 정치체를 만들었다.

이 모든 것은 언제 시작되었는가? 우리는 영국에서 바이킹 시대가 시작된 정확한 날짜를 알고 있다. 그것은 793년 6월 8일이다. 그날 아마도 노르웨이에서 출발한 바이킹 해적들은 영국 해안 앞 린디스판섬(Lindisfarne)의 기독교 수도원을 공격하고 약탈했다. 이들은 수도원의 보물을 바이킹 배에 싣고 사라지기 전 수도사 몇 명을 바다에 익사시키고 다른 수도자들을 노예로 잡아갔다. 790년대에 바이킹/노르만은 프랑스 해안에 나타났다. 이들은 노르망디 지방에 자신들의 이름을 알렸다. 드디어 바이킹 시대가 시작된 것이다.

비잔틴 궁정은 838년 이전에 바이킹과 처음 접촉했다. 루스(Rus'/Rhos)의 왕을 대신한 사절이 콘스탄티노플에 와서 비잔틴 황제에게 평화와 우호를 제안했다. 이들은 북쪽에서 왔지만, 적대적인 부족을 만나는 것이 두려워서 온 길로 되돌아가려고 하지 않았다. 황제는 이들을 독일을 통해 귀환시켰다. 프랑크 제국의 샤를마뉴 대제의 아들인 신성왕 루이의 궁정에서 이들은 스웨덴인 또는 노르드인으로 인정받았지만, 스파이 행위를 의심받았다. 이들은 스파이가 절대 아니었지만, 북유럽으로 귀환하는 길에 슬라브족이나 아니면 폰트 스텝의 유목민의 공격을 두려워할 이유가 충분히 있었다.

이렇게 평화롭게 시작된 비잔틴과 바이킹의 만남은 대결로 끝났다. 959년 바이킹 선단이 지중해에 나타났다. 그 다음 해 다른 바이킹 선단이 드니프로강을 따라 흑해로 진입한 후 보스포루스 해협으로 들어와 콘스탄티노플을 공격했다. 바이킹이 린디스판섬을 공격했을 때와 마찬가지로 바이킹이 강력한 비잔틴 제국의 수도를 공격한 정확한 날짜도 우리는 알고 있다. 그날은 860년 6월 8일이었다. 비잔틴 황제 미하일은 군대를 이끌고 소아시아에서 전투를 벌이고 있었기 때문에 바이킹의 공격에 콘스탄티노플과 비잔틴 제국은 깜짝 놀랐다. 황제의 선단은 아랍뿐만 아니라 1년 전 나타난 바이킹으로부터 제국을 보호하기 위해 에게해와 지중해에 나가 있었다. 이들이 북쪽으로부터 공격해 올 것이라고 예상한 사람은 아무도 없었다.

침입자들은 오랫동안 포위를 할 만큼 제대로 장비를 갖추지 못했고, 성벽을 돌파할 수 없었다. 이들은 콘스탄티노플 교외 지역을 공격해 교회와 저택을 약탈하고 저항하는 사람을 모두 죽이거나 익사시키며 시민들을 공포에 떨게 만들었다. 그런 다음 바이킹은 보스포루스 해협을 통과해 마르마라해로 들어가 콘스탄티노플 인근 왕실 섬들(prince islands)를 약탈했다. 콘스탄티노플의 최고위 기독교 성직자이자 제국의 관리인 총대주교 포티우스는 설교와 기도로 신의 보호를 간구했다. 그는 훈계(homilies)하는 가운데 침략자 앞에 무방비로 노출된 주민들을 서술했다. "도시에 칼로 죽음을 위협하듯 칼을 치켜든 선원들이 탄 배가 도시를 지나갔다. 인간의 희망은 모두 사라지고, 도시는 신의 자비에 의지할 수밖에 없었다." 침입자들은 8월 4일이 되자 물러갔고, 포티우스는 도시가 기적적으로 살아남은 것을 성모 마리아의 보호 덕으로 돌렸다. 이것이 '성모 마리아 보호' 또는 포크로바(Pokrova) 성모제의 기초를 놓은 전설로 변했다. 역설적인 것은 이 축제가 비잔틴 제국에서는 진행되지 않고, 바이킹이 콘스탄티노플을 공격하기 위해 지나온 우크라이나와 러시아, 벨라루스에서 아주 인기가 높다는 사실이다.

860년 콘스탄티노플을 공격했던 바이킹을 포티우스나 당대 사람들이 몰랐을 리는 거의 없었다. 포티우스는 그들을 838년 루스 사절단과 마찬가지로 루스(Rus')라고 불렀다. 그는 이들이 비잔틴의 신민이라고까지 말했지만 상세한 내용은 후세 사람들이 추측해야 할 문제였다. 이 문제에 대한 답을 찾는 과정은 이후 250년 동안 지속되었다. 오늘날 대부분의 학자들은 '루스'라는 단어가 스칸디나비아 어원에서 나온 것으로 믿고 있다. 그리스어로 글을 쓰던 비잔틴 저자들이 이 단어를 스웨덴인을 나타내는 데 '루오치'(Ruotsi)라는

단어를 쓰는 핀란드인들에게서 차용한 것이다. 스웨덴어로 이 단어
는 '노를 젓는 사람'을 뜻했고, 실제로 이들은 노를 저었다. 처음에
는 발트해에서 핀란드만에 들어선 다음 라도가 호수, 일멘 호수, 벨
로오제로(흰 호수라는 뜻)를 거쳐 볼가강의 상류 지역에 다다랐다.
볼가강은 후에 러시아의 젓줄이 되었고, 당시에는 카스피해와 아랍
땅으로 가는 사라센(이슬람) 교역로의 핵심이었다.

　노르웨이인, 스웨덴인, 아마도 핀란드계 노르드인의 혼합 종족인
루스 바이킹은 처음에는 정복자가 아니라 교역자로 동유럽에 나타
났다. 동유럽 삼림 지역에는 약탈할 것이 거의 없었다. 진짜 보물들
은 이들이 통과 권리만 얻으면 되는 땅 너머인 중동 지역에 있었다.
오늘날 우리가 루스 바이킹을 아는 바로 이들은 교역과 전쟁, 아니
면 교역과 폭력이 충분히 양립할 수 있는 것이라고 생각했다. 어찌
되었건 지역 주민들이 이들이 나타나는 것을 환영하지 않았기 때문
에 이들은 이동하는 동안 자신들을 방어해야만 했다. 이들이 행하는
교역은 강압도 필요로 했다. 왜냐하면 삼림 지역 생산품인 모피와
꿀뿐만 아니라 노예도 사고팔았기 때문이다. 이런 것들을 얻기 위해
서 바이킹은 지역 부족들에 대한 통제권을 확보하고 사라센 교역로
를 통해 운송할 수 있는 공납품을 모아야 했다. 이들은 이 상품들을
카스피해 시장에서 아랍 은화 디르함(dirhams)을 받고 팔아넘겼고,
이러한 은 매장품들을 후세 고고학자들이 발굴했다. 이것이 발견
된 장소는 스칸디나비아에서 카스피해까지 바이킹 교역로와 일치
했다.

　문제는 바이킹이 이런 교역 모델을 발견한 첫 집단이 아니라는 것
이었다. 이들은 지역 부족들로부터 공납을 거두며 볼가강과 돈강 교

역을 통제한 하자르족과 경쟁을 해야 했다. 하자르족은 비잔틴을 우군으로 두고 있었고, 일부 학자들은 루스가 콘스탄티노플을 공격한 것은 하자르족이 비잔틴의 도움을 받아 사르켈에 요새를 건설한 것에 대한 보복이었다고 믿고 있다. 돈강 좌안에 위치한 사르켈은 하자르족이 아조우해의 교역을 독점하는 데 유리한 위치를 갖게 해주었다. 하자르족은 드니프로강 교역로에 위치한 키이우에도 전초기지를 가지고 있었다. 그러나 이들의 통제는 드니프로강 서쪽의 삼림지대에까지 미치지는 못했고, 얼마 안 있어 키이우에 대한 통제권도 잃게 되었다.

이 시기에 대해 우리가 알고 있는 것 대부분의 정보 출처인 「원초연대기」는 882년 바이킹의 여러 집단 사이에 키이우를 놓고 벌어진 투쟁에 대해 말해 주고 있다. 바이킹 두 집단의 족장인 아스콜드(Askold, 그의 무덤은 키이우에 있다)와 디르(Dir)는 연대기에 올레그(Oleg)라고 쓰인 헬기(Helgi)에게 죽임을 당했다. 그는 키이우를 정복했고, 알려진 바로는 오늘날 러시아 북쪽에 있는 노브고로드(벨리키 노브고로드, 대노브고로드라는 뜻)를 이미 지배하고 있던 로리크(Rorik, 연대기에는 루리크Rurik라고 쓰임) 가문을 대신해 키이우를 점령한 것으로 알려졌다. 불분명한 연대 기록을 포함해 이 이야기의 상세한 내용에 대해서는 의문을 제기할 수 있고, 당연히 의문을 제기해야 하지만(연대기 작가는 후세의 비잔틴 자료를 이용해 이야기의 상당 부분을 재구성했다), 이 전설은 오늘날 벨리키 노브고로드와 키이우 사이 동유럽 삼림지대를 바이킹의 한 집단이 실제로 차지했다는 사실을 말해 주고 있다.

현존하는 대부분의 문헌은 이 지역을 '바랑기아족으로부터 그리스인으로 가는' 지역이라고 지칭하고 있지만, 최근의 연구에 의하면 실제로 이런 교역로가 존재했다 하더라도 10세기 후반까지는 기능을 하지 못했고, 일부 구간은 다른 구간보다 더 활발하게 이용되었다는 것을 보여준다. 일부 학자들은 이 대신에 드니프로강-흑해 교역로라는 말을 쓰는 것을 선호한다. 바이킹이 이 단축된 교역로를 사용한 첫 집단이 아니었어도 볼가강의 '사라센 교역로'에서 점증하는 문제에 부닥친 바이킹이 이 교역로를 재건한 것은 분명하다. 9세기 동안 하자르 공국 내에서 벌어진 혼란으로 볼가강 교역로는 덜 안전하게 되었다. 거의 같은 시기에 아랍 세력이 지중해로 진출하면서 비잔틴 제국과 남유럽 사이의 교역도 방해를 받았다. 하자르족은 흑해와 아조우해를 통해 진행되는 콘스탄티노플과 중동의 교역에 중개인으로 나서서 동맹인 비잔틴 제국(그리고 자신도)에 도움을 주려고 했다. 비잔틴 제국에 북쪽 교역로는 새로운 중요성을 띠게 되었고, 헤로도토스 시기 이후 어느 때보다 더 중요해졌다. 이 시기가 되자 남부로 운송되는 주요 산품은 더 이상 우크라이나 삼림-스텝 지역에서 생산되는 곡물이 아니라 더 북쪽 지역에서 얻어지는 노예, 꿀, 밀랍, 모피 등이었다. 이것을 팔고 바이킹이 가져오는 가장 값비싼 물품은 비단이었다. 루스 바이킹은 911년 처음으로 이후 944년 비잔틴과 조약을 맺어 비잔틴 제국과의 교역에서 특권을 보장받았다.

비잔틴 황제 콘스탄티누스 7세 포르피로게니투스는 두 번째 조약이 체결된 얼마 후인 950년경에 쓴 『제국의 행정에 대해』(De administrando imperio)라는 책에서 슬라브족들로부터 나오는 상품을 바이킹이 통제한다고 썼다. "11월이 시작되면 이 부족장들은 모든 루스와 함께 키이우를 떠나서 순회(poliuddia)에 나선다. 다시 말해 루스에 공납을 바치는 슬라브족인 베르비아족(Vervians), 드라고비치아족(Dragovichians), 크리비치아족(Krivichians), 세베리아족(Severians)과 나머지 슬라브족을 순회하며 공납을 걷는 것이다. 일부 부족은 이에 순응했고, 다른 부족들은 반기를 들었다. 드니프로강 우안에 거주하고 한때 키이우를 통제했던 데레블랸족은 바이킹에게 '각 사람당 담비 가죽 하나'를 공물로 바쳤다. 그러나 해가 갈수록 이러한 공물이 늘어나자 데레블랸족은 반란을 일으켰다.

데레블랸족이 일으킨 반란과 이것이 진압된 과정을 서술한 「원초 연대기」는 10세기에 바이킹 공후들이 지배했던 키이우 세계를 들여다볼 수 있는 아주 이른 기회를 제공해준다. 「원초 연대기」에 따르면 데레블랸족은 헬기의 후계자인 잉그바르(Ingvar)라는 이름을 가진 지도자를 공격해 죽인다. 그는 키이우 연대기에 이호르(Ihor)라고 알려져 있다. 연대기에는 데레블랸족의 반란을 설명하며 이렇게 적었다. "데레블랸족은 *그가*… 다가오고 있다는 소식을 듣고 자신들의 공후인 말(Mal)과 상의를 하며 이렇게 말한다. '늑대가 양떼에게 올 때 늑대를 죽이지 않으면, 늑대는 양을 한 마리씩 끌고 가 양떼 전체를 잡아먹습니다. 그래서 만일 우리가 그를 지금 죽이지 않으면, 그는 우리 모두를 죽일 것입니다." 데레블랸족은 계획한 대로 실행해서 잉그바르를 죽였다. 그런 다음 이들은 더 대담한 일을 했다. 데레블랸 족장인 말은 잉그바르의 미망인인 헬가(Helga)에게 청혼한 것이다. 그녀가 슬라브, 특히 우크라이나 역사 전통에서 차지하는 중요성을 고려해 그녀를 우크라이나어 이름인 올하(Olha, 러시아어로는 올가Olga)로 부른다. 연대기 작가는 잉그바르의 어린 아들 스뱌토슬라우(스칸디나비아어로 스베이날트)에 대한 통제권을 얻기 위해 말이 이런 제안을 했다고 기록했다.

이 이야기는 바이킹 신하들과 지역 슬라브 엘리트가 단순히 공납 문제로 충돌한 게 아니라 바이킹이 교역을 통제하고 이 지역 전체를 통제하는 문제를 놓고 싸운 것이었다. 말은 단순히 올하의 남편이 아니라 통치자로서 잉그바르의 자리를 차지하려고 한 것이다. 그러나 올하는 속임수를 써서 말과 그의 신하들을 키이우 성으로 초대해 이들을 산 채로 불태워 죽였다. 이들이 타고 온 배에 불을 질러 목적을 달성했다고 전해진다. 그런 다음 그는 데레블랸족 엘리트 중 다른 중매쟁이들을 불러 그들도 죽였는데, 이번에는 목욕탕에서 질식시켜 죽였다. 올하는 손님들에게 몸을 씻고 오지 않으면 만나지 않겠다고 말했다. 데레블랸족은 스칸디나비아 증기탕이 얼마나 뜨거운지를 모르고 있었던 것 같았다. 증기탕은 곧 아주 뜨거워지고, 이들은 모두 증기에 데어 죽었다.

배와 증기탕 모두 노르드(Norse) 문화에 중요한 요소라는 사실은 이 전설이 스칸디나비아에서 전해져 내려온 것임을 보여준다. 루스와 스칸디나비아의 장례식에는 망자를 배에서 화장하는 관습이 있었다. 그러나 이 이야기는 키이우에서 바이킹 세력이 약했다는 것도 알게 해준다. 말을 산 채로 태워 죽이기 전에 올하는 키이우 주민들이 자신을 편들 것을 알고 있었다. 그녀의 요구에 의해 아무 의심도 하지 않은 말과 그의 수행원들은 말을 타거나 걸어서 올하의 성에 오기를 거부하고, 지역 주민들이 자신들을 배에 태우도록 했으며, 키이우 주민들은 이러한 요구에 격분했다. 연대기에 의하면 이들은 "노예가 우리의 운명이다"라고 한탄했다고 한다. 올하는 데레블랸족 군대를 들판에서 대적하기 전, 속임수를 써서 세 집단의 지도자를 죽인 것이다. 나머지 데레블랸족 군대를 물리치고 이들의 요새를 점령할 수 없었던 올하는 다시 한 번 속임수를 써서 요새를 불태웠다. 바이킹이 키이우에서 압도적 세력을 유지하고 있었다면 이렇게 할 필요가 없었을 것이다.

올하의 아들인 스뱌토슬라우는 우리가 처음으로 외모에 대한 서술을 접할 수 있는 키이우 통치자다. (키이우 연대기 작가는 올하가 지혜로울 뿐만 아니라 미모가 뛰어났다고 서술했지만, 그녀를 서술한 더 이상의 자료는 없다.) 960년대 초 어머니로부터 권력을 이어받은 스뱌토슬라우를 만난 비잔틴 연대기 작가인 부사제 레오는 스뱌토슬라우의 외모를 기술했다. 그는 보통 키에 넓은 어깨를 했고, 턱수염은 깎았지만 무성한 콧수염을 길렀다. 그는 머리도 깎았지만 귀족의 표시로 머리카락 한 가닥만 남겨 놓았다. 스뱌토슬라우는 푸른 눈에 짧고 넓은 코를 가지고 있었다. 그는 단순한 흰색 상의를 입고 있었다. 루비 보석 하나와 두 개의 진주로 장식한 귀고리 한쪽만이 그의 높은 지위를 보여주는 상징이었다. 971년 7월 레오가 비잔틴 황제인 요한 치미스체스를 수행해 불가리아 원정에 나섰을 때 두 사람은 만났다.

스뱌토슬라우가 비잔틴 황제를 만난 시점은 그의 군사 경력의 절정이 아니라 침체기였다. 그는 어머니인 올하가 데레블랸족과 전쟁을 벌이면서 군사 경험을 쌓기 시작했다. 드디어 올하가 자신의 병력을 모아 들판에서 반란을 일으킨 데레블랸족과 싸우게 되자 어린 스뱌토슬라우는 전투를 시작하는 영예를 받았다. "양측 군대가 전투 준비를 끝내자 스뱌토슬라우는 자신의 창을 앞으로 던졌지만 아직 어렸기 때문에 그의 창이 말의 귀를 스치고 그의 발에 걸렸다"라고 연대기 작가는 기록했다. 그러자 스베이날트와 아스문트(올하 군대의 바이킹 사령관)는 "왕자께서 전투를 시작하셨다. 장군들이여, 왕자의 뒤를 따라 공격하라"라고 말했다. 스뱌토슬라우는 전사로 자라났고, 자신의 가신들과 함께 병사생활의 어려움을 겪으며 원정 때는 말안장을 베개 삼아 잠을 잤다. 부사제 레오는 스뱌토슬라우가 부하들과 함께 노를 젓는 것을 보았고, 그는 단지 좀더 깨끗한 상의를 입고 있어서 눈에 띄었다.

960년대 초 완전한 권력을 잡은 다음 972년 아마 30세의 나이로 사망할 때까지 짧은 재위 기간에 스뱌토슬라우는 성공적인 군사 원정을 수없이 해냈다. 일부 학자에 따르면, 10세기 후반 루스 바이킹은 중앙아시아 은광이 수십 년간 채취 끝에 바닥을 드러내고, 중앙아시아 은화가 더 이상 사용되지 않으면서 입을 손실을 만회하기 위해 교역보다는 전쟁을 주로 수행했다고 보고 있다. 첫 원정에서 스뱌토슬라우는 하자르족에 여전히 통치되고 있는 마지막 동슬라브족 통제권을 확보했다. 이 부족은 오늘날 모스크바 인근을 포함한 지역인 오카 강변에 거주하고 있던 뱌티키아족이었다. 이 과업을 달성한 스뱌토슬라우는 하자르족 자체를 전투 상대로 삼았다. 그는 두 번째 원정에서 돈강 지역의 하자르족 요새인 사르켈을 점령하고 이곳을 루스의 전초기지로 삼았다. 그다음 하자르족의 수도인 볼가 강변의 이틸을 공격하고 하자르족의 가신인 볼가 불가르족을 격파했다. 이제 하자르 칸국은 더 이상 존재하지 않았다. 슬라브족들의 충성을 놓고 경쟁한 하자르족과 바이킹의 경쟁은 완전히 끝났고, 이제 이들 모두 키이우의 종주권을 인정했다.

　그러나 스뱌토슬라우는 수도인 키이우에 오래 머물지 않았다. 그는 사실 수도를 다뉴브 강변으로 옮기려고 했다. 이 생각은 960년대 말 그가 비잔틴을 상대로 발칸 원정을 하는 동안 머리에 떠올랐다. 연대기 작가는 스뱌토슬라우가 다뉴브 강변으로 수도를 옮기려고 한 이유가 그의 땅에서 나오는 거의 모든 물자가 다뉴브강을 통해 운송되기 때문이라고 설명했다. 그는 단순한 땅의 정복을 떠나 당대의 가장 중요한 교역로를 장악하려는 생각을 했던 것 같다. 키이우 왕좌를 차지했던 두 전임자인 헬기(올레흐)와 잉그바르는 부유한 비잔틴 시장과 교역하는 루스 상인들에 대한 특권적 대우를 확보했다. 전설에 따르면 헬기는 자신의 방패를 콘스탄티노플 성문에 자신의 창을 못으로 막은 것으로 알려졌다. 그는 콘스탄티노플을 점령하지는 않았지만, 비잔틴 황제로부터 교역과 관련한 소중한 양보를 얻어 냈다.

　스뱌토슬라우는 비잔틴 대신에 발칸을 공격했다. 그는 비잔틴의 적인 발칸 불가르족을 공격하는 대가로 비잔틴으로부터 자금을 받았다. 비잔틴은 스뱌토슬라우가 정복한 그 땅을 자신들에게 넘길 것으로 생각했으나 그는 그렇게 하지 않았다. 그래서 비잔틴은 폰트 스텝에 나타난 새로운 유목민인 페체네그족을 매수해 키이우를 공격하게 했다. 스뱌토슬라우는 페체네그족을 물리치기 위해 키이우로 귀환해야 했다. 그러나 그는 969년 다시 불가리아에 돌아왔다. 그 다음 해 그는 콘스탄티노플에서 150마일도 떨어지지 않은 현재의 에디르네인 비잔틴 도시 아드리아노플을 포위했다. 비잔틴 궁정은 크게 당황해 최고 지휘관을 보내 포위망을 뚫도록 했다. 비잔틴 황제는 곧 불가리아로 직접 진군해 스뱌토슬라우의 잔여 군대를 포위했고, 스뱌토슬라우는 포위를 풀고 후퇴할 수밖에 없었다.

부사제 레오는 스뱌토슬라우가 비잔틴 황제 요한 치미스체스를 처음이자 마지막으로 만나는 장면을 목격했다. 비잔틴을 상대로 전쟁을 일으키지 않고 불가리아를 떠나, 크림 반도 남부에 대한 영유권을 주장하지 않는 조건으로 황제는 스뱌토슬라우와 그의 군대가 안전하게 귀환하는 것을 보장했다. 이것이 스뱌토슬라우의 마지막 군사 원정이 되었다. 그는 키이우로 귀환하는 도중에 사망했다. 그와 부하들은 드니프로강 급류 지역 부근에서 배에서 내렸다. 지금은 물 아래 가라앉은 40마일 길이의 폭포는 1930년대 초 거대한 댐이 건설될 때까지 항해에 큰 장애가 되었다. 항해자들은 더 큰 급류를 돌아 배를 육상 운송하는 것 외에 다른 선택이 없었다. "루스가 강둑에 배를 대고, 배를 끌어 올려 어깨에 메고 육상 운송을 할 때 페체네그족이 그들을 공격했다. 루스는 두 가지 일을 동시에 할 수 없었기 때문에 쉽게 격파당하고 몸이 갈기갈기 찢겼다"라고 스뱌토슬라우가 죽은 지 25년도 안 된 시기에 콘스탄티누스 7세 포르피로게니투스 황제가 이렇게 기록했다.

급류 부근에서 하선한 것이 페체네그족에게 스뱌토슬라우를 공격해 죽일 기회를 준 것이다. 페체네그 족장은 스뱌토슬라우의 해골로 컵을 만들었다는 이야기가 있다. 요한 치미스체스 황제가 페체네그족에게 정보를 알려주고 이 공격을 배후에서 조정했다는 소문이 돌았다. 그러나 스뱌토슬라우가 드니프로 강둑에서 죽은 것은 그나 앞선 통치자들이 해결하지 못한 더 큰 문제를 보여준다. 키이우와 그 북쪽 삼림 지역에서 아무리 많은 권력을 쌓아도 이들은 스텝 지역을 완전히 통제할 수 없었고, 스텝을 지나가는 안전한 통로조차 확보할 수 없었다. 이것은 키이우 통치자들이 흑해 북쪽 연안을 확보해 지중해 세계가 제공하는 경제, 문화 기회를 완전히 활용하는 것을 불가능하게 만들었다. 하자르족을 격파한 것만 가지고는 바다로 나가는 길을 여는 데 충분하지 않았다.

역사가들은 스뱌토슬라우를 '마지막 바이킹'으로 간주한다. 실제로 그의 군사 원정과 비잔틴 제국 그리고 중유럽 도시들 간의 무역을 통제하기 위해 키이우를 버리고 새 수도로 옮겨간다는 생각은 앞선 통치자들이 만들고 자신이 군사적 노력으로 확장한 통치 영역을 관리하는 데 큰 관심이 없었다는 것을 보여준다. 스뱌토슬라우의 죽음으로 우크라이나에서 바이킹 시대는 막을 내렸다. 바랑기아족 가신들이 키이우 역사에서 여전히 중요한 역할을 수행했지만, 스뱌토슬라우의 후계자들은 외국 용병에 대한 의존도를 줄이려고 노력했다. 이들은 다른 사람의 통치 영역을 정복하기보다는 자신의 통치 영역을 다스리는 데 집중하게 되었다.

제4장 비잔틴 북쪽

루스 공후들이 드니프로강에 나타났다는 첫 소식에서부터 우리는 이들이 비잔틴 제국에 끌렸다는 것을 들었다. 훈족과 고트족이 로마 제국에 끌린 것과 같은 방법으로 바이킹 상인 전사들은 비잔틴 수도인 콘스탄티노플에 끌렸다. 그곳에는 세속적 풍요와 권력, 지위가 있었다. 바이킹은 비잔틴 제국을 정복하려고 한 적은 없었지만, 가능한 한 비잔틴 제국과 그 수도 가까이 가려고 애썼으며 콘스탄티노플을 점령하기 위해 원정에 많이 나서기도 했다.

972년 스뱌토슬라우의 죽음은 루스 역사와 강력한 남부의 이웃 국가인 비잔틴과의 관계에서 중요한 한 시대의 막을 내렸다. 이후 두 세대에 걸친 키이우 통치자들에게 콘스탄티노플과의 연대를 맺는 것은 스뱌토슬라우 때만큼 중요했다. 그러나 스뱌토슬라우의 후계자들은 돈과 상업뿐만 아니라 비잔틴이 방출하는 권력, 특권, 고급문화에도 관심이 컸다. 앞선 통치자들이 시도한 것처럼 보스포루스 해협에 있는 콘스탄티노플을 정복하는 대신 그들은 이것을 드니프로 강변에 재창조하기로 결정했다. 비잔틴 그리스인들과의 관계에서 이러한 전환과 키이우 공후들의 새로운 기대는 스뱌토슬라우의 아들인 볼로디미르와 그의 아들인 야로슬라우 때 표면화되었다. 두 통치자는 키이우 영역을 50년 이상 통치했고, 키이우를 진정한 중세국가로 전환시켰다는 평가를 종종 받는다. 좀더 분명하게 정의된 영토, 정부체제, 그리고 가장 중요한 것은 이념을 갖춘 국가가 탄생한 것이다. 이념의 많은 부분은 비잔틴으로부터 왔다.

키이우의 공후인 스뱌토슬라우의 아들 볼로디미르는 아버지보다 덜 호전적이지만 야망은 더 컸고, 자신의 목표를 달성하는데 좀더 많은 성공을 거두었다. 아버지가 드니프로강 급류 지역에서 사망했을 때 15세였던 볼로디미르는 왕권을 노리던 형제들이 있었다. 그러나 스칸디나비아인들의 새로운 이주 물결로 그는 왕권에 수월하게 다가갈 수 있었다. 형제 중 한 명에게서 키이우 왕권을 빼앗기 전까지 그는 5년 이상을 자신 부족의 오래전 고향인 스칸디나비아에서 망명객으로 지내야 했다. 그는 새로운 바이킹 군대와 함께 루스로 돌아왔다. 키이우 연대기 작가는 볼로디미르가 키이우를 장악한 다음, 그의 병사들이 금전적 보상을 요구했다고 전한다. 볼로디미르는 지역 부족들로부터 공납을 거두어 이들에게 준다고 약속했지만, 이 약속을 지킬 수 없었다. 대신에 그는 바이킹 지휘관들에게 스텝 변경 지역에 만든 요새의 행정을 맡겼고, 나머지 병력은 비잔틴을 향한 원정에 나서게 했다. 그는 자신의 주민들에게 이 부대를 마을에 받아들이지 말고 그들이 되돌아오는 것을 막으라고 명령했다.

볼로디미르가 권좌에 오른 후 바이킹 병력은 그의 군대에 핵심을 이루었지만, 「원초 연대기」 작가는 통치의 중요한 양상이 된 그와 가신들 사이에 놓인 긴장의 심각성을 서술하고 있다. 바이킹의 '두 번째 도래'는 첫 번째 도래와 많이 달랐다. 이번에 그들은 교역자나 통치자가 아니라 바이킹 출신 배경을 가진 통치자의 용병으로 온 것이었다. 볼로디미르의 1차적 충성 대상은 바이킹이 아니라 자신의 왕국(realm)이었다. 그는 다뉴브강 연안으로 수도를 옮길 생각을 하지 않았다. 그는 드니프로강이 제공하는 기회에 만족했다. 볼로디미르는 결국 바이킹 가신들의 큰 권력뿐만 아니라 토착 부족 엘리트들의 영향력을 제거하는 데 성공했다. 그는 자신의 아들들과 일가친척들로 하여금 제국의 각 영역 행정을 맡게 하는 방법으로 이들을 제어했다. 이것은 또한 키이우의 후원을 받는 여러 공국들이 부상할 수 있는 기초를 마련했다. 바이킹 시대는 바이킹의 이름을 딴 루스 땅에서 막을 내리게 되었다. 이러한 변화는 「원초 연대기」에 그대로 서술되었다. 연대기 저자들은 공후들의 가신이 바이킹, 현지 슬라브인 우그로-핀족 출신으로 구성되었다고 서술했다. 첫 두 집단의 집합적 명칭은 루스였지만, 시간이 지나면서 이 명칭은 공후의 모든 가신과 모든 계층의 신민들, 최종적으로는 그가 통치하는 땅을 지칭하게 되었다. '루스'와 '슬라브'라는 용어는 10세기와 11세기에 혼용되었다. 「원초 연대기」뿐만 아니라 당대 비잔틴 자료를 읽는 사람은 이러한 인상을 받을 수밖에 없었다.

볼로디미르는 980년 루스 왕좌에 올랐다. 통치 첫 10년 동안 그는 선왕들이 만들어놓은 왕국이 분열되지 않고 확실히 통합되도록 전쟁을 벌였다. 스뱌토슬라우의 발자취를 따라 그는 하자르족, 볼가 불가르족을 격파하고 오카강 유역의 뱌티키아족에 대한 종주권을 다시 세우고, 서쪽으로는 카르파티아 산맥 쪽으로 진군해 오늘날 폴란드와 우크라이나 경계에 있는 페레미실(프셰미실)을 포함한 여러 개의 요새를 폴란드인들로부터 빼앗았다. 그러나 볼로디미르가 가장 걱정한 것은 남쪽 경계였다. 이곳의 루스 정착지들은 페체네그족과 다른 유목 부족의 끊임없는 공격에 시달리고 있었다. 볼로디미르는 술라강과 트루비즈강을 포함한 그 지역의 강을 따라 요새를 구축해 방어선을 강화했다. 그는 이곳에 전쟁 포로들과 다른 왕국의 신민들을 정착시켰다. 정복으로 탄생한 루스는 이제 다른 국가의 국경을 공격하는 대신 자신의 국경을 방어하며 안정을 추구했다.

볼로디미르 통치 아래서 키이우의 대(對) 비잔틴 관계도 변했다. 그의 선왕인 헬기는 교역 특혜를 얻기 위해 비잔틴에 군대를 보낸 것으로 알려졌고, 스뱌토슬라우는 발칸 지역에서 새 영토를 얻기 위해 군대를 파견했지만, 볼로디미르는 989년 봄 사랑이 아니라 결혼을 위해 크림 반도를 침공했다. 그는 비잔틴의 도시인 헤르소네수스를 포위하고 비잔틴의 바실 2세 황제 여동생과의 결혼을 요구했다. 몇 년 전 바실 2세는 볼로디미르가 자신을 돕기 위해 군대를 파견하면 동생 안나와 결혼시켜주겠다고 약속했다. 그러나 바실 2세는 자신의 약속을 지키려고 서두르지 않았다. 한쪽 뺨을 맞은 볼로디미르는 다른 쪽 뺨을 내미는 대신 비잔틴 제국을 공격한 것이다. 그의 전술은 효과가 있었다. 헤르소네수스가 볼로디미르에게 점령당했다는 소식을 들은 바실 2세는 여동생 안나를 크림 반도로 보냈다. 그녀는 많은 기독교 사제들이 포함된 수행단을 이끌고 크림 반도에 도착했다.

볼로디미르의 청혼은 야만족 족장(콘스탄티노플은 키이우 통치자를 이렇게 보았다)인 그가 기독교를 받아들이는 조건으로 수락되었다. 볼로디미르는 이 조건을 따랐다. 그가 세례를 받으면서 키이우

성 볼로디미르 교회
볼로디미르 대공은 비잔틴의 바실 2세 황제의 여동생 안나와
결혼하고 자신도 세례를 받고 공국에 기독교를 수용했다. 그가 세례를
받으면서 키이우 루스의 기독교 수용 역사가 시작되었다.

루스의 기독교 수용 역사가 시작되었다. 이 지역 역사의 새 장이 열린 것이다. 일행이 키이우로 가서 결혼식을 올린 직후 볼로디미르는 가장 강력한 천둥의 신 페룬을 포함한 원시 신앙 신들을 숭배하는 드니프로강 언덕 위의 신전을 파괴하고, 기독교 사제들이 키이우 주민들에게 세례를 하도록 주선했다. 루스의 기독교화가 시작되었지만, 이것을 완수하는 데 몇 세기가 걸린 길고도 험난한 과정이었다.

　루스의 세례에 대한 우리의 주 정보 출처인 키이우 연대기는 이슬람교도인 불가르인, 유대교를 신봉하는 하자르인, 로마 교회를 대표하는 독일인, 비잔틴 기독교 대표로 말을 한 그리스 학자 모두 종교 선택에 대해 볼로디미르를 귀찮을 정도로 설득했다고 적고 있다. 연대기에 서술된 신앙 선택 이야기는 여러 면에서 순진한 모습을 보인다. 그러나 이 이야기는 볼로디미르가 택할 수 있던 대안적 종교를 말해 주고 있고, 실제로 그는 여러 종교를 놓고 저울질했다. 볼로디미르는 그 지역에서 가장 강한 국가인 비잔틴 제국의 종교를 선택했고, 비잔틴에서는 통치자가 중요한 기독교 지도자이고, 실제로는 총대주교보다 더 중요한 인물이었다. 기독교를 선택한 볼로디미르는 비잔틴 황제 가문과 인척이 되었고, 이것은 그의 가문과 왕국의 지위를 바로 격상시켜 주었다. 볼로디미르가 기독교 이름을 택한 것은 그가 기독교를 수용한 이유에 대해 추가적 설명의 실마리를 제공해 준다. 그는 비잔틴 황제와 같은 바실이라는 이름을 택해 자신의 왕국이 모방할 정치, 종교 모델을 비잔틴에서 찾았다는 것을 보여주었다. 한 세대 후 키이우 대주교 일라리온 같은 키이우 지식인들은 볼로디미르와 루스의 세례를 로마의 콘스탄티누스 황제와 그가 기독교를 로마 제국의 공식 종교로 채택한 것에 비유했다.

비잔틴의 정치와 기독교 엘리트들이 볼로디미르가 '올바른 선택'을 하도록 도와준 것은 분명하다. 그들은 결혼에는 찬성하지 않았지만 키이우의 기독교 개종을 기뻐했다. 비잔틴은 860년 루스 바이킹이 콘스탄티노플을 공격한 직후부터 키이우에 선교사를 파견했다. 당시 바이킹 공격에 대한 상세한 기록을 남긴 콘스탄티노플 총대주교 포티우스는 자신의 제자 중 가장 뛰어난 선교사인 테살로니카 출신 키릴을 크림 반도로 보내고, 다음으로 하자르 칸국에 보냈다. 형인 메토디우스와 함께 키릴은 기독교 원전을 슬라브 언어로 번역하기 위해 글라골 문자를 만들었다. 두 사람은 후에 슬라브족의 사도라고 불렸고, 성인으로 시성되었다. 키이우 통치자들을 기독교로 개종시키려는 노력은 볼로디미르 개종 훨씬 이전부터 시도되었다. 볼로디미르의 할머니인 올하는 키이우의 최초 기독교 통치자이자 최초 여성 개종자라고 알려졌고, 개종 후 헬렌이라는 기독교 이름을 채택했다. 비잔틴 엘리트들은 기독교를 전파하는 것 외에 '야만적' 지도자들과 주민들에게 영향력을 행사하기 시작했다. 이들은 내세울 만한 족보도 없고 고상한 고급문화도 없는 상태에서 파괴적인 힘만 가지고 있었다.

볼로디미르의 개종 후 콘스탄티노플 총대주교는 루스 대주교좌를 설치했다. 이것은 주교나 대주교가 거주하게 될 도시 이름이 아니라 주민의 이름을 딴 몇 안 되는 기독교 교구 중 하나였다. 총대주교는 루스 교회를 이끌 대주교 임명권을 보유했고, 대주교로 임명된 사람은 대부분 그리스인이었다. 대주교는 주교 임명권을 행사했는데, 이들 대부분은 지역 엘리트 출신이었다. 비잔틴 계율을 수용한 첫 수도원들도 세워졌다. 키이우 루스의 표준 문어인 교회 슬라브어

(Church Slavonic)가 그리스 경전을 지역 엘리트들이 읽을 수 있게 만든 번역의 도구 역할을 했다. 볼로디미르는 사제의 권리와 지위를 정의하는 규정을 만들었고, 수입의 십분의 일을 교회에 바쳤다. 키이우 루스에서 기독교는 최상부로부터 서서히 사회계층 사다리를 타고 아래로 전파되었고, 중앙으로부터 강과 교역로를 따라 변방으로 퍼져갔다. 일부 오지, 특히 북부 루스 지역에서 원시 신앙 사제들은 몇 세기 동안이나 이 새 종교를 거부했다. 그런 곳까지 들어간 키이우 선교사들은 12세기까지 죽임을 당하기도 했다.

볼로디미르의 선택은 그의 왕국과 동유럽 역사 전체에 큰 영향을 남겼다. 새 루스 국가는 비잔틴과 계속 전쟁을 하는 대신에 유일하게 남은 기독교 제국이자 로마 제국의 계승자와 동맹관계에 들어섰고, 이로 인해 지중해 세계의 정치, 문화 영향에 문을 열었다. 볼로디미르가 루스를 기독교 세계로 인도하고 동방 기독교의 일부가 되게 만든 것은 운명적 선택이었던 것으로 드러났다. 이 선택의 많은 결과들은 1000년대에 들어서는 그 시기뿐만 아니라 오늘날에도 아주 중요한 역할을 하고 있다.

루스에 기독교를 도입한 것은 볼로디미르였지만, 이것이 루스의 정치, 경제, 국제관계에 의미하는 것이 무언인지를 정의하고, 비잔틴 황제가 이끄는 기독교 국가 공동체에서 루스의 위치를 확립하는 것은 그의 후계자들의 몫이었다. 볼로디미르의 후계자 중 이러한 과업을 수행하는 데 가장 중요한 역할을 수행한 것은 그의 아들 야로슬라우였다. 역사에 야로슬라우의 할아버지인 스뱌토슬라우는 역사에 '용맹왕'(the Brave)으로 이름을 알렸고, 아버지인 볼로디미르는

'대공'(the Great)이라는 명칭을 받았지만, 야로슬라우는 '현재'(賢宰, the Wise)라는 별칭을 얻었다. 그는 또한 '입법자'(Lawgiver) 또는 '건설자'(Builder)라는 별명도 얻어서 1019년부터 1054년까지 35년 동안 지속된 그의 통치에서 이룬 업적을 알 수 있게 해준다. 이런 업적은 전쟁터에서 얻은 것이 아니라 평화와 문화, 국가와 민족건설 부문에서 달성한 것이다.

오래 기념되는 야로슬라우의 유산 중 하나는 대규모 건축이다. "야로슬라우는 황금의 문 근처에 거대한 키이우 성당을 건축했다" 라고 키이우 연대기 작가가 썼다. 황금의 문은 고고학자들이 야로슬라우 구역이라고 부르는 지역에 지은 성 안으로 들어오는 주요 관문이다. 야로슬라우의 황금의 문과 제국 수도의 개선문이자 관문인 콘스탄티노플 황금의 문 사이의 유사성을 발견하는 것은 어려운 일이 아니다. 키이우의 황금의 문은 석재(성을 둘러싼 성벽의 일부)로 지어졌고, 그 기단은 아직도 남아 있다. 1980년대 초반 이 황금의 문을 거의 그대로 재현한 모델이 이 기초 위에 지어졌다.

야로슬라우의 건축 프로젝트 중 가장 뛰어난 업적은 성벽 밖에 건설한 성 소피아 성당이다. 이 성당은 다섯 줄의 신도석, 다섯 곳의 앱스(apse, 교회 동쪽 끝에 있는 반원형 부분), 세 개의 주랑(柱廊), 13개의 돔으로 만들어진 건물이다. 벽은 화강암과 규암으로 만들어져 있고 벽돌 줄로 분리되었다. 성당 내부의 벽과 천장은 모자이크와 프레스코로 장식되었다. 성당 건설은 1037년 전에 완성된 것으로 추정된다. 야로슬라우는 성당의 이름뿐만 아니라 디자인 요소를 콘스탄티노플 하기아 소피아(Hagia Sophia)에서 따왔을 뿐만 아니라 건축가, 기술자, 벽돌공들을 비잔틴 제국에서 데려왔다는 것이 학자들의

야로슬라우 현재(賢宰)가 건립한 키이우 황금의 문
안드레이 보골룝스키의 블라디미르 황금의 문 건설의 모델이 되었다.
야로슬라우 현재와 안드레이 보골룝스키 모두 루스의 공후이고
비슷한 인종문화적 정체성을 가졌지만, 이들의 건축 프로젝트는
루스 땅에 대한 이들의 다른 충성을 보여준다.

정설이다. 그는 단지 키이우의 성벽과 교회뿐만 아니라 왕국의 수도를 루스가 본 도시 중 가장 아름답고 강력한 콘스탄티노플을 모델로 만들었다.

키이우 연대기 작가는 야로슬라우가 교회를 건설하고 기독교를 지원한 것 외에 교육과 학문을 증진한 것을 높이 평가하고 있다. "그는 책을 가까이해 밤낮을 가리지 않고 늘 독서를 했다. 그는 많은 필사본을 수집하고, 그리스어 원전을 슬라브어로 번역시켰다. 그는 진정한 신앙자들이 교육받을 수 있는 많은 책을 수집하고 종교 교육을 즐겨 받았다"라고 연대기 작가는 썼다. 야로슬라우 치세 때 키이우 루스의 문학활동(문자 교육, literacy)이 시작되었고, 키릴과 메토디우스가 그리스어 경전을 슬라브인들에게 맞게 번역하려고 특별히 고안된 문자로 쓰인 교회 슬라브어가 사용되었다. 교사, 경전, 언어 자체가 불가리아에서 들어왔다. 불가리아 통치자들은 키이우 통치자보다 먼저 기독교를 수용했다.*

야로슬라우 통치 시기에 경전 텍스트가 강독되었을 뿐 아니라 키이우에서 번역되었다. 키이우에서 쓰인 원전도 나오기 시작했다. 야로슬라우가 임명한 대주교 일라리온이 1037년에서 1054년 사이에 쓴 「계율과 자비에 대한 설교」는 이러한 원전 중 대표적인 예다. 이

---

* 862년 모라비아 공후 로스티슬라우는 비잔틴 황제 미하일 3세에게 선교사 파견을 요청했고, 키릴과 메토디우스가 863년 모라비아에 도착해 선교활동을 시작했다. 키릴과 메토디우스는 성서 등 선교 자료 번역을 위해 모라비아로 출발하기 전 글라골 문자를 만들었다고 전해진다. 키릴과 메토디우스 사후 가톨릭 세력에 밀려 판노니아를 거쳐 불가리아로 온 제자들은 보리스 국왕의 후원 아래 키릴 문자를 만들고 활발하게 성서와 기독교 경전을 번역했다.

설교서는 최근에 기독교화한 루스를 기독교 국가 가족에 포함시키는 데 도움을 주었고, 앞에 언급한 대로 볼로디미르 대공을 콘스탄틴 황제와 비교했다. 또 다른 중요한 발전은 키이우에서 역사 저술이 시작된 것이다. 대부분의 학자는 첫 키이우 연대기가 야로슬라우 통치기인 1030년대에 아마도 성 소피아 성당에서 쓰인 것으로 믿고 있다. 후세에 가서야 연대기 작성작업은 야로슬라우 치세 말기에 비잔틴 수도원을 모델로 만들어진 동굴수도원에서 진행되었다.

키이우가 콘스탄티노플을 모방했다면, 왕국의 다른 도시들은 키이우를 모방했다. 이것이 폴라츠크와 노브고로드에 성 소피아 성당이 세워지게 된 계기가 되었다. (노브고로드에는 같은 이름을 가진 목조 성당이 세워져 있었다.) 또한 루스 북동쪽에 블라디미르가 황금의 문을 만들게 된 계기도 여기에 있다. 더욱 중요한 것은 초기 키이우가 독점했던 경전 연구와 역사 서술이 각 지역의 중심지로 퍼져나간 것이었다. 노브고로드 문인들은 곧 키이우에서 쓰인 연대기를 바탕으로 역사서를 쓰기 시작했다. 야로슬라우가 책을 사랑했을 뿐만 아니라 성과 성당을 건설하고 법을 만들었다는 것을 알게 해준 것은 노브고로드 연대기다.

야로슬라우는 권좌에 오른 다음 아버지인 볼로디미르를 대신해 자신이 공후로 봉직했던 노브고로드에 포상을 내려 이 도시가 이전에 누르지 못했던 자유를 허용했다. 이것은 야로슬라우가 키이우 왕좌를 놓고 형제들과 벌인 투쟁에서 노브고로드가 제공한 도움에 대한 감사의 표시였다. 노브고로드 연대기 작가들은 이 권리와 지위를 야로슬라우가 만든 루스 법전(Rus' Justice) 작업과 연계시켰다. 우리는 루스 법전이 실제 야로슬라우 통치 때 만들어진 것인지 정확히 알지 못한다. 아마도 이 작업은 그의 후계자들 시기에 완성되었을 가능성이 크다. 그러나 이것은 야로슬라우 시기 이전에는 도저히 이루어질 수 없는 일이었다. 그의 통치 전에 이러한 작업을 수행할 교육받은 인재들은 존재하지 않았다.

콘스탄티노플의 발자취를 따르고 비잔틴 황제들을 모방한다는 것은 정통성뿐만 아니라 일정한 수준의 독립을 얻는 것을 의미했고, 이것은 비잔틴 지도자들을 당황하게 만들 수밖에 없었다. 우리는 야로슬라우가 비잔틴 제국을 상대로 자신의 독립성을 주저 없이 과시한 두 경우를 알고 있다. 첫째는 그가 콘스탄티노플이 파견한 고위 성직자 대신 루스 출신인 「계율과 자비에 대한 설교」의 저자 일라리온을 루스 대주교로 승격해 임명한 사건이다. 이 경우 야로슬라우는 비잔틴 황제들이 자신의 교회에서 한 일을 모방한 것이지만, 그의 결정은 스스로 루스 대주교 임명권을 가진 콘스탄티노플 총대주교의 권위에 대한 도전이었다. 일라리온의 대주교 임명은 루스 교회 자체 내에서도 논쟁거리가 되었고, 1054년 야로슬라우 사후 루스는 옛 관습을 복원해서 콘스탄티노플은 일라리온의 후계자를 키이우에 직접 파견했다.

야로슬라우는 1043년 콘스탄티노플에 대한 직접적 도전을 제기했다. 그해에 그의 아들 중 한 명이 이끄는 루스 선단이 콘스탄티노플에 접근해 자금을 요구했고, 요구가 받아들여지지 않으면 공격하겠다고 위협했다. 비잔틴과 거래를 하면서 바이킹 방식으로 되돌아간 이유는 분명하지 않다. 키이우에 콘스탄티노플을 건설하는 야로슬라우의 프로젝트에 돈이 너무 많이 들어가서 그가 재정적 위기에 처한 것인가? 그 이유는 추측만 할 수 있을 뿐이다. 이것은 비잔틴이 과거에 한 일에 대한 불만에서 나온 행동일 수도 있고, 루스는 가볍게 볼 상대가 아니라는 것을 보여주기 위한 것일 수도 있었다. 이유가 어찌 되었건 비잔틴은 요구조건을 들어주지 않고 싸움을 택했다. 루스 선단은 비잔틴 함대를 격파했지만, 폭풍을 만나 거의 파손된 채 빈손으로 키이우로 돌아왔다. 바이킹식의 위협은 더 이상 보상을 가져다주지 않았다.

860년 루스가 콘스탄티노플을 공격한 직후 시작된, 루스를 기독교로 개종시키려는 비잔틴의 노력은 이러한 공격을 중단시키고 야만적 슬라브인과 평화적 관계를 확보하려는 것으로 해석하면, 이는 야로슬라우 치세 시기에 원하던 목적을 달성한 셈이다. 전반적으로 야로슬라우는 앞선 공후들과 다르게 비잔틴과 평화롭고 심지어 우호적인 관계를 유지했다. 그러나 종교가 이러한 평화적 관계의 주된 원인은 아니었다. 야로슬라우 통치 시기에 확장은 더 이상 루스 공후들의 핵심 목표가 아니었다. 자신들이 이미 소유한 영역을 유지하고 통치하는 것이 우선 순위였고, 비잔틴과 동맹을 유지하며 지식과 권위의 수입처로 삼는 것은 비잔틴을 적으로 상대하는 것보다 훨씬 많은 것을 제공했다.

야로슬라우 통치 시기에 루스는 기독교 국가 공동체의 정식 일원이 되었다. 후에 역사가들은 야로슬라우를 '유럽의 장인'이라고 불렀다. 그 이유는 그가 자신의 자매들과 딸들을 유럽 여러 나라의 수장과 결혼시켰기 때문이다. 야로슬라우의 아버지인 볼로디미르가 비잔틴으로부터 기독교를 수용하고, 이후 문화적 영향을 받은 것은 이러한 발전의 토대가 되었다. 볼로디미르와 달리 야로슬라우는 비잔틴 공주와 결혼하지는 않았지만, 그의 아들인 브세볼로드는 비잔틴 황제 콘스탄티누스 9세 모노마쿠스의 딸과 결혼했다. 야로슬라우는 스웨덴 국왕인 올라프 에릭슨의 딸과 결혼해 왕조의 바이킹 혈통을 다시 한 번 확인했다. 야로슬라우의 딸 옐리자베타(엘리자베스)는 노르웨이 국왕 하랄트 하르드라다의 부인이 되었다. 그의 아들 이지아슬라우는 폴란드 왕 카시미르의 여동생과 결혼했다. 카시미르는 이미 야로슬라우의 여동생과 결혼한 상태였다. 야로슬라우의 딸인 아나스타시아는 헝가리의 앤드루 공의 부인이 되었고, 또 다른 딸 안나는 프랑스의 앙리 1세와 결혼했다.

이러한 결혼 배경에 있는 정치적 이유가 무엇이었는지를 떠나 순수하게 문화적 관점에서 보면 이것은 키이우 공후들을 도운 것보다 더 많이 유럽의 통치자들에게 이익을 주었다. 안나의 경우가 이를 잘 보여준다. 그녀는 남편과 달리 자신의 이름을 읽고 쓸 줄 알았다. 이것은 키이우 연대기 작가들이 야로슬라우의 책 사랑과 교육의 증진에 대한 칭송이 과장된 것이 아니라는 것을 보여준다. 안나는 아버지인 야로슬라우에게 시집온 새로운 땅이 "집들은 어두침침하고, 교회는 더러우며, 관습은 구역질 나는 야만적 국가"라고 편지에 썼다. 앙리 1세 당시의 파리는 콘스탄티노플이 아니었지만, 더 중요한 것은 안나가 보기에 키이우의 상대가 되지 않았다는 사실이다.

제5장 키이우의 열쇠

'키이우 루스'(Kyivan Rus')라는 용어는 '비잔틴'(Byzantium)과 마찬가지로 후세에 만들어진 것이다. 이 국가에 거주하던 당시 주민들은 이런 용어를 사용하지 않았다. 19세기 학자들이 '키이우 루스'라는 용어를 만들어냈다. 현재 이 용어는 10세기부터 13세기 중반까지 키이우를 중심으로 존재했던 정치체(polity)를 의미한다. 키이우 루스는 몽골의 침입을 받고 해체되었다.

누가 키이우 루스 유산의 정통 상속자이고, 누가 키이우의 상속의 열쇠(proverbial key)를 쥐고 있는가? 이 질문들은 지난 250년간 루스에 대한 역사 저술의 상당 부분을 차지했다. 처음에 이 논쟁은 루스 공후들의 기원, 즉 이들이 스칸디나비아인인가 아니면 슬라브인인가에 집중되었다. 그러다가 19세기 중반부터 이 논쟁은 범위가 확대되어 키이우 루스에 대한 러시아와 우크라이나의 경쟁을 포함하게 되었다. 앞 장에서 자세히 서술한 야로슬라우 현재의 시신을 둘러싼 20세기의 전쟁은 이 경쟁이 얼마나 치열한지를 선명히 보여주었다.

야로슬라우는 1054년 2월 28일 사망해 자신이 지은 성 소피아 성당에 안장되었다. 그의 시신은 기독교 십자가와 대리석에 키이우 루스에는 없는 야자나무를 포함한 지중해 식물이 조각된 석관에 안치되었다. 한 설명에 따르면, 비잔틴 문화 제국주의가 구현된 석관은 한때 비잔틴 고위 관리들의 안식처였지만, 원정을 간 바이킹이나 그리스 상인에 의해 키이우에 반입되었다. 이 석관은 여전히 성 소피아 성당에 보존되어 있지만 야로슬라우 현재의 시신은 독일군이 키이우를 점령하고 있던 1943년 키이우에서 사라졌다. 일부 설명에 의하면, 이 시신은 미국의 우크라이나 정교회 고위 성직자들의 수중에 들어가서 전쟁 후 맨해튼에서 발견되었다. 일부 사람은 이것이 현재 브루클린의 성삼위일체성당에 있다고 생각한다.

야로슬라우 공의 시신이 서반구까지 옮겨간 것을 무엇으로 설명할 수 있는가? 이에 대한 답은 미국의 문화 제국주의와 아무 관련이 없고, 키이우 루스의 유산에 대한 우크라이나의 소유권 주장과 밀접히 연관되어 있다. 조국을 떠나는 우크라이나 사제들은 이 유물이 진군해 오는 소련군 수중에 떨어지지 않도록 가지고 나왔다는 것이다. 만일 이것이 키이우로 돌아가면 러시아에 귀속될 것이라는 우려가 브루클린 성당이 야로슬라우의 시신문제에 대해 우크라이나 정부 대표들과 논의하지 않으려는 이유를 설명해 준다.

야로슬라우 현재가 자신들의 뛰어난 중세 지도자라고 우크라이나와 러시아 양국 모두 주장하고 있고, 그의 이미지는 양국 화폐에도 찍혀 있다. 우크라이나 지폐는 스뱌토슬라우 공과 우크라이나 코자크 전통에 따라 우크라이나식의 콧수염을 한 야로슬라우의 모습을 담았다. 러시아 지폐에는 러시아 도시 야로슬라블(Yaroslavl)의 전설적 창시자인 그를 기리는 동상을 볼 수 있다. 이 도시는 야로슬라

야로슬라우 현재(賢宰)
우크라이나와 러시아는 야로슬라우 현재를 자신들의
탁월한 중세 지도자로 각각 주장한다. 그런 이유 때문인지
양국 화폐에는 그 이미지가 동일하게 찍혀 있다.
야로슬라우에게 입법자, 건설자라는 별명도 붙어 있는데,
그것은 1019년부터 1054년까지 35년 동안의 통치에서
그가 이룬 업적이 어떠했는지를 말해준다.

우가 사망한 17년 후 연대기에 처음 언급되었다. 러시아 지폐의 야로슬라우 모습은 이반 뇌제와 당대의 모스크바 공국 차르 스타일의 턱수염을 하고 있다.

야로슬라우는 러시아 통치자였는가 아니면 우크라이나 통치자였는가. 만일 둘 다 아니라면 그의 '진정한' 정체성과 그의 신민들의 정체성은 어떻게 되는 것인가? 야로슬라우가 죽은 후 몇십 년의 기간에 초점을 맞추는 것으로 이 질문에 대한 논의를 시작하는 것이 가장 좋다. 야로슬라우의 죽음은 왕국을 견고하게 만든 키이우 루스 역사의 한 시대를 마감하고, 새로운 시대를 열었다. 새 시대는 카롤링거 제국의 발자취를 따랐다. 이 제국을 창설한 샤를마뉴 대제가 사망한 지 1세기도 지나지 않아 제국은 많은 작은 국가들로 분열되었다. 두 제국의 쇠락과 멸망의 이유는 서로 크게 다르지 않다. 여기에는 고질적인 왕위 계승문제, 통치왕조 내부의 권력투쟁, 지역적 정치, 경제 중심지의 부상, 외부로부터의 위협과 간섭을 효과적으로 대응하는 능력의 부족이 포함되었다. 두 제국 붕괴의 장기적 결과는 근대국가의 전신이라고 간주되는 정치체의 부상이었다. 카롤링거 제국의 경우에는 프랑스와 독일, 키이우 루스의 경우에는 우크라이나와 러시아가 부상했다.

현재(賢宰)라고 불릴 충분한 이유가 있었던 야로슬라우는 자신의 사후 가족을 덮칠 문제를 미리 예견했다. 그는 자신이 왕좌에 오르기까지 얼마나 오래고 유혈 넘치는 기간이 지속되었는지를 기억했음이 틀림없다. 이 왕위 계승투쟁은 1015년 아버지인 볼로디미르가 죽으면서 시작되어 20년이 더 지난 1036년, 제국을 나누도록 강요한 형인 므스티슬라우가 죽으면서 끝났다. 이 두 죽음 사이에는 수 많은 전투와 갈등이 있었고, 야로슬라우의 많은 형제들이 이 과정에 서 죽었다. 이들 중 보리스와 흘리브는 키이우 왕좌를 빼앗긴 대신 에 성인으로 시성되고, 오늘날 순교자로 추앙받는다.* 일부 학자들 은 두 왕자가 살해된 배후에 야로슬라우가 있다고 믿고 있다. 이런 저런 이유로 야로슬라우는 죽음이 가까워오면서 아들들 사이에 골 육상쟁이 일어나는 것을 피하고자 했다.

「원초 연대기」에 따르면 야로슬라우는 각 아들들에게 자신의 공 령들을 하나씩 나누어주면서 왕국을 배분하는 유언을 남겼다. 키이 우와 노브고로드 땅뿐만 아니라 다른 공후들에 대한 종주권이 따르 는 키이우의 왕좌는 장자에게 돌아가게 되어 있었다. 다른 아들들은 그의 후원과 감독 아래 자신들의 공령을 통치하게 결정되었다. 키이 우 왕좌는 공후들 한 세대가 다 죽을 때까지 형으로부터 동생들에게 물려주기로 되어 있었다. 새로운 세대는 이 과정을 다시 시작해 장 자의 장자로부터 다시 키이우를 물려받을 수 있었다. 대부분의 학자 들은 야로슬라우 유언의 진위에 대해 의문을 제기하고 있지만, 이것 이 존재했든 아니든 간에 이러한 유언을 구성하는 문건의 존재는 야 로슬라우 사후에 지배했던 상속관행을 반영한 것이다.

야로슬라우는 사망 당시 아들 중 다섯 명이 살아 있었다. 이 가운 데 네 명은 '유언'에 언급되었다. 이 가운데 세 명만이 아버지 사후 최고 권력자의 맛을 보았다. 키이우 왕좌는 살아 있는 아들 중 장자

---

* 보리스는 형인 스뱌토폴크가 보낸 자객에게 저항하지 않고 기도를 올리며 죽 었고, 동생 흘리브도 자신을 죽이기 위해 스뱌토폴크가 부른 것을 알면서도 폭력의 복수가 이어지지 않도록 스스로 찾아가 죽임당한 것으로 알려져 있다.

인 이지아슬라우에게 돌아갔지만 그는 동생 두 명과 권력을 공유해 이들은 키이우에서 멀지 않은 체르니히우와 페레야슬라우를 통치했다. 이들은 함께 비공식적인 삼두정치를 실시했고, 이들이 내린 결정은 전설적인 루리크에 뿌리를 둔 키이우 통치 왕조인 루리크 왕조의 나머지 공후들에게 구속력을 발휘했다. 삼두정치 주인공들은 자신들의 권력에 도전한 폴라츠크(현재의 벨라루스에 있음) 공국의 지배자인 형제 한 명을 체포해 키이우 감옥에 가두었다. 이들의 수도는 연대기 작가들이 '루스 땅'(Rus' Land)이라고 부른 지역의 중심이 되었다.

이 용어는 완전히 새로운 것은 아니었다. 이것은 대주교 일라리온의 「계율과 자비에 대한 설교」에도 나왔고, 그래서 야로슬라우 현재 시대에 이미 사용된 것으로 추정할 수 있다. 이 용어는 삼두정치 주인공이 이미 죽고, 그 아들들과 조카들이 가문의 여러 계파를 두고 다툼을 벌이며, 남쪽으로부터의 공격을 막아내던 11세기 말과 12세기 초에 널리 쓰이게 되었다. 야로슬라우 현재와 비잔틴의 콘스탄티누스 9세 모노마쿠스의 손자인 볼로디미르 모노마흐는 루스 땅에 대한 충성을 표현하면서 자신의 정치 입지를 높였다. 삼두정치 주인공 중 한 공후의 아들인 그는 남쪽으로는 스텝 국경 지역에서부터 반란을 자주 일으키는 뱌티키아족이 살고 있는 북동쪽의 모스크바 인근 삼림 지역에 이르는 넓은 영역을 차지한 페레야슬라우 공국의 공후가 되었다.

모노마흐의 가장 큰 염려는 기독교 개종을 거부하고, 이들을 계몽시키려고 파견한 키이우 수도사를 때때로 살해하는 뱌티키아족이 아니라 공국 남쪽 국경 지역에서 점점 활동이 활발해지는 유목민족이었다. 루스 공후들이 페체네그족의 준동을 제압하자(야로슬라우 현재는 1036년 페체네그족을 패퇴시켰다), 더욱 공격적인 새로운 부족들이 키이우 왕국 국경 지역에 나타났다. 이들은 폴로우치아족(Polovtsians) 또는 쿠만족(Cumans)이라고 불렸고, 12세기 말이 되자 이들은 동쪽으로는 이르티슈강에서 서쪽으로는 다뉴브강에 이르는 유라시아 스텝 지역의 상당한 부분을 통제하게 되었다. 루스 공국들은 단독으로는 폴로우치아족의 공격을 막아낼 수 없었다. 이들은 힘을 모아야 했고, 누구보다 페레야슬라우 공후인 볼로디미르 모노마흐가 이를 강력히 주장했다. 연대기 작가는 그가 폴로우치아족을 상대로 한 여러 번의 성공적인 원정을 조직했다고 그를 칭송했다.

루스 땅의 단합을 강력히 촉구한 모노마흐는 공후 승계제도에 대한 개혁을 주도했다. 모노마흐의 도움으로 1097년 류베치에서 열린 회의에서 공후들은 그때까지의 불편하고 갈등을 쉽게 유발하는, 야로슬라우가 도입한 수평적 승계제도를 포기하기로 했다. 아들과 손자들이 순번으로 돌아가며 최종적으로는 키이우의 왕좌를 차지하게 만든 삼두정치의 승계제도 대신 각 공후는 자신의 공국을 직계 승계하는 방식으로 통치하는 것으로 결정했다. 야로슬라우의 장자인 이지아슬라우의 자손들은 계속 키이우 왕좌를 이어받게 되었다. 그러나 이 제도는 실제로 작동되지 않았다. 모노마흐 자신이 1113년 키이우 왕좌를 요구하면서 이 합의를 지키지 않았고, 그의 후계자들도 마찬가지였다. 1132년부터 1169년까지 40년도 안 되는 기간 동안 18명의 통치자가 키이우를 통치했고, 이것은 그때까지 키이우 루스 영역을 통치한 공후 전체 숫자보다 네 명이나 많은 숫자였다.

키이우에 나타난 공후들은 대부분은 쿠데타와 적대적 점령으로 왕좌를 차지했다. 모든 공후가 키이우를 원하는 것처럼 보였고, 기회가 있는 사람들은 모두 자신의 운을 시험해 보았다. 그러나 1169년 이 방식은 파괴되었다. 그해에 루스 공후들 중 가장 세력이 막강하고 야심이 큰 블라디미르-수즈달 공국의 보골륩스키 공후의 군대가 키이우를 차지했다. 보골륩스키 자신은 모습을 나타내지 않고 아들을 보내 전투를 치르게 했다. 키이우를 점령한 그의 군대는 3일 연속 도시를 약탈했다. 보골륩스키는 키이우로 옮겨와서 이곳을 수도로 삼으려고 하지 않았다.

보골륩스키가 클랴즈마 강변에 있는 자신의 수도인 블라디미르를 선호한 것은 12세기 루스 정치, 경제, 사회에 일어난 변화를 반영한 것이었다. 키이우와 드니프로강 중류 지역이 끊임없는 정쟁에 휘말려 있는 동안 키이우 세계의 변방에 있는 주요 공국들이 더 부유해지고 강해졌다. 현재 우크라이나 서부인 카르파티아 산맥 아래 있는 할리치 공국(갈리시아라는 이름의 근원)은 비잔틴 제국의 후원 아래 다뉴브강을 이용해 발칸 지역과 교역을 했다. 이곳의 공후들은 공국을 번성시키는 데 드니프로강 교역로를 필요로 하지 않았다. 블라디미르-수즈달 공국의 보골륩스키는 볼가강 교역을 장악하고 있던 불가르인들을 쫓아내는 데 성공했다. 북서쪽의 노브고로드는 발트 지역과의 교역으로 부를 쌓았다. 드니프로강 교역로는 여전히 존재했고, 폴로우치아족의 공격에도 불구하고 교역량은 더 증가했지만, 드니프로강 교역로는 루스에서 더 이상 유일한 교역로도 아니고 중요한 생명선도 아니었다.

지방 공후들이 점점 더 부를 쌓고 세력이 강해지자 이들은 키이우로부터의 자치나 완전한 독립을 요구하게 되었다. 이들은 키이우, 체르니히우, 페레야슬라우 인근의 전설적인 루스 땅이 아니라 아버지와 할아버지로부터 물려받은 땅을 자신들이 충성하는 주된 대상으로 삼을 이유가 충분했다. 안드레이 보골륩스키가 그런 첫 공후가 되었다. 1169년 그의 키이우 침공은 현지 주민들 기억에 깊은 상처를 남겼지만, 그는 자신이 독립적인 통치자라는 것을 충분히 보여주었다. 이 모든 것은 그가 아버지인 유리 돌고루키의 희망을 저버리고 키이우 인근의 비슈호로드를 떠나 북동쪽으로 가면서 시작되었다. 1147년 모스크바를 세운 유리 돌고루키는 구시대 사고방식을 대표했다. 모노마흐의 아들인 돌고루키는 자신의 세습유산인 수즈달 공국 땅의 일부를 떼어내 이것을 확장하고 강화했다. 그러나 그의 궁극적 목표는 키이우 왕좌였다. 그는 수즈달 공후라는 권력을 이용해 이 목표를 달성했다. 그는 키이우 공후로 죽었고, 키이우 교회 한 곳에 묻혔다.

돌고루키의 반항적 아들은 이것 중 어떤 것도 원하지 않았다. 그는 자신의 공국 수도를 수즈달에서 블라디미르로 옮기고, 이것을 클랴즈마 강변의 키이우로 만들기 위해 최선을 다했다. 안드레이 보골륩스키는 비슈호로드를 빈손으로 떠나지 않았다. 그는 성모 마리아 (Theotokos) 성상화를 가지고 왔다. 이것은 후에 블라디미르 성모로 널리 알려졌다. 키이우 지역에서 종교 유물을 블라디미르로 옮겨온 것은 보골륩스키가 루스 수도의 상징적 권력을 남쪽에서 북쪽으로 옮겨온 것에 대한 완벽한 상징이 된다. 키이우가 전(全) 루스의 대주교좌였던 것은 키이우의 중요성을 높여주었다. 자신의 통치 영역을 루스 땅의 일부라고 생각한 적이 없었던 보골륩스키는 자체 대주교좌를 원했다. 키이우 침공 7년 후인 1162년경 그는 콘스탄티노플에 사절을 보내 자신을 새 대주교로 임명해 줄 것을 청원했다. 그의 청원은 거절당했다. 이것은 새로운 대주교좌 설치를 위해 모든 준비를 마친 야심 찬 통치자에게는 큰 실망이었다. 새로 건설한 황금 돔을 가진 성모영면 교회는 키이우의 성 미하일 성당과 다르게 결국은 대주교좌가 아니라 주교좌가 되었다.

키이우에 기원을 둔 안드레이 보골륩스키의 또 다른 프로젝트는 황금의 문 건설이었다. 오늘날까지 보존되어 있는 성모영면 교회와 황금의 문은 블라디미르 공후의 야심을 상기시켜 주는 유적이다. 이전의 야로슬라우 현재와 마찬가지로 안드레이 보골륩스키는 자신의 독립성을 주장하기 위해 이미 있는 제국 수도의 상징물을 모방하려고 했다. 보골륩스키의 모방이 야로슬라우보다 한층 더 적극적이었던 것은 흥미로운 일이다. 그는 성상화, 건축양식, 건축물 이름만 키이우에서 블라디미르로 옮겨온 것이 아니라, 지역 명소의 이름도 키이우를 모방했다. 이것이 블라디미르 주변 강들의 이름이 키이우 이름과 같은 이유다. 리비드강, 포차이나강, 이르핀강이 그런 이름이다.

야로슬라우 현재와 안드레이 보골륩스키 모두 루스의 공후이고 비슷한 인종문화적 정체성을 가졌지만, 이들의 건축 프로젝트는 루스 땅에 대한 이들의 다른 충성을 보여준다. 야로슬라우는 키이우와 노브고로드까지 뻗은 그 광대한 왕국에 대한 분명한 충성을 보이며, 이런 충성이 없었던 아버지 스뱌토슬라우와 차별성을 보여주었다. 이것은 원래 충성 대상이 키이우, 체르니히우, 페레야슬라우 인근의 루스 땅이었던 볼로디미르 모노마흐와도 구별되는 것이었다. 보골룝스키는 더 넓은 루스 영역 내에서 자신의 세습유산에 대한 충성을 보여준다.

「원초 연대기」(일어난 사건을 기록하고 평가하는 힘든 작업이 한 세대 수도사들에게서 다음 세대로 이어졌다)의 저자들은 자신들의 담론에서 세 가지 서로 다른 역사적 정체성을 조화시켰다. 하나는 키이우의 스칸디나비아 통치자들의 정체성이고, 다른 하나는 교육받은 엘리트들의 슬라브 정체성, 마지막은 현지 부족 정체성이다. 키이우 통치자들과 그들의 신민들은 루스의 이름을 택하면서 스칸디나비아 이름과 연계되지 않고 루스 이름과 연계된 슬라브 정체성은 이들의 자기 정의(self-identification)의 기초가 되었다. 슬라브 심장부에서 왕국을 지배한 루리크 왕조의 대부분 신민들은 슬라브인들이었다. 더욱 중요한 것으로 슬라브 정체성이 키이우 지역 너머로 퍼져나간 것은 비잔틴으로부터 기독교를 수용하고, 교회 슬라브어를 예배, 설교, 지적 대화의 언어로 삼은 것과 밀접한 관련이 있다. 기독교는 키이우 영역의 슬라브 지역과 비슬라브 지역 모두에서 슬라브어와 슬라브 문화라는 치장을 하고 나타났다. 루스가 점점 더 기독교화될수록 루스는 더 슬라브화되었다. 키이우 연대기 작가들은 지역 역사를 발칸 슬라브인들의 발전이라는 더 넓은 맥락에 포함시켰고, 좀더 넓게는 비잔틴과 세계 기독교 역사 맥락에 포함시켰다.

지역 차원에서 부족적 정체성은 느리기는 하지만 확실하게 지역 공국들의 정체성에 자리를 내주었다. 각 공국은 키이우와 연계된 군사, 정치, 경제권력의 중심지였다. 연대기 작가들은 공후 거주 도시들에 대한 언급을 토착세력에 대한 언급으로 대체했다. 이런 맥락에서 1169년 키이우를 공격한 군대는 라디미치아족 대신에 스몰렌스크 주민, 뱌티키아족이나 메리아족 대신에 수즈달 주민, 시베리아족(Siverians) 대신에 체르히니우 토착민이라는 말을 썼다. 키이우 통치자들이 지배 아래 이 모든 땅이 통합되었다는 인식도 수립되었다. 루리크 공후들 사이의 갈등과 전쟁에도 불구하고 이 땅의 주민들은 외국인 그리고 이교도와 반대되는 '우리 주민들'(ours)로 간주되었다. 핵심적으로 중요한 것은 루스 공후들의 권위에 대한 인정이었고 튀르크계 스텝 유목민들이 이 권위를 인정하면서 이들은 '우리 이교도들'(our pagans)이라고 지칭되었다.

다양한 부족 영토를 정치적, 행정적으로 통합하는 것은 이들의 사회구조를 표준화하는 작업을 수반했다. 최상층부에는 루리크 왕조와 공후들, 좀더 특정해서 말하면 야로슬라우 현재의 자손들이 있었다. 그 아래로는 공후의 가신들이 있었다. 처음에는 바이킹이 주류를 이루었지만, 점차 지역 부족 엘리트와 혼합된 슬라브인들이 보야르(boyars)라는 귀족계층을 형성했다. 이들은 전사였지만, 평화 시기에는 왕국의 행정을 수행했다. 보야르들은 주된 토지 소유 계급이었고, 왕국에 따라 공후에게 다양한 수준의 영향력을 행사했다. 교회 고위 성직자들과 이들의 종복도 특권층에 해당되었다.

나머지 주민들은 공후에게 세금을 바쳤다. 상인과 장인을 포함한 도시 거주민은 도시 회의에서 행사하는 정치적 권력을 가졌고, 이 회의에서 지역 행정과 관련된 문제를 결정했다. 키이우에서처럼 때때로, 또는 노브고로드처럼 아주 정기적으로 이러한 회의는 지역 공후들의 승계에 영향을 미쳤다. 주민의 대부분을 차지하는 농민들은 정치적 권력이 전혀 없었다. 이들은 자유 농민과 반(半)자유 농노로 나뉘었다. 농노는 보통 부채로 인해 자유를 잃은 농민들이었으며, 부채를 갚거나 일정 기간이 지나면 다시 농민 신분이 되었다. 다음으로 노예들이 있었다. 이들은 군사 원정 중 포로로 잡힌 전사나 농민들이었다. 전사의 노예화는 일시적이었지만, 농민의 노예화는 영구적이었다.

여러 범죄에 대한 징벌은 루스 법전에 규정되어 있었다. 이 법전은 키이우 루스의 위계질서를 가장 잘 반영하고 있다. 유혈갈등을 없애거나 제한하고, 공후의 금고를 채우기 위해 입법자들은 다양한 범주의 사람을 죽인 것에 대한 금전적 징벌을 도입했다. 공후의 가신이나 집안사람(보야르)을 죽인 경우에는 80흐리우냐,* 공후에게 봉사하는 자유민을 죽인 경우에는 40흐리우냐, 상인을 죽인 경우에는 12흐리우냐, 농노나 노예를 죽인 경우에는 5흐리우냐를 벌금으로 내야 했다. 그러나 노예가 자유민을 폭행한 경우 그를 죽이는 것은 합법이었다.

키이우 루스의 여러 지역은 다양한 고유 관습법이 있었다. 보편적 법규정이 도입되면서 왕국의 통치 영역은 좀더 동질화되었고, 키이우에서 출발한 기독교와 교회 슬라브 문화의 확산도 이런 동질화를 촉진했다. 키이우 통치 영역의 정치적 분화를 더 이상 피할 수 없는 상황에 이를 때까지 이 과정은 더 탄력을 받았다. 자신들의 공국을 갖고자 한 루리크 공후들이 폭발적으로 늘어난 것, 광대한 키이우 통치 영역, 각 지역의 다양한 지정전략적(geostragetic) · 경제적 이

---

* 루스 지역에서 원래 목 뒤쪽을 장식하던 장식품이었지만, 8~9세기부터 물물교환과 공납을 측정하는 단위로 쓰이다가 키이우 루스의 화폐단위가 되었고, 우크라이나 독립 후 자체 화폐를 도입하면서 공식 화폐가 되었다.

해관계가 부딪치면서 발트해와 흑해 사이에 있는 땅을 일정 기간 통합한 정치체의 단일성이 훼손되고 정치적 분화가 심화되었다.

야로슬라우 현재에서 안드레이 보골륩스키로 내려오면서 키이우 공후들의 지정학적 목표가 변화된 것은 이들의 정치적 충성이 키이우 루스 통치 영역 전체에서 '루스 땅'이라고 정의된 일정 수의 공국으로 축소된 것을 반영했고, 12세기와 13세기에 키이우에 대항할 만큼 강하게 성장한 변방의 공국들에 한정되었다. 역사가들은 이 공국에 기반한 정체성에서 근대 동슬라브 민족의 기원을 찾는다. 블라디미르-수즈달 공국은 초기 근대 모스크바 공국의 전신이자, 궁극적으로 근대 러시아의 전신이 되었다. 벨라루스 역사가들은 자신들의 근원을 폴라츠크 공국에서 찾는다. 우크라이나 역사가들은 우크라이나 민족건설 프로젝트의 기초를 발견하기 위해 갈리시아-볼히냐 공국을 탐구한다. 그러나 이 모든 정체성은 키이우로 환원된다. 키이우는 우크라이나인들에게 큰 이점을 안겨준다. 이들은 자신들이 수도를 떠나지 않고도 자신들의 뿌리를 찾을 수 있다.

제6장 팍스 몽골리카

　일반적으로 인정된 출범 시점을 갖지 않은 정치체였던 키이우 루스는 정확한 멸망 시점을 가지고 있다. 그 일은 1240년 12월 7일에 일어났다. 이날 유라시아 스텝에서 온 또 다른 침략세력의 물결인 몽골이 키이우시를 점령했다.

　여러 면에서 몽골의 루스 침략은 스텝 세력이 이 지역의 정치, 경제, 그리고 일정 부분 문화의 주도세력으로 되돌아온 것을 의미했다. 이것은 키이우 루스의 경계 안에서 일정 기간 동안 통합되었던 삼림에 기초한 정치체와 사회의 독립성에 종언을 고했다. 또한 이것으로 이들이 흑해 연안 지역 그리고 더 넓은 지중해 세계와 관계를 유지하는 능력도 끝났다. 몽골군은 스텝 정치체들이 내륙 지역을 장악하고 흑해 항구로 이어지는 교역로에서 이익을 얻던 하자르족, 훈족, 사르마티아족, 스키타이족 시대로 시간을 되돌렸다. 그러나 몽골은 앞선 유목세력 누구보다 강력한 군사력을 보유했다. 이전 세력들은 잘해야 동쪽으로는 볼가강 분지에서, 서쪽으로는 다뉴브강 하구에 이르는 유라시아 서부 지역만 장악했다. 몽골은 최소한 초기에는 동쪽으로는 아무르강과 몽골 스텝 지역에서, 서쪽으로는 헝가리 평원까지 이 지역 전체를 장악했다. 이들은 몽골이 통제하는 부속국과 반독립국으로 이루어진 팍스 몽골리카(Pax Mongolica)를 구축했고, 루스 땅은 이 제국의 변방이지만 중요한 일부가 되었다.

몽골군의 도착은 키이우 통치 영역의 정치적 통합 환상을 파괴했고, 루스 땅의 실제 기독교적 통합에도 종언을 고했다. 몽골은 루스에 두 곳의 공후통치 중심을 인정했다. 하나는 오늘날 러시아인 블라디미르-수즈달 공국이었고, 다른 하나는 중부와 서부 우크라이나의 갈리시아-볼히냐 공국이었다. 콘스탄티노플 정교회 수뇌부도 이를 따라 대주교구를 둘로 나누었다. 키이우를 중심으로 한 루스 땅의 정치적·종교적 통합은 해체되었다. 갈리시아의 공후와 블라디미르의 공후는 각각 자신들의 영역에서 자신들의 루스를 건설하는 데 노력을 기울였다. 두 공국은 '루스'라는 이름을 공유했지만, 서로 다른 지정학적 궤적을 밟게 되었다. 두 공국 모두 키이우로부터 왕조를 물려받았고, 키이우의 법률, 표준어, 종교와 문화 전통도 이어받았다. 두 공국은 이방인인 몽골의 지배 아래 들어갔지만, 두 공국의 몽골 의존방식은 서로 달랐다.

블라디미르가 지배하는 현재의 러시아 땅에서 몽골의 지배는 15세기 중엽까지 계속되었고, 결국은 대다수 몽골군이 철수한 후 몽골군의 일부가 이 지역에 남아 튀르크어를 사용하던 부족의 이름을 따서 '타타르의 굴레'(Tatar yoke)로 알려지게 되었다. 몽골의 지배가 아주 길었고 심하게 압제적이었다는 시각은 전통적 러시아 역사학의 주류 이론이 되었고, 이 시기 동유럽 역사 전체를 해석하는 데 계속 영향을 미치고 있다. 그러나 20세기에 러시아 역사 저술의 유라시아학파는 몽골 지배에 대한 부정적 시각에 이의를 제기했다. 우크라이나 지역에 몽골이 존재했던 역사가 '타타르의 굴레'에 대한 전통적 비난에 추가적 수정사항을 마련해 주었다. 갈리시아와 볼히냐 공후들이 지배했던 우크라이나에서 몽골은 러시아에서보다 내정에 덜 간섭하고 덜 압제적이었다. 몽골의 지배는 더 짧게 지속되어서 14세기 중반에는 이미 종료되었다. 이러한 차이는 두 지역과 이 지역에 정착한 사람들의 운명에 깊은 영향을 남겼다.

몽골이 세계적인 제국으로 갑자기 부상한 것은 1206년 오늘날 몽골인 스텝에서 시작되었다. 지역 부족장이자 군사 지도자인 테무친은 여러 부족 연맹을 통합한 후 몽골족(the Mongol hordes)의 칸이 되었다. 사후에 테무친에게 붙여진 이름인 칭기즈 칸은 몽골족 최고 지도자로 오른 후 첫 10년을 중국과 싸우는 데 보내고, 먼저 중국을 급격히 팽창하는 자신의 제국에 통합시켰다. 다음 정복지는 실크로드 서쪽에 있는 중앙아시아였다. 부하라, 사마르칸트, 카불이 모두 1220년에는 몽골 수중에 떨어졌다. 폴로우치아족과 볼가 불가르족이 다음 목표가 되었고, 1223년 (일부 루스 공후들과 함께) 몽골군에 모두 패했다. 이 시점에 몽골군은 크림 반도를 침공해서 실크로드의 핵심 교역 중심지였고 폴로우치아족의 영역이었던 수다크 요새를 점령했다.

칭기즈 칸은 1227년 죽기 전 자신의 영역을 아들과 손자들에게 분배했다. 중앙아시아와 볼가강 이동의 스텝을 포함한 서쪽 땅은 그의 두 손자에게 배분되었다. 이들 중 한 명인 바투 칸은 자신의 세습유산에 만족하지 못하고, 자신의 영역을 서쪽으로 확장했다. 1237년 몽골군은 블라디미르-수즈달 공국의 동쪽 경계인 랴잔을 포위한 후 점령했다. 공국의 수도인 블라디미르는 1238년 2월 초 몽골군 수중에 떨어졌다. 블라디미르의 마지막 방어자들이 안드레이 보골륩스키가 세운 성모영면 교회에서 저항하자 몽골군은 교회에 불을 놓았다. 격렬하게 저항한 도시의 주민들은 무자비하게 살육당했다. 7주의 포위 끝에 함락된 코젤스크도 같은 운명을 맞았다. 루스 공후들은 사력을 다해 몽골의 살육에 저항했지만 분열되고 전혀 조직적이지 않은 이들은 고도의 기동성을 갖추고 잘 조직된 몽골 기병대의 상대가 되지 않았다.

1240년 11월 몽골군이 키이우에 접근하자, 거대한 규모의 몽골군은 키이우 방어자들에게 큰 공포를 안겨주었다. "몽골군 마차의 삐끄덕거리는 소리, 수많은 낙타의 큰 울음소리, 말떼의 울음소리 외에는 아무 소리도 들리지 않았고, 루스 땅은 적들로 가득 찼다"라고 연대기 작가는 썼다. 키이우 주민들이 항복을 거부하자 바투 칸은 야로슬라우 현재 시기에 돌과 통나무로 만들어진 성벽을 깨기 위해 공성기(攻城機)를 가져왔다. 주민들은 볼로디미르가 자신의 세례를 기념해서 만든 첫 석조 건물인 성모영면 교회로 달려갔다. 그러나 주민들과 피난짐의 무게를 견디지 못한 벽이 무너지면서 피난민들은 그 밑에 깔려 압사했다. 성 소피아 성당은 살아남았지만, 도시의 다른 교회들과 마찬가지로 소중한 성상화와 성물들이 약탈당했다. 몽골군은 점령한 도시를 약탈했고, 통치자들이 콘스탄티노플과 경쟁하기 위해 지은 한때 웅장했던 수도의 폐허 속에서 살아남은 소수의 사람들은 공포에 떨었다. 1246년 2월 몽골 칸에게 가는 길에 키이우를 통과한 교황 인노켄티우스 4세의 사절인 조반니 다 피안델 카르피네는 키이우 땅에 대한 몽골 공격의 결과를 이렇게 묘사했다. "우리가 그 땅을 통과하는 동안 우리는 수많은 죽은 사람의 해골과 뼈가 땅 여기저기 널려 있는 것을 보았다."

키이우는 몽골 침입으로 엄청난 피해를 입었고, 몇 세기 동안 과거의 중요성과 번영을 회복하지 못했다. 그러나 키이우와 페레야슬라우 주민들은 자신들의 종교를 완전히 포기하지 않았고, 일부 러시아 학자들이 19세기에 주장한 것처럼 볼가강 유역이나 오카강 유역으로 이주하지도 않았다. 만일 키이우 주민들이 스텝 지역으로 도망쳐야 했다면, 이들은 키이우에서 멀지 않은 우크라이나 북부 프리퍄트강과 데스나강 인근의 숲지대에서 안전한 피난처를 얼마든지 찾을 수 있었다. 우크라이나 방언 중 가장 오랜 역사를 가진 방언이 숲, 늪지, 산악 지형에 의해 유목민의 공격에서 안전한 프리퍄트 삼림 지역과 카르파티아 산맥 기슭에서 사용된 것은 우연한 일이 아니었다.

키이우가 몽골에 함락되면서 키이우는 더 이상 다른 지역을 통치하지 못하고, 오히려 외부인에 의해 통치를 받았다. 드미트로라는 이름을 가진 키이우 방어 책임자인 군사령관은 오늘날 서부 우크라이나인 갈리시아와 볼히냐의 통치자인 다닐로(다니엘)에게 충성을 맹세했다. 한 해 전 다닐로 공은 키이우의 미하일로 공과 합의해 키이우를 자신의 보호 아래 두었다. 미하일로 공은 처음에는 몽골 침입에 저항하다가 주 요새인 체르니히우가 함락된 후 도망갔고, 결국 저항의지도 상실했다.

할리치의 다닐로 공은 루스 정치에서 떠오르는 별이었다. 칭기즈칸과 마찬가지로 그도 어려서 고아가 되었다. 1205년 연대기 작가가 '루스의 군주'라고 부른 그의 아버지 로만 공이 폴란드와의 전투에서 사망했을 때 그의 나이 4세였다. 그 전 몇 년간 볼히냐가 세습 유산이었던 로만은 이웃 공국인 갈리시아를 획득함으로써 키이우 서쪽 루스의 모든 땅을 장악하는 데 성공했다. 다닐로와 동생 바실코는 아버지의 칭호를 이어받았지만 통치 영역은 물려받지 못했다. 이 영토는 경쟁자인 루스 공후들과 반란을 일으킨 갈리시아 보야르, 그다음에는 폴란드인과 헝가리인들의 도전을 받았다. 몽골군이 북부 루스를 침공한 1238년에 다닐로는 볼히냐와 갈리시아의 통제권을 확보하고, 키이우에 자신의 보예보다(*voevoda*, 루스와 모스크바 공국의 군지휘관) 또는 군사총독을 임명했다.

몽골 침입으로 통치자와 군사령관으로서 다닐로의 역량을 시험받게 되었다. 이 위기는 다닐로의 뛰어난 외교관 자질을 보여줄 수 있는 기회가 되었다. 몽골군 사령관이 다닐로에게 공국의 수도인 할리치를 몽골에 넘기라고 요구하자 그는 바투 칸을 만나러 그의 수도인 볼가 강변의 사라이를 찾아갔다. 이것은 다른 루스 공후들도 이미 수행한 방문으로, 그 목적은 몽골에 충성을 약속하고 자신의 공국을 통치할 수 있는 조건적 권리인 야를리크(*yarlyk*, 몽골 칸이 수여한, 공국을 통치하는 조건적 허가장)를 받기 위한 것이었다. "당신은 우리의 음료인 검은 우유 쿠미스(*kumis*, 말우유)를 마시는가?"라고 칸은 다닐로에게 물었다고 루스 연대기 작가는 적었다. "나는 아직 마셔보지 않았다. 그러나 당신이 원하면 그것을 마시겠다"라고 다닐로는 칸에게 존경과 복종을 표시하며 대답했다. 이 방식으로 연대기 작가는 다닐로가 몽골에 복종하고 몽골 엘리트에 포함된 것을 은유적으로 표현했다.

기독교도인 루스 공후가 이교도인 몽골 칸에게 충성을 서약한 것에 비판적인 연대기 작가는 몽골에 대한 루스 공후들의 행동의 세 양태를 기록했다. 첫 사례에 해당하는 체르니히우 공국 미하일로 공에게 연대기 작가는 최고의 찬사를 표했다. 그는 관목에게 절을 하고 자신의 기독교 신앙을 부인하라는 바투 칸의 요구를 거절했기 때문에 바투 칸의 명으로 살해되었다. 블라디미르-수즈달 공국의 야로슬라우는 두 번째 양태가 된다. 그는 기독교를 배교했다. 그는 관목에 절을 했기 때문에 연대기 작가의 멸시를 받았다. 다닐로가 세 번째 양태가 된다. 그는 몽골 지배를 완전히 거부하지도 않았고, 여기에 완전히 굴복하지도 않았다. 다닐로에게 동정적 태도를 보인 연대기 작가는 다닐로가 관목에 무릎을 꿇지도 않고, 기독교 신앙을 부인하지도 않았지만, 쿠미스를 마심으로써 칸의 세속적 권위는 수용한다는 의사를 밝혔다.

사실 몽골은 루스 공후들이 자신들의 신앙을 포기하도록 요구한 적이 없으며 전반적으로 정교회에 대해 최대의 관용을 보였다. 그러나 연대기 작가가 세 가지 행동 양태를 구별한 것은 몽골의 권위에 대한 루스 공후들의 협력과 저항의 양태를 그대로 반영한 것이다. 바투 칸의 명령으로 실제 죽임을 당한 미하일로 공은 1239년 몽골군에게 항복하기를 거부했고, 그의 항복을 받아내기 위해 바투 칸이 보낸 사절을 죽였다. 블라디미르의 야로슬라우 공은 이와 대조적으로 루스 공후들 중 제일 먼저 몽골에게 충성을 서약하고, 몽골은 그에게 대공 칭호와 키이우에 보예보다를 임명할 권한을 주었다. 그는 1246년 죽을 때까지 몽골에 충성했고, 그의 아들이자 후계자인 알렉산드르 넵스키도 이를 따랐다. 러시아 정교회는 후에 그가 서쪽의 스웨덴군과 튜턴 기사단의 침공에서 루스를 구한 공을 이유로 그를 시성했다. 다닐로는 다른 노선을 택했다. 그는 바투 칸에게 충성을 맹세하기는 했지만, 그는 이 서약을 오래 지키지는 않았다.

다닐로는 몽골에 공물을 바치고 몽골군의 원정에 참여하는 조건으로 갈리시아와 볼히냐를 통치하는 바투 칸의 야를리크를 받았다. 몽골의 종주권 덕에 다른 루스 공후들의 영유권 주장뿐만 아니라 공격적인 서쪽과 북쪽의 공격자들로부터 다닐로는 이 영토를 지킬 수 있었다. 그의 영역은 우크라이나의 다른 지역에 비해 큰 피해를 입지 않았고, 몽골이 전초기지를 세우고 직접 통치하는 스텝에 가까운 지역에서 오는 피난민들이 찾는 땅이 되었다. 루스 연대기 작가의 서술을 신뢰한다면, 다닐로가 보호하는 갈리시아와 볼히냐의 경제적 기회로 인해 키이우 지역에서 많은 난민들이 그의 땅으로 몰려들었다.

다닐로는 자신의 수도를 스텝 지역에서 더 멀리 떨어진 홀름(현재 폴란드의 헤움)으로 옮겼다. 그는 새 수도를 주요 경제 중심지로 만들려고 애를 썼다. "다닐로 공은 신이 그 지역을 축복하는 것을 보자, 독일인과 루스인 정착자들을 불러 모으기 시작했다. 이들은 매일 이곳으로 이주해 왔다. 젊은이들과 온갖 직업의 장인들이 타타르족을 피해 이곳으로 왔다. 말안장 만드는 사람, 활 만드는 사람, 화살 만드는 사람, 쇠·구리·은을 다루는 대장장이 등 모든 장인들이 왔다. 경제활동이 시작되었고, 이들은 도시 주변의 들판과 촌락을 집으로 채우기 시작했다"라고 연대기 작가는 기록했다. 홀름은 다닐로가 주의를 기울인 유일한 장소가 아니었다. 그는 앞으로 이 지역의 수도가 되는 르비우를 세웠다. 이 도시는 1256년 연대기에 처음 언급되었고, 다닐로의 아들인 레우에서 이름을 따왔으며, 구도시를 요새화했다.

다닐로의 그의 후계자들의 통치 아래서 갈리시아-볼히냐 공국은 당시 사람들이 거주하던 우크라이나 땅 대부분을 영역 안에 포함했다. 이 지역이 세력을 크게 확장한 것은 키이우의 힘을 약화시키고, 변방 공국들의 부상을 가져온 정치, 경제, 문화적 과정의 결과였다. 몽골의 침입이 이 공국의 성장을 촉진했다. 일부 역사학자들은 루스 공후들이 신민들의 안녕을 신경 썼다면 몽골 지배를 수용하는 것이 가장 좋은 정책이었다고 주장해 왔다. 이들의 논리에 따르면 몽골 지배는 이 지역에 안정과 활발한 교역을 가져왔다. 그러나 키이우가 황폐화되고 다시 재건되기까지 몇 세기가 걸린 것은 사실이다. 그러나 몽골 지배의 장기적 결과는 파괴의 범위보다 교역로가 드니프로강에서 동쪽의 돈강과 볼가강, 서쪽의 드니스트르강으로 이동한 것과 더 큰 상관이 있다.

몽골에 점령당한 크림 반도도 큰 파괴는 피했다. 초기 역사학에 기초한 대중적 생각과 달리 몽골군은 크림 타타르족을 크림 반도로 데려오지는 않았다. 몽골군은 단지 몽골 침입 훨씬 전에 시작된 튀르크(킵차크인들)의 크림 반도 점령을 촉진했을 뿐이다. 1220년 몽골군이 점령한 수다크 요새는 시간이 지나면서 페오도시아(카파)에 자리를 내주었다. 페오도시아는 처음에는 베네치아 공국, 다음으로는 제노바 공국의 무역 중심지가 되었다. 크림 반도는 이 지역의 무역 중심지가 되어 몽골 지배 기간 동안 유라시아 스텝 지역을 지중해 세계와 연결시켰다.

몽골군은 13세기 후반 우크라이나 땅에서 강력한 세력이었지만, 자주 자리를 비우기도 했다. 갈리시아-볼히냐 통치자들은 이러한 상황을 적극 이용했다. 이들은 지역적 동맹을 맺어서 몽골로부터의 독립을 꾀했다.

다닐로는 서쪽의 인접 세력과 관계를 재건해 앞으로 몽골에 대항해 반란을 돕는 동맹 수립에 외교정책의 초점을 맞췄다. 1246년 바투 칸을 만나고 귀환하던 다닐로는 교황의 사절인 조반니 델 카르피네를 만났다. 그가 기록한 몽골 침입으로 인한 파괴상은 이미 앞에 소개되었다. 두 사람은 다닐로와 교황과의 관계 수립을 논의했다. 다닐로는 당시 교황청이 있던 리옹으로 정교회 사제를 파견해 직접적 관계 수립을 꾀했다. 교황 인노켄티우스 4세는 루스 공들이 자신을 최고의 종교 지도자로 인정하기를 원했고, 다닐로는 몽골을 대항하는 데 중유럽 가톨릭 통치자들의 지원을 확보하고자 했다.

델 카르피네의 도움으로 수립된 다닐로와 교황의 관계는 인노켄티우스 4세가 1253년 교황 대칙서(bull)를 발표해 중유럽과 발칸 지역 기독교 통치자들이 몽골에 대항하는 십자군을 일으키도록 명했다. 그는 또한 교황특사를 다닐로에게 보내 그에게 기독교 국왕의 왕관을 수여했다. 다닐로는 다니엘 왕(King Daniel)이자 '루스의 왕'(rex ruthenorum)이 되었다. 교황의 지원을 받는 것과 별개로 다닐로는 헝가리 왕과 동맹을 맺었고 헝가리 왕의 딸이 다닐로의 아들과 결혼하게 되었다. 다닐로의 다른 아들은 오스트리아 공작의 딸과 결혼했다. 중유럽 국가들의 지원 가능성에 대담해진 다닐로는 1253년 몽골군에 대항하는 군사작전을 개시했다. 그는 몽골 통치 아래에 있던 포돌리아와 볼히냐의 일부의 통제권을 얻는 데 성공했다. 1255년 바투 칸이 사망하고, 연이은 두 명의 후계자는 각각 1년 도 통치를 하지 못했기 때문에 다닐로의 공격 시점은 더할 나위 없 이 좋았다.

몽골이 상실한 영토를 되찾기 위해 새로운 군대를 이끌고 갈리시 아와 볼히냐로 돌아오는 데는 5년이 걸렸다. 이때 서방의 지원이 아 주 필요했지만 이것은 실현되지 않았다. 중유럽 국가들은 몽골에 대 한 십자군 동원을 명령한 교황 대칙서를 무시했다. 당시 헝가리는 체코에 패한 후 세력을 회복 중이었기 때문에 결혼동맹도 큰 효과를 가져오지 못했다. 다닐로는 몽골군의 공격을 혼자 막아내야 했다. 대군을 이끌고 갈리시아와 볼히냐를 침공한 몽골군 사령관 부룬다 이는 다닐로가 리투아니아와 폴란드 원정에 동참할 것을 요구했다. 이것은 다닐로가 이 지역에서 맺은 동맹을 파괴하는 것이었다. 부룬 다이는 다닐로가 자신의 수도 주변에 만든 요새를 파괴하라고 요구 했다. 이것은 스텝 지역으로부터의 공격에 수도를 무방비로 노출하 는 것과 마찬가지였다. 다닐로는 이 요구를 따를 수밖에 없었다. 그 는 다시 한 번 자신이 몽골의 가신임을 선언했다.

1250년대 다닐로가 교황과 맺은 동맹은 반몽골 십자군뿐만 아니 라 콘스탄티노플과 루스 본토의 정교회 사제들과의 관계에도 큰 영 향을 미쳤다. 1204년 제4차 십자군 원정에 의해 콘스탄티노플이 큰 피해를 입은 다음 동방 기독교와 서방 기독교의 대립은 신학적으로 교구 관리 차원을 훨씬 넘어 악화되었다. 이것은 공개적 적대관계로 발전했고, 콘스탄티노플이 파견한 대주교에 의해 더욱 악화되었다. 다닐로는 로마와 동맹관계 수립에 대한 지역 정교회 사제들의 반대 를 무마시켰으나 콘스탄티노플의 반대는 거셌다. 1251년 다닐로의 후견인이자 전(全) 루스 대주교인 과거 홀름 주교였던 키릴이 축복을 받으러 콘스탄티노플을 방문했을 때 그는 공후가 로마와 협력하고 있는 갈리시아의 대주교좌를 옮기는 조건으로 축복을 받았다. 갈리시아 출신인 키릴은 대주교좌를 블라디미르-수즈달로 옮겼다.

대주교좌 이전은 키릴의 후계자인 막스무스 대주교 때인 1299년 공식화되었다. 1325년 대주교좌는 갈리시아 출신 대주교 페트로에 의해 다시 한 번 모스크바 공국으로 이전되었다. 이것은 모스크바 공국 공후가 러시아의 심장부인 북동 루스의 지도자로 부상하는 주된 요인이 되었다. 오늘날 러시아 땅에 대한 몽골의 지배는 루스의 다른 지역에 비해 훨씬 엄격하고 오래 지속되었다. 모스크바 인근 지역은 금 칸국의 칸들이 소유한 땅에서 가깝다는 것이 이런 역사의 원인이 되었다. 몽골은 모스크바 대공(grand prince) 자리를 만들어 자신들의 영역을 관리하고 세금 걷는 것을 돕도록 했다. 이 대공 자리는 처음에는 블라디미르-수즈달 공후에게 갔으나 후에는 이 지역의 다른 두 공국, 즉 모스크바 공국과 트베르 공국이 경쟁을 벌였다. 최종적으로 대주교좌의 '소유주'인 모스크바 공국이 대공 자리 경쟁에서 승리하게 되었고, 더욱 중요한 것은 몽골이 지배한 루스 지역의 주군 자리를 이어받았다는 점이다.

키이우에서 블라디미르로 또 모스크바로 옮겨간 대주교좌는 전(全) 루스 대주교좌라는 명칭을 계속 보유했다. 이에 대한 보상으로 콘스탄티노플은 1303년 갈리시아에 자체 대주교좌를 설치하도록 허용했다. 할리치시에 설립된 대주교좌는 소러시아 대주교좌라는 명칭을 갖게 되었다. 여기에는 한때 키이우의 관할 아래에 있던 15개 교구 중 여섯 개가 포함되었다. 이 가운데에는 현재 우크라이나 영토의 교구들뿐만 아니라 오늘날 벨라루스인 투라우 교구도 포함되었다. 이렇게 해서 소러시아라는 개념이 탄생하게 되었는데, 일부 학자들은 그리스인들이 이것을 '안쪽'(inner) 또는 '좀더 가까운'(closer) 루스라는 개념으로 이해했다고 보았다. 훨씬 후에 이 용어는 우크라이나 민족 정체성을 둘러싼 전투의 주요 쟁점이 되었고, 20세기에 '소러시아인'이라는 명칭은 전 러시아 민족 또는 친러시아적 자아 정체성 찬성자들이 선호하는 개념이 되었다.

폰트 스텝 지역에 몽골이 침입해 장기간 머문 것은 루스 엘리트들로 하여금 처음으로 스텝 유목민족과 비잔틴 기독교 전통으로 대표되는 동방, 그리고 교황의 종교적 권위를 인정한 중유럽 통치자들이 구현된 서방 사이에서 선택을 해야 하는 딜레마를 안겨주었다. 자신들이 유럽의 주요 정치, 문화 경계 사이에 놓인 것을 발견한 포스트-키이우 시대의 현 우크라이나 지역의 엘리트들은 최소한 한 세기 이상 동방과 서방 모두에게서 사실상 독립을 연장하는 균형정책을 취하게 만들었다.

역사가들은 자주 갈리시아-볼히냐를 17세기 중반 코자크 헤트만령이 나타나기 전까지 우크라이나 땅의 마지막 독립국가로 간주한다. 이 판단은 좀더 세심한 고려를 필요로 한다. 갈리시아-볼히냐 공국은 자주 금 칸국의 칸들과 이견을 보이고, 때로 전쟁을 벌였지만 몽골이 이 지역에 존재한 1340년 말까지 공물을 바치는 가신국으로 남아 있었다. 칸들은 공물을 바치는 조건으로 갈리시아-볼히냐 공후들의 내부 문제에 대해 완전한 독립을 유지하는 것을 허용했다. 국제무대에서 갈리시아-볼히냐는 팍스 몽골리카의 이익을 끝까지 보았다. 동유럽에서 국제질서가 약화되고 결국 붕괴하면서 갈리시아와 볼히냐 통합국가는 무너졌다.

갈리시아-볼히냐 공국의 붕괴는 오늘날에는 사소한 일처럼 보이지만 중세와 근세 초기 정치에서는 극도로 중요한 문제로 시작되었다. 이것은 통치왕조의 소멸이었고, 갈리시아-볼히냐의 경우에는 공후 왕조의 소멸이었다. 1323년 다닐로 공의 두 손자가 사망했다. 역사학자들은 이들이 몽골군과의 전투에서 최후를 맞은 것으로 보고 있다. 이것은 당시 잘못 결정한 싸움이었다. 다닐로는 다른 남자 후손이 없었고, 죽은 공후들의 처가 조카인 폴란드 마조비아의 볼레스와프 공이 공국을 이어받았다. 태어나서부터 가톨릭 신자였던 볼레스와프는 정교회를 받아들이고 이름도 유리로 바꾸었다. 그에게 왕권은 개종 예배를 받을 만한 가치가 있었다. 그러나 이것은 새로운 통치자를 무시하는 루스 귀족, 보야르들에게는 충분하지 않았다. 새 통치자는 이들의 이익을 무시하고 폴란드에서 데려온 측근들 말에만 의존했다. 1340년 보야르들은 유리-볼레스와프를 독살했다. 스스로를 '전 소러시아의 공작'(dux totius Russiae Minoris)이라고 칭한 마지막 통치자의 죽음 이후 갈리시아-볼히냐를 둘러싼 오랜 투쟁과 종국적인 멸망이 이어졌다. 15세기 후반 과거에 강성했던 이 공국은 둘로 나뉘어서 갈리시아와 서부 포돌리아는 폴란드에 귀속되고, 볼히냐는 리투아니아 대공국이 차지했다.

폴란드의 국왕 카시미르 3세가 폴란드의 갈리시아 장악 드라마의 주역이었다. 1340년 그는 1270년대에 갈리시아의 수도인 르비우를 장악하려고 처음으로 시도했다. 갈리시아 보야르인 드미트로 데드코가 이끄는 지역 엘리트들은 몽골군의 도움을 받아 폴란드의 공격을 격퇴했다. 그러나 카시미르는 1344년 다시 공격을 해와 갈리시아 공국 일부를 점령하는 데 성공했다. 데드코가 죽은 후인 1349년 폴란드 군대는 르비우와 갈리시아-볼히냐 공국 이외의 지역을 점령했다. 다음해 리투아니아인들과 지역 병사들이 폴란드군을 몰아냈지만, 이들은 갈리시아를 계속 차지하고 있었다. 14세기 중반 폴란드 여러 지역에서 수백 명의 폴란드 귀족들이 군사력 제공을 대가로 땅을 하사받기 위해 갈리시아로 이주해 왔다. 카시미르 입장에서는 이런 조건적인 토지 소유권 인정은 귀족들이 자신들이 차지한 새 영토를 방어하는 데 힘을 쏟게 만드는 수단이었다.

폴란드 왕국은 1430년대가 되어서야 갈리시아와 서부 포돌리아의 루스 땅을 병합해 루테니아(Ruthenia)와 포돌리아주(palatine)를 만들었다. 그리고 이 시점에 지역 귀족들(폴란드 귀족과 우크라이나 귀족 모두)의 요구에 부응해 조건 없는 토지 소유권을 이 지역 귀족 정착자들에게 부여했다. 갈리시아와 포돌리아 일부를 폴란드 왕국에 병합한 것과 관련된 가장 중요한 정치적 발전은 지역 귀족들에게 폴란드 귀족과 같은 정치적 권리를 확대한 것이다. 이것은 지역문제를 논의하는 지역의회 또는 귀족회의에 참여하는 권리뿐만 아니라 국사나 외교정책을 논의할 수 있는 권리를 부여했다. 귀족들은 왕국 의회의원을 선출하는 권한을 부여받았고, 14세기부터 16세기까지 갈리시아-포돌리아 국경 지역을 스텝 부족들로부터 방어하는 계층으로서의 중요성이 커지자 이것을 최대한 이용해 궁정에서 자신들의 이익 확보를 위해 로비를 펼쳤다.

갈리시아와 서부 포돌리아의 폴란드 왕국 합병은 이 지역이 폴란드식의 귀족 민주주의, 독일식의 도시 자치, 이탈리아식 르네상스 교육의 혜택을 받는 길을 열어주었지만, 일부 우크라이나 역사학자들은 그 대가가 너무 컸다고 보고 있다. 이 지역은 반(半)독립적 지위를 상실하고, 보야르 귀족제도, 지역 정치에서 공후의 권력과 주도권을 상실했다. 문화적 폴란드화는 전통적 대귀족(aristocracy)뿐만 아니라 지역 귀족에게도 영향을 미쳤다. 루스 장인들은 빠른 속도로 도시에서 쫓겨났고, 정교회는 로마 가톨릭교회라는 막강한 경쟁자를 만나게 되었다.

리투아니아 대공국은 우크라이나 땅이 외국에 병합되는 다른 양상을 보여주었다. 리투아니아는 경쟁국인 폴란드와의 치열한 쟁탈을 통해 볼히냐를 합병했다. 또한 갈리시아-볼히냐와 달리 14세기까지 몽골의 직간접 통치 아래 있었던 키이우 땅에 대한 통제권도 얻었다. 리투아니아식 양상은 폴란드에 비해 지역 엘리트의 정치적 영향력, 사회적 지위, 문호적 전통을 보존하는 데 좀더 유연했다.

리투아니아는 14세기 전반 가장 유명한 통치자인 게디미나스 대공의 지휘 아래 우크라이나 무대의 주인공으로 등장했다. 게디미나스는 뛰어난 제국 건설자이자 리투아니아 통치왕조의 창설자였다. 일부 설명에 따르면 게디미나스는 이미 14세기 초반에 자신의 공후를 키이우에 임명할 수 있었다고 한다. 이것은 키이우 공국에 즉각적인 영향을 미친 것으로 보이지는 않지만, 지역 가신들의 지원을 받은 리투아니아 공후들이 타타르족을 스텝 지역 깊숙이 몰아내면서 변화가 일어나기 시작했다. 결정적 전투는 1362년에 벌어졌다. 그해에 게디미나스의 아들인 알기르다스가 이끄는 리투아니아군과 루스군은 금 칸국의 주전력인 노가이 타타르를 오늘날 우크라이나 중부에 있는 시니 보디 전투에서 격파했다. 그 결과 리투아니아 대공국의 국경은 흑해 연안의 드니스트르강 하구까지 확장되었다. 리투아니아 대공국은 키이우 루스의 강력한 후계국가가 되었을 뿐만 아니라 우크라이나 땅 대부분을 차지했다.

리투아니아는 게디미나스 왕조의 대리인들을 루스 땅으로 데려왔지만, 게디미나스 후손들은 10세기 루리크 왕조 후손들보다 훨씬 빠르게 현지화되었다. 리투아니아 통치자들은 현지 루스 가족과 결혼하고, 기꺼이 정교회를 수용하며, 슬라브식 기독교 이름을 사용했다. 문화 부문에서 루스의 압도적 영향력이 이러한 리투아니아인의 현지 동화를 촉진시켰다. 비잔틴 정교회의 권위가 15세기까지 원시 신앙을 숭배했던 리투아니아 엘리트를 압도했다. 10세기 말 기독교 선교사들이 키이우로 도입한 교회 슬라브어에 바탕을 둔 루스 궁정 언어가 리투아니아 대공국 전체의 행정언어가 되었다. 16세기 리투아니아 법전(Lithuanian Statute)이라고 알려진 법전은 루스 법전(Rus' Justice)에 기원을 두었다. 리투아니아 대공국은 왕조적 계승 말고 모든 분야에서 키이우 루스의 상속자가 되었다. 일부 역사학자들은 이 국가를 리투아니아 국가가 아니라 리투아니아-루스 국가, 심지어는 루스-리투아니아 국가라고 지칭한다.

폴란드 왕국과 리투아니아 대공국이 우크라이나 땅 대부분을 차지하면서 두 국가는 정치, 사회, 문화적 변화를 가져왔다. 두 국가는 루스 엘리트 그리고 사회의 수용과 동화에서 아주 다른 정책을 취했다. 그러나 두 경우 모두 루스 공국들의 자치권 축소를 가져온 유사한 경향이 나타나고 강화된 것을 볼 수 있다. 15세기 말이 되자 루스 공국들은 이 지역 지도에서 사라졌고, 10세기에 시작된 키이우 루스의 공후 시대는 막을 내리게 되었다.

동방이 서방과 만나다

폰트 스텝 지역에 몽골이 침입해 장기간 머문 것은
루스 엘리트들로 하여금 처음으로 스텝 유목민족과
비잔틴 기독교 전통으로 대표되는 동방, 그리고 교황의 종교적
권위를 인정한 중유럽 통치자들이 구현된 서방 사이에서
선택을 해야 하는 딜레마를 안겨주었다.

제7장 우크라이나의 형성

14세기 말 우크라이나 영토가 폴란드 왕국과 리투아니아 대공국에 의해 통합되면서 이 두 국가의 정책과 관계가 우크라이나의 정치, 경제, 문화생활을 결정하기 시작했다. 특히 우크라이나 땅의 미래에 중요한 것은 14세기부터 16세기에 걸쳐 두 국가 사이에 체결된 여러 협약이었다.

1385년 크레바(현재 벨라루스 소재)에서 자신을 신의 은혜에 의해 "리투아니아의 대공이며 루스의 주군(Lord of Rus')"이라고 부른 33세의 리투아니아 대공 요가일라는 12세의 폴란드 여왕 야드비가를 대신한 대표와 명목뿐인 혼인 서약에 서명했다. 폴란드 왕관을 받는 대가로 그는 자신과 자신의 대공국에 가톨릭을 받아들이는 데 동의하고, 폴란드 왕국과 리투아니아 대공국 땅의 연합을 이루었다. 1년 후 요가일라는 폴란드 왕이 되었다. 1년이 더 지나고 1387년 폴란드와 리투아니아 연합군은 갈리시아를 헝가리인들로부터 빼앗는 데 성공해 이곳을 다시 한 번 폴란드 왕국에 병합했다.

크레바 연합에 뒤이어 다른 많은 연합 조치들이 이어지며 강화된 두 정치체의 연대는 1569년 루블린 연합으로 그 절정에 이르러 폴란드-리투아니아 대공국이 탄생했다. 폴란드 왕국과 리투아니아 공국의 경계선은 대공국 안에서 조정되었고, 우크라이나 영토 대부분은 폴란드에, 벨라루스 영토 대부분은 리투아니아에 할당되었다. 폴란드와 리투아니아의 연합국가 형성은 우크라이나와 벨라루스의 분리를 가져왔기 때문에 이런 면에서 루블린 연합의 중요성은 간과할 수가 없다. 이것은 현대 우크라이나 영토의 형성과 지역 엘리트들에 의한 지적 정체성 형성과정이 시작되는 계기가 되었다.

리투아니아 대공국의 루스 엘리트들의 관점에서 보면 폴란드 왕국과의 연합은 문제만을 일으켰다. 크레바 연대의 직접적 결과는 대공에 대한 루스의 영향력 상실이었다. 대공은 리투아니아를 떠났을 뿐만 아니라 가톨릭교도가 되어 일부는 정교회를 신봉하고 있던 그 형제들에게 개종의 전례가 되었다. 유럽에 마지막으로 남은 원시 신앙 지역에 라틴 기독교가 아니라 비잔틴 기독교를 수립하려던 정교회 고위 성직자들의 꿈도 무산되었다.

그러나 루스의 정치적 지위에 대한 진정한 도전은 1413년 발생했다. 폴란드 왕국과 리투아니아 공국의 통치자들의 결혼 연합이었던 크레바 연합을, 역사학에서는 왕조연합으로 격상시킨 것으로 평가하는 호로드워 연합(Union of Horodło)이 이 해에 체결되었다. 폴란드 왕이 된 요가일라와 리투아니아 대공인 그의 사촌 비타우타스가 체결한 새 협약은 토지에 대한 조건 없는 소유를 보장한 권리를 비롯한 폴란드 귀족이 누리는 많은 권리와 특권을 리투아니아 귀족들에게도 부여하기로 했다. 50여 폴란드 귀족 가문이 자신들의 문장(紋章)을 같은 수의 리투아니아 귀족 가문이 공유할 수 있도록 허용했다. 그러나 한 가지 중요한 제약이 있었다. 그것은 리투아니아의 가톨릭 신봉 가문만 이런 혜택을 누릴 수 있다는 것이었다. 새로운 권리와 특권은 정교도 엘리트들에게는 제공되지 않았다. 이것은 국가 차원에서 루스 엘리트들에게 가해진 첫 번째 차별 조치였다. 새로운 특권을 거부당한 정교도 귀족들은 대공국의 중앙 행정에서 공직을 맡을 수 없게 되었다. 설상가상으로 호로드워 연합 바로 다음에 이 조약의 한 서명자인 비타우타스 대공이 우크라이나의 자치를 제한하는 조치를 취했다. 그는 볼히냐 공후와 다른 지역 통치자들을 자신이 임명하는 사람으로 교체했다.

루스 엘리트들이 자신들 지위에 대한 이러한 침해에 대한 불만을 표현할 기회는 1430년 비타우타스가 사망한 다음에 왔다. 내전으로까지 번진 리투아니아 왕좌 계승투쟁에서 볼히냐 보야르들이 이끄는 루스 귀족들은 자신들의 후보자인 슈비트리갈리아 공을 지원했다. 그의 경쟁자인 쥐기만타스 공은 1434년 호로드워 연합의 권리와 특권을 대공국 내 정교도 귀족들에게도 제공하며 전쟁의 흐름을 자신에게 유리하게 바꾸어 놓았다. 루스 공후들과 볼히냐 그리고 키이우 지역 귀족들은 쥐기만타스의 의도에 의심을 품기는 했지만, 슈비트리갈리아에 대한 지지를 철회했고, 이로 인해 대공국은 상대적 평화의 시기를 맞을 수 있었다. 루스 엘리트 사이에 종교가 불만이 되는 요인을 제거한 후 리투아니아 궁정은 루스 땅과 공국들의 자치를 제한하는 데 좀더 많은 수단을 사용할 수 있게 되었다.

1470년 폴란드-리투아니아의 대공이자 폴란드 왕국의 국왕인 카시미르 4세는 공후 시대의 마지막 잔재를 청산해 버렸다. 그는 키이우 공국 자체를 없애버린 것이다. 10년 후인 1480년 키이우 공후들은 카시미르를 살해하고 자신들이 내세우는 사람을 왕좌에 앉히는 음모를 꾸몄지만 실패로 돌아갔다. 이로 인해 음모 주동자들이 체포되고 다른 연루자들은 국외로 탈출했다. 이들이 떠나면서 키이우 루스의 공후통치 전통을 재건하는 마지막 희망도 사라지게 되었다. 16세기에 들어서자 우크라이나의 정치지도뿐만 아니라 제도와 사회, 문화 지형은 2세기 전 갈리시아-볼히냐가 몽골의 지배권을 거부하고 이 지역에 완전히 독립적인 행위자가 되었던 시기의 흔적을 거의 상실하게 되었다. 루스의 법과 언어는 그대로 보존되었지만 이전의 영향력은 상실하기 시작했다. 루스 문화의 이러한 본질은 크레바 연합 이후 중요한 자리를 차지한 라틴화 영향력 그리고 폴란드어 영향력과 경쟁할 수 없었다.

유럽 전역에서 16세기 동안 왕권의 강화와 국가의 중앙집권화, 정치, 행정제도의 규범화가 진행되었다. 동전의 양면으로 왕권에 대한 귀족들의 반대도 강화되었다. 폴란드-리투아니아 대공국에서 이런 경향은 키이우 루스와 볼히냐-갈리시아의 공후정치 전통에 깊은 뿌리를 가진 귀족 가문들이 주도했다. 그러나 16세기 중반이 되자 점증하는 외부로부터의 위협으로 인해 왕권에 대한 귀족들의 반대는 약화되었다. 이러한 도전은 폴란드의 도움을 받아야 대응할 수 있었다. 이 위협은 동쪽으로부터 가해져 왔는데, 15세기 중 동쪽에서는 모스크바 대공국이라는 새로운 세력이 떠오르고 있었다.

1476년 처음으로 스스로를 차르라고 부른 모스크바 공국의 통치자 이반 3세는 몽골 칸국으로부터의 독립을 선언하고 칸들에게 더 이상 공납을 바치지 않았다. 그는 노브고로드, 트베르, 프스코프를 정복하고, 현재의 우크라이나를 포함한 과거 몽골 통치 영역 밖의 다른 루스 땅에 대한 영유권을 내세우며 '루스 땅 모으기'(gathering the Rus' lands)를 시작했다. 1490년대 모스크바 차르정과 리투아니아 대공국은 키이우 루스의 유산을 놓고 장기적 충돌에 들어섰다. 모스크바 공국이 공세를 취했고, 16세기 초 리투아니아 대공은 과거 자신의 영토였던 스몰렌크스와 체르니히우에 대한 차르의 통치를 인정해야 했다. 이것은 현재의 우크라이나 지역에 대해 모스크바 공국이 통치권을 확보한 첫 사례였다.

16세기 전반 리투아니아 공국에 의해 저지당했던 모스크바 공국의 서진은 16세기 후반 다시 시작되었다. 1558년 결단력과 카리스마가 있지만, 기괴하고 잔인하며 자기파괴적인 이반 뇌제(4세)는 현재의 라트비아와 에스토니아가 있는 리보니아를 침공해 리보니아 전쟁(1558~83)을 일으켰다. 25년간 지속된 이 전쟁에는 스웨덴, 덴마크, 리투아니아, 최종적으로 폴란드가 개입했다. 1563년 모스크바 공국군은 리투아니아와의 국경을 넘어 폴라츠크를 공격하고 비쳅스크(비텝스크), 슈클로우(슈클로프), 오르샤(모두 현재 벨라루스 영토)를 약탈했다. 이 전투에서 패배한 리투아니아에서는 소귀족들이 폴란드와의 연합을 지지하고 나섰다.

1568년 12월 폴란드 왕이자 리투아니아 대공인 지기스문트 아우구스투스는 루블린에서 양국의 의회를 소집했다. 그는 양국 의회 의원들이 새로운 연합을 위한 조건에 합의할 것으로 기대했다. 양측 모두 국왕 선출과 공동 의회, 리투아니아의 폭넓은 자치 보장에 합의하며 협상은 순조롭게 시작되었다. 리투아니아 대지주들은 자신들이 소유한 폴란드 왕국 토지를 양도하려 하지 않았고, 이것은 폴란드 귀족들의 주된 요구사항이었다. 리투아니아 대표들은 귀족 수행단을 소집한 후 루블린을 떠났다. 이것은 역효과를 가져왔다. 협상을 거부한 리투아니아인들이 예상하지 못한 상태에서 폴란드 왕국 의회는 왕의 재가를 받은 포고령을 내려 리투아니아 대공국 지방을 하나씩 폴란드 왕국 관할로 선언했다.

모스크바 대공국에 자신들의 영지를 잃을까 염려했던 리투아니아 대지주들은 이제 폴란드에 이것을 잃게 되었다. 강력한 폴란드 귀족들의 적대적 토지 인수를 막기 위해 리투아니아 대표단은 루블린으로 돌아와 폴란드 대표들이 강요한 합의사항에 서명했다. 그러나 이것은 너무 늦은 대응이었다. 1569년 우크라이나-벨라루스-폴란드 경계에 있는 포들라치아 지방이 폴란드에 넘어갔고, 5월에는 볼히냐, 폴란드-리투아니아 협상이 재개되기 하루 전인 6월 6일 키이우와 포돌리아 땅이 폴란드에 넘어갔다. 리투아니아 귀족들은 새 현실을 받아들일 수밖에 없었고, 만일 양국 연합에 반대했다가는 더 많은 것을 잃을 수 있었다. 루블린 의회의 모습을 권위 있게 그린 19세기 폴란드 화가 얀 마테이코는 연합에 반대한 핵심 인사인 미칼로유스 라드빌라스가 폴란드 국왕 앞에 칼을 꺼낸 채 무릎을 꿇은 모습을 그렸다.

루블린 연합(Union of Lublin)으로 단일 통치자를 가진 새로운 폴란드-리투아니아 국가가 탄생했다. 이 국가는 전(全) 통치 영역의 귀족들이 왕을 선출하고 단일의회를 가졌다. 새 국가는 폴란드 귀족들의 자유와 권리를 리투아니아 대공국 귀족들에게도 제공했고, 리투아니아는 자체 부처, 재무부, 사법제도와 군대를 계속 보유했다. 폴란드-리투아니아 국가연합(Commonwealth)이라고 불린 새 국가는 지리적으로 확장되고 정치적으로 강화된 폴란드 왕국이 지배하는 유사 연방국가(quasi-federal polity)였다. 폴란드 왕국은 리투아니아가 소유했던 우크라이나 영지들(palatinates)을 전체가 아니라 하나씩하나씩 차지했다. 이 지역의 과거 권리는 인정하지 않았지만, 궁정과 행정에서 루테니아어(중부 우크라이나 방언)를 사용하는 권리와 정교회 권리에 대한 보호는 약속했다.

루블린 의회에서 폴란드와의 연합에 반대한 리투아니아 귀족들과 같은 계층인 우크라이나 지역 공후와 보야르들이 우크라이나를 대표했다. 그러나 이들은 리투아니아 귀족들과 달리 폴란드 왕국에 가담하되 자신들의 법과 언어, 종교에 대한 보장을 요구했다. 우크라이나 엘리트들, 특히 공후 가문들이 왜 이런 거래에 동의했는가? 폴란드와 리투아니아 사이의 새 경계선은 현재의 우크라이나와 벨라루스 국경을 결정지은 행정적 분할의 기반이 되었기 때문에 이 질문은 특히 중요한 의미를 가진다.

리투아니아 대공국 내 우크라이나 지방들은 자신들의 정체성과 생활방식이 벨라루스와 다르기 때문에 폴란드 왕국에 가담하기로 한 것인가, 아니면 루블린에서 정해진 경계가 두 동슬라브족을 구별하는 데 도움을 주었기 때문에 이런 선택을 한 것인가? 16세기 중반에는 우크라이나인들과 벨라루스인들이 서로 구별되는 언어를 사용했다는 증거는 없다. 오늘날 우크라이나-벨라루스 국경 지역의 주민들은 우크라이나-벨라루스 전이형 방언을 쓴다. 아마도 16세기에도 이 방언이 쓰였을 가능성이 크기 때문에 언어적 기준으로 분명한 분할선을 긋는 것은 거의 불가능하다. 그러나 역사적 루스 땅 경계를 바탕으로 정해진 루블린 의회 경계선은 오랫동안 형성된 양 지역의 차이를 더욱 강화했을 가능성이 크다. 역사적으로 키이우 땅과 볼히냐-갈리시아는 북쪽의 벨라루스 땅과 많이 달랐다. 10세기부터 14세기까지 두 지역은 독립적이거나 반(半)독립적인 공국들의 중심 지역이었다. 15세기와 16세기 리투아니아 대공국 변방에 위치한 우크라이나 땅의 지리적 위치와 개방된 스텝 전선에 노출된 상태에서 당면한 도전도 이 지역을 나머지 리투아니아 세계와 구별지었다.

리투아니아 귀족들과 다르게 우크라이나 엘리트들은 크림 타타르와 노가이 타타르로부터 오는 점증하는 압력에 제대로 대항할 준비가 되지 않은 사실상(de facto) 독립국인 리투아니아 공국을 계속 유지하는 것이 자신들에게 큰 도움이 되지 않는다고 생각했다. 폴란드 왕국은 리투아니아 대공국이 모스크바 공국과 벌이는 전쟁에서 도움을 줄 수 있었지만, 우크라이나인들이 타타르족과 벌이는 소규모 전투에는 도움을 줄 가능성이 적었다. 전선 지역을 폴란드 왕국에 병합시키면 폴란드로부터 다른 태도를 기대할 수 있다고 보았다. 이런 여러 이유 때문에 우크라이나 엘리트들은 자신들의 땅을 폴란드에 병합하는 것을 승인했다. 이들이 이러한 변화를 후회했다는 증거는 찾을 수 없다. 볼히냐의 공후 가문들은 자신들의 영지를 계속 보유했을 뿐만 아니라 폴란드의 후원 아래 이것을 확장했다.

우크라이나 지역 공후 중에 비교할 수 없게 영향력이 컸던 코스탼틴 오스트로즈키는 폴란드 왕에게 자신의 전폭적 지지를 담보하면서 루블린 연합의 운명을 결정지었다. 그는 볼로디미르시와 키이우 영지의 수장자리를 계속 유지하며 자신의 영지를 늘려나갔다. 16세기 말 오스트로즈키는 거대한 개인 제국을 관할했다. 그는 40개의 성과 1,000개의 소도시, 1만 3,000개의 마을로 된 제국을 보유하고 있었다. 이 모두가 그의 소유였다. 17세기 초 그의 아들인 야누슈는 개인 금고에 폴란드-리투아니아 대공국 전체의 2년 예산을 상회하는 금, 은, 동전을 보유했다. 오스트로즈키 혼자 2만 명의 병사와 기병을 동원할 수 있었다. 이것은 국경 지역에서 폴란드 왕이 주둔시킨 군대의 열 배에 해당하는 숫자였다. 오스트로즈키는 폴란드 왕국과 모스크바 대공국 모두의 왕위 후보자가 되기도 했다. 소귀족들은 자신들이 경제적, 정치적으로 의존하고 있는 이 막강한 대지주를 거부할 입장이 아니었다. 그래서 오스트로즈키는 지역과 대공국 의회에 진출하려는 귀족들로 구성된 광범위한 피후견인 인맥을 계속 관리했다. 폴란드 왕과 의회도 루스의 이 왕관 없는 왕의 권위에 감히 도전하지 못했다. 대공국 의회는 귀족들이 전쟁 시 사병을 출전시키는 것을 금했지만, 공후들의 군사력 지원 없이는 폴란드 상비군이 제대로 된 전력을 발휘할 수 없었다.

오스트로즈키 가족은 루블린 연합 후 부와 영향력을 유지하고 증대시킨 우크라이나 공후 중에 가장 부유했지만, 이들만 유일한 가문은 아니었다. 큰 영향력을 가진 또 다른 볼히냐 공후 가문은 비슈네베츠키 가문이었다. 미하일로 비슈네베츠키 공은 오스트로즈키와 비교하면 보잘것없는 볼히냐의 재산을 가지고 드니프로강 동쪽 땅으로 이주해 갔다. 이 지역은 아직 식민화되지 않았거나 몽골 지배 시기에 정착자들이 떠난 지역이었지만, 지금은 노가이 타타르와 크림 타타르의 공격에 노출된 지역이었다. 비슈네베츠키 가족은 스텝 지역으로 진출해 새로운 정착지를 만들고 소도시를 건설하며 수도원 건설을 재정 지원했다. 좌안(동부) 우크라이나의 비슈네베츠키 영지는 볼히냐의 오스트로즈키 영지에 필적할 만큼 커졌다. 두 공후 가족은 우크라이나에서 가장 큰 대영주였다.

　루블린 연합 이후 이 지역에 발생한 변화는 스텝 변경 지방 식민화의 가장 중요한 추진자들인 볼히냐 공후들을 도와주었다. 폴란드 왕 영지에서 나오는 수입으로 유지되는 폴란드 왕 소속으로 소규모의 이동성이 좋은 상비군은 타타르의 공격을 물리치고 스텝 지역에 계속 농민들이 정착하는 것을 독려했다. 스텝 변경 지역의 식민화에 또 하나의 자극이 된 것은 발트 지역 교역에 이 지방이 포함된 것이었다. 유럽 시장에서 곡물 수요가 계속 늘어나면서 우크라이나는 장차 '유럽의 빵바구니'라고 불리는 명성을 얻기 시작했다. 헤로도토스 시절 이후 우크라이나 곡물이 유럽 시장에 나타난 것은 이때가 처음이었다. 농민들의 정부 중심지에 가까운 농지의 농노제를 피해 이 지역으로 대량으로 이주해 왔다. 이 지역에서 공후와 귀족들은 새 정착자들이 지주를 위한 의무노역과 상당 기간 동안 공납을 면제해주자 농민들이 우크라이나 스텝 변경 지방으로 계속 이주해 왔다. 이에 대한 보상으로 이들은 스텝 지역에 정착해 농지를 개발해야 했다.

　동쪽으로의 이주 물결은 우크라이나 유대인들에게 새로운 경제, 문화 기회를 만들어주었다. 보수적 추정치에 따라도 16세기 중반부터 17세기 중반까지 우크라이나의 유대인 숫자는 4,000명에서 열 배 이상인 5만 명으로 불어났다. 이들은 새로운 유대인 공동체를 형성하고, 시나고그(유대교 회당)를 건설하며, 학교를 열었다. 그러나 새 기회는 대가 없이 얻어지지는 않았다. 유대인들은 서로 상반되는 이익을 가진 두 집단인 지주와 농민 사이에 끼게 되었다. 원래 두 집단은 모두 정교도였다. 그러나 17세기 중반이 되자 많은 공후들이 가톨릭으로 개종하고 폴란드 귀족들이 이 지역으로 쏟아져 들어오게 되면서 유대인은 불만에 찬 정교도 농노들과 돈에 눈먼 가톨릭 지주들 사이에 휘말렸음을 알았다. 이것은 시한폭탄과 같은 상황을 만들었다.

폴란드 왕 지기스문트 아우구스투스의 기대한 것과 반대로 루블린 연합은 국왕에게 반대하는 귀족들을 제어하지 못했다. 다른 것은 몰라도 이것은 오스트로즈키나 다른 우크라이나 공후들의 영향력을 더 크게 만들었다. 그러나 이들의 이야기는 단순히 부를 축적하고 영지를 늘리는 것이 다가 아니었다. 갈리시아-볼히냐 공국이 해체된 다음 처음으로 공후들은 문화와 교육사업에도 뛰어들었다. 이러한 문화적 각성은 폴란드-리투아니아 대공국 경계 양쪽에서 일어났고, 공후들의 정치적 야망에 자극을 받았으며, 당시 종교 갈등과 직접적으로 연관되었다.

리투아니아 대공국에서 라드빌라스 가족은 정치와 종교, 문화를 연계시키는 전범을 만들었다. 루블린 연합의 핵심 반대자인 미칼로유스 라드빌라스 적색공(Mikalojus Radvilas the Red)은 폴란드와 리투아니아 칼뱅주의의 지도자였고, 칼뱅교 젊은이들을 위한 학교를 설립했다. 그의 사촌인 미칼로유스 라드빌라스 흑색공(Mikalojus Radvilas the Black)은 우크라이나-벨라루스 경계 지역인 브레스트에서 최초의 완전한 폴란드어 성경을 출간했다. 1570년대 코스탼틴 오스트로즈키는 볼히냐의 소도시 오스트리흐에서 자체적인 출판사업을 시작했다. 이곳에서 오스트로즈키는 학자들을 모아 그리스어 성서와 교회 슬라브어 성서를 비교하게 한 다음 교회 슬라브어 성서 번역을 개정해 정교도 학자들이 편찬한 것 중 가장 권위 있는 성경을 출간했다. 이 프로젝트는 그 범위가 국제적이어서 리투아니아와 폴란드뿐만 아니라 그리스 출신 학자들이 이 작업에 참여했고, 이들은 로마와 모스크바를 포함한 다양한 지역에서 온 성서 텍스트를 참고해 성서 출판작업을 진행했다. 1581년에 오스트리흐 성서가 추정 컨대 1,500부 인쇄되었다. 이 가운데 400여 부가 지금까지 보존되어 있고, 하버드 대학 휴턴도서관을 방문하는 사람도 이 성서를 볼 수 있다.

콘스탄티노플이나 모스크바에서보다 먼저 오스트리흐에서 교회 슬라브어 성서 번역본이 출간된 것은 정교회 세계에서 우크라이나가 수행한 새로운 역할을 뚜렷이 보여준다. 오스트로즈키는 성서 출간에서 멈추지 않았다. 그는 교회 슬라브어와 민중이 훨씬 쉽게 읽을 수 있는 루테니아어 출간사업을 계속했을 뿐만 아니라 정교도 젊은이들을 위한 학교도 설립했다. 이 학교는 라드빌라스 가족이 칼뱅교도를 위해 세운 학교와 달리 오스트로즈키 공의 학술집단의 활동을 확장시켰다. 오스트로즈키의 야망은 여기서 끝나지 않았다. 그가 콘스탄티노플 정교회 총대주교좌를 오스트리흐로 옮기려고 했다는 분명한 증거가 있다. 이 계획은 실현되지는 않았지만, 16세기 후반 오스트리흐는 아마도 정교회 교육에서 가장 중요한 중심지가 된 것은 틀림없다.

루스의 왕관 없는 왕인 오스트로즈키는 자신이 이 지역에서 수행하는 역할에 대한 역사적이고 종교적인 정당성을 찾으려고 했다. 오

오스트리흐 성서

1581년에 1,500부(추정)가 인쇄되어 지금까지 400여 부가
보존되고 있다. 콘스탄티노플이나 모스크바에서보다 더 먼저
오스트리흐에서 교회 슬라브어 성서 번역본이 출간된 것은
정교회 세계에서 우크라이나가 수행한 새로운 역할을
뚜렷이 보여준다.

스트리흐 성서의 서문과 모든 저자들의 저작에서 그는 키이우 루스 시대 볼로디미르 대공과 야로슬라우 현재(賢宰)가 시작한 종교적이고 교육적인 작업을 지속하는 사람으로 묘사되었다. "볼로디미르가 세례를 받아 국가를 계몽시켰다면 / 코스탼틴(오스트로즈키)은 이들에게 성스러운 지혜의 글을 가져다주었다"라고 성서 편집자 중 한 사람이 썼다. 또한 그는 "야로슬라우가 교회 건물로 키이우와 체르니히우를 장식했다면 / 코스탼틴은 책으로 하나의 보편 교회를 세웠다"라고도 썼다. 저명한 신학자이자 위의 글귀를 쓴 저자일 가능성이 큰 혜라심 스모트리츠키는 '폴란드 루스', 즉 갈리시아와 서부 포돌리아 출신이었다. 이곳에서 루테니아(우크라이나와 벨라루스) 귀족들과 도시민들은 리투아니아의 귀족이나 주민보다 훨씬 일찍 폴란드의 르네상스 교육의 혜택을 보았다.

오스트로즈키가 모으고 지원한 지식인 집단은 국제적 구성이었고, 이들 중 가장 뛰어난 사람들은 폴란드 배경을 가지고 있었다. 폴란드 귀족 출신으로 오스트로즈키에 대한 찬양문을 쓴 사람들은 그가 정교회 발전에 기여한 것에는 큰 관심이 없었지만, 반(半)독립적인 통치자로 그의 명성을 확보하는 데는 최선을 다했다. 정교회 지식인들은 오스트로즈키를 볼로디미르와 야로슬라우에 연계시켰지만, 폴란드인 찬양자들은 오스트로즈키의 고향인 볼히냐의 가장 유명한 통치자였던 할리치의 다닐로 공과 그의 역사적 연관성을 '확립했다'. 오스트로즈키와 그의 인척인 자슬랍스키를 위해 봉사한 폴란드인들은 자신들의 후원자들에게 기존의 정교회와 루테니아 땅의 경계로 정의되지 않은 역사, 정치 공간을 만들어냈다. 이 공간은 폴란드 내 정교회 땅인 '폴란드 루스'(Polish Rus)였다. 오래된 정교회 루스의 지도에 루블린 연합으로 만들어진 새로운 경계를 그려넣은 찬양자들은 후에 근대 우크라이나 민족의 구성에 지리적 청사진이 되는 역사적·정치적 현실을 창조해냈다.

예술과 문학 영역 밖에서 과거 지도에 루블린 경계를 그려넣은 것에는 실제 지도 제작작업도 당연히 포함되었다. 1590년대 토마슈 마코우스키가 제작한 제도는 폴란드 루스와 리투아니아 루스, 현대 용어로는 우크라이나와 벨라루스 사이의 새 경계를 표시했다. '리투아니아 대공국과 인접 지역'이라는 이름이 붙은 이 지도에는 우크라이나 땅과 드니프로강의 삽도가 포함되었다. 학자들은 코스탄틴 오스트로즈키가 지도의 우크라이나 부분을 제공한 것으로 추정하고 있다. '우크라이나'라는 현지 명칭은 오스트로즈키나 그의 봉사 덕분에 마코우스키 지도에 들어간 것으로 보인다. 이 용어는 새 경계의 남쪽 지역 땅을 의미하고, 북쪽의 키이우에서 남쪽의 카니우까지의 드니프로강 우안 지역을 지칭했다. 카니우 너머는 지도 제작자를 신뢰한다면, '보리스테네스 쪽 황무지 평야'라는 야생 스텝이 펼쳐졌다. 그렇다면 '우크라이나'는 스텝 변방 지역의 상당 부분을 포함했다. 이 지역은 이전 지도에는 표시되지 않은 수많은 성과 정착지를 나타내는 점으로 표시된 정착이 활발히 이루어졌다. 같은 지도에서 이 지역을 나타내는 다른 이름은 외부 볼히냐(Volhynia ulterior)였다. 이것은 새로운 '우크라이나'와 오스트로즈키의 고향인 구 볼히냐의 밀접한 연계를 나타내는 용어였다.

루블린 연합은 정교회 공후계급 엘리트들이 가장 먼저, 가장 적극적으로 정복하고 활용한 새로운 정치 공간을 만들어냈다. 공후 엘리트들은 루블린 연합으로 자신들의 권위가 권력을 잃는 대신에 오히려 이것을 강화했다. 공후들의 지적 지원으로 주군의 정치적 야망과 연관된 내용으로 이 공간이 채워지면서 이들은 볼로디미르 대공이나 야로슬라우 현재, 할리치의 다닐로 공 같은 역사적인 비교사례와 선례를 찾게 되었다. 과거에 대한 이러한 관심에도 불구하고 이들은 새로운 것을 만들어 나갔다. 이들이 만든 것은 최종적으로 '우크라이나'가 되었다. 이 용어는 16세기 공후권력의 부활과정에서 처음으로 이 지역을 지칭하며 쓰인 것이다. 루블린 연합으로 만들어진 이 명칭과 새 공간이 거의 동일하게 되는 데는 시간이 걸렸다.

제8장 코자크

15세기와 16세기 동안 우크라이나 스텝 지역은 정치, 경제, 문화 면에서 커다란 변형 과정을 거쳤다. 키이우 루스 시기 이후 처음으로 변경 지방 정착 경계선이 프리퍄트 습지와 카르파티아 산맥 쪽으로 후퇴하는 것을 멈추고, 동부와 남부 방향으로 전진했다. 언어 자료 연구는 우크라이나의 2대 방언인 폴리시아 방언과 카르파토-볼히냐 방언은 북쪽과 서쪽에서 이동해 하나로 통합되었고, 동쪽과 서쪽으로 이동해 북서쪽으로는 현재의 지토미르와 키이우, 동쪽으로는 자포리자, 루한스크, 도네츠크, 남동쪽으로는 오늘날 러시아의 크라스노다르와 스타브로폴에 이르는 지역에서 사용되는 제3의 방언이 스텝 방언을 형성했다. 이러한 방언들이 혼합은 전체적인 인구이동을 반영한 것이다.

이러한 커다란 변화의 기원은 스텝 자체다. 14세기 중반 킵차크 칸국이라고 알려진 금 칸국 내에서 시작된 투쟁은 15세기 금 칸국의 해체로 이어졌다. 크림 칸국, 카잔 칸국, 아스트라한 칸국이 금 칸국의 후계자가 되었지만, 이 칸국 중 어디도 칸국들을 통일시킬 능력이 없었고, 일부는 독립을 상실했다. 크림 칸국은 1449년 칭기즈 칸의 후예인 하지 데블레트 기라이의 지도 아래 금 칸국에서 독립했다. 하지 데블레트가 설립한 기라이 왕조는 18세기까지 지속되지만, 그 영역은 독립적으로 남아 있지 못했다. 1478년 크림 칸국은 오스만 제국의 가신국이 되었다. 튀르크인들이 지배하는 이슬람 국가인 오스만 제국은 15세기와 16세기 비잔틴 제국을 대신해 서지중해와 흑해 지역의 지배세력이 되었다. 1453년 콘스탄티노플을 자신들의 수도로 삼고 이스탄불로 이름을 바꾼 오스만튀르크인들은 크림 반도 남부 해안을 직접 통제했고, 카파항(오늘날 페오도시아)을 자신들의 근거지로 삼았다. 기라이 왕조는 크림 반도 산악 북쪽 지역과 우크라이나 남부 유목 부족들을 통치했다. 이 부족들 중 노가이족(Noghay Horde)은 16세기에 가장 강력한 세력이 되었다.

안보에 대한 고려와 상업적 이익이 오스만인들을 이 지역으로 불러들였다. 특히 이들은 노예무역에 관심이 많았다. 노예무역은 이 지역 경제에 늘 중요했지만, 지금은 가장 중요한 경제활동이 되었다. 이슬람법상 비이슬람교도만 노예로 만드는 것을 허용하고, 노예의 해방을 강조한 오스만 제국은 늘 무임노동을 필요로 했다. 노가이족과 크림 타타르는 이 요구에 부응해 노예 포획 원정을 폰트 스텝 지역까지 확대하고, 종종 접경 지역을 넘어 우크라이나 내륙 깊숙한 곳과 모스크바 공국 지역까지 들어가 노예를 잡아왔다. 노예무역은 노가이족이 가축 사육에서 얻는 수입을 보충해 주었고, 크림 타타르는 가축 사육과 정착 농경 수입에 부수적 수익을 안겨주었다. 작황이 나쁘면 북쪽으로 더 깊숙이 습격해 더 많은 노예를 크림 반도로 보냈다.

타타르들이 노예 획득을 위해 정착 지역으로 올라가는 다섯 경로 모두가 우크라이나를 통과했다. 이 가운데 두 경로는 드니스트르강 동쪽에서 서부 포돌리아로, 다음으로 갈리시아로 이어졌다. 부흐강 남부 서쪽의 두 경로는 서부 포돌리아와 볼히냐로 이어지고 다음으로 다시 갈리시아로 이어졌다. 마지막 경로는 후에 자유공동체 우크라이나 지역이 되는 하르키우 인근과 모스크바 공국 남부를 통과했다. 16세기 곡물 수요로 인해 우크라이나 땅이 발트 무역지대에 통합되었다면, 우크라이나 지역이 지중해 무역지대와 연결된 것은 주로 노예무역을 통해서였다. 흑해 북쪽 스텝 변경 지방 주민의 절대 다수를 차지하고 곡물 경작을 위해 스텝으로 이동해 온 우크라이나인들은 오스만 제국의 노예 의존 경제의 주된 목표이자 희생양이 되었다. 크림 반도 북동쪽에 거주하는 러시아인들이 두 번째 목표가 되었다.

17세기 중반 크림 반도를 방문한 리투아니아인 작가 미칼론(미하엘)은 자신이 현지 유대인과 나눈 대화로 노예무역의 범위를 서술했다. "수를 세기도 어려울 정도로 많은 우리 주민들이 포로가 되어 이곳으로 운송되는 것을 보고, 우리 땅에 사람이 가득하고, 어디서 이렇게 많은 사람이 나오는지 묻지 않을 수가 없네." 16세기와 17세기 크림 반도의 노예시장에 끌려온 우크라이나인과 러시아인 수 추정치는 150만 명에서 300만 명에 이른다. 어린아이와 청소년이 가장 높은 가격에 팔렸다. 노예들의 운명은 제각각이었다. 남자 노예 대부분은 오스만의 갤리선이나 들판에서 노동하는 운명을 맞았고, 여자 노예 대부분은 가정의 하녀로 일했다. 일부 노예는 좋은 운을 만날 수도 있었지만, 그것은 아주 드문 예였다. 재능이 있는 젊은이는 오스만 행정기관에서 일할 수도 있었지만, 이들 대부분은 환관으로 일했다. 일부 여자들은 술탄의 하렘이나 고위 관리의 첩이 되었다.

역사에 록솔라나라고 알려진 한 우크라이나 소녀는 오스만 술탄 중 가장 권력이 막강했고, 1520년부터 1566년까지 제국을 통치했던 술레이만 대제의 부인이 되었다. 그녀의 아들은 술탄 셀림 2세가 되었다. 휘렘 술탄(Hürrem Sultan)이라는 칭호를 가진 록솔라나는 이슬람 자선사업에 큰 기여를 했고, 당대 오스만 건축의 가장 뛰어난 건축물 건설을 후원했다. 이 가운데에는 오스만 최고의 건축가인 미마르 시난이 지은, 이스탄불의 하기아 소피아에서 멀리 떨어지지 않은 곳에 있는 공중목욕탕인 하세키 휘렘 술탄 하마미가 있다. 지난 200년 동안 록솔라나는 우크라이나와 터키의 여러 소설과 수많은 TV드라마의 주인공이 되었다. 그러나 그녀의 일생은 일반적인 것이 아니라 특별한 예외에 속한다.

타타르의 습격과 노예무역은 우크라이나의 기억에 깊은 상처를 남겨 놓았다. 노예들의 운명은 우크라이나의 구전 서사시인 많은 두마(duma, 우크라이나 민요)의 소재가 되었다. 두마는 포로가 된 자들의 운명을 슬퍼하고, 크림 반도의 노예제도에서 탈출하려는 이들의 시도를 묘사하며, 노예를 구하고 해방한 사람들을 영웅화했다. 이러한 민중영웅들은 코자크*라고 알려졌다. 이들은 타타르와 전투를 치르고, 오스만 제국을 상대로 한 해상원정에 나서며, 때때로 노예들을 구했다.

---

* 코자크는 방랑자, 모험자, 자유인 등을 뜻하는 터키어의 'qazaq'에서 나온 말이다. 우크라이나어로는 'kozak'(козак), 러시아어로는 'kazak'(казак)로 표기되고, 영어는 'cossack'이다. 국내에서는 코사크, 까자크 등으로 표기하지만, 이 책에서는 원어와 우크라이나어 발음인 코자크로 표기한다.

그러면 코자크는 어떤 사람들인가? 이에 대한 대답은 어느 시기를 생각하느냐에 달려 있다. 우리는 초기 코자크들이 유목민이었다는 사실을 안다. 이 단어 자체는 터키어에서 기원했고, 맥락에 따라 경비병(guard), 자유인(freeman), 약탈자(freebooter)를 의미한다. 초기 코자크들은 이 모든 것에 해당한다. 이들은 작은 무리를 구성해서 정착지와 유목민 야영지 밖의 스텝 지역에 거주했다. 스텝에 살면서 수렵과 사냥, 약탈로 생계를 유지했다. 많은 교역로가 스텝을 이리저리 가로지르고 있었고, 초기 코자크들은 충분한 호위병 없이 용감히 이 지역을 지나다니는 상인들을 약탈했다. 동쪽이나 남쪽이 아닌, 리투아니아 대공국의 정착 지역인 북쪽에서 온 코자크들이 상인들을 습격하며 생활한다는 얘기가 알려졌다.

크리스토퍼 콜럼버스가 산살바도르라고 스스로 이름 붙인 카리브해 섬에 상륙하고, 페르디난트 왕과 이사벨라 여왕이 스페인에서 유대인을 추방하는 칙령에 서명한 해인 1492년 코자크들은 국제무대에 자신들의 모습을 처음으로 드러냈다. 크림 칸이 리투아니아의 알렉산더 대공에게 보낸 불만에 찬 편지에 의하면 키이우와 체르카시에 거주하는 대공의 신민들이 드니스트르강 하류 지역으로 보이는 곳에서 타타르 선박을 습격해 약탈한 것으로 나온다. 알렉산더는 이 사람들이 자신의 종족인지 또는 이들이 스텝 방식의 교역로 습격을 했는지를 묻지 않았다. 그는 자신의 변경 지방(그는 '우크라이나'라는 말을 썼다) 관리들에게 이 습격에 가담한 코자크들을 조사하라는 명령을 내렸다. 그는 또한 이들을 처형하고, 이들이 약탈한 상품을 포함한 모든 소유물은 크림 칸의 대리인에게 전달하라는 명령도 내렸다.

알렉산더의 명령이 집행되었는지 불확실하지만, 이것은 지속적 효과가 없었다. 다음해 크림 칸은 체르카시의 코자크들이 모스크바 공국의 대사를 공격했다고 비난했다. 1499년 코자크들은 드니프로강 하구 오차키우의 타타르 요새 인근 지역을 약탈하는 것이 발견되었다. 드니프로강을 타고 흑해로 내려가는 코자크 원정대를 막기 위해 크림 칸은 오차키우 인근의 드니프로강을 쇠사슬로 막는 방법도 생각했다. 그러나 이 계획이 실행되거나 코자크 활동에 영향을 준 것 같지는 않았다. 리투아니아 대공에게 전달된 크림 칸의 불만도 아무 소용이 없었다.

리투아니아의 국경 관리들은 한편으로는 코자크의 습격을 막으려고 하면서, 다른 한편으로는 코자크를 이용해 타타르의 침입을 막으려 했다. 1553년 리투아니아 대공은 체르카시와 카니우 촌장인 드미트로 비슈네베츠키를 드니프로강 급류 너머 지역으로 파견해 코자크들이 강을 따라 더 이상 하류 지역으로 내려가지 못하게 작은 요새를 짓게 했다. 비슈네베츠키는 자신의 코자크 부하들을 동원해 이 요새를 지었다. 크림 칸이 코자크 요새를 자신의 영역에 대한 침범으로 간주한 것은 놀라운 일이 아니다. 4년 후 크림 칸은 비슈네베츠키를 보루에서 쫓아내기 위해 군대를 파견했다. 민간 전승에서 비슈네베츠키는 첫 코자크 헤트만으로 민중영웅이 되었다. 헤트만은 폴란드군이 자신들의 최고 군사령관에게 쓰는 명칭이었지만, 타타르나 오스만군과 싸우는 용맹스런 전사를 뜻하게 되었다.

16세기 중반이 되자 키이우 이남 지역은 새로운 정착지가 빽빽이 들어섰다. "복 받고 번영하는 키이우 지역은 인구도 많았다. 보리스테네스와 다른 강들이 흘러들어오는 곳에는 주민이 많이 사는 소

코자크 결혼(요제프 브란트, 1895년경)
코자크는 경비병, 자유인, 약탈자를 의미한다.
작은 무리를 이루어 정착지와 유목민 야영지 밖의 스텝 지역에
거주하며 수렵과 사냥, 약탈로 생계를 유지했다.

도시와 많은 마을이 생겼다"라고 리투아니아인 미칼론은 기록했다. 그는 이 정착자들의 출신 배경을 설명했다. "일부는 영주의 권위와 노예신분을 피해 왔고, 일부는 군역 또는 범죄행위에 대한 처벌, 부채, 기타 부담을 피해 왔다. 다른 사람들은 봄이면 더욱 풍성해지는 이 지역의 풍부한 수렵 자원과 좀더 풍요로운 장소를 찾아온 사람들이었다. 이들은 요새를 짓고, 그곳에서 되든 안 되든 새로운 삶을 꾸렸으며, 다시 원래 살던 곳으로 되돌아가려고 하지 않았다." 미칼론이 서술한 바에 따르면 코자크들은 사냥과 수렵만으로 부족한 수입을 도적질로 보충했다. 그는 일부 가난하고 더러운 코자크 움막집은 "값비싼 비단, 보석, 칼, 후추, 모피, 향신료로 가득 찼다. 이곳에서는 리넨보다 비단을 싸게 살 수 있고, 후추가 소금보다 쌌다"라고 썼다. 상인들은 이런 기호품과 호사품을 오스만 제국에서 모스크바 공국이나 폴란드 왕국으로 운송하다가 약탈당한 것이었다.

초기 코자크들은 프리퍄트강이나 드니프로강을 따라 늘어선 소도시에 거주했지만, 16세기 중반이 되자 농민들이 초기 코자크보다 훨씬 많아졌다. 이러한 인구 유입은 코자크의 정치와 인종, 종교 정체성에 대한 불확실성, 다시 말해 이들이 크림 타타르인지, 노가이 타타르인지, 대공과 왕의 우크라이나인 신민인지, 아니면 이 모든 인종과 종교가 혼합된 것인지에 대한 불확실성에 종지부를 찍었다. 코자크인 절대다수는 우크라이나인들이었다. 이들은 역사학자들이 말하는 이른바 '제2차 농노제'(second serfdom)를 피하기 위해 대지주와 귀족들이 소유한 거대한 대영지, 장원 등을 탈출해 온 사람들이었다. 제7장에서 이미 서술한 것처럼 대지주와 소귀족들은 항시적인 타타르 습격으로 인해 정착해 살기가 어려운 새로 획득한 변경 지방에 세납 면제 기간을 약속하며 새로운 정착자들을 끌어들이려고 노력했다. 이 시기가 끝나면 많은 농민들은 세납을 피하기 위해 위험한 스텝 지역으로 더 깊숙이 들어갔다. 이들 중 상당수가 코자크에 가담하고 자신의 사회적 요구를 급진화했다.

앞장에 서술한 대로 토마슈 마코우스키 지도에 표시된 드니프로강 중류 지역의 스텝 변경 지방에 형성된 우크라이나의 정착지는 볼히냐의 공후들과 드니프로 코자크들의 공동 개척 지역이 되었다. 1449년 코스탄틴 오스트로즈키는 드니프로 우크라이나의 광활한 지역을 관할하는 키이우 총독이 되었다. 그의 관할 지역은 카니우와 체르카시까지 확장되었고, 타타르와 오스만을 상대로 자주 약탈원정에 나서 스텝 지역의 지속적인 정착을 촉진하면서 이를 방해하기도 했던 코자크를 통제하는 것도 그의 책임이 되었다. 오스트로즈키는 처음으로 코자크를 군역에 동원하는 노력을 기울였다. 이것은 전투병력으로 전환하기 위한 목적보다는 급류 지역 너머에 있는 이들을 제거하고 이 다루기 힘든 집단을 어떤 형태로든 통제하기 위한 것이었다. 리보니아 전쟁으로 리투아니아 공국과 모스크바 공국 사이 경계에 더 많은 병력을 필요하게 되었고, 1570년대에 많은 코자크 부대가 구성되었다. 이 부대 중 하나는 병력이 500명에 달했다. 국경 지역 관리들에게 복무하는 비정규군(militias)이었던 코자크가 군장교의 지휘를 받는 정규군으로 재편성되면서 코자크 제도(Cossackdom) 역사에 새 장이 열렸다. 처음으로 '등록 코자크'(registered Cossacks)라는 용어가 사용되었다. 정식으로 군역에 동원되어 '등록된' 코자크는 세납에서 면제되고 지역 관리의 관할을 받지 않았다. 이들은 급여도 받았다. 등록 코자크가 되려는 코자크는 항시 많았지만, 폴란드 왕국은 단지 제한된 수만 등록 코자크를 받았다. 이들에게는 급여가 지급되고, 현역으로 복무하는 동안에는 특권이 인정되었다. 처음부터 등록 코자크가 되지 못했거나, 특정한 전쟁이나 군사원정 종료 후 등록 코자크에서 해제된 사람들로 자신들이 지위를 포기하려 하지 않았기 때문에 코자크와 변경 지방 관리들 사이의 분란이 끊이지 않았다. 등록 코자크 제도는 폴란드 정부의 한 가지 문제를 해결했지만, 다른 여러 문제를 발생시켰다.

1590년 폴란드-리투아니아 대공국 의회는 우크라이나 국경 지역을 타타르의 공격으로부터 보호하기 위해 1,000명의 코자크를 등록 코자크로 만들었다. 이것은 비등록 코자크의 공격으로부터 타타르를 보호하려는 목적도 있었다. 폴란드 왕은 코자크를 위한 보급품 조례를 제정했으나 제대로 이행되지 않았다. 1591년 코자크 봉기가 우크라이나 지역을 휩쓸었다. 그때까지는 오스만 제국이 지배하는 지역인 크림 칸국, 몰다비아 공국(당시 오스만 제국 속국), 흑해 연안을 약탈하던 코자크들은 자신들의 힘을 내부로 돌렸다. 이들은 국가가 아니라 자신들의 '대부들'(godfathers)인 볼히냐의 공후들, 특히 야누슈 오스트로즈키(폴란드어로 오스트로스키)와 그의 아버지인 코스탸틴 오스트로즈키를 상대로 봉기를 일으켰다. 야누슈는 키이우 남쪽 코자크 요새였던 빌라 체르크바 촌장이었고, 키이우 지방총독이었던 코스탸틴은 아들의 행동을 '감독했다'. 오스트로즈키 부자는 이 지역을 완전히 통제했다. 지역 귀족 중 누구도 이 세력이 막강한 공후들에 대항할 생각을 하지 못했고, 오스트로즈키 부자는 소귀족들의 토지를 빼앗아 자신들의 영역을 확대하는 데 많은 노력을 기울였다.

　오스트로즈키 부자의 희생양이 된 소귀족 중 한 사람인 크리슈토프 코신스키는 코자크 부대장(chieftain)이기도 했다. 야누슈가 국왕으로부터 하사받은 코신스키의 토지를 몰수하자, 그는 즉각 왕에게 청원을 올리고 코자크 병사들을 모아 야누슈의 사령부가 있는 빌라체르크바를 공격했다. 오스트로즈키 부자와 볼히냐의 또 다른 공후 올렉산드르 비슈네베츠키가 모집한 사병들은 코신스키의 코자크를 패퇴시켰다. 이 공후들은 폴란드 당국에 도움을 청하지 않고 봉기를 진압했다. 역설적이게도 코자크 대부들은 반기를 든 자신의 대장들을 다른 코자크들을 동원해 진압한 것이다. 오스트로즈키 밑에서 싸운 코자크 부대장 중 가장 유명한 지휘관은 세베린 날리바이코였다. 그는 오스트로즈키 휘하 코자크들을 코신스키가 이끄는 코자크와의 전투에 동원했고, 포돌리아 스텝에 흩어져 있는 코자크들을 오스트로즈키 영역에서 가장 먼 곳까지 이끌고 가 전투를 치렀다.

　그러나 오스트로즈키가 코자크 반란을 통제하고 조정하는 능력에는 한계가 있었다. 코자크들은 스스로 자신들의 지휘관을 선출하고, 그를 따라 전투에 나갔다가 원정이 끝나면 그를 자유롭게 제거하며, 그가 자신들의 이익에 반하게 행동하면 그를 처형하기도 했다. 그리고 코자크들 사이에도 분파가 있었다. 이것은 등록 코자크와 비등록 코자크 구분에만 그친 것이 아니었다. 등록 코자크는 농지를 소유한 코자크들이 선발되었고, 주로 소도시와 키이우 그리고 체르카시 사이의 지역에 살았다. 이들은 폴란드 왕에게 봉사하는 대가로 특별한 권리를 부여받았다. 그러나 또 다른 코자크 집단으로 자포리자 코자크(16세기 급류 너머에 사령부를 설치한 코자크를 일컬음)가 있었다. 이들 중 상당수는 농민 출신이었고, 급류 너머 호르티 챠섬에 시치(Sich, 나무를 잘라 만든 방책으로 보호된)라고 불리는 요새화된 정착촌을 건설하고 거기에 거주했다. 이들은 관리들의 통제를 벗어나 있었고, 크림 타타르와 많은 문제를 일으켰다. 또한 불만에 찬 소도시 주민이나 스텝으로 도망 온 농민들을 끌어들이는 자석과 같은 역할을 했다.

오합지졸 같은 코자크들을 통제하는 임무를 맡은 날리바이코는 곧 자포리자 코자크와의 연대가 불편하다고 느꼈다. 1596년이 되자 그는 더 이상 오스트로즈키의 지시를 따르지 않고 독자적으로 행동하다가 코신스키의 봉기보다 더 큰 봉기를 일으켰다. 1590년대 초반에는 몇 해 동안 흉작이 이어졌다. 기아로 더 많은 농민들이 귀족들의 영지를 떠나 코자크에 가담했다. 이번에 공후들의 가신들은 봉기를 막기에 역부족이었다. 폴란드군 사령관이 지휘하는 폴란드 정규군이 봉기를 진압하기 위해 출동했다. 1596년 5월 폴란드군은 드니프로강 좌안의 코자크 주둔지를 포위했다. '구' 코자크 또는 소도시 출신 코자크들은 '새' 코자크들에게 반기를 들고 사면을 얻는 조건으로 날리바이코를 체포해 폴란드군에 넘겼다. 그는 바르샤바로 압송되어 처형되었다. 공후의 부하였다가 코자크 봉기군 지도자가 된 날리바이코는 코자크 연대기 작가와 낭만주의 시대 시인들에게는 코자크와 정교회 이상을 위해 목숨을 바친 순교자가 되었다. 그런 시인 중에는 1825년 차르에게 반란을 일으켰다가 처형된 콘드라티 릴례예우도 포함된다.

16세기에 들어서면서 코자크는 폴란드-리투아니아 대공국과 오스만 제국뿐만 아니라 중유럽과 서유럽 여러 나라의 외교정책의 한 수단으로 등장했다. 1593년 신성 로마 제국 황제 루돌프 2세의 사절인 에리흐 폰 라소타가 자포리자를 방문해 코자크들에게 오스만 제국과 벌이는 전쟁에 참여할 것을 제안했다. 3년 후 교황의 사절인 알레산드로 코물레오도 비슷한 임무를 띠고 자포리자를 찾았다. 이 방문에서 나온 결과는 별로 없었지만, 코물레오와 편지 그리고 라소타의 일기는 당시 자포리자 시치의 민주질서를 서술해 코자크 초기 역사에 대한 이해에 큰 도움을 주었다. 이제 빈과 로마에서도 인정하는 코자크는 파리와 런던에까지 그 존재가 알려지고, 모스크바 공국에는 큰 위협이 되었다.

1550년대 모스크바 공국 차르 이반 뇌제를 위해 봉사하며 국제 무대에 알려진 우크라이나 코자크는 17세기 초반 초대받지 않은 모스크바 방문을 하게 되었다. 당시 모스크바는 '혼란의 시대'로 알려진 경제, 왕조 계승, 정치위기에 함몰되어 있었다. 소(小)빙하기라고 알려진 기후 변화가 한 원인이 되어 발생한 흉작으로 인한 극심한 기아로 17세기에 들어서면서 이 위기가 시작되었다. 소빙하기는 1350년부터 1850년까지 약 5세기 동안 지속되었는데 17세기 초에 최절정에 이르렀다. 이 위기는 루리크 왕조의 후계가 끊기고 여러 귀족 가문들이 새로운 통치자가 되기 위해 경쟁하던 시기에 모스크바를 덮쳐서 혼란이 더욱 가중되었다. 1613년 로마노프 왕가의 첫 차르를 선출하면서 왕조 계승 위기는 끝났다. 그러나 위기가 종식되기 전 여러 명의 왕위 쟁탈자들이 나타났고, 그 가운데 일부는 이반 뇌제의 왕자를 '참칭'해 외국 군대를 끌어들여 자신의 정치적 목표를 달성하려고 했다.

왕위 궐위 시대에 코자크는 모스크바 왕좌를 탐하는 두 참칭자를 지원했다. 한 명은 가짜 드미트리 1세였고, 다른 한 명은 가짜 드미트리 2세였다. 1610년 1만 명 가까운 코자크 병사가 폴란드군 총사령관 스타니슬라우 조우케비치가 이끄는 폴란드군에 가담해 모스크바로 쳐들어갔다. 3년 뒤 1917년 혁명 때까지 지속된 로마노프 왕조의 창시자인 차르 미하일 로마노프가 선출되었지만, 이것으로 모스크바 공국에 대한 코자크의 간섭이 끝난 것은 아니었다. 1618년 2만 명의 우크라이나 코자크 병사는 폴란드군의 모스크바 공격과 포위에 가담했다. 코자크는 폴란드 왕에게 유리한 조건으로 전쟁이 끝나는 것을 도와주었다. 그 가운데 하나는 16세기 초 리투아니아 공국이 상실했던 체르니히우 땅을 폴란드 왕국에 넘겨주는 것이었다. 17세기 중반에 체르니히우는 코자크 세계에 중요한 일부분이 되었다. 그러나 늘 그래왔듯이 코자크는 폴란드 왕의 외교 목표 달성에 도움을 주기도 하고 이를 방해하기도 했다. 폴란드–리투아니아 대공국은 모스크바 공국과의 전쟁에서 오스만 제국으로부터 바라던 지원을 받지 못했다. 이것은 부분적으로 코자크가 계속 해상원정을 나가 오스만 제국 해안을 습격한 원인이 되었다.

1606년 차이카(chaika, '갈매기'라는 뜻의 코자크 소형 배)라고 부르는 자신들이 만든 소형 보트에 올라타 드니프로강을 따라 내려간 코자크는 흑해 서부 해안의 가장 강력한 오스만 제국 요새인 바르나를 공격했다. 1614년에 코자크는 남서부 해안의 트라브존을 공격하고 다음해는 이스탄불의 금각만으로 진입해 750여 년 전 바이킹이 한 것과 같이 인근 지역을 약탈했다. 그러나 바이킹은 교역을 한 데 반해 코자크는 지중해에서 카리브해 연안에서 발생한 해적 약탈과 비슷한 습격을 감행했다. 코자크는 물품을 약탈하고 복수를 하며 우크라이나 민요가 전하는 바와 같이 오랫동안 고통받은 노예들을 해방했다. 1616년 코자크는 크림 반도 해안의 노예무역 중심지인 카파를 공격해 모든 노예를 해방했다.

막강한 오스만 제국에 대한 연이은 코자크의 습격을 목격한 술탄과 궁정, 외국 대사들은 크게 놀랐다. 기독교 국가 통치자들은 이제 코자크를 오스만 제국과 전쟁을 벌이는 데 잠재적 동맹으로 진지하게 생각했다. 이스탄불 주재 프랑스 대사 필리프 드 아를레는 1620년 7월 프랑스 국왕 루이 13세에게 "코자크들이 흑해에서 이곳 가까이 올 때마다 이들은 약한 전력에도 불구하고 엄청난 전리품을 챙겨가고, 술탄이 어렵게 바다로 내보낸 갤리선에 탄 튀르크 병사들이 이들과 대항해 싸우도록 하기 위해서는 몽둥이로 규율을 잡아야 할 정도입니다"라고 보고를 올렸다.

필리프 대사는 코자크의 해상원정을 제대로 막아내지 못하는 오스만 궁정의 무능력을 보고한 반면, 술탄 오스만 3세의 참모들은 두 전선, 즉 육상에서는 폴란드, 해상에서는 코자크와 어떻게 전쟁을 수행하는지를 놓고 고심하고 있었다. 1620년 여름 오스만은 현재 몰도바 영역인 푸르트강으로 군대를 보내 폴란드군과 전투를 벌였다. 폴란드군에는 폴란드와 리투아니아 대지주들에 봉사하는 코자크 병사들도 포함되어 있었다. 이것은 표면적으로는 오스만 제국에 대한 코자크를 통제하지 않은 폴란드를 징벌하기 위한 전쟁이었다. 하지만 이 원정의 실제 목적은 이보다 훨씬 컸다. 오스만은 점점 커지는 폴란드의 영향으로부터 이 지역의 가신국을 보호하기 위해 전쟁을 벌인 것이다. 1620년 9월 약 1만 명의 폴란드군과 일부 추정에 의하면 이에 두 배가 되는 오스만군은 현재 몰도바-루마니아 국

카파를 공격하는 자포리자 코자크

1616년 코자크는 크림 반도 해안의 노예무역 중심지인 카파를
공격해 모든 노예를 해방했다. 코자크는 민주적이고 평등적인 정치문화
전통을 수립했다. 이러한 전통은 러시아에 복속되어 있었던
지난 250여 년 동안 정치 지형의 표층 아래 내려가 있었지만,
1991년 독립 후 되살아나 독재에 항거하는 오렌지 혁명과
마이단 혁명으로 폭발되었다.

경에 있는 투초라에서 충돌했다. 20일간 지속된 이 전투에서 폴란드군은 대패했다.

폴란드-리투아니아 대공국은 상비군이 없었기 때문에 궁정과 나라 전체는 큰 공포에 휩싸였다. 이제 모두가 오스만군이 폴란드 내로 진공할 것을 두려워했고, 실제로 그렇게 되었다. 1621년 추정컨대 12만 병력으로 구성된 오스만군을 술탄이 직접 이끌고 몰다비아를 통해 폴란드로 진격해 왔다. 오스만군은 약 4만 병력을 가진 폴란드군과 격돌했다. 폴란드군의 절반은 1616년 코자크의 카파 공격의 영웅이자 2년 후 모스크바 공격을 이끈 페트로 코나셰비치-사하이다치니가 이끄는 코자크 병사들이었다. 오스만군이 포위한 드니스트르강 호틴 요새 인근에서 벌어진 이 전투는 한 달 동안 지속되었다.

호틴 전투는 어느 한쪽의 승리로 끝나지 않았지만, 이 애매한 결과를 바르샤바에서는 폴란드 왕국 전체의 승리로 간주했다. 폴란드군은 엄청난 오스만군을 국경 지역에서 저지했고, 평화조약에서 어떤 영토도 상실하지 않았다. 코자크 군대의 지원이 없었더라면 이런 결과를 얻는 것이 불가능했을 것이라는 것을 모두가 알았다. 처음으로 짧은 기간이기는 하지만 코자크는 폴란드 전체의 영웅이 되었다. 이 전투 후 출간된 책들은 페트로 코나셰비치-사하이다치니를 영웅으로 묘사했고, 오늘날 폴란드 전사 중 가장 뛰어난 전사로 추앙받는 그의 동상이 키이우 포딜 구역 쪽 그의 이름을 딴 거리 입구에 서 있다.

호틴 전투에서 코자크의 공훈은 폴란드를 상대로 코자크의 정치적·사회적 요구를 다시 주장할 수 있는 기회를 만들어 주었다. 이들의 핵심 요구는 코자크 전체가 아니더라도 장교들이 귀족 지위를 부여받는 것이었다. 1622년 사하이다치니는 호틴 전투에서 입은 부상으로 사망했다. 키이우 형제회 신학교의 교수인 카시안 사코비치는 이 코자크 헤트만을 추모하는 시를 썼고, 이 시는 키이우 수도원 출판사가 출간했다. 이 시에서 그는 코자크를 키이우 루스 시대 콘스탄티노플을 공격했던 키이우 루스 공후들의 후손이라고 칭송했다. 사코비치는 코자크가 폴란드 귀족들이 누리는 것과 같은 권리와 자유를 지칭하는 말인 '황금의 자유'(Golden Liberty)를 얻기 위해 투쟁했다고 썼다. "모두가 이것을 얻기 위해 열심히 싸웠지만, 이것은 모두에게 주어지지 않았고, 단지 조국과 주군을 위해 싸운 사람에게만 주어졌다. 기사들은 용맹으로 전쟁에서 승리한다. 이들은 돈이 아니라 자신의 피로 이를 사는 것이다"라고 그는 자신의 시에 썼다. 코자크를 기사로 인정하는 것은 이들을 귀족으로 인정하는 선에서 한 걸음 처진 것이었다.

코자크들은 자신들의 사회적 목표를 달성하지는 못했다. 새 국왕을 선출하는 폴란드 의회(귀족들에게만 제한됨)에 참여하려는 코자크의 시도는 1632년 거부되었다. 이러한 수치에 이어 연이은 군사적 패배가 벌어졌다. 폴란드는 1625년과 1630년에 일어난 코자크 봉기를 진압했다. 호틴 전투에서 코자크 병사 2만 명이 싸웠지만, 폴란드 당국은 4,000명만을 등록 코자크로 인정했고, 이것은 후에 8,000명으로 늘어났다. 코자크는 1637년과 1638년 다시 봉기를 일으켰지만 다시 한 번 폴란드군에 의해 진압되었다. 코자크는 코자크의 자유뿐만 아니라 정교회 신앙을 위해 싸운다고 주장했다. 처음에 이 주장은 지지를 받았지만, 정교회를 변화시키려는 정부의 노력으로 인해 교회와 코자크 사이의 연대를 유지하는 일은 점점 더 어려워졌다. 1630년 봉기 때 키이우의 사제들 일부는 봉기를 지원했지만, 1637년과 1638년 봉기에서 코자크의 호소를 사제들은 받아들이지 않았고, 코자크는 이에 배신감을 느꼈다. 동굴수도원 인쇄소에서 출간되는 찬양문은 더 이상 코자크 헤트만을 칭송하지 않았다. 그 대신에 찬양자들은 코자크에 대항해 싸운 정교회 귀족들을 칭송했다.

1637년과 1638년 코자크 봉기를 진압한 폴란드 당국은 장기적 해결책을 찾아 나섰다. 해결책은 상대적으로 간단했다. 코자크 전사들에게 법적 지위를 부여하되 코자크는 폴란드의 법적·사회적 구조에 통합되고, 왕이 임명하고 정부가 신뢰하는 새 지도부의 관할 아래 들어간다는 조건이 붙었다. 1638년 코자크 조례는 코자크 장교 엘리트들의 요구를 적극적으로 수용했다. 이 조례에 의하면 코자크 장교들은 군역 기간에 제한되지 않는 자신들의 권리와 특권을 갖는 별도의 계층으로 인정받고, 이러한 지위와 토지 소유권을 자손들에게 물려줄 수 있는 권리도 얻었다. 폴란드 정부는 다른 주민 계층. 특히 스텝 변경 지방에서 코자크와 나란히 거주하는 소도시 주민들이 이러한 특권에 접근하지 못하게 제한해 새로 인정된 계층을 통제하는 수단으로 삼았다.

여기에다가 폴란드 당국은 등록 코자크의 수를 6,000명(1625년 할당 숫자의 절반)으로 줄이고, 이들을 폴란드군 총사령관인 폴란드 왕의 대(大)헤트만 지휘 아래 두었다. 코자크 대장과 6명의 코자크 대령 직위는 모두 폴란드인이 차지했다. 코자크가 올라갈 수 있

는 최고 계급은 대위였다. 6개 연대가 교대로 급류 너머 반군의 거점
인 자포리자 시치에 주둔했다. 코자크의 해상원정을 막고 오스만 제
국과의 관계를 개선하기 위해 폴란드 정부는 급류 끝에 있는 코다크
에 요새를 건설했다. 1635년에 처음 건설된 이 요새는 이후 코자크
들에 의해 불타 파괴되었다. 이 요새의 재건을 감독하기 위해 파견
된 프랑스 기술자 레바쇠르 드 보플랑*은 1639년 첫 우크라이나 지
도를 만들었다. 포돌리아, 브라트슬라우, 키이우 주를 포함한 폴란
드의 스텝 변경 지방을 담은 보플랑의 여러 지도 덕에 우크라이나는
17세기 후반 유럽 지도 제작자들 모두가 아는 지역이 되었다.

코자크 봉기가 평정되고 코자크 요구가 어느 정도 수용되어 드니
프로강이 더 이상 흑해 원정의 통로가 되지 않게 되고, 자포리자 시
치가 통제 아래 들어오면서 폴란드는 황금의 평화(Golden Peace)라
고 알려진 10년 시기에 들어섰다. 이 시기에 스텝 변경 지방의 식민
화는 계속 진행되고, 귀족들의 재산과 장원은 계속 확장되었다. 새
로운 대지주과 농민, 이들의 중개인으로 활동하는 유대인 정착자들
이 새로운 경제적 기회를 잡으려고 이 지역으로 들어왔다. 그러나
후에 드러난 대로 이것은 폭풍전야의 고요였다. 새로 훨씬 더 큰 코
자크 봉기가 준비되고 있었다.

---

* 귀욤 레바쇠르 드 보플랑(Guillaume Levasseur de Beauplan, 1600?~ 73): 프
랑스 태생으로 폴란드 왕국의 포병 장교로 근무하다가 폴란드군 사령관 스
타니슬라우 코네펠츠키의 부하로 우크라이나로 가서 복무하며 코다크 요새
재건작업에 참여했다. 1639년 우크라이나 설명 지도를 처음으로 만들었고,
1648년 우크라이나 변경 지방에 대한 상세한 정보를 담은 지도를 만들었다.
1651년에는 코자크 생활방식, 전투방식 등을 상세히 설명한『우크라이나 서
술』(Description d'Ukranie)을 출간했다.

코자크는 먼길을 걸어왔다. 키이우 남부 지역을 돌아다니는 어부와 사냥꾼에서 스텝 국경 지역에 있는 새 땅의 정착자가 되었고, 공후에게 봉사하는 용병에서 외국인들도 경의를 표하는 독자적 세력이 되었으며, 마지막으로 난민과 모험꾼에서 단결력이 강한 군사세력인 코자크 집단이 되었다. 이 군사집단은 독자적인 사회질서를 가지고 폴란드 정부에 자금뿐 아니라 전사 지위 인정을 요구하게 되었다. 폴란드 국가는 코자크의 사회적 요구를 수용할 수 있는 상황에서만 코자크의 군사적 힘과 경제적 잠재력을 이용할 수 있었다. 이후에 일어난 사건들이 반복적으로 보여주지만, 이것은 쉬운 과제가 아니었다.

제9장 동방교회 개혁

현대 우크라이나에 대한 여러 고정관념 중 하나는 정교회 동쪽 지역과 가톨릭 서쪽 지역 사이에 균열선이 있는 나라(cleft country)라는 것이다. 새뮤얼 헌팅턴의 베스트셀러인 『문명의 충돌』(*Clash of Civilization*)에는 우크라이나를 관통하는 동방 기독교와 서방 기독교 문명의 경계선을 보여주는 지도가 들어 있다. 이 경계선을 기준으로 갈리시아와 볼히냐를 포함한 우크라이나 서쪽 지역은 종교적 균열에서 가톨릭에 속하고, 나머지 지역은 정교회 지역에 들어간다. 이 지도의 문제점은 경계선을 따라 내려가다 보면 이른바 정교회 지역에 작은 로마 가톨릭 지역을 발견하게 되면서 시작된다. 볼히냐는 전반적으로 정교회 땅이었고, 갈리시아에서 가톨릭교도 수는 많기는 했지만 기독교인의 절대다수를 차지하지는 않았다. 우크라이나 가톨릭교도 대부분은 정교회 의식을 공유했기 때문에 가톨릭교회와 예배를 정교회의 의례와 구분하는 것은 쉽지 않은 일이다.

그렇다고 지도 제작자에게 책임을 돌릴 수는 없다. 우크라이나 같은 나라에서 분명한 경계선을 그리는 일은 완전히 불가능하지는 않아도 매우 어려운 일이다. 이것은 모든 문화 경계선을 가르는 데 해당하는 말이지만 동방 기독교와 서방 기독교를 결합한 혼합적 교회(hybrid church)의 존재는 우크라이나의 상황을 더욱 복잡하게 만들었다. 이 교회는 이러한 요소들을 결합한 목적을 반영해 원래 연합교회(Uniate)라고 불렸다.

이 교회는 오늘날 '그리스'라는 명칭이 비잔틴 의례를 지칭하는 우크라이나 그리스 가톨릭교회라고 불리거나 단순히 우크라이나 가톨릭교회라고 불린다. 이 교회는 기독교 세계의 가장 오래된 분열 중 하나에 다리를 놓은 가장 성공적인 제도적 시도로 간주된다. 연합교회는 서방의 정치, 종교 모델이 동쪽으로 전진하고, 전통적인 정교회 지역에서 이를 수용하는 현상이 일어난 16세기 말에 나타났다. 그러나 이 과정에서 토착사회에서의 저항과 점점 더 강화되는 자기주장이 자주 나타났다. 서방 경향의 수용과 이에 대한 저항 모두 우크라이나 정교회에서 구현되었고, 이것은 17세기 전반 서방에서 오는 도전에 대한 대응과정에서 상당한 변형을 겪게 되었다.

친서방운동은 루스 정교회 내에서 1590년대 초반 키이우 대주교구에 일어난 위기에 대응하는 과정에서 시작되었다. 교회는 많은 토지를 소유하고 있었고, 귀족들은 교회 직책을 자식들에게 뛰어난 진로 선택으로 여겼다. 이러한 후보자들은 종교에는 별 관심이 없었고, 신앙적 부(富)에 강하게 끌렸다. 그래서 주교나 수도원장은 종교적 서약을 하지 않고도 교회의 세속 후원자의 도움을 받아 왕으로부터 교회 직책을 하사받았다. 사제들은 대부분 기초적 교육만 받았고, 주교들도 종종 그랬다. 이들이 지식을 더 원해도 그것을 습득할 장소가 없었다. 그 사이 칼뱅주의와 가톨릭 학교 그리고 대학은 정교도 귀족 자제에게 문호를 개방했다. 특히 예수회 학교가 적극적으로 나서서 교육 기회를 제공했다. 나중에 신학교가 되는 학교 중 하나가 벨라루스 국경 지역의 빌니우스에 개교했고, 또 다른 학교는 갈리시아의 야로스와프에 세워졌다.

키이우 대주교구의 상황은 유럽 다른 지역에서 종교개혁과 기독교 개혁 시작 이전과 크게 다르지 않았다. 여러 면에서 이것은 이전 상태의 연장이었지만, 정교회 엘리트 일부는 이것을 위기로 받아들였다. 폴란드 내 가톨릭은 예수회 학교와 대학의 도움을 받아 스스로를 개혁하는 데 열심이었고, 이것은 개혁이 없는 정교회에 암묵적 도전이 되었다. 코스탄틴 오스트로즈키 공 측근들이 시작한 출판과 교육활동은 이 도전에 대한 첫 대응이었다. 교회 상황에 대해 이에 못지않게 우려를 한 것은 정교회 형제회였다. 형제회는 우크라이나 주요 도시에 구성된 루스 상인과 무역업자들 조직이었다. 이들 중 가장 부유하고 영향력이 큰 르비우 형제회 회원들은 지역 정교회 주교들의 권위에 도전했다. 형제회 회원들이 보기에 주교들은 부패했고, 그래서 세력이 강한 가톨릭을 상대하는 데 부담으로 작용했다. 1586년 르비우 도시민들은 주교에서 벗어나 독자성을 확보하는 데 성공했다. 1591년 주교의 행동을 기다리지 않고 자체적으로 학교를 설립했다.

정교회 고위 성직자들은 스스로 어려운 상황을 타개할 수 없다는 것을 알았다. 가톨릭이 지배하는 폴란드에서 정교회 주교들의 지위는 가톨릭 주교들보다 아래였다. 가톨릭 주교들은 상원 의원으로서 왕과 바로 만날 수 있었다. (오스트로즈키나 다른 공후와 귀족들은 자신들이 교회의 진정한 주인이라고 생각했다.) 형제회는 공개적으로 반란을 일으켜서 주교들이 가지고 있는 교회 교리 교육권을 훼손했다. 콘스탄티노플 총대주교는 주교들을 돕는 대신 반란자들을 자신의 보호 아래 두었다. (이들은 자금이 부족한 최고 성직자에게 자신들의 뜻을 전달하는 방법을 알았다.) 이러한 난제에 대한 해결책으로 로마와 연합하자는 안이 갑자기 나왔다. 정교회 고위 성직자들이 품게 된 교회연합 비전은 1439년 피렌체에서 열린 가톨릭-정교회 공동 공의회에서 제안된 것에 근거를 두었다. 비잔틴 제국의 황혼기에 황제와 총대주교 모두 오스만의 공격으로부터 비잔틴 제국을 구해야 한다는 생각이 절박했다. 로마에서 도움을 제공하겠다고 약속했지만 교황의 권위 아래 두 교회가 연합하는 것이 조건이었다. 비잔틴 지도자들은 자신들의 교회를 로마에 복속시키고 정교회 교리를 가톨릭 교리로 대체하는 이 조건에 동의했다. 특히 이들은 가장 중요한 문제였던 필리오케(filioque), 즉 성령이 성부뿐만 아니라 성자인 예수 그리스도보다 먼저 있었다는 것에 동의했다. 그러나 비잔틴 지도자들은 사제의 결혼제도와 그리스어, 정교회 예배의식을 보존할 수 있었다.

1595년 여름 두 명의 정교회 주교가 로마로 긴 여행을 떠났다. 이들은 피렌체 공의회와 비슷한 조건으로 자신들을 가톨릭교회에 받아달라는 동료 정교회 사제들의 청원서를 교황에게 바치러 간 것이다. 로마에서 클레멘트 8세는 여행자들을 접견하고 바티칸 콘스탄틴홀에서 주교들과 그들의 교회가 '돌아온 것'을 환영하는 기념식을 진행했다. 교황의 교서와 폴란드 왕과 기타 귀족들에게 보내는 수많은 칙서를 들고 귀환한 두 주교는 교회연합의 완결과 키이우 대주교좌를 로마의 관할로 옮기는 것을 선언하는 공의회를 개최하기로 했다. 폴란드 왕은 기꺼이 공의회가 열리는 시간과 장소를 지정해 주었다. 공의회는 1596년 10월 폴란드-우크라이나-벨라루스 국경에 있는 도시 브레스트에서 열기로 결정되었다.

잠시 동안은 모든 것이 이미 다 결정된 것으로 보였다. 교황과 국왕, 주교들 모두 교회연합을 원했다. 문제는 신도들, 좀더 정확히 말하면 교회의 대주주들이었다. 여기에는 오스트로즈키 공과 그의 동료 대지주들, 형제회 회원들, 수도원과 교구 사제들 상당수가 포함되었다. 대지주들은 교회에 대한 통제력을 놓치려고 하지 않았다. 교회개혁의 시대에 이것은 가볍게 여길 수 없는 정치적·종교적 자산이었다. 형제회는 주교들의 권력이 더 커지는 방식이 아니라 아래로부터의 개혁을 원했다. 종교적 서약 없이 수도원을 운영하는 일부 수도원장들은 교회 토지 소유권을 계속 유지하려고 했다. 수도사, 사제 일부와 일반 교인들은 콘스탄티노플 총대주교를 버리고 성스러운 정교회를 배신한다는 것을 상상할 수 없었다. 이것은 개혁자들과 보수주의자들, 구교도들, 기회주의자들의 무계획적이지만 강력한 동맹이었다. 이들은 로마와 바르샤바 정교회 고위 성직자들의 계획을 위기에 처하게 만들었다.

우크라이나에서 가장 권력이 막강한 사람이라고 할 수 있는 코스탼틴 오스트로즈키는 교회연합을 막기로 결정했다. 주교들이 제안하는 연합방식은 교회를 자신의 통제에서 빼앗고, 폴란드 사회에서 루테니아 공후들이 차지하는 특별한 지위를 지키기 위해 국왕 권력과 투쟁을 할 때 교회를 무기로 사용하는 그의 능력을 제한하는 것이었다. 그는 개인적으로도 배신감을 느꼈다. 오스트로즈키는 로마 교황청에 자신은 교회연합에 찬성하지만, 단 콘스탄티노플 총대주교의 동의 아래서만 그렇게 하겠다고 통보했다. 이러한 동의를 받아내기가 불가능하다는 것을 아는 교황청은 콘스탄티노플의 동의 없이 교회연합을 추진하기로 결정했다. 로마로 가는 길의 동반자로는 키릴 테를레츠키가 있었다. 그는 총주교(exarch) 또는 이 지역의 이익을 보호하는 콘스탄티노플 총대주교의 개인적 대리인일 뿐만 아니라, 오스트로즈키의 권력 중심지인 볼히냐 주교구의 주교였다.

이에 크게 놀란 오스트로즈키는 로마로 가는 두 주교를 막기 위해 무장한 부하들을 보냈으나, 이들은 아무 해도 입지 않고 여행을 계속했다. 이제 오스트로즈키는 정교회 귀족들과 부하들로 구성된 소수의 집단을 대동하고 브레스트로 직접 갔다. 그는 개신교 동맹인 리투아니아 귀족들의 지원도 받았다. 이들 중 한 사람은 왕이 이 지역 정교회를 문닫게 했기 때문에 자신의 집을 공의회 장소로 제공했다. 왕의 사절단도 소수의 무장 수행인을 데리고 브레스트로 왔다. 이러한 긴장된 분위기 속에서 임박한 교회연합은 단순한 교회분열이 아니라 유혈전투가 될 가능성이 컸다.

역사에는 브레스트 공의회라고 단일 사건으로 알려진 것은 실제로 일어나지 않았다. 왜냐하면 공의회는 정교회 공의회와 가톨릭 공의회로 갈라졌기 때문이다. 정교회 대주교와 주교 대부분이 참석한 가톨릭 공의회는 교회연합을 선언했다. 콘스탄티노플 총대주교 대리인이 주관한 정교회 공의회에는 주교 두 명과 수십 명의 수도원장 그리고 교구 사제 대표들이 참석했다. 이 공의회는 교회연합 참여를 거부하고 콘스탄티노플 총대주교에게 계속 충성하기로 결정했다. 키이우 대주교구는 분열되어 일부는 로마에 충성을 선언했다. 대주교구의 분열은 지리적 양상을 분명히 보여주었다. 르비우와 페레미실이 포함된 갈리시아는 정교회에 남았고, 볼히냐와 벨라루스 교구들은 새로운 연합교회를 지지했다. 그러나 실제 상황은 이러한 일반적 서술이 나타내는 것보다 훨씬 더 복잡했다. 종교적 충성으로 때로는 교회가 갈라지고, 각 개별 교구와 수도원은 여러 번 충성을 바꾸기도 했다.

브레스트 연합(Union of Brest)에 대한 강한 반대에도 불구하고 폴란드 왕은 이를 고수했다. 그는 브레스트 공의회, 즉 교회연합을 선언한 가톨릭 공의회를 인정했을 뿐만 아니라, 이때부터 연합교회만을 우크라이나 내에서 유일하게 합법적인 동방 기독교 교회로 인정했다. 두 명의 주교, 수십 명의 수도원장, 수천 개의 교회, 수십만 명의 정교회 신도들은 이제 법률 위반자로 간주되었다. 정교회 귀족들은 지방 의회와 대공국 의회에서 투쟁을 시작했다. 이들은 국왕 당국이 귀족들에게 보장된 종교의 자유를 공격하고 있다고 주장했다. 실제로 그들은 이를 공격한 것이다. 지기스문트 아우구스투스 사망 직후인 1570년대 개신교 귀족들은 종교의 자유를 폴란드의 모든 선출 국왕이 서약을 해야 하는 '조항들'의 중심 내용으로 만든 상태였다.

이제 개신교 귀족들은 정교회 귀족들을 지원하고 나섰고, 의회는 종교적 전투장으로 변했다. 이들은 모든 대공국 의회에서 "그리스 의례를 지키는 루스 민족을 수용"할 필요를 제기했다. 그러나 1632년 국왕 지기스문트 3세 사망 때까지 아무런 실질적 변화가 일어나지 않았다. 30년 이상 정교회는 공식 지위나 인정 없이 존재했다. 새로운 주교들은 국왕의 재가 없이는 임명될 수 없었고, 연합교회 교인들은 연합교회를 반대하는 주교들이 죽기 전까지는 정교회를 떠날 수 없었다. 정교회는 국왕과 왕국 당국에 복종하지 않으면서 살아남았다. 브레스트 연합은 국왕의 권력을 강화하는 대신에 그것을 훼손했다. 앞서 성립된 루블린 연합과 마찬가지로 교회연합은 그 구상자들의 기대와는 반대되는 결과를 가져왔다.

교회연합 찬성 또는 반대 투쟁은 의회에만 제한되지 않고 출판물을 통해 훨씬 넓은 대중 영역으로 확대되었다. 우크라이나와 벨라루스에서는 오늘날 '논쟁 문학'(polemical literature)이라는 일반적 표제로 알려진 논문, 항의문, 공격문, 반격문이 폭발적으로 쏟아져 나왔다. 초기에는 양 진영 모두 진지한 종교적 논쟁을 수행할 준비가 제대로 되지 않았고, 주로 폴란드 지지자들의 도움을 받았다. 브레스트 공의회에 참석했던 예수회 사제인 표트르 스카르가가 자신의 필력을 이용해 교회연합을 지지한 대표적 인물이었다. 오스트로즈키는 개신교 후원자들을 동원해 반격을 펼쳤다. 이때부터 개신교 학자들은 통상 그리스어로 된 필명을 사용하며 자신들의 정교회 신뢰성과 텍스트의 권위를 표현했다. 그 결과 이들은 초기 논문 대부분을 폴란드어로 작성했고, 후기 시기에도 계속 폴란드어를 사용했지만, 현지 저자들은 루테니아어를 사용하기 시작했다.

시간이 가면서 연합교회 신자와 정교회 신자 모두 종교정책, 교회 역사, 신학문제에서 상대와 싸울 수 있는 저자들을 자신들 영역에서 찾아냈다. 정교회 신자 중에서 특히 뛰어난 저자는 멜레티 스모트리츠키였다. 그는 오스트리흐 성서 편집자의 아들이었다. 많은 재능을 가진 스모트리츠키는 첫 교회 슬라브어 문법책을 저술했다. 이 책은 이후 2세기 동안 교회 슬라브어의 표준적인 참고서가 되었다. 많은 저술들을 놓고 판단할 때 정교도들이 연합교회 교인들보다 더 적극적으로 출판활동을 펼쳤다. 이것은 이들이 궁정의 지원은 물론 자신들의 이상을 방어할 다른 경로가 없었기 때문이었다.

브레스트 연합과 코자크의 발흥은 우크라이나의 두 핵심 문화 경계인 기독교-이슬람 전선과 동방-서방 기독교 경계를 남쪽과 동쪽으로 이동시켰다. 이러한 변화는 우크라이나의 경제, 사회, 문화생활에서 많은 큰 변화를 일으켰다. 이러한 변화 중 가장 상징성이 큰 것은 키이우가 13세기 중반 이후 처음으로 우크라이나 역사의 중심으로 돌아온 것이다. 17세기 전반 키이우는 유럽에서 진행된 교회개혁(Reformation)과 반개혁운동(Counter Reformation) 그리고 콘스탄티노플에서 모스크바까지 자체적 개혁과정을 따라잡기 위해 정교회가 공을 들인 정교회 개혁(Orthodox Reformation)의 중심이 된다.

키이우가 종교, 문화 중심지로 부활하는 과정은 이 고도(古都)가 갈리시아에서 온 정교회 지식인들의 안전한 피난처가 된 17세기 초에 시작되었다. 이들은 이곳에서 서부 우크라이나보다 자신들이 종교, 교육활동에 좀더 우호적인 환경을 만났다. 서부 우크라이나에서는 교회연합에 가담하라는 바르샤바의 압박이 점점 더 커지고 있었다. 키이우를 정교회 중심지로 만든 주된 요인은 교회연합에도 불구하고 정교회가 우크라이나와 벨라루스에서 가장 부유한 수도 기관인 키이우 동굴수도원을 계속 통제할 수 있었기 때문이었다. 1615년 동굴수도원장 엘리세이 플레테네츠키는 르비우의 정교회 주교가 관장하던 인쇄소를 키이우로 옮겨왔다. 르비우와 갈리시아에 옮겨온 것은 인쇄소뿐만 아니라 작가, 교정자, 인쇄공들이었고,

이들은 플레테네츠키의 지도와 보호 아래 새로운 지적 중심지를 만들었다. 같은 해 정교회 형제회가 키이우에 창설되었고, 르비우 형제회처럼 자체 학교를 열었다. 이 학교는 후에 서구식 대학으로 변했고, 인쇄소는 1624년 플레테네츠키가 사망하기 전까지 11권의 책을 출간했다. 그때가 되자 키이우는 정교회 출간활동의 중심지로 오스트리흐와 빌니우스를 대체했다.

16세기 말부터 키이우 남쪽 지역은 이름만 아니고 실질적으로 코자크의 자유활동 지역이 되었다. 이것은 키이우가 가톨릭 정권에 대항하는 종교, 교육, 문화활동의 중심지로 부상하는 것을 도왔다. 코자크는 키이우의 르네상스를 두 가지 방법으로 도왔다. 첫째로, 코자크의 존재는 타타르 위협을 극소화해 이 도시를 종교적 반체제인들이 살고 활동하기에 안전한 곳으로 만들었고, 출판과 교육을 후원하는 데 필요한 수입을 만들어 내기 위해 동굴수도원 소유 토지를 경작하는 수도사와 농민들에게도 안전을 제공했다. 둘째로, 키이우 수도사들은 폴란드 정부로부터 점증하는 압력에 시달리고 있었지만, 코자크는 갈리시아에 온 피난민들이 필요로 하는 보호를 제공해주었다. 1610년 코자크 헤트만은 이 지역 정교회들을 연합교회로 개종시키려고 파견된 연합교회 주교를 살해하겠다고 서면으로 약속했다. 8년 뒤 코자크는 대주교의 위협에 대항해 이 사람을 드니프로강에 익사시켰다. "다른 민족이 말과 대화로 이루는 것을 코자크는 스스로의 행동으로 달성한다"라고 한때 코자크의 변증주의자였던 정교회 지식인 멜레티 스모트리츠키가 썼다.

코자크는 새로운 정교회 고위 성직자들을 임명하는 데 중요한 역할을 했다. 이것은 교회가 절멸되는 것을 막는 중요한 행동이었다.

폴란드 왕이 새로운 성직자를 임명하지 않아 주교가 없는 상황에서 정교회는 사라질 운명에 처했다. 1620년 가을 당대 코자크 지도자 중 가장 유명하고 가장 존경을 받고 있던 페트로 코나셰비치-사하이다치니는 예루살렘 총대주교 테오파네스가 새로운 고위 성직자를 임명하기 위해 우크라이나를 다녀가도록 설득했다. 새 성직자 임명은 정교회 대주교구에 새로운 생명을 불어넣어 주었을 뿐만 아니라 키이우를 종교적 수도로 다시 부상하게 했다. 이런 일은 거의 우연히 일어났다. 폴란드 국왕은 새 대주교 욥 보레츠키를 인정하지 않았고, 그와 나머지 고위 성직자들을 체포하고 수감하라는 명령을 내렸다. 이로 인해 보레츠키는 14세기 이후 대주교 거주지인 나바흐루다크에 계속 머무는 것이 불가능해졌다. 그는 코자크가 통제하는 드니프로 우크라이나의 중심지인 키이우에 거주하는 것 외에 다른 선택의 여지가 없었다. 이렇게 해서 정교회는 코자크라는 자체 군사세력을 갖추게 되었고, 코자크는 자신들의 사회, 정치 의제를 선전할 수 있는 정교회 이념가들과 인쇄소를 보유하게 되었다.

모스크바 공국군이 혼란의 시대에 상실한 스몰렌스크와 다른 지역을 탈환하기 위해 폴란드 국경을 넘어온 1632년 가을 코자크-정교회 동맹은 폴란드 당국의 특별한 우려를 불러 일으켰다. 폴란드는 사하이다치니가 호틴 전투에서 폴란드를 구한 1620년과 마찬가지로 이런 위기에 전혀 준비가 되어 있지 않았다. 설상가상으로 폴란드는 그해 봄 지기스문트 3세가 사망한 후 기나긴 국왕 선출과정에 몰두하고 있었다. 브레스트 연합을 추진한 국왕의 죽음은 폴란드 엘리트들에게 문제와 종교위기를 해결할 새로운 기회 모두를 제공했다. 브레스트 연합은 종교적 갈등을 완화시키는 대신에 루스 사회를 분열시키고, 많은 부분을 폴란드 정부에 대항하게 만들었다.

이 문제를 해결하기 위해 바르샤바가 만들어낸 해결책은 '그리스 신앙을 가진 루테니아인 수용' 조치였다. 정교회는 연합교회와 동등한 권리와 특권을 인정받는 합법적인 실체가 되었다. 정교회 귀족들 대표가 참여한 폴란드 의회에서 나온 이 합의는 앞으로 왕이 되는 브와디스와프 4세의 지원을 받았고, 정교회는 어느 정도 정치적 목적을 달성했다. 이로써 폴란드는 단기적으로 정교회의 충성을 확보했고 코자크는 폴란드 편에서 스몰렌스크 전쟁에 참가하게 되었다. 폴란드 왕국이 교회를 인정한 것은 정교회 고위 성직자와 코자크 관계에 쐐기를 박았다. 교회는 살아남기 위해 더 이상 코자크의 보호를 필요로 하지 않았고, 이제부터 바르샤바에 의존하게 되었다.

이 타협을 추진한 사람들이 예상한 대로 정교회가 폴란드 당국과 화해를 맺으면서 새로운 기독교 지도부가 필요하게 되었다. '바르샤바와의 평화'를 강화하는 수단으로 의회에 참여한 정교회 대표들은 새로운 대주교로 페테르 모힐라를 선출했다. 키이우에 입성한 모힐라는 전임자를 체포하고 키이우 동굴수도원에 가두었다. 과거 폴란드군 장교였고, 동굴수도원장이었던 모힐라는 자신이 맡은 일을 능숙하게 처리했다. 스모트리츠키와 보레츠키와 가까웠던 모힐라는 코자크나 교회 내 후견인을 필요로 하지 않았다. 그는 또한 폴란드 당국의 전적인 후원을 받고 있었고, 그는 통치 가문의 후손이었다.

페테르 모힐라는 왕족 출신은 아니지만 몰다비아의 정교회 통치자(hospodar)의 아들로서 폴란드의 대귀족 중 한 사람이었다. 모힐라 찬양자들은 그를 루스의 새로운 지도자로 치켜세웠다. 그는 정교회 지도자들이 볼로디미르 대공이나 야로슬라우 현재의 상속자나 후계자로 치켜세운 오스트로즈키나 사하이다치니 같은 코자크 지도자와 같은 반열에 올랐다. "당신들은 루스가 과거에 얼마나 이름을 떨쳤는지, 얼마나 많은 후원자를 가졌는지를 아는가? 이제 루스는 적은 후원자를 가지고 있지만 당신을 후원자로 삼기를 원한다"라고 한 찬양자가 원래 야로슬라우 현재가 건축했으나 모힐라가 개축한 성 소피아 성당을 '대신해' 선언했다.

모힐라는 열성을 다해 루스 시대 교회를 재건하는 작업을 추진하고 이 가운데 많은 건물을 재건했다. 그러나 17세기 중반 '재건'(restoration)은 오늘날과는 아주 다른 것을 의미했다. 오늘날 성 소피아 성당의 외부가 보여주는 바와 같이 모힐라와 그의 건축가들은 원래의 비잔틴 양식으로 되돌아가지 않았다. 그들이 교회를 '재건'하는 데 차용한 새 양식은 서방에서 온 것이었고 유럽 바로크 건축의 영향을 받았다. 오늘날 우리가 보는 성 소피아 성당은 모힐라의 대주교 활동을 정의한 문화 양식과 경향들의 혼합 양식을 완전히 보여주는 건축물이다. 비잔틴 프레스코화가 내부를 장식하고 있기는 하지만, 이 성당의 외부는 바로크식 성당의 모습을 보여준다.

비잔틴 유산의 서구화와 정교회 교회가 개혁과 반개혁의 도전에 적응한 것이 모힐라의 기독교와 교육혁신의 동인이 되었다. 건축에서와 마찬가지로 이 모델은 서방에서 왔을 뿐만 아니라 가톨릭 모델이었다. 연합교회와 정교회는 자신들의 비잔틴 유산을 너무 많이 포기하지 않으면서 가톨릭 개혁을 모방하려고 했다. 연합교회는 학생들을 로마나 중유럽, 서유럽의 예수회 대학으로 보냈지만, 정교회는 이런 사치를 누릴 수 없었다. 모힐라는 예수회 대학 교육과정을 현

키이우의 성 소피아 대성당

키이우가 콘스탄티노플을 모방했다면, 왕국의 다른 도시들은
키이우를 모방했다. 이것이 폴라츠크와 노브고로드에 성 소피아 성당이
세워지게 된 계기가 되었다. 또한 루스 북동쪽에 있는 블라디미르가
황금의 문을 만들게 된 계기도 여기에 있었다.

지의 수요에 맞춘 정교회 대학을 키이우에 세움으로써 이러한 도전에 대응했다. 1632년 키이우 형제회 학교와 동굴수도원 학교를 결합하는 형식으로 만든 이 대학은 후에 키이우 모힐라 아카데미로 알려졌고, 현재도 우크라이나의 명문 대학 중 하나다. 당시 17세기 상황에서 이 아카데미는 가장 서구 지향적인 대학이었다.

모힐라는 폴란드와 기타 지역의 정교회 땅의 출판 중심지로서 키이우의 역할을 확고하게 만들었다. 1640년대 키이우에서 출간된 책은 우크라이나 국경 너머까지 독자를 확보했다. 이런 출판물 중 하나인 『예배서』(*Liturgicon*)는 정교회 예배 관습을 체계화한 첫 책이었다. 『정교회 신앙 고백』(*Confession of the Orthodox Faith*)은 정교회 신앙의 기초를 철저하게 논의하며, 약 260개의 질문에 대한 답을 교리문답식으로 제시하고 있다. 이 책은 1640년경에 쓰였고, 1643년 동방 총대주교 공의회의 허가를 받아 1645년 키이우에서 출간되었다. 가톨릭 모델에 강한 영향을 받은 『고백서』는 1633년 콘스탄티노플 총대주교 시릴 루카리스가 발행한 개신교 경향의 교리문답서에 대한 대응이었다. 동방 총대주교들의 승인 인장을 받은 이 책은 모스크바 공국을 비롯한 정교회 세계 전체의 표준서가 되었다.

모힐라가 시작한 교육, 출판 프로젝트는 키이우의 정교회 개혁을 우선적 목표로 삼고 있었다. 교육받은 사제집단, 분명히 정의된 신앙 고백, 표준화된 예배 관습을 마련하려는 모힐라의 의도에는 교회에서 주교의 권력을 증대시키고, 기독교 규율을 강화하며, 폴란드 당국과 관계를 개선하는 것도 포함되어 있었다. 이 모든 조치는 유럽 전체 신앙생활의 고백화(confessionalization)가 핵심 특징이 된 교회개혁과 반개혁에 대응하기 위한 것이었다. '고백화'는 여러 가지를 의미했다. 16세기 동안 가톨릭-개신교로 분화된 모든 교회들은 세속권력과 힘을 합쳐 신앙 고백의 방법을 구체화하고, 자신들이 사제를 교육시키고 규율을 강화하며 예배 관습을 표준화하는 데 힘을 쏟고 있었다. 17세기 중반이 되자 페테르 모힐라의 지도 아래 정교회는 이러한 일반적 유럽 경영에 가담했다.

가장 눈에 띄는 것은 1240년 몽골 침입 후 정교회 세계 지도에 거의 드러나지 않았던 키이우가 모스크바나 콘스탄티노플을 대신해서 정교회 개혁의 지도적 역할을 수행한 것이다. 위에 언급한 것 외에도 여러 가지 이유가 그 밑바탕에 깔려 있다. 혼란의 시대 이후 모스크바 총대주교좌는 서방 기독교뿐만 아니라 동방 기독교 세계에서 고립되어 있었고, 모스크바 차르정 외에는 진정한 종교가 없다고 믿고 있었다. 오스만 통제 아래 있는 콘스탄티노플은 개신교 모델을 바탕으로 개혁을 시도했지만, 이렇다 할 진전이 없었다. 1629년 개신교 교리에 크게 영향을 받아 정교회 『고백서』(Confessio)를 라틴어로 출간한 콘스탄티노플 총대주교 시릴 루카리스는 1638년 오스만 제국에 대한 코자크의 공격을 주도했다는 이유로 술탄의 명으로 교살되었다. 같은 해 콘스탄티노플 공의회는 그의 신학적 시각을 문제 삼아 그를 이단으로 규정했다. 정교회 개혁에서 모힐라와 루카리스의 경쟁, 그리고 가톨릭과 개신교 모델 경쟁에서 모힐라의 모델이 승리를 거두었다. 그의 개혁은 이후 1세기 반 동안 정교회 세계에 큰 영향을 미쳤다.

브레스트 연합은 폴란드-리투아니아 대공국 내 루테니아(우크라이나와 벨라루스) 사회 전반과 특히 우크라이나 엘리트를 두 교회로 분열하게 만들었고, 이것은 오늘날의 우크라이나까지 이어지고 있다. 그러나 교회연합의 운명을 놓고 벌어진 투쟁은 이 사회가 역사, 문화, 종교 전통을 포함한 자신의 공통적 자산에 대해 더욱 분명한 의식을 취하도록 만들었다. 치열한 이론적 싸움과 때때로 발생한 물리적 충돌에도 불구하고 이 투쟁은 토론과 이견을 허용한 새로운 다원적 정치, 종교 문화가 형성되는 것을 도왔다. 서방 기독교와 동방 기독교의 경계선에 위치한 우크라이나는 두 기독교 전통의 요소를 결합한(연합교회가 가지고 있는 특징으로 간주된) 하나의 '전선'이 아니라 두 개의 전선을 가지고 있었다. 정교회도 자신을 결합하고 브레스트 연합 이후 수십 년 동안 발생한 새로운 환경에 적응하기 위해 서방으로부터 새로운 종교, 문화 경향을 포용했다. 17세기 초반에는 우크라이이나에서 기독교 동방 세계(Christian East)와 기독교 서방 세계(Christian West) 사이에 분명한 경계선을 그리는 것이 현재보다 훨씬 어려웠다.

브레스트 연합을 둘러싼 신학 논쟁은 종교적 분열선 양쪽에 있는 루스 사회를 오랜 지적 미몽에서 깨어나게 했다. 논쟁가들이 논의한 문제에는 루스의 세계, 키이우 대주교좌의 역사, 리투아니아 대공들의 통치 아래 교회와 루스 땅의 권리, 루블린 연합 아래 정교회의 권리, 이후 시기 폴란드 국왕의 칙령과 의회의 결의 등이 포함되었다. 글을 읽을 수 있는 사람으로서 당시의 정치적·사회적·종교적 발전에 참여한 사람들에게 논쟁가들은 이전에는 존재하지 않았던 자신의 정체성에 대한 감각을 일깨워 주었다. 논쟁가들은 종교문제에 대해 서로 의견이 갈린 것은 사실이지만, 이들은 루테니아 민족(naród Ruski)이라고 부른 집단에 대한 가장 높은 존경을 보이며, 이에 대한 깊은 관심을 가지고 투쟁을 이끌어 나갔다.

제10장 대반란

역사에 대반란(great revolt)이라고 알려진 1648년 봄에 시작된 코자크 봉기는 16세기 말 이후 일곱 번째 큰 봉기였다. 폴란드는 이전 여섯 번의 봉기는 진압했지만, 이번 봉기는 진압하기에는 너무 규모가 컸다. 이 반란은 전 지역의 정치지도를 바꾸어 놓았고, 많은 사람들이 현대 우크라이나의 기본으로 여기는 코자크 국가를 탄생시켰다. 이것은 우크라이나에 대한 러시아의 오랜 간섭의 시대를 열었고, 많은 사람들은 분리된 민족으로서 러시아와 우크라이나 관계 역사의 시작점으로 생각하게 되었다.

대반란은 1591년 크리슈토프 코신스키가 일으킨 첫 코자크 봉기와 정확하게 같은 방식으로 시작되었다. 대지주와 코자크 장교였던 소귀족 보흐단 흐멜니츠키 사이에 발생한 토지 사용권을 둘러싼 분쟁이 발화점이 되었다. 당시 53세였던 흐멜니츠키는 코자크 반란의 지도자감은 아니었다. 그는 폴란드 왕에게 충성하며 여러 전투에 참여했고, 1638년 반란 후에는 코자크 부대 서기가 되었다. 폴란드의 고위 관리 부하가 수보티우에 있는 그의 영지를 빼앗은 것에 대해 흐멜니츠키는 폴란드 궁정에 항의를 했으나 아무 소용이 없었다. 여기에 그치지 않고 권력이 강한 그의 적들은 그를 감옥에 투옥했다. 그는 감옥에서 탈출해 바로 자포리자 시치로 갔다. 반란을 일으키려던 자포리자 코자크들은 그를 자신들의 일원으로 받아들인 후 그를 헤트만으로 선출했다. 그때가 1648년 3월이었다. 황금의 평화는 끝나고 대반란이 시작되었다.

그 시점까지 사태 발전과정은 이전의 코자크 봉기와 닮았지만, 흐멜니츠키는 그때까지의 패턴을 바꾸었다. 소도시들을 점령하고 폴란드군과 맞서며 북쪽으로 진군하기 전에 그는 동맹을 찾아 남쪽으로 내려갔다. 당시까지의 스텝 정치를 극적으로 바꾸며 그는 크림 칸에게 자신의 우정과 기회를 제공했다. 조심스런 태도를 취한 크림 칸은 자신의 가신인 크림 반도 북쪽의 노가이족이 코자크에게 가담하는 것을 허용했다. 흐멜니츠키와 코자크 반란군들에게 이것은 큰 변화였다. 코자크에 대한 오늘날의 대중적 이미지는 말을 탄 전사이지만, 17세기 중반 코자크 대부분은 보병이었다. 이들은 기병대를 유지하는 데 너무 큰 비용이 들었기 때문에 자체 기병대를 보유하지 못했다. 귀족들만이 전투 준비가 된 한 마리 이상의 말을 보유할 수 있었다. 말을 타고 전투를 하는 타타르와 동맹을 맺은 흐멜니츠키는 기병대 문제를 해결했다. 이때부터 코자크는 국경 지역에 엉성하게 요새화된 소도시들을 점령하고 자신들의 거점을 방어할 수 있게 되었을 뿐만 아니라 야전에서 폴란드군과 전투를 치를 수 있었다.

이 동맹이 그 진가를 발휘하는 데는 오랜 시간이 걸리지 않았다. 1648년 5월 코자크와 타타르 군대는 두 폴란드 군대를 격파했다. 하나는 자포리자 시치로 접근하는 북쪽 지역인 조우티 보디강('노란물'이라는 뜻)에서였고, 다른 하나는 드니프로강 중류 지역에서였다.

코자크가 두 전투에서 승리할 수 있었던 핵심 요인으로는 노가이 타타르(4,000명 가까운 기병)와의 동맹 외에 6,000명의 등록 코자크가 폴란드의 주군에게 등을 돌리고 흐멜니츠키 반란에 가담한 것이었다. 폴란드 상비군은 완전히 궤멸되었다. 폴란드군의 두 최고 지휘관인 폴란드군 대헤트만과 야전 헤트만 그리고 수백 명의 장교들이 타타르의 포로가 되었다.

코자크의 갑작스런 군사적 성공으로 폴란드는 공포에 휩싸였지만, 흐멜니츠키와 측근 장교들은 자신들의 운을 믿기 어려웠다. 흐멜니츠키는 다음으로 어떤 행동을 취해야 할지를 몰랐다. 1648년 6월 폴란드군이 궤멸되고 궁정이 혼란에 빠져 있을 때 보흐단 흐멜니츠키는 자신의 고향 치히린으로 후퇴한 채 여름 잠에 들어 어떤 행동을 취해야 할지를 고민했다. 그러나 반란군들은 반란을 멈추려 하지 않았다. 구 등록 코자크들은 키이우 남쪽의 소도시 빌라 체르크바에 집결하면서 반란은 우크라이나 전역으로 확산되었다. 코자크가 승리했다는 소식에 고무된 농민들과 소도시 주민들은 직접 반란에 나서 대지주의 영지를 공격하고 후퇴하는 지주들의 사병들을 학대하며 귀족과의 구원을 풀고 가톨릭 사제들을 찾아 탄압했다. 그러나 1648년 농민반란에서 가장 큰 피해를 당한 것은 우크라이나의 유대인들이었다.

반란이 시작된 후 흐멜니츠키가 당국에 보낸 첫 편지에 이미 유대인 토지 임차인들이 언급되어 있었다. 흐멜니츠키는 코자크가 폴란드 관리, 등록 코자크 지휘관인 연대장들, 그리고 '심지어' 유대인들에게 당한 '참을 수 없는 불의'에 대한 불만을 털어놓았다. 흐멜니츠키는 지나가는 말로 유대인을 언급하고 이들은 코자크의 적 가운데

BOHDAN CHMIELNICKI EXERCITUS
ZAPOROVIEN. PRÆEECTUS. BELLI SERVILIS AUTOR
REBELLIUMQ. COSACCORUM ET PLEBIS UKRAYNEN.
DUX.
Guilielmus Hondius Hage Batavus S R.M.° Chalcographus sculpsit. Cum privil' S R M' Gedani An° cIↃIↃCLI.

보흐단 흐멜니츠키 초상(빌럼 홀디위스, 1651)

흐멜니츠키는 더 이상 코자크의 권리를 위해 싸우는 것이 아니라
민족 전체의 지도자로 올라섰다. 루스 민족의 권리를 보호하는 방법은
'공국'이나 국가를 만드는 것이었다.

3~4번째 순위로 언급했다. 그러나 1648년 6월 유대인들을 대량으로 공격한 우안 우크라이나의 반군들은 자신들의 우선순위를 가지고 있었다. 이들은 유대인들(특히 남자들)을 공격해 살해하고, 유대인 공동체 전체를 파괴했다. 이들은 1648년 여름 3개월 동안 유대인 공동체를 지도에서 말살해 버렸다. 우리는 반란 전 유대인 주민 숫자를 정확히 알지 못하기 때문에 얼마나 많은 유대인 희생자가 발생했는지 알 수 없다. 그러나 대부분의 학자들은 1만 4,000명에서 2만 명의 유대인이 목숨을 잃은 것으로 추정한다. 이것은 시간과 장소를 고려하면 아주 큰 희생이었다. 급속한 경제발전에도 불구하고 17세기 우크라이나는 주민들이 상대적으로 밀집하지 않은 상태로 생활했다.

20세기 유대인과 우크라이나 학자들은 당시 드니프로 우크라이나에 존재한 반유대 적대감의 잠재적·사회적 원인에 대해 상당한 강조점을 두고 있다. 도시와 소도시에서 유대인 상인과 장인, 기독교 상인 사이의 경쟁뿐만 아니라 귀족과 농민 사이의 중간 감독자로서 유대인 토지 임차인 역할은 코자크 반란이 유혈사태로 치닫게 만드는 데 기여했다. 그러나 우크라이나 유대인에 대한 공격에서 종교적 동기를 무시해서는 안 된다. 기독교인-유대인 분리 상황에서 종교는 사회 정체성의 핵심요소였다. 이것은 유대인 학살을 다룬 가장 유명한 연대기 작가인 나탄 하노버가 공격자들을 '그리스인'으로 지칭한 데도 잘 드러난다. 그는 민족이 아니라 이들의 정교회 종교를 중시한 것이다. 일부 반란군들은 학살을 피한 유대인들을 기독교로 개종시키는 종교적 임무도 수행하고 있다고 생각했다. 기독교로의 강제적 개종은 많은 유대인 남성의 목숨을 구하기는 했다. 이들 중 일부는 코자크에 가담했고, 다른 일부는 멸절의 위협이 사라진 다음 다시 유대교로 돌아왔다.

1648년 가을 흐멜니츠키와 그의 군대가 드니프로강 서쪽으로 진군하자 이들은 이미 폴란드 요새가 있는 카먀네츠와 갈리시아의 르비우까지 가서 유대인과 폴란드 귀족, 가톨릭 사제를 소탕했다. 연합교회 교인들도 사라졌다. 이들은 서쪽으로 이동하거나 정교회로 개종했다. 두 동방 교회는 관할권에서만 차이가 났기 때문에 정교회로 개종하는 사람들은 큰 어려움이 없었다. 양 교회의 교리 차이를 아는 사람들은 거의 없었다. 새로 소집된 폴란드군은 서쪽으로 진군하는 코자크-타타르군을 막으려고 시도했지만, 포돌리아의 필럅치에서 다시 한 번 패배를 맛보았다. 1648년 연말이 되자 코자크와 타타르 부대는 르비우와 폴란드-우크라이나 인종 경계선에 있는 자모시치를 포위했다. 그러나 코자크-타타르 부대는 더 멀리 전진하지는 않았다. 코자크 부대와 바르샤바 사이에는 아무 군대도 없었기 때문에 코자크가 진군을 멈춘 것은 군사적 고려가 아니라 정치적 고려로 인한 것이었다.

보호단 흐멜니츠키의 새로운 목표는 더 이상 봉기 초기처럼 단순히 코자크 권리와 지위를 지키는 것이 아니었지만, 폴란드를 파괴하는 것도 아니었다. 흐멜니츠키는 1649년 1월과 2월 키이우 남동쪽의 페레야슬라우로 그를 찾아온 폴란드 사절에게 자신의 새로운 목표를 알렸다. 흐멜니츠키는 자신이 루스의 유일한 군주이며 폴란드를 비스툴라강 너머로 몰아낼 수 있다고 위협했다. 흐멜니츠키는 자신을 키이우 루스 공후들의 상속자로 생각해 온 것이 틀림없었다.

이것이 1648년 12월 승전고를 울리며 키이우로 입성한 흐멜니츠키의 사고방식이었다. 이곳에서 키이우 대주교와 키이우를 방문하도록 요청받은 예루살렘 총대주교는 흐멜니츠키를 공후로 부르고 폴란드와의 전쟁에서 승리를 축복했다. 모힐라가 설립한 키이우 대학의 교수와 학생들은 새로운 루스의 지도자를 열렬히 환영했다. 이들은 흐멜니츠키를 폴란드의 노예제도에서 루스를 구원한 모세라고 불렀다. 이것은 자신들의 후원자였다가 2년 전인 1646년 12월 사망한 대주교 모힐라에게도 사용하지 않은 영예로운 호칭이었다. 흐멜니츠키는 더 이상 코자크의 권리를 위해 싸우는 것이 아니라 민족 전체의 지도자로 올라섰다. 루스 민족의 권리를 보호하는 방법은 '공국'이나 국가를 만드는 것이었다. 이것은 혁명적 발전이었다. 기존의 국가에 대항해 사회 주변부에 나타난 코자크가 이제 자신들의 국가를 창설하는 것을 생각하게 된 것이다.

새 국가의 국경은 전투에서 결정될 것이고, 이 과정에 가장 중요한 전투가 1649년 여름 포돌리아의 즈보리우 인근에서 벌어졌다. 이곳에서 크림 칸 이슬람 기라이 3세 휘하의 크림 타타르군의 도움을 받은 흐멜니츠키 군대는 새 폴란드 왕 얀 카시미르 2세를 공격했다. 전투는 코자크군의 승리로 끝났고, 이들은 폴란드 장교들로 하여금 폴란드 내에 공식적으로 자치권을 보유하지만 실제로는 독립적인 코자크 국가 설립을 폴란드 국왕이 인정하는 합의문에 서명하게 만들었다. 폴란드 왕은 등록 코자크 수를 4만 명으로 늘리는 것에 동의했다. (실제 즈보리우 전투에서 싸운 코자크군은 코자크 병사와 무장한 농민 그리고 소도시민을 포함해 10만 명에 이르렀다.) 코자크는 폴란드의 세 동부 주(州)에 거주하고, 실제적으로 통치할 권리를 얻어냈다. 역사에 헤트만령(Hetmanate, 1649~1764년 코자크 국가로 1918년 잠시 부활됨)으로 기록된 새로운 코자크 국가를 형성한 세 주는 키이우, 브라트슬라우, 체르니히우 주였다. 헤트만령의 상당 부분은 폴란드와 프랑스 지도 제작자들이 전에 '우크라이나'라고 부른 스텝 지역이었다. 헤트만령은 곧 이 이름으로 불리게 되었다.

흐멜니츠키가 새 국가 수반과 군사령관이 되었다. 그는 서기, 포병사령관, 판사와 다른 장교들로 구성된 장교회의의 도움을 받아 자신의 영역을 통치했다. 코자크 초기 시기의 군사적 민주주의는 반란 초기에도 중요했지만 이제 과거 일이 되었다. 모든 코자크들이 참여할 수 있었던 병사회의는 이제 중요한 결정을 도맡아 내리는 연대장과 장교회의 구성원들에게 자리를 내주었다. 영지제도에 대항해 일어난 반란이 구 경제체제를 파괴하고, 유대인들을 포함한 이전 행위자들을 몰아냈기 때문에 농민들은 스스로를 코자크라고 부르고 귀족 영지에서 노역하는 것을 거부했다. 새 국가는 전쟁 노획물과 관세, 곡식을 정미해서 받는 방앗삯으로 국고를 불렸다.

과거 폴란드 행정체계는 여전히 남아 있었고, 키이우 주지사는 폴란드 왕에게 충성하는 정교회 귀족이 맡고 있었지만, 코자크 헤트만이 자신의 행동을 폴란드 왕에게 알리지도 않고 독자적으로 통치했다. 그가 통치하는 지역에서 코자크는 자신들의 변경 지방 경험과 군대와 같은 사회조직, 오스만 제국의 군사/행정 모델에서 영향을 받은 새로운 행정체계를 도입했다. 코자크는 헤트만령을 '연대' 단위로 나누고 연대장이 각 연대의 행정, 사법, 재정과 가장 중요한 군사문제를 관할했다. 핵심 소도시 이름을 딴 20개의 연대는 전투 준비가 된 군사연대를 편성할 의무를 졌다. 군사, 행정, 사법 권한을 한 사람에게 집중시킨 이 모델은 좀더 작은 소도시와 촌락에도 적용되었다. 코자크 중대장이 이를 운영하고, 전쟁 시 100명으로 구성되는 중대를 지휘했다.

크림 타타르와의 동맹으로 반란 첫 2년 동안 코자크는 연전연승을 거둘 수 있었다. 이 동맹으로 흐멜니츠키는 흑해 지역에 여러 가신국을 보유한 오스만 제국의 지정학적 세계에 들어가게 되었다. 여기에는 크림 칸국, 몰다비아 공국, 왈라키아 공국(오늘날 루마니아의 일부)이 들어갔고, 이 가신국들이 이스탄불과 유지하는 관계는 흐멜니츠키가 힘들게 얻은 코자크 국가를 포기하지 않고 폴란드 왕과의 관계에서 독립을 유지하는 모델이 되었다. 코자크 우크라이나는 술탄의 피보호국으로 오스만에 의존할 준비가 되어 있었고, 이것이 1651년 봄과 여름 흐멜니츠키가 이스탄불에서 행한 협상의 요체였다. 폴란드와의 대회전을 준비하면서 그는 술탄의 종주권을 인정하는 서류에도 서명했다.

이에 대한 보상으로 흐멜니츠키는 즉각적인 보호를 원했다. 즉 오스만 군대가 1620년 투초라와 1621년 호틴 전투에서처럼 폴란드를 즉각 공격하기를 원했다. 그러나 당시 오스만 제국은 해상에서 베네치아 공국과 전면전을 치르고 있었다. 9세인 술탄 메흐메트 4세의 자문관들은 오스만군을 파견하는 대신에 크림 칸이 흐멜니츠키를 돕도록 지시했다. 이것은 흐멜니츠키가 바라던 것이 아니었다. 크림 타타르는 자신들의 카드를 손에 쥐고 있었다. 이들은 코자크가 폴란드에 결정적인 승리를 거두치 못한 채 이 전쟁이 가능한 오래 끌기를 바라고 있었다. 이것은 1649년 즈보리우 전투에서도 나타났다. 크림 칸은 흐멜니츠키가 폴란드군을 격파하는 것을 돕지 않는 대신 폴란드 왕과 강화협상을 벌였다. 이 상황은 언제든지 재연될 수 있었다.

실제로 이런 일이 가장 좋지 않은 상황에서 일어났다. 1651년 여름 볼히냐의 베레스테츠코 인근에서 벌어진 전투에서 크림 타타르군은 전투가 한창 진행되는 상황에서 전장을 떠나 코자크군 핵심 부대가 폴란드군에 포위되어 섬멸당했다. 크림 칸과 함께 후퇴하던 흐멜니츠키는 일시적으로 크림 타타르군에 억류되었지만, 곧 풀려나 전열을 재정비하고 코자크 국가가 완전히 멸절되는 것을 막을 수 있었다. 크림 타타르에 의존한 그의 전략은 재앙으로 끝났다. 1651년 가을 흐멜니츠키는 폴란드와 새로운 조약을 맺었다. 등록 코자크 수는 2만 명으로 줄어들었고, 코자크 영토는 키이우주로 한정되었으며, 브라트슬라우와 체르니히우는 다시 폴란드의 직접 통제 아래 들어가게 되었다. 그러나 이 조건이 이행되지 않았기 때문에 또 다른 전쟁을 준비해야 할 상황이었다.

코자크 국가는 새로운 동맹을 필요로 했다. 흐멜니츠키는 먼저 몰다비아 공국에 집중했다. 공식적으로 오스만 제국의 가신국인 몰다비아는 전통적으로 오스만과 폴란드 사이에서 균형추 역할을 했다. 1650년 흐멜니츠키는 코자크 군대를 보내고 몰다비아 통치자인 바실레 루푸의 딸 록산다를 자신의 아들 티미슈와 결혼하도록 했다. 베레스테츠코에서 코자크군이 패배한 다음 루푸는 이 상황에서 빠져나오려 했지만 뜻대로 되지 않았다. 1652년 흐멜니츠키는 수천 명의 코자크 '중매장이'를 몰다비아로 파견했다. 이들은 몰다비아로 가는 길에 바티흐 전투에서 대규모 폴란드군을 격파하고 바실레 루푸의 궁정에서 티미슈와 록산다의 결혼을 축하했다. 이 원정으로 흐멜니츠키는 국제적으로 인정된 통치자 중 한 사람이 되었다.

그러나 흐멜니츠키가 오스만과 그 가신국과 동맹을 맺어 성취할 수 있는 일에는 제한이 있었다. 이것은 1863년 코자크군 포돌리아 인근 즈바네츠에서 폴란드군과 전투를 치르면서 다시 분명해졌다. 이번에도 크림 타타르군은 코자크 편에서 싸웠지만 코자크가 전투에서 승리하는 것을 막았다. 이 전투는 크림 칸이 원하던 대로 결정적 승자 없이 끝났다. 폴란드 왕국과 코자크 헤트만령은 즈보리우 전투에서 합의한 사항으로 되돌아왔다. 등록 코자크 수는 4만 명을 인정받았고, 코자크는 3개 주를 통제하게 되었다. 이것이 장기적 평화가 아니라 또 하나의 휴전이라는 것을 모두가 알았다. 코자크는 우크라이나 전체와 벨라루스 일부를 원한 대신에 폴란드 왕과 특히 의회는 코자크가 실질적으로 통제하고 있는 동부 3개 주에 대한 코자크의 통치권도 인정하지 않으려고 했다.

흐멜니츠키와 코자크 국가는 다른 동맹을 찾아야 했다. 폴란드와 타협을 이루는 것은 불가능한 것으로 드러났고, 코자크는 단독으로 강력한 적국과 전쟁을 치를 수 없었다. 크림 타타르는 코자크가 폴란드에 대항하는 것을 조력할 수는 있지만 폴란드를 패배시키는 데 도움을 주지는 않았다. 오스만 궁정은 자신의 병력을 보내 지원하려고 하지 않았고, 몰다비아와의 동맹은 흐멜니츠키에게 개인적 비극으로 끝났다. 1653년 9월 장남인 21세의 티미슈는 왈라키아와 트란실바니아 연합군의 공격에 맞서 수체아바(오늘날 루마니아) 요새를 방어하다가 전사했다. 이 국가 지도자들은 흐멜니츠키-루푸 동맹을 파괴하려고 했다. 1653년 12월 흐멜니츠키는 치히린 인근 수

보티우에서 티미슈 장례식을 치렀다. 장례식은 최근에 완공된 성 엘리야 성당에서 진행되었다. 코자크 스텝에 세워진 바로크 건축 양식의 이 성당은 아직도 남아 있고, 우크라이나 지폐에도 찍혀 있다. 티미슈를 매장하면서 자신의 국가를 오스만의 정치적 연맹에 통합시키려던 연로한 흐멜니츠키의 꿈도 끝나 버렸다.

흐멜니츠키 반란의 국제화에서 전환점은 1654년 1월 8일 페레야슬라우에서 발생했다. 그날 보흐단 흐멜니츠키와 급하게 소집된 코자크 장교집단은 우크라이나의 새로운 주군인 모스크바 공국의 알렉세이 로마노프에게 충성을 맹세했다. 길고도 복잡한 러시아-우크라이나 관계가 시작된 것이다. 1954년 소련은 우크라이나와 러시아의 '재통합'을 화려하게 경축했다. 이 행사의 함의는 전 우크라이나가 페레야슬라우에서 러시아에 다시 통합되고 차르의 종주권을 인정했다는 것이었다. 1654년 페레야슬라우에서 실제로 일어난 일은 러시아 역사가들이 제안하는 것처럼 우크라이나와 모스크바 공국(표트르 1세 때 러시아로 이름을 바꾼)의 재통합도 아니고 두 '형제 민족' 재결합도 아니었다. 1654년 페레야슬라우나 모스크바 공국의 어느 누구도 인종적 관점에서 이 사건을 생각하거나 말하지 않았다.

모스크바 공국 사절의 기록에 남아 있는 흐멜니츠키가 코자크 장교회의에서 행한 연설이 흐멜니츠키가 자신의 행동을 어떻게 제시하고 설명했는지에 대해 이해의 실마리를 마련해 준다.

당신들이 우리와 함께 당신들이 원하는 대로 네 명 중 주군을 선택할 수 있게 해주기 위해 모든 사람에게 개방된 장교회의를 열었다. 첫 번째는 튀르크의 차르(술탄)다. 그는 자주 사절을 보내 우리가 그의 통치 아래로 들어오기를 호소했다. 두 번째는 크림 칸이고, 세 번째는 폴란드 왕이다. 그는 우리가 원하면 과거의 혜택을 우리에게 제공할 수 있을 것이다. 네 번째는 대루스의 정교회 주군인 차르이자 대공인 알렉세이 미하일로비치다. 그는 모든 루스 동방의 주군이다. 우리는 지난 6년 동안 그에게 끊임없이 우리를 받아들여줄 것을 청원했다. 이제 당신들이 원하는 대로 선택하라!

의심할 바 없이 흐멜니츠키는 일종의 놀이를 하고 있었다. 선택은 이미 내려져 있었다. 그와 코자크 장교들은 모스크바 공국 주군의 호의를 구하기로 이미 정한 상태였다. 모스크바 공국 사절의 보고에 따르면 흐멜니츠키는 정교회의 단합에 호소하며 청중들에게 자신의 주장을 설득했다. 병사회의에 참여한 사람들은 '동방'의 정교회 차르를 자신들의 통치자로 원한다고 소리를 질렀다.

이 외침은 종교에 바탕을 둔 수많은 교회개혁과 반개혁동맹과 같은 것이었다. 1654년은 유럽의 많은 국가들이 자신들의 종교적 정체성을 기본으로 진영을 택했던 30년 전쟁이 끝난 지 불과 5년이 지난 시점이었다. 서로를 형제로 여기거나 같은 루스 민족으로 간주하지 않은 것에 모스크바 공국 엘리트나 우크라이나 엘리트를 비난할 필요가 없다. 양측은 서로를 이해하기 위해 통역을 필요로 했고, 흐멜니츠키가 차르에게 보낸 편지는 이러한 공식 통역관들이 번역한 편지로 러시아 문서고에 보관되어 있다. 역사적 기억과 종교적 신념으로 표현된 키이우 루스는 여전히 존재했지만, 이것은 몇몇 손으로 쓴 연대기에만 나타나 있다.

　서로 다른 정치환경에서 다른 통치자 밑에서 4세기를 살아온 것은 장래의 벨라루스와 우크라이나를 장래의 러시아와 구별시킨 오래된 언어적·문화적 차이를 강화했다. 이러한 차이는 흐멜니츠키와 그의 연대장들이 러시아 사절인 바실리 부투를린과 합의 조건을 논의하려 할 때 극명히 드러났다. 부투를린은 차르가 폴란드 왕이 이들을 대한 것보다 더 잘 대할 것이라고는 말했지만 협상을 하려고 하지는 않았다. 흐멜니츠키는 이에 반대하며 자신들은 왕과 그의 관리들과 협상하는 데 익숙해 있다고 말했다. 그러나 부투를린은 선출된 군주인 폴란드 왕이 세습적인 러시아 차르와 대등할 수 없다고 말했다. 그는 또한 자신이 코자크에게 약속한 폭넓은 약속에 관해 맹세하기를 거부했다. 그는 차르가 신민에게 아무 맹세도 하지 않는다고 말했다. 모스크바 공국군을 가능한 빨리 전투에 동원하고 싶었던 흐멜니츠키는 상호적인 서약 없이 차르에게 충성을 맹세했다.

　코자크는 페레야슬라우 합의를 양측 모두 강제적 의무를 갖는 계약으로 생각했다. 흐멜니츠키가 생각하기에 그와 그의 국가는 차르 권위 아래의 피보호국이 되는 것이었다. 이들은 모스크바 공국이 제공하는 보호의 대가로 충성과 군사봉사를 약속했다. 그러나 차르는 코자크를 새로운 신민으로 받아들였고, 그는 이들에게 일정한 권리와 지위를 제공한 다음 자신은 아무런 의무도 지지 않는다고 생각했다. 새로운 영토에 대한 권리에 대해 차르는 왕조적 사고로 이를 해석했다. 차르와 그의 신하들이 생각하기에 차르는 흐멜니츠키의 세습유산인 키이우, 체르니히우, 페레야슬라우를 인수하는 것이었다.

페레야슬라우 합의의 법적·이념적 토대가 무엇인가를 떠나서 차르는 부투를린의 약속을 준수하고, 폴란드 왕이 결코 제공하지 않았던 것을 코자크에게 주었다. 이것은 코자크 국가를 인정하고 등록 코자크 6만 명, 코자크의 특권적 지위를 인정한 것이다. 차르는 폴란드 왕 치하에서 다른 사회 계층들이 누렸던 자유를 인정했다.

그러나 이 합의는 다른 무엇보다도 군사동맹의 기초를 놓았다. 이것은 코자크의 서쪽 국경을 설정하지 않았기 때문에 코자크는 무력으로 쟁취할 수 있는 만큼 전진할 수 있었다. 모스크바 공국군과 이들의 지원을 받은 코자크군은 폴란드 왕국 국경 내에 있는 우크라이나에서 공세를 시작했다. 모스크바 공국군은 스몰렌스크 인근을 공격하고 서쪽으로 진군해서 벨라루스를 지나 리투아니아와 폴란드 사이의 루블린 국경 북쪽의 리투아니아 지역으로 진공했다. 모스크바 공국과 코자크 군대의 공동 공격은 예상하지 않았던 결과를 가져왔다. 1654년 크림 칸의 도움을 받은 폴란드-리투아니아 군대는 동쪽으로부터의 공격을 막는 데 성공했지만, 1655년 여름과 가을 폴란드-리투아니아의 반격은 완전히 실패로 돌아갔다. 코자크군은 다시 한 번 르비우를 포위하고 모스크바 공국군은 리투아니아 공국의 수도인 빌니우스에 입성했다.

이것은 폴란드 역사에 대홍수(Deluge)*라고 불린 시대의 시작이었

---

* 대홍수(The Deluge, 폴란드어 포토프 슈베즈키potop szwedzki): 넓은 의미로는 흐멜니츠키 반란이 일어난 1648년부터 안드루소보 조약이 체결된 1667년까지를 의미하며, 이 기간 동안 코자크, 모스크바 공국, 스웨덴이 폴란드를 침공해 국가 존망이 걸린 시기였다. 헨리크 셴케비치의 동명 소설(1886년)이 나온 후에 이 용어가 널리 사용되었다.

키이우에 입성하는 흐멜니츠키(미콜라 이바슈크, 1912)

1648년 12월 흐멜니츠키는 폴란드와의 전쟁에서
승리했다. 의기양양하게 돌아온 그를 키이우 대주교와
예루살렘 총대주교가 공후라 칭하며 축복했다.

다. 모스크바 공국군과 코자크군이 폴란드-리투아니아 대공국 깊숙이 진격해 왔을 뿐 아니라 1655년 7월 스웨덴군이 발트해를 건너 공격해 왔다. 그해 10월에 바르샤바와 옛 수도 크라코우 모두 스웨덴군 수중에 떨어졌다. 폴란드가 완전히 붕괴할 가능성과, 이제 모스크바 공국군이 점령했던 리투아니아 대공국의 일부 지역을 장악한 스웨덴의 극적인 세력 확장에 놀란 모스크바 공국은 1656년 가을 빌니우스에서 폴란드와 협정을 맺고 전투를 중단했다. 흐멜니츠키와 그의 장교들은 이 강화협상에 참여를 거부당한 것에 격분했다. 모스크바 공국이 폴란드와 단독강화를 맺으면서 코자크는 전통적인 폴란드를 일대일로 상대해야 했다. 코자크들이 생각하기에 차르는 페레야슬라우 합의의 주된 내용인 자신의 신민들을 보호한다는 의무를 배신한 것이었다.

보호단 흐멜니츠키는 폴란드와 모스크바 공국 사이의 타협을 무시하고, 스웨덴의 동맹인 트란실바니아의 개신교 통치자가 폴란드와 싸우는 것을 돕기 위해 군대를 파견했다. 이제 차르와 코자크 사이의 군사동맹도 의문시되었다. 스웨덴이 폴란드와 전쟁에 돌입한 이후 흐멜니츠키는 새로운 동맹을 찾고 있었다. 스웨덴은 폴란드를 파괴하기로 작정한 듯이 보였고, 흐멜니츠키도 이를 원했다. 폴란드를 파괴하고, 우크라이나뿐만 아니라 벨라루스 일부 지역을 코자크 국가에 포함시키는 우크라이나-스웨덴 동맹에 대한 협상은 흐멜니츠키가 보기에 차르의 배신으로 인해 새로운 동인을 갖게 되었다.

그러나 흐멜니츠키는 이 새로운 국제동맹의 체결을 보지 못하고 죽었다. 1657년 8월 그는 자신이 만든 코자크 국가와 자신이 지휘한 코자크를 갈림길에 남겨놓고 사망했다. 흐멜니츠키는 차르와의 동맹이 수명을 다했다고 생각했지만 그는 페레야슬라우에서 약속한 것을 끝까지 지켰다. 페레야슬라우에서 일어난 일은 흐멜니츠키의 중대하고도 모순되는 유산의 일부가 되었다. 18세기 코자크 연대기 작가들은 1648년 흐멜니츠키가 키이우에 입성했을 때 키이우 대학의 교수들과 학생들이 그를 평가한 것과 같은 기조로 그를 찬양했다. 이들은 그를 민족의 아버지이고, 자신의 민족을 폴란드의 굴레에서 해방시킨 해방자이며, 차르와 가능한 최선의 타협을 이룬 협상가로 평가했다. 이들은 페레야슬라우 이후 차르가 인정한 보호단 흐멜니츠키의 조항을 러시아 제국 내에서 우크라이나 자유의 마그나카르타로 간주했다.

제11장 우크라이나 분할

흐멜니츠키 반란은 역사학자들이 이 반란 이후 시기를 폐허 (Ruina)라고 부르는 상태를 야기한 오랜 전쟁을 촉발시켰다. 우크라이나 땅의 파괴와 인구 감소, 특히 드니프로강 우안의 이러한 현상은 이 지역의 경제, 정치, 문화생활에 큰 타격을 가져왔고, 전쟁으로 인한 장기적 결과는 우크라이나를 드니프로강을 경계로 모스크바 공국과 폴란드 지배 지역으로 분할시킨 것이었다. 드니프로강 경계는 근대 초기 우크라이나 역사의 주요한 요인이 되었고, 일부 학자들은 현재에도 상당히 관련 있으며, 과거 폴란드 국경 양쪽의 문화적, 때로는 정치적 성향에 영향을 주고 있다고 여긴다.

보흐단 흐멜니츠키의 코자크 국가 비전은 영토 확장이었지 영토 분할은 아니었다. 그러나 궁극적으로 헤트만령의 분할을 가져온 코자크 장교 계급의 균열은 1657년 연로한 흐멜니츠키의 죽음 이후 표면화되었다. 이것의 촉발제가 된 것은 이 땅의 최고위직인 헤트만의 승계문제였다. 이것은 중세와 근세 초기 많은 국가들이 겪은 문제였다. 흐멜니츠키는 자신의 왕조를 만들 생각을 하고 있었다. 죽기 직전 그는 자신의 아들인 유리가 헤트만에 선출되도록 미리 조정을 해놓았다. 그러나 16세에 병약한 유리는 가끔 간질병 발작도 일으켰다. 이후에 일어난 일은 푸쉬킨의『보리스 고두노프』를 읽은 사람에게는 크게 놀라운 일이 아니었다. 젊은 주군을 살피도록 지명된 섭정이 그를 제거한 것이다. 우크라이나 경우에는 아무런 피를 흘리지 않고 자신이 지도자의 자리에 올랐다.

이렇게 해서 우크라이나 분할 드라마가 시작되었다. 흐멜니츠키가 폴란드에서 작동하는 것과 같은 방식인 같은 왕가에서 차례로 왕조에 오르는 헤트만직의 계승을 원한 반면, 실제로 나타난 것은 몰다비아 공국과 같은 방식이었다. 이곳에서는 지도자가 오스만이 바라거나 승인함으로써 선출되었다가 하야했다. 몰다비아와 다르게 모스크바 공국, 폴란드, 오스만 세 국가가 우크라이나를 놓고 경쟁하고 있었다. 이 세 국가 중 어디가 이기건 코자크는 늘 패배하게 되어 있었다. 코자크의 승계체제는 완전히 작동 불능이 되어 전 지역을 불안하게 만들었다.

1657년 가을 유리 흐멜니츠키를 밀어내고 헤트만의 지휘봉을 잡은 사람은 이반 비홉스키였다. 그가 남긴 생의 족적과 경력은 보흐단 흐멜니츠키와 크게 달랐다. 부유한 정교회 귀족 가족에서 태어난 비홉스키는 자신의 귀족 지위를 인정받는 데 아무 어려움이 없었다. 그가 헤트만으로 선출된 것은 코자크 엘리트 내에서 귀족 계층이 1648년 반란 전 등록 코자크였던 장교들을 상대로 거둔 승리였다. 이런 면에서 상징성이 아주 큰 것은 총서기(general chancellor)의 임명이었다. 이 자리는 코자크 장교가 아니라 영지가 비슈네베츠키에게 필적할 만한 우크라이나 대지주인 유리 네미리치에게 넘어갔다.

당시 기준으로는 예외적으로 좋은 교육을 받은 네미리치는 폴란드 종교개혁의 급진적 집단인 반삼위일체파(Antitritarians)에 속했다. (연합교회 창시자 중 한 사람인 조지프 프리스틀리는 이 종파를 18세기 말 미국에 도입했다.) 폴란드의 반삼위일체 학교에서 수학한 후 서유럽으로 건너가 라이덴, 바젤, 일부 설명에 의하면 옥스퍼드와 캠브리지 대학에서 수강했다. 폴란드의 대홍수 시기 그는 동료 개신교인 스웨덴의 칼 1세 편에 섰으나, 곧 스웨덴에 실망한 그는 정교회로 개종했다. 그는 보호단 흐멜니츠키의 친구가 된 다음, 그가 되돌려준 영지와 가까운 코자크 우크라이나 지역으로 돌아왔다.

많은 코자크들은 이반 비홉스키가 이끄는 귀족파가 권력을 잡은 것에 불만이 많았다. 드니프로강 급류 너머 코자크들은 공개적인 반항을 표시했다. 이들은 1648년 흐멜니츠키를 헤트만으로 선출했던 코자크들이었다. 그 후 드니프로강 중류 정착 지역인 스텝 지역 북쪽에서 일어난 새로운 코자크 국가는 헤트만을 선출하는 이들의 배타적 권리를 박탈했을 뿐만 아니라 이들의 명칭 자체도 빼앗아 갔다. 헤트만령은 공식적으로 자포리자 코자크(Zaporozhian Host)라고 불렸다. 이제 외곽으로 밀려난 자포리자 코자크는 새로운 헤트만 선출을 급류 너머 지역에서 시행되어야 한다고 주장했다. 이들은 비홉스키의 선출의 정당성에 의문을 제기했고, 일부 코자크 연대장들은 자포리자 코자크의 불만에 동조하고 이들을 지원했다. 이에 못지않게 중요한 것은 모스크바 공국이 자포리자 코자크들이 직접 차르 관리들과 교신할 권리를 인정하며 이들이 비홉스키에 반대하는 것을 지원한 것이다. 모스크바 공국 당국은 코자크의 분열을 이용해 헤트만의 권력을 약화시키고, 새 헤트만이 전임자인 보호단 흐멜니츠키보다 덜 독립적이 되도록 노력했다.

비홉스키는 이런 계략에 말려들지 않았다. 1658년 크림 타타르 군의 지원을 받은 그의 부대는 좌안 우크라이나 폴타바 인근에서 자포리자 코자크와 헤트만령의 동조세력과 대결했다. 비홉스키가 이 전투에서 승리했지만, 사상자 수는 엄청났다. 일부 추정치에 의하면 1만 5,000명 가까운 사람이 사망했다. 이것은 1648년 이후 코자크가 코자크를 상대로 싸운 전투였고, 이것은 자신들의 국가를 파괴하는 전례가 되었다. 비홉스키는 모스크바가 반란의 배후에 있다는 것을 의심하지 않았다. 그러나 이제 어떻게 자신을 보호할 것인가가 문제였다.

비홉스키는 흐멜니츠키와 마찬가지로 차르와 조건적 합의상태에 들어갔기 때문에(그는 이것을 '자발적 합의'라고 불렀다) 차르가 자신의 의무를 지키지 않으면 이것을 파기할 수 있다고 생각했다. 차르는 어떠한 조건도 인정하지 않았다. 그가 인정하는 유일한 조건은 그가 신민에게 강요하는 조건뿐이었다. 모스크바 공국 차르와 이런 합의를 한 것에 불만을 품은 흐멜니츠키는 스웨덴이나 오스만 말고는 다른 곳에 지원을 요청할 수 없었다. 그러나 그의 후계자들은 다른 선택지를 발견했다. 그것은 폴란드와 타협하는 것이었다. 이것은 폴란드 정치체제의 중요한 일부였고, 폴란드 체제의 강점과 약점 모두를 알았다. 이들은 자신들의 폭넓은 자치를 유지하며 폴란드와 다시 통합하는 합의는 바람직할 뿐만 아니라 충분히 가능한 일이라고 생각했다.

1658년 9월 비홉스키는 좌안의 소도시인 하디아치에 코자크 장

타타르와 싸우는 자포리자 코자크(요제프 브란트, 1890)
코자크는 주변 여러 나라, 세력과 동맹을 맺었다가 파기하기를
반복했다. 크림타타르는 흐멜니츠키의 폴란드 정벌에서 코자크 동맹
세력이었다가 후에 코자크를 배신하여 궁지에 빠뜨렸다.

교회의를 소집했고, 이 회의는 헤트만령이 다시 폴란드 왕의 관할로 들어가는 것을 승인했다. 이어서 체결된 하디아치 연합(Union of Hadiach)이라고 알려진 폴란드와 코자크 조약은 비홉스키의 오른팔격인 유리 네미리치가 짜낸 안이었다. 이 조약은 17세기 전반 우크라이나 귀족들이 키워온 꿈이 실현된 것이었다. 브레스트 연합을 둘러싼 투쟁에서 정교회 귀족들은 루블린 연합에 대한 무정부적 해석을 발전시켜왔다. 즉 루블린 연합은 리투아니아 대공국뿐만 아니라 폴란드-리투아니아 대공국 내 루스 땅도 대공국과 대등한 지역으로 인정했다는 자의적 해석이었다. 이제 네미리치는 헤트만령이 루스 공국으로 재단장함으로써 이 비전을 현실로 옮기려고 했다. 이 루스 공국은 폴란드, 리투아니아 다음가는 세 번째 동등한 정치체로 대공국에 들어가는 것이었다.

흐멜니츠키의 대반란은 폴란드 엘리트 일부로 하여금 그 어느 때보다 루스 공국 안을 전향적으로 생각하게 만들지만, 코자크 국가의 성장은 자체적 정치, 사회조직을 발전시킨 이 영역을 재통합하는 것을 어렵게 만들었다. 그래서 코자크 엘리트의 1648년 이전 요구에 응답해 하디아치 연합은 1,000개의 코자크 가족에게 즉시 귀족 지위를 부여하고, 그 후 매년 각 연대에서 100가족에게 귀족 지위를 부여하기로 합의했다. 코자크의 사회적 요구에 부응하는 것 외에도 하디아치 연합은 종교에 대한 코자크와 귀족의 염려도 해결해 주었다. 새로운 공국에서는 정교도만 행정직위를 맡을 수 있게 되었다. 흥미롭게도 이 연합조약은 페테르 모힐라가 만든 키이우 대학을 아카데미로 인정하기로 했다. 코자크 편에서 협상에 참가한 귀족들은 코자크 권리 이상의 것에 관심이 있었던 것은 분명했다.

폴란드와 연합에 서명했다는 소식을 들은 차르는 코자크가 '배반자'인 비홉스키에 반란을 일으키도록 부추겼다. 모스크바 공국군과 비홉스키의 코자크의 적인 자포리자 코자크는 헤트만령 남부를 장악했다. 1659년 봄 비홉스키는 호소문을 발표해 차르가 코자크와의 합의를 위반하고 있고 코자크의 권리와 자유를 침해하고 있다고 선언했다. 그는 동맹인 크림 타타르를 불러들여 진군하고 있는 모스크바 공국군과 전투를 치렀다. 1659년 6월 현재의 러시아-우크라이나 국경에 있는 코노토프에서 치러진 전투는 비홉스키의 대승으로 끝났다. 10만 명 이상의 병력으로 구성된 모스크바 공국군은 패배해 4만 명 가까이 전사했고, 모스크바 공국 기병대는 전멸했다. 크림 타타르군은 계속 진군해서 모스크바 공국 남부 국경 지역을 약탈했다. 차르가 모스크바를 떠나려고 한다는 소문이 모스크바에 나돌았다.

비홉스키는 모스크바로 진군하지 않았다. 코노토프에서 코자크가 승리했음에도 불구하고, 우크라이나의 모스크바 병영은 계속 유지되었고, 코자크 사이에 비홉스키에 대항하는 반란이 힘을 얻었다. 폴란드 의회가 하디아치 연합을 비준했다는 소식은 추가적 동인으로 작용했다. 의회에서 승인된 최종 조약안은 폴란드 협상가들이 비홉스키에게 한 많은 약속을 지키지 못했다. 이 조약은 새로운 공국의 영역에 키이우, 브라트슬라우, 체르니히우 주를 포함시켰다. 비홉스키는 현재 서부 우크라이나인 볼히냐와 포돌리아를 자신의 영역에 포함하기를 원했다. 이 조약은 등록 코자크 수를 1만 명의 용병과 3만 명의 코자크로 제한해서 흐멜니츠키가 페레야슬라우 합의 직후 차르에게 인정받은 숫자보다 2만 명이 줄어들었다. 유리 네미리치는 폴란드 의회에 코자크의 요구를 전달하기 위해 바르샤바로 직접 갔다. "우리는 자유롭게 태어났고, 자유롭게 자랐으며, 우리는 자유인으로서 다시 자유를 찾으러 간다"라고 그는 폴란드 의회 의원들에게 말했다. 의원들은 네미리치와 비홉스키가 원한 내용의 연합을 승인하지 않았다. 수정된 조약안을 받아든 비홉스키는 전령에게 자신에게 죽음을 배달했다고 선언했다.

이제 코자크 엘리트 대부분은 비홉스키를 배신자로 간주했다. 네미리치는 비홉스키 반대자들과의 싸움에서 사망했다. 폴란드 의회에 참여했던 다른 코자크 대표들은 비홉스키 반대자들이 소집한 병사회의에서 살해당했다. 비홉스키도 도주해야만 했다. 그는 폴타바 전투나 코노토프 전투 등 자신이 싸운 모든 전투에서 승리를 거두었지만, 코자크 내부에서 벌인 폴란드와의 관계에 대한 논쟁에서는 패배했다. 헤트만 자리에서 물러난 그는 서부 우크라이나로 가서 바르의 코자크 중대장이 되었지만, 키이우 주지사 자리는 계속 유지했고, 폴란드 상원에 의석을 얻었다. 이것이 하디아치 연합 합의 중 유일하게 실행된 사항이었다.

비홉스키의 헤트만 재임 시기는 코자크 우크라이나 역사의 새로운 장을 열었다. 이것은 내부 분란과 형제간 전쟁으로 물든 장이었다. 코자크 군사력은 헤트만령을 스스로 방어하기에 부족했기 때문에 누가 헤트만이 되든 코자크들을 단결시키고 이 지역 주요 국가들 사이에서 생존외교를 펼쳐야 했다. 흐멜니츠키는 1648년 학살 선동가인 연대장 막심 크리보니스처럼 문제를 일으키는 코자크를 쇠사슬로 대포에 묶는 것과 같은 엄격한 규율로 코자크 장교들을 복종시켰고, 반란자를 처형하라는 명령을 내리기도 했다. 비홉스키는 코자크 영역 내의 단합을 유지하지 못했다. 이 과제는 다시 한 번 보흐단 흐멜니츠키의 아들인 유리 흐멜니츠키에게 넘어갔다. 그는 비홉스키가 쫓겨난 후 다시 헤트만으로 선출되었다. 흐멜니츠키 왕가는 복원되었지만, 우크라이나의 문제는 해결될 기미가 보이지 않았다.

유리 흐멜니츠키는 1659년 가을 코자크 장교들의 지지를 얻어 다시 헤트만직에 복귀했다. 그를 헤트만으로 선출한 장교들은 보흐단 흐멜니츠키가 차르와 협상한 것보다 나쁘지 않은 조건으로 차르와 새로운 합의를 이룰 수 있을 것으로 생각했다. 그러나 이들은 잘못 판단했다. 유리 흐멜니츠키와 그의 지지자들인 모스크바 공국과 협상을 시작했을 때 이들은 자신들이 함정에 빠졌다는 것을 깨달았다. 모스크바 군사총독(voevoda)이 소집하고 모스크바 공국군 4만 명이 포위한 가운데 열린 병사회의는 유리 흐멜니츠키를 헤트만으로 선출하는 것을 인정했으나, 보흐단 흐멜니츠키에게 제공된 것보다는 축소된 권리와 특권을 인정하는 조건을 달았다. 이제부터 헤트만 선거는 차르의 명시적 허가를 얻어야 하고, 헤트만은 외교정책을 수행하거나 모스크바의 동의 없이 연대장도 임명할 수 없었다. 모스크바 공국 군대가 헤트만령 주요 도시에 모두 주둔하게 되었다.

비홉스키가 폴란드로 동맹을 바꾼 것은 그의 반대자들이 희망한 것처럼 모스크바 공국으로부터 새로운 양보를 얻어내지 못하고, 오히려 헤트만령의 권리가 축소되는 결과를 가져왔다. 차르의 관리들은 어떤 상황에서도 코자크가 모스크바와의 연합 파기를 용납할 수 없다는 것에 대해 분명히 깨닫기를 바랐다. 1660년 모스크바 공국 군사총독은 유리 흐멜니츠키에게 이것을 분명히 전달하는 메시지를 보냈다. 키이우의 모스크바 군대 병영을 공격했다가 포로로 잡힌 비홉스키의 동생이자 흐멜니츠키의 친척인 다닐로 비홉스키의 시신이 조상 대대로 살아온 수보티우에 있는 헤트만 관저로 운송되어 왔다. 다닐로를 포로로 잡은 적군은 그를 고문해서 죽게 했다. 관 뚜껑을 열고 시신을 본 흐멜니츠키는 울음을 터뜨렸다. "그의 온 몸은 채찍을 맞아 갈기갈기 찢어졌고, 눈동자는 튀어나왔으며, 안구에는 은을 부어 넣었고, 귀는 송곳으로 뒤집어진 채 은으로 채워졌다"라고 그때 그 자리에 같이 있었던 폴란드 외교관이 기록을 남겼다. "그의 손가락은 조각으로 잘라져 너덜거렸고, 그의 다리도 정맥을 따라 도륙이 되었다. 한마디로 이것은 전대미문의 잔학행위였다."

차르와 그의 관리들이 젊은 흐멜니츠키와 그의 측근들을 위협하려고 했다면 그들은 자신들의 목적을 달성하지 못했다. 같은 폴란드 증인의 말에 다르면 다닐로 비홉스키의 참혹한 시신은 유리 흐멜니츠키를 울게만 만든 게 아니라 그의 궁정을 격분에 싸이게 했다. 다닐로 비홉스키의 젊은 미망인은 남편을 죽인 살인자들을 저주했다. 그해 말 복수가 시작되었다. 1660년 가을 모스크바 공국군과 크림 타타르군의 지원을 받은 폴란드군 부대가 전투를 벌이자 유리 흐멜니츠키와 휘하 병력은 진영을 바꾸어 폴란드 왕에게 충성을 맹세했고, 모스크바 공국군은 전투에서 패배했다. 모스크바 공국군 지휘관은 크림에서 20년 동안 포로로 잡혀 있었다.

전투에서 승리한 폴란드는 코자크에게 감사하는 마음은 있었지만, 헤트만령 보호를 위해서는 아무 일도 하지 않았다. 코자크는 폴란드 의회가 승인한 하디아치 연합 조건보다도 불리한 상태로 폴란드 왕의 관할로 들어갔다. 새 조약은 하디아치 연합 조약 작성자들이 그렇게 중요하게 여겼던 루스 공국이라는 명칭 자체를 삭제했다. 우크라이나의 통제권을 놓고 계속 진행되는 폴란드-모스크바 공국 싸움에서 코자크가 진영을 바꿀 때마다 코자크는 주권적 요소를 계속 상실했다. 훨씬 세력이 강한 적국인 모스크바 공국 차르정과 폴란드 왕국이 코자크 정치체에 가하는 압력은 헤트만령이 거부하기에는 너무 강했고, 이것은 헤트만령을 드니프로강을 경계로 두 쪽으로 갈라지게 만들었다.

1660년 유리 흐멜니츠키는 드니프로강 우안에 자신의 사령부를 설치했고, 좌안의 연대들은 모스크바 공국의 지원을 받아 자신들의 임시 헤트만을 선출했다. 유리 흐멜니츠키는 반란을 일으킨 연대들을 진압하기 위해 여러 번 원정대를 보냈지만 목표를 달성하지 못했다. 좌안 지역은 모스크바 공국 경계와 가까웠고, 모스크바가 파견한 군사총독들은 자신들의 거점을 확고하게 장악했다. 1663년 초 극심한 낙담에 빠진 22세의 젊은 헤트만 유리 흐멜니츠키는 사임을 하고 수도원으로 들어갔다. 이것으로 통합된 헤트만령은 공식적인 종말을 맞았다. 그해 우안의 코자크들은 폴란드에게 복종하는 새 헤트만을 선출했고, 좌안의 코자크들은 모스크바 공국이 인정하는 헤트만을 선출했다. 4년 후인 1667년 모스크바 공국과 폴란드 외교관들은 안드루소보 강화조약을 맺어 코자크 우크라이나를 양분했다. 이렇게 해서 좌안 우크라이나는 모스크바 공국이 관리하게 되었고, 우안 우크라이나는 폴란드 수중에 떨어졌다.

이전 헤트만령은 아무 항전 없이 새로운 현실을 받아들이지 않았다. 가장 잘 알려진 코자크 가족 출신인 연대장 페트로 도로셴코는 자신들이 생각하는 진정한 조국이 분할된 것에 반대하는 코자크들을 이끌고 전투에 참가했다. 도로셴코의 할아버지는 1620년대 코자크 헤트만이었고, 아버지는 보흐단 흐멜니츠키 밑에서 연대장으로 싸웠다. 치히린에서 태어난 페트로 도로셴코는 헤트만 궁정에서 복무했다. 그는 연대장 직위에 올라간 후 여러 차례에 걸쳐 외교 임무에 나서서 스웨덴, 폴란드, 모스크바 공국과의 협상에 참여했다. 그는 모스크바로 파견된 코자크 사절단 대표를 맡기도 했다. 유리 흐멜니츠키의 지지자였던 그는 우안 우크라이나에 머물렀고, 1665년 이 지역 코자크들은 그를 헤트만으로 선출했다.

코자크 우크라이나의 분할이 임박했다는 소식은 우크라이나 엘리트들을 충격에 몰아넣었고, 이들을 크게 자극했다. 도로셴코는 폴란드에 대항해 봉기를 일으키고, 드니프로강 양안의 코자크를 통합하는 임무를 띠고 헤트만에 선출되었다. 과거 보흐단 흐멜니츠키와 마찬가지로 도로셴코는 크림 타타르의 지원을 확보했다. 1667년 가을 코자크와 크림 타타르는 연합해 폴란드군을 공격하고, 폴란드 왕으로 하여금 우안 헤트만령의 자치를 보장하게 만들었다. 그런 다음 도로셴코는 드니프로강을 도하해 이미 모스크바 공국에 반란을 일으킨 좌안 우크라이나를 장악했다. 차르의 관리들은 징세 목적으로 인구조사를 실시해 주민들의 불만을 고조시킨 상태였다. 안드루소보 조약에서 우크라이나를 분할했다는 소식으로 이 불만은 반란으로 폭발했다.

이미 우안 지역 헤트만이었던 도로셴코는 좌안에서도 헤트만으로 선출되었다. 코자크 헤트만령은 두 분할 국가에도 불구하고 다시 한 번 통합되었다. 그러나 이 통합은 오래가지 않았다. 얼마 안 있어 도로셴코는 새로운 폴란드의 공세와 폴란드의 지원을 받는 새 헤트만에 맞서기 위해 좌안 우크라이나를 떠나야 했다. 그사이 모스크바 공국은 좌안 우크라이나를 다시 점령했다. 이제 도로셴코의 유일한 희망은 크림 타타르였다. 오스만 술탄 메흐메트 4세는 도로셴코에게 헤트만 지휘봉과 깃발을 포함한 새로운 휘장을 보냈다. 술탄은 도로셴코와 그의 코자크를 몰다비아와 왈라키아의 통치자들과 같은 조건으로 자신의 보호 아래 두었다. 즉 이들은 술탄이 요구하는 경우 바로 병력을 동원해야 했다. 술탄이 영유권을 주장한 땅은 드니프로강 양안의 코자크뿐만 아니라 서쪽으로 비스툴라강과 북쪽으로 니만에 이르는 루스 땅 전체였다.

이것은 야심 찬 그림이었지만, 20년 전 흐멜니츠키의 꿈을 실현하고 폴란드-리투아니아 대공국 내 모든 루스 땅을 코자크 통제 아래 통일시키겠다는 코자크의 노력에 맞는 계획으로 보였다. 이번에 오스만 술탄은 휘장만 하사한 것이 아니라 실제로 병력도 파견했다. 1672년 10만 병력의 오스만 군대가 다뉴브강을 넘어왔다. 크림 타타르, 왈라키아, 몰다비아의 지원을 받은 코자크군은 폴란드군을 향해 진격했다. 이들은 50년도 전에 결정적 전투가 벌어졌던 호틴까지 진군하고 포돌리아의 카먀네츠 요새를 포위했다. 높은 절벽 위에 위치하고 깊은 협곡으로 둘러싸인 이 요새는 난공불락으로 여겨졌지만, 단 10일의 포위 끝에 오스만군에 함락되었다. 그런 다음 오스만군은 르비우를 포위했다. 위기에 몰린 폴란드는 강화를 요청하고 포돌리아와 드니프로강 중류 지역에 대한 영유권 주장을 포기했다. 도로셴코와 그의 지지자들은 축하 분위기에 휩싸였다.

그러나 도로셴코의 희망은 실현되지 않았다. 오스만은 카먀네츠 요새와 인근 포돌리아 지방을 직접 통제했고, 코자크는 독립국가 대신 드니프로강 중류의 옛 영토를 회복하는 데 그쳤다. 공세를 좌안 지역이나 북서쪽 볼히냐, 벨라루스로 확대할 계획은 없었다. 그러나 이것은 도로셴코의 새로운 문제의 시작에 불과했다. 오스만은 기독교 교회를 모스크로 바꾸고 크림 타타르가 우크라이나 지역에서 노예사냥을 재개하는 것을 허용해 분노를 불러일으켰다. 도로셴코가 우안 지역의 명목적 지도자가 되면서 그에 대한 지지도 급격히 감소되었다. 주민들이 동쪽과 서쪽으로 이주해 가면서 우안 지역은 황폐화되었다. 많은 주민들이 드니프로강을 건너 좌안 지역으로 이주해 갔고, 이 지역에서 모스크바 공국은 코자크 엘리트들의 반대세력을 진압하고, 자신에게 충성하는 헤트만을 지도자로 앉히고 경제적 부흥을 도모했다. 우안 지역은 폐허(ruina)가 되며 이 이름을 우크라이나 역사 전체 시기를 뜻하는 말이 되게 만들었다.

도로셴코가 우크라이나 정치무대를 떠나는 것은 시간문제였다. 그는 느슨한 오스만 보호 아래 우크라이나를 통합하는 대신 또 하나의 분할세력인 오스만을 이 지역에 끌어들였고, 이것은 앞서 다른 국가보다 훨씬 파괴적인 것으로 드러났다. 1676년 좌안 코자크 동맹군의 지원을 받는 모스크바 공국군이 도로셴코의 코자크 수도 치히린으로 접근해 오자 도로셴코는 스스로 헤트만직을 사직하고 차르에게 충성을 맹세했다. 그는 목숨을 구했고, '깨달음을 얻은' 사람처럼 모스크바 공국의 군사총독 직위를 받고 모스크바에서 동쪽으로 거의 900킬로미터 뱌트카(오늘날 키로프)에서 차르에게 봉사하기 위해 갔다. 그는 오늘날 모스크바주인 야로폴레츠에서 은퇴생활을 하는 것이 허용되었고, 그곳 러시아 귀족여자와 결혼했다. (그들의 자손 중 한 사람은 알렉산드르 푸쉬킨의 부인인 나탈리아다.) 그는 1698년 그곳에서 사망했다. 역설적이게도 도로셴코가 불러들인 오스만에게 가장 큰 고통을 당한 그의 고향 포돌리아 사회는 1999년 그의 무덤 옆의 작은 교회를 재건했다.

우크라이나 일부 지역에 대한 오스만의 직접 통치는 오래가지 않았다. 오스만은 제국 전선인 이 지역에 큰 우선순위를 두지 않았고, 다른 곳, 특히 지중해 지역의 자원을 필요로 했다. 도로셴코가 죽은 해에 포돌리아는 다시 폴란드 지배 아래 들어갔다. 오스만은 무대에서 사라지고, 도로셴코가 반기를 들었던 드니프로강을 경계로 하는 모스크바 공국과 폴란드의 분할 점령이 완전히 다시 회복되었다. 코자크 국가는 완전히 사라지지는 않았지만, 독립은 말할 것도 없고 영토와 자치는 크게 축소되어서 우크라이나 좌안 지역에서만 살아남았다. 17세기 전반 번성했던 코자크 땅은 이 지역을 점령한 국가들에게 도전하기에 충분한 인적·경제적·군사적 자원을 동원할 수 없었고, 코자크 혁명으로 이룬 성과도 지킬 수 없었다. 외국과의 동맹에 대해 논하자면 코자크는 크림 타타르와 오스만 제국에서 시작해 모스크바 공국, 스웨덴, 폴란드 등 모든 국가들과 동맹을 추진했다. 그러나 아무것도 효력을 발휘하지 못했다. 외교 노력은 코자크 우크라이나의 통합뿐만 아니라 우크라이나 영토도 상실하는 결과로 끝났다. 18세기 말 시점에 전에 폴란드가 통제하는 우크라이나 대부분 지역은 폴란드와 러시아가 분할 점령했다. 이 분할은 우크라이나 정체성과 문화에 깊은 영향을 미치게 되었다.

제12장 폴타바 평결

우크라이나 좌안에서만 모스크바 공국 차르들의 종주권 아래서 살아남은 코자크 헤트만령은 여러 번의 민족건설 프로젝트의 근거지가 되었다. 우크라이나라는 명칭과 밀접히 관련되었고, 헤트만령을 독자적인 코자크 정치체와 조국으로 본 이 프로젝트 중 하나는 근대 우크라이나 정체성 발전의 기초가 되었다. 헤트만령의 러시아 공식 명칭인 '소러시아'(Little Russia)와 관련된 다른 프로젝트는 우크라이나를 '작은 러시아'(Lesser Russia)로 보고 우크라이나인을 더 큰 러시아 민족의 일부로 본 후에 '소러시아주의'(Little Russianism)라고 알려진 것의 기초가 되었다.

이 두 가지 지적 경향은 1708년 이반 마제파가 이끈 코자크의 마지막 큰 반란 전에도 헤트만령에 공존했다. 마제파의 반란은 모스크바 공격과 러시아 제국의 공식 창시자인 표트르 대제를 목표로 했다. 이것은 러시아군이 칼 12세가 우크라이나로 끌고 들어온 스웨덴군을 제압하면서 실패로 끝났다. 1709년 폴타바 전투는 코자크 헤트만령과 우크라이나 전체의 운명을 크게 바꾸어놓았다. 칼 12세의 패배는 마제파와 그의 비전의 이중적 상실이었다. 마제파의 비전

코자크 지도자 이반 마제파 초상

코자크 권리에 대한 러시아의 공격에 분노한
헤트만 이반 마제파는 표트르 대제에 대한 반란을
주도하고 스웨덴의 칼 12세의 침공군 편에 가담했다.
볼테르, 바이런, 알렉산드르 푸쉬킨, 빅토르 위고 모두
마제파의 생애와 모험을 소재로 한 작품을 남겼다.

은 우크라이나를 러시아와 구별되는 별도의 국가로 보았다. 이후 시기에 우크라이나 역사와 문화가 러시아와 밀접하게 관련되었다는 소러시아식 해석이 헤트만령 공식 담론을 지배하게 되었다. 별도의 정치체, 조국, 그리고 민족으로서의 우크라이나라는 아이디어는 완전히 사라지지는 않았지만, 1세기 이상 우크라이나 담론의 중심에서 이탈했다.

17세기 마지막 20~30년 동안 우월한 군사력뿐만 아니라, 경쟁자들보다 훨씬 유연한 정책 덕에 모스크바 공국은 좌안 우크라이나를 자신의 통제 아래 둘 수 있었다. 차르들은 헤트만 선거 때마다 보흐단 흐멜니츠키에게 부여한 특권과 지위를 조금씩 박탈했지만, 모스크바는 언제 양보해야 하는지를 알았다. 1669년 페트로 도로셴코가 이끈 반란 와중에서 모스크바 공국은 흐멜니츠키에게 부여한 조건과 거의 유사한 상태로 돌아갈 것을 약속했다. 모스크바는 폴란드인들이 드니프로강 너머 지역에서 코자크의 특권을 훨씬 크게 축소하는 상황에서 이렇게 했다. 그 결과는 예측하기 어렵지 않았다. 좌안 지역은 폴란드 지배 아래의 코자크 땅에서 새로운 정착자를 끌어들이며 경제적으로 번성하는 동안 우안 지역은 사실상 황무지로 변해버렸다. 차르들은 코자크에게 더 많은 권리를 허용했지만, 이들을 계속 자신들의 신민으로 유지했다.

비교적 짧은 시간 안에 좌안의 경제적 확장은 키이우의 경제, 문화 부흥을 가져왔다. 키이우 대학의 수업은 재개되었다. 1650년 키이우를 떠났던 교수들은 이제 새로운 학생들을 받아들였다. 새로운 과목이 강의되고, 새 시가 쓰이며, 새 연극이 공연되었다. 17세기 초

멜레티 스모트리츠키에 의해 시작된 우크라이나 바로크 문학은 이반 벨리치콥스키의 시와 라자르 바라노비치의 산문에서 절정을 이루었다. 과거 키이우 대학 교수였던 바라노비치는 체르니히우 대주교가 되었다. 그의 학생인 시메온 폴로츠키는 키이우 바로크 문학을 모스크바로 가져왔고, 그 결과 러시아 세속문학의 출현을 위한 기초가 놓였다. 17세기 후반 키이우 원전, 관행, 아이디어가 모스크바 공국으로 도입되면서 모스크바의 정교회의 분열이 일어났다. 차르와 총대주교는 페테르 모힐라 스타일의 개혁을 선호한 반면, 보수주의자들은 이에 반기를 들고 구교도 지도자들을 중심으로 뭉쳤다. 공식 교회가 이들에게 붙인 분리파(raskol'niki, 구교회 교인)라는 이름이 우크라이나에서 나온 것은 우연한 일치가 아니다.

그러나 문화 영향은 양방향으로 진행되었다. 키이우 사제들은 서구 문화 모델을 우크라이나에서 모스크바 공국으로 수출하면서 모스크바 공국의 정치적 이념의 무기고로부터 새로운 사상을 도입했다. 이 이념의 핵심은 정교회 차르를 정치적·종교적 우주의 주된 요소로 생각한다는 것이다. 오랫동안 자체 왕을 가지지 못한 폴란드의 정교회 지식인들은 전제적 통치자와 하나의 진정한 교회의 화합이라는 비잔틴 비전에 자극받아 이상화된 정교회 세계에 들어가는 기회로 삼으려고 했다. 그러나 결국은 실용적 고려가 이상주의를 물리쳤다. 1620년대에 이미 바르샤바로부터 큰 압력을 받은 새로 서품된 정교회 주교들은 모스크바 공국에 지원과 가능하면 망명 혜택을 청원하게 되었다. 우크라이나 정교회를 보호한다는 차르의 욕망은 페레야슬라우 조약(1654) 이후 강화되었고, 우크라이나를 반으로 분단한 안드루소보 평화조약(1667)에서 절정에 이르렀다.

안드루소보 조약에 의하면 드니프로강 우안에 위치한 키이우는 2년의 면제 기간 후 폴란드 영토가 되어야 했다. 그러나 가톨릭 국왕의 통치 아래 다시 들어간다는 전망은 키이우 사제들에게 큰 공포를 안겨주었다. 사제들은 키이우 대학과 유럽의 예수회 학교에서 배운 수사를 총동원해 차르에게 키이우는 차르의 통치 아래 남아 있어야 한다고 설득했다. 이들은 설득에 성공했지만 여기에는 큰 대가가 따랐다. 키이우 동굴수도원장이자 '차르 설득하기' 운동의 지도적 인물 중 한 사람인 이노켄티 기젤은 키이우 대주교좌의 독립성은 유지하면서 키이우를 차르의 통치 아래 두기를 원했다. 그러나 일은 다른 방향으로 전개되었다. 1670년대 차르는 키이우 통치권을 유지했지만, 1680년대가 되자 모스크바 공국 관리들과 우크라이나의 이들 지지자들은 키이우 대주교좌를 콘스탄티노플 총대주교 관할에서 모스크바 총대주교 관할로 옮기는 데 성공했다. 이러한 관할 이전은 1685년 이루어졌다. 그래서 키이우 사제들은 자신들의 독립성을 희생하고 차르의 보호를 받게 되었다.

키이우의 운명을 놓고 벌어진 전투는 근대 이전 러시아 제국에서 가장 영향력 있는 서적 한 권을 세상에 내놓았다. 기젤의 감독 아래 동굴수도원 인쇄소에서 출간된 첫 루스 역사 인쇄본 '교과서'가 탄생한 것이다. 이 책은 긴 바로크식의 제목을 달고 있었다. 『개요서(Synopsis) 또는 슬라브-러시아 국민의 기원과 키이우를 성스럽게 방어된 초기 공후들과, 성스럽고 경건한 키이우와 첫 대공, 첫 전제군주인 볼로디미르에 대한 여러 연대기의 개요서』가 이 책의 제목이었다. 이 책은 키이우가 오스만의 공격에 대비하고 폴란드가 키이우를 모스크바 공국으로 되찾으려고 시도하던 1674년에 발간되었다. 이『개요서』에서 키이우는 모스크바 공국 차르들의 첫 수도이 자 모스크바 공국 정교회의 탄생지로 서술되고, 이교도나 가톨릭에 게 양도할 수 없는 도시로 묘사되었다.『개요서』저자들은 슬라브-러시아 민족을 언급하면서 모스크바 공국과 코자크 헤트만령이 하나의 정치적 실체로 연합시켰고, 이들의 주장을 더욱 뒷받침해 주었다. 이것이 오늘날 대부분의 러시아인들이 받아들이고 있는 신화인 키이우가 자신들 민족의 기원이라는 생각의 기초가 되었다. 그러나 17세기에 모스크바 공국의 엘리트들은 민족적 유사성을 기준으로 사고할 줄 몰랐다. 러시아 제국 건설자들이 모스크바 공국 주민들과 우크라이나인들을 하나로 취급하는 키이우 수도자들의 혁신을 아주 높이 평가한 것은 19세기가 되어서였다.

우크라이나가 모스크바 공국과 폴란드에 의해 분열되면서 초래된 위기는 키이우 사제들뿐 아니라 코자크 장교 계층으로 하여금 새로운 정체성 모델을 찾도록 만들었다. 코자크 엘리트들은 이 문제에 대해 더 이상 사제들의 주도권을 따르지 않았다. 키이우 대학은 사제와 주교가 된 졸업생뿐 아니라 여러 명의 헤트만을 포함한 코자크 장교들도 배출했다. 사제들은 정교도 차르가 없는 조국을 상상할 수 없었던 반면, 코자크 장교들은 차르를 전혀 필요로 하지 않았다. 이들은 드니프로강 양안을 모두 포함하는 공통의 코자크 '조국'에 충성을 맹세했다.

우크라이나 지역에 대한 사실상 첫 분할이 진행된 1663년 코자크 장교들은 '조국'이라는 용어를 폴란드-리투아니아 대공국 전역이나 폴란드 왕국을 지칭하는 데 사용했다. 하디아치 연합(1658) 성립과 동시에 코자크 장교들은 폴란드 조국으로 돌아올 것을 호소하는 폴란드 왕의 종주권을 인정하라는 언질을 받았다. 헤트만들은 연이어서 통치 서한이나 우니베르살을 통해 드니프로강 양안의 헤트만령인 우크라이나 조국의 통합성을 주장했다. 안드루소보 조약 체결 이후 페트로 도로셴코와 유리 흐멜니츠키를 포함한 모든 헤트만들은 우크라이나 조국의 이익을 다른 모든 충성이나 약속을 갈음하는 자신들의 최고의 충성 대상으로 선언했다. 코자크 조국은 자포리자 코자크를 훨씬 뛰어넘는 것이었고, 코자크 충성의 훨씬 전통 깊은 대상이었다. 여기에는 코자크 집단뿐만 아니라 헤트만령의 토지와 거주민 모두가 포함되었다. 이들은 이 조국을 우크라이나라고 불렀다. 1667년 이후 코자크는 드니프로강 양안을 우크라이나라고 부르기 시작했다.

우안과 좌안을 통합하려고 시도한 마지막 코자크 헤트만은 이반 마제파(1639~1709)였다. 독립국가 우크라이나의 지폐는 모든 우크라이나 헤트만 중 단 두 명의 초상화를 담았다. 첫 헤트만은 5흐리우냐 지폐에 초상화가 실린 보흐단 흐멜니츠키이고, 두 번째 헤트만은 10흐리우냐 지폐에 실린 이반 마제파다. 보흐단 흐멜니츠키보다 이반 마제파가 우크라이나 밖, 특히 서구에 더 널리 알려진 인물이다. 볼테르, 바이런, 알렉산드르 푸쉬킨, 빅토르 위고 모두 마제파의 생애와 모험을 소재로 한 작품을 남겼다.* 그는 유럽의 오페라와

---

* 마제파의 젊은 시절 모험은 후대 여러 작가와 작곡가의 작품 소재가 되었다. 바이런은 1891년 낭만 서사시 『마제파』(Mazeppa)를 썼다. 빅토르 위고의 『동양인들』(Les Orientales)도 마제파를 소재로 한 작품이다. 프란츠 리스트는 「마제파」라는 제목의 심포니를 작곡했고, 차이코프스키는 푸쉬킨의 서사시 「폴

북아메리카 연극무대에 자주 등장하는 인물이고, 프랑스어식 표기인 마제빠(Mazeppa)라는 이름으로 통치자와 연인으로 문학과 문화적 명성을 얻었다. 마제파가 헤트만으로 있는 동안 조국, 우크라이나, 소러시아라는 개념은 다시 한 번 논쟁 대상이 되었다. 마제파 통치의 결과로 새로운 형태의 소러시아 정체성이 형성되었다.

마제파는 다른 어느 전임자보다 헤트만령을 오래 통치해 20년 이상 헤트만직(1687~1709)을 수행한 후 자연사했다. 그는 나름대로 내세울 성취가 있었다. 그의 직전 전임 헤트만 두 사람은 유형 중 사망하거나 처형당했다. 마제파 직전에 재임했던 두 명의 헤트만 모두 '반역' 혐의로 러시아 군사총독(voevodas)에 의해 체포된 후 시베리아로 유형 갔다. 헤트만의 가족들도 같은 운명을 겪었다. 헤트만직을 잃는 데 차르에 대한 음모를 꾸미거나 폴란드인, 오스만인, 스웨덴인과 손잡을 필요는 없었다. 모스크바 궁정의 신임을 잃는 걸로 충분했다.

마제파의 인생행로는 19세기 마지막 10년 동안 코자크 제도(Cossackdom)의 일반적 운명을 그대로 반영했다. 드니프로강 좌안 출신인 마제파는 귀족 정교도 가족 출신이었다. 키이우 모힐라 아카데미와 바르샤바의 예수회 학교에서 수학한 마제파는 서유럽에서 포병 기술을 배웠다. 폴란드로 귀환한 젊은 마제파는 폴란드 궁정에서 외교와 군사 경력을 쌓았다. 그는 후에 헤트만 페트로 도로셴코의 측근이 되었으나 모스크바 공국과 손을 잡은 자포리자 코자크가 그를 체포했다. 볼테르가 처음 독자들에게 알리고 다른 사람들이 반

───────────

타바」를 바탕으로 3막 6장의 오페라를 작곡했다.

우크라이나의 흐리우냐 지폐

지폐에 실린 인물은 보흐단 흐멜니츠키와 이반 마제파이다.

복한 이야기에 따르면 마제파는 재앙으로 끝난 연애행각 때문에 자포리자 코자크에게 체포되었다. 마제파는 유명한 폴란드 귀족의 젊은 아내의 연인이 되었고, 이를 알아차린 귀족은 마제파를 발가벗겨 말 등에 묶은 채 황야로 추방했다. 이 이야기에 따르면 자포리자 코자크는 빈사상태에 빠진 그를 발견해 건강을 되찾아 주었다. 진실이 어떻든 간에 자포리자 코자크들은 마제파가 코자크와 함께 출세하는 계기를 마련한 셈이다. 코자크들은 자신들이 사로잡은 마제파를 헤트만 이반 사모일로비치에게 보냈고, 그는 좋은 교육을 받고 많은 곳을 여행한 마제파를 자신의 측근으로 삼았다.

마제파는 17세기 마지막 10년 동안 우안 지역에서 러시아가 통제하는 좌안으로 옮겨간 많은 수의 코자크 엘리트와 코자크 병사, 소도시 주민, 농민 중 한 사람이었다. 이 지역의 상대적인 정치적 안정과 이를 뒷받침해 준 차르가 제공한 폭넓은 자치권은 경제와 문화생활을 되살리는 데 도움이 되었고, 페테르 모힐라 시기에 총대주교좌, 동굴수도원, 키이우 대학이 모두 키이우에 모여 있었다. 헤트만직에 오른 마제파는 헤트만령의 지속적인 경제적 재건과 종교, 문화생활의 번성을 위해 최선을 다했다.

모힐라가 처음 재건한 성 소피아 성당과 동굴수도원에 있는 성모영면 교회와 성삼위 교회는 모두 키이우 루스 시대의 건축적 유산의 일부다. 모힐라는 동굴수도원 외에 성모 마리아 예수탄생 교회를 비롯한 새 교회 건축을 주도했다. 그는 또한 키이우와 자신의 수도인 모스크바 공국과 가까운 헤트만령 서북쪽 바투린에 여러 교회를 세웠다. 동굴수도원 밖에 있던 대부분의 교회는 1930년대에 파괴되었다. 볼셰비키들이 키이우를 진정한 사회주의 수도로 만들려고 하면

라브라 내 성모영면 교회
볼셰비키들이 키이우를 진정한 사회주의 수도로 만들려고
하면서 파괴팀은 교회를 하나하나 부수어나갔다. 그러나 마제파가 지은
수도원 안과 그 담벽의 일부인 교회들은 오늘날 그대로 남아 있어서
헤트만 마제파의 관대한 지원과 그의 부를 보여주고 있다.
그 시대의 건축적 기념비의 스타일은 코자크 바로크 또는
마제파 바로크로 알려져 있다.

서 파괴팀은 교회를 하나하나 부수어나갔다. 그러나 마제파가 지은 수도원 안과 그 담벽의 일부인 교회들은 오늘날 그대로 남아 있어서 헤트만 마제파의 관대한 지원과 그의 부를 보여주고 있다. 이것은 모힐라 이후 첫 교회 건축 프로젝트였다. 그 시대의 건축적 기념비의 스타일은 코자크 바로크 또는 마제파 바로크로 알려져 있다.

이전의 어느 헤트만과 다르게 마제파는 경제력과 정치력 모두를 자신의 수중에 집중시킬 줄 알았다. 이것은 제국 피라미드의 최상층으로부터 전례 없는 지원을 받은 덕분에 가능했다. 표트르 대제는 마제파를 자신의 충성스런 종으로 생각했다. 표트르 대제가 이복누이 소피아 공주와 왕권을 두고 경쟁할 때 마제파는 표트르의 편을 들었다. 표트르는 마제파를 자신이 만든 최고 명예의 훈장인 성 안드레이 훈장의 첫 수훈자로 만들었다. 코자크 장교들이 마제파에 대한 불만을 표트르 대제에게 표시하며 습관적으로 그의 반역을 고발하자, 표트르 대제는 코자크 헤트만의 권위를 훼손하기 위해 이러한 비난을 이용하던 기존의 전통을 버리고 이 비난을 마제파에게 전해주었다. 표트르 대제는 마제파가 코자크 엘리트인 이 고발자들을 처단하는 것을 허용하며 마제파에 대한 신뢰를 보여주었다.

표트로 대제와 마제파의 동맹은 대북방전쟁(1700~21)이 절정이었던 1708년 가을 갑자기 끝나 버렸다. 대북방전쟁은 러시아와 스웨덴이 각각의 동맹국의 지원을 받아 발트해를 중심으로 싸우던 전쟁이었다. 전쟁 초기 스웨덴은 승기를 잡는 듯 보였다. 러시아의 동맹인 폴란드의 아우구스투스 용맹왕을 패퇴시키고 그를 하야하게 만든 스웨덴의 젊은 야심에 찬 왕 칼 12세는 모스크바로 진군을 시작했다. 표트르 대제는 후퇴를 하며 적군의 진군을 늦추기 위해 초토화작전을 펼쳤다.

이러한 파괴적 조치는 코자크 엘리트들의 오랜 불만을 악화시켜서 이들을 표트르에서 멀어지게 하고 칼 12세에 접근하도록 만들었다. 코자크 연대장들은 오랫동안 표트르 대제가 코자크 군대를 헤트만령 밖, 특히 표트르가 1702년 설립한 러시아 새 수도 상트페테르부르크 인근 운하를 건설하는 데 동원한 것에 대해 마제파에게 불만을 제기해 왔었다. 이곳에서 코자크들은 추위와 질병으로 파리목숨처럼 죽어나갔다. 여기다가 표트르가 도입한 새로운 세금과 행정개혁은 헤트만령을 별도의 권리가 있는 고립 지역이 아니라 러시아의 일개 지방으로 바꿀 것이라고 위협하고 있었다. 이 모든 것이 보흐단 흐멜니츠키가 모스크바 공국과 맺은 보호국 합의를 위반한다고 연대장들은 주장했다.

마제파는 칼 12세의 동맹국인 폴란드와 은밀히 교신을 하며 새로운 외교정책 선택지를 탐색했지만 행동에 나서지는 않고 있었다. 칼 12세가 모스크바로 가는 길에 우크라이나를 거치는 우회로를 택하기로 결정하고,* 표트르 대제는 군사 지원을 거절한 다음에 마제파는 스스로 헤트만령을 방어하고, 칼 12세 진공로의 소도시와 마을들을 불태우게 되어 있었다. 이렇게 되자 마제파는 연대장들의 요구에 응해서 진영을 바꾸기로 결정했다. 러시아는 많은 헤트만들과 반복적으로 합의한 자신들의 기본 의무인 헤트만령 보호 약속을 지키지 않았다. 좌안 우크라이나도 이제 다른 선택을 고려할 때가 되었

---

* 모스크바 진군 중 겨울을 맞게 된 스웨덴군은 날씨가 비교적 따뜻하고 식량이 풍부한 폴타바에서 겨울을 난 다음 러시아를 공격할 예정이었다.

다. 코자크 장교들은 50년 전 하디아치 연합의 조건을 검토하기 시작했다. 1708년 11월 마제파는 신임하는 소수의 가신과 소규모 부대를 대동하고 코자크 수도인 바투린을 떠나 다가오는 칼 12세 군대로 갔다.

기밀을 유지하기 위해 마제파는 바투린을 갑자기 떠나기 전 헤트만령에서 반(反)표트르 대제 선동을 하지 않았다. 이것은 마제파 개인의 안전을 위한 신중한 결정이었지만, 반란을 일으키는 데 큰 문제가 되었다. 마제파의 배신을 알아차린 표트르 대제는 자신의 오른팔인 알렉산드르 멘쉬코프를 지휘관으로 하는 부대를 우크라이나로 파견했다. 그러나 코자크 부대는 그를 제지하기 위해 동원되지 않았다. 러시아 부대는 기습공격으로 헤트만령의 수도인 바투린을 점령하고, 마제파가 코자크와 스웨덴군을 위해 비축한 보급품과 식량을 노획했다. 더 큰 타격을 준 것은 바투린의 점령이 우크라이나 사회 전체에 미친 영향이었다. 멘쉬코프는 바투린을 점령했을 뿐만 아니라 그 주민들을 학살하도록 명령했다. 여자와 어린아이를 포함한 1만 명 이상의 바투린 방어자가 점령군 손에 목숨을 잃었다. 오늘날 이곳에서 작업하는 고고학자들은 당시 목숨을 잃은 사람들의 유골을 계속 발굴하고 있다(바투린은 주요 관광지이며 고고학 발굴지다). 멘쉬코프의 메시지는 크고 분명했다. 차르는 코자크의 배신을 용납하지 않는다는 것이었다.

코자크와 헤트만령 주민의 충성을 확보하기 위한 전투가 시작되었다. 이것은 주로 표트르 대제가 발한 포고령으로 수행되었고, 마제파도 이에 맞대응을 했다. 이른바 포고령 전쟁이 1708년 가을부터 1709년 봄까지 진행되었다. 표트르 대제는 마제파를 반역으로 기소하고 그를 유다라고 부르며, 그가 체포되었을 때 수여할 가짜 유다 훈장도 준비했다. 마제파는 이러한 비난에 항변했다. 그 전의 비홉스키와 마찬가지로 마제파는 차르와 헤트만의 관계를 계약관계로 보았다. 그가 생각하는 바로는 차르는 보호단 흐멜니츠키와 그의 후계자들에게 보장한 코자크의 권리와 자유를 침해했다. 자신의 충성은 주군이 아니라 코자크 집단과 우크라이나 조국이라고 마제파는 주장했다. 마제파는 자신의 민족에게 충성을 선언했다. "모스크바, 즉 대러시아 민족은 언제나 우리 소러시아 민족에게 해를 끼쳤다. 악의적 의도를 가지고 대러시아는 우리 민족을 꺼지지 않는 지옥불에 떨어뜨리기로 오래전부터 작정했다"라고 1708년 마제파는 포고령에 선언했다.

포고령 전쟁과 러시아군의 단호한 행동, 표트르의 명령에 따른 새로운 헤트만의 선출은 마제파의 장교들 사이에 새로운 분열을 초래했다. 이전에는 반란을 일으키도록 마제파를 압박했다가 지금은 러시아군의 복수 가능성에 크게 겁먹은 코자크 연대장들은 휘하의 병력을 마제파에게 데려가지 않았다. 많은 연대장들이 러시아 측에 가담했다. 코자크 장교, 소도시 주민, 농민들 사이에 마제파를 지원하는 사람은 별로 없었다. 주민들은 가톨릭, 무슬림, 이 경우에는 개신교 통치자보다는 정교회 차르를 선호했다. 칼 12세와 표트르 대제 사이의 대결 시간이 다가오자 스웨덴 측보다는 러시아 측에 가담한 코자크 수가 더 많았다.

1709년 7월 초 폴타바시 인근 들판에서 약 2만 5,000명의 스웨덴군은 두 배나 많은 러시아군과 대치했다. 코자크는 양측 모두에서 지원병으로 참여했다. 이것은 코자크의 충성이 갈라졌다는 것뿐만 아니라 유럽의 정규군에 상대가 되지 않는다는 것을 보여주었다. 한때 막강했던 코자크 전력은 이제 과거의 일이 되어버렸다. 각각 3,000명과 7,000명의 코자크 병력이 마제파와 스웨덴군의 지휘를 받았다. 이보다 최소한 세 배 많은 코자크 병력이 러시아군에 포진했다. 과거에 훨씬 병력이 많은 러시아군과 폴란드군을 격파한 경험이 있는 칼 12세에게 적의 수적 우세는 별 문제가 아니었다. 그러나 이 전투는 달랐다. 추운 적국 땅에서 겨울을 보낸 그의 군대는 많이 약화되었다. 보통 직접 자신의 병력을 이끌고 전투에 참여하던 칼 12세는 며칠 전 정찰활동에서 부상을 입어 자신의 지휘권을 한 지휘관이 아니라 여러 장교에게 분산 위임해 전투가 벌어지자 스웨덴군 진영에서는 혼란이 일어났다.

전투는 러시아군의 압승으로 끝났다. 칼 12세와 마제파는 우크라이나를 탈출해 오스만 지배 아래에 있는 몰다비아로 피신했다. 이반 마제파는 1709년 피신해 있던 몰다비아의 벤더에서 사망했다. 칼 12세는 스웨덴으로 귀환하는 데 5년이 걸렸다. 역사가들은 자주 폴타바 전투를 대북방전쟁의 전환점으로 평가한다. 운명의 장난으로 발트해 통제권을 놓고 벌어진 군사적 충돌은 우크라이나 전장에서 결과가 결정되었고, 북유럽에서 스웨덴의 패권은 훼손되고 러시아는 유럽의 강대국으로 발돋움하게 되었다. 그러나 폴타바 전투의 결과는 다른 어느 곳보다 전투가 벌어진 우크라이나에 극적인 영향을 미치게 되었다.

폴타바 전투에서 러시아가 승리하면서 키이우 사제들과 차르 정부관계에 새 장이 시작되었다. 1708년 가을 차르는 키이우 대주교

폴타바 전투(피에르 드니 마르탱, 1726)
역사가들은 자주 폴타바 전투를 대북방전쟁의 전환점으로 평가한다.
운명의 장난으로 발트해 통제권을 놓고 벌어진 군사적 충돌은 우크라이나
전장에서 결과가 결정되었고, 북유럽에서 스웨덴의 패권은 훼손되고
러시아는 유럽의 강대국으로 발돋움하게 되었다.

로 하여금 마제파를 반역자로 비난하고 그의 파문을 선언하도록 강요했다. 폴타바 전투 후 전에는 마제파를 볼로디미르에 비유했던 키이우 대학 총장인 테오판 프로코포비치는 차르 앞에서 과거 자신의 후원자를 비난하는 긴 설교를 했다. 마제파가 반역으로 생각했을 이 설교는 표트르 대제가 보기에는 충성 선언이었다. 프로코포비치는 후에 표트르 개혁의 핵심 이념가가 되었다. 그는 절대권력을 향한 표트르의 지향을 지지했고, 통상적으로 아버지에게서 아들로 이어지는 정상적 상속권 밖에서 왕위를 상속하는 권리에 대한 주장을 개발했다. 표트르는 자신의 외아들을 반역으로 기소했고, 그가 감옥에서 죽게 만들었다. 프로코포비치는 정교회 총대주교의 통치를 세속 관리가 주관하는 공의회 통치로 바꾼 『영적 규율』(*Spiritual Regulation*)의 주 저자였다. 그는 표트르 대제를 '조국의 아버지'라고 부르는 안도 만들어냈다. 이것은 그와 다른 키이우 사제들이 러시아에 가지고 들어온 것이었다. 이들은 이전에는 이것을 마제파를 칭송하는 데 사용했다.

테오판 프로코포비치의 눈부신 출세는 더 큰 현상을 반영하는 것이었다. 이것은 표트르 대제가 러시아 교회 문화와 사회를 서구 노선에 따라 개혁하는 데 필요로 했던 키이우 대학의 서구화된 졸업생들을 제국에 봉사하도록 고용하는 것이었다. 수십 명의 키이우 대학 졸업생들, 후에는 수백 명의 졸업생들이 러시아로 이주해와서 출세 경력을 쌓았다. 이들은 정교회의 임시 수장부터 주교, 종군사제에 이르기까지 여러 직책을 맡았다. 키이우 출신 사제의 한 사람인 로스토우 대주교 디미트리 툽탈로는 구교도와의 투쟁으로 인해 시성되기까지 했다. 이들은 표트르 대제가 러시아를 서구화하는 것뿐만 아니라 새 러시아 조국, 실제로는 새 러시아 민족이라는 사상을 강조함으로써 근대적 정치체로 발전하는 것을 도왔다. 우크라이나인 또는 소러시아인은 이 러시아 민족의 구성요소로 간주되었다.

표트르 대제의 정책이 자신의 전제적 통치를 강화하고 국가제도를 중앙화하는 것이 기독교 지도자들에게 새롭고 흥분되는 기회를 제공한 반면, 이것은 코자크 장교들에게는 거의 재앙이나 마찬가지였다. 마제파의 배신은 헤트만령을 제국의 제도적·행정적 구조로 통합해야 한다는 차르의 열망에 시급성을 더해 주었다. 이제 상주 러시아 사절이 새 헤트만인 이반 스코로파드스키를 감독했다. 헤트만의 수도는 파괴된 바투린에서 러시아 국경에 가까운 흘루히우로 옮겨졌다. 러시아 군대가 헤트만령에 상시 주둔했다. 마제파와 같이 망명한 코자크 장교의 가족들은 체포되고, 그들의 재산은 몰수되었다. 1721년 대북방전쟁이 러시아의 승리로 끝나면서 더 많은 변화가 일어났다. 표트르는 모스크바 공국 차르정의 명칭을 러시아 제국으로 바꾸고 자신을 첫 황제로 선언했다. 그 다음 해 헤트만 스코로파드스키가 사망하자 표트르는 이를 이용해 헤트만 제도 자체를 철폐했다. 그는 헤트만령을 자신이 임명하는 제국관리가 이끄는 이른바 소러시아 행정국 관할 아래 두었다. 코자크는 이에 이의를 제기하고 자신들의 권리를 되찾기 위해 사절단을 상트페테르부르크로 파견했지만 아무 소용이 없었다. 차르는 코자크 반대파의 지도자인 연대장 파블로 폴루보토크를 체포했고, 그는 상트페테르부르크로 압송되어 표트르 파벨 요새 감옥에서 숨을 거두었다.

마제파는 도박을 벌였다가 모든 것을 잃었다. 그가 보호하고자 했던 국가도 같은 운명을 맞았다. 만일 칼 12세가 전투 전에 부상을 입지 않았고, 코자크가 더 많은 병력으로 마제파를 지원했다면 헤트만령의 운명이 어떻게 되었을지는 모른다. 그러나 우리는 마제파의 후계자들이 어떤 나라를 건설하고 그곳에서 거주하기를 원했는지는 말할 수 있다. 우리가 아는 지식은 마제파 사후 몰다비아의 망명 코자크들이 헤트만으로 선출한 필리프 오를리크에게 제출한『협정과 조건』(Pacta et conditiones)이라는 문건에 기초한 것이다. 말할 필요도 없지만 이들은 표트르 대제의 명령으로 헤트만이 된 스코로파드스키를 자신들의 합법적 지도자로 인정하지 않았다. 오늘날 우크라이나에서 필리프 오를리크의 헌법으로 알려진『협정과 조건』은 우크라이나 최초의 헌법으로 간주되고, 우크라이나인들은 이것이 미국 헌법 이전에 채택된 문건이라는 자부심을 가지고 있다. 실제로『협정과 조건』에 가장 가까운 법은 폴란드 의회가 자신들의 왕을 선출하는 조건이다. 이 문서는 코자크 장교와 병사들의 권리를 보장해 헤트만의 권력을 제한하려고 했다. 특히 마제파를 따라 대부분이 망명길에 오른 자포리자 코자크 장교와 병사들의 권리를 보장했다.

『협정과 조건』은 헤트만령의 과거, 현재, 미래에 대한 독특한 비전을 제시한다. 코자크 장교들은 마제파 밑에서 총서기를 담당한 오를리크를 중심으로 모였고, 자신들의 기원을 차르를 지지하는 키이우 사람들이 주장한 기본적 신화인 키이우와 볼로디미르 공에 두지 않고, 키이우 루스보다 이 지역에 먼저 거주했던 하자르족에게서 자신들의 기원을 찾았다. 이 주장은 역사적이기보다는 언어적이고, 오늘날 기준으로는 터무니없는 주장이지만, 근대 초기 언어학 기준으로는 아주 정당한 주장이었다. 우크라이나어로 '코자크'는 '하자르'와 발음이 같지는 않지만 아주 유사하다. 논점이 되는 것은 모스크바와 구별되고 독립된 코자크 민족이 존재했는가다. 오를리크와 그의 장교들은 이 민족을 상황에 따라 코자크, 루테니아인, 소러시아인이라고 불렀다. 그의 동족들은 오를리크 사상의 대부분을 잘 알지 못하거나 지지하지 않았다. 모국인 우크라이나에서 코자크들은 자신들의 남아 있는 자치를 지키기 위해 힘겹게 투쟁했다.

헤트만령의 코자크들은 코자크 연대장 폴루보토크가 사망한 지 몇 주 후 1725년 표트르 대제가 사망한 게 자신들을 학대한 것에 대한 신의 징벌로 여겼다. 이들은 또한 이 사건을 차르가 흡수한 특권의 일부를 회복할 수 있는 기회로 보았다. 헤트만직을 부활시키는 것이 코자크들의 가장 중요한 목표였다. 1727년 코자크 장교들은 표트르 대제를 초기에 반대했던 연대장 다닐로 아포스톨을 새로 복원된 헤트만으로 선출했다. 코자크는 보호단 흐멜니츠키의 초상화를 다시 찾아서 그에게 부여되었던 이 특권의 복원을 축하했다. 또한 우크라이나를 폴란드 압제에서 해방시킨 헤트만으로서뿐만 아니라 코자크 권리와 자유의 보장자로 흐멜니츠키를 숭배하는 전통을 부활시켰다. 새롭게 현화된 흐멜니츠키는 헤트만령 엘리트의 소러시아 정체성의 상징이 되었다. 이것은 정치적 충성의 대가로 특별한 지위와 특정한 권리를 보존하는 것을 의미했다.

그러면 이 새 정체성은 정확하게 무엇인가? 이것은 사제들의 친러시아적 수사와 코자크 장교 계급의 자치 열망이 임시변통으로 혼합된 것이었다. 소러시아 아이디어의 중요한 특징은 러시아 차르에 대한 충성이었다. 이와 동시에 소러시아 아이디어는 러시아 제국 내에서 코자크 민족의 권리와 지위를 강조했다. 코자크 엘리트의 소러시아는 좌안 우크라이나에만 제한되었고, 정치적·사회적·문화적 성격에서 북쪽의 벨라루스, 드니프로강 서안 지역과는 구별되었다. 새로운 정치체와 정체성의 DNA는 이전의 민족건설 프로젝트의 흔적을 선명히 담고 있다. 당시의 코자크 문헌(18세기 초 코자크 역사서술이라는 새로운 문학 전통이 나타났다)는 루스/루테니아, 소러시아, 우크라이나를 혼용했다. 이러한 사용법에는 나름의 논리가 있었고, 각 용어는 서로 밀접히 연결된 정치적 집단과 이와 관련된 정체성을 반영했다.

이러한 용어 사이의 관계와 이것이 대표하는 현상을 정의하는 데 가장 좋은 비유는 마트료쉬카 인형이다. 가장 큰 인형은 포스트-폴타바 시대의 소러시아 정체성이다. 그 안에는 드니프로강 양안의 코자크 우크라이나 조국이라는 인형이 들어 있다. 그 안에는 폴란드-리투아니아 대공국의 루스 또는 루테니아 인형이 있을 수 있다. 가장 안쪽에는 소러시아 정체성이 대공국 안의 루스와 좀더 최근의 코자크 우크라이나에 대한 기억을 보존하고 있다. 폴타바 전투 이후 상황에서 우크라이나라의 핵심이 소러시아라는 인형을 뚫고 나와 과거 코자크들이 소유했거나 원했던 영토를 다시 차지하게 되는 것은 시간문제라는 것을 알 수 있는 사람은 없었다.

제국 사이에서

우크라이나인들의 제국에 대한 충성은
당연한 것이 아니었다. 다민족적 주민은 이 지역에
새로 이주해 온 사람들이 아니었고, 이들에 대한 통치권을
주장하는 국가가 이 지역에 새로운 존재였다.

제13장 새 변경 지방

18세기의 마지막 25년은 동유럽과 중유럽의 지정학적·극적인 변화를 목격했다. 가장 중요한 현상과 원인은 러시아 제국의 군사적 힘과 지정학적 영향력의 상승이었다. 러시아는 1709년 폴타바 전투로 유럽 강대국으로 발돋움했다. 헤트만령의 유서 깊은 코자크 장교 집안 출신으로 18세기 말 러시아 황실 궁내부 장관(grand chancellor)인 올렉산드르 베즈보로드코는 젊은 대화 상대자에게 "우리 시대에 유럽의 어떤 대포도 우리의 허락 없이 발사될 수 없다"라고 말한 적이 있었다. 러시아 제국의 국경은 빠르게 서쪽과 남쪽으로 뻗어나가면서 흑해 북쪽에서 오스만 제국을 후퇴하게 만들고, 폴란드-리투아니아 대공국의 분할로 이 국가를 유럽 지도에서 사라지게 만들었다.

이러한 놀라운 변화에 많은 우크라이나인들이 큰 역할을 했다. 1780년대와 1790년대 초 러시아의 대외정책을 만드는 데 핵심 역할을 한 베즈보로드코도 그 가운데 한 사람이었다. 베즈보로드코가 공을 들여 만든 변화는 고국에 있는 동포들에게도 영향을 미쳤다. 우크라이나는 이러한 중요한 지정학적 변화의 한가운데 있게 되었고, 동시에 그 희생양이자 수혜자가 되었다. 이 시점에 헤트만령은 유럽과 러시아 제국의 지도에서 사라졌다. 우크라이나의 두 가지 문화적 경계도 움직이기 시작했다. 하나는 동방 기독교와 서방 기독교의 경계선이고, 다른 하나는 기독교와 이슬람교의 경계선이었다.

제국 러시아 국경의 변화는 문화적 공간도 바꾸었다. 서쪽에서 우크라이나 당국은 가톨릭과 연합교회의 전진을 드니프로강에서 막고 이를 다시 밀어냈다. 남쪽에서 스텝 전선의 '폐쇄'는 흑해와 아조우해로 우크라이나가 더 전진하는 동인이 되었다.

정치, 사상, 문화의 역사가들은 18세기를 다른 무엇보다도 계몽의 시대(Age of Enlightenment)로 본다. 17세기 중반부터 18세기 말까지 지속되고, 철학과 정치 모두에서 개인주의, 회의주의, 이성이라는 사고의 부상으로 정의되는 이 시기는 이성의 시대(Age of Reason)라는 말로도 표현된다. 그러나 이성은 하나 이상의 다양한 방법으로 이해되었다. 자유와 개인 권리의 보호라는 사고가 당시 저작이 중심무대를 차지했지만 합리적 통치와 군주적 절대주의(monachical absolutism)도 중심에 들어왔다. 근대적 공화국과 근대적 군주제 모두 프랑스 철학자들의 사상에 깊은 뿌리를 두고 있다. 미국 건국의 아버지들과 18세기 유럽의 절대주의 통치자들 모두 계몽사상의 제자들이었다. 유럽의 세 명의 군주, 즉 러시아의 예카테리나 여제, 프러시아의 프리드리히 2세, 오스트리아의 요제프 2세 모두 역사에 '계몽 군주'로 알려졌다. 각 나라에서 이런 명칭을 두 번째로 가진 군주였다는 것 외에도 합리적 행정, 절대 군주제, 자신들의 통치 권한에 대한 믿음이 이들의 공통점이었다. 세 군주 모두 폴란드-리투아니아 대공국의 계몽사상에 자극받은 개혁 노력을 무산시킨 폴란드 분할(1772~95)에 참여했다. 다른 사람도 아닌 볼테르가 폴란드 분할을 환영했고, 그는 이것을 자유주의, 관용 그리고 이성의 승리라고 보았다. 그는 예카테리나에게 쓴 편지에서 러시아가 유럽의 그 지역에 결국 질서를 가져올 수 있을 것이라고 말했다.

통치자의 절대권력, 좋은 정부, 보편적 규범을 제국 모든 지역과 모든 신민에게 적용하는 것이 계몽사상의 요체였다. 이러한 원칙들은 1762년부터 1796년까지 30년 넘게 러시아 제국을 통치한 예카테리나 여제의 사고와 개혁에 큰 영향을 주었다. 이러한 원칙들은 러시아 제국 내 특별한 지위 인정에 존재 자체가 달려 있는 자치 고립 지역(enclave)인 헤트만령에게는 좋은 징조가 되지는 않았다. 내부 경계의 철폐와 코자크 국가를 제국에 완전히 통합하는 것은 이 지역에서 예카테리나 여제의 최우선 과제가 되었다. "소러시아, 리보니아, 핀란드는 특별한 지위를 인정받는 상태에서 지배되었다"라고 예카테리나는 1764년에 썼다. "이 지역들과 스몰렌스크는 늑대처럼 숲을 바라보지 못하게 만들기 위해 가능한 쉬운 방법으로 러시아화되어야 한다. 현명한 사람이 이 지역의 총독으로 선택된다면 그 해결은 쉬울 것이다. 소러시아에서 헤트만이 사라지면, 헤트만직은 말할 필요도 없고 그 시기와 헤트만을 기억에서 사라지게 모든 노력을 기울여야 한다."

헤트만직을 철폐한 첫 러시아 통치자는 표트르 대제였다. 그는 1722년 헤트만 이반 스코로파드스키가 사망한 후 헤트만직을 철폐했다. 1725년 표트르 대제가 죽은 지 2년 후 헤트만직을 복원했지만 이것은 오래가지 못했다. 러시아 제국이 헤트만 다닐로 아포스톨이 사망한 후 새로운 코자크 지도자 선출을 금지하면서 1730년대 헤트만직은 철폐되었다. 헤트만직은 소러시아 행정국(Little Russian College)이라고 불리는 정부 기구의 통제 아래 다시 들어왔다. 1750년에 잠시 복원되었던 헤트만직은 코자크 연대장이나 장교회의 간부가 아니라 러시아 제국 과학 아카데미 원장에게 지휘봉이 넘어갔다. 다양한 배경과 재능을 지닌 이 헤트만은 24세의 키릴로 로주몹스키였다.

헤트만령 출생으로 괴팅겐 대학에서 교육을 받은 로주몹스키는 궁정 가신이었다. 그가 조기에 대단한 성공을 거둔 배경에는 가족의 연줄이 큰 작용을 했다. 키이우와 체르니히우 사이에 있는 소도시 코젤레츠 출신인 그의 형 올렉시는 재능 있는 성악가였고, 상트페테르부르크 궁정 성악대에까지 올라오게 되었다. 이곳에서 노래를 부르고, 반두라를 켜던 그는 표트르 대제의 손녀로서 후에 여황제가 되는 엘리자베타를 만났다. 둘은 연인이 되었고, 일부 소문에 의하면 두 사람은 비밀리에 결혼했다. 이렇게 해서 코자크 올렉시 로줌은 러시아의 알렉세이 라주몹스키(우크라이나어로는 로주몹스키) 백작이 되었다, 일부 가신들이 올렉시에게 붙인 명칭인 '밤의 황제'의 조언에 의해 여황제 엘리자베타는 헤트만직을 복귀했고, 올렉시의 동생 키릴로를 그 자리에 임명했다.

형인 올렉시가 엘리자베타를 황위에 올리는 데 공을 세웠다면(그는 1741년 그녀가 즉위할 때 궁내부 업무를 담당했다) 동생인 키릴로는 예카테리나 여제의 황위 등극에 중요한 역할을 했다. 그녀는 황실 근위대가 지원한 쿠데타 결과로 여황제가 되었다. 그녀의 남편이자 합법적 통치자였던 표트르 3세는 암살당했다. 남편의 암살을 떠나서, 소피 프레드리케 아우구스테 폰 안할트-제르브스트-도른부르크라는 이름을 가진 프로이센 출신이었던 예카테리나는 러시아 황위에 대한 정통성이 약했다. 그녀를 권좌에 앉힌 사람들은 그녀가 자신들에게 빚을 졌다고 생각했다. "나를 보는 모든 근위병마다 '내가 이 여자를 만들었다'라고 말할 수 있었다"라고 예카테리나는 볼테르에게 썼다. 이렇게 생각한 사람 중에는 우크라이나 헤트만 키릴로 로주몹스키도 있었다. 예카테리나에 대한 봉사의 대가로 그는 세습제 헤트만직을 원했다. 헤트만령의 그의 신민들도 좀더 많은 자치와 자체 입법권을 원했다.

일부 코자크는 이제 스스로도 소러시아라고 부르는 헤트만령을 대러시아라고 불리는 제국 중심부와 대등한 정치체라고 생각했다. 시인인 세묜 디보비치는 「대러시아와 소러시아의 대화」라는 시에서 이렇게 썼다. "나는 당신이 아니라 당신의 주군에게 복종한다." 예카테리나가 차르가 된 지 얼마 후 쓴 시에서 의인화된 소러시아는 대러시아에게 이렇게 말한다. "당신은 당신 자신이 내 주인이라고 생각하는가/그러나 당신의 주군과 내 주군은 공동 통치자다." 소러시아와 대러시아의 왕조적 연합이라는 이러한 비전은 하디아치 연합의 정신에 부합하는 것이었다. 대화의 대상이 된 예카테리나 여제는 특별한 권리와 지위를 요구하는 정치체들의 연방을 관할할 생각이 없었다. 그녀는 헤트만령 같은 고립 지역이 아니라 행정 단위로 분화된 중앙화된 제국을 통치할 생각을 하고 있었다.

1764년 예카테리나가 헤트만 로주몹스키를 상트페테르부르크로 소환하고 헤트만직을 완전히 철폐한 것은 로주몹스키의 꿈뿐만 아니라 헤트만령의 많은 애국주의자들의 꿈을 산산조각 나게 했다.

헤트만령, 아니 그것에 남은 부분을 맡은 새로운 통치자는 표트르 루먄체프 장군이었다. 러시아인인 그는 새로 만들어진 소러시아 총독직을 맡았고, 이 지역의 러시아군 사령관이 되었다. 그의 통치는 20년 조금 넘게 지속되었고, 헤트만령에 농노제뿐만 아니라 제국 세금과 우편제도를 도입시켰다. 1780년대 초 그는 헤트만령의 영토적 자치의 철폐와 코자크 연대제도에 기초한 행정, 군사조직의 철폐를 관장했다. 정규군이 코자크 군대를 통합했고, 코자크 행정 단위는 예카테리나가 러시아 제국 전체에 도입한 새로운 행정체제에 맞춰 세 개의 제국 지방(imperial provinces)으로 재편되었다.

질서가 잡힌 제국국가의 비전을 실현하기 위해 예카테리나는 충분한 시간을 들였다. 헤트만직 철폐로 시작해서 행정적으로 헤트만령을 제국에 통합시키는 헤트만령 동화 전 과정은 거의 20년이 걸렸다. 이 전환과정은 단계적으로 진행되어서 새로운 반란이나 우크라이나 자치 이상을 위해 죽은 순교자를 만들지 않았다. 이 과정은 제국에 통합되는 것이 하늘이 주신 기회라고 생각한 헤트만령의 수많은 사람들의 지지를 등에 업고 진행되었다. 헤트만령의 많은 제도와 관행은 이미 낡아서 이성시대의 도전에 대응할 수 없는 것처럼 보였다. 제국 통합은 보조적이었던 코자크 군대를 군기가 확립된 군대로 변모시켰고, 학교와 우체국 같은 공공제도를 도입시켰다. 그러나 제국 통합은 농노제도 도입했지만, 농노의 노동으로부터 이익을 얻게 된 코자크 장교들 중 이에 저항하는 사람이 거의 없었다.

코자크 엘리트들은 헤트만령과 자유공동체 우크라이나(Sloboda Ukraine) 지역을 통치했다. 하르키우와 수미 인근인 자유공동체 지역은 17세기부터 직접적인 러시아 행정의 통치 아래 있었지만, 두 지역 주민의 대부분은 농민이었다. 18세기가 지나면서 농민들은 자신들의 농토를 점점 더 잃을 뿐만 아니라, 흐멜니츠키 봉기의 가장 큰 성취인 자유도 상실하고 있다는 것을 알았다. 18세기 후반 헤트만령 농민이 90퍼센트 가까이, 자유공동체 우크라이나 지역 농민의 절반 이상이 러시아 귀족이 된 코자크 장교들의 영지와 정교회 영지에서 일하게 되었다. 1783년 예카테리나가 발한 칙령은 귀족 영지에서 일하는 30만 명 가까운 농민이 자신의 거주 지역을 떠나는 것을 금지하고, 지주를 위해 무상노동을 제공할 의무를 부과했다. 이것은 세 번째 농노제의 시작이었다.

헤트만령의 농노제 실시에 반대하는 목소리가 있었다고 일부 학자들은 주장했다. 이 목소리의 주인공은 바실 카프니스트였다. 폴타바 지역 코자크 장교 가족의 후손인 그는 예카테리나 시대 가장 널리 알려진 반정부 문서인 「노예제에 대한 송시」(Ode on Slavery, 1783)를 썼다. 일부 학자들은 카프니스트가 농민의 농노화에 반대했다고 주장했고, 다른 학자들은 헤트만령 제도의 폐지에 반대했다고 주장했다. 실제로 그는 두 가지 모두에 반대했을 가능성이 컸다. 두 일은 시간적으로 서로 가깝게 연결되었고, 같은 통치자의 칙령에 의해 시행되었다. 카프니스트 자신의 고향땅에 대한 예카테리나의 통치 결과에 실망을 감추지 않았다. 예카테리나가 자신의 동포들을 다루는 방식에 대해 그는 "당신은 그들에게 짐을 짊어지게 하고, 당신을 축복하는 그들의 팔에 차꼬를 채웠다!"라고 썼다.

카프니스트는 상트페테르부르크에서 출세를 하고 우크라이나뿐만 아니라 러시아 문학과 문화발전에 기여한 많은 우크라이나 엘리트 중 한 사람이었다. 그의 「송시」는 러시아 문학의 고전작품이 되었다. 표트르 대제 시기에 우크라이나 사제들이 러시아로 이동해 제국 교회에 가담했다면, 예카테리나 시대에는 코자크 장교들의 자손들과 세속적 직업을 선택한 키이우 신학교 졸업생들이 상트페테르부르크로 이주했다. 1754년부터 1768년 사이에만 300명이 넘는 키이우 대학 졸업생들이 제국 공직봉사를 택하거나 러시아로 이주했다. 키이우에서 받은 좋은 교육을 바탕으로 이들은 해외에서 공부를 계속한 후 귀국해 제국에 봉사했다. 러시아 제국에는 우크라이나인 의사가 러시아인보다 두 배 많았고, 1790년대에 상트페테르부르크 사범대학의 학생 1/3은 헤트만령 출신이었다. 예카테리나는 러시아 교회에 우크라이나 사제 고용을 중단했지만(그녀가 황제가 되었을 때 러시아 주교의 대부분은 우크라이나에서 이주해온 사제였다), 러시아 공직과 군대에 우크라이나인들이 유입되는 것은 계속 진행되었다.

올렉산드르 베즈보로드코의 경력은 코자크 장교 후손들이 헤트만령에 대한 충성심과 제국에 대한 봉사를 결합한 좋은 예를 보여준다. 1747년 헤트만령 장교회의 총서기 가족에서 태어난 베즈보로드코는 키이우 대학에서 교육을 받았다. 몇십 년 전만 해도 이러한 배경은 헤트만령에서 눈부신 경력을 쌓는 출발점이 되었다. 그러나 상황이 변해서 베즈보로드코는 헤트만이 아니라 소러시아 제국 총독 표트르 루만체프에게 봉사하는 대령이 되었다. 젊은 베즈보로드코는 오스만튀르크와의 전쟁에 참여해 여러 번의 전투에서 용맹을 과시했고, 루만체프 총독부 수석참모로 눈부신 업적을 쌓았다. 1774년 대령으로 승진한 그는 다음해 상트페테르부르크로 와서 예카테리나를 위해 봉사하는 자리에 올랐다.

베즈보로드코의 경력에 날개를 달아주고 그를 과거 헤트만령에서 제국 수도로 이주하게 만든 1768~74년 러시아-튀르크 전쟁은 헤트만령뿐만 아니라 우크라이나 땅 전체에 큰 영향을 미쳤다. 1768년 봄 우크라이나 우안 지역에서 시작된 반란이 이 전쟁을 촉발시켰다.

사실 두 반란이 동시에 일어났다. 첫 번째 봉기는 당시 현지 언어에 따르면 가톨릭 귀족들 '연맹'(confederation)이 종교적 반대자, 특히 정교도에게 가톨릭과 동등한 권리를 인정한 폴란드-리투아니아 대공국 의회의 결정에 대항해 일으킨 반란이었다. 예카테리나는 사절을 보내 폴란드 의회의 가톨릭 의원들을 위협해 이 결정을 강요했다. 러시아 사절은 목적 달성을 위해 자신이 지휘하는 러시아군을 투입할 수 있다고 위협했다. 예카테리나는 이것을 자신의 러시아와 정교회 신뢰를 높이는 방법으로 이용했다. 반란군은 폴란드 의회의 결정에 굴복하기를 거부했다. 이것은 자신들의 종교뿐만 아니라 국가의 주권을 훼손하는 러시아의 음모로밖에 해석되지 않았다. 귀족들의 반란은 반란이 일어난 포돌리아 지역 도시의 이름을 따서 '바르 연맹'(Confederation of Bar) 반란이라고 불렸다.

연맹의 회원들이 우크라이나 우안 지역 정교회 신도들을 계속 탄압하자 이들의 행동은 다른 종류의 반란을 촉발시켰다. 이번 반란에는 러시아 정부와 정교회 관리들의 부추김을 받은 정교회 코자크, 소도시 주민, 농민들이 가톨릭 귀족을 상대로 일으켰다. 이 반란으로 1648년 흐멜니츠키 반란에 버금가는 대학살 우려가 생겼다. 다시 한 번 자포리자 코자크들이 러시아군에 소속된 코자크와 힘을 합쳤다. 자포리자 코자크는 막심 잘리즈냐크가 이끌었고, 두 번째 집단은 이반 곤타가 이끌었다. 두 사람은 우크라이나 대중과 후에 소련 역사 민담의 주인공이 되었다. 1648년과 마찬가지로 폴란드 귀족, 가톨릭교도, 연합교회 교인과 유대인이 반란의 희생양이 되었다. 유대인들은 1700년대에 이 지역으로 돌아와서 우크라이나 우안 지역에 경제, 종교, 문화생활을 재건했다. 이들 중 많은 수는 1740년대 포돌리아 지방이 마지비쥐시에서 하시디즘(Hasssidism)을 설파하기 시작한 랍비 이스라엘 발 셈 토우의 추종자였다. 가톨릭 반란자들은 러시아 간섭이 없는 가톨릭 국가를 원했고, 정교도들은 러시아 관할 아래의 코자크 국가를 원했다. 유대인들은 아무의 간섭도 원하지 않았다. 이 집단 중 어디도 원하는 것을 얻지 못했다.

1768년 여름, 러시아 군대는 폴란드와 경계인 드니프로강을 넘어 가톨릭 연맹주의자와 정교회 코자크 그리고 농민을 공격했다. 차르 군대를 자신들의 해방자로 생각했던 코자크와 농민들은 이에 크게 놀랐다. 그러나 러시아 제국은 나름의 논리가 있었다. 두 반란은 이 지역의 안정을 해치기 때문에 모두 진압되어야 했다. 그러나 얼마 안 있어 러시아에 충성하는 우크라이나 코자크 부대가 발타시 인근의 폴란드 국경을 넘어 공격했고, 크림 칸국의 영토로도 진격했다. 아마도 이것은 바르 연맹군을 추격하기 위해서였던 것으로 보인다. 오스만튀르크는 이런 공격에 크게 우려를 했고, 이 지역에서 러시아의 영향력이 확대되는 것을 우려한 프랑스는 오스만 제국과 함께 이 사건을 이용해 러시아 제국에 전쟁을 선포했다. 러시아도 이 도전을 받아들였다.

표트르 루만체프 총독은 러시아 제국군 1개 부대와 코자크 부대를 인솔해 몰다비아와 왈라키아를 공격했다. 여러 번의 승리 끝에

(베즈보로드코는 라르가와 카굴 전투에서 큰 공을 세웠다) 러시아군은 이 두 공국과 수도인 야시 그리고 부카레스트를 점령했다. 도나우강 하구의 오스만 요새인, 현재 우크라이나에 속하는 이즈마일과 킬리아도 러시아군이 함락시켰다. 러시아군은 크림 반도를 점령하고 우크라이나 남부 지방 대부분이 러시아 통치 아래 들어갔다. 오스만튀르크는 뒤로 후퇴했다. 지중해에서 러시아 함대는 영국 참모들의 도움을 받아 오스만 함대를 격파했다.

이 전쟁의 결과로 1774년 체결된 쿠추크-카이나리아에 조약은 흑해 지역에서 러시아에게 타격을 준 것처럼 보였다. 러시아군은 다뉴브강 하구의 공국인 몰다비아와 왈라키아에서 철수해야 했고, 러시아 정부는 크림에서도 군대를 철수시켜야 했다. 그 이유는 단순했다. 많은 유럽 강대국들이 이 지역에서 러시아의 영향력이 갑자기 확대되는 것을 경계했기 때문이었다. 그러나 이 조약은 다른 방법으로 러시아 제국에 도움이 되었다. 이 전쟁으로 오스만 세력은 사실상 흑해 북쪽 지역에서 철수했다. 크림 칸국은 이제 독립국가로 선언되었다. 그러나 이것은 한 면만 강조한 설명이었다. 크림 반도는 이스탄불의 영향력에서 자유로워졌지만, 이제 상트페테르부르크에 예속되었다.

크림 반도를 러시아 제국에 공식으로 편입시키는 절차는 1783년 진행되었다. 러시아군이 크림 반도에 진입해 크림 칸을 러시아 중앙지역으로 유형 보냈다. 그 시기에 러시아 외교정책 수립의 핵심 참모가 된 베즈보로드코는 이러한 결과를 만들어내는 데 중요한 역할을 했다. 그는 이른바 그리스 프로젝트도 설계했다. 이것은 오스만 제국을 격파하고, 러시아 통치 아래 새로운 비잔틴을 건설하며, 다뉴브강 연안에는 몰다비아와 왈라키아를 포함한 다키아를 건설하는 것을 목표로 했다. 이러한 프로젝트는 결실은 맺지 못했지만, 그 영향은 러시아 제국 당국이 크림 반도의 소도시에 붙인 그리스식 이름에 남아 있다. 심페로폴, 옙파토리아, 그리고 이 가운데 가장 유명한 세바스토폴이 그러한 이름이다. 세바스토폴에는 크림 반도 합병 2년 후 러시아 해군기지가 건설되었다.

1787년 예카테리나의 크림 반도 방문과 그리스 프로젝트 소문에 놀란 오스만 제국은 흑해 북쪽 해안을 장악하기 위한 새로운 전쟁을 시작했다. 그러나 이번에도 오스만튀르크는 러시아와 오스트리아 연합군에 패했다. 1792년 야시에서 올렉산드르 베즈보로드코가 체결한 강화조약에 의해 러시아는 우크라이나 남부 전체를 장악하게 되었다. 오스만 제국은 크림 반도와 케르치 해협 너머 쿠반 지역을 러시아 영토로 인정했다. 베즈보로드코 펜의 서명으로 러시아 제국은 우크라이나 스텝 경계를 봉쇄해 버렸다. 그러나 문화적 경계는 여전히 남아서 내부적 경계선이 되었다.

스텝 경계를 군사적으로 봉쇄하면서 러시아 제국 정부에 의해 고무되고 관리된 식민정책의 문이 열렸다. 이 지역에서 코자크는 더 이상 필요하지 않게 되었다. 사실 제국 당국은 코자크를 반란, 소요, 이웃국가들과 충돌을 야기하는 세력으로 보았기 때문에 코자크를 완전히 해체하기를 원했다. 러시아 정부가 이런 신념을 다시 한 번 확인하게 된 것은 1773~74년 푸가초프 반란에 러시아 코자크들*이

---

* 코자크를 단일 집단으로 보는 경우가 더러 있는데, 코자크는 10개 이상의 집

참여한 것이 계기가 되었다. 1775년 몰다비아에서 귀환하던 러시아군은 자포리자 시치를 포위하고 코자크를 해산시켰다. 이들 중 일부는 흑해 코자크를 비롯한 새로운 코자크 부대에 편성되었다. 이들은 결국 소요가 많이 일어나는 코카서스에 인접한 쿠반 반도로 이송되었다. 다른 코자크들은 원 근거 지역에 남았지만 더 이상 조직된 세력은 아니었다. 예카테리나의 총신인 그리고리 포템킨은 1787년 여제의 남방 순회여행* 때 코자크들의 정착촌을 보여주었다. '포템킨 마을'(Potemkin village)이라는 표현을 만들어낸 이 과장된 전시는 존재하지 않는 마을을 보여주었다는 의미에서가 아니라, 포템킨의 노력으로 만들어졌다기보다 원래 그곳에 있던 마을을 자신의 작품으로 내세웠다는 의미였다.

남부 우크라이나의 대규모 식민화는 이 지역이 코자크 통치 아래 있을 때 이미 시작되었다. 자포리자 코자크들은 농민 난민들을 이

단으로 나눌 수 있다. 자포리자 코자크는 대표적인 우크라이나 코자크이고, 돈 코자크는 대표적인 러시아 코자크다. 니콜라이 고골의 『타라스 불바』는 자포리자 코자크를 소재로 했고, 미하일 숄로호프의 『고요한 돈강』, 이삭 바벨의 『적군 기병대』는 돈 코자크가 주인공이다. 자포리자 코자크는 폴란드뿐만 아니라 제정 러시아에 여러 번 반기를 들었지만, 돈 코자크는 황실에 충실한 군대가 되어 러시아 내전 때 백군 편에서 싸웠다. 푸가초프 반란에 참여한 코자크는 우랄 산맥 일대를 근거로 하는 야이크 코자크였고, 우랄 산맥을 넘어 시베리아를 개척한 예르마크도 야이크 코자크였다. 흑해 코자크, 아조우 코자크, 다뉴브 코자크는 자포리자 코자크의 후예이고, 쿠반 코자크도 러시아 지역으로 간 자포리자 코자크의 후예다. 러시아 코자크로는 코카서스 산맥 지역의 테레크 코자크, 바이칼 코자크, 시베리아 코자크, 아무르 코자크 등이 있다.

* 예카테리나는 크림 반도 정복 후 1787년 1월부터 7월까지 약 6개월간 남방 순회여행을 했다. 포템킨이 이 여행을 준비했으며, 오스트리아의 황제 요제프 2세와 그녀가 폴란드 왕으로 만든 포냐토우스키도 중간에 합류했다.

관광지로 복원된 자포리자 시치

1775년 몰다비아에서 귀환하던 러시아군은 자포리자 시치를
포위하고 코자크를 해산시켰다. 이들 중 일부는 흑해 코자크를 비롯한
새로운 코자크 부대에 편성되었다. 이들은 결국 소요가 많이 일어나는
코카서스에 인접한 쿠반 반도로 이송되었다. 다른 코자크들은
원 근거 지역에 남았지만 더 이상 조직된 세력은 아니었다.

지역으로 받아들였고, 후에 러시아 정부는 코자크로부터 뺏은 땅에 새로운 정착지를 만들었다. 오스만튀르크 통치 지역에서 온 세르비아인들은 엘리사베트흐라드(현재의 키로보흐라드)와 바흐무트(현재 도네츠크주 아르테밉스크) 북쪽에 정착했다. 두 지역은 각각 새 세르비아(New Serbia)와 슬라브-세르비아(Slavo-Serbia)라고 불렸다. 러시아 요새 방어선이 남쪽으로 이동하며, 러시아-오스만 전쟁의 결과로 새로운 영토를 획득하고, 크림 반도와 자포리자 지역 전체를 합병하면서 이 지역 전체는 새 러시아(New Russia)라고 불리는 새로운 지방의 일부가 되었다. (그 경계는 시간이 지나면서 변했지만, 도네츠강 분지가 포함되었다가 제외되었고, 2014년 우크라이나 분할을 주장하는 러시아 이념가들이 주장한 바와 다르게 자유공동체 우크라이나의 하르키우 지역은 새 러시아의 일부가 된 적이 없었다.) 자포리자 코자크가 장악했던 땅의 중심이 된 새 러시아는 1790년대 국내와 해외로부터 이주의 주 목적지가 되었다.

1789년부터 1790년까지 첫 메논파(Mennonites) 기독교인들이 프로시아에서 이 지역에 도착했다. 의무적 군역을 피하려고 한 이들은 드니프로강 급류 너머인 호르티챠 지역에 정착했다. 프로시아 고향땅을 떠난 더 많은 메논파 신앙동지들(coreligionists)과 독일 개신교도 그리고 중유럽 출신 가톨릭 식민정착자들이 곧 이들과 합류했다. 그러나 가장 많은 '외국인'들은 오스만 제국 여러 지역에서 왔다. 그리스인, 불가리아인, 몰다비아인들이 오스만 제국에서 온 이민자들이었다. 경험이 많은 농민과 장인을 원하고 있던 러시아 제국 당국은 이들의 이민을 장려했고, 정착자들에게 토지, 세금 혜택과 러시아 신민들이 꿈만 꿀 수 있는 여러 혜택을 제공했다.

러시아 제국 엘리트들은 정착자들의 다민족 구성을 제국과 그 통치자의 위대함의 증거로 찬양했다. "몰다비아인, 아르메니아인, 인도인, 그리스인, 흑인 에티오피아인을 막론하고 이 세상에 존재하는 하늘 아래 있는 모든 인종에게 예카테리나는 그들 모두의 어머니다"라고 18세기 말 러시아 시인 V. P. 페트로프가 썼다. 18세기 말 기준으로 전체 주민 수가 대략 50만 명이었던 새 러시아의 남성 인구의 20퍼센트가 '외국인'이었고, 나머지는 동슬라브인이었다. 동슬라브인 중 일부는 러시아의 변경 지방으로 유형당한 구교도였지만, 이들 대부분은 우크라이나 우안 지역이 아닌 다른 지역에서 이주해 온 농민 도망자였다. 제국적 배경과 다민족적 경향에도 불구하고 새 러시아 지방은 인종 구성에서 대체적으로 우크라이나였다.

새 러시아가 대체적으로 우크라이나였지만, 크림 반도를 포함한 타우리다 지방은 압도적으로 크림 타타르인이 주류 민족이었다. 러시아 당국은 크림 반도가 러시아 제국에 포함되는 과정을 부드럽게 진행되도록 최선을 다했다. 당국은 크림의 귀족들에게 러시아 귀족 지위를 부여하고, 칸이 소유했던 농지를 하사했다. 크림 칸국에 제공된 다른 사회적 혜택은 이슬람교의 주도적 지위를 그대로 보존해주었다. 헤트만령과 마찬가지로 크림 칸국의 병합과정은 한 세대 이상의 시간이 걸렸다. 이렇게 신중을 기한 데에는 여러 이유가 있었다. 하나는 외부로의 이주였다. 18세기가 끝나기 전에 10만 명 가까운 크림 칸국 주민이 크림 반도와 흑해 북쪽 스텝 지역을 떠나 오스만 제국으로 이주했다. 이슬람 통치자 밑에서 살고 싶다는 욕구가 이러한 이주를 설명하는 하나의 이유였다. 스텝 전선의 봉쇄로 노예 무역과 전쟁 노획물 획득 기회가 완전히 사라지면서 경제적 이익이 사라진 것도 또 다른 설명이 될 수 있다.

베즈보로드코가 크림 반도와 남부 우크라이나를 국제법적으로 러시아의 소유로 인정한 야시 조약을 서명한 1년 뒤인 1793년 과거 헤트만령 서쪽 지역에서 또 하나의 극적인 사건이 일어났다. 우크라이나를 120년 이상 분할한 드니프로강을 경계로 한 오래된 러시아와 폴란드의 경계가 갑자기 사라진 것이다. 러시아 제국 군대에서 고위 장교직을 맡고 있는 코자크 장교들도 지휘하는 러시아 군대는 드니프로강을 넘어 서쪽으로 진군했다. 이들은 카먀네츠-포딜스키 요새를 포함한 동부 포돌리아와 소도시 지토미르를 포함한 볼히냐 일부 지역을 점령했다. 북쪽에서 러시아군은 벨라루스의 민스크와 슬루츠크시를 점령했다.

드니프로강 경계선을 사라지게 만들고 우크라이나 우안과 좌안을 통일하기를 열망했던 오래된 코자크의 꿈을 실현한 계기는 1772년 진행된 폴란드 1차 분할이었다. 유럽의 세 강대국인 러시아, 오스트리아, 프러시아는 폴란드-리투아니아 대공국의 여러 지역을 서로 나누어 가졌다. 프러시아는 프러시아 중심부와 동프러시아를 연결하는 단치히(그단스크) 지역을 차지했고, 러시아는 동부 벨라루스, 오스트리아는 갈리시아를 획득했다. 러시아의 군사적·정치적 압력에 취약한 폴란드 의회와 이후 국왕을 조종해서 18세기 내내 대공국 전체를 통제했던 러시아는 이 분할로 얻은 것보다 잃은 것이 많았다. 사실상 이것은 러시아 입장에서는 아직 준비되지 않은, 다른 강대국들과의 군사적 충돌을 피하기 위한 것이었다. 1768~74년 러시아-오스만 전쟁에서 러시아가 승리한 것에 경계심을 품은 오스트리아는 오스만 제국 편에 서서 러시아를 위협했다. 1차 분할에 동의함으로써 러시아는 사실상 오스트리아로 하여금 오스만-러시아 충돌에 관여하지 않도록 회유를 한 셈이었다.

오스트리아는 이 미끼를 물었다. 오스트리아는 현재의 브로츠와프(브레슬라우)가 중심인 실레지아 지역을 원했지만 대신에 갈리시아를 할양받았다. 오스트리아(합스부르크)의 마리아 테레사 여제는 '분할'이라는 말을 혐오했다. 그녀가 보기에 이 용어는 3국이 진행하는 작업의 불법성을 강조하기 때문에 그녀는 영토 획득에 대한 역사적 정당성을 찾았다. 그녀는 헝가리 왕들이 중세 갈리시아-볼히냐에 대한 역사적 영유권 주장에서 그것을 찾았다. 그래서 새로 획득한 지역은 갈리시아와 로도메리아 왕국이라는 명칭을 갖게 되었다. 오스트리아인들은 자신들이 만들어낸 갈리시아-볼히냐 연고권을 아주 심각하게 받아들였다. 1774년 갈리시아 공후들의 부코비나 관할권을 근거로 합스부르크 제국은 몰다비아로부터 이 지역을 빼앗았다. 트란스카르파티아 전 지역(오늘날 우크라이나에서 가장 서부지역)은 1699년 이래 빈의 통제 아래 있었기 때문에 합스부르크 왕가는 앞으로 우크라이나 되는 세 지역을 자국 통치 지역으로 통일했고, 이러한 변화는 현대 우크라이나와 동유럽 전반에 큰 의미를 갖게 된다.

1차 폴란드 분할은 우크라이나 땅을 러시아 제국에 추가하지는 않았다. 새로 획득한 땅은 모두 벨라루스와 리투아니아 지역이었다. 그러나 바르샤바에서 일어난 사건들로 촉발된 1793년 2차 폴란드 분할에서는 상황이 바뀌었다. 1791년 5월 폴란드 의회 의원들은 새로운 헌법을 채택해 폴란드-리투아니아 대공국이 제 발로 설 수 있는 가능성을 열었다. 계몽사상과 프랑스 혁명의 영향을 받은 새 헌법은 권력의 중앙화와 양호통치(good governance) 그리고 교육 증진을 목표로 삼았다. 폴란드를 분할하는 국가들이 보기에 더 중요한 것은 이 헌법이 국왕의 권위를 강화하고 의회에서 유명한, 아니 악명 높은 비토권(liberum veto) 행사를 통한 만장일치 제도를 철폐해 폴란드 정부가 작동하도록 만든 것이었다.

1차 분할의 충격에도 불구하고 폴란드는 귀족집단 사이의 내부 투쟁을 일소하고 유럽 중심부에 강력한 국가로 재부상하는 것처럼 보였다. 이것을 막기 위해 프러시아와 오스트리아는 더 많은 폴란드 영토를 획득했다. 러시아도 비토권을 비롯한 과거 폴란드의 권리와 자유를 보호한다는 명목으로 같은 행동을 했다. 우크라이나의 드니프로강 경계선은 사라져야 했다. 새로운 경계선은 볼히냐와 포돌리아에 만들어졌다. 러시아 제국이 국경을 오스트리아령 갈리시아 동부 경계까지 전진시킨 결과 합스부르크 왕가와 로마노프 왕가는 이웃이 되었다. 마리아 테레사 여제와 마찬가지로 예카테리나 여제도 정통성에 신경을 썼다. 폴란드 2차 분할 후 러시아 제국 당국은 새 경계선과 "나는 떨어져 나간 땅을 복원했다"라는 글귀가 새겨진 새 메달을 발행했다. 이 글귀는 키이우 루스에 한때 속했던 땅을 지칭한 것이었다.

러시아 국경은 얼마 안 있어 좀더 서쪽으로 이동했다. 이것은 키이우 루스의 지도를 재조사한 것과 아무런 상관이 없고, 2차 분할로 폴란드 내에서 일어난 반란으로 촉발되었다. 벨라루스 출신으로 바르 연맹 반란 참가자이자 미국 독립전쟁에도 참전했던 타데우슈 코시키우스코가 이 봉기를 이끌었다. 그는 미국 독립전쟁 중 웨스터포

인트에 요새를 건설하고 대륙의회(Constitutional Congress)에 의해 여단장 지위까지 진급했다. 1784년 그는 폴란드로 돌아와서 폴란드군의 소장으로 복무했다. 1794년 그는 크라코우에서 봉기를 일으켜 폴란드군 전체를 지휘했다. 분할 당사자인 러시아, 프러시아, 오스트리아 모두 반란을 진압하기 위해 폴란드 국경 내로 군대를 파견했다. 그 결과는 폴란드 국가의 완전한 파괴로 귀결되었다.

계몽 폭군들은 1차 분할 후 남아 있던 지역도 모두 분할했다. 오스트리아는 볼히냐(로도메리아) 영유권을 놓고 러시아와 경쟁했지만 이에 패배하고 대신에 크라코우가 포함된 폴란드 지역을 차지했다. 이러한 영토 획득을 정당성 있게 만들기 위해 오스트리아는 이 영토를 갈리시아의 일부로 다루었다. 프러시아는 발트해 남부 지역으로 영토를 확장하며 바르샤바까지 이르는 지역을 차지했다. 그러나 가장 큰 혜택을 본 것은 러시아였다. 러시아가 획득한 땅은 발트 지방, 리투아니아, 서부 벨라루스, 그리고 우크라이나 내에서는 리우네시와 루츠크시가 포함된 볼히냐였다.

일부 학자들은 폴란드 분할을 우크라이나의 재통합으로 보고 있는데, 이것은 소련 시기 역사학이 취한 노선이었다. 그러나 폴란드 분할은 실제로는 우크라이나 일부 지역의 통합을 가져왔지만, 기타 지역의 분리 또는 분할을 가져왔다. 폴란드 분할 전에는 폴란드-리투아니아 대공국과 러시아 제국이 우크라이나 땅 대부분을 분할했다면, 분할 후에는 러시아 제국과 합스부르크 제국이 이 땅을 나누어 가졌다. 우크라이나 땅을 기준으로 보면 러시아는 소액 주주에서 '대주주'가 되어 우크라이나 민족 지역 대부분을 장악했다. 폴란드 분할의 결과로 러시아 제국 내 우크라이나인 비율은 13퍼센트에서

22퍼센트로 늘어났고, 러시아인이 차지하는 비율은 73퍼센트에서 50퍼센트로 줄어들었다. 새로 획득한 우크라이나 땅 주민 중 10퍼센트 이상은 유대인이었고, 약 5퍼센트는 폴란드인이나 폴란드화된 가톨릭교도였다. 이것은 러시아 제국 당국이 우크라이나 남부 지역에서 장려한 것과 대등하거나 인종적으로 더 심한 구성이었다. 그러나 새로운 폴란드인, 유대인, 그리고 우크라이나인들(당시 용어로는 소러시아인)의 제국에 대한 충성은 당연한 것이 아니었다. 다민족적 주민은 이 지역에 새로 이주해 온 사람들이 아니었고, 이들에 대한 통치권을 주장하는 국가가 이 지역에 새로운 존재였다. 새 국가는 새 신민의 일부를 포용했지만, 그렇지 않은 부분도 있었다. 이미 1791년에 제국 정부는 유대인 주거 허가제도(Pale of Settlement)를 실시해 유대인들이 거주할 수 있는 지역을 과거 폴란드-리투아니아 대공국 지역으로 제한했고, 이후 새로 획득한 남부 지역을 여기에 추가했다. 우크라이나 땅 대부분은 유대인 주거 허가 지역이 되었다.

18세기 후반 우크라이나 전선의 획기적 이동을 가져온 협상을 이끈 핵심 인물은 다른 사람이 아닌 '코자크 왕자'인 올렉산드르 베즈보로드코였다. 우리는 그가 상트페테르부르크에서 스스로 조국이라고 부른 코자크 고향에 대한 충성스러운 애국자로 남았다는 것을 알고 있다. 그는 코자크 연대기 발간을 도왔고, 스스로 1734년 헤트만 다닐로 아포스톨 죽음부터 1768년 러시아-오스만 전쟁 시작 시기까지의 헤트만령 역사를 썼다. 그러나 우리는 그가 크림 반도를 병합하자고 제안하고, 흑해 북부 지역을 대상으로 한 야시에서의 협상, 그리고 마지막으로 폴란드의 분할을 놓고 오스트리아인과 프러시아인과 협상을 진행할 때 베즈보로드코가 자신의 '소러시아' 양육의 영향과 정체성을 느꼈는지에 대해서는 알지 못한다. 그가 크림반도와 폴란드를 유럽 지도에서 지운 시점에 그 자신의 조국인 우크라이나도 더 이상 지도 위에 존재하지 않았다. 18세기는 단지 계몽과 이성의 시대만이 아니었다. 다른 무엇보다는 이 시기는 제국의 시대였다.

제14장 탄생의 책

우크라이나 국가(國歌)는 "우크라이나는 아직 사라지지 않았다" 라는 가사로 시작한다. 이것은 노래로서는 결코 낙관적인 시작이 아니다. 그러나 우크라이나 국가만이 첫 가사가 낙관주의를 불러일으키지 않는 유일한 국가는 아니다. 폴란드 국가도 이와 유사한 가사로 시작한다. "폴란드는 아직 사라지지 않았다." 폴란드 국가 가사는 1797년 만들어졌고, 우크라이나 국가는 1862년 만들어졌기 때문에 어느 가사가 어느 가사에 영향을 미쳤는지는 분명하다. 그러나 왜 이런 비관주의가 표현되었는가? 폴란드와 우크라이나 두 경우 모두 국가의 절멸은 18세기 말의 경험에서 나온 것이다. 폴란드는 3차의 분할, 그리고 우크라이나는 헤트만령의 완전한 철폐가 그 사건이었다.

다른 많은 국가와 마찬가지로 폴란드 국가는 원래 후에 프랑스 황제가 되는 나폴레옹 보나파르트 지휘 아래 들어간 폴란드 부대의 행진곡이었다. 이 노래의 원 제목은 당시 폴란드군 지휘관이었던 얀 헨리크 동브로우스키에서 이름을 따온 '동브로우스키 마주르카' (Dąbrowski mazurka)였다. 사령관을 포함한 폴란드 의용군의 상당수는 코쉬우스코 반란 참가자였고, 이 가사는 분할국에 의해 국가가 파괴된 후 이들의 사기를 높여주는 역할을 했다. 이 노래의 두 번째 줄 가사는 "우리가 살아 있는 한" 폴란드는 사라지지 않을 것이라는 것을 강조하고 있다. 민족을 국가가 아닌 스스로를 그 민족의 일원이라고 생각하는 사람들과 연계시킴으로써 폴란드 국가는 폴란드뿐만 아니라 다른 국가 없는 민족의 구성원들에게 희망을 주었다. 젊은 폴란드와 우크라이나 애국자 세대는 전 세기에 일어난 재앙이 자신들 민족에 대한 최종 평결로 받아들이는 것을 거부했다. 폴란드 활동가와 우크라이나 활동가 모두 영토적 국가보다는 시민적 애국자들로 구성된 민주적 정치체(polity)로서 민족을 이해하는 사상을 발전시켰다.

1800년대 첫 10년 동안 나폴레옹과 그의 병사들은 민족과 민중주권(popular sovereignty)이라는 아이디어를 자신들의 노래와 무력으로 유럽 나머지 지역에 전파했다. 1807년 폴란드 의용군의 꿈은 현실로 한 걸음 다가섰다. 프러시아를 격파한 나폴레옹은 폴란드 분할 중 프러시아가 차지한 영토를 잘라내서 바르샤바 공국(Duchy of Warsaw)을 창설했다. 폴란드인들에게 이것은 자신들의 조국을 재건할 수 있다는 가슴 떨리는 가능성을 제공해 주었다. 1812년 나폴레옹이 러시아 제국을 침공한 후 러시아 지배 아래 있던 폴란드인들은 자신들의 해방자로 여긴 프랑스 침공군을 지원하고 나섰다. 당시 가장 유명한 폴란드 시인인 아담 미츠케비치는 오늘날 벨라루스 지역으로 진군하는 프랑스군에 대한 폴란드 귀족들의 흥분을 자신의 서사시 『타데우스』(Sir Thaddeus)에 표현했다. 이 시는 오늘날 모든 폴란드 학교에서 의무적으로 암송하는 시가 되었다. "영광은 이미 우리

것이다. 그래서 우리는 곧 우리의 공화국을 되찾을 것이다"라고 한 폴란드 주인공이 말을 한다.

1815년 빌니우스 대학에 입학한 15세의 미츠케비치는 자신의 이름을 아담 나폴레옹 미츠케비치로 바꾸었다. 그 시점에 '우리 공화국을 되찾는' 폴란드인들의 희망은 무너진 상태였다. 나폴레옹, 동브로우스키와 이들의 프랑스군과 폴란드군은 러시아에서 패배한 채 후퇴했다. 1년이 조금 지난 후 러시아군이 파리를 점령했고, 나폴레옹은 엘바섬에 유배되었다. 그러나 모든 것이 헛된 일은 아니었다. 나폴레옹 이후 유럽 질서를 결정지은 빈 회의(1814~15)는 폴란드를 유럽 지도에 다시 올려놓았다. 나폴레옹이 만든 바르샤바 공국의 폐허 위에 전에 오스트리아가 점령한 지역을 일부 추가해 빈 회의는 폴란드 왕국를 만들었다. 이 왕국은 강력한 이웃국가인 러시아 제국과 같은 통치자를 갖게 되었고, 러시아에서는 이 국가를 왕국이 아니라 차르국(tsardom)이라고 불렀다. 차르 알렉산드르 1세는 새 왕국에 자치를 허용하고 제국의 다른 지역이 누리지 못한 특권을 부여했다.

제국적 통합과 행정, 법적 관습의 표준화를 포함한 이성의 시대였던 예카테리나 시대는 이제 종결되었다. 특별한 조정의 시대가 되돌아왔다. 특권을 상실한 사람들은 폴란드인들을 부러운 시선으로 바라보았다. 여기에는 과거 헤트만령 엘리트들도 포함되었다. 그러나 근대 폴란드 민족주의가 나폴레옹의 비호 아래 성장한 반면, 우크라이나 민족주의는 반나폴레옹을 기치로 첫 발을 떼었다. 나폴레옹 전쟁 기간 동안 러시아 제국적 잡지들은 러시아어가 아니라 우크라이나어로 쓰인 시를 실었다. 이런 시 중 하나는 1807년 "아! 이제 충분히 차지하지 않았는가, 너 사악한 악당 보나파르트여?"라는 제목으로 게재되었다. 여러 방식으로 나폴레옹은 지역적 애국주의와 애국적 감정을 깨웠다. 폴란드인들, 독일인들, 러시아인들은 이것을 자신들의 모국어로 표현했고, 일부 우크라이나인들은 이것을 자신들의 언어로 표현할 수 있다고 생각했다. 유럽 나머지 지역과 마찬가지로 우크라이나에서는 언어와 민속, 문학, 그리고 가장 중요한 역사가 근대 민족 정체성의 주춧돌이 되었다.

손에 무기를 들고 나폴레옹에 대적해 싸우기로 준비한 사람 중에는 근대 우크라이나 문학의 창시자인 이반 코틀랴렙스키도 있었다. 과거 헤트만령 폴타바 지방 출신인 그는 전쟁에 참여하기 위해 코자크 부대에 가담했다. 하급 관리의 아들로 태어난 코틀랴렙스키는 신학교에서 공부한 다음 귀족 자제의 가정교사로 일했고, 러시아 제국 군대에서 복무하며 1806~12년 러시아-오스만 전쟁에 참전했다. 1798년 군에서 복무하던 중 그는 베르길리우스(Vergilius)의 『아이네이스』(*Aeneis*)의 모방작인 『에네이다』(*Eneïda*)를 썼다. 이 작품의 주인공들은 그리스인이 아니라 자포리자 코자크들이었다. 진정한 자포리자 코자크들에게 기대할 수 있는 바와 같이 이들은 우크라이나어 구어를 사용했다. 이 시를 위한 언어 선택은 후에 되돌아볼 때만 논리가 성립했다. 18세기 말 우크라이나에서 코틀랴렙스키는 구어로 주요한 시작품을 쓴 선구자였다.

그는 왜 그렇게 했는가? 우리는 그가 어떤 종류라도 정치적 선언문을 만들려고 시도했다는 흔적을 찾을 수 없다. 사실 그가 모방작의 문체로 구어를 택한 것은 그가 이 작품을 진지하게 재창조하기보

근대 우크라이나 문학의 창시자 이반 코틀랴렙스키
1798년 군복무 중이던 코틀랴렙스키는 베르길리우스의
『아이네이스』를 모방해 『에네이다』를 썼다. 이 작품의 주인공들은
그리스인이 아니라 자포리자 코자크들이었다.

다는 주제와 언어의 유희를 하려고 했다는 것을 보여준다. 코틀랴렙스키는 분명히 문학적 재능을 보유하고 있었고, 시대정신(zeitgeist)에 대한 탁월한 감각을 가지고 있었다. 19세기 말 유럽 곳곳의 지식인들은 민족을 국민에게 투사된 주권을 가진 정치체로뿐만 아니라, 민족적 부흥에 의해 잠에서 깨어나야 할 미인이나 마찬가지인 문화적 단일체로 상상하고 있었다. 독일에서 요한 고트프리트 헤르더는 민족에 대한 자기 인식의 바탕을 언어와 문화에 두고 있었다. 서유럽과 중유럽의 다른 국가들에서도 이와 마찬가지로 후에 민속수집가(folklorists)라고 알려진 열성적인 운동가들은 민중들의 이야기와 노래를 수집하거나, '마땅한' 모델이 없을 때는 이를 만들었다. 영국에서는 고대 음유시인 오시안을 '발견한 사람'인 제임스 맥퍼슨이 아일랜드의 민요를 스코틀랜드의 민족적 신화로 전환시키는 데 성공했다.

코틀랴렙스키는 이전 시대 러시아의 제국 문학을 지배했던 교회 슬라브어의 외양이 무너지고 분해되면서 구어에 바탕을 둔 문학이 다양한 방법으로 민중 영역으로 들어올 때 『에네이다』의 첫 부분을 썼다. 러시아는 알렉산드르 푸쉬킨이라는 진정으로 위대한 첫 시인을 찾아냈고, 우크라이나는 코틀랴렙스키라는 시인을 찾아냈다. 우크라이나어를 사용한 원래 동기가 무엇이었던가를 떠나서 코틀랴렙스키는 자신의 선택을 후회하지 않았다. 『에네이다』는 다섯 부분이 더 출간되었다. 그는 또한 우크라이나어로 쓰인 최초의 희곡 「나탈카-폴타우카」(폴타바 출신의 나탈카라는 의미)의 저자였다. 이것은 폴타바 지역 시골마을의 사랑 이야기가 주제였다. 코틀랴렙스키 고향인 과거 헤트만령 폴타바의 언어는 동쪽으로는 드니프로강에서 돈강에 이르는 지역, 서쪽으로는 카르파티아 산맥에 이르기까지 수많은 우크라이나 방언 화자들의 표준 우크라이나어 기반이 되었다. 코틀랴렙스키와 함께 새로운 문학이 탄생한 것이다. 1818년 올렉시 파블롭스키가 쓴 『소러시아 방언 문법』(*Grammar of the Little Russian Dialect*)이 출간되면서 우크라이나어는 첫 문법책을 갖게 되었다. 1년 후 미콜라(니콜라이) 체르텔레우가 집대성한 우크라이나 민요 모음집이 출간되었다.

코틀랴렙스키와 그의 작품들은 문학사에서 수십 명 또는 수백 명의 재능 있는 작가들의 작품에 파묻혀 단순한 호기심을 채우기 위해 각주에 자리를 차지했을 수도 있다. 이 모든 작가들이 우크라이나어로 작품을 쓰지는 않았지만, 이들 대부분은 민요와 전통에 대한 19세기 초의 환상을 공유하고, 계몽사상의 합리주의보다는 감정에 중점을 둔 낭만주의자들이었다. 우크라이나 낭만주의가 태동한 곳은 하르키우시였다. 이곳에 1805년 제국 정부는 대학을 설립했고, 제국 전역에서 교수들을 모집했다. 당시 교수가 된다는 것은 지역 역사와 민속에 관심을 갖는다는 것을 의미했고, 하르키우는 이런 전통을 풍부하게 보유하고 있었다. 하르키우는 자유공동체 우크라이나의 행정, 문화 중심지였고, 우크라이나 코자크들과 보흐단 흐멜니츠키 봉기 때 드니프로 우크라이나에서 도망친 농민들이 정착한 곳이었다. 18세기 말과 19세기 초 이 땅은 '우크라이나'라고 불렸다. 이런 배경에서 1816년 처음 발간된 문학잡지(almanac)가 『우크라이나 소식』이라고 불리게 된 것은 놀라운 일이 아니다. 이 잡지는 러시아어로 발간되기는 했지만, 우크라이나어로 쓰인 작품도 실었고, 저자 중 상당수는 우크라이나 역사, 문화와 관련된 주제들을 토론했다.

이미 코틀랴렙스키의『에네이다』가 보여준 것처럼 코자크의 과거가 낭만주의 문학작품의 관심거리가 된 것은 하르키우 낭만주의자들이 가장 영향력이 큰 우크라이나 역사서인『루스의 역사』(*Istoriia rusov*)를 기꺼이 수용해 대중화한 것으로 다시 한 번 증명되었다. 코자크 역사책인 이 저술의 저자로는 18세기 정교회 대주교였던 헤오르히 코니스키를 지목하지만, 실제 저자는 과거 헤트만령 스타로두프 지역의 코자크 장교 후손일 것으로 추정된다. 누가 되었건 이『루스의 역사』를 쓴 저자는 코자크 장교와 러시아 귀족 간의 불평등에 불만이 많았고, 좀더 넓은 관점에서는 소러시아와 대러시아 사이의 불평등에 대해 논했다. 이것은 18세기 코자크 관련 저술의 오랜 주제처럼 보이지만, 지금은 낭만주의 시대의 감각에 맞는 방법으로 이 주제가 제시되었다.

『루스의 역사』는 코자크를 별도의 민족으로 묘사하고, 우크라이나 헤트만의 영웅적 행위, 이들이 벌인 전투, 적군의 손에 당한 죽음을 묘사하며 코자크 과거를 찬양했다. 이들의 적과 이야기 속의 악당들은 일반적으로 다른 민족인 폴란드인, 유대인, 러시아인으로 그려졌다.『루스의 역사』는 러시아 제국 곳곳의 낭만주의 작가와 시인들의 상상력에 불을 붙였다. 상트페테르부르크에서는 콘드라티 릴레예프, 알렉산드르 푸쉬킨, 니콜라이 고골이 그러한 예였으며, 하르키우에서 신비에 싸인 텍스트를 널리 알린 인물은 하르키우 대학 교수인 이즈마일 스레즈녑스키였다. 그 앞의 맥퍼슨과 마찬가지로 그는 자신의 전통 문화를 만들지는 않았다. 그러나 맥퍼슨이 아일랜드 신화를 이 목적으로 이용한 데 반해, 스레즈녑스키는『루스의 역사』

에서 영감을 찾았다. 1830년대와 1840년대 과거 헤트만령에서 크게 인기를 끈 이 저작은 근대 우크라이나 민족 창조에 아주 중요한 발걸음을 내딛게 해주었다. 이 저작은 코자크의 사회질서 역사를 새로 부상하는 민족 공동체에 대한 설명으로 전환시켰다.

과거 헤트만령은 주요 역사 신화, 문화 전통, 언어를 근대 우크라이나 민족의 주춧돌로 만들었다. 이것은 민족주의의 설계자들도 만들었다.『에네이다』작가인 이반 코틀랴렙스키와 첫 우크라이나 민요집 편찬자인 미콜라 체르텔레우, 첫 우크라이나 문법서 작가인 올렉시 파블롭스키 모두 헤트만령 출신이었다. 우크라이나 민족건설 초기에 헤트만 엘리트들이 이렇게 눈에 띄고 또한 주도적 역할을 한 이유는 아주 간단하다. 19세기 우크라이나 지역에서 과거 코자크 국가 영토는 지주계급 엘리트들이 지역 주민들과 문화를 공유한 유일한 지역이었다. 가톨릭교도인 폴란드인과 폴란드화한 우크라이나 귀족들은 오스트리아령 갈리시아와 러시아령 볼히냐, 포돌리아, 우안 우크라이나 지역의 정치, 문화에서 지배적 역할을 했다. 예카테리나 여제 시기 식민화된 남부 스텝 지역에서 지배 엘리트는 인종적이거나 문화적인 러시아인이었다. 과거 헤트만령의 코자크 민족의 후예들은 거의 자연스럽게 새로운 민족을 위한 전투의 최전선에 서게 되었다. 코자크들의 땅이 이 민족에게 언어뿐만 아니라 그 명칭인 우크라이나도 주게 된 것은 놀라운 일이 아니다.

학자들이 전통유산 수집이라고 부르는 근대 우크라이나 민족건설의 시작은 나폴레옹 전쟁 기간과 그 직후에 시작되었다. 1830년 폴란드 봉기는 다음 단계에 영향을 미쳐 발아하는 민족운동의 정치적 프로그램 형성으로 이어졌다.

1830년 폴란드 봉기는 오랜 기간 준비되어 왔다. 1814~15년 빈 회의의 결정에 따라 자신의 러시아 황제 칭호에 폴란드의 차르라는 칭호를 추가한 자유주의적 러시아 통치자 알렉산드르 1세는 새로 소유하게 된 폴란드 왕국에 유럽에서 가장 자유주의적인 헌법을 마련해 주었다. 그러나 차르는 이름만 황제가 아님을 곧 보여주었다. 유럽 열강들이 폴란드 왕국에 대한 그의 종주권을 인정한 직후 알렉산드르의 자유주의는 곧 막다른 곳에 다다르게 되었다. 폴란드의 그의 신하들은 종종 폴란드 의회를 무시하고, 언론 자유를 축소하며, 차르가 원래 부여했던 다른 자유들을 무시했다. 이에 불만을 품은 젊은 폴란드인들이 비밀조직을 결성하자 제국 경찰은 이들을 탄압하기 시작했다.

이 상황은 1825년 데카브리스트 반란 후 더 악화되었다. 그해 12월 일부는 코자크 장교의 후손인 러시아 장교들이 입헌제 채택을 요구하며 병사들을 이끌고 반란을 일으켰다. 반란은 곧 진압되었고, 니콜라이 1세의 30년간 보수적 통치가 시작되었다. 1830년 11월 젊은 폴란드 장교들이 일으킨 반란은 곧 대규모 봉기가 되어 폴란드 왕국 전체를 삼켰을 뿐 아니라 오늘날 리투아니아, 벨라루스, 우크라이나인 과거 폴란드 영토로 확산되었다. 폴란드 군대가 볼히냐로 파견되었고, 폴란드 귀족들은 볼히냐, 포돌리아, 우안 우크라이나 지역에서 봉기를 일으켰다. 이들은 우크라이나 농민들도 봉기에 가담하도록 선동했고, 때로는 농노제로부터 해방을 약속하기도 했다. 러시아 제국은 우월한 군사력을 동원해 이 봉기를 진압했다. 아담 미츠케비치를 포함한 봉기 지도자들과 참가자들, 지지자들은 폴란드에서 도망쳐서 대부분 프랑스로 갔다. 운이 나쁜 사람들은 러시아 감옥에 수감되거나 유형에 처해졌다.

11월 봉기는 폴란드 애국주의와 민족주의를 동원했을 뿐만 아니라 러시아 측에서 강한 민족주의적 반동을 촉발시켰다. 나폴레옹 전쟁 기간 중 분명한 반프랑스 경향을 띤 러시아의 제국적 애국주의는 이제 격렬한 반폴란드 성향을 보였다. 알렉산드르 푸쉬킨 같은 영향력을 지닌 사람들이 폴란드 반군과 프랑스 지원자들에 대한 이념적 공격을 이끌었다. 푸쉬킨은 「러시아의 비방자들에게」라는 시에서 폴란드 목표를 옹호하는 프랑스인들은 러시아-폴란드 분쟁을 슬라브인들에게 맡기라고 촉구했다. 폴란드 봉기에서 푸쉬킨은 폴란드 왕국을 훨씬 넘어서는 러시아 소유 영토에 대한 위협을 보았다. 그가 보기에 이것은 우크라이나에 대한 경쟁이기도 했다. 러시아가 반란을 일으킨 바르샤바를 점령하자 푸쉬킨은 다음과 같이 썼다.

우리는 요새 선을 어디로 옮길 것인가?
부흐강 너머, 보르스클라까지, 드니프로강 하구까지?
볼히냐는 누구 것이 될 것인가?
보흐단(흐멜니츠키)의 유산은 누구의 것이 될 것인가?
반란의 권리를 인정하면
리투아니아는 우리의 지배를 일축할 것인가?
그리고 쇠락하고 황금 돔을 가진 키이우는?
러시아 도시들의 이 조상은
무모한 바르샤바와 함께
시성된 무덤에 결합할 것인가?

11월 봉기 중 푸쉬킨은 '소러시아' 역사를 쓸 생각까지 했다.

우크라이나와 기타 과거 폴란드의 영토를 서방, 특히 폴란드의 영향으로부터 방어하는 것은 봉기 이후 수십 년 동안 이 지역에서 러시아 정책의 핵심 목표가 되었다. 로마노프 왕가의 제국은 이제 '토착화하고' 러시아 애국주의와 발아하는 민족주의를 이용해 획득한 영토를 방어할 준비가 되었다. 이 시점에 제국 교육장관인 세르게이 우바로프는 새로운 러시아 제국적 정체성을 구성했다. 그것은 전제정(autocracy), 정교회, 민족(nationality)이었다. 우바로프의 세 요소 중 처음 두 요소는 제국 러시아 이념의 전통적 표지였다면 세 번째는 새로 부상하는 민족주의의 시대에 대한 양보였다. 우바로프의 '민족'은 일반적 의미가 아니라 러시아 민족을 의미했다. 그는 세 가지 원칙이 "러시아의 구별되는 성격을 형성하고 오직 러시아에만 속한다"고 주장했다. 이것들은 "러시아 민족의 성스러운 흔적으로서 하나로 모인다"라고 썼다. 이 민족은 러시아인, 우크라이나인, 벨라루스인들 포함했다.

역사가들은 우바로프가 3요소의 정확한 의미에 대해 아직도 논쟁을 하고 있지만, 그 분명하고 단순한 구조는 1830년대 이후 서부 국경 지역에서 제국정책에 대한 논의에 견고한 틀을 제공했다. 로마노프 왕가의 이상적인 신민은 제국에 충성할 뿐만 아니라(이것은 이성의 시대에 고난을 겪었다), 러시아인이고 정교도여야 했다. 폴란드에서 발생한 11월 봉기는 우크라이나 농민들의 제국에 대한 충성에 의문을 제기했다. 제국 당국이 보기에 농민들은 분명히 러시아인이기는 하지만 종종 정교도가 아니기도 했다. 새로 획득한 영토의 대부분 농민들은 여전히 연합교회 교인이었다. 그래서 제국에 대한 충성을 확보하고 차르에 대한 이상적인 신민을 만들기 위해서 당국은 연합교회 신도들을 정교도로 개종해 가톨릭 귀족과 연합교회 교인인 농민들 사이의 종교적 연대를 파괴해야 했다. 이 목표를 달성하기 위해 사용된 전술은 브레스트 연합을 뒤집는 것이었다. 연합교회 신도들을 개별적으로 개종시키는 대신에 러시아 정부와 연합교회 사제 중에 정부 지지자들은 교회 전체를 정교회로 전환했다. 이것은 16세기 말과 18세기 초에 폴란드 당국이 연합교회에 한 일과 대동소이했다.

1839년 러시아 정부 후원으로 열린 연합교회 평의회는 연합교회와 러시아 정교회의 '재통합'을 선언하고, 차르의 축복을 요청했다. 황제는 이 요청을 승인하고 역통합에 대항하는 새로운 반란이 일어나는 것을 막기 위해 이 지역에 군대를 파견했다. 우크라이나와 벨라루스의 1,600개 이상의 연합교회 교구와 150만 명 이상의 교인들이 하룻밤 사이에 정교회로 '돌아왔다'. 벨라루스, 볼히냐, 포돌리아와 우크라이나 우안의 상당 지역에서 정교회와 민족은 전제정에 봉사하기 위해 같이 동원되었다. 이것은 과거 연합교회 교인들을 '정교도화하는' 긴 과정의 시작이었고, 문화적 러시아화가 그 뒤를 이었다. 정교회 신학교는 러시아어를 교육언어로 사용하고 있었기 때문에 정교회의 지적 엘리트들은 연합교회 가톨릭에서 정교회로 개종했을 뿐만 아니라 우크라이나나 루테니아 민족에서 러시아 민족으로 민족 소속이 바뀌었다.

그러나 폴란드 봉기로 위협을 받은 영토의 세속 엘리트들이 '가슴과 마음'을 얻기 위한 전투는 훨씬 복잡하고 어려웠다. 처음에 러시아 제국은 늘 사용하던 전술을 썼다. 폴란드 귀족의 법적 지위와 토지 소유 권한을 전혀 손상하지 않은 채 제국 귀족제도에 통합하는 것이었다. 알렉산드르 1세는 자신의 자유주의적 개혁을 촉진하는 데 폴란드 귀족들과 지식인들을 이용했다. 특히 쓸모가 많았던 것은 교육 분야에서 폴란드인들의 기여였다. 폴란드는 1795년 이웃국가들에 의해 나라가 없어질 때까지 교육 분야에서 상당한 진보를 이루었다.

폴란드 귀족 가문의 후손인 아담 제르지 차르토리스키는 러시아 제국의 우크라이나 지방에 새로운 교육제도를 설립하는 데 핵심 역할을 했다. 1800년대 첫 10년 동안 그는 알렉산드르 1세의 자문관으로 일했고, 몇 년간 러시아 외교정책의 사실상 수장 역할을 했다. 알렉산드르 1세는 차르토리스키를 빌니우스 대학 중심이 된 빌니우스 교육구 책임자로 임명했다. 이 교육구는 서부 우크라이나 지역의 상당 부분을 관할했다. 또 다른 폴란드 귀족인 세베린 포토츠키는 하르키우 대학 중심이 된 하르키우 교육구를 맡아서 우크라이나 나머지 지역을 관할했다. 두 대학의 설립과 이 지역에서 공공 학교제도의 발전은 이 개혁의 주요 성취였다. 이러한 교육개혁은 러시아의 첫 교육장관인 키이우 모힐라 신학교 졸업생인 페트로 자바돕스키가 감독했다.

19세기 초 상트페테르부르크에 민족정책이 있었다면, 그것은 러시아인(우크라이나인을 포함한 것으로 간주됨)과 폴란드인의 슬라브적 통합이라는 사상에 기초하고 있었다. 이것은 11월 봉기로 변했다. 1823년까지 빌니우스 교육구를 맡고 있었던 아담 차르토리스키는 1830년 12월 폴란드 혁명정부의 지도자가 되었다. 후에 그는 파리의 램버르 호텔에서 봉기에 참여했던 폴란드인들의 서방 이주를 의미하는 '대이주'(Great Migration) 활동을 이끌었다. 러시아 귀족과 폴란드 가톨릭 귀족 사이의 연대는 끝났다. 폴란드인의 참여와 충성에 기초한 교육의 발전도 끝났다. 러시아 정부는 11월 봉기 지도자들이 제기한 문화전쟁의 도전을 받아들이고, 우크라이나와 과거 폴란드 영역이었던 지역의 러시아화를 위한 조치를 취했다. 우바로프는 국경 지역에서 영향력이 큰 폴란드 문화에 대한 균형추로 러시아어 교육과 문화를 발전시키는 데 큰 노력을 기울였다.

일정 기간 동안 등록학생 수에서 옥스퍼드 대학과 경쟁을 벌였던 빌니우스 대학은 1832년 폐쇄되었다. 러시아 정부는 폴란드 민족주의의 온상이 된 학교에 대해 더 이상 인내를 발휘할 수 없었다. 이 지역에서 폴란드인들이 운영하는 교육기관들도 폐쇄되었고, 여기에는 볼히냐의 크레먀네츠시에 있는 리체움도 포함되었다. 정부는 이 리체움의 장서가 많은 도서관, 조각상 모음, 식물원의 나무와 관목들은 키이우로 옮겼다. 키이우에서는 빌니우스 대학을 대체할 새로운 대학이 1834년 설립되었다. 이 대학에서 폴란드어 사용은 금지되었고, 러시아어가 유일한 교육언어였다. 새 대학은 공식 역사학에 따르면 첫 정교도 군주이고 러시아인인 볼로디미르(블라디미르) 대공의 이름을 땄다.

제국 당국은 주민이 불과 3만 5,000명에 불과하고, 푸쉬킨이 바르샤바와 비교해서 "쇠락했다"고 말한 키이우를 러시아 제국과 유럽 문화 전선의 러시아성(Russianness)의 요새로 전환했다. 당국은 당시의 제국적 취향에 맞추어 정교회 교회를 재건하고 유대인이 도시에 들어오는 것을 금지했다. 새로운 대로와 거리가 만들어졌고, 새 이름들이 이 고대 도시의 지도에 등장했다. 이 가운데 하나가 경

볼로디미르 대공 동상

1853년 키이우에 볼로디미르 동상이 세워졌다.

이 동상의 이념적 의미와 역사적 유산에 대해서는 다양한 해석이 있다.

하지만 무엇보다 오늘날 이 동상이 원래 드니프로강 우안,

즉 과거 폴란드 지역에 대한 러시아 제국의 영유권을 주장하기 위해

세워졌다는 것을 아는 사람은 많지 않다.

찰 거리(Gendarme Way)였다. 이것은 경찰이 제국 정권과 국경 지역의 안정에 가지고 있는 상징적·실용적 중요성을 반영한 것이었다. 1833년 우안 우크라이나를 제국 나머지 지역에 '통합하라'는 명을 받고 키이우에 파견된 키이우, 포돌리아, 볼히냐 새 총독은 볼로디미르 대공 동상을 설립할 것을 제안했다. 차르 니콜라이 1세는 이 제안을 직접 검토했다. 그는 이 아이디어가 마음에 들었다. 이 프로젝트를 완성하는 데는 20년이 걸렸다. 1853년 키이우에는 볼로디미르 동상이 세워졌다. 지금 이 동상은 처음 제안된 장소 대학 근처가 아니라 드니프로 강변에 세워졌다. 이 동상의 이념적 의미와 역사적 유산에 대해서는 다양한 해석이 있다. 러시아-우크라이나의 종교적·인종적 연대를 상징한다는 해석을 비롯해 첫 우크라이나 국가 설립자를 기념한다는 해석도 있다. 오늘날 이 동상이 원래 드니프로 강 우안 지역에 대한 과거 폴란드 지역에 대한 러시아 제국의 영유권을 주장하기 위해 세워졌다는 것을 아는 사람은 많지 않다.

키이우에 새 대학(르비우와 하르키우 다음으로 우크라이나 땅의 세 번째 대학)을 설립한 것은 이 지역 역사에 중요한 전환점이 되었다. 이 대학의 핵심 목표는 러시아 영향력을 행사하고, 러시아 정체성을 전파할 지역 인재들을 양성하는 것이었다. 러시아 정부는 우안 우크라이나, 포돌리아, 볼히냐가 역사적으로 러시아 땅이었다는 것을 증명하는 고문서와 서류를 수집하고 출간하는 임무를 맡은 역사위원회를 설립했다. 모든 것은 계획된 대로 시작되었다. 대부분 과거 헤트만령 코자크 장교, 사제, 하급 관리의 후손인 지역의 인재들은 새 제도에 참여해 코자크의 전통적 적이었던 폴란드에 대항하는 지적 전투를 치르려고 키이우로 왔다. 그러나 1840년대 끝날 무렵 제국 당국은 곤란한 상황에 처한 것을 알아차렸다. 폴란드의 도전에 대항해 러시아 정체성의 보루가 되어야 할 대학과 역사위원회는 새로운 정체성과 새로운 민족주의의 온상이 되었다.

1847년 2월 키이우 대학에서 법학을 전공하는 알렉세이 페트로프라는 학생이 키이우 교육청을 찾아와 러시아 제국을 공화국으로 바꾸는 목표를 가진 비밀결사를 고발했다. 페트로프의 밀고로 시작된 조사는 성 키릴메토디우스 형제단이라는 비밀결사를 적발했다. 키릴과 메토디우스 형제는 새 종교뿐만 아니라 새로운 언어와 알파벳으로 슬라브족을 계몽시킨 그리스 출신 선교사들이었다. 형제회 회원 중에는 키이우 대학 역사학 교수인 미콜라(니콜라이) 코스토마로프와 새로 미술 강사로 임명된 타라스 셰브첸코도 포함되어 있었다. 코스토마로프는 앞으로 근대 우크라이나 역사학 연구의 창시자가 되었다. 자유공동체 우크라이나 지역과 경계한 보로네주 지방에서 러시아 귀족 가문에서 태어난 코스토마로프는 자신의 어머니가 우크라이나 농민 여자였다는 것을 자주 강조했다. 이것이 사실이건 아니건 간에 19세기 중엽 키이우의 지식인들은 농민 출신을 높이 평가했다. 이들 모두는 민중을 위해 일하고, 가능한 이들에게 가까이 다가가기를 원했다.

형제회 회원 중 코스토마로프의 동료인 타라스 셰브첸코만큼 대중적 인기가 많은 사람은 없었다. 1814년 우안 우크라이나 농노 집안에서 태어난 그는 부유한 폴란드계 지주 집안의 급사로 일하다가 처음에는 빌니우스로 갔고, 다음으로 상트페테르부르크로 가서 그 집안 급사가 되었다. 이곳에서 셰브첸코는 화가로서의 재능을 드러냈다. 셰브첸코가 유명한 여름 정원에서 스케치를 하는 것을 이곳에서 공부하고 있던 우크라이나 화가가 발견했다. 셰브첸코는 당대 러시아 문화계의 주요 인사들에게 소개되었다. 푸쉬킨 이전에 가장 유명한 시인이었던 바실리 주콥스키와 러시아 낭만주의 화풍의 창시자인 칼 브륄로프도 셰브첸코의 후원자가 되었다. 셰브첸코의 작품, 성격, 인생 역정은 상트페테르부르크 예술계에 큰 인상을 남겨서 그의 후원자들은 어떤 대가를 치르고라도 그를 농노에서 해방시키기로 결정했다. 이들은 당시로서는 굉장히 큰 금액인 2,500루블을 지불하고 그를 농노에서 해방시켰다. 이 자금은 브륄로프가 그린 주콥스키 초상화를 황실 가족에게 판매한 수익금으로 마련되었다.

셰브첸코는 24세에 자유인이 되었다. 그는 재능 있는 화가일 뿐만 아니라 뛰어난 시인이라는 것이 곧 드러났다. 자유를 얻은 지 2년 후인 1840년 그는 첫 시집인 『유랑시인』(*Kobzar*)을 출간했다. 이 제목은 오랫동안 그의 두 번째 이름이 될 터였다. 이 시집은 상트페테르부르크에서 출간되었지만 이 시집에는 우크라이나어로 쓴 시들이 수록되었다. 10대에 우크라이나를 떠나 상트페테르부르크에서 화가와 시인으로 성장한 그가 왜 상트페테르부르크의 거리와 예술계의 언어인 러시아어가 아니라 우크라이나어로 창작을 하기로 마음먹었는가?

이에 대한 직접적인 원인 중에는 그의 농노신분 해방에 도움을 준 상트페테르부르크에서 만난 우크라이나 지인들의 영향이 있었다. 이들 중 한 사람인 폴타바 출신의 예브헨 흐레빈카는 셰브첸코를 만났을 때 알렉산드르 푸쉬킨의 서사시 『폴타바』(1709)를 우크라이나로 번역하고 있었다. 흐레빈카는 우크라나인들도 번역작품과 직접 쓴 창작품을 포함한 자신들의 문학을 가져야 한다고 생각했다. 1847년 셰브첸코는『유랑시인』개정판 서문에 자신이 우크라이나어로 글을 쓰는 이유를 설명했다.

> 큰 슬픔이 내 영혼을 감싸고 있다. 나는 다음과 같은 얘기를 듣고 자주 읽는다. 폴란드인들은 책을 출간하고, 체코인과 세르비아인, 불가리아인, 몬테네그로인과 러시아인 모두 책을 낸다. 그러나 우리는 모두 바보인 것처럼 살짝 훔쳐보는 것도 허용되지 않는다. 나의 형제들이여, 왜 이렇게 되었는가? 아마도 당신들은 외국 기자들이 쳐들어올까봐 겁을 먹고 있는지도 모른다. 그러나 두려워하지 말고, 그들에게 아무 신경도 쓰지 마라…. 나는 러시아인들을 신경 쓰지 않는다. 그들은 그들이 원하는 대로 글을 쓰게 하고, 우리는 우리가 원하는 대로 글을 쓰면 된다. 그들은 언어를 가진 민족이고, 우리도 마찬가지다. 어느 것이 더 나은지는 사람들이 판단하게 하자.

셰브첸코는 특히 니콜라이 고골을 문제삼았다. 과거 헤트만령인 폴타바 인근 출신인 고골은『타라스 불바』(Taras Bulba)를 포함한 우크라이나를 소재로 한 작품으로 러시아 근대 산문문학의 창시자가 되었다. "우리에게는 자신의 언어가 아닌 러시아어로 글을 쓰는 고골 같은 예가 있다. 아니면 자신의 언어가 아닌 언어로 작품을 쓴 월터 스콧 같은 예도 있다." 셰브첸코는 이러한 예에 좋은 인상을 갖지 않았다. "카라지치, 샤파리크와 다른 사람들은 독일인이 되지 않았는가? 그렇게 하는 것이 그들에게 편리했을 것이다. 그러나 그들은 자신들 어머니의 진정한 아들인 슬라브인으로 남아서 큰 명성을 얻

타라스 셰브첸코 초상(이반 크람스코이, 1871)
셰브첸코의 작품, 성격, 인생 역정은 상트페테르부르크
예술계에 큰 인상을 남겨서 그의 후원자들은 어떤 대가를
치르고라도 그를 농노에서 해방시키기로 결정했다.

지 않았는가?"라고 그는 세르비아와 슬로바키아 문화운동의 중요한 인물들에 대해 평가했다. "불쌍한 우리여! 그러나 형제들이여 낙담하지 마라. 우리의 불쌍한 어머니인 우크라이나를 위해 현명하게 일하자."

셰브첸코는 상트페테르부르크를 떠나 우크라이나로 가서 성 키릴메토디우스 형제단원을 포함한 친구들을 만난 다음에 이 글을 썼다. 우리가 이반 코틀랴렙스키가 『유랑시인』 서문에 우크라이나로 축문을 쓴 이유를 정확히 모른다면, 셰브첸코는 자신의 동기와 친구들과 공모자들의 동기에 대해 아무런 의구심도 갖지 않았다. 이들은 19세기 초 범독일주의에 대한 대응으로 형성되기 시작한 범슬라브주의 운동에서 나온 것이었다. 이들은 우크라이나가 언어, 문학, 문화 발전에서 뒤처져 있다고 믿었지만, 또한 우크라이나는 고골과 같은 아들들이 자신들의 재능을 고국을 위해 사용한다면, 나머지 슬라브 세계에 제공할 것이 많다고 생각했다. 이들은 우크라이나가 광범위한 슬라브 연방의 자유로운 공화국이 되는 꿈을 꾸었다.

미콜라 코스토마로프는 형제회의 강령이 되는 문서인 『우크라이나 민족 탄생의 책』(The Books of the Genesis of the Ukrainian People)이라는 글을 썼다. 코스토마로프가 이 글을 쓰게 만든 영감 중 하나는 『폴란드 국민과 폴란드 순례의 탄생의 책』(Books of the Polish People and the Polish Pilgrimage)에서 나왔다. 이 글을 쓴 아담 미츠케비치는 폴란드 역사를 폴란드 민족의 메시아적 고통으로 묘사했다. 미츠케비치는 폴란드 민족이 무덤에서 일어나 모든 노예화된 민족들을 구하게 되어 있었다. 코스토마로프는 이 역할을 우크라이나에 부여했다. 코자크 기원은 우크라이나를 민주적이고 평등적으로 만들었다. 러시아와 다르게 우크라이나에는 차르가 없었고, 폴란드와 다르게 우크라이나에는 귀족이 없었다. 성 키릴메토디우스 형제회 단원들은 우크라이나의 코자크 과거를 소중히 여기고, 농노제 폐지를 지향하며, 러시아 제국이 우크라이나를 포함해 동등한 권리를 가진 공화국 연방으로 변화시키는 것을 옹호했다.

형제회는 몇 명의 회원만 있었고, 1년 이상 지속되지도 않았다. 형제회 회원들은 곧 모두 체포되었다. 코스토마로프는 자신의 결혼식 며칠 전에 체포되었고, 이 결혼식에 참석하러 온 셰브첸코는 키이우에 도착하자마자 체포되었다. 일부 제국 관료들은 형제회의 활동에서 새롭고도 위험한 경향을 발견했다. 이들은 체포자들의 이상을 '분리주의적'이라고 서술하고, 니콜라이 1세는 직접 이것이 파리(폴란드 망명자들을 의미)의 선전선동 결과라고 말했다. 그러나 다른 사람들은 형제회 회원들이 제국에 충성하는 신민들이고, 폴란드 영향을 반대해 루스를 방어하는 사람들이었지만 자신들의 소러시아 애국주의를 너무 밀고 나갔다고 믿었다. 그래서 이들은 엄한 처벌을 받지 않아야 한다고 생각했다. 최종적으로 정부 관리들은 형제회에 너무 많은 관심이 쏠리지 않도록 상대적으로 관대한 처벌을 내렸다. 이것은 19세기 정부 관리들 사이에서 우크라이나 민족주의 운동을 뜻하는 단어가 된 우크라이나주의(Ukrainophiles)가 폴란드 민족운동과 연대를 이루지 않게 하기 위한 고려이기도 했다.

러시아 당국은 형제회의 프로그램을 차르의 통치 아래 슬라브인들을 통합하려는 열망으로 묘사했다. 당국은 이들의 진정한 프로그램을 제국 최고위 관료들에게도 비밀에 부쳤다. 코스토마로프에게는 1년 징역형이 선고되었고, 다른 회원들에게는 6개월에서 3년 형이 선고되었으며, 일부에게는 먼 지방에서 관리일을 하는 내부 유형이 선고되기도 했다. 니콜라이 1세는 셰브첸코에게 가장 혹독한 형벌을 내려 그를 스케치, 그림을 그리고 시를 쓸 권리를 박탈한 10년 사병노역형을 선고했다. 니콜라이 1세는 셰브첸코가 시와 그림에서 자신과 황후를 직접 공격한 것에 크게 놀랐다. 셰브첸코는 전제군주가 자신의 민족과 러시아가 아닌 우크라이나인 자신의 땅이 당한 고통에 책임이 있다고 생각했다. 그래서 그의 작품은 우바로프가 말한 '공식 민족'의 세 가지 요소 중 두 요소인 전제정과 민족을 공격한 것이 되었다. 셰브첸코의 정교회도 제국 정교회가 아니었다.

코스토마로프, 셰브첸코와 다른 형제회 회원들은 저작과 활동을 통해 현재 우리가 우크라이나 민족 프로젝트라고 부르는 것을 시작한 것이다. 처음으로 이들은 고고학자, 민속학자, 언어학자, 작가들이 발견한 것을 민족 공동체의 창설로 이어지는 정치적 프로그램을 구성하는 데 활용했다. 다음 세기가 되자 형제회 회원들이 제안하고 셰브첸코의 열정적인 시로 폭넓은 대중에서 호소한 아이디어는 우크라이나와 전 지역을 크게 변화시킬 터였다. 오늘날 이러한 변화의 가장 큰 상징은 키이우 대학 본부 건물 앞에 서 있는 셰브첸코 동상이다. 이것은 대학 설립자인 니콜라이 1세의 동상을 대신해 그 자리에 서 있다.

제15장 다공성(多孔性) 경계

　러시아 당국이 성 키릴메토디우스 형제단을 탄압한 지 1년 뒤인 1848년 합스부르크 제국 내 우크라이나인들은 최초의 정치조직인 루테니아 최고평의회(Supreme Ruthenian Council)를 르비우에 설립했다. 갈리시아 지역의 우크라이나인들은 자신들을 루테니아인(Ruthenians)이나 루신(Rusyns)이라고 불렀고, 러시아 제국 내에서도 일반적으로 이 이름으로 알려졌다. 이 평의회는 1846~47년 키이우에 존재했던 형제회와는 아주 다른 형태의 조직이었다. 형제회는 비밀리에 활동을 하고, 소수의 회원만 관여하며, 러시아 제국 당국에 의해 탄압당한 데 반해 루테니아 평의회는 오스트리아의 갈리시아 총독의 도움과 격려로 출발했고, 많은 회원을 거느리며 폭넓은 대중적 지지를 받았다.

　두 조직의 모든 차이에도 불구하고, 두 조직이 탄생한 시점이 거의 일치한 것은 우크라이나 문화, 민족 정체성과 정치활동의 발전에 아주 중요한 점을 가리킨다. 이 발전은 두 트랙으로 진행되어 한쪽의 운동이 느려지거나 중단되면 다른 한쪽의 진전이 이루어지거나 속도를 냈다. 제국인 러시아와 오스트리아의 경계 양쪽으로 나누어지기는 했지만 우크라이나 운동가들은 민족건설이라는 과정에서 수많은 연계들로 단합되었다. 이러한 연계들은 정치적 경계선을 넘어 확장되었다. 이 정치적 경계선은 19세기에 우크라이나 가톨릭(연합교회)과 우크라이나 정교회를 가르는 종교적 경계선도 되었다. 서로 경쟁하는 두 제국의 바람에도 불구하고 두 우크라이나 운동가 집단 간의 접촉은 다양한 경로를 통해 발전했고, 이것은 운동의 두 갈래가 우크라이나의 장래에 대한 공동의 비전을 만들어내는 것을 도왔다.

정치적 경계선으로는 분리되어 있지만, 정신과 민족 이념에서는 단합된 우크라이나 활동가들이 자신들의 제약을 극복하도록 도운 것은 두 제국이 각기 자국 내 우크라이나 소수민족에 대해 서로 아주 다른 정책을 추진했다는 점이었다. 두 제국이 폴란드-리투아니아 대공국으로부터 이어받은 연합교회를 다루는 방식만큼 이 정책의 차이점이 선명하게 드러난 곳은 없다. 러시아 당국과 다르게 오스트리아 당국은 연합교회를 탄압하거나 이것을 주도적 '모교회'(mother church)(이 경우 가톨릭)와 '재통합'하려는 시도를 한 적이 없다. 오히려 그 반대로 새로운 명칭인 그리스(즉 비잔틴 의례를 따른다는 뜻) 가톨릭교회에서도 나타나듯이 연합교회를 존경하는 마음으로 다루었다. 이들의 폴란드인 형제들은 로마 가톨릭교도라고 불렸다. 오스트리아 정부는 그리스 가톨릭교회 사제들을 양성하기 위한 신학교를 처음에는 빈, 그다음으로는 르비우에 세웠다. 19세기 초 연합교회는 르비우 주교좌를 대주교좌로 승격시킴으로써 러시아 제국 내 나머지 주교구의 독립을 획득했다. 세속 엘리트 대부분이 가톨릭과 폴란드 문화를 수용하는 상황에서 그리스 가톨릭교회 사제들은 루테니아 사회의 유일한 지도자로 남았고, 시간이 지나면서 이들은 근대 우크라이나 민족운동의 근간을 형성했다.

합스부르크 왕가는 왜 이렇게 행동했는가? 역설적이게도 로마노프 왕가와 똑같은 이유 때문에 그렇게 한 것이다. 두 제국 모두 폴란드 민족주의의 부상에 대해 우려하고 있었지만, 이와 투쟁하는 데 다른 전략을 선택했다. 러시아 제국 정부는 제국 러시아 민족을 우크라이나 '선전선동'으로부터 보호하기 위한 노력으로 연합교회를 소멸시키고 우크라이나 운동의 발전을 억제했다. 이와 대비되게 오스트리아 당국은 자신들 영역에서 루테니아 운동을 강화하는 방법으로 폴란드 민족주의의 영향에 대응하려고 했다. 오스트리아는 루테니아인을 독일인으로 만들려고 시도하지 않았고, 이들이 개별 민족으로 발전하는 것은 아무 문제가 없다고 보았다. 사실 당국은 잘 발달하고 조직된 폴란드 운동에 대한 대응으로 이 과정을 고무시켰다.

이것이 1848년 혁명의 해에 오스트리아 당국이 먼저 시행한 정책이었다. 팔레르모에서 파리, 빈에 이르기까지 자유주의적 민족주의가 유럽 전역에서 부상하며 빈 회의에서 정한 국경과 그 국경 내에서 통치하는 정부에 도전을 제기했다. 1848년 3월 파리에서 일어난 혁명운동에 자극을 받은 헝가리인들은 합스부르크 제국으로부터의 독립을 요구하고 나섰다. 이들은 무기를 손에 들고 항쟁에 나설 조짐을 보였다. 뒤를 이어 폴란드인들도 크라코우와 르비우에서 민권적 자유와 자치를 요구하고 나섰다. 이러한 요구 대부분은 빈의 오스트리아 정부뿐만 아니라 갈리시아 인구의 절반에 해당하는 우크라이나인들의 생각과는 거리가 멀었다. 우크라이나인은 450만 명의 갈리시아 인구 거의 절반을 차지하고 있었다. 폴란드인이 인구의 40퍼센트, 유대인이 7퍼센트를 차지했다. 우크라이나인들은 이른바 동부(원) 갈리시아 주민의 절대다수를 차지했고, 폴란드인들은 크라코우를 포함해 서부 갈리시아라는 소폴란드(Little Poland)의 다수 주민을 이루었다. 유대인들은 확장된 제국 지방에 널리 퍼져 거주했고, 동부 갈리시아 유대인의 약 60퍼센트는 도시와 소도시에 거주했다.

갈리시아 지방은 농업 지역이었고, 합스부르크 제국 내 다른 지역에 비해 경제발전이 뒤처져 있었다. 폴란드 분할 후 오스트리아의 요제프 2세 황제는 폴란드인들을 지방행정에서 몰아내고, 제국 관료들로 이들을 대체하고 새로운 행정제도를 만들었다. 새 관료 대부분은 보헤미아에서 온 독일화된 체코인이었다. 요제프 황제는 주민들의 교육과 문화수준도 고양시켰고, 농민들을 지주의 전횡으로부터 보호했다. 요제프는 폴란드 엘리트를 권력에서 제거한 반면, 유대인들은 처음에는 무시했다. 그는 유대인들이 이른바 관용세(tolerance tax)를 내는 대가로 자치를 계속 유지하도록 허용했다. 그러다가 1789년 그는 관용칙령(Edict of Toleration)을 발표했다. 이것은 오스트리아 유대인 해방에 중요한 걸음이 되었지만, 전통적 유대인 기관을 해산하고, 공식 문서에서 이디시어와 히브리어 사용을 금지하고, 독일어 학교를 세웠다. 1848년 3월 르비우에도 혁명운동이 도달하자, 유대인들은 제국에 대항하는 폴란드 세력에 힘을 보탰다. 그러나 오스트리아 군대가 러시아 군대의 도움을 받아 헝가리 혁명을 분쇄하자 폴란드인들의 대공국 재건 꿈과 유대인들의 평등권 획득 꿈도 같이 무너졌다.

혁명으로 인해 가장 큰 혜택을 본 갈리시아 주민은 우크라이나인들이었다. 이들은 러시아 제국에 가장 충성하는 신민이었고, 봉기에 참여하는 것을 꺼렸던 것으로 알려졌다. 폴란드의 첫 호소에 이 지역 우크라이나인들과 이들이 필요로 하는 것에 대해 아무 언급도 없었기 때문에 이들은 폴란드 반란에 가담하려고 하지 않았다. 1848년 4월 연합교회 사제들인 우크라이나 공동체 지도자들은 오스트리아 황제에게 청원문을 제출해 자신들의 충성을 선언하고 폴란드 지배로부터 보호와 루테니아어 사용 권리를 요청했다. 갈리시아의 오스트리아 총독인 프란츠 스타디온의 축복과 지원을 받은 연합교회 사제들은 루테니아 최고평의회를 조직했다. 르비우 경찰 책임자인 레오폴트 폰 자허-마조흐(작가 마조흐의 아버지)는 첫 우크라이나어 신문인 『갈리시아의 별』 창간을 허용했다. 스타디온은 새 평의회를 '폴란드 영향력을 저지하고 갈리시아에 오스트리아 통치를 복원시키는' 수단으로 보았다.

종교 지도부의 지도 아래 활동을 시작한 루테니아 최고평의회는 폴란드 민족혁명을 추진하는 폴란드 민족평의회(Polish National Council)에 맞서는 효과적인 균형추가 되었다. 루테니아 평의회는 거의 모든 주요 의제에서 폴란드 평의회와 다른 요구를 내세웠다. 폴란드인들이 급진적이라면, 우크라이나인들은 매우 보수적이었다. 갈리시아의 장래에 대해 말한다면 폴란드인들은 전 지역의 자치를 요구한 반면, 우크라이나 지도자들은 갈리시아를 분할해 우크라이나인이 주민의 70퍼센트 이상을 차지하는 과거 갈리시아, 소갈리시아의 복원을 원했다. 20만 명의 주민이 갈리시아를 분할해 달라는 청원서에 서명했다. 그러나 우크라이나인들은 이 혁명으로 인해 정치조직과 자체 신문을 갖게 되었고, 그 전 어느 때보다 적극적 동원이 이루어졌다.

이 시기 다른 무엇보다 가장 혁명적 발전은 농노제의 폐지와 선거 정치에 농민들이 적극적으로 참여하기 시작한 것이다. 두 가지는 폴란드 혁명에 대한 대응과정에서 갈리시아에 생긴 일이지만, 오스트리아 당국이 이를 도입했고, 이 지방 농민의 대부분을 차지하는 우크라이나인들이 혜택을 입었다. 부코비나에서는 선거로 선출된 의원 5명 모두 농민 출신이었다. 우크라이나 대표를 제국의회에 보내는 선거는 우크라이나 공동체에 큰 영향을 미쳐서 합스부르크 제국 내 우크라이나인들이 선거정치 세계에 발을 들여놓게 했고, 반란(이 지역에서는 농민반란도 일어났다)이 아니라 정치적 행동을 위한 자체 조직을 결성하도록 가르쳤다.

혁명이 끝나면서 루테니아 최고평의회도 영향력이 감소되어 오스트리아 정부는 1851년 이 평의회를 철폐했지만 1848년 사건에서 발아한 우크라이나 운동은 철폐하지 않았다. 1850년대와 1860년대 상당 기간 동안 같은 사제집단이 이 운동을 이끌었다. 이들은 르비우에 있는 가장 핵심적인 그리스 가톨릭교회의 이름을 따서 성 게오르기 서클(St. George Circle)로 알려졌다. 이들의 인종민족적 지향은 이들에게 두 번째 이름인 구 루테니아인(Old Ruthenians)이라는 명칭을 안겨주었다. 오스트리아 제국에 충성하고, 정치적·사회적 시각이 보수적이며, 루테니아 운동을 이끌고 가는 그리스 가톨릭교회 주교들과 사제들은 자신들과 합스부르크 제국 내 자신의 민족을 구별하는 루테니아 민족으로 여겼다. 이들의 주적은 폴란드인들과 이들의 주 동맹세력인 빈 당국이었다. 러시아-오스트리아 국경 지역의 동료 우크라이나인들 또는 소러시아인들에 대해 이들은 거의 의식하지 않았다.

1848년 혁명이 새로운 우크라이나 민족의 형성을 촉진한 반면, 이것이 어떤 민족인지에 대한 의문을 제기했다. 루테니아 최고평의회 지도자들이 표방한 '루테니아' 민족성은 1830년대 문학무대에 나타난 '루테니아 3인방'(Ruthenian Triad)이라고 알려진 낭만주의 작가와 시인들이 제시한 수많은 대안으로 가장 잘 표현되었다. 이 집단의 세 지도자인 야키프 홀로바츠키, 마르키안 샤슈케비치, 이반 바힐례비치는 르비우 신학교의 학생이었다. 유럽 다른 지역의 민족적 선각자들과 마찬가지로 이들은 민속자료를 수집하며 역사에 매료되었다. 이들은 합스부르크 지역 다른 슬라브인들의 문화활동에서 영감을 얻었고, 이들의 아이디어는 이반 코틀랴렙스키의『에네이다』, 러시아 제국에서 출간된 우크라이나 민요 모음집, 하르키우 낭만주의자들의 저작을 포함한 드니프로 우크라이나 지역의 우크라이나 선각자들의 작품에 뿌리를 두었다. 이들은 처음이자 마지막인 잡지『드니스트르의 요정』(Rusalka dnistrovaia)을 1836년 부다에서 출간했다.

이 잡지가 출간되는 시점에 이 집단의 세 지도자 모두 합스부르크 제국 내 우크라이나인을 더 큰 우크라이나 민족의 일부로 간주했다. 시간이 지나면서 이 신념은 흔들리고 도전을 받았다. 세 사람 중 유일하게 마르키안 샤슈케비치만 오늘날 갈리시아 우크라이나 문학의 창시자로 기려진다. 그는 1848년 혁명과 이 혁명이 가져온 정치적·지적 소요보다 훨씬 전인 1843년에 사망했다. 그의 동료인 이반 바힐례비치는 1848년 친폴란드 루테니아 의회에 가입했고, 우크라이나 운동 지도자들은 그를 배신자로 간주했다. 1850년대 세 번째 지도자인 야키프 홀로바츠키는 갈리시아 우크라이나인들을 더 큰 러시아 민족의 일부로 보는 갈리시아 러시아주의(Russophiles)의 지도자가 되었다. 이렇게 3인방인 세 지도자는 후세의 역사적 용어를 빌린다면 각각 갈리시아의 우크라이나 민족운동의 세 갈래인 우크라이나 경향(샤슈케비치), 친폴란드 경향(바힐레비치), 러시아주의 경향(홀로바츠키)을 대표했다.

경향성의 선택은 우크라이나어 텍스트를 표기하는 알파벳 선택과 밀접히 연관되었다. 1830년대와 1850년대 다시 우크라이나 사회를 뒤흔든 '알파벳 전쟁'은 세 가지 선택지를 놓고 치러졌다. 하나는 교회 슬라브어 텍스트에 사용된 전통적 키릴 문자였고, 다른 하나는 러시아 제국에서 사용되는 것과는 다른 민중 키릴 문자(civic Cyrillic), 마지막은 라틴 문자였다. 오스트리아 당국과 폴란드 엘리트들은 라틴 문자를 선호했다. 그 이유는 라틴 문자가 새로 부상하는 우크라이나 문학을 제국 표준에 더욱 가깝게 만들고 문화적 폴란드화에 더욱 수용할 수 있도록 만들기 때문이다. 그러나 1859년 오스트리아 정부가 우크라이나 텍스트 표기에 라틴 문자를 도입하려고 하자 우크라이나인들은 단합해 이에 반대했다. 곧 갈리시아에 형성되는 새로운 민족은 키릴 문자 이외의 다른 문자를 절대 사용하지 않을 것이 분명해졌다. 그러나 이 민족이 별도의 집단인지 더 큰 러시아 민족이나 우크라이나 민족의 일부인지는 아직 해결되지 않은 문제로 남았다.

1859년 갈리시아에서 일어난 알파벳 전쟁은 제국 경계의 반대편에서 큰 반향을 일으켰다. 그해에 러시아 당국은 라틴 알파벳으로 쓰인 우크라이나 텍스트와 벨라루스 텍스트의 출간이나 해외로부터의 수입을 금지했다. 이 조치는 반폴란드 정책으로 여겨졌다. 이를 시작한 키이우 지역 검열관 노비츠키는 보고서에 갈리시아에서는 당국이 라틴 알파벳을 수단으로 '러시아인'을 폴란드인으로 만들려고 한다고 적었다. 그는 러시아 제국 내에서 라틴 알파벳을 쓰는 것은 똑같은 결과를 가져온다고 믿었다. "소러시아 알파벳이 아닌 폴란드 문자로 쓰인 책을 보게 되는 서부 지방의 농민들은 러시아 알파벳보다는 폴란드 알파벳을 배우려는 욕구를 갖게 될 것이다"라고 노비츠키는 썼다. 이것은 다음으로 이들로 하여금 폴란드 책을 읽게 만들고, 폴란드 문화의 영향에 노출시켜서 이들을 '러시아 문학의 정신과 경향'에서 멀어지게 할 것이라고 생각했다. 이러한 금지조치는 즉각 시행되었다.

노비츠키의 가장 큰 우려는 곧 해방되는 농민들이었다. 갈리시아와 부코비나에서 농노제가 철폐된 지 12년 반이 지난 1861년에 러시아 제국에서도 농노제가 철폐되었다. 이것은 혁명 없이 진행되었지만, 1863년에 러시아 제국에서 일어난 폴란드 봉기는 피하지 못했다. 합스부르크령 농민들과 마찬가지로 러시아가 통치하는 지역의 농민들은 자유를 얻었지만, 토지는 거의 얻지 못하고 경제적으로 계속 귀족에게 예속되었다. 그러나 합스부르크령 우크라이나인과 다르게 러시아 제국 내 우크라이나 농민들은 선거정치에 참여할 권리나 자신들의 조직을 형성할 권리를 부여받지 못했다. 대학에는 우크라이나어 강좌도 없고 책도 없었다. 여기다가 러시아 제국 정부는 '소러시아어 방언'으로 종교적 텍스트나 교육 텍스트를 출간하는 것을 금지했다.

러시아 제국 내에서 사실상 모든 우크라이나어 출간을 금지시키는 조치는 그해 1월 시작된 폴란드 봉기 와중인 1863년 여름에 시행되었다. 다시 한 번 문제가 된 것은 우크라이나 농민들의 충성심이었다. 우크라이나어와 관련해서 러시아 정부의 제일 큰 관심사는 제국적 러시아 민족의 강화였고, 이것은 우크라이나주의자들의 영향으로부터 농민층을 보호해야 할 필요를 증대시켰다. "과거의 소러시아어 출간물은 남부 러시아의 교육받은 계층만을 대상으로 했지만, 이제 소러시아 인종의 주창자들은 주의를 교육받지 못한 대중에게 돌렸고, 자신들의 정치적 야심을 실행하려는 사람들은 독해력과 교육을 전파한다는 명분으로 기초 강독서, 철자 교본, 문법, 지리 교과서 등을 발행하려고 한다"라고 교육장관 표트르 발루예프는 라틴 문자뿐만 아니라 키릴 문자로 표기된 우크라이나어 출판을 금지하는 포고문에서 밝혔다. 발루예프의 포고문은 1860년대에는 거의 출간되지 않은 소설작품에는 적용되지 않았다. 1863년부터 발루예프가 사임한 1868년까지 5년 사이에 우크라이나어로 출간된 간행물 수는 33개에서 한 개로 줄어들었다.

처음에는 일시적 조치로 보였던 이 출판 금지령은 1867년 5월 항구적 조치가 되었다. 그 달에 알렉산드르 2세는 엠스 칙령(Ems Ukase, 자신이 쉬고 있던 독일의 온천 휴양지 엠스에서 발표)을 발했다. 새 칙령은 발루예프 포고령에서 한 걸음 더 나가 우크라이나어로 된 모든 서적의 출간을 금지시켰고, 해외에서 우크라이나어 책을 수입하는 것도 금지시켰다. 이 칙령은 우크라이나어로 공연하는 연극과 우크라이나 노래의 공적 공연도 금지시켰다. 발루예프 포고문과 마찬가지로 엠스 칙령은 대중에게는 비밀로 지켜졌다. 이 조치는 1880년 연극과 노래가 금지 대상에서 제외되면서 금지가 느슨해졌으나, 우크라이나어 텍스트를 수입하는 것을 금지하는 조치는 이후 15년이나 효력이 지속되었다. 러시아 정부는 표트르 발루예프가 선언했다는 "별도의 소러시아어는 없었고, 현재도 없으며, 앞으로도 없을 것이다"라는 명제를 고수했다. 우크라이나 언어, 문화, 정체성은 러시아 제국의 통합성에 폴란드 민족주의 못지않은 위협으로 간주되었고, 러시아 민족의 단합성 자체가 위험에 처할 수 있는 것으로 여겨졌다.

알렉산드르 2세는 엠스 칙령을 멀리 떨어진 독일에서 서명했지만, 이 조치를 시작하고 실행한 사람은 키이우에 살고 있었다. 과거 헤트만령인 폴타바 지역 출신 우크라이나인인 미하일 유제포비치는 모스크바 대학의 귀족 자제 전용 리체움에서 수학했다. 그는 젊은 시절 알렉산드르 푸쉬킨과 친구로 지낸 시인이었다. 유제포비치는 코카서스에서 장교로 전투를 치르다가 부상을 입었다. 그는 1840년대 키이우 교육과 문화 부문에서 중요한 인물이 되었다. 그는 키이우 교육구 책임자가 되었고, 우안 우크라이나가 항상 러시아 지역이었다는 것을 증명하는 임무를 맡은 고고학위원회 활동에 적극 참여했다. 유제포비치는 정치적·문화적 시각에서 뛰어난 '소러시아인'이었다. 그는 자신을 드니프로강 양안의 소러시아의 이익을 위해 일하는 지역 애국자로 생각했다. 그는 우크라이나 농민을 폴란드 귀족, 유대인 토지 임대업자, 가톨릭(즉 연합교회) 사제의 전횡으로부터 보호해야 한다고 생각하는 온건한 민중주의자였고, 러시아 민족의 모든 '부족들'의 통합성을 믿는 사람이었다. 그는 러시아 제국에 충성하는 신민이었고, 제국에서 자신이 생각하는 소러시아 애국주의의 동지와 보호자를 찾았다.

시간과 환경에 따라 유제포비치는 성 키릴메토디우스 형제단 사건 이후 우크라이나주의자라고 알려진 지식인 집단의 동지나 적이 되었다. 그는 형제회 회원들 체포에 핵심 역할을 했지만, 당국보다는 이들 편에 섰다. 그는 형제회의 반역행동을 고발하러 온 학생으로부터 서면 고발장을 받으려고 하지 않았다. 그는 후에 미콜라 코스토마로프에게 경찰 수색이 임박했다는 사실을 알려서 그가 문제가 될 만한 서류를 파기하는 것을 도왔다. 유제포비치는 코스토마로프와 그의 동료들의 활동이 국가에 해가 된다고 생각하지 않았다. 그는 이들을 우안 우크라이나와 볼히냐에서 폴란드의 문화적 주도권에 대항하는 투쟁의 동지로 보았다. 유제포비치의 적극적 노력으로 키이우 시내에 세워진 보흐단 흐멜니츠키 동상은 그의 신념과 충성을 현실로 실현한 것이었다. 이 동상에 새겨진 원래 글귀는 "보흐단 흐멜니츠키에게 러시아는 하나이고 나누어질 수 없는 것이었다"였다.

1888년 이 동상이 제막되는 시점에 유제포비치는 우크라이나주의자들이 해롭지 않은 집단이라고 더 이상 생각하지 않았다. 1875년 그는 '이른바 우크라이나주의자 운동에 대해'라는 보고서를 작성해서 당국에 보고했다. 그는 이 보고서에서 우크라이나주의자 진영이 러시아로부터 우크라이나를 분리시키려고 한다고 고발했다. 유제포비치는 발루예프 포고문이 제대로 효력을 발휘하지 않아서 러시아 제국 내의 우크라이나주의자와 폴란드인들의 첩자로 활동하는 오스트리아령 갈리시아 우크라이나주의자들의 연대를 강화하기만 했다고 주장했다. 그는 우크라이나주의자들의 파괴활동을 중단시키기 위해 좀더 극단적인 조치가 필요하다고 건의했다. 키이우 총독을 비롯한 현지 관리들은 유제포비치의 고발이 과장되었다고 생각했지만, 제국의 통합성과 폴란드인뿐 아니라 오스트리아의 음모 가능성을 염려한 상트페테르부르크 당국자들은 이 주장과 논리를 받아들였다. 황제는 우크라이나어 출판과 우크라이나어 서적의 수입을 금지했을 뿐만 아니라, 합스부르크 제국에서 우크라이나주의와 투쟁할 것으로 예상되는 갈리시아 신문에 보조금도 제공했다.

유제포비치가 러시아 제국에 그렇게 위험하다고 생각한 우크라이나주의자들은 누구였는가? 그 가운데 한 사람은 "우크라이나는 아직 사라지지 않았다"라는 국가를 작사한 파블로 추빈스키였다. 다른 한 사람은 키이우 대학 역사학 교수였던 미하일로 드라호마노프였다. 두 사람 모두 문화에만 관심을 쏟는 우크라이나 지식인 클럽인 키이우 흐로마다(Hromada, 공동체)의 회원이었다. 두 사람 중 누구도 우크라이나가 러시아 제국에서 분리되어야 한다고 주장하지 않고, 친폴란드 성향을 보이지도 않았다. 그러나 두 사람은 발루예프 포고문이 도입한 우크라이나어 서적 출간 금지조치를 철회시키지 못한 우크라이나 운동의 구세대 지도자들에 대해 비판적인 태도를 취했다. 드라호마노프와 그의 지지자들은 1876년 엠스 칙령의 실행자인 유제포비치를 키이우의 학문활동 중심인 키이우 지리학회에서 제명시켰다. 유제포비치도 이에 반격을 가했는데, 이 갈등의 시작 단계에 아무도 그 결과를 예측할 수 없었다.

엠스 칙령이 우크라이나주의자들을 급진화시켰기 때문에 우크라이나주의자들과 소러시아 아이디어 옹호자들 사이의 세대 간 긴장은 이념적 갈등으로 발전했다. 이것은 특히 키이우 교수직에서 해임되어 러시아를 떠나 스위스로 간 미하일로 드라호마노프에게 해당되었다. 제네바에 정착한 드라호마노프는 주요한 저작들을 연이어 발표해 19세기 우크라이나의 가장 중요한 정치사상가 반열에 올랐다. 그는 사회주의 사상을 처음으로 수용한 우크라이나주의자였다. 1880년대 그는 우크라이나 민족의 독자성을 강조하고, 우크라이나를 포함한 유럽 연방 아이디어를 주창했다. 이것은 코스토마로프의 『우크라이나 민족 탄생의 책』으로 거슬러 올라가는 것이었다. 그러나 드라호마노프가 주장한 연방은 슬라브 연방이 아니라 전 유럽 연방이었다. 드라호마노프의 저작을 통해 우크라이나 운동은 성 키릴 메토디우스 형제회의 파괴로 인한 충격에서 벗어나 재부상하고 정치적 목표를 다시 생각하며 문화활동의 함의를 생각하게 되었다.

드라호마노프는 오스트리아령 우크라이나의 발전에 강한 영향을 미친 최초의 정치사상가였다. 우크라이나주의자들에 대한 유제포비치의 비난 대부분은 근거 없었지만, 우크라이나주의자들이 갈리시아와 밀접한 관계를 유지하고 있고, 발루예프 포고문은 이들의 연대를 강화했다고 주장한 내용은 사실이었다. 러시아 제국 내에서 우크라이나어로 자신들의 저작을 출간할 수 있는 가능성이 사라진 상태에서 우크라이나주의자들은 갈리시아에 존재하는 기회를 이용했다. 유제포비치의 비난으로 촉발된 엠스 칙령은 갈리시아를 더욱 매력적인 장소로 만들었다. 러시아령 우크라이나에서 문학 출판이 금지된 상태에서 소설가 이반 네추이-레비츠키, 극작가 미하일로 스타리츠키 같은 우크라이나의 가장 유명한 작가들은 갈리시아에서 자신의 작품을 출간했다. 엠스 칙령은 우크라이나 문학발전을 가로막지는 못했지만 가장 유명한 작가들은 러시아령 우크라이나에 거주하고 이들의 독자는 국경 너머 오스트리아령 우크라이나에 존재하는 상황을 만들어냈다. 작가들은 자신의 독자들과 직접적 접촉이 없었고, 독자들도 작가들을 만나볼 수 없었다. 역설적으로 이 상황은 두 제국 경계를 사이에 두고 공통의 표준어와 문화발전을 촉진하는 결과를 가져왔다.

동부 우크라이나인들이 갈리시아를 자신들의 사상을 자유롭게 표현하고 출판시장으로 발견한 시점에 갈리시아 우크라이나인들은 사실상 서로 경쟁하는 두 집단으로 나뉘었다. 하나는 러시아주의자(Russophiles) 집단이고, 다른 하나는 우크라이나주의자(Ukranophiles) 집단이었다. 이러한 분열은 1867년 합스부르크 제국의 입헌개혁 와중에 더욱 분명해졌다. 떠오르는 두 민족국가인 이탈리아와 프러시아와의 전쟁에서 패한 오스트리아 정부는 제국 내 가장 호전적인 구성원인 헝가리인들에게 큰 양보를 함으로써 제국의 생명을 연장하기로 했다. 오스트리아-헝가리 타협(Austro-Hungarian Compromise)으로 오스트리아-헝가리 제국이라고 알려진 이중 군주국가(dual monarchy)가 탄생했다. 헝가리 왕국은 자체 의회를 설치해 폭넓은 자치를 누리게 되었고, 황제와 공동의 외교, 군사정책을 통해 제국 나머지 지역과 연계되었다. 그러나 이 타협으로 이익을 본 것은 헝가리인만이 아니었다. 폴란드인과 크로아티아인도 자치를 얻었다. 오스트리아 정부는 갈리시아 지방이 이전 전통적인 폴란드 엘리트가 통치하도록 양보했다.

우크라이나 운동 지도자들은 배신감을 느꼈다. 합스부르크 왕가는 자신들의 충성을 징벌하고, 반란의 기미를 보인 민족들에게 보상한 것이다. 1867년 타협은 연합교회 위계의 구 루테니아인들에게는 종말의 전조와 같았다. 이것은 러시아주의자들의 입지를 강화해 주었다. 그 지도자 중 한 사람인 그리스 가톨릭교회 사제인 이반 나우모비치는 루테니아인들이 충성의 대가로 아무것도 얻지 못했고, 폴란드화에 저항하고 싶다면 오스트리아 정부에 대한 태도를 바꾸어야 한다고 주장했다. 실제로 우크라이나인들이 폴란드의 정치적·문화적 말살정책을 견뎌낼 가능성은 희박했다. 나우모비치의 주장에 따르면 오스트리아령 루테니아인들은 더 큰 러시아 민족의 일부였다. 그의 지지자들은 자신들을 소러시아인으로 여기며 표준 러시아어는 사실상 소러시아어의 한 변이형이기 때문에 '소러시아인'은 이것을 한 시간이면 완벽히 배울 수 있다고 주장했다. 그러나 러시아어를 제대로 배우는 것은 훨씬 어려운 과제였기 때문에 러시아주의 운동 지도자들은 러시아어와 교회 슬라브어 혼합어를 만들어서 이것으로 상호 소통하고, 자신들의 작품을 썼다.

1860년대 말 러시아주의자들은 갈리시아와 부코비나의 우크라이나 기관 대부분을 장악했다. 카르파티아에서는 이 지역의 새 주인이 된 헝가리인 지주들이 공격적인 마자르화(Magyarization) 정책을 추진하며 지역 문화발전을 억제했다. 러시아는 보조금과 장학금을 지급하며 러시아주의 운동을 지원했고, 이는 오스트리아 당국의 경계심을 불러일으켰다. 1882년 오스트리아 당국은 나우모비치를 체포하고, 그를 반역죄로 기소했다. 그는 전통적으로 그리스 정교회 마을에 정교회 교구를 설치해 달라는 농민청원서를 작성했고, 이것은 친러시아적 선전선동으로 간주되었다. 당국은 나우모비치와 함께 갈리시아와 부코비나의 많은 러시아주의 운동 지도자들을 체포했다. 이들은 국가 이익에 반하는 여러 혐의로 기소되어 투옥되었다. 후에 나우모비치를 비롯한 많은 수감자들은 러시아 제국으로 이주했다.

1882년 재판에 뒤이어 러시아주의 운동가들에 대한 추가적 탄압 조치가 시행되었다. 러시아 당국은 우크라이나인들이 대러시아 민족의 일부라는 것에 의문을 제기하는 사람들을 탄압한 데 반해, 오스트리아 당국은 이러한 사상을 전파하는 사람을 탄압했다. 러시아주의 운동에 대한 당국의 탄압은 이 운동을 저해했고, 다른 활동가 집단을 갈리시아 정치무대의 중앙에 나타나게 만들었다. 민중주의자 또는 우크라이나주의자라고 알려진 이들의 뿌리는 루테니아 3인방과 이 그룹의 핵심 이념가인 마르키안 샤슈케비치였고, 이들의 바로 직접적 기원은 오스트리아-헝가리 타협 다음 해인 1868년 설립된 계몽회(Prosvita)였다. 러시아주의자들과 마찬가지로 우크라이나주의자들은 오스트리아 제국 정부에 기대를 건 그때까지의 루테니아 운동정책은 그 생명을 다했고, 구 루테니아인들의 민족건설 모델도 한계에 다다랐다고 보았다. 그러나 우크라이나주의자들이 제시한 발전 방향은 이들의 적수인 러시아주의자들과 달랐다. 이들은 합스부르크령 루테니아인들은 더 큰 민족의 일부이지만, 러시아 제국 민족이 아니라 국경 바로 너머 우크라이나 민족의 일부라고 보았다. 우크라이나주의자들은 전통적으로 루테니아 운동을 이끌어 온 교회 사제들과 이견을 보였고, 자신들을 민중의 이익 보호자로 내세웠다. 이들은 그래서 '민중주의자'라는 이름을 얻게 되었다.

갈리시아 민중주의자들과 이들의 출간물은 러시아 제국 내 우크라이나주의자들의 자연적 동지가 되었다. 1873년 코자크 헤트만 이반 스코로파드스키 후손인 옐리자베타 밀로라도비치가 희사한 기금으로 갈리시아 민중주의자들은 학술단체를 설립했다. 자신들이 러시아령 우크라이나와, 그 전(全) 러시아적 초점과 열망에 깊이 연계되어 있음을 강조하기 위해 이들은 단체 이름을 타라스 셰브첸코회라고 붙였다. 키이우의 우크라이나주의자들은 갈리시아의 동지들이 동과 서의 두 사회에 모두에 필요한 우크라이나어 신문과 잡지를 창간하는 것을 도와주었다. 동쪽으로부터 도움을 받은 갈리시아 우크라이나주의자들은 러시아주의자들과의 전투에서 느리지만 꾸준하게 승리를 거두었다. 1880년 중반이 되자 우크라이나주의자들은 부코비나의 루테니아 조직들을 장악했다. 러시아령 우크라이나로부터의 지적 지원은 갈리시아와 부코비나 지방 모두에서 우크라이나주의의 부상에 주된 요인이 되었다. 우크라이나 운동의 두 갈래는 서로를 필요로 했고, 상호 협력을 통해 서로에게 이익을 주었다. 갈리시아 우크라이나인들은 키이우의 우크라이나주의자들의 사고를 급진화시켜서 이들 자신의 민족을 범러시아 제국 프로젝트 포용 범위 밖에 있는 것으로 상상하는 것을 도와주었다.

우크라이나는 오스트리아와 헝가리 경계선으로 나뉜 채 1890년대에 들어섰다. 이것은 폴란드 분할 시기인 1세기 전과 마찬가지 상황이었다. 그러나 이제 우크라이나는 전례 없는 방식으로 단합되었다. 새로운 통합은 교회를 통해 이루어진 것이 아니었다. 정교회와 연합교회의 분열은 그대로 남아서 러시아 제국 내 연합교회의 '재통합' 경계선과 일치하게 되었다. 우크라이나의 통합은 새로운 민족사상에 의해 태동되었다. 합스부르크 왕조 통치 아래 있는 별도의 그리스 가톨릭 루테니아 민족이라는 개념은 1848년 혁명적 사건들로 강화되기는 했지만 불과 20여 년만 지속되었고, 합스부르크 제국이 이중제국으로 변화하는 과정까지 살아남지는 못했다. 1860년대 후반 합스부르크 제국 내의 민족운동은 종교적 배타성을 탈피했다. 이제 러시아주의자와 우크라이나주의자 모두 제국 경계 양쪽의 정교회 형제들 사이에 다리를 놓기 시작했다. 두 진영에서 합스부르크 왕가 통치 아래의 루테니아인과 로마노프 왕가 지배 아래의 소러시아인이 같은 민족의 일부라는 것에 아무 의구심을 갖지 않았다. 그러나 범러시아주의인가 범우크라이나주의인가가 문제였다.

범러시아 프로젝트와 범우크라이나 프로젝트를 놓고 분열된 러시아 제국 내 우크라이나 운동가들은 오스트리아-헝가리 제국 내 우크라이나인들과 같은 질문에 답하려고 노력했다. 여기에 대한 응답은 1890년대 오스트리아-헝가리와 러시아 제국 정치무대에 나타난 새로운 세대의 민족 운동가들 모두에게서 왔다. 그 응답으로서는 급속한 산업발전, 도시화와 문자해독의 확산 그리고 대중정치였다.

제16장 이동

1870년 웨일스의 사업가인 존 제임스 휴즈는 여덟 척의 배를 이끌고 영국에서부터 항해해 왔다. 그가 싣고 온 화물은 야금 장비였고, 그가 배에 태워온 승객은 100명 가까운 광부와 금속기술자였다. 이들 대부분은 휴즈와 마찬가지로 웨일스 출신이었다. 이들의 목적지는 남부 우크라이나 아조우해 북쪽 도네츠강 연안의 스텝 지역이었다. 이 원정의 목적은 모든 시설을 갖춘 철강공장을 건설하는 것이었다. "이 작업을 시작했을 때 나는 이 장소에 정착할 러시아 일꾼들을 훈련시키는 생각을 했다"라고 후에 휴즈는 회고했다. 이 프로젝트는 몇 년이 걸렸다. 숙련되지 않은 우크라이나인과 러시아인 노동자들의 도움을 얻어 휴즈와 그의 기술자들은 철 제련공장과 철도뿐만 아니라 이 공장 주변에 작은 도시를 건설했다. 이것인 오늘날 도네츠크인 유즈브카의 시작이었다. 도네츠크는 최근까지 100만 명 이상의 인구를 가진, 도네츠강 산업지대인 돈바스의 중심도시였다.

휴즈의 도착은 우크라이나 역사에 새 시대가 시작된 것을 의미했다. 19세기 말과 20세기 초 우크라이나의 경제, 사회구조, 인구 역학은 큰 변화를 겪었다. 이 변화는 급속한 산업발전으로 촉발되었다. 우크라이나 동부와 남부 우크라이나에서 경제적 팽창과 도시화의 주 수혜 지역이 되고, 도시 지역에서 육체노동을 제공하며, 산업 프롤레타리아의 근간이 되는 러시아 농민들이 유입되었다. 19세기 중반부터 석유산업이 유럽식으로 발전하기 시작한 갈리시아에서도 같은 과정이 진행되었다. 급속한 산업화와 도시화는 당시 유럽 역사에서 공통적 특징이었고, 우크라이나도 이 과정에 중요한 참가자가 되었다. 이 과정은 앞으로 수십 년 동안 우크라이나의 경제, 사회, 정치 지형을 바꾸어 놓았다.

러시아령 우크라이나에서 첫 변화는 1854년 영국군과 프랑스군 정찰대가 크림 반도에 상륙하면서 시작되었다. 이 침공은 팔레스타인 지역의 기독교 성지 관할권을 놓고 벌어진 프랑스와 러시아의 충돌로 1년 전 시작된 크림 전쟁의 가장 최근 군사작전이었다. 전쟁의 승패에 따라 쇠락하는 오스만 제국의 장래와 오스만 통치 영역에 대한 강대국들의 영향력이 좌우될 수 있었다. 영국군과 프랑스군은 러시아 제국 해군기지인 세바스토폴을 포위했다. 유럽 동맹국은 러시아 해군이 지중해에서 자국의 이익에 위협이 된다고 보았다. 오랜 포위와 양측에 큰 손실을 입힌 군사작전(발라클라바에서 영국 경기병대의 재앙에 가까운 공격은 영국 국민들에게 큰 충격을 주었다) 끝에 세바스토폴은 1855년 9월 침공군에게 함락되었다. 이것은 러시아 역사 기억에서 지울 수 없는 비애와 치욕의 순간이었다. 크림 전쟁을 종식시킨 파리강화회의는 러시아 해군이 세바스토폴과 흑해 나머지 지역에 해군기지를 보유하지 못하게 만들었다.

러시아가 크림 전쟁에서 패배한 것은 제국 정부와 사회에서 광범위한 자기탐구를 촉발시켰다. 1814년 파리를 점령했던 러시아군이 어떻게 40년 뒤 자국 영토에서 패퇴할 수 있는가? 1855년 전쟁 스트레스로 심신이 약해진 니콜라이 1세가 30년의 재위를 뒤로 하고 사망하자 러시아 정부정책의 변화는 불가피했다. 새로 황제가 된 알렉산드르 2세는 서방을 따라잡고 러시아 사회, 경제, 군대를 현대화하는 야심 찬 개혁에 착수했다. 크림 전쟁 중 러시아는 영국과 프랑스의 기선 군함에 범선으로 대항해야 했다. 러시아군은 적 군함이 세바스토폴 항구로 들어오는 것을 막기 위해 자국 흑해함대를 침몰시켜야 했다. 이제 러시아는 새로운 해군이 필요했다. 또한 전쟁 중 병력, 탄약, 보급품을 제국 중심부에서 멀리 떨어진 크림 반도로 이동시키는 것을 어렵게 한 철도도 필요로 했다. 세바스토폴 포위 중 러시아인들이 아니라 영국인들이 발라클라바와 세바스토폴을 연결하는 크림 반도 첫 철도를 건설한 것은 러시아에 수치스러운 일이었다.

러시아가 크림 반도를 계속 보유하려면 크림 반도와 반도 내 해군기지까지 연결되는 철로를 건설해야 했다. 러시아 정부는 제국에서 멀리 떨어져 있어서 방어하기 어렵고, 영국군의 공격에 취약한 알래스카를 미국에 매각하기로 했다. 그러나 러시아는 크림 반도를 계속 보유하기로 했다. 크림 타타르가 오스만 제국으로 이주하고, 러시아 함대와 요새는 사라졌지만, 세바스토폴은 대중적 숭배장소가 되어 러시아 제국의 또 하나의 성지가 되었다. 러시아 정부는 쿠르스크와 하르키우를 통해 모스크바와 세바스토폴을 철도로 연결하는 계획을 승인했다. 그러나 재원이 부족한 것이 문제였다. 러시아 재무성은 이러한 재원이 없었고, 1863년 폴란드 반란을 러시아가 진압하면서 오늘날 국제경제 제재와 유사한 상황이 벌어졌다. 프랑스 정부는 프랑스 철도건설에 자금을 댄 메에르 드 로스차일드에게 러시아에 자금을 제공하지 말도록 조치했다. 이 철도 부설 의향이 있는 영국 회사는 건설에 필요한 자금을 모을 수 없었다. 모스크바-세바스토폴 철도건설은 1870년대로 미루어졌지만, 우크라이나 남부 지역에 철도를 건설한다는 계획은 러시아 정부와 군대, 사업계 엘리트들에게 확고하게 자리 잡고 있었다.

우크라이나 남부에 건설된 첫 철도는 모스크바와 세바스토폴을 잇는 철도보다 훨씬 규모가 작았다. 이 철도는 흑해 연안 크림 반도 북서쪽의 오데사를 포돌리아의 발타시와 연결하는 노선이었다. 새 철도는 르비우와 페레미실(폴란드어 지명은 프셰미실)을 연결하는 철도보다 4년 늦은 1865년에 건설되었다. 르비우 철도와 다르게 오데사 철도는 정치, 전략, 행정적 고려와 아무 상관이 없었다. 이 철도건설의 동기와 결과는 순전히 경제적이었다. 19세기 중반 우크라이나는 러시아 전체 수출량의 75퍼센트를 생산했다. 시베리아 모피가 러시아 제국의 주요 수출품인 시대는 지나갔고, 시베리아 석유와 가스가 수출품이 되는 시대는 아직 도래하지 않은 상태였다. 그래서 우크라이나에서 생산되는 곡물이 제국 예산의 부족분을 채우고 있었다. 포돌리아는 러시아 제국 내에서 가장 중요한 곡물 생산지 중 하나였다. 과거 노가이족의 정착지에 1794년 설립된 오데사시는 유럽으로 나가는 러시아 제국의 주요 관문이 되었다.

현금이 모자라는 러시아는 수출을 확대하고 싶었고, 이를 위해서는 철도가 필요했으며, 이를 건설하기 위한 자금이 필요했다. 오데사 총독은 이 악순환을 끊기 위해 러시아 군인들의 징벌적 노동을 이용할 것을 제안했다. 러시아 제국 역사에 처음도 아니고, 절대 마지막으로 동원된 것이 아닌 강제노동은 이 문제를 푸는 열쇠가 되었다. 오데사와 모스크바를 연결하는 철도의 첫 단계로 구상된 오데사-발타 철도는 원래 키이우를 통과하게 되어 있었다. 이렇게 되면 반란적인 폴란드 귀족이 있는 우안 지역을 러시아 제국 중심부와 연결할 수 있게 되어 바르샤바의 영향을 줄일 수 있었다. 그러나 이러한 계획은 경제적 효용이 없었다. 키이우 지역과 키이우 북쪽 삼림지역에서는 수출할 게 거의 없었다. 그래서 제국을 정치적으로 통합한다는 꿈을 꾼 제국 전략가들은 비즈니스 로비와의 전투에서 패했다. 발타에서 시작된 철도는 키이우가 아니라 폴타바와 하르키우로 이어졌다. 이 노선은 후에 모스크바-세바스토폴 철도와 연결되었다. 이 철도는 오랜 지연 끝에 1875년 완공되었다.

모스크바-세바스토폴 철도는 세바스토폴에 새로 러시아 해군을 건설하는 데 중요한 역할을 했다. 프랑스가 프랑스-프러시아 전쟁에서 패배한 후인 1871년 러시아 제국은 다시 흑해에 해군을 배치할 수 있게 되었다. 그러나 이 철도의 중요성은 경제와 문화적 가치였다. 경제 면에서 이것은 이 지역의 교역과 동·남부 우크라이나의 발전에 기여했다. 문화 면에서 이 철도는 먼 곳에 있는 크림 반도를 이전에는 생각하지 못했던 방법으로 제국 중심과 연결해서 크림 반도에 대한 러시아의 문화적 식민화를 촉진했다. 19세기가 끝날 무렵 흑해 연안의 작은 어촌에 불과했던 얄타는 제국의 여름 수도가 되었다. 황제와 그의 가족은 크림 해안에 화려한 저택들을 지었고, 정교회 교회와 수도원 건축을 지원했다. 차르와 그 가족 말고도 많은 가신들과 고위·중급 관리들, 그리고 마지막으로 앞서 말한 사람들만큼이나 중요한 작가들과 예술가들이 크림 반도에서 여름을 보냈다. 크림 반도에 작은 별장을 가지고 있던 안톤 체호프는 크림 휴양지를 찾은 러시아 방문객들의 경험을 자신의 「개를 데리고 다니는 여인」에 담았다. 러시아 엘리트는 크림 반도를 확장된 제국적 모국의 일부로 만들었다.*

1894년 알렉산드르 3세가 리바디아 궁전에서 사망하자 그의 시신은 마차에 실려 얄타를 거쳐 그곳에서 배로 세바스토폴로 옮겨진 후 기차로 상트페테르부르크로 운구되었다. 그가 사망한 시점에 철도는 우크라이나 도처를 연결했다. 오데사는 폴타바, 하르키우, 키이우와 연결되고, 모스크바, 상트페테르부르크와도 연결되었다. 오데사에는 기차를 타고 르비우로 갈 수 있었고, 키이우는 르비우와 바르샤바와 연결되었다. 오데사-발타 첫 철도는 연장이 137마일에 불과했으나, 1914년이 되자 우크라이나 전체 철도 연장은 1만 마일이 넘었다. 철도는 경제발전을 촉진시키고, 이동성을 증가시켰으며, 오래된 정치, 경제, 문화 경계를 해체했다. 제국의 새로운 영토인 우크라이나 스텝 지역보다 이런 변화가 큰 곳은 없었다.

과거 유목민들이 차지했던 스텝 지역은 귀족들의 통제 아래 들어가고 '유럽의 빵바구니'라는 명성을 얻게 되었다. 이 지역에는 처녀지를 개간할 인력 공급만 부족한 것으로 보였다. 니콜라이 고골의 작품 『죽은 농노』의 주인공인 치치코프는 죽은 농민들의 영혼을 정

---

* 국내에 19세기 크림 반도 상황을 자세히 소개한 책으로는 『크림 반도 견문록 1~2』(예브게니 마르코프 지음, 허승철 옮김)가 있다.

부에 팔고 이들을 이 지역으로 '이주시켜서' 문제를 해결하려고 했다. 그러나 실제에서는 적은 '영혼'(사람)과 더 많은 농지가 농민을 부유하게 해줄 수 있었고, 러시아 제국 내에서 남부 우크라이나보다 더 좋은 여건을 갖춘 곳은 없었다. 20세기에 들어설 때 크림 반도와 흑해 북쪽의 스텝 지역을 포함한 타우리다 지방 농민의 평균 경작면적은 농가당 40에이커였다. 이것은 포돌리아와 볼히냐의 평균 경작면적 9에이커에 비하면 몇 배 컸다.

기독교인과 이슬람교도 경계선과 오스만-폴란드-러시아 경계선으로 더 선명해진, 정착 농민이 거주하는 삼림-스텝 지역과 유목민 지역인 남부와의 오랜 차이는 천천히 과거의 특징이 되어 버렸다. 철도가 곡물을 생산하는 북쪽 지역을 남쪽의 흑해 항구, 그리고 이를 통해 유럽 시장과 연결해 주었다. 우크라이나 역사상 오랫동안 유목민들의 위협을 받아온 드니프로강, 드니스트르강, 돈강 교역로는 이제 안전해졌고, 이 지역의 경제적 부활에 기여했다. 바이킹들이 키이우 국가를 만드는 데 거점으로 사용한 드니프로강-흑해 교역로는 이제 그 잠재력을 한껏 발휘했고, 드니프로강 급류 지역만이 유일한 수송 장애로 남았다.

철도건설은 급격한 도시화를 촉진했고, 남부는 다시 한 번 이로부터 이익을 얻었다. 도시의 성장은 우크라이나에서 일반적 현상이었다. 20세기가 시작될 때 키이우는 러시아 제국에서 일곱 번째로 큰 도시였다. 1830년대 초 2만 5,000명에 불과했던 인구는 1900년 25만 명으로 늘어났다. 그러나 이런 눈부신 성장도 남부 지역의 성장에 비하면 아무것도 아니었다. 오데사의 인구는 1814년

2만 5,000명에서 1900년 45만 명으로 늘어났다. 도시 지역의 발전은 급속한 산업화가 큰 역할을 했고, 남부 지역도 예외가 아니었다. 1890년부터 1897년 사이 인구가 다섯 배나 늘어나서 3만 명의 노동자와 가족이 거주하는 도시가 된 유즈브카시는 이후 20년 동안 인구가 두 배 이상 늘어나 1917년 혁명 시점에 7만 명이 되었다. 이 도시의 사례는 남부 우크라이나에서 산업화와 도시화의 밀접한 관계를 잘 보여준다.

유즈브카 이야기는 1868년 런던에서 시작되었다. 그해에 성공한 사업가이자 발명가 밀월(Millwall) 철강공장 공장장인 존 제임스 휴즈가 인생의 큰 전환점을 만들기 위해 영국을 떠나면서 이 이야기가 시작된다. 크림 전쟁의 충격 후 러시아 정부는 바다와 육지 접근로를 요새화하는 데 지대한 노력을 쏟았다. 크림 전쟁 중 영국 함대와 프랑스 함대는 발트해에서 상트페테르부르크를 방어하는 섬요새인 크론슈타트에 포격을 퍼부었다. 있을지도 모를 영국으로부터의 공격을 막기 위해 이 섬을 요새화하면서 러시아 정부는 역설적이게도 밀월 철강공장에 건설 작업을 의뢰했다. 다른 사람도 아니고 세바스토폴 방어전 영웅인 에두아르드 토틀레벤이 이 협상을 진행했다. 휴즈는 이 프로젝트를 논의하기 위해 상트페테르부르크로 갔다. 이곳에서 러시아 관리들은 제국 내에 철강공장을 설립하기 위해 그에게 개발권을 부여했다. 휴즈는 이 도전을 받아들였다.

아조우 스텝에 도착한 휴즈와 그의 일행은 17세기에 자포리자 코자크들이 건설한 작은 정착지인 오베치 농지에 짐을 풀었다. 그러나 휴즈는 이 지역의 코자크 역사에 관심이 있었던 것은 아니었다. 그는 단 한 가지 이유 때문에 이 땅을 구입하고 오베치에 온 것이었다. 4년 전 러시아 기술자들은 이 장소를 장래의 철강공장을 위한 이상적 장소로 선택했다. 철광석과 석탄, 물이 모두 인근에 있었다. 러시아 정부는 이 지역에 철강공장을 세우려고 했으나 공장을 세우고 운영하는 전문성이 없어 실패했다. 휴즈는 두 가지 모두에 풍부한 경험을 가지고 있었다. 1872년 그가 새로 세운 철강공장은 첫 선철을 생산했다. 1870년 그는 용광로를 더 만들었다. 이 공장에는 1,800명 가까운 사람이 일을 했고 러시아 내에서 가장 큰 철강공장이 되었다. 노동자들이 거주하던 지역은 설립자 성(Hughesivka)을 따서 유즈브카가 되었다. 철강과 채광 타운은 1924년 스탈리네가 되었다가 1961년 도네츠크로 바뀌었다.

휴즈는 우크라이나로 이주한 몇 안 되는 서방 사업가 중 한 사람이었지만, 수백 명의 숙련된 노동자들이 영국과 프랑스, 벨기에서 우크라이나 스텝으로 이주해 왔다. 이들은 본국이 이 지역에 투자한 프랑과 파운드를 좇아온 것이었다. 주로 프랑스와 영국, 벨기에 은행가들이 재원을 마련해서 이것을 우크라이나 남부로 보냈다. 20세기 초기 외국 회사들은 우크라이나에서 생산되는 철강의 50퍼센트, 선철의 60퍼센트, 석탄의 70퍼센트, 기계류 100퍼센트를 생산했다. 러시아 회사들은 제한된 자본과 기술을 가지고 있었고, 그나마 이들 대부분을 모스크바와 상트페테르부르크의 산업 잠재력에 투자했다.

러시아 제국은 한 가지 자원만큼은 거의 무한정으로 공급할 수 있었다. 그것은 비숙련 노동력이었다. 개선된 보건환경과 기술적 진보는 영아 생존율을 높였고, 영아기를 살아남은 사람들은 더 오래 살았다. 마을에 더 많은 사람이 산다는 것은 농가당 경지면적의 축소를 의미했다. 농노해방 이후 상대적 인구과잉이 우크라이나와 러시아 농촌의 중요한 문제가 되었다. 오랜 지연 끝에 러시아 제국에 도래한 산업혁명은 '잉여'인구를 이제 도시 지역으로 내보낼 수 있게 해주었다. 1870년대 이후 남부 우크라이나의 번성하는 산업도시들은 가난한 농촌을 떠난 수십 만 명의 농민을 자석처럼 끌어들였다. 대부분의 사람들은 우크라이나보다 토지 생산력이 떨어지고 농지 확장열(land hunger)이 더 강하게 나타난 러시아 남부 지방에서 왔다.

위험하기는 하지만 당시 기준으로는 임금이 높았던 유즈브카에서의 노동에 이끌린 러시아 농민 중에는 젊은 니키타 흐루쇼프도 있었다. 1908년 그는 14세였다. 그는 코자크의 수도였던 흘루히우에서 북동쪽으로 약 40마일 떨어진 러시아 농촌 마을인 칼리노브카에서 가족과 함께 유즈브카로 왔다. 가족들이 오기 전 유즈브카에서 경험을 쌓은 철도 노동자였던 그의 아버지 세르게이는 광산에서 전일 노동자로 일하며 돈을 모아서 고향인 칼리노브카에 집을 사서 귀향하는 꿈을 버리지 않았다. 그런 꿈이 없었던 아들 니키타는 도시 생활을 즐겼고, 1917년 혁명 때 볼셰비키당에 가담해 눈부신 경력을 쌓기 전까지 광산 기술자로 일했다. 그는 1957년 소련이 스푸트니크 인공위성을 발사하고 1962년 쿠바 미사일 위기가 진행될 때 소련 지도자 역할을 하게 되었다.

남부 우크라이나의 산업 활황으로 가족이 러시아 시골 마을에서 이주해 왔다가 장래 소련의 지도자가 된 예로 니키타 흐루쇼프가 유일한 것은 아니었다. 흐루쇼프 가족이 이주해오기 몇 년 전 일리야 브레즈네프도 이곳으로 이주했다. 그는 한때 흐루쇼프의 피후견인이었고 그의 뒤를 이어 소련 권력 정상에 오르게 되는 레오니트 브레즈네프의 아버지였다. 브레즈네프 가족은 카멘스케(얼마 전까지 드니프로제르진스크)로 이사를 왔고, 레오니트는 1906년 그 철강 소도시에서 태어났다. 흐루쇼프 가족과 브레즈네프 가족처럼 러시아 농민들이 남부 우크라이나로 대거 이주해 오면서 도시 지역에서 우크라이나인들이 소수 주민으로 전락하게 되었다. 제정 러시아에서 최초이자 유일하게 공식으로 조사된 1897년 전 인구조사 자료에 따르면 제국의 우크라이나 지방은 약 1,700만 명의 우크라이나인과 300만 명의 러시아인이 있었다. 그러나 도시 지역에서 두 인종 주민의 수는 거의 대등해 100만 명이 조금 넘는 러시아인과 100만 명에 조금 못 미치는 우크라이나인들이 도시에 거주했다. 주요 도시와 산업 중심지에서는 러시아인이 다수를 차지했다. 러시아인은 하르키우 주민의 60퍼센트, 키이우 주민의 50퍼센트, 오데사 주민의 거의 50퍼센트를 차지했다.

우크라이나인 중 사업가 계층에 가담한 사람은 소수였다. 19세기 후반 우크라이나 중부 지역 사탕수수 농업에 기반을 둔 제당산업의 발전으로 돈을 번 우크라이나 사업가가 다수 나타났고, 이 가운데 시미렌코 가족이 가장 유명했다. 플라톤 시미렌코는 타라스 셰브첸코가 유형에서 돌아온 후 그를 재정적으로 지원했고, 『유랑시인』재판본 출간을 후원했다. (오늘날 이 가족은 플라톤의 아들 레프가 개발해 아버지의 이름을 딴 사과 개량종인 레네트 플라톤 사과로 유명하다.) 그러나 시미렌코 가족은 일반적이기보다는 예외적 사례다. 러시아인과 폴란드인, 유대인 사업가들이 수적으로 우크라이나 사업가보다 훨씬 많았다.

급속한 산업화와 도시화의 시작과 함께 앞서 본 인종 구성 비율이 산업 노동자 구성에도 나타났고, 노동자 대부분은 러시아인이었다. 유대인 장인들은 과거 폴란드령 우크라이나에서 동부와 남부의 새로운 중심지로 이주해 상업을 주도했다. 동부의 하르키우는 유대인 거주허가 지역 밖에 위치했지만, 오데사와 카테리노슬라브(오늘날 드니프로)를 포함한 나머지 지역에는 유대인들의 거주가 허용되었다. 유대인은 볼히냐, 포돌리아, 남부 우크라이나 인구의 12~14퍼센트를 차지했지만, 소도시에서는 다수 주민이 되었고, 도시 지역에서는 주요한 소수민족을 이루었다. 유대인은 오데사 주민의 37퍼센트를 차지했고, 카테리노슬라브에서는 세 번째로 큰 인종집단이 되었다.

우크라이나인들이 이 지역의 다수를 차지하는 상황에서 왜 대부분의 우크라이나인들은 상업화와 도시화 과정에 적극 참여하지 않았는가? 여기에서 다시 한 번 흐루쇼프와 브레즈네프 가족의 이야기가 당시 상황을 이해하는 데 도움을 준다. 두 가족은 러시아의 쿠르스크 지방에서 남부 우크라이나로 이주해왔다. 19세기 후반 쿠르스크 지방(gubernia, 러시아 제국의 지방행정 구역)의 농가당 평균 농지면적은 7에이커를 넘지 않았다. 이들이 이주해온 카테리노슬라브 지방은 농가당 농지면적이 25에이커가 넘고, 이른바 흑토라고 불리는 이 지역 농토는 훨씬 비옥했다. 앞에서 설명한 것처럼 이 지역 농민들은 러시아 제국 다른 어느 곳의 농민들보다 풍요로운 환경에서 농사를 지었다. 이들은 대개 현 지역에 머물기를 원했고, 그렇게 해도 살아가는 데 지장이 없었다. 상황이 좋지 않으면 많은 농민들은 인근의 철강, 탄광 소도시로 이주하는 것보다 제국 동쪽의 먼 스텝 지역으로 이주하는 길을 택했다. 20세기 초 새로운 산업 지역의 노동 여건은 혹독했다.

이것은 특히 체르니히우를 포함한 우크라이나 중북부 지역의 농민들에게 적용되었다. 체르니히우 지방에서의 농가당 평균 농지면적은 17에이커를 넘지 않았고, 토질도 좋지 않았다. 또 다른 소련 지도자인 미하일 고르바초프 가족 이야기도 우크라이나의 이주 역사에 대한 이해를 도와준다. 20세기 초 고르바초프의 외할아버지인 판텔레이몬 호프칼로는 체르니히우 지방에서 러시아 남부 스타브로폴 지역으로 이주했고, 이곳에서 1934년 고르바초프가 태어났다. 사람들이 상상하는 스타브로폴과 북코카서스의 자연환경은 우크라이나의 환경과 유사했다. 많은 우크라이나 농민들은 도시로 이주하기보다는 훨씬 더 먼 지역, 심지어 극동 지역으로까지 이주하는 것을 택했다. 제1차 세계대전이 발발하기 전 20년 동안 150만 명의 우크라이나인들이 농지가 풍부한 러시아 제국의 남동부 국경 지역으로 이주했다.

농지 확장열로 인한 농민들의 이주는 러시아 제국보다 갈리시아, 부코비나, 트란스카르파티아에서 더 적극적으로 진행된 전 우크라이나적 이야기였다. 20세기 초 동부 갈리시아의 농가당 농지면적은 6에이커에 불과했다. 이것은 인구가 과잉상태였던 러시아 제국 쪽 이웃 지역 볼히냐보다도 3에이커가 적은 면적이었다. 여기다가 카르파티아 산맥 지역의 농도는 볼히냐와 포돌리아보다 훨씬 생산력이 떨어졌다. 농민들은 대규모로 이 지역을 떠났다. "이 땅은 많은 사람을 먹여 살릴 수 없고, 큰 가난을 겪어왔다"라고 갈리시아 우크라이나 작가 바실 스테파니크의 단편소설 「돌 십자가」 주인공은 말했다. 1899년에 쓰인 이 소설은 갈리시아 농민이 대규모로 북아메리카로 이주하는 것에 작가가 자극을 받아 쓴 것이다. 스테파니크의 마을만 보아도 500명 이상의 농민이 더 나은 삶을 찾아 고향을 떠났다.

약 60만 명의 우크라이나인들이 1914년 오스트리아령 우크라이나에 작별을 고하고 외국으로 떠났다. 이들은 미국의 펜실베이니아와 뉴저지로 이주해 광산과 직물공장에서 일했고, 캐나다의 매니토바주, 서스캐처원주, 앨버타주로 이주해 농지를 받고 대평원에 정착했다. 갈리시아와 부코비나의 소도시를 떠난 유대인들이 농민보다 먼저 북아메리카에 정착했다. 제1차 세계대전 발발 전 10년 동안 35만 명의 유대인이 갈리시아를 떠났다. 이러한 이주 이유는 간단했다. 농민들과 마찬가지로 가난에 시달리는 소도시 주민들은 오스트리아-헝가리 제국 동부 지역에서 경제적 미래가 없었다. 다양한 인종, 종교 배경을 가진 이주자들은 새 정착지의 경제와 문화에 큰 기여를 했다. 미국으로 이주한 갈리시아 이주자들은 유명한 할리우드 스타와 연예계 인사들의 조상이 되었다. 잭 팰런스는 갈리시아 출신 우크라이나 부모에게서 태어났고, 바버라 스트라이샌드는 유대인 조부모를 두었다. 1990년부터 1995년까지 캐나다 총독을 지낸 라몬 흐나티쉰의 부모는 부코비나 출신이었고, 앤디 워홀의 부모는 렘코(르비우) 출신이었다.

갈리시아는 러시아 제국에서 가장 가난한 지역에 속했다. 이런 상황은 폴란드 사업가이자 오스트리아 의회 의원이었던 스타니슬라우 슈체파노우스키가 『갈리시아의 궁핍』(1888)에서 한탄한 주제였다. 갈리시아의 노동 생산성과 소비를 유럽 다른 지역과 비교한 그는 "갈리시아 사람은 성인 남자의 1/4의 노동을 하고, 성인 남자의 절반의 음식을 먹는다"라고 썼다. 산업화가 갈리시아를 완전히 지나친 것은 아니었지만, 이것은 이 지역의 경제 상황과 주민들의 복지를 크게 증진시키지는 못했다. 드로호비치와 보리슬라우에서 지상으로 분출한 석유는 오래전부터 지역 주민들에게 문제만 일으켰으나 19세기 중반이 되어서야 석유에서 케로신(등유)을 추출하는 방법을 알아낸 이 지방 약사들에 의해 처음으로 유용하게 사용되었다. 새로운 발명품의 혜택을 처음으로 받은 사람들은 1853년 르비우 종합병원 의사와 환자들이었다. 이 병원은 전 세계에서 처음으로 모든 조명기구에 케로신을 사용한 첫 건물이 되었다. 슈체파노우스키는 증기 드릴(steam drills)을 사용해 갈리시아산 석유로 돈을 번 최초의 사업가가 되었다. 이상주의자이고 신념상 폴란드 민족건설자인 그는 이 지역으로 이주한 폴란드 노동자가 다수를 차지하는 자신의 회사 직원들에게 의료보험을 제공하고, 이들의 어려움을 덜어주려고 했지만, 결국 파산하고 말았다. 오스트리아령 갈리시아에서 사업과 민족건설은 늘 나란히 진행된 것은 아니었다. 1890년대 영국, 벨기에, 독일 회사들이 이 지역에 들어와 캐나다 기술자이자 사업가인 윌리엄 헨리 맥가비가 처음으로 도입한 천공방식(deep-drill methods)을 사용해 석유를 채굴했다. 새로운 경영자들이 유대인이 대부분인 소사업가들을 대체했다. 비숙련 노동자인 우크라이나인과 폴란드 농민들도 더 이상 수요가 없었다. (우크라이나인 농민은 전체 노동자의 절반, 폴란드인은 1/3을 차지했다.) 1910년이 되자 석유 생산량은 200만 톤까지 늘어나서 전 세계 생산량의 1/4을 차지했다, 당시 가장 큰 석유생산국은 미국과 러시아 제국이었다.

석유는 갈리시아에 돈과 교육 기회를 가져왔다. 보리슬라우에는 광산학교가 문을 열었다. 그 당시 세워진 많은 도시 건물들이 아직까지 보존되어서 '좋았던 옛 시절'을 상기시켜준다. 그러나 전체적으로 보아 석유 붐은 이 지역 경제에 제한적 영향만 미쳤다. 이러한 산업활동의 중심지인 보리슬라우 인구는 19세기 후반 세 배로 늘어나서 1만 2,500명이 되었다. 그러나 이것은 갈리시아 전체를 보면 새발의 피에 지나지 않았다. 갈리시아의 수도인 르비우의 인구는 1870년부터 1910년 사이 5만 명에서 20만 명으로 늘어났다. 이것은 눈에 띄는 증가로 볼 수 있지만, 같은 기간 드니프로 우크라이나 지역의 경제발전 효과와 비교하면 대단한 것이 아니었다. 철강 붐 기간 중 카테리노슬라브 인구는 50년 동안 11배 이상 늘어나서 1914년 기준으로 22만 명이 되었다. 우크라이나에서 가장 큰 도시는 67만 명의 인구를 가진 오데사였고, 63만 명의 인구를 가진 키이우가 그 뒤를 이었다. 19세기 중 키이우의 인구는 거의 10배나 늘어났다.

오스트리아령 우크라이나와 러시아령 우크라이나 사이의 산업화와 도시화 수준의 차이에도 불구하고, 두 지역 모두 19세기 말과 20세기 초 큰 경제, 사회 변화를 겪었다. 자본, 재화, 사람뿐만 아니라 아이디어와 정보의 점점 빠른 이동이 현대사회의 탄생을 가져왔다. 노동의 새로운 분화는 전통적 사회집단의 상대적 중요성을 변화시키고 새로운 사회집단의 탄생을 촉진했으며, 특히 산업 노동자 계층을 탄생시키고, 일부 지역의 경제적 성장과 다른 지역의 쇠퇴를 가져왔다. 이러한 변화의 혜택을 받은 지역에 남부 우크라이나가 들어갔고, 흑해 항구와 급속히 성장하는 산업기지를 통한 국제무역도 싹텄다.

새로운 경제, 문화 경계선이 우크라이나의 북부, 중앙 농업 지역과 유목문화의 남쪽 지역을 가른 옛 경계선을 대체했다. 남부는 이제 우크라이나의 산업, 농업 중심지가 되었다. 자포리자 코자크 시대를 기억하는 이곳의 농촌 주민들은 농노제를 거의 경험하지 않았고, 우크라이나 다른 지역보다 경제 여건이 좋았다. 철광과 석탄 매장지가 발견되면서 이 지역은 산업 붐이 일어났다. 러시아 제국 행정의 통제 아래서 북쪽보다 인종적, 종교적으로 다양한 구성을 가지고, 우크라이나에서 가장 높은 도시화가 진행되며 새 시대를 맞게된 이 지역은 20세기의 정치, 사회, 문화적 혼란 속으로 우크라이나를 끌고 들어갔다.

제17장 끝나지 않은 혁명

　일요일인 1905년 12월 9일 추운 아침 날씨 속에 2만 명의 노동
자와 그 가족들은 상트페테르부르크 외곽 지역에서 시내 중심을 향
해 행진을 시작했다. 폴타바 지방 출신으로 상트페테르부르크 신학
교 졸업생인 30세의 그리고리 가폰 사제가 이 시위를 이끌었다. 앞
줄의 사람들은 니콜라이 2세의 초상화와 함께 교회 깃발과 성상화
를 들었고, 차르를 위한 기도가 들어간 노래를 부르며 행진했다. 노
동자들은 가폰 사제가 작성한 청원서를 차르에게 제출하려고 행진
하고 있었다. 이 청원서는 차르가 산업자본가들의 지속적인 학대로
부터 노동자들을 보호해 달라는 내용이 들어 있었다.

　상트페테르부르크의 주요 공장들은 파업에 돌입한 상태였지만
공장 소유주들은 1일 8시간 노동제를 포함한 노동자들의 요구를 들
어주려고 하지 않았다. 산업혁명은 새로운 사회현상인 노동계급을
만들어냈고, 이들은 차르에게 자신들의 기본권을 인정해 달라는 청
원을 하는 것이었다. "우리는 많은 것을 원하는 것이 아닙니다. 우리
는 이것 없이는 생활이 없고, 단지 중노동과 지속적인 고통만 있기
때문에 이것을 청원하는 것입니다"라고 가폰 사제는 청원서에 썼다.

그러나 청원서에는 여러 가지 정치적 요구도 들어 있었다. 그것 중 가장 중요한 것은 제헌의회 선거 요구였다. 누군가 차르에게 헌법을 요구한 마지막 시도는 1825년에 있었다. 그 당시 제정 러시아 정권은 후에 데카브리스트난이라고 알려진 군장교들의 반란을 포병을 동원해 진압했다. 차르와 차르 정부는 다시 한 번 자신들의 의지를 보여주고 프랑스 루이 16세의 실책을 반복하지 말아야 한다고 생각했다. 이들이 생각하기에 루이 16세의 우유부단함 때문에 그는 프랑스 혁명 중 왕좌와 목숨을 잃은 것이었다.

시위대가 현재는 에르미타지 박물관으로 쓰이는 차르의 겨울궁전으로 접근하자 군대는 발포해 100명 이상의 시위대를 현장에서 사살하고 500명 이상에게 부상을 입혔다. 가폰 사제는 여기서 살아남았지만, 그는 더 이상 차르를 위해 기도하거나 그의 보호를 기대하지 않았다. 그날 밤 쓴 청원서에서 가폰은 차르를 야수라고 불렀다. 그는 복수를 선동했다. "형제들이여, 차르에게 복수하자. 그는 민중으로부터 저주받았다. 차르의 모든 사악한 자손들, 그의 대신들과 불행한 러시아 땅을 훔친 도둑 모두에게 복수를 하자!" 그러나 완전한 복수는 13년을 더 기다려야 했다. 볼셰비키가 1918년 7월 차르와 그의 가족을 총살했다. 그러나 차르와 측근들이 피하기를 원했던 혁명은 바로 시작되었다. 이것은 우크라이나를 포함한 러시아 제국 전체에 새로운 시대가 시작되게 만들었다. 정당 창설, 의회 선거, 남성 투표권, 민족주의 지원에 대한 정부의 점점 커가는 의존이 특징인 대중정치의 시대가 시작된 것이다.

상트페테르부르크에서 '피의 일요일' 사건이 일어난 3일 후 우크라이나에도 혁명이 찾아왔다. 수요일인 1월 12일 키이우의 남러시아 기계제작소 공장의 노동자들이 파업에 돌입했다. 카테리노슬라브, 유즈브카 그리고 돈바스 외 지역의 철강공장 노동자들도 곧 파업에 가담했다. 계급전쟁의 불길이 지난 15년간 경제적 활황을 맞았던 지역을 삼켰다. 1905년 1월 이전 노동자들은 단순히 더 나은 환경, 더 높은 임금, 하루 8시간 노동을 요구했다면, 지금은 자신들의 요구를 관철하기 위해 파업, 시위, 당국에 대한 공개적 저항을 벌였다. 당국에 대한 저항에서 인구과잉이고 궁핍한 농촌 지역도 도시에 뒤지지 않았다. 농민들은 귀족 소유의 삼림을 허가 없이 벌목하고 귀족 저택을 습격하는 것으로 저항하기 시작했다. 이러한 공격이 300번 이상 일어났고, 과거 코자크 지역이었던 드니프로강 좌안이 이러한 저항운동의 선두에 섰다. 농민들은 차르가 귀족 소유 농지를 농민에게 불하하는 (토지개혁) 포고령을 기다렸지만, 이는 실행되지 않았다. 대신에 정부는 군대를 동원해 봉기를 진압했다. 1905년 12월 니콜라이 고골(미콜라 호홀)의 출생지인 폴타바 지방 벨리키 소로친치 마을에서는 봉기에 나선 63명의 농민이 사망했다. 벨리키 소로친치는 예외적인 사례가 아니었다.

1905년 여름 제정 러시아 정권은 대부분 농민 출신인 병사들의 무조건적인 지지도 상실했다. 그해 6월 흑해함대에 소속된 포템킨호에서 선상반란이 일어났다. 이 반란의 참가자와 지도자 대부분은 우크라이나에서 징집된 병사들이었다. 원래 10월로 계획되었던 반란은 상한 고기로 요리한 전통 수프 보르쉬(borshch) 때문에 6월에 시작되었다. 지토미르 지방 출신인 준사관 흐리호리 바쿨렌추크는 일부 증언에 따르면 우크라이나어로 다음과 같이 말하며 동료들

「전함 포템킨」(1925)의 오데사 계단 학살 장면과 실제 포템킨호(1906)
포템킨호는 정권에 충성하는 함대와 충돌을 피하기 위해
오데사를 떠나 루마니아로 갔고, 그곳에서 수병들은 루마니아 당국에
투항했다. 수병들의 지도자인 마튜셴코는 체포되어 재판을 받고
포템킨호의 모항인 세바스토폴에서 처형되었다.

에게 반란을 호소했다고 한다. "얼마나 오랫동안 우리는 노예가 될 것인가?" 상관이 그에게 총을 쏘아 죽이자, 하르키우 지방 출신인 26세의 수병 오파나스 마튜셴코가 반란을 지휘했다. 반란을 일으킨 수병들은 지휘관들을 사살하고 붉은 기를 올린 다음 바다로 전함을 몰고 나가 오데사로 향했다. 오데사에서 이들은 노동자들의 파업을 지원했다. 바쿨렌추크의 시신을 실은 포템킨호가 오데사항에 도착하자 새로운 시위, 폭동, 경찰과의 충돌이 촉발되었다.

러시아 코자크 부대가 유명한 포템킨 계단을 포함한 항구에서 시내로 들어오는 길목을 차단했다. 세르게이 예이젠시테인 감독의 유명한 고전 명작「전함 포템킨」(1925)에는 이 계단에서 군대가 양민들을 대량살상하는 장면이 나온다. 이 계단에서 실제로 누군가 죽었다는 증거는 없지만, 경찰과 군대는 시내 전역에서 수백 명의 시위대를 살상했다. 포템킨호는 정권에 충성하는 함대와 충돌을 피하기 위해 오데사를 떠나 루마니아로 갔고, 그곳에서 수병들은 루마니아 당국에 투항했다. 수병들의 지도자인 마튜셴코는 유럽과 미국에서 얼마간 머물다가 다시 오데사로 돌아와 혁명투쟁을 계속했다. 그는 체포되어 재판을 받고 포템킨호의 모항인 세바스토폴에서 처형되었다. 혁명이 상징이 되었지만 어느 정당에도 가입하기를 거부했던 마튜셴코는 28세로 생을 마감했다.

1905년 노동자들의 파업 물결은 절정에 다다랐다. 철도 노동자들의 파업으로 제국 전체의 철도가 멈춰 섰다. 우크라이나에서 주요 철도 교차점인 키이우, 하르키우, 카테리노슬라브의 철도 노동자들이 파업에 돌입했다. 산업 노동자들도 곧 파업에 동참했다. 10월 중순까지 12만 명의 우크라이나 노동자들과 약 200만 명 가까운 러시아 제국 곳곳의 노동자들이 파업에 가담했다. 니콜라이 2세는 전술을 바꾸어 반란을 일으킨 신민들에게 큰 양보를 하기로 했다. 10월 17일 발한 포고령에서 그는 양심, 언론, 집회, 결사의 자유를 비롯한 기본권을 보장한다고 선언했다. 이 포고령으로 제국 내에서 남성 투표권이 보장되었고, 러시아의 첫 의회인 두마 선거는 사회 모든 계층의 대표성을 보장할 것으로 예상되었다. 차르는 두마의 동의 없이는 새로운 입법을 하지 않기로 약속했다. 절대군주제가 입헌군주제로 바뀌는 순간이 온 것이다. 자유주의적인 지식인층은 이 포고령을 환호로 맞았다.

포고령 발표 이후 주요 우크라이나 도시의 거리로 환호하며 쏟아져 나온 군중 중에 눈에 띄는 인종집단은 유대인들이었다. 군주제를 지지하는 보수주의자들은 유대인이 혁명과 밀접하게 관련되었다고 보았다. 이들은 또한 산업화와 급속한 도시화가 시작된 이래 지역 주민들에게 닥친 모든 문제에 대해 유대인들을 비난했다. 많은 우크라이나 도시에서 개혁에 대한 환호는 유대인 학살(pogrom)로 마무리되었다. 포그롬과 유대인 거주제한 전반은 우크라이나에 새로운 일이 아니었다. 여기에는 과거 폴란드-리투아니아 영토였던 지역과 남부 지역도 포함되었다. 첫 대규모 포그롬은 1881년 발생했다. 혁명가들이 알렉산드르 2세 황제를 암살한 후 유대인들이 차르의 죽음에 대한 비난을 뒤집어썼다. 1903년 오늘날 몰도바 수도인 치시나우에서 일어난 포그롬은 3일 밤낮을 지속되었고, 49명의 유대인이 목숨을 잃었다. 이 사건은 미국 언론에 큰 파장을 일으켰고, 유대인 이주의 새 물결을 촉발시켰다. 그러나 과거의 포그롬은 1905년 포그롬에 비할 수 없었다. 1905년 10월 키이우, 카테리노슬라브, 오데사에서 일어난 포그롬으로 수백 명이 사망했고, 수천 명이 부상했으며, 수만 명의 유대인 가옥과 사업체가 파괴되었다.

키이우에서 승리의 축하 행진으로 시작된 시위와 10월 17일 차르의 포고령을 정권 측의 단순한 겉치레 제스처로 비난한 다음에 포그롬이 일어났다. 시위대가 시내 감옥을 공격해 정치범들을 석방시키고, 키이우 대학 앞에 세워진 니콜라이 1세 동상을 훼손하며, 대학 건물 전면의 황제 문장을 제거하고, 제국 국기를 내리고 붉은 깃발을 올린 다음 황제를 교수형에 처할 것을 요구하자 보수주의적 대중은 유대인들을 비난했다. 그날 밤 이주 노동자 무리와 정교회 열심당원들, 범죄자들이 유대인과 유대인 재산을 공격하기 시작했다. "여기 너희들의 자유가 있고, 너희들의 헌법과 혁명이 있고, 여기 너희들의 왕관과 우리 차르 초상화가 있다"라고 한 공격자는 외쳤다. 이 폭동으로 27명이 사망하고, 300명 가까이 부상당했으며, 약 1,800채의 유대인 가옥과 사업장이 파괴되었다. 키이우의 중심 거리인 흐레샤티크 거리에 있던 28개의 유대인 상점은 하나만 남기고 모두 파괴되었다.

이 포그롬을 목격한 후 20세기 가장 유명한 유대인 작가 중 한 사람인 숄렘 알레이쳄은 키이우를 떠나 먼 뉴욕으로 이주했다. 포그롬의 예상이 그의 마지막 작품인『우유배달부 테베』이야기의 주요 주제가 되었다. 이 주제는 브로드웨이에서 공연된 뮤지컬 「지붕 위의 바이올린」의 원작이 된 그의 작품에서 현격히 눈에 띈다. 이 소설과 뮤지컬 모두에서 경찰관은 유대인에게 동정적인 태도를 보인 것으로 묘사되었다. 그러나 이것은 일부 경찰에게만 해당되는 이야기였고, 많은 경찰들은 포그롬이 진행되는 동안 방관을 해서 폭력행위를 조장했다. 이것이 키이우에서 일어난 일이다. 포그롬이 3일 동안 진행된 후에야 경찰은 포그롬 폭력자들을 대상으로 행동을 취했다.

　많은 면에서 키이우 포그롬은 다른 우크라이나 대도시에서 진행된 포그롬의 선례가 되었다. 폭력을 행사한 사람들은 대개 노동자였다. 러시아와 드물게는 우크라이나의 가난한 농촌에서 도시로 온 노동자들은 일자리를 놓고 유대인과 경쟁을 벌여야 했고, 시 관리와 공장 지배인 그리고 사업가들로부터 차별대우를 받는다고 생각했다. 이들은 유대인을 쉬운 폭력 대상이자 '정당한' 목표로 생각했다. 이들에게 폭력을 행사함으로써 폭력배들은 자신들의 '진정한 러시아 정체성'을 보여주고 러시아 제국의 전제정, 정교회, 민족 3원칙을 지켜낸다고 생각했다. 농민들도 소도시와 대도시 외곽에서 유대인 재산 약탈에 동참했다. 이 범죄자들은 전에는 건드릴 생각을 하지 못한 재산을 마음대로 약탈해도 된다고 생각했다. 폭력배는 혁명을 유대인과 연관지어 생각했지만, 차르의 포고령을 환영하고 이것이 부족하다고 느낀 군중은 여러 정치조직에 속한 활동가들이 주도했고, 이 정치단체 중에 극소수만 유대인들이 조직한 것이었다. 블라디미르 레닌이 이끄는 러시아 사회민주노동당의 급진 정파인 볼셰비키가 노동자 파업과 시위선동에 가장 적극적으로 나섰다. 볼셰비키는 러시아 제국 전역에서 파업과 봉기로 차르 정권을 전복하는 것을 목표로 삼았다. 레닌의 노선에 반대한 같은 정당의 다른 정파인 멘셰비키는 자신들 나름의 선전선동을 전개했다. 또한 러시아 사회혁명당도 적극적으로 활동했다. 이 당은 1905년 혁명이 일어나기 전에 하르키우, 지토미르, 체르니히우 같은 주요 도시에 세포조직을 만들어 놓고 있었다. 많은 유대인들이 사회민주당의 멘셰비키파와 볼셰비키파에 가담했지만, 유대인들은 자신들의 정치조직을 가지고 있었다. 1905년 사건에서 가장 활발하게 활동을 벌인 것은 유대인 노동자와 장인들의 이익을 대변한 유대인 노동 분트(Jewish Labor Bund)였다.

주로 유대인 노동 분트의 기치 아래 유대인들이 혁명에 참여한 것은 당시 전개되는 혁명투쟁에서 민족적·종교적 소수파의 중요성을 보여준 것이다. 주류인 '전 러시아' 정당들은 제국 내 소수민족들에게 의미 있는 양보를 하려 하지 않았다. 유대인 분트의 지도자들은 러시아 사회민주노동당에 소속되어 있지만, 레닌이 이들 조직이 자치적 지위와 유대인 노동자들의 배타적 권리만을 주장하는 것에 이의를 제기한 후 이 당을 떠났다. 볼셰비키와 사회민주당원들은 하나로 통합된 노동자들의 운동뿐만 아니라 분리할 수 없는 러시아 제국을 옹호했다. 사회혁명당은 이 문제에 좀더 유연한 입장을 취해서 문화적 자치의 중요성을 인정하고 러시아 국가의 연방구조를 기꺼이 고려하는 태도를 보였다. 그러나 이러한 양보는 제국 내 소수민족들이 자신들의 정당을 조직하는 것을 막기에는 충분하지 않았다.

1890년대 이후 러시아 제국과 오스트리아 제국 경계 양쪽에서 우크라이나인들은 자체적인 정당 창당을 위해 바삐 움직였다. 유럽 전체의 정치세력들이 정당 창당 단계에 들어간 시기였고, 정치 활동가들은 자신들이 정치적 의제에 대한 대중들의 지지를 얻기 위해 거리로 나섰다. 러시아령 우크라이나에서는 1900년 최초의 정당이 탄생했다. 대중 동원은 하르키우에서 시작되었다. 전 러시아 정당에 가입하기를 거부하고 사회주의 이상과 민족주의 이상을 결합하려고 한 지역 학생들 집단이 자체 정당인 혁명 우크라이나당 (Revolutionary Ukrainian Party)을 창당했다. 정당 활동가들은 우크라이나에 당 세포조직을 만들고, 농민들 사이에 들어가 봉기를 일으킬 것을 촉구했다. 이들은 하르키우의 변호사인 미콜라 미흐놉스키가 쓴 『독립 우크라이나』라는 제목이 붙고 갈리시아에서 인쇄된 소책자에 제시된 강령을 채택했다. 러시아 제국 내에서 최초로 창당된 우크라이나 정당은 독립을 목표로 내세웠다.

"역사적 비극의 5막인 '민족들의 투쟁'이 시작되었고, 그 결말이 다가오고 있다"라고 미흐놉스키는 다가오는 세계대전의 비극을 예측하듯이 썼다. 미흐놉스키는 강대국들의 적대주의의 악몽에서 빠져나오는 방법은 "모든 형태의 외국 지배에 대항해 일어난 최근에 해방된 민족들이" 보여주었다고 주장했다. "우리는 우리 민족도 역시 노예화된 민족의 상황에 처해 있다는 것을 안다"라고 말한 다음 우크라이나 민족해방의 목표를 선언했다. 직업이 변호사였던 그는 보흐단 흐멜니츠키가 1654년 체결한 페레야슬라우 조약을 비난하는 법적·역사적 논리를 발전시켰다. 미흐놉스키는 러시아가 조약의 조건을 위반하고 흐멜니츠키 시기 코자크 장교들에게 주어진 권리와 특권을 침해했다고 주장했다. 헤트만 이반 비홉스키와 이반 마제파도 17세기와 18세기 초 비슷한 논리를 사용했다. 그러나 이들과 다르게 미흐놉스키는 폴란드나 스웨덴의 보호를 받아들이지 말고 완전히 독립할 것을 동포들에게 촉구했다.

미흐놉스키의 소책자는 러시아 제국 내 우크라이나 정치사상의 전환점이 되었다. 이 내용을 첫 우크라이나 정당의 강령으로 채택한 것은 미흐놉스키의 이상을 강화시켰다. 그러나 민족주의와 사회주의 중 어느 것을 우선할 것인가를 놓고 이 당은 갈라졌다. 앞으로 다가오는 우크라이나 독립이라는 미흐놉스키의 명제는 17년 후 다시 한 번 정치강령이 되었다. 이것은 또 다른 혁명의 불길 속에서 1918년 1월 다시 살아나게 된다. 그동안 1905년 혁명 와중에서 우크라이나 정치인들은 완전한 독립이 아니라 '해방된' 민주주의적이고 연방적인 러시아에서 자치를 원했다. 사회의 이런 분위기를 반영한 것은 스필카(Spilka, 연맹)의 성공이었다. 이 정당은 미흐놉스키의 혁명 우크라이나당에서 분기되어 나온 사회민주당이었지만, 구성이 다민족적이었고, 러시아 사회민주주의자들과 유대인 분트와 밀접한 관계를 유지하고 있었다, 1905년 4월 스필카의 당원 수는 거의 7,000명에 이르렀다. 이 당의 성공은 부분적으로는 러시아 사회민주당의 지역 지부라는 지위에 기인한 것이기도 했다.

차르의 10월 포고령은 우크라이나 정치 지형에 더 많은 변화를 가져왔다. 정치적 주도권을 되찾고 정부 반대세력을 분열시키는 것이 다급했던 차르는 러시아의 국민들에게 민권을 부여하고 남성 투표권을 도입하기로 결정했다. 왕정파 정당이 10월 17일 연맹이 이 포고령을 지지하며 설립되었다. 10월에 자유입헌민주당이 모습을 드러냈고, 11월에는 민족주의적이고 반유대적인 러시아 국민동맹(Union of Russian People)이 탄생했다. 우크라이나 정치 지형은 이제 세 갈래로 갈라졌다. 스필카와 많은 '전 러시아' 정당과 집단이 사회주의자와 사회민주주의자들을 대표했다. 자유주의적 우크라이나주의 지식인들은 다소 잘못 이름이 붙여진 우크라이나 급진민주당에 집결했고, 이 정당은 러시아의 입헌민주당과 협력했다. 소러시아 경향을 이어받은 정치인들은 러시아 국민동맹 같은 왕정주의자 조직의 핵심을 구성했다.

　우크라이나 민족문제에 대한 관심에서 세 진영 모두 1830년대와 1840년대의 우크라이나 문화 부흥에 그 뿌리를 찾을 수 있고, 타라스 셰브첸코를 자신들의 선구자로 내세웠다. 이들 진영 중 어디도 셰브첸코를 상트페테르부르크의 예술가나 지식인으로 생각하지 않았다. 모두가 그를 코자크 턱수염을 하고 농민 양가죽 외투를 입은 '민중시인'으로 생각했다. 셰브첸코는 농민 민중으로 들어가는 티켓이었고, 새로운 대중정치 시대에 이것은 확실한 티켓이었다. 그러나 세 진영 중 우크라이나 자유주의자들만 셰브첸코의 언어로 사람들과 소통했다. 1905년 혁명으로 인해 이들은 40년간의 제약에서 벗어나 민중 구어를 쓸 수 있게 되었다. 1905년 2월 러시아 제국 과학아카데미가 우크라이나어 출판을 금지한 조치를 철폐할 것을 주장하면서 이 제약의 돌파구가 마련되었다. 학술 공동체는 우크라이나어(소러시아어)를 단순한 방언이 아니라 언어로 인정했다.

　1905년 10월 니콜라이 2세가 포고령을 발표한 바로 그날 우크라이나어 출간 금지조치도 해제되었다. 1905년 12월 시점에 두 종의 우크라이나어 신문이 루브니와 폴타바에서 발행되었다. 1906년 우크라이나 자유주의자들은 첫 우크라이나어 일간지인 『라다』(Rada)를 키이우에서 발행했다. 1907년 첫 우크라이나어 잡지가 발행되었다. 다음 해에 첫 우크라이나어 학술 서적이 발간되었다. 그 시점 기준으로 9개의 우크라이나어 신문이 총 2만 부 발행되었다. 이것은 단지 시작에 불과했다. 1908년에 우크라이나어 출판이 폭발적으로 늘어났다. 가장 인기 있는 장르는 그림으로 유머가 담긴 내용을 설명한 책이었고, 1908년부터 1913년까지 총 85만 부 가까이가 인쇄되었다. 다음으로 인기 있는 장르는 시였고, 같은 기간 동안 총 60만 부가 인쇄되었다. 이로 인해 나타난 현상으로 우크라이나 농민들은 자신들의 언어로 농담을 하고 시를 낭송하는 것을 즐겼다.

우크라이나 대중의 마음과 지지를 얻기 위한 첫 경쟁은 1906년 봄 1차 러시아 두마 선거와 함께 시작되었다. 사회민주당은 선거에 참여하지 않았고, 자유주의자들이 높은 득표를 기록했다. 러시아 입헌민주당과 세력을 합친 급진적 민주주의자들은 수십 석을 얻었고, 두마에 동조세력을 확보했다. 상트페테르부르크에 도착한 이들은 우크라이나의 문화, 정치 목표를 달성하기 위해 우크라이나 의원모임을 조직했다. 우크라이나에서 선출된 95명의 의원 중 44명이 이 모임에 가담했다. 그러나 1차 두마는 아주 짧게 끝났다. 두마가 너무 혁명적이라고 생각한 차르는 두마를 두 달 만에 해산했다. 2차 두마 선거는 1907년 초에 실시되었고, 사회민주당은 이 선거에 적극 참여했다. 14석을 확보한 스필카는 투표의 거의 1/4을 얻은 왕정파를 제외한 다른 우크라이나 정당들을 앞섰다. 우크라이나 의원들은 47명의 의원으로 두마 내에서 두 번째로 큰 이익단체를 형성했다. 이들의 프로젝트 중 하나는 우크라이나어를 공립학교에 도입하는 것이었다. 그러나 이들의 활동은 오래 지속되지 못했다. 혁명활동이 감소하자 차르는 2차 두마도 해산했다. 1차 두마보다 좀더 길게 활동한 2차 두마는 1907년 3월부터 6월까지 존속했다. 2차 두마 해산으로 혁명은 끝났다. 우크라이나 활동가들은 1905년부터 1907년까지 한 여러 일들, 일례로 두마 내 이익단체 구성과 우크라이나 교육, 학술기관 설립 등을 대중정치가 몇십 년 전에 시작된 오스트리아-헝가리령의 의원들의 활동에서 보고 배웠다. 러시아와 오스트리아의 경계는 장래가 아니라 우크라이나 운동의 상호보완적 파트너로 작용했다. 한쪽에서 어려움이 발생하면 다른 쪽의 활동가들이 횃불을 들고 형제들을 도왔다. 1860년대 이후 우크라이나어 출판 금지로 어려움에 처한 드니프로 우크라이나인들은 갈리시아 우크라이나주의자들의 도움을 받았고, 이들을 지원했다. 20세기에 들어오면서 갈리시아 우크라이나인들은 드니프로 우크라이나를 도울 수 있는 입장에 서게 되었다.

갈리시아의 경험을 드니프로 우크라이나에 전달한 핵심 인물은 르비우 대학 우크라이나 역사 교수였던 40세의 미하일로 흐루솁스키였다. 키이우 대학 졸업생인 흐루솁스키는 1894년 갈리시아에 와서 오스트리아령 우크라이나의 대표적 학자가 되었다. 그는 여러 권으로 된 『우크라이나-루스 역사』(*History of Ukraine-Rus'*)를 쓰기 시작했다. 이것은 러시아 역사와 완전히 구별되는 우크라이나 역사 담론을 수립하는 최초의 학술작업이었다. 그는 또한 르비우에 근거지를 둔 타라스 셰브첸코 학술회의 회장으로 일하며 이 조직을 아직 우크라이나가 보유하지 않은 과학 아카데미에 버금가는 기구로 만들었다. 그는 1차 두마에 우크라이나 의원모임이 결성되었다는 말을 듣자마자 르비우에 학생들을 남겨두고 상트페테르부르크로 가서 이 모임의 출판물을 편집하고 우크라이나 의원들의 자문역을 했다. 몇 년 후 흐루솁스키는 자신이 르비우에서 편집하던 『문학-과학 소식』(*Literaturno-naukovyi visnyk*)을 키이우로 옮겼고, 키이우에서 르비우 셰브첸코 학술회를 모델로 우크라이나 과학 아카데미를 창설했다.

흐루솁스키는 혁명 직전 러시아 제국에 부상한 광범위한 자유주의자 연맹이 목표인 '러시아의 해방'(liberation of Ukraine)은 우크라이나의 '해방' 없이는 달성될 수 없다고 주장했다. 그는 민주적인 연방인 러시아 국가 내에서 민주적이고 자치적인 우크라이나를 원했다. 그는 우크라이나 지식인들이 '전 러시아' 목표에 봉사하느라 민족주의적 의제를 포기하는 대신에 우크라이나 정당에 참여할 것을 촉구했다. 그는 또한 우크라이나 정치와 문화 목표를 포기하고 러시아 자유주의자들이 폴란드 민족주의자들과 동맹을 맺게 되는 상황도 막으려고 노력했다. 그는 민족문제에 관해서는 별도의 거래가 없어야 하고, 모든 민족이 동등한 취급을 받아야 한다고 주장했다. 그는 과거 폴란드–리투아니아 대공국에 폴란드어를 학교언어로 도입하는 러시아와 폴란드 간의 합의는 학교에서 우크라이나어를 배제하게 된다고 주장했다. 그렇게 되면 우크라이나 농민들의 폴란드화가 러시아 제국 서부 지방에서 우크라이나 농민들이 러시아화를 대체하게 될 것이라고 예측했다. 그러나 이러한 위협은 실제로 실현되지는 않았다.

흐루솁스키가 갈리시아에서 경험한 것이 그가 우려하는 근거가 되었다. 갈리시아에서는 우크라이나 민족민주당이 현지의 정치를 주도했다. 흐루솁스키와 가까운 동지이자 우크라이나에서 가장 유명한 극작가인 이반 프란코의 도움으로 1899년 설립된 이 정당은 우크라이나주의 민중주의자들과 사회주의 급진주의자들을 연합시켰다. 민족민주주의자들은 우크라이나의 독립이 자신들의 최종적 목적이라고 선언했지만(이것은 미흐놉스키의 혁명 우크라이나당의 선언보다 먼저 발표되었다), 이들의 시급한 목표는 갈리시아를 우크라이나와 폴란드 영토로 나누는 것과 오스트리아 제국 내 인종집단 간

**우크라이나의 시인·작가·언론인
이반 프란코**
20세기 초반을 대표하는 작가로
가장 많은 작품을 남겼으며, 셰익스피어,
위고, 괴테의 작품을 번역했다.
역사학자 흐루솁스키와 함께
갈리시아에서 우크라이나 민족민주당이
현지의 정치를 주도하는 데 협력했다.

의 평등을 확보하는 것이었다. 라몬 드모우스키가 이끄는 폴란드 민족민주당은 우크라이나인들을 폴란드 문화로 동화시키려고 한 반면, 장차 독립 폴란드 국가 수반이 되는 피우수트스키가 이끄는 폴란드 사회주의당은 우크라이나 문제에 대해 연방적 해결안을 제시했다. 갈리시아에 대한 폴란드의 비전과 우크라이나의 비전 사이에는 타협의 여지가 별로 없었다.

폴란드-우크라이나 관계는 보편적 남성 투표권에 근거한 최초의 선거인 1907년 오스트리아 제국 의회와 갈리시아 의회 선거로 타협이 불가능할 정도로 악화되었다. 우크라이나인들은 제국 선거에서는 선전했지만, 갈리시아에 대한 폴란드인들의 장악력을 분쇄하지는 못했다. 선거법은 폴란드 상류계급에 유리했고, 폴란드 관리들의 조작도 있었다. 선거 결과는 우크라이나인들의 패배였고, 이로 인해 몇 명의 사망자가 발생하는 격렬한 충돌이 일어났다. 두 민족

공동체에 속하는 대학생들 간의 관계도 아주 적대적으로 변했다. 흐루솁스키는 저녁 강의를 하러 갈 때 권총을 가지고 다녀야 할 정도였다. 폴란드인과 우크라이나인 관계는 1908년 우크라이나 학생이 폴란드인 갈리시아 총독을 암살하면서 다시 한 번 크게 악화되었다.

우크라이나 민족민주주의자들은 자신들의 핵심 목표인 갈리시아를 분할하고 오스트리아-헝가리 제국 내에서 자치를 획득하는 데는 실패했지만, 교육과 문화 의제를 발전시키는 데는 좋은 성과를 거두었다. 우크라이나주의자들과 폴란드 기득권 세력 간에 짧게나마 화해가 이루어졌던 1890년대 갈리시아 학교에서는 우크라이나어가 교육언어로 도입되었다. 1900~10년에 폴란드-우크라이나 관계가 악화된 상황에서도 우크라이나어는 이 지위를 유지했다. 갈리시아 우크라이나인 중 대규모로 교육받은 첫 세대는 이제 우크라이나어로 세계정세에 대해 공부하게 되었다. 제1차 세계대전 직전 우크라이나어를 가르치는 초등학교 수는 2,500개에 달했다. 이러한 단순한 사실은 이후 오랫동안 갈리시아에서 강력한 우크라이나 정체성을 확립하는 기반이 되었다.

러시아어 교육 증진을 시도했던 러시아주의자들은 학교 교과과정 전투에서는 패했다. 이들은 선거에서도 밀렸다. 1907년 선거에서 우크라이나 정치인들은 유대인 후보자들과 선거연대를 한 반면(최소한 두 명의 유대인 후보자가 우크라이나인들의 지지를 받아 오스트리아 의회에 진출했다), 폴란드인들은 러시아인들을 지원했으나 좋은 결과를 얻지 못했다. 우크라이나 정당들은 오스트리아 제국의회에 22석을 확보했지만, 러시아주의자들은 두 석을 얻는 데 그쳤다. 러시아주의 운동은 더 이상 갈리시아에서 우크라이나 대중주의에 위협이 되지 못했다.

　러시아 제국 내 우크라이나 정당들은 1905년 이후 아주 다른 상황에 처했다. 다른 무엇보다도 이 정당들은 우크라이나인 사이에서도 영향력을 잃고 있었다. 우크라이나어는 학교 교육에 허용된 적이 없었고, 1905년 혁명이 끝나면서 당국은 우크라이나 조직들을 폐쇄하고, 우크라이나 출판기구를 압제하거나 폐쇄하기 시작했다. 이와 대비되게 러시아 민족주의 기구들은 우크라이나 농민들에게 자유롭게 선전을 확산했다.

　보수주의적인 표트르 스톨리핀 총리 정부는 러시아 서부 지방에서 급진적 러시아 민족주의를 동원해 정치적 지지를 확보해 나갔다. 새로운 선거법도 친민족주의 후보가 선거에서 승리하는 것을 도왔다. 러시아 제국 다른 곳에서와 마찬가지로 우크라이나에서 러시아 민족주의 기구들은 같은 성향의 러시아 정교회 고위 성직자, 사제와 연합해 우크라이나 농민들과 도시 거주민들에게 러시아 민족주의와 반유대주의를 확산시켰다. 키이우에서는 제국 러시아 역사에서 가장 논란이 많았던 베일리스 사건 재판이 진행되었다. 이 재판은 종교 의식을 위해 기독교도 소년을 살해한 혐의를 받은 유대인에 대한 심리였다. 볼히냐의 포차이프 수도원은 제1차 세계대전 전까지 러시아 민족주의와 반유대주의의 온상이었다. 러시아 국민동맹의 가장 큰 지부가 볼히냐에 결성되어 있었다. 이 동맹과 유사 기구의 회원들은 '외국인'인 폴란드인과 유대인 약탈자들로부터 러시아인들(우크라이나의 경우에는 소러시아인)의 이익을 보호한다고 주장했다. 이들의 선전선동에서는 '외국인들'을 흡혈귀이자 혁명주의 급진주의자로 매도했다.

우크라이나에서 3차 두마(1907~12) 선거의 결과는 제국적 러시아 민족주의 호소가 효과 있었음을 보여주었다. 우크라이나에서 선출된 41명의 의원 중 36명은 당시 러시아 민족을 정의하는 데 사용된 용어인 '진정한 러시아인'(true Russians)으로 분류되었다. 1911년 9월 스톨리핀이 키이우에서 러시아 혁명당원에 의해 암살된 사건* 도 제국정치의 아무것도 변화시키지 못했다. 러시아 민족주의 정당들은 4차 두마 선거에서 우크라이나 투표의 70퍼센트를 얻었다. 이것은 러시아 민족(ethnic Russians)이 우크라이나 인구의 13퍼센트에 불과한 것을 고려할 때 놀라운 결과였다. 투표자들뿐만 아니라 러시아 민족주의 후보로 나서 선출된 의원 다수가 우크라이나인들이었다. 이 가운데 대표적 인물로 러시아 민족주의자 키이우 모임을 결성하고 4차 두마에서 영향력 있는 정치인으로 활동한 아나톨리 사벤코를 들 수 있다. 또다른 우크라이나인 정치인인 드미트리 피흐노는 러시아 국민동맹 키이우 지부를 이끌고 있었다. 그가 편집을 맡고 있는 키이우의 신문『키이우 시민』은 러시아 민족주의 조직들의 대변지가 되었다. 1905년 혁명 중 급진적인 러시아 민족주의는 소러시아 정체성을 강조하는 사람들 중에 남아 있던 우크라이나의 차별성을 소멸시켜 버렸다.

여러 의미에서 완결되지 않은 혁명으로 남은 1905년 혁명은 러

---

* 당시 니콜라이 2세의 키이우 방문을 수행한 스톨리핀은 오페라 1층 앞줄에 앉아 있다가 2층 황제석에서 니콜라이 2세가 보는 가운데 급진파 혁명당원이 쏜 총에 맞아 사망했다. 당시 키이우의 미하일롭스키 교회에 있던 라스푸틴은 스톨리핀이 탄 마차가 지나가는 것을 보고, 마차 뒤에 악마가 따라간다며 스톨리핀의 암살을 예언했다고 한다.

시아 제국 내 우크라이나 민족주의 운동의 전환점이 되었다. 이 혁명에서 우크라이나 운동가들은 처음으로 대중에게 자신들의 사상을 전파하며 자신들의 힘과 인기를 시험했다. 이들은 처음으로 우크라이나어 구어를 사용해 대중에게 접근하고 언론을 이용해 자신들의 사상을 전파했다. 이들은 우크라이나 정치모임을 구성하고, 우크라이나 전역에 '계몽회'를 설립했다. 과거 시기 우크라이나주의자들은 이렇게 대중에게 침투하는 것을 꿈만 꿀 수 있었다. 우크라이나 운동가들은 짧은 기간 동안에 많은 것을 성취했다. 그러나 혁명이 끝나고, 급진적인 러시아 민족주의의 지지에 의존하는 반동적인 정부정책이 뒤따르면서 우크라이나 정당들은 혼란과 낙담에 빠졌다. 오스트리아령 우크라이나에서 우크라이나주의자들은 전 러시아 사상 전파자들을 상대로 승리를 거두었지만, 갈리시아 정치에서 폴란드 정당의 주도권을 깨뜨리지는 못했다. 러시아 제국과 오스트리아 제국 양국에서 우크라이나 운동가들은 우크라이나 독립이라는 목표를 만들었지만, 제국 정권의 경제, 사회, 정치적 기반을 뒤흔드는 일이 생기기 전에는 지역 자치조차도 확보할 수 없었다. 우크라이나 독립이나 최소한 자치 확보라는 꿈이 실현되기 위해서는 큰 정치적 지각변동이 필요했다. 이 첫 충격파는 1914년 8월에 다가왔다.

두 차례의 세계대전

전간기 중 우크라이나 땅 여러 곳을 통제한 정권 중에서
모스크바의 공산 정권이 우크라이나 민족 프로젝트에
일정한 형태의 국가성을 허용하고 우크라이나 문화발전을 지원했다.
공산주의식 우크라이나 민족건설 프로젝트는
소비에트 우크라이나와 대규모 우크라이나인 공동체가 있는
이웃 동유럽 국가 모두에 호소력을 발휘했다.

제18장 민족의 탄생

1914년 6월 28일 사라예보에서 단 두 발의 총알이 발사되었다. 첫 발로 19세의 가브릴로 프린시프는 프란츠 페르디난트 황태자에게 부상을 입혔다. 두 번째 총알은 황태자비인 소피를 맞췄다. 두 사람 모두 그날 정오 전에 사망했다. 이로 인한 부수적 피해도 있었다. 프린시프는 브라우닝 권총을 당김으로써 제1차 세계대전의 불도 당겼다. 세르비아 민족주의 단체의 일원이었던 가브릴로 프린시프는 합스부르크 왕가를 증오했고, 발칸 반도에 단일한 자유 유고슬로비아 국가를 꿈꾸었다. 오스트리아-합스부르크 제국 정부는 다른 꿈을 가지고 있었다. 오스트리아 제국 정부는 제국을 보존하기를 원했고, 황태자의 암살 사건을 계기로 세르비아와 전쟁을 벌여 제국 내에서 슬라브 민족주의를 일으킨 세르비아를 징벌하기로 결정했다. 러시아는 세르비아를 지원했으며, 독일은 오스트리아-헝가리 제국을 후원하고, 영국과 프랑스는 러시아를 지원했다. 8월 초 사실상 유럽의 모든 국가들이 전쟁에 끌려들어갔다. 당시 대전쟁(The Great War)이라고 알려진 이 전쟁은 군인, 민간인 1,800만 명의 목숨을 앗아갔고, 2,200만 명에게 부상을 입혔다.

역사가들은 오랫동안 인류 역사상 최초의 총력전의 원인에 대해 논해왔다. 이들은 무엇보다도 세계가 두 적대적 군사 진영으로 나뉜 것을 원인으로 꼽았다. 영국, 프랑스, 러시아의 삼국협상국(Triple Entente)과 독일, 오스트리아-헝가리, 이탈리아(후에 오스만 제국으로 대체됨)의 삼국동맹국(Triple Alliance/Central Powers)이 전쟁에 돌입한 것이다. 블라디미르 레닌은 시장과 자원을 통제하기 위한 강대국 간의 경쟁을 전쟁의 원인으로 강조했다. 다른 요인으로는 유럽에서 대중정치의 부상과 신속한 동원 그리고 선제타격의 필요성을 강조한 군사 독트린의 등장을 꼽는다. 이 모든 것이 전쟁 발발에 기여했고, 4년이라는 기나긴 시간 동안 이어진 살상을 끝내지 못한 전쟁 참가국들의 무능력도 원인이 되었다. 전쟁의 근본 원인을 검토하기 위해서는 프린시프가 사라예보에서 총탄을 발사한 이유와 오스트리아-헝가리가 전쟁을 시작한 이유에서 시선을 떼지 말아야 한다. 그 이유는 점점 공세적이 되어가는 민족주의와 급격히 세력이 약화된 다민족 제국들 사이의 커가는 갈등이었다. 민족주의 활동가가 불을 당긴 전쟁은 여러 제국에 심각한 타격을 안겨주었다. 패자는 오스트리아-헝가리 제국과 러시아 제국뿐만 아니었다. 전자는 완전히 해체되었고, 후자는 황제정을 잃고 일부 영토를 상실했지만 다른 형태로 생존했다. 승자 중에는 과거 꺾을 수 없었던 거인 같은 제국들의 폐허에서 자신들의 국가를 만들기 시작한 많은 민족운동이 포함되었다. 어떤 상상력을 동원해도 승자로 간주하기 어려웠던 우크라이나는 이 전쟁으로 자체 국가를 창설할 수 있는 기회를 얻은 민족 중 하나였다.

전쟁 발발 초기 몇 달과 심지어 몇 년 동안 제1차 세계대전은 소수민족 민족주의에 아무런 도움도 약속하지 않았다. 전쟁으로 지배 왕조와 제국에 대한 지지의 물결이 일어났다. 러시아 정부는 전쟁의 발발을 이용해 우크라이나주의 조직활동에 추가적 제약을 가했다. 정부 관리들이 종종 '마제파주의자들'이라고 부른 우크라이나 운동가들은 합스부르크 왕가의 잠재적 첩자로 대접받았다. 마제파는 스웨덴과 힘을 합쳐 러시아에 대항했던 18세기 코자크 헤트만이었다. 제국에 대한 충성을 서약했음에도 불구하고 러시아 정부는 계몽회를 포함한 우크라이나 조직들을 폐쇄하고, 1905년 혁명으로 시작된 자유주의 시기의 마지막 유산인 일간지『라다』(Rada)를 포함해 우크라이나 출간물을 폐간시켰다. 이러한 조치들은 이 전쟁을 러시아 국가 내에서 통합된 자치 우크라이나 설립 기회로 본 우크라이나 지도자들의 모든 희망을 부셔버렸다. 우크라이나 자유주의자들은 중립을 선언하고, 교전 당사자 어느 측도 지지하지 않았다. 좌파 급진주의자들은 러시아 제국을 패퇴시킬 수 있다는 희망을 가지고 오스트리아 편으로 돌아섰다.

전쟁은 러시아군의 눈부신 승리로 시작되었다. 북쪽에서 러시아군은 프러시아로 진격해 들어갔고, 남쪽에서는 갈리시아와 부코비나로 진격했다. 9월 초 러시아군은 르비우를 점령하며, 1914년 말이 되자 카르파티아 산맥 관통로를 장악하고, 트란스카르파티아로 전진했다. 러시아 제국 내 우크라이나 조직에 대한 새로운 제약은 오스트리아-헝가리 제국 내 우크라이나 활동가들에 대한 공격으로 이어졌다. 갈리시아와 부코비나에 대한 러시아의 점령은 1915년 5월까지 지속되었다. 이 기간은 로마노프 제국이 합스부르크 제국

내 우크라이나에 대해 생각하고 있는 장래를 보여줄 만큼 충분히 길었다. 점령 당국은 범러시아 민족의 재통합과 해방을 기치로 내걸고 그때까지 주변에 머물던 러시아주의자들을 갈리시아 정치의 중심에 배치시켰다. 러시아 행정당국은 지역 학교에서 교육언어를 우크라이나에서 러시아로 바꾸었고, 오스트리아와 유대식 이름인 렘베르크(Lemberg, 폴란드어로 르워우Lwow, 우크라이나어로 르비우Lviv)를 러시아식인 르보프(Lvov)로 바꾸었다.

러시아인들은 러시아주의자들을 지지했지만 오스트리아인들은 전쟁이 시작되자마자 이들을 탄압했다. 1914년 9월 4일 체포된 첫 러시아주의자들이 스티리아 지방의 그라즈시 인근 탈레르호프 들판에 도착했다. 체포된 수천 명의 러시아주의자와 그들의 가족들은 이들과 합류했다. 이들 중 많은 사람은 공동체 지도자들, 즉 사제와 교육자, 지식인들이었지만 대부분은 단순한 농민들이었다. 전쟁 기간 동안 약 2만 명이 탈레르호프에 수감되었고, 이 장소는 유럽 최초의 집단수용소라는 악명을 얻게 되었다. 3,000명 가까운 수감자들이 추위와 질병으로 사망했다. 현재는 그라즈 공항 인근의 도로만이 수용소 거리(Lagerstreasse)라는 명칭을 간직하고 있지만 이곳은 갈리시아와 부코비나 러시아주의자들의 비극을 상기시켜준다. 다른 운동가들은 오늘날 체코 공화국 영토에 속한 테레지엔슈타트(테레진)의 수용소로 이송되었다. 가브릴로 프린시프도 이 수용소 수감자 중 한 사람이었다. 그는 그가 촉발한 전쟁이 끝나기 약 6개월 전인 1918년 4월 폐결핵으로 수용소에서 사망했다. 캐나다에서는 당국이 4,000명 가까운 우크라이나인들을 가택연금하고, 8만 명을 정기적으로 경찰에 보고하도록 했으며, 이들을 '적국 민족의 이방인'

(aliens of enemy nationality)으로 다루었다. 이들 모두는 최근에 오스트리아-헝가리에서 이주해 왔기 때문에 이들에게는 '오스트리아인'이라는 민족 소속이 부여되었다.

러시아주의자들과는 다르게 오스트리아-헝가리 내의 우크라이나 운동 지도자들은 오스트리아-헝가리에 충성을 선언했다. 이런 면에서 이들은 자신들을 지지하는 농민들을 따랐고, 전쟁 발발 때까지 농민들이 가장 즐겨 부른 노래는 1898년 이탈리아 무정부주의자에 의해 암살된 프란츠 요제프 황제와 황후 엘리자베트(시시)에 대한 노래였다. 이 노래는 엘리자베타를 '우리의 숙녀', 프란츠 요제프를 '우리의 아버지'라고 불렀다. 전쟁 시작과 함께 우크라이나 운동가들은 우크라이나 최고평의회(Supreme Ukrainian Council)를 구성했다. 이 명칭은 1848년 혁명 발발 당시 루테니아 최고평의회(Supreme Ruthenian Council)에서 따온 것이었다. 이 평의회는 오스트리아군 내에 최초의 우크라이나 군대조직을 만들었다. 1만 명의 자원자 중 당국은 2,500명을 선발해 시치 소총부대(Sich Riflemen)라는 명칭을 붙였다. 이 명칭은 당연히 자포리자 시치와 드니프로 코자크에서 따온 것이었고, 전 우크라이나 정체성과 갈리시아 지원병들의 열망을 표현한 것이었다.

오스트리아-헝가리 제국 내의 우크라이나 정치인들은 두 가지 정치적 목표를 가지고 있었다. 하나는 갈리시아를 분리해 우크라이나인 지역의 자치를 확보하는 것이고, 다른 하나는 러시아가 지배하고 있는 우크라이나에서 독립 우크라이나 국가를 설립하는 것이었다. 두 번째 목표를 달성하기 위해 오스트리아-헝가리 내 우크라이나인들은 오스트리아 제국 군대에 가담했을 뿐만 아니라 러시아 포로 중에 소러시아인들을 우크라이나인으로 바꾸는 프로젝트를 시작했다. 이러한 노력을 주도한 것은 우크라이나 해방연맹(Union for the Liberation of Ukraine)이었다. 이 조직은 빈에서 결성되었지만, 주로 자국 동포를 설득할 수 있는 드니프로 우크라이나 출신 망명자들이 주도했다. 이들 중에는 남부 우크라이나 출신으로 1920년대와 1930년대 급진적 우크라이나 민족운동의 아버지가 되는 러시아 성을 가진 드미트로 돈초프도 포함되어 있었다.

　1915년 늦은 봄 독일군-오스트리아군 합동 공세로 오스트리아는 갈리시아와 부코비나 대부분을 탈환했다. 그 결과 이 지역에서 러시아주의자들은 완전히 소탕되었고, 이들 대부분은 러시아군과 함께 후퇴했다. "그들은 마을 지도자의 인도 아래 가족 전체가 말과 소, 귀중품을 다 가지고 떠났다"라고 『키이우 사상』(*Kievskaia mysl'*) 신문이 러시아주의자들의 탈출에 대해 보도했다. 이 난민 대부분은 러시아인-우크라이나인 거주 경계 지역인 로스토프 지역과 돈강 하류 지역에 정착했다. 이것은 주요 정치세력으로서 러시아주의 운동 역사의 마지막 장이 되었다. 탈레르호프 수용소 수감을 피한 사람들은 거주지를 떠나 러시아로 이주했다. 1916년 봄과 여름 뛰어난 지휘관인 알렉세이 브루실로프 장군이 이끄는 러시아군은 반격을 펼쳐 볼히냐와 부코비나 그리고 갈리시아 일부를 재점령했지만, 이것은 경제와 군사적 힘을 소진한 상태에 이른 러시아 제국의 마지막 환호가 되었다. 전 러시아 민족이라는 아이디어는 곧 합스부르크령 우크라이나뿐만 아니라 로마노프 왕가의 통치령에서도 공격을 받게 되었다.

러시아 제국 자체는 아니어도 로마노프 왕가는 1917년 3월 초 종말을 맞게 되었다. 그 전달 페트로그라드(전쟁 시기 상트페테르부르크의 이름)에서 식품 부족으로 노동자 시위와 군대반란이 일어났다. 두마 지도자들은 오랜 전쟁으로 인해 심리적으로 쇠잔한 차르 니콜라이 2세에게 하야하도록 설득했다. 그는 왕좌를 자신의 동생에게 넘겼으나 그는 이를 거절했다. 두마 지도자들은 그가 동의하는 경우 새로운 반란이 일어날 것으로 예측했다. 더 이상 로마노프 왕조는 존재하지 않았다. 거리 시위의 압력, 병사들의 반란과 당시까지는 차르에게 충성했던 두마의 능란한 조정이 차르 전제정을 끝냈다. 두마 지도자들이 나서서 임시정부를 수립했고, 임시정부의 과제 중 하나는 러시아 국가의 장래를 결정할 제헌의회 선거를 주관하는 것이었다.

역사에는 2월 혁명으로 알려진 페트로그라드에서 일어난 사건으로 궁지에 몰렸던 우크라이나 조직 지도자들은 깜짝 놀랐다. 갈리시아 우크라이나 민족운동과 1905년 혁명 당시 드니프로 우크라이나의 핵심 인물인 미하일로 흐루솁스키는 당시 모스크바 공공 도서관에서 논문 작업을 진행 중이었다. 그는 밖에서 나는 소음과 사람들 목소리를 들었다. 사서에게 무슨 일이 일어났는지 물은 그는 혁명이 일어났다는 것을 알았다. 모스크바 시민들은 러시아 국가의 상징인 크렘린을 점거하기 위해 달려가고 있었다. 3월 초 키이우에서는 우크라이나 정치, 문화조직 지도자들이 중앙 라다(Central Rada, 1917~18년 우크라이나 혁명기 의회)라는 통합 조정기구를 만들었다. 이들은 흐루솁스키를 중앙 라다 수장으로 선출하고 그가 한시바삐 키이우에 도착하기를 기다렸다. 키이우에 도착한 그는 대부분 학생

역사가 미하일로 흐루솁스키
우크라이나 혁명기 의회인
중앙 라다(1917~18) 의장을 지냈으며,
『우크라이나-루스의 역사』(전10권)를
저술해 우크라이나 역사를
독자적인 연구 분야로 확립했다.

과 20대 전문가들로 구성된 젊은 세대 우크라이나 행동가들을 지원했다.

　우크라이나 운동의 온건파(이제는 우크라이나 진보회라고 불렸다)에서 흐루솁스키의 오랜 동료 중 젊은 혁명가들에게 가담하려는 사람은 별로 없었다. 1905년 혁명을 경험한 이들은 혁명이 반동으로 끝나고, 문화 분야에서 양보를 받는 조건으로 임시정부를 지지하려고 했다. 우크라이나어를 교육언어로 만드는 것이 이들의 가장 우선순위였다. 흐루솁스키는 이들의 방향이 틀렸다고 생각했다. 교육개혁이 아니라 개혁된 러시아 민주국가에서 우크라이나의 영토적 자치를 요구할 시간이 왔다고 그는 생각했다. 많은 우크라이나 운동 경험자들은 제국 정부를 상대해 본 우크라이나의 어려움을 고려할 때 이것은 아주 비현실적이지는 않지만 너무 급진적인 요구라고 생각했다. 그러나 흐루솁스키와 그의 젊은 지지자들은 그렇게 생각하지 않았다.

이들은 3월 키이우 시내 교육박물관 지하의 한 방에서 작업을 시작했다. 이들은 자치 우크라이나의 정부인 집정내각(General Secretariat, 1917~18년 우크라이나 혁명정부)을 설립하고 유명한 모더니즘 작가인 볼로디미르 빈니첸코를 정부 수반으로 임명했다. 우크라이나어와 러시아어로 모두 작품을 쓰는 빈니첸코는 니콜라이 고골 이후 러시아 본토에서 상당한 독자를 보유한 첫 우크라이나 작가였다. 새 정부는 오늘날 우크라이나의 상당 지역에 대한 관할권을 선언했다. 여기에는 키이우, 포돌리아, 볼히냐, 체르니히우, 폴타바 지방이 포함되었다. 7월이 되자 페트로그라드 임시정부는 집정내각을 우크라이나 지방정부로 인정했다.

이 모든 것이 어떻게 일어날 수 있었는가? 1905년 혁명 후 영향력을 잃은 우크라이나 아이디어가 어떻게 러시아 자유주의자들과 사회민주주자들뿐만 아니라 '진정한 러시아' 애국주의자들이 내세운 대러시아 민족주의 비전과 경쟁에서 승리할 수 있었는가? 당시 혁명적 분위기 속에서 라다의 젊은 지도자들이 내세운 자유주의적 민족주의와 사회주의의 혼합은 중독성 있는 이념으로 판명되었다. 정치적으로 활동하는 대중은 우크라이나 정파들이 옹호한 우크라이나의 영토적 자치가 우크라이나가 당면한 산적한 군사, 경제, 사회문제에서 벗어나는 유일한 길이라고 보았다. 중앙 라다는 당시에 가장 중요한 사회적 요구인 토지와 평화문제를 해결할 수 있는 유일한 기관으로서 우크라이나를 이끌고 나갔다.

가능한 빨리 전쟁을 끝내기를 원했던 병사들은 중앙 라다를 열성적으로 지지했다. 페트로그라드의 임시정부는 동부전선에서 새로운 공세를 시작하며 영국과 프랑스와 함께 끝까지 전쟁을 수행할 것을 약속한 반면, 중앙 라다는 평화를 약속했고, 전쟁으로 황폐화된 우크라이나에서는 전쟁 종식의 유일한 희망이 되었다. 우크라이나 지방 출신 징집병으로 구성되어 1917년 중 우크라이나 전선으로 파견된 '우크라이나화된' 부대들은 중앙 라다에 충성을 다짐했다. 이러한 징집병 숫자는 모두 합해 30만 명에 달했다. 군복을 입은 전쟁에 지친 농민들은 집으로 돌아가기를 간절히 바랐을 뿐만 아니라, 중앙 라다가 지주계급의 반대에도 불구하고 강행하기로 약속한 토지 재분배 시점에 늦지 않게 고향으로 돌아가기를 원했다. 당시 중앙 라다의 가장 큰 정파였던 우크라이나 사회혁명당의 정치적 영향 아래 있었던 우크라이나 농민들도 철저하게 라다 편이었다.

1917년 여름 우크라이나주의 정치, 문화조직들의 조정위원회에서 좀더 나간 조직이었던 중앙 라다의 전 우크라이나 회의에 우크라이나 농민과 노동자, 병사들이 대표들을 파견하면서 중앙 라다는 명실상부한 우크라이나 의회로 탈바꿈했다. 우크라이나 내 소수민족들도 중앙 라다에 대표를 파견했다. 미하일로 흐루솁스키는 자신의 지지자들에게 1905년과 같은 포그롬을 반복하지 말라고 요청했고, 러시아와 연합이 된 자치적 우크라이나 공화국 내에서 유대인과 폴란드인, 러시아인의 문화적 자치를 약속했다. 이에 화답해 유대인 사회주의 정당들도 중앙 라다에 가입하고, 우크라이나의 영토 자치 아이디어를 지지했다. 다른 소수민족들의 좌파 대표들도 같은 입장을 취했다. 이렇게 되면서 중앙 라다 대표 수는 800명을 넘게 되었고, 라다 지도자들은 새로운 혁명의회의 업무를 조정하기 위해 상설

기관인 소(小)라다(Little Rada)를 만들었다.

수십 명의 저명한 우크라이나인들이 새로운 우크라이나 건설에 참여하기 위해 페트로그라드와 모스크바에서 키이우로 귀환했다. 모스크바는 1918년 3월 볼셰비키가 러시아의 새 수도로 만들었다. 이들 중 한 사람이며 국제적 명성이 있는 예술가인 헤오르히 나르부트는 우크라이나 예술 아카데미의 창설자가 되었다. 그는 우크라이나의 국가 문장(紋章)과 최초의 지폐 그리고 우표를 디자인했다. 국가 문장은 두 가지 역사적 상징을 포함했다. 하나는 키이우 루스 볼로디미르 대공의 동전에서 차용한 삼지창(trident)이었고, 다른 하나는 코자크 이미지였다. 새 국가는 키이우 루스와 코자크 헤트만령을 자신들의 전신(predecessor)으로 주장했다. 국가 문장에 사용된 두 색인 파란색과 노란색은 오랫동안 이것을 국가 문장으로 사용한 갈리시아의 전통에서 차용했다. 이 색들은 제1차 세계대전 중 전선의 양쪽에 갈라져 있는 우크라이나 땅의 통일성을 상징했다.

새로 만들어진 우크라이나 자치국가의 모든 것이 장밋빛은 아니었다. 중앙 라다는 생존할 수 있는 국가조직을 만들지도 못했고, 라다에 충성을 맹세한 수십만 명의 병사와 장교를 조직해 믿을 만한 군대도 만들지 못했다. 새 의회의 지도부에 들어간 작가와 학자, 학생들은 민족혁명의 낭만적 꿈을 즐기며 구 국가체제를 파괴하는 데 열중했다. 제대로 기능하는 정부와 충성스러운 군대를 보유하지 못한 것은 중앙 라다가 이미 한 약속을 수행하지 못하면서 상황 통제력을 잃기 시작한 1917년 가을 문제점을 드러냈다. 중앙 라다에 대한 지지도가 9~13퍼센트로 떨어진 도시 지역(유일한 예외는 지지율이 25퍼센트인 키이우였다)에서 권력은 볼셰비키가 장악한 소비에트로 옮겨갔다. 농촌 지역은 중앙 라다가 토지와 평화 어느 것도 제공하지 못하면서 점점 더 소요가 커졌다. 농민들은 직접 나서서 국가 토지와 귀족 소유 토지를 장악하기 시작했다.

이후 10월 혁명으로 알려진 페트로그라드의 볼셰비키 혁명은 우크라이나에서의 사태 진전에 결정적 영향을 미쳤다. 볼셰비키 쿠데타에 대한 직접적 대응으로 중앙 라다는 우크라이나 국민공화국(Ukrainian People's Republic) 출범을 선언했다. 이것은 독자적 국가였지만 러시아와 연방적 연합을 유지하기로 되어 있었다. 새 공화국은 동쪽과 남쪽의 새 영토에 대한 영유권을 주장했다. 하르키우와 헤르손 지방 그리고 우크라이나인들이 정착한 타우리다, 쿠르스크, 보로네주 지방 일부를 자국 영토로 선언했다. 이 행위로 중앙 라다와 임시정부에 충성하는 병력을 분쇄하기 위해 키이우에서 세력을 합쳤던 볼셰비키 정권과의 짧았던 협력은 종결되었다. 키이우 우크라이나 정부와 페트로그라드 볼셰비키 정부의 대립이 시작되었다.

볼셰비키는 소비에트 통제권을 확보하면서 러시아에서 권력을 장악했다. 소비에트는 노동자와 농민, 병사들 대표들로 구성된 새로운 정부 형태였고, 여러 정당과 경쟁을 벌였다. 임시정부를 해산시킨 10월 혁명은 볼셰비키와 동맹세력이 장악하고 쿠데타 기간 중 페트로그라드에서 회의를 연 제2차 전 러시아 소비에트 회의에서 사후 추인을 받았다. 볼셰비키는 우크라이나에서도 같은 전술을 사용해 우크라이나 소비에트 대회를 1917년 12월 개최할 것을 촉구했다. 그러나 참석한 대표 대부분은 중앙 라다를 지지하는 농민 대표들로 드러났고, 볼셰비키가 계획한 키이우 쿠데타는 실패로 돌아갔다.

　이것은 일시적 후퇴에 불과했다. 볼셰비키 조직자들은 키이우를 떠나 하르키우로 갔고, 우크라이나 동부 산업 중심지를 대표하는 소비에트 대회가 12월 말 열렸다. 이 대회는 1917년 12월 24일 새 국가인 우크라이나 소비에트 인민공화국 출범을 선언했다. 1918년 1월 초 러시아 볼셰비키군이 우크라이나에 진입했고, 후에 소비에트 우크라이나 수도가 되는 하르키우에서 선언된 가상국가 기치 아래 키이우로 진격해 왔다. 러시아 장군 미하일 무라비예프가 이끄는 볼셰비키군은 철도를 따라 진격해 볼셰비키가 조직한 노동자 부대의 지원을 받아 주요 산업 중심지를 점령했다. 지식인들에 대한 영향력이 컸지만 노동자들에 대한 영향력이 없었던 중앙 라다는 산업도시들에 대한 통제력을 상실했다. 또한 중앙 라다는 볼셰비키군의 진격에 대항할 자체 병력이 거의 없었다. 1917년 여름 우크라이나 독립을 지지한다고 선언한 부대들은 전선으로 파견된 상태였다. 이제 중앙 라다 지도자들은 우크라이나가 러시아로부터 완전히 독립한다고 선언해야 했지만, 자신을 방어할 병력은 가지고 있지 못했다.

　1918년 1월 25일 중앙 라다는 네 번째이자 마지막인 우니베르살(universal)을 선포했다. 우니베르살은 코자크 시대에 헤트만의 포고령 명칭이었다. 제4차 우니베르살은 우크라이나의 정치적 독립을 선언했다. "우크라이나 국민공화국은 이제 아무에게도 종속되지 않은 우크라이나 국민의 독립적이고, 자유로운 주권국가가 된다"라고 기재되어 있다. 중앙 라다에 독립선언 결의안을 상정하면서 미하일로 흐루솁스키는 두 가지 시급한 목표를 제안했다. 하나는 독일, 오스트리아와 강화조약을 체결하는 것이었다. 이것은 독립국가만이 할 수 있는 일이었다. 두 번째 목표는 볼셰비키 침공과 대규모 산업 중심지에서 볼셰비키가 조직한 노동자 부대인 적위군의 반란으로부터 우크라이나를 보호하는 것이었다. 그러나 제4차 우니베르살의 역사적 중요성은 시급한 목표를 훨씬 뛰어넘는다. 이것은 이반 마제파 시기 이후 러시아와 첫 공개적 절연이었다. 불과 17년 전 드니프로 우크라이나에서 처음으로 제안된 독립 우크라이나라는 아이디어는 폭넓은 정치적 정당성을 획득했다. 독립이라는 요정이 이제 제국이라는 병에서 나온 것이다.

"우리는 모든 이웃국가들, 즉 러시아와 폴란드, 오스트리아, 루마니아, 터키, 기타 국가들과 평화와 우애 속에 살기를 원한다. 그러나 이 국가들 중 어느 나라도 독립 우크라이나 공화국의 생활에 간섭할 권리를 갖지 못한다"라고 우니베르살은 선언했다. 물론 이것은 실행하기보다는 말이 쉬웠다. 러시아 볼셰비키군은 북쪽과 동쪽에서 키이우로 접근하고 있었고, 키이우 시내에서 볼셰비키는 무기창(Arsenal)에서 노동자 봉기를 일으켰다. 당시 우크라이나의 핵심 군수공장이었던 무기창 건물은 현재 키이우 예술센터와 전시장으로 사용되고 있다. 토지와 평화, 사회의 혁명적 변화를 약속한 볼셰비키 선동으로 많은 병사들이 이탈하면서 중앙 라다는 신뢰할 만한 병력이 절대적으로 부족했다. 체르니히우 지역의 크루티 기차역에서는 약 400명의 학생의용군과 사관생도들이 발트 함대 수병과 페트로그라드 부대 병사들로 구성된 볼셰비키군의 진격을 막으려고 시도했다. 26명의 학생들이 볼셰비키군에 포로로 잡혔고, 5시간 동안 볼셰비키군의 진격을 막았다는 죄목으로 바로 처형되었다. 우크라

키이우에 있는 중앙 라다 건물

'중앙 라다'(Central Rada)는 1917년 3월 만들어진
우크라이나 혁명기 의회다. 1917년 2월 혁명으로 러시아 제국이
무너지고 우크라이나는 독립과 자치로 나아갔다. 중앙 라다는
당시 가장 중요한 사회적 요구인 토지와 평화 문제를 해결할 수 있는
유일한 기관으로서 우크라이나를 이끌고 나갔다.

이나 역사적 기억에서 이들은 민족 독립의 이상을 위해 목숨을 바친 첫 순교자로 여겨진다. 더 많은 순교자들이 뒤를 따르게 되었다.

1918년 2월 9일, 중앙 라다는 키이우를 버리고 서쪽으로 후퇴했다. 그날 밤 오늘날 폴란드-벨라루스 국경도시인 브레스트에서는 중앙 라다 대표들이 동맹국 국가인 독일과 오스트리아-헝가리 그리고 그 동맹국들과 강화조약에 서명했다. 1917년 여름 정규군 편성을 거부했던 중앙 라다는 이제 국경 밖에서 보호세력을 찾아야만 했다. 우크라이나 대표들은 독일과 오스트리아에게 군사 지원을 요청했고, 이 국가들은 즉각 이를 제공했다. 오래 지속된 전쟁에 지친 동맹국 군대와 경제는 농산물을 필요로 했고, 우크라이나는 이미 유럽의 빵바구니라는 명성을 듣고 있었다. 이 강화조약은 "좀더 중요한 농업, 산업제품의 잉여분을 상호 교환하는" 것을 명시했다. 우크라이나로부터 곡물을 받는 대가로 동맹국은 무장이 잘 되고 훈련이 잘된 군대를 보내기로 했다. 동맹국 군대는 강화조약 체결 열흘 뒤 우크라이나로 밀려들어왔다. 3월 2일 동맹국 군대는 볼셰비키군을 키이우에서 몰아냈고, 중앙 라다는 교육박물관으로 다시 돌아왔으며, 크루티 전투에서 사망한 학생들은 아스콜드 묘지에서 군의 영예 속에 매장되었다. 이곳은 키이우의 첫 바이킹 통치자의 전설적인 무덤이 있는 장소였다.

볼셰비키군은 진격해 오는 독일군과 오스트리아군(약 45만 병력)을 군사력으로 저지하지 못하고 후퇴했다. 그러나 볼셰비키는 서류상으로 국가를 만들어 우크라이나 동남부 지역에 가상 인민공화국들의 독립을 선언했다. 오데사 인민공화국, 도네츠 인민공화국, 크리비리흐 인민공화국, 타우리다 인민공화국이 2월과 3월에 독립을 선언했다. 이러한 움직임에 동맹국은 아무런 신경을 쓰지 않았다. 우크라이나 병력의 도움을 받은 동맹국 군대는 중앙 라다가 한 번도 영유권을 주장하지 않았던 크림 반도까지 장악했지만 키이우에 기반을 둔 우크라이나 국민공화국은 병합하지 않았다. 얼마 안 있어 볼셰비키군은 우크라이나 경계 밖으로 밀려났고, 볼셰비키 정권은 자체적으로 동맹국과 강화협정을 맺기 위해 우크라이나의 독립을 인정하지 않을 수 없었다.

새로운 우크라이나 국가는 이제 법적으로(de jure)뿐만 아니라 사실상(de facto) 러시아로부터 독립하게 되었다. 그러나 100만 톤의 곡물을 공급하기로 약속한 동맹국으로부터의 독립은 저절로 주어지지 않았다. 이것은 1918년 4월 독일 군당국이 중앙 라다를 해체하면서 명백해졌다. 독일은 사회주의자들이 주도하고 있는 중앙 라다 정부가 '곡물을 퍼나르는' 약속을 지킬 것으로 신뢰하지 않았다. 중앙 라다 해체는 중앙 라다가 100만 톤의 곡물과 상당량의 다른 농산물을 보내기로 동의한 며칠 후 일어났다. 독일 당국이 주도한 쿠데타로 18세기 코자크 헤트만의 후손인 파블로 스코로파드스키 장군이 새 정부의 수반이 되었다. 아주 보수적인 시각을 가진 그는 우크라이나 지주계급의 이익을 대변하는 인물이었다. 그는 민중들의 역사적 기억에 호소하며 자신을 새 국가의 헤트만으로 선언했다. 과거 헤트만 전통을 따라 그는 독재자로 통치를 했고, 그의 권력은 외국 당국인 독일군과 오스트리아군 사령부의 통제만을 받았다.

러시아 문화환경에서 성장하고 출세한 스코로파드스키는 1917년 혁명의 해에 급속한 우크라이나화 과정을 밟았다.* 1917년 봄 러시아 임시정부는 그를 우크라이나 군부대 사령관으로 임명했다. 이것은 민족주의자들을 회유해서 전쟁을 계속 수행하려는 임시정부의 절망적 시도였다. 그는 처음에는 우크라이나 자치, 다음으로는 친독립 아이디어를 수용했고, 생애 끝까지 여기에 충성했다. (독일 지원자들에 대한 충성도 끝까지 지켰다.) 그는 1945년 4월 연합군의 독일 폭격으로 사망했다. 스코로파드스키의 통치는 우크라이나의 국가와 제도건설에 큰 디딤돌이 된 것으로 판명되었다. 처음으로 우크라이나는 자체 은행과 제 기능을 하는 재정제도를 갖게 되었다. 헤트만은 제정시대 관리들을 등용해 내각을 운영하고, 지방정부부서를 만들었고, 제정 러시아 군 장교들이 군부대를 만들었다. 교육 분야에서 우크라이나는 자체 과학 아카데미를 만들고, 첫 국립도서관과 문서보관서를 갖게 되었다. 새 정부 지원으로 두 대학이 새로 만들어졌다. 하나는 카테리노슬라브(소련 시대 드니프로페트롭스크, 현재 드니프로시)에, 다른 하나는 카먀네프-포딜스키에 만들어졌다. 스코로파드스키는 우크라이나어를 완벽하게 배우지는 못했지만, 그는 우크라이나 지식인들의 오랜 꿈인 학교 교육에 우크라이나어를 도입하는 조치를 시행했다. 이 조치는 중앙 라다가 처음 시도했다.

제도 부문에서 스코로파드스키의 성취가 무엇이었던 간에 중앙

---

* 스코로파드스키(1873~1946): 우크라이나 코자크의 유서 깊은 가문 출신으로 조상인 페디르 스코로파드스키는 보호단 흐멜니츠키와 함께 조우티 보디 전투에 참여했고, 그의 손자 이반 스코로파드스키는 헤트만이 되었다. 러일전쟁에도 참전했던 그는 제1차 세계대전에 제정 러시아군 사단장과 군단장을 지내고 1917년 우크라이나 군인들로 구성된 제1군단 사령관이 되었다.

라다 사회주의 지도자들은 그의 통치를 절대적으로 반대했다. 이들은 스코로파드스키 정권이 볼셰비키 혁명으로 러시아에서 쫓겨난 러시아 보수주의자들을 위한 안전한 피난처를 만들어 주었다고 생각했고, 그렇게 생각할 충분한 이유도 있었다. 많은 사회주의 지도자들은 지하로 잠적한 후 정치적 복귀의 기회를 엿보았다. 헤트만 정부에 대한 반란 가능성이 상존했다. 정권이 노동시간을 하루 12시간으로 늘리면서 노동자들의 불만이 쌓였고, 수확한 농산물을 징발당하는 농민들도 불만이 쌓여갔다. 1918년 여름이 끝날 무렵 수천 명의 노동자들이 파업을 벌였고, 약 4만 명의 농민들이 무장부대에 가담하면서 제1차 세계대전 후 우크라이나는 군병력 부족이 사라졌다. 독일 군부대의 진압 원정으로 상황은 더 악화되었다. 초가을 헤트만 정부는 추락하기 시작했다. 정권은 비볼셰비키 러시아 세력과 연방의 기치를 내걸고 정권을 구해보려고 했지만, 이것은 통합된 러시아 국가를 지지하는 협상국의 요구에 부응하기에는 너무 늦은 시도였다. 우크라이나 독립을 상징적으로 포기한 것은 중앙 라다의 사회주의 지도자들의 격분을 사서 이들은 헤트만 정부 전복에 적극 나섰다. 그러나 다른 무엇보다도 제1차 세계대전의 종전은 스코로파드스키 정권의 몰락을 가져왔다.

1918년 11월 11일 파리 북쪽의 콩피에뉴 숲속에서 독일군 총사령부는 영국군과 프랑스군 사령부와 강화협정에 서명했다. 적대행위의 종식은 독일군과 오스트리아군이 우크라이나를 떠나야 한다는 것을 의미했다. 3일 후인 11월 14일 18세기 프랑스 혁명정부 이름을 딴 혁명위원회인 집정내각(Directory)은 헤트만 정부에 공식으로 대항하고 일어났다. 전 중앙 라다 의원이었던 볼로디미르 빈니첸코가 집정내각 수반을 맡고 있었다. 집정내각은 독일군과 오스트리아군의 철수는 방해하지 않았고, 12월 19일 농민과 헤트만 정부를 이탈한 군부대로 구성된 집정내각 군대가 키이우에 진입했다. 헤트만 정부는 더 이상 존재하지 않았다. 전쟁 상황에서 한쪽 전쟁 당사자의 지원을 받고 만들어진 헤트만 정부는 스스로 생존할 힘이 없었다. 우크라이나 국민공화국이 다시 복귀해 헤트만 정부가 만든 제도와 기관을 그대로 인수하면서 행정을 시작했다. 그러나 새 정부의 우크라이나 통제는 불안했다. 그해 초 독일군과 오스트리아군이 진입하기 전에 철수해야 했던 볼셰비키군이 다시 우크라이나를 장악하려 하고 있었다.

전선의 반대편에 있는 갈리시아에서 제1차 세계대전의 종전은 후에 서부 우크라이나 국민공화국이라는 또 다른 우크라이나 국가 구성을 촉진시켰다. 이 정부는 오스트리아-헝가리 제국의 연방화 후 첫 황제가 된 칼 1세의 선언으로 1918년 10월 출범했다. 우크라이나 지도자들은 우크라이나인들이 다수 거주하는 갈리시아와 부코비나, 트란스카르파티아 지역의 영유권을 주장했다. 오스트리아-헝가리 제국은 이제 마지막 날이 가까워오고 있었다. 제국은 마지막 행동으로 이제 미국이 가담한 협상국과 1918년 11월 3일 강화조약에 서명했다. 빈과 부다페스트의 지배를 받아왔던 민족들은 제국의 굴레를 벗어나려고 했다. 그러나 11월 말까지 살아남지 못한 이중 제국의 몰락은 서로 상충하는 영유권 주장을 폭발시켰다. 특히 우크라이나인과 폴란드인은 갈리시아를 차지하게 위해 치열한 경쟁을 벌였다. 반복적인 약속에도 불구하고 빈 정부는 이 지역을 동부와 서부 두 지역으로 나누지 않았고, 이제 폴란드인들은 갈리시아 전 지역에 대한 영유권을 주장하고 나섰다.

우크라이나인들은 1918년 11월 1일 르비우를 장악하며 먼저 공격을 했다. 이 도시는 우크라이나인들이 주로 거주하는 농촌 지역에 둘러싸여 있기는 했지만 도시 자체의 인구 구성은 폴란드인과 유대인이 주류 민족이었다. 우크라이나인들은 이날 새로운 우크라이나 국가 창설을 선언했다. 폴란드인들이 반격을 가해 20일 뒤 르비우를 다시 장악했다. 저명한 변호사이자 민권 운동가인 예브헨 페트루셰비치가 이끄는 서부 우크라이나 국민공화국 지도부는 사령부를 동부로 이동시켜야 했다. 이들은 처음에는 테르노필, 다음으로는 스타니슬라비프(오늘날 이바노-프란킵스크)로 옮겨갔다. 이것이 오래 지속되고 희생이 컸던 우크라이나-폴란드 전쟁의 시작이었다. 1918년 12월 1일 동부와 서부의 두 우크라이나 공화국은 서로 힘을 합쳐서 하나의 국가를 만들기로 결정했다. 이들은 가능한 최대한 서로 단합해야 했다. 두 공화국 어디도 미래는 밝지 않았다. 모든 전쟁을 종식시킬 것으로 생각했던 제1차 세계대전은 전쟁이 끝나는 순간 새로운 전쟁들을 촉발시켰다.

제1차 세계대전은 슬라브족들을 계속 통제하려는 오스트리아와 발칸 지역의 범슬라브주의 맹주로 행동하고 범러시아 정체성을 오스트리아-헝가리 제국으로 확장하려는 러시아의 충돌로 시작되었다. 두 제국 정부 모두 전쟁에 패배했다. 동유럽과 중유럽에서 제1차 세계대전으로 두 제국은 사라졌고, 사회혁명은 구질서를 파괴했다. 유럽 다른 지역과 마찬가지로 우크라이나는 전쟁의 참화에서 이전과 아주 다른 지역으로 부상했다. 우크라이나는 전쟁의 피해와 파괴된 경제, 감소한 인구, 동원된 인종적 정체성, 그 어느 때보다도 서로 적대적인 이념을 안고 전후시대를 시작해야 했다. 그러나 지배 제국의 붕괴로 우크라이나는 새로운 정체성과 자체 정부 그리고 군대를 갖게 되었고, 유럽의 정치지도에 한 자리를 차지하게 되었다. 전쟁으로 파생된 새로운 정치는 과거 제국 경계선 양편에 거주하던 우크라이나인들에게 분명한 정치적 목표를 만들어주었다. 그것은 독립이었다. 전쟁 전에 환상으로 여겨졌던 것이 현실로 다가왔다. 이것은 중앙 라다의 사회주의 지도자들, 스코로파드스키를 지지한 보수주의자들과 갈리시아의 서부 우크라이나 국민공화국 전사들 모두 공유한 이념의 일부가 되었다. 독립이라는 이상은 소수민족들을 소외시키고 이웃국가들의 적대감을 불러일으키기는 했지만 우크라이나인들을 동원하는 큰 힘이 되었다. 그러나 독립을 선언하는 것과 그것을 성취하는 것은 전혀 별개의 문제였다. 우크라이나는 하나의 전선이 아니라 여러 전선에서 이를 달성하기 위한 투쟁을 벌여야 했다.

제19장 깨진 꿈

1919년 1월 22일 수요일 키이우는 서리가 내렸지만 눈이 오지 않은 청량한 겨울 날씨였다. 그날 우크라이나 수도에서 진행된 공적 행사를 기록영화팀이 처음으로 촬영했기 때문에 우리는 이를 알 수 있다. 중앙 라다가 제4차 우니베르살로 우크라이나의 독립을 선언한 지 1년이 지났다. 다시 권력을 잡은 중앙 라다는 이 행사를 이용해 또 하나의 중요한 선언을 할 예정이었다. 그것은 과거 러시아령 우크라이나와 오스트리아령 우크라이나의 통합 선언이었다. 이들은 볼로디미르 거리에서 성 소피아 성당에 이르는 길에 개선문을 만들고, 키이우 루스 시대 지어진 성당을 대중행사와 교회 예배, 군대 행진의 배경으로 삼았다. 이것은 몇 달 전만 해도 러시아-오스트리아 경계 양쪽의 소수 우크라이나 지식인들이 꿈만 꾸던 일이 실현된 것을 축하하는 엄숙한 행사였다.

성 소피아 성당의 종이 정오를 알리자 카메라는 행복한 얼굴들과 꽃을 든 여인들, 군복을 입은 군중의 모습을 담았다. 주목을 받은 것은 새로운 혁명정부인 집정내각 구성원들이었다. 큰 키에 염소수염을 하고 검은 가죽 코트에 넓은 창이 달린 모직 모자를 쓴 사람이 이들을 이끌었다. 이 사람은 집정내각 수반이자 중앙정부 전 수상이었던 볼로디미르 빈니첸코였다. 그의 오른쪽에는 서부 우크라이나 대표들이 서 있었다. 이들은 과거 합스부르크 제국 통치를 받았던 우크라이나 땅의 민중의회로부터 권한을 위임받고, 두 우크라이나 국가의 통합에 서명했다. 그러나 빈니첸코나 서부 우크라이나 국민공화국 의회 부의장 레프 바친스키 모두 카메라맨들의 가장 많은 주목을 받지는 못했다. '촬영 시간'이 가장 많이 할애된 사람은 중년인데다 보통키의 체격에 주변의 모든 장교들과 마찬가지로 양가죽 모자를 쓴 사람이었다. 한 시점에 그는 빈니첸코 옆에 서서 담배를 피우며, 자신의 허리띠와 옷매무새를 고쳤다. 그는 수석 오타만(otaman, 우크라이나 헤트만으로 코자크 지휘관 또는 장교) 또는 집정내각 군사령관인 시몬 페틀류라였다.

1879년 폴타바에서 태어난 그는 이 장면이 촬영될 때 39세였다. 그보다 반년 먼저 태어난 이오시프 스탈린처럼 페틀류라는 신학교에서 자신의 혁명활동을 시작했다. 그는 당 정치에서 경력을 쌓으며 우크라이나 사회민주노동당의 지도자 중 한 사람이 되었다. 1905년 혁명이 좌절된 후 그는 여러 신문과 잡지 편집을 맡았다. 처음에는 키이우에서 언론활동을 펼치다가, 다음으로는 상트페테르부르크, 1912년부터는 모스크바에서 활동했다. 그는 1917년 우크라이나 총군사위원회의 수반으로, 다음에는 중앙 라다의 군사담당 총서기로 러시아군 내 우크라이나 부대의 편성을 맡았다. 제국 당국은 이러한 부대 중 하나를 앞으로 헤트만이 되는 파블로 스코로파드스키에게 맡겼다.

1919년 1월 22일 키이우에서 만들어진 기록영화는 페틀류라가

우크라이나 혁명기를 이끈 주요 인물들
(위에서부터) 집정내각 군사령관 시몬 페틀류라,
집정내각 수반 볼로디미르 빈니첸코, 헤트만 정부 수반
파블로 스코로파드스키.

빈니첸코와 같이 서 있기는 하지만 그와 대화를 나누지 않는 모습을 담았다. 두 정치인 사이에는 잃어버린 사랑은 없었다. 두 사람의 경쟁관계는 제1차 세계대전 전으로 거슬러 올라간다. 당시 두 사람 모두 우크라이나 사회민주노동당원이었다. 친볼셰비키 성향이 강했던 빈니첸코는 페틀류라가 볼셰비키군의 우크라이나 침공을 유발했다고 비난했다. 1917년 12월 볼셰비키 침공이 임박했을 때 페틀류라는 우크라이나 정부에서 사임해야 했다. 페틀류라와 빈니첸코는 헤트만 정부에 대항하기 위해 서로 힘을 합쳤지만, 이들의 대립은 집정내각 내부에서 지속되었다. 1919년 3월이 되자 여전히 친소비에트적이고 친볼셰비키적인 빈니첸코는 집정내각에서 제외되고, 우크라이나를 떠난 다음 정치에서도 손을 뗐다. 1919년 5월 초 페틀류라는 독재적 권한을 가진 집정내각 수반으로 선출되었다.

빈니첸코뿐만 아니라 1917년 혁명의 또 다른 중요한 인물인 미하일로 흐루솁스키가 해외로 이주한 상태에서 페틀류라가 부상한 데는 중요한 정치적·군사적 이유가 있었다. 페틀류라는 중앙 라다 정부에서 군사담당 총서기, 다음으로 군사령관으로 이름을 알렸고, 우크라이나 혁명이 의회 단계에서 군사 단계로 넘어가면서 결정적으로 중요한 인물이 되었다. 1919년 초 우크라이나가 다시 한 번 볼셰비키의 공격을 받게 되자 페틀류라는 정부의 핵심 각료가 되었다. 우크라이나 공화국 통합을 축하한 지 2주도 되지 않은 1919년 2월 2일 집정내각은 키이우에서 철수해 처음에는 빈니챠로, 다음에는 카먀네츠-포돌스키로 사령부를 이동했다. 전에는 러시아-오스트리아 국경에 가까웠던 이 도시는 지금은 서부 우크라이나 국민공화국과의 접경에 있었다.

우크라이나 군대는 전열이 정비되지 않았기 때문에 후퇴 말고 다른 선택의 여지가 없었다. 1918년 말 페틀류라가 스코로파드스키 헤트만 정부에 대항해 이끌던 농민부대는 거의 해산된 상태였다. 10만 병력 중 1/4만이 페틀류라와 함께 남았으며, 나머지 인원은 자신들의 임무가 끝났고, 이제 나머지 일은 정부 손에 달려 있다고 믿으며 자신들의 마을로 귀향했다. 잔존한 병력들은 오타만들의 지휘를 받았다. 코자크 군지휘관을 뜻하는 이 용어는 독립적인 비정규군 지도자에게 적용되었다. 페틀류라의 직함인 수석 오타만은 슬픈 현실을 반영하고 있었다. 그는 규율 잡힌 군대가 아닌 통제되지 않는 비정규군 지도자들을 이끌고 있었던 것이다. 페틀류라와 그의 장교들은 반란세력에서 정규군으로 발전하지 못했다. 반군으로는 성공했지만 우크라이나 정치인들은 국가를 건설하고 군대를 조직하는 데는 아마추어였다.

우크라이나 국민공화국에 복종하는 유일하게 신뢰할 수 있는 부대는 갈리시아 병사들로 구성되었다. 이들은 제1차 세계대전 중 러시아군에 포로가 된 오스트리아 군대의 우크라이나 병사들로 편성되었다. 이들은 1917년 2월 혁명 후 신생 공화국 군대가 되었다. 이들은 여러 번 바뀐 우크라이나 정부에 가장 규율 잡힌 군대인 것을 입증했다. 1919년 7월 페틀류라는 갈리시아에서 새 보충 병력을 받았다. 5만 명의 병사로 구성된 우크라이나 갈리시아군이 전에 합스부르크 제국과 로마노프 제국의 경계였던 즈브루치강을 건너 포돌리아에 있는 페틀류라 군대에 합세했다. 반년 전 키이우에서 선언된 동부 우크라이나와 서부 우크라이나의 통합은 이제 첫 결실을 거두는 것처럼 보였다. 그러나 통합이 이루어진 상황은 아주 절망적이었다. 페틀류라 군대와 갈리시아 군대 모두 패배 일보 직전이었고, 갈리시아 군대는 침공해 오는 폴란드군에 밀려 갈리시아를 떠난 것이었다.

어떻게 또 왜 이런 일이 발생한 것인가? 1918년 11월 르비우를 폴란드군에게 함락당했지만 서부 우크라이나 정부는 우크라이나인들이 주로 거주하는 동부 갈리시아에 통제권을 확보하는 데 성공했다. 이 정부는 행정체계를 수립하고, 농민들에게 이익이 되는 토지 분배를 포함한 일련의 개혁정책을 제안하며, 폴란드로부터의 독립이라는 목표를 내걸고 우크라이나 주민들을 동원했다. 폴란드-우크라이나 전쟁의 전환점은 1919년 4월 갈리시아에 유제프 할러 폰 할렌부르크 장군이 이끄는 6만 명의 군대가 도착한 것이었다. 이 부대는 프랑스에서 폴란드군 포로들로 편성되었고(이들은 원래 오스트리아 편에서 싸웠다), 협상국이 무장을 시켰다. 이 부대의 장교 일부는 프랑스인이었다. 이 부대는 볼셰비키와 싸우도록 동부로 파견되었지만, 할러 장군은 이 부대를 갈리시아의 우크라이나군과 싸우는 데 동원했다. 프랑스 측은 이에 항의하며 이 내용을 담은 전보를 보냈으나, 무장이 형편없는 우크라이나군을 동부로 밀어내는 데 성공한 폴란드인들은 모든 우크라이나인이 볼셰비키라고 주장하며 프랑스를 설득하는 데 성공했다. 1919년 여름 우크라이나 갈리시아 부대는 즈브루치강으로 후퇴해 강을 건너서 포돌리아의 페틀류라 군대와 합세한 것이다.

5만 명의 갈리시아 병사 중 3만 5,000명은 페틀류라에게 충성했고, 약 1만 5,000명은 오타만들의 지휘 아래 싸웠으며, 우크라이나 부대가 주력을 이루었다. 갈리시아 부대의 합세로 페틀류라는 볼셰비키에게 빼앗긴 중부와 동부 우크라이나 땅을 탈환할 수 있는 기회를 얻었다. 그러나 두 우크라이나의 단합은 생각보다 약한 것으로 드러났다. 서부 우크라이나 국민공화국의 보수적인 지도부는 집정내각 정부의 사회주의 지도자들과 공통의 목표를 수행하는 것이 어렵다는 것을 발견했고, 갈리시아 군대 지휘관들은 과거 반란군 출신 병사들의 느슨한 군기를 이해할 수 없었다. 두 집단은 각각 다른 방향에서 가능한 동맹을 찾았다.

키이우의 우크라이나 정부뿐만 아니라 제국 다른 지역의 민족주의 정부들, 특히 발트 지역과 북코카서스의 정부들은 1917년 10월 페트로그라드의 볼셰비키 혁명에 저항했다. 러시아 남부 지역에서 과거 제국 러시아 장교들과 돈 코자크는 힘을 합쳐 백군(White Army)을 창설해 볼셰비키 혁명 이전의 정치, 사회질서의 복원을 위해 싸웠다. 영국과 프랑스를 비롯한 서방 국가들은 안톤 데니킨 장군이 이끄는 백군을 전적으로 지원했다. 백군은 1919년 초여름 우크라이나에서 볼셰비키군에 대한 공격을 시작했다. 데니킨 장군이 우크라이나 남부에 나타나서 북쪽으로 진격하자 이것은 우크라이나 정부와 군대에 새로운 문제를 제기했다. 과연 데니킨군과 힘을 합쳐 볼셰비키와 싸울 것인지 아니면 그를 멀리해야 하는지가 문제였다. 데니킨은 우크라이나 지도자들이 추진하는 사회혁명을 무산시키려 할 뿐만 아니라 하나의 분리할 수 없는 러시아 국가를 복원하는 것을 목표로 싸우고 있었다.

갈리시아인들과 드니프로 우크라이나인들은 이 문제에 서로 다르게 대응했다. 서부 우크라이나인들은 반볼셰비키이자 반폴란드

세력인 백군과 연합하는 것에 아무 문제도 느끼지 못했다. 그러나 동부 우크라이나인들은 갈리시아인이 멸시하는 폴란드인들이 볼셰비키군과 백군에 대항할 때 잠재적인 동맹이 될 수 있다고 보았고, 오타만들은 적군(赤軍)에 가담하려 하고 있었다. 이념과 상황 때문에 양측은 각각의 전쟁을 치르고 있었다. 1919년 8월 백군과 갈리시아 부대가 동시에 키이우에 입성하게 되자, 갈리시아 부대는 자발적으로 철군해 키이우를 백군에게 넘겨주었고, 이로 인해 페틀류라와 갈리시아 지휘관들 사이에 큰 충돌이 일어났다. 1919년 11월 발진티푸스가 창궐해 양측 군대를 거의 소멸시키고, 남아 있는 갈리시아 부대는 백군에 가담했으며, 페틀류라 군대가 폴란드군과 타협하면서 양측은 결별했다.

두 우크라이나 공화국의 통합이라는 상서로운 기운으로 시작된 1919년은 재앙으로 끝나가고 있었다. 그해 말이 되기 전에 우크라이나 군대는 더 이상 존재하지 않았고, 군대와 함께 국가성도 사라졌다. 동부 우크라이나인들은 정치적으로 분열되고 제대로 조직되지 않았기 때문에 패배했고, 갈리시아인들은 병력 부족과 무기 부족 상태에서 동쪽의 형제 우크라이나인들로부터 아무런 도움도 받지 못했기 때문에 패배한 것이다. 두 국가와 군대의 통합은 통일국가와 군대의 창설이 아니라 군사동맹에서 멈춰버렸다. 다른 정치, 사회질서 속에 오랫동안 갈라진 국가로 존재했던 것이 한 민족에 속한다고 믿고 있었던 두 우크라이나 엘리트 집단과 추종자들의 정치, 군사문화에 큰 영향을 미쳤다. 1919년의 재앙에도 불구하고 이들은 자신들의 이상을 포기하지는 않았다.

우크라이나 군대가 전장을 떠나고 우크라이나 독립 목표가 사라지면서 세 세력이 우크라이나의 통제권을 놓고 싸우게 되었다. 폴란드 분할 전의 국경에 가능한 가까운 국경을 가진 폴란드 국가를 만든다는 목표를 가진 폴란드군은 갈리시아를 장악하고 포돌리아와 볼히냐로 진격해 들어왔다. 협상국의 지원을 받는 백군은 차르 시대 하나의 분할되지 않은 국가를 재건한다는 목표를 가지고 우크라이나 남부에서 북진해 러시아로 진격했다. 다음으로 세계혁명이라는 장기적 목표를 가진 볼셰비키군이 있었지만, 이들의 시급한 목표는 군사적으로 생존하는 것이었다. 이들은 우크라이나의 석탄과 빵 없이는 목표를 이룰 수 없다고 레닌이 공개적으로 인정한 바 있다.

1919년 우크라이나에서 싸운 모든 세력 중 볼셰비키가 키이우에 가장 많은 흔적을 남기고 가장 오랫동안 도시를 장악했다. 처음에는 2월부터 8월까지, 다음에는 12월에 다시 키이우를 장악했다. 그러나 수도와 우크라이나 스텝 지역의 대규모 산업 중심지를 장악하는 것이 우크라이나 전체를 통제하는 것을 의미하지는 않았다. 농촌 지역은 새로운 볼셰비키 지배자에게 반기를 들었다. 볼셰비키의 통치 방식은 우크라이나 자유주의자와 사회주의자들을 적대세력이 되게 만들었다. 이들 중 많은 수는 원칙적으로 소비에트 권력을 환영했지만, 자신들의 민족국가 프로그램을 포기하려고 하지는 않았다. 이것은 볼셰비키의 토지 분배 약속을 액면 그대로 믿었다가 농작물을 총칼의 위협을 받으며 징발당한 농민들도 마찬가지였다. 다양한 비군사집단 지도자들에 이끌린 농민들은 반란을 일으켰고, 농민들의 반란이 볼셰비키가 데니킨의 백군, 갈리시아와 동부 우크라이나 군대에게 우크라이나를 상실한 주요 요인이 되었다. 데니킨군을 패퇴시키고 1919년 키이우를 다시 장악한 볼셰비키군은 지난해의 실책으로부터 교훈 삼기로 결정했다.

블라디미르 레닌이 추종자들에게 '1919년의 교훈'을 직접 가르쳤다. 레닌의 생각에 의하면 볼셰비키는 민족문제를 등한시했다. 그 결과 볼셰비키는 1919년 말과 1920년 초 공식적으로 독립한 우크라이나 사회주의 소비에트 공화국 건설이라는 기치 아래 키이우로 돌아와 우크라이나인들의 모국어에 대한 관심에 주의를 기울였고, 러시아화는 중단되었다. 우크라이나에서 민족혁명의 문화적 요구를 수용하는 정책이 시작되었다. 제정 러시아 시대 지역 엘리트를 회유·흡수하는 정책을 상기시킬 정도로 볼셰비키는 우크라이나 좌파들에게 당의 문호를 개방했다. 과거 사회혁명당원들은 장래 우크라이나 국가에 대한 소비에트 조직이라는 아이디어를 수용하고, 자신들이 대변지인『보로트바』(Borot'ba, '투쟁'이라는 의미)의 이름으로 인해 보로트비스트(Borotbists)라고 불리게 되었다. 개인 자격으로 볼셰비키에 가담한 이들은 볼셰비키가 크게 필요로 한 우크라이나어를 구사하는 당 요원과 문화 엘리트 인력을 제공했다. 농민들도 결국 요구가 수용되어 그렇게 오랫동안 기다려왔던 농지를 분배받았다. 1920년 봄 볼셰비키는 귀족으로부터 압류한 농지에 대규모 집단농장을 건설한다는 계획을 연기하고 농민들에게 이전 지주들의 농지를 분배하는 것을 허용했다.

새로운 전략은 통했다. 1920년 중 볼셰비키는 중부와 동부 우크라이나를 통제할 수 있게 되었고, 이 지역에 대한 마지막 위협을 물리칠 수 있었다. 1920년 4월 말 페틀류라군 잔존 병력의 지원을 받은 피우수트스키의 폴란드 군대는 볼히냐와 포돌리아 전선에서 키이우 방향으로 진격해 왔다. 피우수트스키의 목표는 폴란드와 소비에트 러시아 사이에 우크라이나라는 완충국가를 만드는 것이었다. 폴란드군 공세는 초기에는 성공을 거두었다. 5월 7일 페틀류라는 다시 한 번 우크라이나 정부 수반으로 키이우에 입성했지만, 이번에는 갈리시아군이 그의 옆에 없었다. 그가 폴란드 동맹군의 지원을 받은 대가로 치러야 했던 보상은 실제로는 대단하지 않았지만, 엄청난 상징적 중요성이 있었다. 수석 오타만이 갈리시아에 대한 폴란드의 통제권을 인정하면서 두 우크라이나 공화국 사이의 말썽 많은 관계에 결정타를 날린 것이다.

페틀류라의 성공은 짧게 끝났다. 볼셰비키군이 반격을 펼쳐서 6월 13일 폴란드-우크라이나군을 키이우에서 몰아냈다. 소비에트 기병 지휘관 중 가장 유명한 인물인 세묜 부덴니가 지휘하는 제1기병군은 방어선을 돌파하고 후퇴하는 적군(敵軍)을 공격해 폴란드군과 우크라이나군의 후방을 초토화시켰다. 적군(赤軍)은 우크라이나뿐만 아니라 벨라루스의 전(全) 전선에 걸쳐 진격하며 하루 20마일 속도로 전진했다. 볼셰비키군은 곧 르비우 인근까지 진격했는데, 적군의 한 전선군의 정치장교를 맡고 있던 이오시프 스탈린은 자신의 이름을 드날리기 위해 르비우를 공략하기로 마음을 먹었다. 역설적이게도 폴란드군뿐만 아니라 동부 우크라이나에서 온 페틀류라군도 적군의 살육으로부터 르비우를 방어하기로 결정했다. 이들의 르비우 방어 성공은 소비에트 정권이 폴란드와 벌인 전쟁에서 궁극적으로 패하는 결정적 요인이 되었다.

1920년 8월 중반 전세는 또 한 번 역전되었다. 협상국이 보내준 무기로 무장하고 영국과 프랑스 장교들(프랑스 장교 중에는 앞으로 대통령이 될 샤를 드골도 포함되어 있었다)의 자문을 받은 폴란드군은 바르샤바 외곽에서 적군의 진공을 저지하고 '비스툴라강의 기적'이라고 불리는 전투에서 적군을 패퇴시켰다. 소련 측에서 이 기적이 일어나도록 만든 책임 있는 사람 중 한 명은 스탈린이었다. 그는 부덴니로 하여금 그의 상관들의 명령을 따르지 않고 바르샤바 대신에 르비우로 진격하도록 했다. 이제 적군(赤軍)은 혼란스러운 후퇴를 해야만 했다. 10월이 되자 양측은 강화조약을 체결했고 폴란드-소비에트 국경은 북쪽에서는 벨라루스, 남쪽에서는 우크라이나 안쪽 깊숙이 이동했다. 우크라이나에서 폴란드는 다시 한 번 볼히냐와 포돌리아 일부를 장악했다. 이러한 이익에도 불구하고 키이우를 수도로 하는 완충국가를 만들려는 폴란드의 시도는 실패로 끝났고, 독립국가를 부활시키려는 우크라이나인들의 꿈도 무산되었다. 비스툴라강의 기적은 자신들의 혁명을 유럽 중심부로 가져가려던 소비에트의 꿈도 무산시켰다.

폴란드-소비에트 전쟁의 가장 유명한 '기록자'는 오데사에서 태어난 유대인 작가인 이삭 바벨이다. 그는 부덴니의 제1기병군으로 참전해 일기를 써서 후에 발간되는 단편 모음집인 『적군 기병대』(Red Cavalry)의 자료로 사용했다. 부덴니가 휘하 병사들의 영웅적 모습을 왜곡했다고 비판한 이 작품은 전쟁의 잔인함과 적군 기병대의 폭력, 지속적인 전쟁 속에 휩싸인 우크라이나의 유대인 주민들이 당한 고난을 묘사했다. 3년간 많은 군대들이 서로 전투를 벌이고, 전선이 계속 변하는 상황에서 우크라이나의 민간 주민들은 제1차 세계대전의 피해에서 회복할 기회를 갖지도 못하고 새로운 공포와 파괴에 시달렸다. 어느 인종집단보다도 모든 군대의 공격 대상이 된 유대인의 피해가 제일 컸다. 적군과 백군, 우크라이나군, 비정규군 모두 유대인을 공격했다.

포그롬(pogrom)은 우크라이나와 유대인 거주허가 지역에서 전혀 새로운 현상이 아니었지만, 이제 무장한 침략자들이 이들을 몰아냈다. 포그롬 희생자 수는 기하급수적으로 늘어나서 우크라이나에서만 3만 명을 넘어섰다. 포그롬의 통상적 원인인 약탈 욕망, 경제적 경쟁관계, 기독교의 반유대주의, 현대적 반유대주의 말고도 또 다른 원인들이 첨가되었다. 이것은 혁명시대 이념과 정치였다. 유대인은 한편으로는 자본주의 착취자로 간주되고, 공산주의자와 사회주의자 선전선동가들의 혐오 대상이 되었지만, 다른 한편으로는 볼셰비즘의 열렬한 지지자가 되었다.

대규모 포그롬은 제1차 세계대전 마지막 해이고 독일군과 오스트리아군이 우크라이나로 진입한 1918년 봄에 시작되었다. 그러나 포그롬 자행자들은 진군한 독일군이나 중앙 라다 군대가 아니라 퇴각하는 볼셰비키군이었다. 이들은 기독교의 편견을 공산주의 정의감으로 대체하고 노브호로드-시베르스키와 과거 헤트만령 수도였던 흘루히우의 유대인에 대한 공격을 부르주아에 대한 공격으로 정당화했다. 1919년 봄 볼셰비키의 공격을 받은 페틀류라 군대가 서쪽으로 후퇴할 때 우크라이나 부대들도 일련의 포그롬을 자행했다. 이 가운데 가장 대규모 포그롬은 프로스쿠리프(오늘날 흐멜니츠키)에서 벌어졌고, 1,700명 가까운 유대인이 목숨을 잃었다. 그해 말 정치 구호에는 관심이 없고 노략질에만 관심 있는 비정규 군대와 규율이 없는 무장집단은 유대인 정착지를 약탈했다. 그해 가을 데니킨의 백군도 점령지를 확장하면서 "유대인을 척결하고 러시아를 구하자"

라는 새로운 구호를 내걸고 포그롬을 자행했다. 이 가운데 가장 큰 포그롬은 키이우 남쪽 파스티우에서 발생해 1,000명 가까운 무고한 유대인이 희생되었다. 전체적으로 백군이 포그롬의 약 20퍼센트, 적군이 약 10퍼센트, 비정규군이 25퍼센트의 책임이 있었고, 페틀류라의 부대가 40퍼센트의 포그롬을 저질렀다. 페틀류라 군대는 전쟁 중 가장 많은 수의 포그롬을 자행했다. 백군은 지휘 장교의 명시적 승인 아래 포그롬을 저지른 유일하게 조직된 군사세력이었다. 포그롬에서 거리를 둔 유일한 병사들은 갈리시아 우크라이나인들이었다.

우크라이나 유대인 마을의 유대인들은 자체 방어부대를 조직해 비정규군을 막는 데는 효과를 발휘했으나 대규모 군대의 만행에는 대항할 수 없었다. 유대인 젊은이들은 대규모로 적군에 가담했다. 적군의 정치 사령관인 레온 트로츠키는 우크라이나 출신으로 유대인 볼셰비즘의 상징이 되었다. 그러나 유대인 사이에 적군의 인기는 트로츠키를 훨씬 넘어섰다. 유대인 혁명가들은 볼셰비키나 멘셰비키를 가리지 않고 사회민주주의 운동에 적극 가담했다. 여기다가 젊은 유대인들은 포그롬 숫자로 판단해서 자신들에게 가장 우호적이라고 판단되는 군대에 적극 가담했다. 이러한 시각에서 볼 때 잠시 레닌의 비밀경찰인 체카(Cheka)에 가담했다가 부덴니의 기병대에 가담해 정치장교와 기자로 활동한 이삭 바벨의 이야기는 오데사 출신 유대인 젊은이로서 비전형적이라고 할 수 없었다.

1919년 포그롬은 혁명 초기 시기의 우크라이나인-유대인 동맹에 종지부를 찍었다. 포그롬은 또한 시몬 페틀류라를 우크라이나 반유대주의의 공포의 상징으로 바꾸었다. 이러한 그의 이미지는

1926년 파리에 거주하던 페틀류라를 전 적군 병사였던 숄롬 슈와츠바드가 권총으로 살해하면서 더욱 강화되었다. 많은 사람들은 슈와츠바드는 우크라이나 망명 정치 지도자를 소련 비밀경찰을 대신해 살해했다고 믿었다. 그러나 슈와츠바드는 자신이 독자적으로 행동했고, 우크라이나 포그롬에서 죽은 자신의 친척들에 대한 복수를 하기 위해 페틀류라를 살해했다고 주장했다. 파리 법원은 그를 방면했다.

페틀류라는 정말 포그롬에 책임이 있는가? 혁명 전 사회민주당원이었고, 좌파인 집정내각의 수반이었던 그는 그의 정치환경과 개인적 세계관이 국제주의자였다. 그는 유대인을 민족적·사회적 압제에 대항한 투쟁에서 자연적인 동지로 생각했던 미하일로 흐루셉스키와 다른 중앙 라다 지도자들의 시각을 공유했다. 이러한 동기는 그가 자신의 병사들에게 내린 다음과 같은 명령으로 이어졌다. "세계 유대인 주민들은 그들의 아동과 여성들 모두 노예화되었고, 우리와 마찬가지로 민족적 자유를 박탈당했다. 유대인들은 어디를 가든 우리에게서 멀리 있지 않았고, 기억할 수 없는 오랜 과거에서부터 우리와 함께 살았으며 우리의 운명과 고난을 공유했다. 나는 포그롬을 자행하도록 부추기는 자를 우리 군에서 축출하고, 조국의 배신자로 재판에 넘길 것을 엄중히 명령한다"라고 그는 1919년 8월 하달한 명령서에서 지시했다.

페틀류라의 생각에서 유대인을 공격하는 것은 우크라이나를 배신하는 것과 마찬가지였다. 문제는 그가 이러한 명령을 내렸지만, 포그롬 자행자를 거의 처벌하지 않거나 뒤늦게 처벌했다는 점이다. 1919년 프로스쿠리프에서 포그롬을 자행한 부대를 이끄는 오타만 이반 세메셴코는 1920년 3월이 되어서야 페틀류라의 명령에 의해 재판을 받고 처형되었다. 이것은 포그롬이 한창 자행될 때 군대에 보여주는 일벌백계로서는 너무 늦은 행동이었다. 페틀류라는 군대에 대한 통제력이 약했기 때문에 자신의 명령을 집행하는 것을 주저했다. 그의 군대가 포그롬을 자행한 이유는 독립을 위한 투쟁에서 패한 이유와 똑같았다. 페틀류라의 군대는 군기가 확립되지 않고 엉망으로 조직된 상태였다. 페틀류라 같은 사회주의 우크라이나인 지도자들은 우크라이나 민족운동의 시각에서 볼 때 너무 일찍 시작된 농민혁명의 파도에 올라탔다. 우크라이나가 혁명, 외국 간섭, 내전의 불길에 휩싸이기 전에 우크라이나 활동가들은 농민 대중과 같이 일하며 사회주의 신념의 기본을 농민들에게 가르칠 기회를 갖지 못했다. 제1차 세계대전 전에 우크라이나에서 자유롭게 선전선동 활동을 할 수 있었던 정당들은 소러시아 아이디어 지지자들이었고, 반유대주의가 핵심 이념적 요인이었던 러시아 민족주의 조직의 활동가들이었다. 제1차 세계대전 전 러시아 민족주의의 요새였던 우안 우크라이나는 1919년 가장 가공할 포그롬의 무대가 되었다.

자신의 병사들이 포그롬을 자행하는 것을 어느 정도 제한하고 농민들 사이의 반유대주의와 투쟁한 유일한 비정규군 지도자는 네스토르 마흐노였다. 턱수염에 장발을 한 키가 작고 연약한 체격의 마흐노는 제정 러시아 지역에서 농민들로 구성된 가장 큰 '사설' 부대를 이끈 카리스마 넘치는 사령관이었다. 그의 병력은 전성기 때 4만 명에 이르렀다. 농민 출신으로 정치적 시각이 무정부주의자인 마흐노는 비정규군 중 가장 이념에 따라 움직인 지도자였다. 그의 근거지와 활동 영역은 우크라이나 남부의 훌랴이폴레였다. 이곳은 돈바스의 탄광 지역과 크리비리흐의 철광산 지역 중간의 농민 중심지였다. 20세기가 되면서 모스크바와 세바스토폴을 연결한 철로가 마흐노의 고향에서 멀지 않은 알렉산드롭스크(현재의 자포리자)를 통과하며 두 지역을 연결했다. 철로의 위치가 마흐노와 그의 부대의 전투 중심지기 되었다.

마흐노의 농민 병사들은 그의 무정부주의적 원칙과 꿈을 거의 공유하지 않고, 자신들의 지도자 주변 이념적 동기로 무장한 무정부주의들을 벽안시했다. 농민 병사들은 농민 가부장제 전통에 따라 마흐노를 바치코(bat'ko) 또는 아버지라고 불렀다. 농민들은 어떠한 통제도 혐오했고, 이것이 마흐노의 무정부주의적 이념가들에게 중요했다. 농민들은 농지 징발로 재분배를 원했다. 근대 초기 자포리자 코자크와 마찬가지로 과거 코자크-타타르 경계 지역에서 활동한 마흐노의 군대는 북쪽의 우크라이나 정부와 거리를 유지했고, 종종 정부군과 전투를 벌였다. 마흐노 군대의 절대다수는 우크라이나인이었지만, 우크라이나의 민족적 목표는 마흐노에게 완전히 생소했다. 교사인 마흐노의 부인이 이것을 적극 옹호했다. 무정부주의 혁명을 꿈꾸는 마흐노의 이상은 기본적으로 국제주의적이었다.

우크라이나를 놓고 투쟁을 벌인 모든 세력 중 마흐노는 볼셰비키만이 유일하게 잠재적 동맹세력이 될 수 있다고 보았다. 그러나 마흐노가 볼셰비키의 주적인 표트르 랑겔 장군의 백군을 격파하는 것을 도운 직후 볼셰비키는 마흐노에게 적대적으로 돌아섰다. 백군 잔류병들은 크림 반도를 자신들의 요새로 만들었다. 랑겔 군대는 3년도 채 되지 않은 기간 동안 크림 반도에 여덟 번째로 들어선 정부였다. 크림 타타르가 1917년 12월 25일 처음으로 크림 반도에 크림 인민공화국을 세웠다. 오스만 제국으로 두 번의 대규모 이주 물결 이후 크림 타타르는 크림 인구의 약 30퍼센트를 차지했다. (나머지 인구는 러시아인, 우크라이나인, 그리스인, 불가리아인, 유대인과 기타 소수민족이 차지했다.) 크림 타타르가 세운 공화국은 이슬람 신봉집단이 세운 최초의 세속국가였고, 이것은 근대 크림 타타르 민족의 아버지로 불리는 이스마일 가스피랄리가 이끈 한 세대 전 크림 타타르 활동가 세대들의 문화, 교육활동의 결과였다. 그러나 크림 인민공화국은 짧게 존재했다. 1918년 1월 크림 반도의 권력은 볼셰비키에게 넘어가 이들은 독립 타우리다(크림) 공화국을 선포했지만, 곧 우크라이나군과 독일군에 밀려났다.

독일 통치 아래 크림 반도는 우크라이나에서 독립해 존재했지만, 1918년 9월 헤트만 스코로파드스키는 크림 반도에 대한 경제봉쇄를 실시해 크림 정부가 자치 지역으로 우크라이나 국가에 병합되도록 했다. 이러한 구도는 오래 지속되지 못했다. 독일군이 철수하면서 카라임 유대인 출신인 자유주의 정치인 솔로몬 크림이 이끄는 새 정부가 들어섰다. 이 정부의 법무장관은 유명한 작가인 블라디미르 나보코프의 아버지였다(아버지 이름도 블라디미르였음). 그러나 볼셰비키가 이미 크림 반도를 향해 내려오고 있었다. 볼셰비키는 1918년 7월 우랄 지역에서 니콜라이 2세와 그의 가족을 처형했고, 로마노프 제국 가족의 나머지 친척들은 얄타 인근의 저택을 떠나 영국이 보낸 말보로호를 타고 서방으로 탈출했다. 1919년 6월부터 크림 반도는 백군의 통제 아래 있었다. 처음에는 데니킨 장군이 백군을 지휘했지만, 그는 1920년 4월 사임하고 랑겔 장군이 백군의 지휘권을 인수했다.

랑겔은 남부 러시아 정부를 관장한다고 주장했지만, 그는 크림 반도와 반도 북부의 좁은 스텝 지역만 통제했다. 랑겔과 그의 각료들은 러시아 제국 전체를 복원하려고 했지만 이것은 쉬운 일이 아니었다. 협상국이 제공한 지원에도 불구하고 랑겔은 볼셰비키와의 전쟁에서 지고 있었다. 1920년 11월 8일 적군 병력과 동맹인 마흐노의 군대는 본토에서 크림 반도에 대한 공격을 시작했다. 수심이 얕은 시바쉬 석호가 얼자 여기를 관통해서 본토와 크림 반도를 연결하는 4마일 넓이의 페레코프 지협의 백군 요새를 공격했다. 11월 17일 볼셰비키군은 얄타에 진입했다. 랑겔 장군은 잔류 병력을 이끌고 이스탄불로 철수했다. 뒤에 남은 5만 명 가까운 백군 병사들과 장교들은 내전 중 가장 참혹하게 대량 살육당했다. 이것은 유혈로 점철된 혁명전쟁의 마지막 살육이자 이에 못지않은 볼셰비키의 러시아 통치의 서막이었고 우크라이나는 그 통치 지역의 일부가 되었다.

1921년 3월 러시아 연방, 소비에트 우크라이나, 폴란드 대표들은 리가에서 평화조약을 맺고 새로운 폴란드-소비에트 국경을 확정했다. 이 평화조약에 따라 폴란드는 갈리시아뿐만 아니라 그때까지 러시아가 통치한 볼히냐를 획득했다. 우크라이나는 제1차 세계대전 전과 같이 두 나라가 아니라 네 나라로 나뉘었다. 1918년 루마니아가 점령한 부코비나는 부카레스트 정권의 통제 아래 들어갔고, 트란스카르파티아는 새로 창설된 체코슬로바키아에게 할양되었다. 우크라이나 서쪽의 이웃인 체코인, 슬로바키아인, 폴란드인, 리투아니아인 모두 독립국가를 창설한 반면, 우크라이나인은 자신들의 독립

국가를 얻기 위해 기울인 반복적인 노력에도 불구하고 러시아인이 주도하는 국가 안에서 자치 정도만 얻었다.

이러한 결과를 어떻게 설명할 것인가? 이에 대한 이유는 많았다. 그 가운데 하나는 우크라이나를 자국 영토로 주장한 강력하고 공격적인 이웃국가들의 존재였다. 그러나 핵심 요인은 우크라이나 민족 운동의 미숙성과 합스부르크령 우크라이나 그리고 러시아령 우크라이나 독립 국가성(statehood)이라는 아이디어가 뒤늦게 도래한 것이었다. 오스트리아령 갈리시아에서는 우크라이나 정체성과 전 러시아 정체성 사이의 분열이 1918년에는 극복되었지만, 드니프로 우크라이나에서는 제1차 세계대전과 혁명 기간 내내 분열이 지속되었다. 우크라이나 각 지역의 서로 다른 역사적 궤적에 의해 만들어진 지역주의(regionalism)는 오스트리아령 우크라이나와 드니프로 우크라이나 모두에 큰 장애가 되었다. 오스트리아령 우크라이나에서는 갈리시아, 부코비나, 트란스카르파티아 사이에 민족국가건설 동력이 서로 크게 달랐고, 드니프로 우크라이나에서는 우크라이나 국가성 아이디어가 동부와 남부 지역에 비해 과거 헤트만령과 폴란드가 지배했던 우안 지역에서 훨씬 강했다. 비우크라이나계 주민들이 다수 거주하는 도시들은 우크라이나의 독립 열망에서 벗어나 있었고, 이 열망은 전적으로 농민 대중에 의지해야 했다.

우크라이나 국가 창설 프로젝트의 이러한 제약을 감안할 때 또 다른 중요한 질문이 제기된다. 20세기 들어와서야 독립이라는 정치적 목표를 설정하고 1918년까지 이를 포용하지 못한, 발아한 지 얼마 되지 않은 민족운동이 어떻게 그때까지의 제국 권력과 훨씬 강하게 발전된 민족운동이 장악한 정치 지형에서 힘을 발휘할 수 있게 되었는가? 제1차 세계대전으로 인한 혁명적 영향과 두 제국의 붕괴는 1917년과 1918년 우크라이나 운동에 기대하지 않았던 기회를 만들어주었고, 운동가들은 이 기회를 최대한 활용했다. 우크라이나 운동은 제1차 세계대전 유혈의 혼돈 속에서 부상했고, 독립을 위한 투쟁은 이전보다 훨씬 성숙하게 전개되었다. 합스부르크 제국 영역과 드니프로 우크라이나 지역에서 기능하는 독립국가를 창설하는 데는 실패했지만, 통합되고 독립적인 국가성의 이상은 새로운 우크라이나 목표의 중심이 되었다.

제20장 공산주의와 민족주의

　전간기(戰間期) 동안 우크라이나인들은 해결되지 않은 민족문제를 가진 유럽에서 가장 큰 민족으로 떠올랐다. 우크라이나는 자체 국가는 갖지 못했고, 볼셰비키 러시아, 폴란드, 루마니아, 체코슬로바키아 네 국가가 우크라이나를 분할했다. 1922년 러시아가 주도하는 소연방의 일부가 된 소비에트 우크라이나는 중부와 동부 우크라이나 땅을 차지했다. 1921년 리가 평화조약에 따라 볼히냐와 포돌리아에서는 폴란드와 국경을 맞댔고, 루마니아와는 드니스트르강을 따라 국경이 설정되었다. 협상국들은 1920년 루마니아와 체결한 파리 조약으로 이 국경을 인정했지만, 소비에트 당국은 이 결정에 이의를 제기했다.

　우크라이나 영토를 통제하게 된 각국 정부는 압제부터 회유정책에 이르는 다양한 전략을 사용하며 다른 방식으로 우크라이나 문제를 해결하려고 했다. 20세기 내내 동유럽 전체에서 서로 경쟁한 이념과 믿음 체계(belief system)는 공산주의와 민족주의였다. 다른 여러 나라에서와 마찬가지로 우크라이나의 경우 민족주의와 공산주의는 서로를 반대했을 뿐만 아니라 민족공산주의라는 혼합된 형태로 서로를 수용하려고도 했다. 우크라이나의 정치적·문화적 정체성을 동원하는 다양한 방법으로 인해 제1차 세계대전 전 자유주의적이고 사회주의적인 프로젝트를 대신하면서 다양한 우크라이나 민족건설 프로젝트가 부상했다. 이 가운데 가장 영향력이 큰 두 프로젝트는 소비에트 우크라이나(우크라이나 사회주의 소비에트 공화국 또는 우크라이나 SSR)의 민족공산주의의 한 변형과 주로 폴란드령 갈리시아와 볼히냐에 기반한 급진적 민족주의로 드러났다. 우크라이나 정체성 두 모델 사이의 상호작용은 우크라이나의 20세기 역사 상당 부분을 정의했다.

1922년 우크라이나의 중부와 동부 땅을 차지한 정치체인 우크라이나 사회주의 소비에트 공화국(이 명칭은 1937년 우크라이나 소비에트 사회주의 공화국으로 바뀌게 된다)은 러시아 연방과 벨라루스 공화국, 트랜스코카서스 공화국과 소비에트 사회주의 공화국연방(USSR, Union of Soviet Socialist Republics)을 창설하는 공식 협정을 맺었다. 소연방의 창설은 러시아 공산당 중앙위원회 서기를 맡고 있는 이오시프 스탈린과의 논쟁과 우크라이나와 조지아 지도자들에게 블라디미르 레닌이 깊이 간섭한 결과로 탄생했다. 스탈린은 우크라이나와 다른 공화국들이 자치 권리를 유지한 채 러시아 연방에 가담하기를 원했다. 우크라이나 공산당 지도자들은 이에 저항했다. 여기에는 구(舊) 볼셰비키와 우크라이나 사회주의자들이 포함되었다. 이들은 사회혁명이 민족해방을 포함해야 하고, 주권적인 소비에트 공화국들의 연방이 이 두 가지를 성취하는 가장 좋은 방법이라고 생각했다. 세계혁명의 비전을 가지고, 중국과 인도, 독일, 미국이 장래에 이

볼셰비키 지도부(1920, 맨 오른쪽이 레닌)
볼셰비키 지도부는 시몬 페틀류라를 지도자로 한 우크라이나인들이 대규모
농민반란을 일으킬 능력이 있다고 보았고, 우크라이나인들은 소련 통치 아래 있는
민족 중 가장 동요가 심하고 중앙에 반기를 들 수 있는 민족으로 보았다.

연방에 가담할 것을 꿈꾸고 있던 레닌은 우크라이나의 입장을 지지했다.

소연방은 우크라이나에 대한 큰 고려를 가지고 탄생했다. 연방의 시급한 목표는 우크라이나인들을 받아들이고(the Ukrainians in), 폴란드인들을 쫓아내며(the Poles out), 러시아인들의 세력을 약화시키는(the Russians down) 것이었다. 볼셰비키 지도부는 시몬 페틀류라를 지도자로 한 우크라이나인들이 대규모 농민반란을 일으킬 능력이 있다고 보았고, 우크라이나인들은 소련 통치 아래 있는 민족 중 가장 동요가 심하고 중앙에 반기를 들 수 있는 민족으로 보았다. 이와 동시에 러시아의 민족주의적 야망은 다민족국가의 통합을 저해할 수 있는 주요 위협요인으로 보았다. 물론 서방의 지지를 받고 있는 적대국인 폴란드는 소련에 대한 공격을 다시 개시해 우크라이나의 일부를 분리시켜 가져갈 수 있었다. 연방조약의 연방주의와 공산당의 중앙집권 시기 사이에 우크라이나는 사실상(de facto) 자치를 누렸다. 이것은 제1차 세계대전 이전 10년 동안 주류 우크라이나 정치인들이 상상했던 것과 1917년 혁명 후 몇 달 동안 중앙 라다 지도자들조차도 상상하지 못한 것을 뛰어넘는 폭넓은 자치 권한이었다.

우크라이나는 소련 정권이 수립되고 '프롤레타리아 독재'라고 부른 정치적·법률적 틀 안에서 국가건설의 새 단계를 실험하게 되었다. 소련 정권은 전쟁과 혁명, 내전으로 황폐해진 국가통제를 강화하려고 노력하던 1920년 대 초 신경제정책(New Economic Policy)이라는 임시 정책을 통해 고도로 중앙화된 소련 경제에 시장경제 요소가 들어오는 것을 허용했다. 정치, 문화 부문에서 소련 지도자들은 로마노프 왕조의 제국 영토를 계속 유지하는 새로운 방법을 찾았다. 이들은 이 문제에 대한 임시적 해결책으로 코레니자치아(korenizatsiia, 뿌리 내리기) 또는 토착화(indigenization) 정책을 시행했다. 이 정책은 비러시아 변경 지방의 경제발전과 지역문화를 지원하고 발전시키는 것을 목표로 했다. 소연방 창설 1년이 조금 지난 시점인 1923년 4월 모스크바에서 열린 제13차 공산당대회에서 토착화 정책은 당과 정부의 공식 정책으로 채택되었다.

토착화 정책을 통해 모스크바가 달성하고자 한 목표 중 하나는 정권에 충성하는 지역 엘리트층의 구성이었다. 지역 엘리트를 제국 제도에 흡수하는 방식으로 영토를 확장한 로마노프 왕조의 정책은 혁명시대에는 적용될 수 없었다. 1920년 과거 사회혁명당의 '보로트바' 회원들을 공산당에 들어오게 허용하면서 지역 혁명 엘리트를 권력에 흡수하는 정책이 시작되었지만, 이러한 전략은 당의 이념적 단합성을 훼손하면서 이 정책은 더 추진되지 못했다. 이런 상황에서 우크라이나는 볼셰비키 정권의 안정을 보장할 만큼 충분한 토착 공산당 엘리트를 보유하고 있지 못했다. 1920년대 중반 우크라이나 인구는 3,000만 명에 조금 미치지 못했고, 우크라이나인이 전체 인구의 약 80퍼센트를 차지했으며, 러시아인은 10퍼센트 미만, 유대인은 5.5퍼센트를 차지했다. 그러나 공산당원 구성은 이와 많이 달랐다. 1922년 5만 5,000명의 우크라이나 공산당원 중 러시아인이 다수를 차지해 53퍼센트에 이르렀고, 우크라이나인은 겨우 22퍼센트를 차지했다. 다른 소수민족 당원 총합도 이 정도였지만, 유대인이 이 숫자의 대부분을 차지했다. 농촌 지역의 우크라이나인들은 새로운 행정 당국을 점령군과 비슷하게 생각했다. 모스크바의 공산당 정권은 우크라이나 농민에 대한 통제를 확보하기 위해 이 인식을 바꾸고자 했다.

혁명을 러시아인이 지배하는 민족들의 사회, 민족해방으로 여긴 우크라이나 당 지도부 내의 한 집단인 민족공산주의자들은 프롤레타리아 도시와 농촌의 소부르주아 세계의 차이를 극복하기 위해서는 당은 우크라이나 대부분 주민이 사용하는 언어와 문화, 즉 우크라이나어와 문화를 택해야 한다고 주장했다. 공산당 이념이 대체로 도시 지역에서만 영향력을 행사하는 상황에서 공산주의자들의 사고에서 농촌 지역은 혁명과 내전 시기와 마찬가지로 우크라이나화의 주요 도전으로 떠올랐다. 우크라이나 민족공산주의자들은 900년대 말 비잔틴의 선교사들이 택한 것과 유사한 전략을 택할 것을 주장했다. 이것은 새로운 종교를 전파한다는 목적으로 지역 언어와 문화를 수용하는 것이었다. 이번의 경우에 새 종교는 공산주의였다. 라틴어라는 하나의 공용어(lingua franca)를 주장한 로마 가톨릭에 대항한 비잔틴식 접근법의 승리는 민족공산주의자들이 주장한 노선을 공식 당노선으로 채택하는 데 귀감이 되었다. 그러나 이것은 쉽지 않은 투쟁이었다.

가장 강한 저항은 당원 대부분이 비우크라이나인인 공산당 자체에서 나왔다. 한 보고서에 의하면 행정에 관여하고 있는 당원 중 18퍼센트만 우크라이나어를 제대로 사용할 줄 알았다. 이것은 행정 관리 전체의 42퍼센트가 우크라이나어를 구사할 줄 아는 것과 크게 차이가 났다. 올렉산드르 슘스키가 이끄는 우크라이나 민족공산주의자들은 우크라이나화에 대한 강경노선을 요구했다. 슘스키는 우크라이나 출신이지만 유대인으로 우크라이나어를 제대로 구사하지 못하는 스탈린의 피후견인 라자르 카가노비치를 경질하고 우크라이나 정부 책임자이며 우크라이나인인 블라스 추바르를 당 책임자로 임명하기를 원했다. 추바르는 또한 스탈린이 노동자들의 언어적 우크라이나화를 적극 추진하기를 바랐다. 그러나 처음부터 이 정책은 우크라이나인들에게만 제한되어 실시되었고, 우크라이나 내 러시아인과 자체 토착화 프로그램을 가지고 있는 다른 소수민족들은 제외되었다. 공산당은 러시아인과 고도로 러시아화되어 있는 노동계급에게 저항이 일어날 가능성이 큰 언어정책을 강요해 이들을 소외시키고 싶지 않았다. 슘스키는 힘겨운 싸움을 벌이고 있었다.

스탈린은 슘스키의 청원 시점이 아주 좋지 않다며 카가노비치 축출을 거부했다. 스탈린은 1924년 1월 레닌 사후 진행 중인 당 지도권을 둘러싼 투쟁에서 소련에서 가장 큰 당조직을 가지고 있는 우크라이나 당조직의 충성을 확보하는 것이 필요한 상황에서도 계속 생각을 바꾸지 않았다. 스탈린은 또한 노동계급의 우크라이나화에도 양보하지 않았다. "인민들에게 봉사하는 우리 당과 국가, 다른 기구들은 일정 수준 우크라이나화될 수 있고, 그렇게 되어야만 한다. 그러나 프롤레타리아는 위에서 우크라이나화시킬 수 없다. 러시아 노동계급은 러시아어와 문화를 포기하고 우크라이나어와 문화를 채택하도록 강요할 수 없다"라고 1926년 4월 스탈린은 우크라이나 당 최고 지도부인 정치국에 편지를 썼다. 스탈린은 특히 우크라이나 문화가 러시아 문화와 거리를 두어야 한다는 러시아인이면서 우크라이나어로 글을 쓰는 작가 미콜라 흐빌료비(본이름은 니콜라이 피틸레프)의 주장에 대해 크게 비판적이었다. "서유럽의 프롤레타리아와 공산당들이 국제혁명운동 그리고 레닌주의의 성지인 '모스크바'에 대해 큰 애착을 가지고 있고, 서유럽 프롤레타리아들이 모스크바에서 휘날리는 깃발을 애착의 눈으로 바라보고 있는 상황에서 우크라이나 공산당원인 흐빌료비는 우크라이나 활동가들에게 가능한 빨리… 모스크바를 버리고 도망가라고 탄원하는 것 말고 모스크바에 좋은 말을 전혀 하지 않았다"라고 스탈린은 편지에 썼다.

우크라이나 민족공산주의자들로부터 주도권을 되찾아오기로 결정한 스탈린은 자신의 피후견인인 카가노비치가 우크라이나화 정책을 이끌고 나가고, 느리게 진행되는 우크라이나화 정책에 대한 슘스키의 우려를 해소하도록 명령했다. 카가노비치는 이 지시를 따라 1926년에는 주로 '포고령'으로만 그친 우크라이나화 정책을 훨씬 효율적이고 광범위하게 실시했다. 1927년 그는 우크라이나 당대회에서 우크라이나어로 연설할 수 있게 되었다. 그는 교육 분야에서 우크라이나어 사용과 노동계급에 대한 프로파간다와 문화사업에서 우크라이나어 사용을 강하게 추진했다. 1928년 스탈린이 카가노비치를 모스크바로 소환한 후 후계자로 임명된 폴란드인인 스타니슬라브 코쇼르는 전임자의 정책을 계속 추진했다. 공식 통계자료에 의하면 고등교육 기관에서 우크라이나어 교육 비율은 1926~27년 33퍼센트에서 1928~29년 58퍼센트로 늘어났다. 1926년 우크라이나에서 발간되는 신문 중 우크라이나어를 사용하는 비율은 30퍼센트였다가 1932년에는 92퍼센트로 늘어났다. 1932년 6월 기준으로 우크라이나의 모든 광부들에 대한 교육의 75퍼센트가 우크라이나어로 진행되었다.

우크라이나화가 우크라이나에서의 토착화 정책의 핵심을 이루었지만, 이것은 우크라이나인에게만 적용되었다. 유대인과 폴란드인, 그리스인, 불가리인 행정 구역이 우크라이나 내에 만들어져서 자체 행정기구를 갖게 되었다. 출판사는 민족어로 책을 발간하고, 학생들은 자신의 민족어로 교육을 받았다. 그러나 이러한 정책의 효과는 주로 농촌 지역에서만 일어났다. 도시에서 소수민족들은 우크라이나인보다 더 빠르게 러시아화되어 갔다. 1926년 하르키우 지방의 우크라이나인 62퍼센트는 우크라이나어를 모국어로 사용한 반면, 유대인은 41퍼센트만 우크라이나어를 사용했다. 네스토르 마흐노의 반란 근거지였던 홀랴이폴레 출신인 그리고리 케르네르(흐리츠코 케르네렌코)는 우크라이나어를 수용하고 우크라이나어로 글을 썼지만, 대부분 다른 작가들은 현대성에 이르는 좀더 직접적인 길로 러시아어를 택했다. 많은 작가들이 모스크바로 떠나서 그곳에서 눈부신 경력을 쌓았다. 각각 우크라이나의 가장 중요한 유대인 거점인 오데사와 베르디치우 출신인 일리야 일프(파인질베르그)와 바실리 그로스만이 이런 길을 택했다.

스탈린이 우크라이나화를 지지한 것은 전술적이고 일시적이었다. 그는 러시아인과 우크라이나인이 하나의 같은 민족이라고 생각했고, 1920년대 말 공산당은 정권의 생존이 가장 큰 민족인 러시아인에 달려 있다고 결론내렸다. 정권은 완전히 독립적인 문화를 만들려는 우크라이나인들의 야망을 제어해야 했다.

1929년 소련 비밀경찰은 소련에서 일어난 첫 인민재판을 준비해 체포운동을 시작했다. 하르키우에서 시작된 인민재판은 우크라이나 지식계층 지도자들을 대상으로 삼았고, 이들에게 우크라이나 해방동맹이라는 가상조직에 가담했다는 혐의를 씌웠다. 검사들은 이 단체 소속 지식인들이 망명자들, 폴란드 정부와 접촉을 하고 궁극적으로 독립 우크라이나 국가 창설을 목표로 하는 반란음모를 꾸몄다고 기소했다. 음모 혐의를 받은 사람들 명단에는 우크라이나 과학 아카데미 총서기이자 과거 중앙 라다 부의장이었던 세르히 예프레모프와 우크라이나 국민공화국 외무장관이었던 볼로디미르 체힙스키가 포함되었다. 체힙스키는 모스크바에서 독립을 꾀하는 우크라이나 자치 정교회의 지도적 인물이었다. 검사들은 이 조직이 음모조직의 지부라고 고소했다. 이러한 기소는 근거 없는 것이었지만, 법원은 15명에게 사형을 선고하고 192명에게는 다양한 형기의 징역형, 87명에게는 유형을 선고했다. 이 재판은 우크라이나화의 최전선에 섰던 지식인들을 겨냥한 것이었다. 당은 재판이라는 수단을 통해 정책이 바뀌고 있다는 것을 알리고, 당국은 더 이상 러시아의 강대국 국수주의를 목표로 하지 않고, 대신에 지역 민족주의를 공격 대상으로 한다는 것을 보여주었다. 교육장관 미콜라 스크립니크를 비롯한 영향력 있는 우크라이나 민족공산주의자들은 모스크바에 러시아 '강대국 국수주의'에 대한 유사한 재판을 진행할 것을 요청했으나 이루어지지 않았다.

언어와 문화 우크라이나화는 우크라이나 동부와 남부 산업 지역의 문화를 바꾸지는 못했다. 이것은 다른 어느 곳보다 새 우크라이나의 수도가 된 하르키우에서 분명하게 드러났다. 이곳에서 우크라이나어를 모국어로 사용하는 숫자는 1926년 24퍼센트에서 1939년 32퍼센트로 늘어났을 뿐이다. 이것은 도시를 우크라이나화하려는 노력에 비하면 의미 없는 성과였다. 그러나 더 문제가 되는 것은 러시아어를 모국어로 사용하는 비율은 이 기간 동안 64퍼센트를 유지하며 변화가 없었다는 사실이다. 이 기간 동안 하르키우의 인구는 41만 7,000명에서 83만 3,000명으로 두 배 늘어났고, 주민 중 우크라이나인이 차지하는 비율은 39퍼센트에서 49퍼센트로 늘어났는데 이 비율은 변하지 않았다. 우크라이나화 정책의 강화는 도시에서 우크라이나 문화 목표 달성을 선언하기 전에 중단되었고, 이것은 우크라이나 동부 지역의 자기 정체성에 오래 지속되는 결과를 만들어냈다. 그러나 이 정책은 우크라이나 사회에 또 다른 흔적을 남겨 놓았다. 그것은 러시아어를 절대적으로 많이 사용하면서도 점점 더 많은 도시 주민들이 러시아가 아니라 우크라이나를 자신의 민족으로 여기게 되었다는 점이다. 러시아어를 사용하는 우크라이나인들 숫자가 늘어나면서 이들은 우크라이나어를 사용하는 우크라이나인과 러시아어를 사용하는 러시아인 사이에 아주 중요한 문화적 연계점을 형성했다. 사실 세 집단 모두 우크라이나어와 러시아어의 혼합어인 수르지크(surzhyk)라는 공용어를 가지고 있었다

1920년대 소련 지도자들은 세계혁명에 몰두했고, 이웃국가에 있는 우크라이나인들 사이에서 은밀한 운동을 전개하며 동유럽 다민족국가들을 불안정하게 만들고 약화시키려 했다. 프랑스와 다른 서방 국가들은 동유럽 국가들을 유럽에서 볼셰비즘의 확산을 막는 완충지대로 전환시키려 했다. 소비에트 우크라이나의 지도자들은 자신들의 공화국을 우크라이나 피드몽(피에몬테)으로 묘사했다. 즉 일시적으로 외국 부르주아 통치를 받고 있는 우크라이나인들의 민족적·사회적 자유를 가져올 국가로 내세웠다. 이 용어는 이탈리아 통일시대로 거슬러 올라간다. 피드몽은 다른 이탈리아 지역을 민족국가 구성으로 이끌고 갔다. 폴란드인, 다음으로 우크라이나인들은 피

드몽 환유를 갈리시아에 적용했다. 양측 모두 갈리시아를 자신들 민족운동의 중심으로 간주했고, 그다음으로 우크라이나 볼셰비키들이 이 지역을 선택했다. 우크라이나화 정책이 추진되는 상황에서 소비에트 우크라이나를 우크라이나 민족성의 햇불로 내세우는 것은 어려운 일이 아니었다. 서쪽에 있는 우크라이나인 다수 거주 지역들 대부분은 사실상 점령상태에 있으면서 공동체 생활과 문화생활에서 온갖 종류의 압제를 경험하고 있었다.

가장 어려운 정치, 문화 상황은 폴란드가 통치하는 갈리시아가 겪었다. 갈리시아 인구 500만 명 중 우크라이나인이 440만 명 가까이 되었다. 베르사유 조약과 리가 조약은 물론 폴란드 헌법도 폴란드 내의 소수민족에게 법적 평등과 자체 학교를 세우고 공공 영역에서 우크라이나어를 사용할 권리를 부여했다. 그러나 실제 상황은 신생 폴란드 국가가 떠맡은 국제적 의무를 따라가지 못했다. 폴란드-우크라이나 전쟁의 뼈아픈 기억이 아직 그대로 살아 있었고, 폴란드 당국은 전쟁 중과 전쟁 직후 7만 명 가까운 우크라이나인을 투옥했다. 우크라이나인들은 이 지역의 폴란드 제도를 거부했다. 이들은 자체 지하대학을 만들고 운영했으며, 1920년 폴란드 인구조사와 1922년 선거를 거부했다. 파리 평화회의가 만든 대사회의(Conference of Ambassadors)에서는 갈리시아에 대한 폴란드의 통치를 인정했다. 이 결정으로 갈리시아의 우크라이나인들은 서방의 관여로 자신들의 상황이 개선될 것이라는 마지막 희망을 잃고, 새로운 정치환경에 나름대로 최선을 다해 대응해야만 했다.

대사회의는 우크라이나인들이 어떤 형태로건 자치권을 유지할 것이라는 전제 아래 이런 결정을 내렸다. 그러나 새로운 폴란드 국가가 소수민족의 정치적 동화뿐만 아니라 문화적 동화를 추구하는 민족정책을 취하면서 이런 기대는 실현되지 않았다. 폴란드 당국은 우크라이나인뿐 아니라 벨라루스인, 독일인, 유대인 같은 소수민족이 1926년 공화정에서 독재정으로 바뀐 정권의 안정에 가장 큰 위협이 될 것으로 생각했다. 갈리시아의 다수 민족인 우크라이나인에 대한 차별정책은 1924년 폴란드 교육장관의 이름을 딴 그랍스키법(Rex Grabski)에 의해 분명히 드러났다. 이 법은 교육제도에서 우크라이나어 사용을 제한하고 우크라이나 학교를 폴란드-우크라이나어 이중언어 사용 기관으로 바꾸는 관행을 시작했다.

언어는 소수민족의 문화적 폴란드화 정책의 핵심 요소가 되었다. 1910년 동부 갈리시아에서 우크라이아인이 차지하는 비율은 65퍼센트, 폴란드인 비율은 21퍼센트 비율을 차지했지만, 1930년대 초반이 되자 우크라이나어를 모국어로 간주하는 주민 비율은 59퍼센트로 줄어들었고, 폴란드어를 모국어로 간주하는 주민 비율은 29퍼센트로 늘었다. 이것은 폴란드어를 교육언어로 사용하는 학교를 늘리고, 우크라이나어 교육 학교를 차별한 지역 당국의 교육정책에 부분적으로 책임이 있었다. 1930년 갈리시아의 우크라이나 지역에는 58개의 폴란드어 사용 공립 고등학교가 있는 반면, 우크라이나어를 사용하는 학교는 6개에 불과했다. 우크라이나인들은 자체적으로 사립 고등학교를 만들었지만 이것도 숫자에서 밀렸다. 같은 해 폴란드어 사립 고등학교가 22개 있었지만, 우크라이나어 사립 고등학교는 14개에 불과했다. 새로운 교사 자리는 폴란드인들만 차지했다. 갈리시아의 1만 2,000명의 교사 중 우크라이나인은 3,000명이 안 되었고, 나머지는 폴란드인이었다. 600명 가까운 우크라이나인 교사가 지역에서 교사직을 찾지 못해 폴란드인들이 정착한 다른 지역으로 전근되었다.

인구조사에서 폴란드인 수가 늘어난 것은 폴란드 언어에 대한 공식 지원뿐만 아니라 동부 소폴란드(Eastern Little Poland)라고 불리게 된 동부 갈리시아 지역에 폴란드인 이주를 장려한 정부정책의 영향도 컸다. 독립을 쟁취한 후 폴란드 지도자들은 대지주들의 토지를 몰수해 농민들에게 분배했다. 갈리시아와 우크라이나인들이 거주하는 다른 폴란드 다른 지역에서 이 개혁 조치로 폴란드 지주는 농지를 잃고 우크라이나인들이 농지를 얻는 결과가 발생했다. 이에 대한 대책으로 폴란드 정부는 갈리시아에 정착하는 폴란드 전역 군인과 농민들에게 특혜를 부여했다. 똑같은 정책이 볼히냐에도 적용되었다. 과거 제정 러시아 지역이었던 볼히냐는 역사적으로 오스트리아령 갈리시아보다 폴란드인 주민 비율이 적었다. 볼히냐에서 폴란드 정부는 개혁의 결과로 얻은 토지의 40퍼센트를 폴란드 식민정착자들에게 배분했다. 전간기 중 30만 명 가까운 폴란드인들이 폴란드 국가에 포함된 우크라이나 땅인 갈리시아와 볼히냐, 포들라치아로 이주했다.

이후 전개된 상황으로 인해 농촌 지역 주민의 절대다수를 차지한 우크라이나인과 소도시 인구의 70퍼센트 이상을 차지한 유대인들은 이 지역과 나라를 떠나게 되었다. 경제적 침체와 동부 국경 지역에 대한 무관심이 점점 늘어나는 해외이민의 주 원인이 되었다. 갈리시아의 원유 생산량은 제1차 세계대전 직후 전성기의 70퍼센트로 감소했지만, 산림자원과 농지가 부족한 상태에서 다른 산업이 이를 대체할 수 없었다. 1930년대 초에 드로호비치 구역의 노동계급은 4만 5,000명을 넘지 못했다.

우크라이나 농민들은 오스트리아 지배 아래 존재했던 협동조합 운동을 다시 시작해서 자신들의 상황을 개선하려고 노력했다. 이 가운데 가장 성공적이었던 것은 낙농조합(Dairy Union)이었다. 이 조합은 국내에서도 경쟁력이 높았지만, 체코슬로바키아, 오스트리아, 독일과 기타 다른 동유럽 국가에 낙농제품을 수출했다. 거의 모든 우크라이나 농민들은 낙농조합에 가입했다. 그러나 낙농조합은 우크라이나 마을의 고통을 덜어주는 수준에 불과했다. 도시에서 일자리가 거의 없는 상태에서 농지가 부족한 농민들은(농민의 절반 이상이 5에이커 미만의 농지를 보유했다) 나라를 떠나는 것 외에 다른 선택의 여지가 없었다.

전간기 중 20만 명의 우크라이나 농민들이 폴란드를 떠나 해외로 이주했다. 이들 중 많은 수가 미국으로 이민을 갔고, 1920년대 중반 미국의 문이 닫히자 캐나다와 아르헨티나로 떠났다. 우크라이나인과 거의 같은 숫자의 유대인이 폴란드를 떠났고, 이들 중 상당수(7만 5,000명까지) 팔레스타인으로 떠났고, 나머지는 아르헨티나와 미국으로 이민을 갔다. 악화되는 경제 상황(갈리시아와 폴란드 다른 지역의 유대인들은 가난을 벗어나지 못했다)과 점증하는 반유대주의로 인해 유대인들의 해외이주가 촉발되었다. 폴란드 민족주의자들은 유대인이 경영하는 상점 보이콧 운동을 벌이고, 유대인 공동체를 공격했다. 반유대주의를 제압하려고 시도했던 유제프 피우수트스키가 사망한 후인 1930년대 후반 폴란드 여러 곳에서 일어난 폭력행위로 수십 명의 유대인이 사망하고 수백 명이 부상을 입었다. 폴란드 정부는 서방 국가와 그곳의 유대인 공동체가 폴란드의 가난한 유대인을 돕거나 유대인 난민을 받아들이도록 요청하며 '유대인 문제'를 '해결하려' 했다. 이에 대해 서방 정부는 별 반응을 보이지 않았다.

1920년대 우크라이나 땅에서 폴란드 당국이 시행한 경제, 문화 정책은 같은 시기 소비에트 우크라이나에서 볼셰비키 정권이 추진한 정책과 정반대였다. 폴란드 당국은 급격한 산업화를 촉진하는 대신 농업에 의존했다. 우크라이나인들을 정부기구에 흡수하는 대신 당국은 해외이주를 장려하고, 폴란드 행정가들뿐만 아니라 폴란드인 식민정착자들의 유입을 조장했다. 그러나 폴란드는 소련 당국이 결여한 하나의 장점을 가지고 있었다. 그것은 선거 민주주의 원칙에 입각한 정치체제였다. 1926년 유제프 피우수트스키 쿠데타 이후에도 폴란드 정부는 다원주의 정부의 요소들과 종교적 관용정책을 유지해 우크라이나인들은 자체 정당과 교회, 문화기구를 만들 수 있었다.

1919년 갈리시아에 우크라이나 국가를 설립하는 데 실패한 후 그리스 가톨릭교회는 이 지역에서 핵심적 민족주의 기구의 역할을 다시 수행했고, 이 교회 수장인 안드레이 셉티츠키는 일반적으로 인정된 민족 지도자 지위를 획득했다. 그리스 가톨릭교회는 최소한 1848년 혁명 이후 지도적 민족기구 역할을 수행해 왔기 때문에 이 경향은 새로운 것은 아니지만, 셉티츠키가 민족 지도자 역할을 맡은 것은 새로운 현상이었다. 18세기 대주교좌를 설치하는 데 큰 역할을 한 루테니아 귀족 가문의 후손인 셉티츠키는 한 세대 이상 문화적으로 폴란드화된 로마 가톨릭 가족에서 태어났다. 우크라이나 사회의 많은 사람들은 1900년대 들어서면서 고위 성직체계의 정상에 오른 그가 그리스 가톨릭교회에 헌신하는 것은 이 지역에 마지막 남은 우크라이나 '민족'기구를 흡수하려는 폴란드의 시도 결과로 보았다. 그러나 자신을 폴란드의 아들보다는 오스트리아-헝가리 제국에 충성하는 신민으로 생각한 셉티츠키는 자신의 교회와 교인들을 폴란드화 정책으로부터 보호하는 데 최선을 다했다. 폴란드어가 확산되고 당국이 인구조사에서 민족을 조사 항목에 포함시키지 않는 상황에서 그리스 가톨릭교회가 대표하는 종교는 전간기 갈리시아에서 우크라이나 정체성의 가장 중요한 요소 중 하나가 되었다.

제1차 세계대전 전부터 오랜 역사를 가진 민족민주동맹은 전간기 갈리시아의 정치를 주도했다. 이 조직의 지도자들은 오스트리아 통치 시기 우크라이나 민족민주당간부들이었다. 갈리시아의 정치는 1929년 비밀 군사조직인 우크라이나 민족기구(OUN, Organization of Ukrainian Nationlists)가 창설되면서 새로운 시대에 들어서게 되었다. 이 기구는 1918년과 1919년 우크라이나 독립투쟁에 적극적으로 참여한 예브헨 코노발레츠 대령이 창설했다. 이 새조직은 과거 조직으로부터 우크라이나 독립과 실지회복 목표를 이어받았고, 이 목표를 달성하기 위해 모의(conspirational) 조직과 테러 전술도 전수 받았다. 새로운 것은 1918년부터 1921년까지 독립전쟁 전사들이 갖지 못한 급진적 민족주의였다. 이 새 이념은 제1차 세계대전 전 우크라이나 운동 지도자들의 자유주의적 민족주의를 비난했다. 우크라이나 민족기구는 당시 지도자들이 언어문제에 목표를 제한했고, 패배주의적 문화를 조장했다고 보았다. 새 기구는 민족이 최고의 가치임을 선언하고 '새로운 인간형' 창조를 목표로 했다. 동부 우크라이나 출신이며 과거 사회민주당원이었던 드미트로 돈초프는 이 기구에 가담하지는 않았지만, 자신의 저술을 통해 이 기구 지도자들과 활동가들을 발굴했다.

우크라이나 정치 지형에서 주변적 세력으로 출발한 OUN은 곧 실제 정치적 무게를 훨씬 넘어서는 영향력을 발휘할 능력이 있다는 것을 보여주었다. 1934년 이 기구 요원이 폴란드 내무장관 브로니슬라우 피에라츠키를 암살하면서 큰 반향을 일으켰다. 피에라츠키는 1930년 가을 우크라이나 활동가들을 대상으로 평정(Pacification)이라고 알려진 일련의 압제조치를 수행하는 데 핵심 역할을 했다. 이 암살 이후 1933년 가을에는 1932~33년 우크라이나 대기근에 대한 보복으로 르비우 주재 소련 외교관 암살 사건도 일어났다. 한 사람이 두 암살 음모를 꾸몄다. 1933년 6월 OUN의 르비우 조직 책임자가 된 르비우 공과대학 학생인 25세의 스테판 반데라가 그 인물이었다. 폴란드 경찰이 반데라를 체포하고 기소한 다음에 일반 대중은 그를 더 잘 알게 되었다. 피에라츠키 암살 사건에 대한 반데라 재판은 바르샤바에서 열렸다. (반데라 체포 후) 1934년 OUN이 폴란드 경찰에 협력하고 있다고 판단한 존경받는 르비우 김나지움 교장 암살 사건에 대한 재판도 1936년 르비우에서 열렸다.

르비우 재판 피고인 최후 진술에서 반데라는 자신과 동료들이 다른 사람의 생명을 빼앗을 뿐만 아니라 자신들의 목숨도 위험하게 만드는 이유에 대해 설명했다. "OUN은 회원들의 생명을 아주 소중히 여긴다. 그러나 우리의 이상은 너무 위대한 것이어서 그것을 실현하기 위해서는 개인의 목숨뿐만 아니라 수백 명, 수천 명의 희생을 바칠 수 있다." 반데라가 말한 목표는 우크라이나의 독립이었다. 피에라츠키 암살 사건에 가담한 죄로 반데라는 사형 선고를 받았으나 후에 7년형으로 감형되었다. 그는 1939년 9월 독일군과 소련군이 폴란드를 침공한 후 폴란드 감옥에는 일대 혼란이 일어나서 많은 죄수들이 석방될 때 반데라도 풀려났다. 반데라도 이 죄수들과 함께 걸어서 교도소를 나왔다.

우크라이나 민족기구(OUN)는 확연한 갈리시아 뿌리를 가지고 있지만, 1930년대 갈리시아 이외 우크라이나 땅, 특히 과거 러시아 영토였던 볼히냐 지방에 침투하기 시작했다. 볼히냐의 민족관계는 갈리시아와 많이 달랐다. 1931년 인구조사에 의하면 볼히냐 주민 68퍼센트는 우크라이나어를 모국어로 사용하는 것으로 나타났고, 17퍼센트는 폴란드어를, 10퍼센트는 이디시어를 사용했다. 제1차 세계대전 전 볼히냐는 러시아 민족주의의 온상이었고, 지역 농민들은 분명한 민족 정체성이 결여되어 있었고, 러시아 두마에 러시아 국민연맹과 그 자매기구 구성원들을 보냈다. 볼히냐는 폴란드에 병합된 다음, 이 지역은 집중적인 폴란드 식민화 대상이 되었고, 두 개의 우크라이나 민족건설 프로젝트가 경쟁하는 영역이 되었다. 하나는 갈리시아를 모델로 한 것으로 반폴란드 성향이 강했고, 다른 하나는 문화와 언어적으로는 우크라이나적이었지만, 정치적으로는 폴란드 정권에 충성하는 모델이었다.

폴란드 정부는 갈리시아 민족주의의 '해로운' 영향으로부터 볼히냐를 봉쇄하기 위해 많은 노력을 기울였다. 폴란드 당국은 갈리시아와 볼히냐 경계선에 있는 마을 이름을 딴 이른바 소칼(Sokal) 경계선을 만들었다. 이것은 갈리시아의 우크라이나 기구들의 활동의 지역적 범위를 제한하기 위함이었다. 우크라이나 그리스 가톨릭교회는 볼히냐와 폴리시아, 포들라치아, 홀름 지역에 대리인을 파견할 수 없었고, 이 지역 교회들은 폴란드 로마 가톨릭교회의 통제를 받았다. 폴란드 정부는 소칼 경계선 북쪽 지역에서 계몽회 활동을 금지시키고, 갈리시아에서 출간된 서적 배포를 제한했다. 당국은 OUN이 볼히냐에 지하조직을 구성하는 것을 막기 위해 특별한 노력을 기울였다.

소칼 경계선을 강력히 지지하고 이를 실행한 사람은 전 폴란드 내무장관이자 1928~38년 볼히냐 주지사로 일한 헨리크 유제우스키였다. 키이우에서 태어나고 교육을 받은 폴란드인인 유제우스키는 시몬 페틀류라 우크라이나 정부에서 내무차관으로 일했다. 그는 1921년 페틀류라-피우수트스키 연합의 추진자였고, 피우수트스키 비서실장 겸 내무장관을 역임하며 폴란드-우크라이나 연합을 강력히 주장했다. 그는 볼히냐를 갈리시아의 파괴적 영향으로부터 보호하는 경우에만 이러한 가능성이 실현될 수 있다고 보았다. 유제우스키는 과거 드니프로 우크라이나의 동지였다가 폴란드로 망명한 페틀류라 지지자 모임인 '선한 우크라이나인들'(good Ukrainians)과 긴밀하게 협력하며 폴란드에 충성하는 볼히냐의 우크라이나 민족주의를 키우기 위해 노력했다. 그는 모스크바에서 독립해 바르샤바의 대주교와 콘스탄티노플 총대주교의 감독을 받는 정교회를 지지했다. 그는 또한 의회 선거에서 온건파 우크라이나 정치인들을 지원했다. 이 가운데에는 페틀류라의 조카인 스테판 스크립니크도 있었다. 폴란드 의원을 역임하고 후에 정교회 주교가 된 그는 1991년 우크라이나가 독립한 후 모스크바에서 독립한 우크라이나 정교회의 수장이 되었다.

민족주의적이고 반폴란드적인 사상은 OUN 구성원들과 함께 갈리시아에서만 볼히냐로 들어온 것이 아니라, 서부 우크라이나 공산당 추종자들과 함께 소비에트 우크라이나에서도 유입되었다. 서부 우크라이나 공산당은 OUN보다 인원이 많았다. 전자는 1,600명의 당원을 보유한 데 반해, OUN 회원 수는 800명이었다. 두 조직은 우크라이나 농민들에게 사회혁명과 민족혁명을 결합한 이념을 보급했다. 1930년대 말 폴란드 당국은 민족주의자와 공산주의자 모두를 겨냥한 탄압을 강화했다. 폴란드 경찰은 공산주의 조직 지지자 약 3,000명과 민족주의자 700명을 체포했다. 1930년대 스탈린 정권이 시작한 정치적 탄압에도 불구하고 1939년 소련이 폴란드를 침공하기 직전까지 볼히냐의 청년들은 소련 라디오를 청취하며 소비에트 우크라이나에 희망을 걸고 있었다.

유제우스키는 볼셰비키의 침투를 막기 위해 폴란드-소련 국경을 차단해 소련의 영향력에 대응하고, 볼히냐의 친소비에트 농민봉기를 진압했지만, 이와 동시에 소련의 우크라이나화 정책에 감흥을 받아 볼히냐를 우크라이나 피드몽으로 만들려고 시도했다. 유제우스키는 갈리시아에서 폴란드 정부가 채택한 교육정책에서 크게 벗어나 볼히냐에 우크라이나 학교 설립을 지원했다. 그는 또한 폴란드어-우크라이나어 이중언어 학교에서 우크라이나어를 필수과목으로 만들었다. 1938년 유제우스키가 볼히냐 주지사직에서 물러나고 1935년 피우수트스키 사후 소수민족에 대한 폴란드 정부정책이 강경화되면서 볼히냐에서의 실험은 막을 내렸다. 유제우스키가 기울인 모든 노력에도 불구하고, 볼히냐에 우크라이나 민족주의 사상이 확산되는 것을 막지는 못했다. 우크라이나어와 정체성에 대한 그의 관용정책은 1914년 이전에는 러시아 제국주의 물결의 영향을 크게 받은 이 지역을 강력한 반폴란드 정서를 지닌 우크라이나 민족주의의 보루로 삼는 데 큰 도움을 주었다.

민족주의자와 공산주의자 모두 내부적 경계선(폴란드의 소칼 경계선을 포함한)과 전간기 국가들 간의 국제적 경계선을 넘어서는 데 성공했다. 전간기 루마니아의 우크라이나인들의 상황은 두 집단이 국제적 경계선을 무시할 수 있다는 능력을 보여주는 사례였다. 전간기 루마니아에 거주한 100만 명이 안 되는 우크라이나인들은 북부 부코비나, 남부 베사라비아, 마라무레쉬에 거주했다. 같은 기간 폴란드에서와 마찬가지로 루마니아는 자국 내에 있는 여러 우크라이나인 집단에 대해 다양한 정책을 펼쳤다.

루마니아 정부는 과거 페틀류라 군대 퇴역병들을 환영하고, 과거 러시아가 지배했던 우크라이나 지역, 특히 베사라비아에 우크라이나 학교를 세웠다. 공식 정책은 과거 오스트리아령 지역에 대비해 크게 달랐고, 훨씬 높은 인종적 동원도 있었다. 과거 오스트리아 영토였던 북부 부코비나에서 점점 더 독재화되는 루마니아 정권은 갈리시아에서 폴란드 정권이 도입한 것을 넘어서는 우크라이나 문화, 정치활동에 제약을 가했다. 이 지역에서 우크라이나인들을 희생하고 루마니아인 정착자들에게 유리한 농업개혁을 도입한 것에 더해서 루마니아 정부는 우크라이나인들을 과거 자신들이 언어를 잃어버린 루마니아인으로 대하며 적극적인 루마니아화 정책을 펼쳤다. 루마니아어는 북부 부코비나에서 유일한 행정, 교육언어가 되었고, 정교회 예배의식(이 지역은 압도적으로 정교회 지역이었다)마저도

교회 슬라브어가 아니라 루마니아어로 진행하는 것이 기본 정책이었다.

　루마니아 정권은 자신들의 이익을 대변할 대안적 이념과 정당을 찾고 있던 우크라이나인들에게 전혀 인기가 없었다. 남부 베사라비아는 공산주의 선전선동에 좀더 열려 있었지만, 북부 부코비나는 민족주의 사상을 확산시키기에는 척박한 땅이었다. 북부 부코비나에서 가장 큰 우크라이나 정당인 민족민주당은 문화조직을 발전시키고 우크라이나 주민들의 이익을 보호하기 위해 의회에서 최선을 다했다. 이 정당은 1920년대 후반 어느 정도 성공을 거두었지만, 루마니아 정부정책을 바꿀 능력은 없었다. 이것은 OUN을 포함한 좀더 급진적인 집단에 문을 여는 결과를 가져왔다. OUN은 1934년 부코비나에 첫 세포조직을 결성했다. 대부분 학생인 민족주의자들은 베사라비아와 마라무레쉬에서 곧 활발한 활동을 시작하고, 인기가 높은 『자유』(*Svoboda*)를 발행했다. 이 신문은 1937년 루마니아 당국이 발행을 금지시키기 전에 7,000명의 구독자를 보유했다. 이 해에 취해진 민족주의자들에 대한 탄압조치로 활동가들은 지하로 숨어들어야 했고, 이 조직은 제2차 세계대전 후까지 살아남았다.

　1920년대와 1930년대 초 공산주의자들은 유럽의 또 다른 국경을 넘어 체코슬로바키아로 침투하는 데 민족주의자보다 더 효율적인 것으로 드러났다. 합스부르크 제국이 해체되면서 제국 내 헝가리 통치 영역이었던 트란스카르파티아에 거주하던 약 50만 명의 우크라이나인들은 당황했다. 그때까지 이들은 자신들이 러시아인인지, 우크라이나인인지, 루테니아인이라는 별도의 인종집단인지를 결정하지 못했다. 이들은 19세기 후반 갈리시아 루테니아인으로 똑

같은 선택의 문제에 부딪쳤지만, 이 과정은 많은 시간과 노력을 필요로 했다. 1919년 이 지역은 자발적으로 새로 창설된 범슬라브 국가인 체코슬로바키아에 가담했고, 이 국가 내에서 카르파티아 루스(Subcarpathian Rus')라는 명칭을 취했다. 처음에는 정체성 문제에 중립적 입장을 취했던 체코슬로바키아 정부는 결국은 정치적으로 중립적인 루테니아 정체성 발전을 지원했다. 이것은 헝가리 당국이 지역 주민들을 마자르화하려고 시도했던 오스트리아-헝가리 제국 시대보다는 개선된 것이었다. 프라하 정부는 경제적으로 낙후되어 국가 전체 생산의 2퍼센트만 감당하는 이 지역의 경제발전을 지원했다. 그러나 폴란드와 루마니아에서와 마찬가지로 체코슬로바키아 정부는 대부분의 행정직을 우크라이나인이 아니라 체코인이나 슬로바키아인에게 제공했고, 이 지역 토지의 상당 부분도 식민정착자들에게 제공했다.

체코슬로바키아는 전간기에 동유럽 국가 중 유일하게 민주적 가치를 선언만 하지 않고 이를 실행에 옮긴 국가였다. 트란스카르파티아의 경우 이것은 자유롭고 공정한 선거로 이어졌다. 이 지역의 어려운 경제 상황으로 인해 농민들의 농지 확장열(land hunger)과 이로 인한 사회적 긴장이 일어났고, 프라하가 제공한 민주적 자유의 가장 큰 혜택을 본 정파는 공산주의자와 급진 좌파였다. 1924년 선거에서 공산당은 40퍼센트를 득표했다. 트란스카르파티아의 민족건설자들은 회복하기 어렵게 러시아주의자와 우크라이나주의자, 루테니아주의자로 분열되어 서로 치열하게 경쟁했다. 가장 강한 파벌은 러시아주의자와 우크라이나주의자였다. 친우크라이나적인 계몽회는 이 지역에 96개의 독서회를 조직했고, 러시아주의자들의 두

흐노비치회(Dukhnovich Society)는 192개에 이르렀다. 정교회는 러시아주의자들이 장악했고, 우크라이나주의자들은 전통적으로 친헝가리 인사들이 장악했던 그리스 가톨릭교회에 세력을 넓혔다. 근대적 우크라이나 정체성은 트란스카르파티아에 뒤늦게 나타났지만, 1920년대가 되자 이 지역에서 가장 역동적인 정치동력이 되어 우크라이나 다른 지역과 연계를 맺고, 다양하면서도 화합을 유지한 근대 우크라이나 민족건설 프로젝트에 참여했다.

전간기 중 우크라이나 땅 여러 곳을 통제한 정권 중에서 모스크바의 공산 정권이 우크라이나 민족 프로젝트에 일정한 형태의 국가성(statehood)을 허용하고 우크라이나 문화발전을 지원했다. 공산주의식 우크라이나 민족건설 프로젝트는 소비에트 우크라이나와 대규모 우크라이나인 공동체가 있는 이웃 동유럽 국가 모두에 호소력을 발휘했다. 그러나 우크라이나 문제를 해결하는 수단으로서 민족공산주의는 이를 실행하는 과정에서 큰 장애를 만났다. 동유럽에서 공산주의 우크라이나를 지지하는 사람들은 다양한 장애에 부딪쳤다. 반공산주의뿐만 아니라 민족주의 정부가 추진한 반우크라이나 정책, 기존 정권과 타협점을 찾으려는 주류 우크라이나 정당들의 반대, 급진적 우크라이나 민족주의 이념의 점증하는 도전 등이 장애가 되었다. 그러나 민족공산주의가 실패한 핵심 이유는 1930년대 소련에서 일어난 극적인 정책 변화였다. 이 정책들은 한때 공산주의 피드몽으로 여겨졌던 소련을 공산주의 폼페이로 바꾸었다. 스탈린주의라는 화산의 분출은 우크라이나 민족건설자들이 한때 모스크바의 혁명 정권에 가졌던 큰 희망을 재로 바꾸어 버렸다.

제21장 스탈린의 요새

1929년 12월 21일 스탈린은 50세 생일을 축하했다. 이 행사는 국가적으로 진행되었고, 소련 내부와 외국에서 10여 년간 진행된 레닌 후계자 간의 권력투쟁에서 스탈린이 최고 지도자로 부상했다는 사실을 의심하는 사람은 거의 없었다. 승리를 거두는 과정에서 스탈린은 부차적 중요성밖에 없었던 당 서기장을 소련에서 가장 권력이 막강한 자리로 만들었고, 이 당기구를 이용해 정부와, 비밀경찰의 다른 이름인 국가정치총국(GPU, Chief Political Directory)으로 대표되는 압제기관을 통제했다.

이전 평화 시기에 한 개인의 생각과 행동, 변덕에 이렇게 많은 것이 좌우된 적은 없었다. 스탈린의 권력과 영향력은 레닌과 표트르 대제를 포함한 제정 러시아의 모든 차르를 넘어섰다. 1930년대 소련에서 일어난 모든 일을 스탈린에게 초점을 맞추어 설명하는 것은 잘못일 수도 있지만—그는 종종 사건을 만들기보다는 이에 대응했다—스탈린과 얼마 되지 않는 그의 측근들이 당대의 모든 중요한 결정을 내렸다는 것은 의심할 여지가 없다. 이 측근 대부분은 스탈린의 권위와 지식의 마법 아래 있었고, 시간이 지나면서 이들은 스탈린에 반대하는 의견을 내는 것을 두려워했으며, 스탈린 개인숭배는 1930년대에 크게 강화되었다. 이들이 보기에 스탈린은 혁명 정권이 살아남는 데 가장 큰 희망이었다. 이들은 소련 정권이 자본주의 서방과 인구의 대부분을 차지하는 사고가 아직 소부르주아적인 농민들에 의해 포위되어 있다고 보았다.

스탈린의 50회 생일 축하 특별판을 발행한 『프라우다』에는 스탈린의 여러 부하들이 그를 카를 마르크스, 프리드리히 엥겔스, 블라디미르 레닌이 시작한 이상의 계승자일 뿐 아니라 "사회주의 산업화와 집단화의 조직자이자 지도자"라고 칭송했다. '사회주의 산업화'라는 용어는 소련식 산업혁명을 지칭하는 말이었다. 이것은 산업 생산의 혁명적 증진을 가져오기 위해 정부가 재정을 지원하고 국가가 운영하는 경제 프로그램이었고, 중공업 발전과 에너지 생산, 기계 제작에 우선순위가 주어졌다. 두 번째 용어인 '집단화'는 국가가 운영하는 집단농장 제도를 의미했다. 혁명전쟁 기간과 이후에 볼셰비키 목표에 대한 농민들의 지지를 확보하기 위해 경작지를 농민들에게 배분하고 국가가 관리하는 제도였다. 1920년대 말 두 프로그램을 시행하면서 주요 산업에 대한 제한적인 국가 통제와 농업, 경공업, 서비스업에서 시장경제 요소를 허용한 신경제정책은 종지부를 찍었다.

소련 지도부는 산업화와 집단화가 문화혁명과 결합해 구 경영자 계층과 관료를 대체할 새로운 간부 세대를 양성하기 위해 마련된 정책의 결합이자 적대적인 자본주의 진영에 둘러싸인 공산 정권의 생존을 담보할 수 있는 가장 좋은 수단으로 보았다. 세 프로그램은 전통적인 농업사회를 현대적 산업 강국으로 변형시키고, 다수 주민인 농민을 프롤레타리아 계층으로 대체하는 볼셰비키 계획의 핵심 요소였다. 1920년대 내내 소련 지도자들은 이러한 비전을 실행하는 속도에 대한 논쟁을 벌였다. 이들은 산업화에 필요한 재원을 내부에서 마련할 수밖에 없다는 결론을 진작 내렸다. 서방은 세계혁명을 추구하는 나라를 지원할 의사가 없었다. 이른바 자본의 사회축적의 유일한 내부적 근원은 농업, 즉 다른 말로 하면 농민층이었다. 스탈린은 처음에는 '자연적인' 진화적 산업화를 옹호했지만, 좀더 빠른 경제, 사회적 변형을 주장하는 입장으로 선회했다.

소련 지도부는 소련 영토의 2퍼센트를 차지하고, 인구의 20퍼센트를 보유한 두 번째로 인구가 많은 공화국인 우크라이나를 산업 재원의 근원이자 투자 대상으로 보았다. 농업 생산량과 잠재력은 재원의 근원이었고, 우크라이나 동부와 남부에 이미 존재하는 산업 잠재력은 투자 대상이었다. 그러나 중앙이 모든 자원을 통제하고 있는 상황에서 우크라이나 지도부는 우크라이나 농촌 지역에서 추출한 자본을 우크라이나 도시 지역에 투자해 줄 것을 모스크바에 요청했다. 우크라이나는 제1차 5개년계획 기간(1928~33) 동안 상대적으로 양호한 성과를 내서 전체 투자액의 약 20퍼센트를 받았고, 이것은 인구 비율과도 맞았다. 그러나 우크라이나는 1932년 이후 자원이 폴란드와의 위험한 국경 지역에서 소련 동쪽 안쪽에 있는 우랄 지역이나 시베리아로 전용되며 부당한 대우를 받고 있다고 느꼈다. 우크라이나에 배정된 재원은 대부분 국경에서 멀리 떨어진 남동쪽의 산업 지역에 집중되었고, 드니프로강 우안 지역은 농업 지역으로 남았다. 이 지역에 투입된 재원은 소련군의 방어선을 건설하는 데

자포리자 댐

제1차 5개년계획 기간 우크라이나에서 시작된 가장 큰
건설 프로젝트는 드니프로강 급류 지역 너머에 건설된 댐과
발전 시설인 드니프로헤스였다. 이곳 발전소는 산업화된
돈바스와 크리비리흐 지역의 에너지 주 공급원이 되었다.

사용되었다.

제1차 5개년계획 기간 우크라이나에서 시작된 가장 큰 건설 프로젝트는 드니프로강 급류 지역 너머에 건설된 댐과 발전 시설인 드니프로헤스(Dniprohes)였다. 건설 장소는 1921년 자포리자(급류 너머 지역이라는 의미)로 개명된 올렌산드립스크시 인근이었다. 이것은 이 지역의 코자크 과거와 혁명 기간 동안 코자크의 중요성을 인정한 것이었다. 한때 작고 조용한 소도시였던 자포리자는 금속공업 단지가 발전소 주변에 건설되면서 주요 산업 중심지가 되었다. 이 발전소는 산업화된 돈바스와 크리비리흐 지역의 에너지 주 공급원이 되었다. 전기를 생산하는 것 외에도 이 댐은 경제발전을 가로막았던 중요한 문제를 해결했다. 드니프로강의 수심을 훨씬 깊게 해서 급류 지역이 물속으로 내려갔고 드니프로강의 선박 왕래가 완전히 가능해졌다. 드니프로헤스는 제1차 소비에트 5개년계획의 대표적 성공 사례가 되었고, 자포리자 인구는 10년 만에 네 배로 늘었다. 1926년 5만 5,000명이었던 인구는 1937년 24만 3,000명으로 늘어났다.

당대의 모든 마르크스주의자들처럼 레닌은 기술이 사회를 변화시키는 힘을 믿었고, 한 번은 공산주의가 소비에트 통치와 더불어 나라 전체의 전기화를 의미한다고 말하기도 했다. 소련 프로파간다는 드니프로헤스가 공산주의로 나가는 거대한 첫 발걸음이라고 선전했다. 그러나 소련 지도자들은 그곳에 도달하기 위해서는 소비에트 통치뿐만 아니라 자본주의의 효율성이 필요하다는 것도 잘 알고 있었다. "러시아 혁명의 열정을 미국의 효율성과 결합하는 것이 당과 국가활동에서 레닌주의의 요체다"라고 1924년 스탈린은 주장했다. 많은 미국 자문관들이 이 지역에 들어와 두 개의 테니스장과 하나의 골프장이 갖추어진 '미국 전원도시'에 새로 지어진 벽돌집에 거주하면 드니프로헤스의 운영자들과 기술자들에게 미국의 전문성을 전수했다. 미국 수석 자문관은 휴 링컨 쿠퍼 대령이었다. 토목공학자인 그는 나이아가라 폭포의 토론토 수력발전소와 테네시강 지속개발계획의 일환이었던 윌슨댐을 건설한 경험이 있는 전문가였다. 미국 의회에서 미국 정부가 개발 프로젝트에 직접 관여하는 것을 반대하는 증언을 한 자유기업 옹호자인 쿠퍼는 볼셰비키의 제안을 수락했다. 볼셰비키는 이 프로젝트에 대한 그의 봉사 범위에 대한 협상을 시작하기도 전에 당시 거금인 5만 달러를 그의 계좌에 입금했다.

스탈린이 미국의 효율성과 결합하고자 했던 '러시아 혁명의 열정'은 수십만 명의 우크라이나 농민 출신 노동자로 나타났다. 이들은 건축일을 하기에는 맞지 않았지만 생계를 잇는 데 열성을 보였다. 댐과 발전소 건설에 고용된 농민 수는 1927년 1만 3,000명에서 1931년 3만 6,000명으로 늘어났다. 소련 당국이 이전의 모든 노동자 동일임금 지급정책을 포기했음에도 불구하고 노동자들의 현장 출석률은 아주 높았다. 최고 경영자는 노동자의 열 배의 임금을 받았고 숙련된 노동자는 비숙련 노동자의 세 배의 급여를 받았다. 농민들은 기술을 배워서 노동자로 변신해야 할 뿐 아니라 제 시간에 출근하고, 마음대로 휴식을 취하지 않으며, 상급자의 지시를 수행하는 데 익숙해져야 했다. 이것은 공산주의 건설현장에 새로 뛰어든 사람들에게는 어려운 요구였다. 1932년 드니프로헤스는 9만 명의 노동자를 고용하고 6만 명을 해고했다.

5년의 건설작업 끝에 1932년 5월 1일 기술자들은 미국의 뉴포트

뉴스 조선소와 제너럴 일렉트릭이 만든 터빈과 발전기를 시험 가동했다. 10월 새로 건설된 발전소가 가동 준공식을 가졌다. 5,000만 달러였던 이 발전소의 원래 건설 예산은 완공 시점에서 8배나 늘어났다. 소련의 명목적 국가원수인 최고회의 의장 미하일 칼리닌이 준공기념식을 주관하러 내려왔다. 연설이 진행되고 공산주의가 찬양되었다. 얼마 후에 쿠퍼 대령과 다섯 명의 미국 자문관은 공산주의 건설에 기여한 공로로 노동적기훈장을 수여받았다.

드니프로헤스의 건설은 여러 면에서 새로운 역사를 만들었다. 우크라이나의 산업발전이 시작된 이후 처음으로 주력 노동력이 러시아인이 아니라 우크라이나인으로 구성되었다. 우크라이나인은 현장인력의 60퍼센트를 차지했고, 러시아인은 30퍼센트에 불과했다. 이러한 변화가 일어난 이유는 1932년 10월 드니프로헤스 건설현장을 떠나 시골 지역을 돌아본 사람들에게는 분명했다. 우크라이나 시골 지역에서는 인위적 대기근이 시작되려고 하고 있었다.

1920년 후반 우크라이나 농촌은 혁명 전 러시아 농촌처럼 농민들이 살기에 너무 여건이 척박했다. 이것은 나쁜 토양이나 기후 때문이 아니라 우크라이나 농촌을 살아 있는 지옥으로 만들어서 농민들이 고향을 떠나 드니프로헤스 같은 건설현장으로 가게 만든 급격하게 바뀐 정치 분위기 때문이었다. 이것은 스탈린이 전개한 강제 농업집단화의 결과였다. 농촌으로부터 최대한 자원을 수탈하는 이 정책으로 농민들은 자신들의 거주지를 떠나야 했다.

1929년 가을 우크라이나 전 공산당 제1서기였다가 그 전해에 모스크바로 불려와 농업을 담당하고 있던 라자르 카가노비치의 지원을 받은 스탈린은 농지와 농가의 집단화 속도를 내기 시작하고, 이 정책을 강제로 시행하기 위한 총력전을 벌였다. 소련 전체에 추진된 이 정책으로 곡물생산 지역, 그 가운데서도 생산성이 높은 우크라이나가 가장 큰 영향을 받았다. 수만 명의 비밀경찰, 당관료, 공산당원들이 농촌 지역으로 내려와 강제로 농민들에게 집단농장에 가입하도록 만들었다. 이것은 농민들이 자신들의 사적 영농지와 가축 그리고 농기구 모두를 포기하는 것을 의미했다. 1930년 당국은 경작지의 70퍼센트가 집단화를 완료했다고 보고했다. 그 전해 경작지의 6퍼센트가 집단농장과 국영농장에 속했던 것에 비하면 집단화율이 열 배 이상 증가된 셈이었다. 대부분의 농민들은 위협을 느껴 집단농장에 가담했지만, 많은 농민들은 이에 저항했다. 1930년 봄에 농민봉기가 우크라이나 농촌 지역을 휩쓸었다. 1930년 3월에만 당국은 1,700건의 농민봉기와 항의를 보고했다. 봉기자들은 수십 명의 행정가들과 활동가들을 살해하고 수백 명을 공격해 해를 입혔다. 폴란드와 국경을 접한 우크라이나 지역에서는 마을 전체가 봉기를 일으키고 스탈린의 집단화 운동의 공포에서 탈출하기 위해 국경으로 걸어가기도 했다.

전략적으로 중요한 국경 지역에서 농민들이 반란을 일으키고 농민소요 물결이 소련의 다른 지역으로 퍼져나가자 소련 정부는 군대와 비밀경찰을 동원해 반란자들을 진압했다. 이러한 탄압은 집단화에 가담할 인센티브가 전혀 없고 농민 재산의 강제적 집단화에 대한 항의를 종종 주도하는 부유한 농민층을 주로 겨냥했다. 당국은 봉기 지도자들을 체포하고 투옥했을 뿐만 아니라 이들을 우크라이나에서 추방하고, 부농(kurkul', 러시아어 쿨락kulak)이라고 불린 농민들을 강제로 타지로 재정착시켰다. 원래 부유한 농민에게 적용되던 이 용어는 농촌 주민의 가장 가난한 계층에 속하지 않은 모든 사람을 포함하게끔 확장되었다. 1930년 소련 당국은 7만 5,000명에 이르는 이른바 부농 가족을 우크라이나에서 카자흐스탄과 시베리아 오지로 강제 이주시켰다. 이들 중 많은 수가 기차로 삼림 지역으로 실려가서 질병과 영양실조로 죽어갔다.

그러나 농촌에서 일어나는 집단화 반대는 압제만으로 다루기에는 너무 컸기 때문에 소련 당국은 전술적 후퇴를 하기로 했다. 1930년 3월 스탈린은 「눈부신 성공」이라는 자극적 제목의 논설을 발표했다. 이 논설에서 그는 의욕과잉을 보이는 지방 지도자들이 강제 집단화를 추진했다고 비난했다. 당 요원들은 이 논설을 강제 집단화를 중단하라는 당의 명령으로 해석하고 이후 몇 달 동안 집단화된 농지의 약 절반을 집단농장을 이탈하는 농민들에게 돌려주었다. 그러나 이러한 후퇴는 일시적이었다. 1930년 가을이 되자 강제 집단화 운동이 다시 시작되었다. 이번에 농민들은 대체적으로 수동적 형태의 저항을 보였다. 즉 곡물과 농산물을 생존에 필요한 이상으로 재배하는 것을 거부하고 국가에 의한 징발에 대항해 키우고 있던 가축들을 도살하고, 농촌을 떠나 종종 자포리자 같은 산업 중심지로 도망쳐서 산업 프롤레타리아 계층에 가담했다.

이러한 새로운 형태의 농민저항에 맞부딪친 스탈린과 측근들은 패배를 인정하지 않고, 농민들이 파괴행위를 하며 도시를 굶주리게 만들며, 산업화를 저해하고 있다고 비난했다. 당국은 농민들이 곡물을 숨기고 있다고 선언하고, 집단농장 농민들과 집단화를 거부한 농장으로부터 더 많은 징발량을 요구했다. 정권은 모스크바의 경제계획 수행에 핵심적이라는 이유로 우크라이나를 특정해 철저하게 다루기로 결정했다. 1932년 중반 우크라이나 농가 72퍼센트가 집단화되었고, 이것은 소련 전체 평균 60퍼센트보다 높은 비율이었다. 소련 전체 곡물의 27퍼센트를 생산하는 우크라이나는 정부 공납 곡물의 38퍼센트를 감당해야 했다. 새 정책은 1932년 겨울과 봄 우크라이나에 기아와 대규모 굶주림을 가져왔고, 삼림-스텝 지역의 인구가 많은 농업 지역이 가장 큰 타격을 입었다.

수십만 명이 굶주렸고, 1932년 키이우 지방에서만 8만 명이 기아로 사망했다. 특히 큰 타격을 입은 곳은 키이우 남서쪽 빌라 체르크바와 우만 인근 사탕무 재배 지역이었다. 우크라이나 정부 수장인 블라스 추바르는 1932년 6월 농민들이 먹을 식량까지 모두 빼앗어간 과도한 징발량이 기아를 유발했다고 인정했다. 그는 스탈린에게 "곡물 징발계획을 달성할 수 없는 전반적 상황으로 인해 우크라이나의 곡물 수확량이 줄어들었고, 집단농장의 열악한 조직과 각 지역 행정기관 그리고 중앙의 부적절한 경영으로 인해 엄청난 손실이 발생했다"라고 보고했다. 각 개별 농민으로부터 파종용 곡물을 포함해 모든 곡물을 압수하고 집단농장의 거의 모든 수확량을 징발하는 계획이 수립되었다.

추바르에 따르면 기아는 집단화되지 않은 개별 농민에게 가장 널리 일어났다. 정부는 징발량을 채우지 못했다는 이유로 이들의 재산을 압류했다. 다음으로 큰 피해를 입은 것은 집단농장에 소속된 가족이 많은 농민들이었다. 1932년 3월과 4월이 되자 수백 개의 마을에서 수천 명이 굶거나 굶주림으로 사망했다. 1932년 5월 키이우 당 중앙위원회 관료가 우만 지역의 7개 마을을 무작위로 선정해 실태를 조사했다. 216명이 공식으로 사망 신고가 되었고, 686명이 며칠 내에 사망할 것으로 예상되었다. 이 마을 중 하나인 호로드니차에서 한 당원은 당시 우크라이나 수도인 하르키우의 상관에서 이렇게 보고했다. "사망자가 100명에 이르고, 매일 8~12명이 죽어 나가고 있다. 600개의 농장 중 100곳에서 사람들이 기아로 몸이 부었다." 추바르는 스탈린에게 우크라이나에 기아 구호식량을 보내줄 것을 요청했지만, 스탈린은 이 말을 듣지 않았다. 그는 기근의 실상을 부정하고 공식 보고에 이 단어를 사용하지 말도록 명령했다.

스탈린은 자신의 정책이 실패한 이유를 집단화에 대한 농민저항과 징발량뿐만 아니라 우크라이나 당관료들의 은밀한 저항으로 돌렸다. 스탈린은 1932년 8월 카가노비치에게 "지금 가장 중요한 것은 우크라이나다"라고 편지를 썼다.

사람들은 우크라이나의 두 주(키이우와 드니프로페트롭스크라고 생각한다)에서 약 50개의 구 당위원회가 곡물 징발계획을 실현 불가능한 것이라고 말하며 반대하고 나섰다고 말한다… 우리가 지금 바로 우크라이나의 상황을 바로잡지 않으면. 우리는 우크라이나를 잃게 될 것이다. 피우수트스키가 지금 얼쩡거리고 있다는 것을 명심하라… 또한 우크라이나 공산당(당원이 50만 명이나 된다. 하-하)에 부패한 요소가 없을 리가 없다. (그렇다 절대 없을 리가 없다!) 헌신적이고 잠재적인 페틀류라주의자와 피우수트스키의 요원이 분명한 자들이 있다. 상황이 더 나빠지면 이 요소들은 당 내부(외부에서도)에서 당에 반대하는 전선을 전개할 것이다.

스탈린은 정권의 생존 가능성을 염려하고 있는 것이 분명했다. 스탈린은 1920년 폴란드군과 우크라이나군의 기습공격을 잊은 적이 없었다. 당시 과거 우크라이나 사회혁명당원들이 침공해 들어오는 유제프 피우수트스키와 페틀류라 편에 가담했다. 스탈린은 1920년 일이 더 큰 규모로 반복될 것을 두려워했다. 1930년대 초반 우크라이나의 공산당원 수는 50만 명에 육박했고, 우크라이나화 정책 결과로 이 가운데 60퍼센트를 우크라이나인이 차지했다. 만일 피우수트스키가 다시 쳐들어온다면 이 당원들이 스탈린에게 충성할 것인가? 그는 여기에 대해 깊은 의구심을 가지고 있었다. 1932년 7월 소련은 바로 그 피우수트스키와 불가침협정을 체결해 앞으로 3년간은 서쪽으로부터 침략이 없도록 만들었다. 스탈린 생각에 곡물 징발로 '우크라이나를 완전히 장악하고,' 집단화에 저항한 농민들에게 교훈을 주며, 자신의 명령 이행을 거부한 우크라이나 당원들을 숙청해야 할 시간이 온 것이다.

1932년 8월 스탈린이 카가노비치에게 보낸 편지에는 우크라이나의 '상실'을 막기 위한 상세한 계획이 들어 있었다. 스탈린은 우크라이나 당과 정부 지도부뿐만 아니라 비밀경찰 지도부도 새 관료들로 교체하도록 지시했다. "우리는 우크라이나를 소연방의 진정한 요새이자 진정으로 모범적인 공화국으로 바꾸는 것을 우리의 목표로 세워야 한다"라고 그는 편지에 썼다. 그해 11월 스탈린은 우크라이나 비밀경찰 조직을 인수할 전권 대표를 보냈다. 12월 그는 곡물 징발을 위해 모인 정치국을 우크라이나 당 지도부를 비난하는 장으로 만들었다. 그는 징발량 달성뿐만 아니라 우크라이나화의 당노선을 왜곡시킨 지도부를 비난했다. "당 중앙위원회가 소비에트 인민위원내각은 우크라이나의 많은 지구에서 민족정책을 볼셰비키 방식으로 수행하는 대신에 우크라이나화가 각 지역의 특성을 고려하지 않고, 볼셰비키 요원들을 세심하게 선발하지 않으며, 기계적으로 일을 진행해 부르주아 민족 요소, 페틀류라주의자와 다른 요소들이 합법적으로 위장하고 반혁명 세포와 조직을 만들 수 있도록 한 것을 엄중하게 지적한다."

정치국의 결의안은 우크라이나인들이 다수 정착한 북코카서스와 극동 지역에서 우크라이나화 정책을 종식시킨다고 발표했다. 이것은 또한 우크라이나 내에서 우크라이나화 정책과 당원들에 대한 공격의 구실로 이용되어 수천 명의 당관료 체포와 교육담당 인민위원이자 국가 차원에서 우크라이나화를 이끌고 나간 미콜라 스크립니크를 자살하게 만들었다. 스탈린은 국내외의 우크라이나 민족주의자들이 농민들로 하여금 당 정책을 실패하게 만들고, 국가에 공납해야 할 곡물을 숨겨서 산업화 운동을 가로막았다고 비난했다. 우크라이나 농민에 대한 공격은 우크라이나 문화에 대한 공격과 동시에 펼쳐졌다. 정치국이 곡물 징발과 우크라이나화 중지에 대한 결의안을 통과시키면서 시작된 기근은 농민과 당조직에 대한 스탈린의 공격뿐만 아니라 곡물 징발에 대한 저항을 민족주의와 동일시한 민족정책의 변화와 동시에 일어난 것이다.

1932년 12월 스탈린은 카가노비치와 소련 내각수반인 뱌체슬라브 몰로토프를 우크라이나로 파견해 실현 불가능한 곡물 징발 목표가 달성되도록 독려했다. 모스크바에서 내려온 전권 대표와 비밀경찰에 의해 위협을 당한 우크라이나 당관료들은 굶주림에 시달리고, 많은 경우 죽어가고 있는 농민들로부터 최대한 곡물을 수탈했다. 당국은 징발량을 채우지 못한 마을은 성냥과 석유 등 기본 보급품 공급을 끊는 방식으로 징벌을 했고, 곡물뿐만 아니라 가축을 비롯해 식량으로 사용할 수 있는 모든 것을 압수했다. 새로운 기근으로 사망한 첫 사망자 수가 1932년 12월에 보고되었고, 1933년 3월까지 기아는 대량 희생을 가져오는 현상이 되었다. 이에 크게 놀란 당관료들은 하르키우와 모스크바에 지원을 요청했다. 그러나 수백만 명의 굶어 죽어가는 농민을 구하기에는 지원은 필요보다 훨씬 적게, 그리고 너무 늦게 왔다. 기근 희생자 대부분은 곡물이 완전히 바닥 난 늦봄과 초여름에 사망했다. 많은 농민들은 풀과 덜 자란 채소를 먹어 사망했다. 이들의 위장은 몇 달을 굶주린 후여서 생식을 소화할 수 없는 상태가 되었다.

가장 큰 피해를 입은 지역은 키이우주와 하르키우주의 우크라이나 대정원(parklands) 지역이었다. 이른 봄부터 기근이 덮친 이 지역 농민들은 너무 쇠약해져서 파종을 할 수도 없었고, 구호식량도 거의 받지 못했기 때문에 제일 먼저 기아로 죽어갔다. 1933년 말까지 키이우주와 하르키우주는 각각 100만 명 가까운 주민을 잃었다. 우크라이나 스텝 지역의 주요 곡물 생산지인 오데사주와 드니프로페트롭스크주는 각각 30만 명 이상의 주민을 기아로 잃었다. 산업 지역인 돈바스는 희생자가 이보다 적어 1933년 17만 5,000명이 사망했다. 스텝 지역이 대정원 지역보다 사망자가 적은 이유는 전해에 기근이 시작되지 않았고, 상황이 아주 악화되면 농민들은 자포리자와 크리비리흐, 돈바스의 건설현장으로 피난갈 수 있었기 때문이었다.* 여기다가 소련 정부는 1933년 구호식량을 중부 지역보다는 남부 지역에 더 많이 보냈다. 더 많은 식량 징발을 필요로 했던 당국은 주요 곡물 생산 지역의 농민들이 살아남아 수확을 할 수 있게 만드는 것이 목표를 달성할 수 있는 유일한 방법이었다. 다른 농민들은 그대로 기아로 죽게 할 수 있었고, 당국은 그렇게 했다. 전체적으로 400만 명 가까운 주민이 기근으로 우크라이나에서 사라졌고, 인구가 1/10 이상 줄어들었다. 1932년부터 1934년까지 우크라이나 인구 8명 중 한 명이 기아로 사망했다.

　기근은 완전히 다른 소비에트 우크라이나를 만들어냈다. 스탈린은 자신들의 국민에게 해가 되는 일을 하지 않으려는 당과 정부 기관 관료들을 숙청하고 굶어죽어 가는 농민들로부터 마지막 곡식 한 톨까지 징발하는 방법을 동원해 우크라이나를 완전히 장악했다. 500명 이상의 각 지역 당서기가 숙청되고, 이들 중 절반 이상이 1933년 전반 해임되어 대다수가 체포되어 유형에 처해졌다. 나머지는 당노선을 조심스럽게 따랐다. 이들이 최소한 당분간은 스탈린이 계속 일하게 놔두고 싶어한 당관료들이었다. 스탈린은 새로운 '사회주의적' 농민층을 얻게 되었다. 기근에서 살아남은 농민들은 교훈을 깨달았다. 이들은 당이 통제하는 집단농장에 가담해야만 살아남을 수 있다는 것을 깨달았다. 집단농장만이 낮은 세율을 적용받았고, 1933년 봄에는 정부 구호식량을 받을 수 있었다.* 농가 절대다수와

---

　* 그러나 농민들은 자유롭게 자신의 거주 지역을 떠날 수 없었다. 기근 정보 차단과 농민들의 이동을 막기 위해 1932년 12월 국내여행증 제도가 도입되었고, 우크라이나 경계에는 특별 경비대가 파견되어 주민들의 이주를 막았으며, 거주 지역을 탈출하려던 농민 19만여 명이 체포되어 원거주 지역으로 이송되었다. 당시의 실상을 취재하려던 영국 기자의 노력을 담은 영화 「미스터 존스」가 2021년 국내에 개봉되었다.

　* 강제 집단화와 1930년대 중반부터 시작된 대숙청으로 소련 국민에게 주입

농지 대부분을 집단화하는 작업은 이제 완료되어 우크라이나 농촌 경제와 사회구조, 정치를 극적으로 바꾸어 놓았다.

우크라이나 대기근(Great Ukrainina Famine, 우크라이나어로는 홀로도모르Holodomor)은 우크라이나와 그 국민에 대해 사전에 의도된 인종학살(genocide) 행위였는가? 2006년 우크라이나 의회는 대기근을 인종학살로 정의했다. 전 세계 많은 나라 의회가 이와 비슷한 결의안을 통과시켰고, 러시아 정부는 우크라이나의 주장을 반박하기 위한 국제적 운동을 시작했다. 대기근에 대해서는 오늘날까지도 정치적 논란과 학술적 논쟁이 계속되고 있고, '인종학살'이라는 단어의 정의에 주로 초점이 맞추어져 왔다. 그러나 1932~33년 기근의 핵심적 사실과 해석에 대한 폭넓은 공감대가 형성되어 왔다. 많은 학자들은 이것이 공식 정책에 의해 사람이 자행한(man-made) 현상이라는 것에 동의한다. 기근은 북코카서스, 볼가강 하류 지역, 카자흐스탄에 영향을 미쳤지만, 우크라이나에서만 인종민족적인 의도가 있는 정책에 의해 수행되었다. 이것은 우크라이나화 정책을 종언시키려는 스탈린의 결정과 우크라이나 당관료들에 대한 공격과 연관되어 진행되었다. 대기근은 우크라이나 사회에 큰 트라우마를 안겼고, 여러 세대 동안 정권에 대해 공개적으로 저항할 힘을 말살해 버렸다.

스탈린은 대기근을 이용해 카가노비치에게 보낸 편지에서처럼 우크라이나를 '모범적인 소비에트 공화국'으로 변모시켰다.

된 공포는 "뼛속까지 스며든 공포"(strakh do kostei)라는 표현이 나오게 했다.

대기근 때의 하르키우 거리 모습(1933)
오늘날 '홀로도모르'(Holodomor)라고 알려진 인위적인
대기근(1932~33)으로 우크라이나에서 400만 명 가까이 사망했다.
대기근은 우크라이나화 정책을 종언시키려는 스탈린의 결정과
우크라이나 당관료들에 대한 공격과 연관되어 진행되었다.

키이우 미하일립스카 광장에 있는 대기근 기념비
대기근은 우크라이나 사회에 큰 트라우마를 안겼고, 여러 세대 동안
정권에 대해 공개적으로 저항할 힘을 말살해버렸다.

1934년 수도를 하르키우에서 키이우로 옮긴 상태에서 숙청으로 크게 수가 감소된 지식계층은 더 이상 소비에트 정권에 도전을 제기하지 못했고, 자치적이고 종종 독립적인 사고에 지배된 공화국을 소연방의 단순한 한 지방으로 변환시키는 과정을 완성했다.

스탈린이 원한 대로 우크라이나는 소비에트 산업화와 집단화의 모델이 되었다. 1930년대 말이 되자 우크라이나의 산업생산은 1913년의 여덟 배로 늘어났다. 이것은 소연방 내에서 가장 큰 공화국인 러시아의 성취에 조금 못 미치는 결과였다. 농업 부문은 완전히 집단화되었다. 농가의 98퍼센트, 경작지의 99.9퍼센트가 집단적 소유가 되었다. 그러나 문제는 대단한 집단화 통계가 농업의 실망스러운 성과를 감추고 있다는 점이다. 1940년 우크라이나는 2,640만 톤의 곡물을 생산했지만, 이것은 1913년과 비교해 겨우 330만 톤 늘어난 양이다. 이 기간 농업생산 증가는 13퍼센트도 되지 못했다. 대기근과 농업집단화로 황폐화된 농촌 지역은 빠르게 산업화되는 도시 지역을 따라갈 수 없었다. 우크라이나는 급속한 산업화와 현대화를 겪었지만, 이 '약진'에 큰 대가를 치러야 했다. 1926년과 1937년 사이 소비에트 우크라이나의 인구는 2,900만 명에서 2,650만 명으로 줄어들었고, 1939년 2,800만 명으로 다소 늘어났다.

모든 인종 배경의 수많은 우크라이나인들이 대숙청으로 사라졌다. 1936년부터 1940년까지 소비에트 우크라이나를 삼킨 여러 번의 체포와 처형, 유형 물결은 1937년 가장 많은 희생자를 낳았다. 1937년과 1938년 27만 명의 우크라이나인이 체포되었고, 이 가운데 절반 가까이가 처형되었다. 대숙청은 1930년대의 스탈린의 다른 정책과 같은 목표를 가지고 있었다. 그것은 정권의 생존과 최고 지도자로서 스탈린의 위치를 견고하게 하는 것이었다. 과거 스탈린의 동지이거나 적이었으나 그때까지 살아남았던 사람들, 예를 들어 레프 카메네프와 게오르기 지노비예프, 니콜라이 부하린을 스탈린은 총살시켰다. 우크라이나에서도 대기근 동안 스탈린에게 충성했던 당, 국가, 비밀경찰 조직의 지도자들이 같은 운명을 맞았다. 스탈린 정권은 과거의 범죄를 알지 못하게 지도자를 충성스럽게 섬길 고분고분한 새로운 당관료를 원했다. 당관료 외에도 숙청은 과거 비볼셰비키 정당에 가담했던 사람들과 소수민족에게 가장 큰 피해를 가져다주었다. 정권에 대한 충성심이 의심되는 많은 소수민족을 포함한 국경지대 공화국인 우크라이나는 다시 엄격한 감시 대상이 되었다. 폴란드인과 독일인이 가장 우선시되는 적이었다. 폴란드인은 체포된 사람의 20퍼센트를 차지했고, 독일인은 약 10퍼센트를 차지했다. 소련은 인구 비율이 1.5퍼센트를 넘지 않는 두 인종집단을 당시 주적인 폴란드와 독일의 잠재적 스파이나 '제5열'로 간주해 숙청의 주 대상으로 삼았다.

1938년 스탈린은 자신의 새 부하인 니키타 흐루쇼프를 우크라이나로 보내 탄압정책을 수행하고 우크라이나를 앞으로 있을 전쟁에 대비하도록 만들었다. 흐루쇼프의 임무는 전임자들과 마찬가지였다. 그것은 우크라이나를 사회주의 요새로 만드는 것이었다. 1938년 6월 흐루쇼프는 우크라이나 당대회에 모인 대표들에게 "동지들, 우리는 전 소련 공산당(볼셰비키) 당중앙위원회와 스탈린 동지가 맡긴 과업과 지시를 수행하기 위해 모든 노력을 기울여야 한다. 우크라이나를 적들이 침공할 수 없는 요새를 만드는 과업을 영예롭게 수행해야 한다"라고 연설했다. 앞으로 몇 년은 우크라이나

보루의 힘을 시험하게 될 터였다.

1938년 10월 체코슬로바키아(아돌프 히틀러가 이미 분할한 상태였다)의 괴뢰정부는 우크라이나 활동가인 압후스틴 볼로쉰 목사를 카르파티아 루스에서 카르파티아-우크라이나로 명칭이 바뀐 트란스카르파티아 자치 지역 책임자로 임명했다. 이 결정은 헝가리인들이 많이 사는 트란스카르파티아와 두 중심지인 우즈호로드와 무카체베를 헝가리 관할로 이양시키는 조치와 함께 내려졌다. 새 정부는 짧게 존속했고, 우크라이나어를 공식 언어로 채택했던 러시아주의 경향의 정부를 대체했다. 이 정부는 폴란드 민병대와 헝가리 민병대에 대항하기 위해 자체 민병대인 카르파티아 시치(Carpathian Sich)를 창설했다. 이 명칭은 갈리시아 시치 소총부대와 드니프르 우크라이나 시치 코자크에서 따온 것이었다. 이 부대 요원은 대부분 폴란드에서 우크라이나 국가 창설을 위해 온 OUN 소속 젊은이들이었다.

1939년 유럽의 외교가에는 히틀러가 소비에트 우크라이나를 공격하고, 모든 우크라이나 영토를 '재통합하기' 위해 카르파티아-우크라이나를 디딤돌로 이용할 것이라는 소문이 돌았다. 1월 히틀러는 독일을 방문한 폴란드의 유제프 베크에게 단치히와 발트해에 이르는 회랑을 제공받는 대가로 독일이 소련을 침공하면 획득할 우크라이나의 새 영토를 제공하는 안을 제시했다. 베크는 이 제안을 거절했다. 베크의 입장을 떠나서 히틀러는 최소한 당분간은 스탈린에 대항하기 위해 우크라이나 카드를 사용하지 않기로 결정했다. 1939년 3월 독일군이 프라하로 입성해 체코슬로바키아를 점령했을 때 히틀러는 독립 우크라이나를 건설하고, 트란스카르파티아를 동맹국인 헝가리에 넘겨주기로 결정했다. 트란스카르파티아 자치 정부는 이 결정에 크게 놀라고 실망했다.

히틀러 군대가 프라하에 입성한 3월 15일 카르파티아-우크라이나 의회는 자신들 영토의 독립을 선언했다. 새로운 국기는 파란색과 노란색으로 된 국기와, 우크라이나의 "우크라이나는 아직 사라지지 않았다"를 국가로 채택했다. 그러나 독립선언은 체코슬로바키아 군대의 저항을 받지 않고 진주한 헝가리 군대를 막지 못했다. 진공하는 헝가리 군대에 맞서 싸운 유일한 부대는 카르파티아 시치 부대였다. "800만 명의 체코슬로바키아인들이 최소한의 저항도 없이 독일 통치에 굴복했을 때 수천 명의 우크라이나인들은 수천 명의 헝가리 군대에 맞서 싸웠다"라고 당시 한 우크라이나 기자가 보도했다. 카르파티아 시치 부대 전체 병력은 약 2,000명에 불과했다. 전력이 크게 차이 나는 상태에서 우크라이나의 저항은 곧 괴멸되었다. 볼로쉰 정부는 카르파티아를 탈출했고, 폴란드 국경 경비대는 자신들의 근거지로 귀환하는 많은 OUN 병사들을 사로잡았다. 이것은 민족주의 전사들이 맞은 첫 불세례(baptism of fire)였고, 앞으로 훨씬 많은 불세례를 맞아야 했다.

트란스카르파티아에서 진행되는 일을 크게 우려한 스탈린은 1939년 3월 모스크바에서 열린 당대회에서 독일이 우크라이나 독립을 지원하는 아이디어를 조롱하는 연설을 했다. 히틀러가 소비에트 우크라이나에 대한 스탈린의 통제를 도전하는 데 이용될 수 있는 상당한 우크라이나 영토가 소련 밖에 존재하는 것은 제2차 세계대전 직전 스탈린의 '요새 건설자들'에게는 큰 우려사항이 되었다. 방어요새에는 우크라이나의 실지회복이라는 큰 구멍이 뚫린 것 같았다.

제22장 히틀러의 레벤스라움

아돌프 히틀러는 세계 미래에 대한 자신의 비전을 『나의 투쟁』 (*Mein Kampf*)에서 제시했다. 그는 1923년 11월 뮌헨 맥주홀 쿠데타 주모 혐의로 바바리아의 란즈베르크 감옥에 있을 때 이 책을 구술했다. 과거 합스부르크 제국 신민이었던 그는 감옥에서 세계를 지배하려는 이른바 유대인 음모에 대한 투쟁을 맹세하고, 아리안족에게 동유럽에 레벤스라움(Lebensraum, 생활공간)을 제공하는 독일제국의 건설을 제안했다. 그가 독일 수상이 되고 나치가 정권을 잡은 1933년부터 그는 자신의 계획을 실행해 옮길 수 있는 충분한 자산을 갖게 되었다. 1923년 처음 작성된 히틀러의 아이디어는 세계에 엄청난 영향을 미쳤지만, 일부 장소에서는 아주 파괴적이었고, 히틀러의 레벤스라움 비전의 중심지인 우크라이나에서 그 결과는 아주 참혹했다.

독일인을 위한 레벤스라움이라는 개념은 히틀러가 만들어낸 것이 아니었다. 제1차 세계대전 전에 만들어진 이 개념은 전 세계에 독일 영토를 획득하는 것을 목표로 했다. 제1차 세계대전에서 독일이 패배하면서 영국이 통제하는 바닷길을 통해 식민지를 확장하는 것은 완전히 불가능해졌고, 히틀러는 제국을 확장할 수 있는 공간은 동유럽에만 있다고 보았다. "외국에서 영토를 확보하기 위해 전쟁을 벌이는 것보다 유럽에서 새로운 영토를 얻기 위해 군사투쟁을 전개하는 것이 더 실용적이다"라고 그는 『나의 투쟁』에서 주장했다. 러시아에서 독립되고 독일군과 오스트리아군에 점령된 우크라이나를 인정한 브레스트-리톱스크 조약(1918)은 동부 팽창의 한 모델을 제공했다. 그러나 히틀러는 동쪽에서의 국가건설에는 별 관심이 없었다. 그의 목표는 다른 곳에 있었다. 이것은 볼가강까지 기존의 주민을 모두 쓸어버리고 유럽의 기름진 땅, 특히 우크라이나에 독일 식민정착자들을 정착시키는 것이었다. "건강한 농민 계층을 민족공동체의 기반으로 유지하는 것을 가능하게 해주는 정책을 채택하는 것이 얼마나 중요한지는 아무리 강조해도 지나치지 않다. 우리가 현재 당면한 악의 많은 부분은 인구 중 도시 주민과 농촌 주민의 부적절한 비율에 그 뿌리를 두고 있다"라고 그는 『나의 투쟁』에서 주장했다.

독일인을 위한 전원적 유토피아에 대한 히틀러의 계획은 새로운 영토를 획득하는 것뿐만 아니라 이 지역을 탈도시화하고 탈주민화하는 것을 필요로 했다. 동유럽에 대한 히틀러의 비전은 볼셰비키가 도입하고 스탈린이 강조한 비전과 너무 달랐다. 두 독재자는 모두 자신들이 유토피아를 건설하기 위해 폭력을 사용할 준비가 되어 있었고, 둘 다 목표를 달성하기 위해 우크라이나 영토와 토양, 농업을 필요로 했지만, 두 사람은 도시와 주민 전체에 대한 태도가 서로 달랐다. 우크라이나는 1941년부터 1944년까지 3년 동안 나치 독일군에 점령당할 동안 이것이 무엇을 의미하는지와 두 정권의 차이의 정도를 알게 되었다. 제1차 세계대전 전 '유럽의 빵바구니'로 알려지고, 유럽 대륙에서 가장 높은 비율로 유대인이 거주했던 우크라이나는 독일 팽창주의의 제일 목표이자 나치의 주된 희생자가 되었다. 1939년부터 1945년까지 우크라이나는 700만 명의 주민(이 가운데 100만 명 가까이는 유대인) 또는 전쟁 전 인구의 16퍼센트를 잃었다. 히틀러의 레벤스라움 영역 안에 있던 다른 두 나라인 벨라루스와 폴란드만이 이보다 더 높은 사상자 비율이 나왔다.

『나의 투쟁』에서 히틀러는 프랑스를 격파하기 위해 영국과 동맹을 맺고, 폴란드를 멸절하기 위해 러시아와 조약을 체결하는 방안을 제시했다. 궁극적으로 러시아, 아니 소련은 그가 원하는 정착할 땅과 풍부한 천연자원을 제공할 수 있는 나라로 보였다. 그렇게 되면 독일은 영국 해군의 간섭을 받지 않고 식민지와 연결되는 대륙제국으로 바뀔 수 있었다. 영국과의 동맹은 실현되지 않았지만, 1939년 가을 히틀러는 소련과 협약을 맺는 데 성공해서 폴란드를 멸절시켰다.

1939년 9월 1일 독일군의 폴란드 공격으로 제2차 세계대전이 시작되자 히틀러와 스탈린은 10일도 되기 전에 체결된 몰로토프-리벤트로프 비밀협약에 의거해 폴란드를 분할하기로 이미 합의한 상태였다. 스탈린이 늦게 전쟁에 들어온 것은 영국과 프랑스의 반응뿐만 아니라 몽골에서의 소련-일본 충돌에 대한 염려가 컸기 때문이다. 독일 외교관들은 폴란드에 대한 소련의 공격을 재촉하기 위해 우크라이나 카드를 사용했다. 독일은 만일 소련이 침공을 계속 늦추면 독일은 소련에 할당된 땅에 별개의 국가를 세우는 것 이외에 다른 선택이 없다고 주장했다. 갈리시아와 볼히냐에 독일이 지원하는 우크라이나 국가가 설립되는 것은 스탈린이 가장 원하지 않는 일이었다. 스탈린이 결국 폴란드 국경으로 군대를 보냈을 때 이들은 '형제'인 우크라이나인과 벨라루스인을 방어한다는 명분을 취했다.

1939년 10월 초 강력한 두 이웃국가의 공격을 받은 폴란드군은 더 이상 존재하지 않았다. 소련군은 직업군인 병사들 대부분을 포로로 잡았다가 나중에 풀어주었다. 그러나 장교들은 다른 운명을 맞았다. 소련은 1만 5,000명 가까운 폴란드 장교들을 세 곳의 수용소에 가두었다. 이 가운데 한 곳은 우크라이나에 있었고, 두 곳은 러시아에 있었다. 1940년 이들 대부분은 스몰렌스크 인근 카틴숲과 다른 대량학살 장소에서 처형되었다. 그러나 처음에 대부분의 사람들은, 특히 폴란드인이 아닌 사람들은 소련의 사악한 의도를 의심하지 않았다. 기계화된 독일군에 상대가 되지 않았던 소련군은 새로운 탱크, 항공기, 현대적 대포로 구성된 군사장비에서 폴란드를 압도했다. 이 모든 장비는 스탈린의 산업화 노력의 결과였다. 그러나 많은 사람들이 놀랍게도 소련군 장교와 사병들은 복장이 형편없었고, 제대로 먹지도 못했으며, 폴란드 상점에서 발견한 상대적으로 풍부한 식품과 상품에 충격을 받았다. 폴란드인들은 소련군 장교들이 세뇌교육이 되어 있고, 교양이 없으며, 고상하지 못한 것을 발견했다. 오랜 세월 동안 폴란드 주민들은 잠옷을 이브닝드레스로 착각을 하고 입고 와서 연극 공연을 본 소련군 장교 부인들에 대한 얘기를 하고 또 했다. 그러나 과거 폴란드 국가의 비폴란드계 주민들은 소련군이 생활을 개선해 준다고 약속하고, 당분간은 그렇게 보인 교양 없는 '해방자들'과 같이 살 준비가 되어 있었다.

소련군이 르비우와 갈리시아 그리고 볼히냐의 주요 도시들을 점령한 후, 서부 우크라이나 의회를 구성하기 위한 소련식 선거가 치러졌다. 그런 다음 이 의회는 키이우와 모스크바에 갈리시아와 볼히냐를 소비에트 우크라이나 공화국에 병합시켜 달라고 청원했다. 새로 우크라이나 당 책임자가 된 니키타 흐루쇼프는 브레스트시를 포함한 북부 폴리시아를 우크라이나에 포함시킬 것을 주장했지만, 스탈린은 이 지역을 벨라루스 공화국에 들어가게 했다. 새 당국은 우크라이나인들과 유대인들이 정부 행정 요원이 되도록 허용하고, 폴란드 지배 아래서는 진입이 허용되지 않았던 교육, 의료, 기타 기관에서 일할 수 있게 했다. 소련 당국이 유대인은 잘 대해 주었지만 폴란드에서 추방된 독일인들은 국경에서 되돌려보냈다. 당국은 광범위한 우크라이나화 정책을 추진해 폴란드어 대학과 학교, 연극, 출판사를 우크라이나어를 사용하게 만들었다. 소련 당국은 또한 대규모 농지를 국유화하고 이것을 가난한 농민들에게 분배했다. 이 지역 공산당과 좌파 정당 그리고 기관 관련자들에게 늘 존재했던 친소비에트 경향은 더욱 강화되었다.

그러나 소련 당국과 지역 우크라이나인들의 밀월관계는 오래가지 않았다. 과거 폴란드 공화국 내 우크라이나 정체성의 제도적 기반이었던 조직화된 종교를 적대시했던 소련 당국은 그리스 가톨릭교회의 토지를 몰수하고, 정교회와 그리스 가톨릭교회가 공공생활에서 수행하던 전통적 역할을 제한했다. 더 놀라운 것은 소련 당국이 서부 우크라이나 공산당간부와 당원을 다룬 방식이다. 이들은 전반적으로 민족주의자로 의심을 받았고, 결국 비밀경찰의 탄압 대상이 되었다. 똑같은 의심이 지방정부와 교육기관에서 고위직에 오른 우크라이나인들에게도 적용되었다.

1940년 점령 당국은 지역 주민들을 대거 체포해 극동과 시베리아, 중앙아시아 지역으로 강제 이주시키기 시작했다. 과거 폴란드 정부 관리와 경찰, 폴란드 정당 당원들, 전간기 중 이 지역에 들어온 군대 정착자들은 '인민의 적' 명단 가장 윗자리를 차지했다. 1940년 2월 스탈린의 비밀경찰인 NKVD는 먼저 14만 명 가까운 폴란드인들을 강제 이주시켰다. 약 5,000명의 강제 이주자가 목적지에 도착하지 못하고 가는 도중에 추위와 질병, 영양실조 등으로 사망했다. 1939년부터 독일이 소련을 공격한 1941년까지 모두 합쳐 125만 명 가까운 우크라이나 주민이 소련 비밀경찰에 의해 강제 이주되었다. NKVD는 우크라이나 민족기구(OUN) 요원들을 추적했고, 스테판 반데라를 비롯한 이 조직 지도자들은 독일이 점령한 폴란드 지역으로 탈출했다. 스탈린은 이들을 소련 정권에 대한 명백한 실제적 위험으로 간주했다.

1940년 파리가 독일군에 함락된 것에 크게 놀란 스탈린은 히틀러가 곧 동쪽으로 방향을 돌려 소련을 침공할 것으로 생각했다. 소련 당국은 새로 점령한 지역에 대한 통제를 강화하고 잠재적인 '제5열'을 제거했다. 스탈린은 몰로토프-리벤트로프 협약에서 영향권으로 할당된 동유럽 지역 전체를 점령하기로 결정했다. 여기에는 발트 국가인 에스토니아, 라트비아, 리투아니아, 루마니아의 일부인 베사라비아와 부코비나가 포함되었다. 스탈린은 1940년 8월 우크라이나인들이 다수 거주하는 베사라비아와 북부코비나를 점령했다. 이곳에서 소련 당국은 갈리시아와 볼히냐에 적용했던 것과 같은 정책을 시행했다. 토지를 국유화하고, 비루마니아 요원들을 승진시키며, 기구들을 우크라이나화하고, 주민들의 체포와 강제 이주도 시행했다.

스탈린은 동맹인 아돌프 히틀러의 공격을 예상했다. 그는 이 공격이 1942년에 있을 것으로 예상했지만, 1년 먼저 시작된 공격에 스탈린은 허를 찔렸다. 스탈린은 우크라이나 밀과 석탄을 포함한 소련의 자원을 하루빨리 획득해야 했다. 특히 독일은 영국과 전쟁 중이고, 섬에 갇힌 영국이라는 사자 뒤에는 세계에서 가장 강력한 경제력을 지닌 미국이 도사리고 있었다. 히틀러는 독일 주요 경제학자들의 반대를 무릅쓰고 소련을 공격했다. 경제학자들은 소련 공격으로 독일이 당면한 문제가 전혀 해결되지 않고, 오히려 독일 경제를 소진시킬 것으로 보았다. 그러나 군부는 서방과의 전쟁보다는 소련과의 전쟁을 선호했고, 히틀러는 기꺼이 이들의 의견에 동조했다.

1940년 12월 히틀러는 소련에 대한 전쟁 준비를 지시하는 명령서에 서명했다. 이 작전은 12세기 제3차 십자군 원정을 이끈 독일 왕이자 신성 로마 황제의 이름을 따서 바르바로사(Barbarossa)라는 암호명이 붙었다. 그는 병사들이 사용하는 다리를 이용하지 않고 무거운 갑옷을 입은 채로 강을 건너다가 익사했다. 이것은 분명히 나쁜 징조였지만, 당시 이것을 잘 알고 있는 사람들도 역사적 선례에 주의를 기울이지 않았다. 과거의 바르바로사처럼 히틀러는 모험을 감수하고 지름길로 가려고 했다. 작전 수립자들은 3개월 이상 지속되지 않는 작전에서 소련군을 격파해 볼가강 너머로 밀어붙이는 계획을 수립했다. 히틀러는 독일군이 레닌그라드를 먼저 점령하고 다음으로 돈바스 탄광 지역을 장악하고 다음으로 모스크바를 점령하기를 원했다. 독일 국방군은 겨울 의복 없이 병사들을 전선으로 보냈다. 이것은 스탈린이 판단 착오를 하게 만든 단기적 이익은 있었지만, 독일군의 큰 실책이었다. 스탈린은 독일군이 겨울작전 준비 없이 소련을 공격해 올 것이라고 믿지 않았고, 그래서 완전히 경계를 누그러뜨린 상태에서 독일군의 침공을 받았다.

독일군은 1941년 6월 22일 이른 아침 시간에 북쪽으로는 발트해에서 남쪽으로는 흑해에 이르는 전선에 걸쳐 침공을 개시했다. 독일과 루마니아, 헝가리를 포함한 동맹국들은 380만 병력을 투입했다. 독일의 남부집단군은 폴란드 거점으로부터 우크라이나를 공격하고 카르파티아 산맥 북쪽 사면과 프리퍄트 늪지 사이의 오래된 침공 루트를 따라 진격했다. 루마니아군은 남쪽에서 공격을 개시해 카르파티아 남면과 흑해 사이의 공간을 이용해 우크라이나로 진격해 왔다. 5세기 훈족과 13세기 몽골군도 중유럽을 침공할 때 이 루트를 이용했다. 이제 침공군은 반대 방향에서 진격해 왔지만 먼지를 일으키는 기병이 아니라 기계화 부대가 포장되지 않은 도로를 따라 진군했다. 독일 전선에 독일군은 약 4,000대의 탱크와 7,000문 이상의 대포를 집중시켰고, 4,000대 이상의 항공기가 침공군을 엄호했다. 독일군은 제공권을 거의 완전히 장악했다. 독일 공군은 기습공격으로 비행장에서 이륙하지도 못한 소련군 항공기 상당수를 파괴했다.

소련군은 서부전선에는 독일군과 대략 비슷한 숫자의 병력을 배치했고, 독일군보다 훨씬 많은 탱크와 대포, 항공기를 보유했다. 그러나 소련군 무기는 독일의 최신 무기보다 성능이 떨어졌고, 스탈린에 의해 숙청된 경험 많은 장교들을 최근에 대체한 경험 없는 장교들이 병사들을 전투에 이끌고 나갔다. 지휘관들은 자신의 부대를 버리고 이탈하고, 대기근과 집단화에서 살아남은 농민 가족 출신이었던 대부분의 병사들의 사기는 아주 낮았다. 기습공격을 최대한 이용한 독일군이 신속하게 영토를 점령하고 후퇴하는 소련군에 엄청난 타격을 가하자, 날이 갈수록 소련군의 사기는 더 떨어졌다. 스탈린이 성공으로 생각했던 것, 즉 몰로토프-리벤트로프 비밀협약에 의해 획득한 영토는 함정이 되어 버렸다. 침공 몇 달 전 스탈린은 새 국경선을 방어하기 위해 이전 10년 동안 건설한 방어선 서쪽으로 소련군을 배치했고, 소련군은 방어선을 요새화할 시간이 없었다. 전격전쟁(blitzkrieg) 계획자들이 기대한 대로 독일군 팬저 군단은 소련 방어선을 신속 돌파해 전 부대를 포위한 후 소련군 후방에 대혼란을 야기했다.

서부 우크라이나에서 소련군 지휘관들은 루츠크, 브로디, 리우네 지역에서 보유한 모든 탱크를 전투에 투입하며 대대적으로 반격작전을 펼쳤지만, 훨씬 규모가 적은 독일군 탱크부대에 제압당하고 패배했다. 이후에는 계속 후퇴가 이어졌다. 개전 3주 후 독일군은 전 전선에서 300~600킬로미터를 전진했다. 최근에 소련군에 점령된 갈리시아와 볼히냐뿐만 아니라 우크라이나 우안 지역 상당 부분이 독일군 수중에 떨어졌다. 2,500대 이상의 소련군 탱크와 2,000대 이상의 소련 군용기가 파괴되었다. 전사자 수는 집계하기가 어려울 정도였다. 8월 독일군은 포돌리아의 우만 근처에서 10만 명 이상의 소련군을 포위한 뒤 포로로 잡았다. 그러나 가장 큰 전과는 다음 달 키이우 인근에서 거두었다. 총참모장 그리고리 주코프를 비롯한 소련군 지휘관들의 조언에도 불구하고 스탈린은 키이우의 상징성을 고려해 병력을 키이우 지역에서 철수하는 것을 거부했고, 이로 인해

제2차 세계대전 중 폐허가 된 키이우 전경
전쟁에서 살아남은 3,600만 명의 주민 중 약 1,000만 명이
살 집이 없었고, 약 700개의 도시와 2만 8,000개의 마을이
잿더미가 되었다. 우크라이나는 재산의 40퍼센트를 잃고,
산업과 농업장비 80퍼센트를 상실했다.

소련군에게 가장 참혹한 재앙이 일어났다.

체르니히우 출신인 미하일로 키르포노스 장군이 지휘하는 소련 군 부대는 독일군의 진공을 저지하려 했지만, 기계화된 독일군에 상대가 되지 않았다. 독일군은 1941년 9월 19일 키이우를 점령했다. 키르포노스 장군은 다음날 로호비챠 인근 전투에서 전사했다. 독일군은 소련군을 키이우 포위망에 몰아넣고 66만 명의 소련군을 포로로 잡았다. 10월 같은 운명이 남부 우크라이나 멜리토폴과 베르댠스크 사이의 지점에서 10만 명의 소련군에게 들이닥쳤다. 11월에는 크림 반도 케르치 인근에서 10만 명의 소련군이 항복했다. 그해 연말까지 소련군은 우크라이나 대부분을 포기해야만 했고, 350만 명 이상의 병사와 장교가 독일군에 포로가 되었다. 후퇴하는 소련군은 초토화 작전을 펼쳐서 산업장비, 가축, 보급품과 현지 주민들도 후방으로 옮겼다. 전체적으로 약 550개의 대형 공장과 350만 명의 숙련 노동자들이 동쪽 후방으로 이동했다.

많은 우크라이나 주민들은 1941년 여름 독일군을 환영했다. 이들은 전쟁 전 소련 점령 당국이 자행한 공포행위의 종식을 기대했다. 이것은 최근에 소련에 점령된 서부 우크라이나뿐만 아니라 중부와 남부 우크라이나에도 해당되었다. 이 지역에서는 잔혹한 대기근과 농업집단화에 대해 소련 정권을 용서하지 않는 사람들이 많았다. 일부 사람들은 '국가사회주의'가 진정한 사회주의를 가져올 것이라고 믿었고, 다른 사람들은 단순히 생활여건이 개선되기를 희망했다. 당시 소련 임금이 신발 한 켤레 사는 것도 부족했기 때문에 '유럽인' 인 독일인들이 모스크바의 통제에서 주민들을 '해방시키고' 생활을 더 낮게 만들어줄 것이라는 헛된 희망을 갖는 것도 충분히 있을 수 있는 일이었다. 많은 주민들은 스탈린의 공포정치에 비하면 한결 따뜻했던 제1차 세계대전 전 오스트리아인들과 1918년 독일 점령을 기억했다. 일부는 독일인들이 다시 돌아온 것을 헤트만 파블로 스코로파드스키 시절 우크라이나 국가 재건의 전주곡으로 보았다. 이러한 기대를 하고 독일군을 기다렸던 사람들은 어떤 근거로 독일군 치하 생활이 더 나을 것이라고 기대했건 간에 곧 자신들이 잘못 생각했고, 아주 그릇된 희망을 가졌다는 것을 알게 되었다.

발트 출신 독일인으로 모스크바에서 교육받은, 점령 지역담당 독일 장관인 알프레트 로젠베르크는 우크라이나에 대한 독일 점령계획을 수립한 사람이었다. 그는 소련을 약화시키기 위해 우크라이나인과 발트 주민, 벨라루스인, 조지아인 그리고 다른 민족들의 독립국가 설립 열망을 지원하려고 했다. 그의 계획에는 러시아에서 독립한 우크라이나 국가는 발트 연방, 벨라루스, 핀란드와 함께 제3제국의 가신국이 될 수 있었다. 실제로 로젠베르크와 같이 일한 전문가들은 볼가강까지 우크라이나의 영토를 확장하는 안을 제안했다. 그러나 로젠베르크는 독일 보안세력의 수장이자 후에 내무장관이 되는 하인리히 힘러, 제국 대통령이자 공군 장관인 헤르만 괴링과 다른 나치 지도자들과의 정치투쟁에서 패배했다. 이들은 자신들의 인종적 이념을 실행하고 새로 점령한 지역에서 가능한 모든 자원을 수탈하려고 했다. 1918년 브레스트-리톱스크 조약의 독일이 통제하는 우크라이나를 포함한 동유럽 비전은 1941년 식민주의적 국가 분할과 착취를 목적으로 한 히틀러의 『나의 투쟁』비전에 자리를 내주었다.

독일군은 점령한 우크라이나 영토를 세 범주로 나누었다. 이전 서부 갈리시아 지역은 바르샤바 지역과 통합되어 통합정부(General Government) 영역이 되었고, 북서쪽의 볼히냐부터 남동쪽 자포리자에 이르는 대부분의 우크라이나 지역은 남부 벨라루스의 핀스크, 고멜시와 함께 우크라이나 제국 정부(Reichskommissariat Ukraine) 관할이 되었다. 북쪽의 체르니히우에서 동쪽의 루한스크와 스탈리노(유즈브카, 도네츠크)에 이르는 지역은 민간 행정에 넘기기에는 전선과 너무 가까워서 군사 지역으로 계속 남았다. 갈리시아와 볼히냐를 분리하고, 볼히냐를 드니프로 우크라이나와 통합한 것은 18세기 말 러시아-오스트리아 국경에 의한 영토 분리 관점에서 이 지역을 바라본 독일의 사고방식을 반영하고 있었다. 우크라이나의 분할은 이전에 소련 당국에 의해 공포를 경험한 사람들이 실망할 유일한 이유는 아니었다. 이들은 곧 1941년의 독일군은 1918년 독일군과 완전히 다르다는 것을 깨닫게 되었다.

나치 정권에 대해 실망을 경험한 첫 집단은 우크라이나 민족기구(OUN)였다. OUN은 가장 급진적인 지도자인 스테판 반데라가 1939년 폴란드 감옥에서 풀려나오자 1940년 분열되었다. 반데라는 구(舊) 간부들에게 반기를 들고 곧 OUN의 가장 큰 파벌과 가장 급진적인 구성원들의 지도자가 되었다. 1941년 2월 이들은 독일 정보당국과 타협해 OUN 지지자들로 구성된 2개 대대를 구성했다. 그 가운데 하나인 나흐티갈 대대는 6월 29일 르비우에 처음 진주한 독일군 부대에 포함되었다. 다음날 OUN의 반데라 파벌은 우크라이나의 독립을 선언했다. 이것은 반데라 추종자와 독일군 간의 협력관계를 종식시켰다. 우크라이나에 대해 전혀 다른 계획을 가지고 있던 독일군은 동지였던 반데라군을 탄압하며 반데라를 포함한 수십 명의 장교를 체포했다. 반데라는 독립선언을 취소하도록 강요받았고, 사흐젠하우젠 강제수용소에 수감되어 전쟁이 끝날 때까지 그곳에서 복역했다. 그의 두 형제도 체포되어 아우슈비츠 수용소로 보내져 그곳에서 죽임을 당했다.

OUN의 반데라 파벌은 하룻밤 사이에 독일군의 동지에서 적으로 변했다. 안드리 멜니크 대령이 이끄는 좀더 온건한 OUN 파벌은 독일군과 경쟁 파벌의 갈등을 이용해 중부와 남부 우크라이나에 원정대를 보내 현지 네크워크를 구성하고, 독일 행정 당국에 협조하며, 교육사업과 현지인 대상 독일 선전선동을 할 우크라이나인들을 선별하는 데 영향을 미쳤다. 독일 점령 당국이 우크라이나 제국 정부 영역에서 좀더 엄격한 행정을 펼치면서 멜니크 파벌의 활동도 중단되었다. 나치 경찰은 키이우와 다른 도시에서 수백 명의 OUN 구성원을 체포해 총살했다. 1942년 초가 되자 OUN의 두 파벌은 독일군과 전투에 들어갔다.

소련군 포로에 대한 독일군의 대우는 중부와 남부 우크라이나 주민들에게 1945년 독일군은 1918년 독일군과 완전히 다르다는 또하나의 신호가 되었다. 이전 독일군이 단순히 점령자였다면 지금 독일군은 정복한 사람들을 인간이하 존재(subhuman)로 다루는 식민 지배자들이었다.

제2차 세계대전 전 스탈린은 전쟁포로 대우를 다룬 1929년 제네바 협약에 가입하지 않았다. 소련은 자본주의 국가들의 행위 규칙을 따를 필요가 없는 혁명국가였다. 1941년 여름 스탈린은 제네바 협약에 가입하려고 했지만, 이미 때를 놓친 상태였다. 독일군은 서방 국가들의 전쟁포로에게 제공한 대우를 소련군 포로에게도 제공하는 데 동의하지 않았다. 독일군은 서방 포로들을 어느 정도 존중해서 대우하며 병사와 장교들에게 의무 지원과 식품 그리고 의복 등을 지급했지만, 소련군 전쟁포로에게는 이런 대우를 하지 않았다. 살아서 항복하려는 많은 소련군을 현장에서 사살했다. 침공 2주 이전인 1941년 6월 6일 독일군 사령부는 사로잡은 정치위원(commissar)과 소련군 정치장교, NKVD 요원, 유대인은 사살하라는 명령을 내렸다. 자신의 포경이 유대인 관습과 아무 상관이 없다는 것을 증명하지 못한 이슬람교도도 종종 같은 운명을 겪었다. 독일군 포로가 된 소련군 지휘관도 종종 같은 대접을 받았다. 살아남은 포로들은 24시간 감시를 받는 집단수용소와 옛 공장, 철조망이 쳐진 학교 마당으로 보내졌다.

　죽음의 수용소로 강제적으로 끌려가는 과정에서 경비병들은 걸을 수 없는 부상자나 환자, 탈진한 포로들을 사살했다. 지역 주민들은 쇠잔한 소련군 전쟁포로들에게 음식을 주고 가능한 방법으로 이들을 도우려고 했다. 이들은 전쟁 전 징집되어 이와 비슷한 고난을 겪고 있을지도 모를 자신의 아들과 남편, 아버지를 돕듯이 포로들을 도왔다. 수용소에 수감된 포로들에게는 음식과 물이 거의 제공되지 않아서 굶주림과 기아, 궁극적으로 인육 섭취까지 벌어졌다. 조금씩 배급되는 식량을 받고 살아남은 포로들은 질병에 시달렸다. 나치 선전기구는 소련군 포로들을 인간이하의 존재로 묘사했고, 이들을 대우하는 방식도 이를 따랐다. 이념은 이런 상황에 일부만 책임이 있었다. 독일군은 100만 명 이상은 고사하고 수십만 명의 전쟁포로를 잡는 상황에 대한 대비를 하지 않았다. 전쟁 초기에 포로로 잡힌 소련군이 더 많이 죽을수록 독일군에게는 이들을 처리하는 부담이 줄어들었다. 1941년 11월이 되어서야 독일제국 경제 당국은 포로들을 노동력이 부족한 상황에서 노동에 동원할 수 있다는 것을 깨달았다. 전쟁 중 동부전선에서 사로잡힌 전쟁포로 60퍼센트가 포로상태에서 사망했다.

소련 서부 지역에서 소련의 지배를 받아온 다른 민족들과 마찬가지로 우크라이나인들은 전반적으로 러시아인이나 이슬람 주민보다는 나은 대접을 받았다. 초기에 독일군은 우크라이나인들이 러시아인보다는 덜 위협이 된다고 생각하고 포로들을 방면하기도 했다. 1941년 9월 나치는 우크라이나인, 벨라루스인, 발트 출신 포로들을 방면하라는 명령을 내리기도 했다. 수용소 수감자는 친척이 나타나서 석방을 요구하거나(때로 여인들은 낯선 사람을 자신의 남편이라고 주장하기도 했다) 이들이 특정 지역 출신이면 석방되었다. 이 정책은 1941년 11월에 번복되었지만, 소련군에 징집되었다가 1941년 여름과 가을 독일군 포로가 된 수십만 명의 우크라이나인들이 이러한 고난을 견디고 가족 품으로 돌아갈 수 있었다. 전쟁 후반기에 우크라이나인과 벨라루스인, 발트 출신 포로들이 러시아인 포로를 제치고 경찰대대에 편입되어 지역 주민이 소개되고 독일 식민정착자들이 정착한 동유럽 지역의 치안을 담당하기도 했다. 제3제국 지도자들이 동유럽에 건설하기로 약속한 독일 식민낙원이 무한정 연기되어야 한다는 것을 깨달으면서 나치는 이런 징집자 일부를 집단수용소와 죽음의 수용소에 파견하기도 했다.

나치 점령이라는 왜곡된 상황에서 홀로코스트는 소련군 포로를 희생자에서 압제자로 바꾸기도 했다. 가장 널리 알려진 집단수용소인 아우슈비츠에서 가스실에서 죽은 첫 희생자들은 소련군 포로들이었다. 독일군은 1941년 9월 지클론-B(Zyklon-B) 독가스를 이들에게 시험적으로 사용했다. 훈련받은 장소 이름을 딴 이른바 트라우니키들(Trawniki men)은 수용소에 도착한 유대인들을 가스실로 끌고 가는 일을 맡았다. 그런 다음에는 이전에 이송되어온 유대인 중 선발된 사람들이 소집되어 죽은 사람들의 의복을 추려냈다. 수용소에서 생존한다는 것은 종종 동료 인간들의 파괴에 참여하는 것을 의미했다. 독일군 점령 하의 우크라이나는 거대한 수용소 본보기가 되었다. 수용소에서 저항과 부역 사이, 희생자와 정권에 부역한 범죄적 동조자 사이의 경계선은 구별할 수 없게 불분명해졌다. 모든 사람이 나름의 선택을 했고, 살아남은 사람은 전쟁 후 그 결정의 짐을 지고 살아가야 했다. 일부는 이것과 타협하기도 했고, 나머지 사람들은 고뇌 속에 살아야 했다. 그러나 거의 모든 사람은 살아남은 자의 죄책감에 시달려야 했다.

홀로코스트는 우크라이나 나치 점령 기간 중 일어난 가장 무서운 사건이었고, 참혹한 이야기는 끝이 없었다. 우크라이나 거주 유대인 대부분은 아우슈비츠나 다른 죽음의 수용소로 끌려가기도 전에 죽임을 당했다. 독일 행정 당국이 지역 경찰의 도움을 받아 편성한 하인리히 힘러의 특별행동부대(Einsatzgruppen)는 유대인들이 살던 각 도시와 소도시, 마을 외곽에서 유대인들을 총살시켰다. 총살은 후퇴하는 소련군으로부터 독일군이 점령한 모든 지역에서 1941년 여름에 시작되었다. 1942년 1월 나치 수뇌부가 유대인의 멸절을 의미하는 '최종해결'(the Final Solution) 집행문제를 논의하기 위해 베를린 인근의 반세에 모였을 때 이미 100만 명 가까운 유대인이 남녀노소를 가리지 않고 처형되었다. 독일군은 환한 대낮이나 사람들이 지켜보는 가운데 비유대인 주민들이 사격 소리를 들을 수 있는 거리에서 학살을 자행했다. 우크라이나와 나머지 소련 서부 지역에서 자행된 홀로코스트는 유대인 주민과 공동체 생활을 파괴했을 뿐만 아니라, 유럽 모든 지역에서 전반적으로 일어난 현상처럼 이것을 목격한 사람들에게 깊은 트라우마를 남겼다.

홀로코스트에서 죽임을 당한 유대인 여섯 명 중 한 명은 우크라이나 출신이었고, 그 숫자는 100만 명에 육박했다. 이 가운데 가장 많은 희생자를 내고 가장 잘 알려진 사건은 키이우 교외의 바빈 야르(Babyn Yar, '할머니의 계곡')에서 일어난 학살 사건이다. 이틀 동안 독일 경찰과 지역 경찰의 도움을 받은 특별행동부대 C 특공대 4a는 기관총으로 3만 3,761명의 키이우 유대인을 살상했다. 이 살상은 키이우 군사총독 쿠르트 에버하르트 장군의 명령으로 9월 29일과 30일 자행되었다. 그는 전쟁 후 미군의 포로가 된 상태에서 자살했다.

에버하르트는 소련군 요원들이 저지른 파괴공작에 대한 보복으로 학살을 명령했다. 키이우가 독일군에 함락된 5일 후인 9월 19일 소련군이 철수하기 전에 설치한 폭탄이 시내 중심가 여러 건물에서 폭발했다. 예상한 대로 독일군 사령부는 이 건물들에 자리를 잡았고, 수십 명의 독일군 고위 장교가 이 폭발로 사망했다. 나치 선전선동가들은 나치군이 동부에서 유대인 코뮌(Jewish Commune)을 상대로 전쟁을 벌이고 있다고 선전했다. 이 명칭은 나치 선동가들이 혁명 초기 지도자들의 유대인 배경과 공산주의 신념을 연결시켜서 소련 정권을 지칭할 때 사용하는 용어였다. 독일군이 보기에 폭발 사건에는 소련 요원과 유대인 사이의 직접적 연관이 있었다. 이들은 르비우, 크레먀네츠, 서부 우크라이나의 다른 도시에서 이러한 연계를 발견했다고 주장했다. 이곳에서 NKVD는 도시를 철수해 동쪽으로 후퇴하기 전 수백 명의 수감자들을 사살했고, 이들 대부분은 우크라이나인이나 폴란드인이었다. 당시 도시를 점령한 독일군은 소련군의 잔학행위에 대한 보복으로 반유대인 포그롬을 실시하도록 선동했다. 그러나 8월이 되자 독일군은 정책을 변경했다. 친위대장인 하인리히 힘러는 유대인 여성과 아동 살해를 허가하고 유대인 공동체 전체의 멸절을 지시했다. 포그롬만으로는 부족했다. 모든 유대인은 죽어야 했다.

1941년 9월 하순 유대인들에게 배포된 포고문은 "키이우와 인근의 유대인은 9월 29일 월요일 오전 8시까지 소지품과 돈, 서류, 귀중품 그리고 따뜻한 의복을 소지하고 유대인 공동묘지 옆의 디흐티아렙스카 거리로 집결해야 한다. 소집에 응하지 않는 사람은 사형에 처한다"라고 공표했다. 남자들은 이미 군에 징집된 상태에서 키이우에 남아 있던 여성, 아동, 나이 든 유대인들은 재정착을 위해 소집되는 것이지 독일군이 신체적 해를 끼치지는 않을 것이라고 생각했다. 다음날은 유대인 명절인 욤 키푸르(Yom Kippur, 속죄일)였다. 소집에 응한 사람들은 유대인 묘지 입구로 인솔되어 간 후 서류와 귀중품을 모두 내놓고 발가벗겨진 다음 계곡 끝부분에 10명씩 선 다음 기관총 사격을 받았다. 바빈 야르 대학살은 유럽의 주요 도시에서 유대인 공동체 전체를 멸절한 최초의 시도로 역사에 남았다. 그러나 이와 유사한 엄청난 규모의 학살이 그 전에도 있었고, 그 후에도 자행되었다. 8월 말 헝가리령 트란스카르파티아 주민인 2만 3,000명의 유대인이 독일 경찰대대에 의해 학살되었다. 10월에는 1만 2,000명 가까운 드니프로페트롭스크 거주 유대인이 앞으로 드니프로페트롭스크 국립대학 캠퍼스가 되는 시 외곽 장소에서 학살되었다. 12월에는 약 1만 명의 유대인이 소련의 산업화 프로젝트의 자랑거리인 이 도시의 트랙터 공장에서 학살되었다.

1940년 스탈린의 강요에 의해 베사라비아와 북부코비나를 소련에 할양하고, 오데사와 포돌리아 일부를 점령한 루마니아의 독재자 이온 안토네스쿠는 유대인을 나치와 다를 바 없는 경멸과 잔혹성으로 다루었다. 1941년 10월 바빈 야르와 비슷한 방식으로 안토네스쿠는 1만 8,000명의 유대인을 오데사에서 학살했다. 이 학살은 루마니아군 사령부가 있는 건물을 파괴하고 사령관을 죽인 소련군의 공작에 대한 보복행위였다. 모두 합쳐 11만 5,000~18만 명의 유대인이 루마니아군이 점령한 오데사와 인근 지역에서 학살당했다. 이뿐만 아니라 10~15만 명이 베사라비아와 북부코비나 거주 유대인이 히틀러의 홀로코스트와 같은 방식으로 죽임을 당했다. 갈리시아 유대인 대부분은 통합정부 관할 아래 폴란드 유대인과 마찬가지로 여러 달을 나치 명령으로 세워진 게토에서 보내며 나머지 주민들로부터 고립된 후 1942년 학살당했다. 독일 경찰 사령부의 명령을 받은 유대인 경찰과 우크라이나인 경찰은 이들을 모두 집결시켜 죽음의 수용소로 보냈다. 반유대주의보다는 탐욕에 눈먼 지역 주민들은 유대인 이웃들의 불행을 이용해 유대인들을 당국에 고발하거나 유대인들의 재산을 탈취했다. 그러나 대부분의 사람들은 유대인의 고난을 방관했다.

우크라이나의 홀로코스트는 중·동유럽의 홀로코스트와 달랐다. 유대인을 구하려고 시도하는 사람은 체포될 뿐만 아니라 처형당했다. 그 가족들도 같은 운명에 처해졌다. 그러나 많은 사람들이 유대인 이웃들을 구하려고 시도했다. 오늘날까지 이스라엘은 2,500명의 우크라이나 시민을 홀로코스트 중에 유대인을 보호한 '민족들 중 정의로운 사람'(Righteous among Nations)으로 인정하고 있다. 이 명단은 아직 완전하지 않고 그 숫자가 늘어나고 있다. 명단에 빠진 사람 중에는 수백 명의 갈리시아 유대인을 자신의 관저와 수도원에 숨겨 보호한 우크라이나 가톨릭교회 대주교 안드레이 셉티츠키가 있다. 1942년 2월 그는 힘러에게 갈리시아 유대인을 체포하고 학살하는 데 우크라이나인 경찰을 동원한 것에 대해 항의하는 편지를 보냈다. 그러나 이 편지는 아무 효과가 없었다. 셉티츠키에게 힘러의 답변을 전한 사람은 대주교가 나이 먹지만 않았다면 그도 총살당했을 것이라고 말했다. 몇 달 후 셉티츠키는 가장 널리 알려진 그의 목회 서신을 발표했다. 그 제목은 인간 생명의 존엄을 위해 "네 이웃을 죽이지 말라"였다. 이 목회 서신은 우크라이나의 모든 가톨릭교회에서 낭독되었고, 홀로코스트에 대한 그의 비난으로 받아들여졌다. 셉티츠키의 이름이 '정의로운 사람' 명단에 올라가지 않은 이유는 1941년 여름 그는 2년간의 소련 지배 후 독일군의 갈리시아 점령을 환영했기 때문이다. 셉티츠키와 그의 동포들이 독일 지배에 대해 어떤 희망을 걸었든 그러한 일들은 아주 신속히 사라져버렸다.

점령 당국의 잔혹한 행정은 히틀러의 우크라이나 레벤스라움 지역에 따라 달랐다. 오데사와 인근 지역을 획득할 꿈은 꾸지 않고, 이 지역을 헝가리령 북부 트란실바니아와 맞교환하려고 했던 루마니아 당국은 남부 우크라이나에서 손에 잡히는 대로 약탈을 했다. 독일군 점령 아래의 우크라이나에서 독일의 정책은 오스트리아 점령 때보다는 좀더 부드러웠고, 좀더 인간적이었다.

최악의 상황을 맞은 것은 우크라이나 제국 정부 관할 지역이었다. 우크라이나 나치 점령 정권에서 저질러진 가장 악랄한 범죄의 상당 부분에 책임 있는 사람은 제국 정부 총독 에리히 코흐였다. 뚱뚱한 체격에 목소리가 크고 히틀러식의 콧수염을 기른 45세의 코흐는 동프로이센 나치당 행정가였다. 그는 자신이 목적한 바를 달성하는 데 거리낌 없이 잔인한 방법을 동원하는 것으로 유명했다. 우크라이나에서 그는 자원을 최대한 착취하고 정복한 지역의 주민들을 몰아내는 임무를 맡았다. 그는 유럽 식민정착자들이 해외 식민지에서 흑인과 아시아인을 다루듯이 우크라이나 주민들을 다루며 "어떤 독일 병사도 그런 깜둥이를 위해 죽지 않을 것이다"라고 주장했다. 코흐는 우크라이나인들이 초등 4년 과정 이상의 교육을 받는 것을 원하지 않고 15세 이상 학생을 위한 대학과 고등학교 문을 닫았다. "만일 나와 같이 한 식탁에 앉을 만한 가치가 있는 우크라이나인을 발견하면 나는 그를 총살할 것이다"라고 그는 한 행사에서 선언하기도 했다. 그의 부하들은 실제로 이런 살상을 저질렀고, 몇 달 전 3만 4,000명 가까운 유대인을 학살한 바빈 야르를 처형장으로 사용했다. 1943년 11월 독일군의 키이우 점령이 종료된 시점까지 6만 명이 추가로 나치의 손에 희생되었다. 소련군 포로와 우크라이나 민족주의자들, 소련군 지하 저항군, 집시들이 바빈 야르에서 처형되었다.

코흐는 전간기 중 폴란드 영토였던 볼히냐의 리우네에 우크라이나 사령부를 만들었다. 이곳은 20년이 조금 넘는 동안 '우크라이나'라고 불리는 정치체의 세 번째 수도가 되었다. 소비에트 정권은 1920년대 '민족주의자들'을 제압하기 위해 산업 중심지이자 고도로 러시아화된 하르키우를 수도로 택한 데 반해, 독일군은 거대하고 고도로 소비에트화된 키이우 대신 인구가 4만 명에 불과한 지방 도시 리우네를 수도로 택했다. 봉쇄되고 식량 보급이 차단된 키이우는 1933년 이후 처음으로 기근을 만났다. 나치의 레벤스라움 계획에는 우크라이나를 목초지화하고 주요 도시를 없애는 것이 포함되었다. 그렇지 않으면 제3제국과 군대로부터 자원을 전용해 도시 주민들을 먹여 살려야 했다. 그래서 도시에 기아를 발생시켜 굶주린 주민들이 농촌으로 이주해 생산인력이 되어 자신들의 식량을 마련하고 독일제국을 위한 농산물을 생산하도록 만드는 것이 이들의 정책이었다. 독일 당국은 집단농장을 그대로 두고 농촌 주민들로부터 자원을 착취하는 소비에트식 방식을 최대한 이용했다. 이들은 또한 대규모 기업을 사유화하지 않고, 우크라이나에 남아 있는 경제력을 새 은행과 새 식민지 화폐, 가격 통제로 규제했다. 점령 당국은 신분증을 발행해 주민들의 이동을 통제했다.

1942년 1월부터 나치 정권은 우크라이나를 농산물뿐만 아니라 강제노동 착취의 대상으로 이용했다. 1월에 이른바 동방 노동자(Ostarbeiter)를 태운 첫 기차가 키이우에서 독일로 출발했다. 일자리와 좋은 생활환경, 유럽을 경험할 수 있는 기회를 제공한다고 선전하며 젊은 노동자들을 독일로 운송했다. "독일이 당신을 부른다. 아름다운 독일로 가라!"고 한 키이우 신문에 광고가 실렸다. 한 포스터는 "벽은 무너졌다"며 우크라이나인이 소련을 유럽으로부터 차단한 벽에 뚫린 구멍을 내다보고 있는 모습을 담았고, 배경으로는 독일 도시들의 스카이라인이 실렸다. 한 문구는 이렇게 썼다. "스탈린은 당신들 주변에 높은 담을 쌓았다. 그는 외부 세계를 보는 사람이면 누구나 볼셰비키 정권의 처절한 상황을 파악할 것이라는 것을 잘 알았다. 이제 그 벽에 공간이 생겼고, 새롭고 더 나은 미래를 위한 길이 열렸다." 우크라이나 젊은 세대들이 시골 마을을 떠나 세계를 볼 수 있는 기회가 열린 것이다. 많은 사람들이 흥미와 심지어 열성을 가지고 이에 호응했다.

이 광고는 함정임이 드러났다. 젊은 남녀들은 공장에서 일하건 독일인 가정에서 일하건 간에 노예 노동자가 되었고, 'OST'(동방 노동자의 약자)라는 글자가 새겨진 배지를 달고 있어야 했다. 이들은 독일 당국과 독일 사회 많은 부분에 의해 인간이하의 존재로 여겨졌다. 독일에서의 착취 소식이 우크라이나에 전해지기 시작하기 전까지 독일 당국은 매달 4만 명이라는 우크라이나 노동자 징용 할당량을 채우는 데 어려움을 겪지 않았다. 독일 당국은 자의적으로 사람을 붙잡아서 강제로 독일로 보내기 시작했다. 1942년과 1943년 모두 합쳐 220만 명 가까운 우크라이나인들이 붙잡혀서 독일로 보내졌다. 이 가운데 많은 사람들이 영양실조와 질병, 일하고 있던 군수, 탄약 공장에 대한 연합군의 폭격으로 사망했다. 전쟁에서 살아남아 1944년과 1945년 소련군에서 해방된 사람(전쟁이 끝날 때 12만 명만이 이주된 사람으로 등록되었다)들은 대개 반역자 취급을 받았고, 일부는 독일 집단수용소에서 바로 소련 강제노동수용소로 이송되었다. 우크라이나는 독일 점령 당국이 노예를 잡아가는 유일한 장소가 아니었지만, 다른 어느 곳보다 큰 인간사냥 장소가 되었다. 전쟁 중 동유럽에서 독일로 보내진 동방 노동자의 80퍼센트가 우크라이나 주민이었다.

1943년 여름이 되자 우크라이나에 독일 농부들을 위한 낙원을 만든다는 독일의 계획이 실현된 것은 거의 없었다. 히틀러는 1942년 여름과 가을 상당 시간을 우크라이나에서 보냈다. 독일 기술자들은 소련군 전쟁포로를 동원해 빈니챠 인근 숲속에 늑대인간(Werwolf)이라는 암호가 붙은 동방전선 전방 사령부를 만들었다. 그는 1943년 봄에도 그곳에 왔지만, 9월 15일에는 늑대인간을 완전히 떠났다. 그날 그는 우크라이나의 독일군에게 드니프로 방어선으로 후퇴하도록 명령을 내렸다. 일주일 후 소련군은 키이우 북쪽에서 드니프로강을 도하해 히틀러의 동부 방어선을 처음으로 돌파했다. 독일군은 1944년 봄 이 지역을 떠나기 전 늑대인간 지하벙커 전체를 완전히 파괴했다.

정복과 레벤스라움 건설의 꿈은 끝났지만 이로 인해 자행된 참혹상은 그대로 남았다. 우크라이나는 수백만 명의 우크라이나인과 러시아인, 유대인, 폴란드인의 무덤이 되었다. 이 인종집단은 가장 큰 피해를 입은 희생자들이었다. 홀로코스트로 우크라이나 유대인은 거의 절멸되었다. 남부 우크라이나와 볼히냐의 독일인 정착자 그리고 메논파 독일인도 모두 사라졌다. 소련군은 1941년 이들을 강제 이주시키지 않았지만, 이들은 후퇴하는 독일군과 함께 이 지역을 떠났다. 볼히냐와 갈리시아의 폴란드 주민들은 우크라이나 민족주의자들의 공격을 받았다. 1943년 7월 쿠르스크 전투 승리 후 소련군이 우크라이나로 진격하자 소련 지도자들은 1941년 여름과 가을

급하게 철수했던 때와 아주 달라진 나라를 되찾았다. 도시는 텅 비고, 산업 시설은 완전히 파괴되었다.

생존자들은 소련군을 해방자로 환영했지만, 소련 당국은 주민들의 충성을 의심했다. 소련군을 환영한 주민들은 적의 지배 아래서 살아남았고, 스탈린 체제에 의심을 가질 만큼 오랜 기간을 소비에트 통치 밖에서 살았다. 정교회 신도들은 히틀러가 유일하게 이들에게 가져온 자유, 즉 신앙의 자유를 누리는 데 익숙해졌다. 자신을 인종민족적 관점에서 생각하지 않았던 사람들도 살고 죽는 것이 인종에 의해 결정된 나치 정복 시기 이후에는 그렇게 생각하지 않을 수 없었다. 이 모든 것은 승리를 거둔 공산 정권에 위협이 되었다. 1980년대까지 소련 시민들은 자신과 자신의 친척들이 독일 점령 지역에서 살았는지를 묻는 항목이 들어간 수많은 질문지에 답해야 했다. 이 질문들은 각 개인의 범죄 경력에 대한 질문 바로 다음에 있었다.

제23장 승리자들

소련군은 1943년 11월 6일 후퇴하는 독일군으로부터 키이우를 탈환했다. 도시에 입성한 우크라이나 제1전선군 정치장교인 47세의 니키타 흐루쇼프 중장은 기쁨에 찼다. 전쟁 전 우크라이나 당지도자였던 그는 이 도시와 인근 지역을 잘 알았고, 전쟁 전 자신의 별장을 오가던 길을 통해 키이우에 들어왔다. 흐루쇼프는 키이우 시내 건물들이 온전한 것을 발견했다. 1941년 후퇴하던 소련군과 달리 독일군은 건물들을 파괴하려고 하지 않았지만 도시는 완전히 사람들이 떠난 상태였다. 그 전날 그는 독일군의 후퇴를 촉진하기 위해 시내 포격을 명령했다.

우크라이나 당 지도자들을 대동한 흐루쇼프가 1941년 폭발 시도에서 기적적으로 살아남은 키이우 시내에 있는 오페라하우스에 접근할 때, 그는 소리를 지르며 자신에게 달려오는 한 남자를 보았다. "나는 유일하게 남은 유대인이다! 나는 키이우에서 유일하게 살아남은 유대인이다!"라고 소리쳤다. 흐루쇼프는 그를 진정시킨 다음 어떻게 살아남았는지를 물었다. "내 부인은 우크라이나 여자입니다. 그녀는 나를 다락방에 숨겼고, 나를 먹이고 돌보았습니다"라고 그는 답했다. 사람들이 숨어 있던 장소에서 나오기 시작했다. 몇 분 후 커다란 빵덩어리를 든 큰 턱수염을 한 노인이 흐루쇼프를 안고 뺨에 입을 맞추었다. 후에 흐루쇼프는 그 순간 '큰 감동'을 느꼈다고 회고했다. 1941년 여름 패배만 알던 소련 정권의 병사들이 이제 구원자로 되돌아온 것이다. 살아남은 사람들의 태도를 바꾼 것은 도시 탈환 후 소련군이 한 일보다는 점령 기간 동안 독일군이 한 짓이었다. 이로 인해 사람들은 소련군을 승리자로서뿐만 아니라 해방자로 맞은 것이다. 이렇게 생각하지 않은 사람들, 특히 상당수의 우크라이나 지식인들은 독일군과 함께 떠났다.

소련군은 이듬해 우크라이나 나머지 지역을 독일 점령으로부터 해방시켰다. 그러나 소련군은 1945년 5월 독일에 대한 연합군의 승리 이후에야 이 지역에 대한 통제권을 완전히 얻을 수 있었다. 1945년 6월 소련 정부는 몰로토프-리벤트로프 협약으로 획득한 지역뿐만 아니라 전간기 간 체코슬로바키아 영토였던 트란스카르파티아 지역도 얻었다. 이것은 전형적으로 무자비하게 국경을 바꾸는 소비에트 방식을 따른 승자의 정의였다.

니키타 흐루쇼프는 1941년 키이우가 독일군에 함락된 이후 이곳에 귀환하는 것을 꿈꿔왔다. 1942년 봄 소련군이 모스크바 문턱에서 독일군의 진격을 막은 후 그는 키이우, 하르키우를 탈환하고 드니프로페트롭스크 산업 중심지로 진격하기 위한 소련군의 반격작전을 추진했다. 1942년 5월 12일 시작한 공세에서 소련군 탱크는 적 방어선을 돌파하고 하르키우를 지나 드니프로강 우안 지역으로 진격했다. 그러나 소련군이 동남부로 깊숙이 진격하는 동안 거의 독일군의 저항을 받지 않자, 소련군은 자신들이 스스로 포위망으로 들어왔다는 것을 깨달았다. 독일군은 측면을 봉쇄하며 그 전해에 소련군이 당한 것과 유사하게 포위망을 구축했다. 흐루쇼프는 스탈린에게 공세를 멈출 것을 간청했지만 스탈린은 이를 거절했다. 상황을 바꾸기에는 이미 너무 늦었다. 18일간 지속된 재앙과 같은 작전에서 소련은 28만 병력이 전사 또는 실종되거나 포로로 잡혔다. 스탈린이 독일군 20만 명을 포로로 잡았다고 선전하는 것이 거짓말인지를 묻자 흐루쇼프는 거의 맞는 숫자라고 대답했다. 스탈린은 이 패배에 대한 책임을 흐루쇼프에게 물었다. 스탈린이 흐루쇼프의 건의를 받아들이지 않고 실패했을 때, 옆에 있었던 정치국원들이 아니었다면 흐루쇼프는 처형당했을 가능성이 높았다.

우크라이나를 탈환하기 위한 전투는 시간이 오래 걸리고 희생이 컸다. 1943년 2월 소련군이 100만 명에 달하는 독일군과 동맹군을 격파한 스탈린그라드 전투 승리로 전세는 뒤바뀌었다. 스탈린그라드 전투 승리 직후 소련군은 공세에 나서서 쿠르스크, 벨고로드, 하르키우를 독일군으로부터 탈환했다. 그러나 독일군의 에리히 폰 만슈타인 원수는 반격을 개시해 하르키우와 벨고로드를 다시 점령하고, 소련군 52개 사단을 궤멸시켰다. 1943년 8월 23일 쿠르스크 전투 승리 후에야 소련군은 하르키우를 다시 한 번 탈환할 수 있었다. 9월 8일 소련군은 스탈리노시(과거는 유즈브카, 현재는 도네츠크)에 소련기를 게양할 수 있었다. 이후 몇 달 동안 소련군은 나머지 우크라이나 좌안 지역을 탈환했다. 소련군은 독일군이 드니프로강 우안을 공격하는 것을 막기 위해 설치한 1,400킬로미터에 이르는 방어선인 동부벽(Eastern Wall) 여러 곳을 돌파했다. 소련군은 125만 명의 독일군에 대항해 250만 병력을 투입했다. 전투는 치열했다. 보수적으로 평가를 해도 소련군은 100만 명 이상이 전사하거나 부상을 입었고, 독일군도 50만 여의 병력을 잃었다. 민간인 희생자 수는 아무도 알 수 없었지만, 엄청난 희생이 뒤따랐다.

독일군에 점령된 우크라이나의 당 지도자인 흐루쇼프는 독일 방어선 후방에서 파르티잔 활동을 조직하는 데 깊숙이 관여했다. 나치의 점령정책은 불만과 분노, 결국 저항을 불러일으켜서 많은 사람들이 저항운동에 가담했다. 도시에도 많은 저항 조직세포가 있었지만, 농촌 지역이 대규모 파르티잔 부대의 거점이 되었다. 이들은 점령군에 대항해 길고도 힘든 싸움을 벌였다. 자연환경이 파르티잔 거점 선택의 핵심이었다. 스텝은 파르티잔 전사들에게 은폐를 제공하지 않기 때문에 이들은 키이우 북부나 체르니히우 지역 숲속이나 북부 볼히냐의 숲과 늪지, 카르파티아 산맥 기슭에서 싸웠다. 이들의 거점 지역은 흩어져 있었지만, 우크라이나 애국심과 나치 점령에 대한 증오가 파르티잔들을 단결시켰다. 그러나 과거의 소련-폴란드 국경과 이념이 이들을 갈라놓았다. 국경의 서부 지역에서는 민족주의자들이 파르티잔 저항운동을 이끌었고, 공산주의자들은 동부 지역의 파르티잔을 장악했다.

통상 그렇듯이 소련 비밀경찰이 공산주의자 게릴라를 조직했다. 이들은 NKVD 장군이 이끄는 모스크바의 파르티잔 중앙본부로부터 명령과 보급품을 받았다. 우크라이나에서 가장 널리 알려진 파르티잔 지도자 시디르 콥파크는 전쟁 전 키이우 한 구(區)의 당 책임자였다. 그는 1918년 독일군이 우크라이나를 점령했을 때 게릴라 부대를 이끈 경험 외에도 파르티잔 전투 요원을 양성하는 NKVD학교를 수료했다. 소련 파르티잔은 1942년 초부터 활동을 개시해 후방의 독일군 부대와 점령 행정당국을 공격했다. 시간이 지나고 스탈린그라드 전투 후 소련군이 서쪽으로 진격해 오면서 소련 파르티잔 활동은 수와 범위가 크게 확대되었다. 1942년에는 약 5,000명의 파르티잔이 활동했지만 1944년에 되자 그 숫자는 열 배 가까이 늘어났다.

독일군은 지역 주민들에 대한 공포정책으로 점차 늘어나는 파르티잔 세력을 소탕하려 했다. 파르티잔은 우크라이나에 대한 독일군의 통제에 도전할 뿐만 아니라 통신, 보급 라인을 차단했다. 여기에는 독일군이 보기에 파르티잔 통제 밑에 있거나 파르티잔과 협력한다는 의심쩍은 마을들을 불태우는 것도 포함되었다. 독일 인력이 부족한 상태에서 점령 당국은 지역 주민들로 구성된 경찰 인력을 이용했다. 이념적 이유 때문에 경찰에 가담한 경우는 드물었고, 점령 당국의 탄압과 처형을 피하기 위해 경찰에 가담한 전 공산당원이나 콤소몰(청년 공산당 조직) 당원들도 많았다. 양쪽 모두에 지역 주민들이 가담했기 때문에 파르티잔 전투는 파르티잔과 경찰 친척들이 종종 복수 대상이 되었다. 1942년 독일군에게 불리하게 전세가 전개되면서 점점 더 많은 경찰들이 충성 대상을 바꾸어 파르티잔에 가담했다. 부역자와 파르티잔 전사를 구별하기 힘든 경우도 많았다. 전쟁이 오래 지속되었기 때문에 많은 사람들이 전쟁 기간 동안 한 가지 역할이 아니라 여러 역할을 맡게 되었다.

키이우를 탈환한 후 흐루쇼프는 즉시 행정을 다시 맡아 이전 소련 영토와 전쟁 전 소련 통제 아래 있지 않은 영토를 다시 우크라이나 소비에트 사회주의공화국에 재통합하는 작업에 착수했다. 이것은 그에게 주어진 시간과 에너지 대부분을 소비하는 길고도 힘든 작업이었다. 1944년 초 전선은 드니프로강 서부로 이동했다. 3월이 되자 소련군은 우안 우크라이나를 탈환하고 전쟁 전 국경을 넘어 루마니아로 진격했다. 1944년 10월 소련군은 카르파티아 산맥을 넘어 트란스카르파티아 지역을 장악했고, 공식 정부 선전은 이것을 우크라이나 땅을 재통합시킨 마지막 단원으로 치켜세웠다. 소련군이 점령한 영토를 헝가리나 체코슬로바키아에 반환할 가능성에 대한 얘기는 없었다. 50만 명 이상의 소련군이 서부 우크라이나 전투에서 전사했다.

"우리가 독일군을 서쪽으로 밀어내면서 옛날의 적인 우크라이나 민족주의자들을 만났다"라고 흐루쇼프는 1944년과 1945년 서부 우크라이나를 소비에트 국가에 통합하려는 노력을 서술하면서 회고했다. 소련 당국은 이 민족주의자들을 일반적으로 '반데리스트'(Banderists)라고 불렀다. 이 지역은 사실상 우크라이나 민족기구(OUN, Organization of Ukrainian Nationalities)의 스테판 반데라 파벌의 민족저항군이 장악하고 있었다. 결국 이 용어는 반데라 추종자들이 통제하고 있는 우크라이나 저항군(UPA, Ukrainian Insurgent Army)에 소속되어 싸운 사람을 지칭하는 말이 되었다. 이 용어는 여러 면에서 잘못 적용된 용어다. 먼저 모든 UPA 전사들이 민족주의 이념을 공유하거나 OUN에 속한 것은 아니었다. 두 번째로 반데라는 1941년 여름 독일군에 체포된 이후 우크라이나에 돌아온 적이 없었고, 그의 이름을 딴 부대의 작전을 통제할 수 없었다. 그는 상징적 지도자가 되었고, 민족의 명목적 아버지가 되었다. 그는 전쟁 기간 거의 전 기간 독일군에 의해 투옥되었고, 후에 서독에서 망명자로 생활했다.*

1944년 전성기 때 10만 명 가까운 병력을 보유한 우크라이나 저항군은 소련군 후방에서 활동하며 소련군 통신을 끊고 전선에서 멀리 떨어져 있는 부대들을 공격했다. 여러 명의 지휘관이 저항군을 이끌었고, 이 가운데 가장 유명한 지휘관은 나흐티갈 대대를 지휘한 로만 슈헤비치였다. 슈헤비치와 마찬가지로 많은 UPA 지휘관은 보조 경찰로 편입되어 독일군으로부터 훈련을 받았다. 이들은 1943년 초 무기를 가지고 이 경찰부대에서 탈주했다. 이들은 독일군을 주적으로 생각했지만, 1943년 UPA 대부분은 주로 폴란드 반란군과 전투를 벌였다. 볼히냐와 갈리시아의 우크라이나인 그리고 폴란드인 사이의 해묵은 적대감은 상대의 의도에 대한 의심이 커지면서 더욱 심화되었고, 이로 인해 1943년 봄 많은 마을을 불태우고 무고한 양민들을 학살하는 인종청소식의 대량학살로 이어졌다.

1943년 2월 스탈린그라드 전투 승리 후 시디르 콥파크가 이끄는 파르티잔 부대가 볼히냐로 쏟아져 들어오면서 우크라이나인과 폴란드인 사이의 전투가 시작되었다. 이들은 소련군을 우크라이나에 대항하는 잠재적 동맹세력으로 본 볼히냐 일부 주민들의 지원을 받았다. 우크라이나와 폴란드 역사학자들은 OUN 지도자들이 폴란드 마을에 대한 우크라이나인들의 공격을 사주했는가, 만일 그렇다면

---

* 반데라 암살: 1959년 10월 15일 반데라는 망명지인 뮌헨에서 암살되었다. 의료당국은 그가 청산가리에 의해 암살되었다고 밝혔다. 1961년 독일 경찰은 전 KGB 요원이었던 보흐단 스타쉰스키가 소련 당국의 지시를 받고 청산가리 스프레이 총으로 반데라를 살해했다고 발표했다.

어느 정도까지 관여했는가에 대해 아직도 논쟁을 벌이고 있다. 그러나 인종청소의 희생자 대부분이 폴란드인들이었다는 데는 의심의 여지가 없다. 갈리시아와 볼히냐에서 폴란드인들에 의해 죽임을 당한 우크라이나인 수 추정치는 1만 5,000명에서 3만 명에 이르는 데 반해, 폴란드인 희생자 추정치는 이보다 두세 배 많은 6만 명에서 9만 명에 이른다. 우크라이나인-폴란드인 충돌에 직접 관여하지 않은 독일군은 양측 모두를 자극해 충돌이 지속되도록 만들었고, 때로 투쟁자들에게 무기를 제공했다. 농촌 지역을 장악하지 못한 독일군은 최소한 적들이 분열되게끔 힘썼다. 이들은 진격해 오는 소련군에 대한 UPA의 전투로 이득을 보았다.

UPA가 거둔 큰 성공은 소련군 사령관인 니콜라이 바투틴 장군을 살해한 것이다. 1944년 2월 29일 UPA 전사들은 잠복해 있다가 우크라이나 제국 정부(Reichskommissariat Ukraine)의 수도였던 리우네에서 부하들을 만나고 돌아가는 바투틴을 공격했다. 그는 4월 중순 키이우에서 사망했다. 바투틴의 장례식에 참석한 흐루쇼프는 키이우 정부 중심부에 자신의 친구를 묻었다. 전쟁 후 그는 무덤에 다음 글귀가 들어간 비석을 세웠다. "우크라이나 국민이 추모하는 바투틴 장군에게." 흐루쇼프는 우크라이나 민족주의자들이 비문에 격노할 것이라고 생각했지만, 모스크바에서는 이것을 똑같은 우크라이나 민족주의의 표현이라고 간주했다. 흐루쇼프는 스탈린에게 직접 청원해 원래 계획대로 추진하라는 허락을 받았다. 우크라이나어로 된 비문이 1948년 만들어진 기념비에 새겨졌고, 아직도 키이우 시내에 보존되어 있다. 이것은 제2차 세계대전에 대한 우크라이나의 복잡한 기억을 상기시켜주는 기념물 중 하나다.

제2차 세계대전에서 우크라이나인들은 한쪽에서만 싸운 것은 아니었다. 절대다수는 소련군에 가담해 싸웠다. 모스크바는 다양한 민족 배경의 우크라이나인 700만 명을 징집했다. 전쟁에 참여한 소련 병사 대여섯 명 중 한 명은 우크라이나 출신이었다. 개전 초기 350만 명 이상이 징집되었고, 전쟁 중에 거의 같은 숫자가 다시 징집되었다. 1941년 독일군의 살상에서 살아남아 포로가 된 많은 병사들이 석방되어 가족들에게 돌아왔지만, 소련군이 이들이 거주하는 지역을 탈환한 다음 즉시 다시 징집되었다. '검은 재킷을 입은 사람'으로 불린 이들은 재징집 후 제대로 된 군복과 훈련, 탄약, 심지어 무기도 없이 바로 전투에 투입되었다. 소련군 지휘부는 독일 점령 아래 있던 사람들을 반역자로 간주하고 이들은 희생되어도 무방하다고 생각했다. '검은 재킷을 입은 사람들' 대부분은 전투에서 죽거나 오랫동안 기다리던 '해방' 직후 도시 교외나 시골 지역에서 사살되었다.

소련군은 아무 거리낌 없이 우크라이나인들을 징집해 전투에 내보냈지만, 독일군은 오랫동안 점령지 주민들을 징집해 정규 군대에 편입시키지는 않았다. 그러나 자발적 보조원(Hilfswillige) 또는 히위(Hiwis)는 환영했다. 추정컨대 약 100만 명의 소련 시민이 히위 보조 군부대에 가담했고, 우크라이나인이나 우크라이나 출신 시민이 이 가운데 약 1/4을 차지했다. 이 정책은 스탈린그라드 전투 후 독일군의 전력이 부족해지면서 바뀌기 시작했다. 새로 편성된 비독일인 부대는 하인리히 힘러의 직접 통제 아래 들어왔고, 친위대의 군조직인 무장 친위대(Waffen-SS)의 일부가 되었다. 무장 친위대 사단들은 프랑스인과 스웨덴인, 러시아인, 우크라이나인을 포함한 거의 모든 유럽 민족으로 구성되었다. 2만 명 가까운 우크라이나인들이 전쟁 중 갈리시아 사단(Division Galizien)이라고 알려진 제14 무장 친위대 사단에 편입되어 전투를 치렀다.

갈리시아 지구 독일 총독 오토 폰 웨흐터가 이 사단을 창설하는 아이디어를 제안했다. 빈 출신인 그는 우크라이나인과 폴란드인을 서로 대립시키는 과거 오스트리아 정부의 전술을 채택하고 그가 통치하는 동안 갈리시아 지구에서 우크라이나 학교 수가 증가했다. 그의 행정당국은 정치조직을 금지시키고 OUN을 탄압했지만, 우크라이나인들의 복지와 문화, 심지어 학술기구를 장려했다. 이것은 우크라이나 다른 지역과 크게 대조되는 정책이었다. 웨흐터는 우크라이나인들은 충성이 강해서 무기를 잡게 해도 무방하다고 생각했다. 그러나 베를린의 많은 사람들은 우크라이나인의 충성과 이들의 인종 지위에 대해 의구심을 표현했다. 결국 독일 지도부는 이 사단에 우크라이나라는 명칭을 빼고 갈리시아 사단으로 불렀다. 이들은 과거 오스트리아 제국 신민이었던 갈리시아인들이 일반 우크라이나인보다 더 '문명화되고' 신뢰할 수 있다고 여겼다. 독일 당국은 우크라이나를 과거 러시아-헝가리 경계선으로 분리했을 뿐만 아니라 우크라이나 각 지역에서의 정책에서 과거 오스트리아 제국 방식을 답습했다. 새로 편성된 사단은 갈리시아인으로만 구성되었고, 명칭과 상징도 우크라이나나 우크라이나인에 대한 언급을 전혀 사용하지 않았다.

1943년 4월 갈리시아 사단 자원병 모집이 발표되자, 이를 두고 민족주의 저항세력에서는 즉시 분열이 일어났다. 반데라파는 이에 적극 반대했지만, 반데라의 적수인 안드리 멜니크 대령이 이끄는 파벌은 이를 지지했다. 가톨릭교회 주교들을 포함한 우크라이나 주류 지도자들도 의견이 갈렸다. 갈리시아 사단 구성을 지지한 사람들은 과거 오스트리아 당국이 했던 일을 독일 점령당국이 다시 시행한다고 생각했다. 1918년 오스트리아 군대 내에 우크라이나 여단이 존재하면서 간부들을 훈련시킬 수 있었고, 제1차 세계대전 때 사용하던 무기를 그대로 독립전쟁에서 사용할 수 있었다. 우크라이나 공동체의 많은 사람들은 역사가 반복된다고 생각했다. 우크라이나에서 독일 통치에 만족하는 사람은 없었고, 나치 이념에 동조하는 사람은 더더욱 없었으며, 스탈린그라드 전투와 쿠르스크 전투 후에 독일의 장래를 믿는 사람도 없었다. 냉정한 계산을 떠나 공유된 반(反)공산주의로 우크라이나 정치인과 독일 당국의 이해가 일치하게 되었다.

우크라이나 주류 정치인들이 지지하고, 우크라이나 젊은이들에게 숲속으로 들어간 반데라 저항군에 가담하거나 임박한 소련군 점령에 대한 대안으로 제시된 신설 사단은 여기에 아들들을 보낸 부모들에게는 덜 악한 선택(lesser evil)이라고 느꼈다. 그러나 얼마 안가 이들 대부분은 이 선택을 후회하게 되었다. 독일군 장교들에 의해 훈련되고 지휘를 받는 이 사단은 1944년 갈리시아의 브로디 인근에서 불세례를 받았다. 이것은 세례이자 환상으로부터의 각성이었다. 소련군은 7개 독일군 사단과 함께 갈리시아 사단을 포위했다. 전투 결과로 3만 8,000명이 전사하고, 1만 7,000명이 소련군에 포로로 잡혔다. 1만 1,000명 가까운 병력을 보유했던 갈리시아 사단은 사실상 전멸했다. 단 1,500명만 탈출하는 데 성공했다. 브로디 전투로 갈리시아 사단은 전투력을 상실했다. 후에 병력이 보충되어 재편성된 이 사단은 처음에는 슬로바키아에, 다음에는 유고슬라비아에 파견되어 현지 파르티잔과 전투를 벌였다. 이곳에서 역사는 비극은 아니라도 희극거리가 되어 반복되었다. 오스트리아 군복을 입은 우크라이나군이 우크라이나 독립을 얻었던 1918년 기억은 나치 십자가 표식을 달고 동료 슬라브인들의 해방운동을 탄압하는 1944년 우크라이나인의 현실에 자리를 내주었다.

1944년 7월 27일 소련군은 르비우를 탈환했다. 르비우와 서부 우크라이나 장악은 니키타 흐루쇼프와 소비에트 우크라이나의 정치 지도부에게 새로운 도전을 제기했다. 르비우와 관련된 가장 큰 우려는 런던에 있는 폴란드 망명정부에 충성하는 폴란드 시정부의 구성 가능성이었다. 흐루쇼프는 독일군이 철수한 르비우로 서둘러 달려갔다. "우리는 소련 통치에 적대적인 지역세력이 나타날 것을 우려했다. 우리 관리들이 시 행정을 맡도록 서둘러야 했다. 우리는 바로 그렇게 했다"라고 흐루쇼프는 후에 회고했다. 1944년 르비우 주민 대다수는 폴란드인이었지만 주변 농촌 지역은 우크라이나인이 다수를 차지하고 있었다. 이 지역은 스탈린과 서방의 지원을 받는 런던의 폴란드 망명정부 사이에 분란의 씨앗이 되었다. 흐루쇼프가 소비에트 행정조직을 만드는 것은 스탈린이 이 도시를 계속 지키려는 폴란드의 희망을 인정하지 않는다는 것을 의미했다.

르비우 탈환 이틀 전 스탈린은 친소련 괴뢰정부인 폴란드 민족해방위원회를 위협해 1939년 몰로토프-리벤트로프 비밀협약에서 정해진 국경과 거의 일치하고, 르비우를 소련에 귀속시키는 장래의 폴란드 경계에 동의하도록 만들었다. 민족해방위원회는 런던의 폴란드 망명정부를 대체할 조직으로 소련이 조직한 공산주의자 조직이었다. 그 며칠 전 흐루쇼프가 스탈린에게 보낸 편지가 스탈린이 취한 조치에 영향을 미쳤다. 흐루쇼프는 르비우와 몰로토프-리벤트로프 경계선 동쪽의 다른 지역뿐만 아니라 우크라이나 주민이 다수 거주하는 홀름(체웜)도 우크라이나 공화국에 포함되기를 원했다. 흐루쇼프의 부인 니나 페트리브나 쿠하르추크도 이 지역 출신이었다. 스탈린은 폴란드 괴뢰정부를 위협하는 데 흐루쇼프의 청원을 이용했다. 즉 이들이 르비우를 포기하는 데 동의하지 않으면, 홀름도 우크라이나 공화국에 포함될 수 있다고 위협한 것이다. 폴란드인들은 위협에 굴복했다. 이들은 홀름을 취하고 갈리시아의 수도인 르비우를 포기했다. 7월 23일 소련군이 점령한 홀름은 몰로토프-리벤트로프 경계선 서쪽에서 소련군이 장악한 첫 도시가 되었으며 모스크바에 의존한 폴란드 괴뢰정부의 첫 거점이 되었다.

1944년 9월 공산주의자들이 장악한 폴란드 정부와 흐루쇼프가 이끄는 우크라이나 공화국 정부는 새로운 경계선과 주민 교환에 대한 합의서에 서명했다. 주민 교환은 이 경계선을 정치 경계선뿐만 아니라 인종 경계선으로 만들기 위한 것이었다. 이 합의의 배경은 단순했다. 폴란드인들은 몰로토프-리벤트로프 경계선을 넘어 서쪽으로 이주하고, 우크라이나인들은 동쪽으로 이주하는 것이었다. 스탈린은 소수민족의 발생을 막고 장래의 국경선을 안정시켜서 소련 영토 내에서 실지회복 운동의 가능성을 제거하기 위해 국경선뿐만 아니라 주민들도 이동시키는 데 열성을 보였다. 민족주의자들은 전쟁 전 국경선을 인종 경계선과 가깝게 만들려고 했지만, 스탈린은 여기서 한 걸음 더 나가 인종 경계선을 무력으로 설정한 경계선에 맞추려고 했다.

1945년 2월 미국의 프랭클린 델라노 루즈벨트 대통령과 영국의 윈스턴 처칠 수상이 얄타로 와서 스탈린과 전후 세계질서에 대한 논의를 했다. 스탈린은 몰로토프-리벤트로프 경계선을 따라 소련과 폴란드 사이의 새로운 국경이 설정되어야 한다고 강력히 주장했다.* 두 서방 지도자는 이에 동의해 이미 진행되고 있는 인구 이동을 사후 승인했다. 스탈린은 새로운 국경을 갖게 되는 우크라이나와 벨라루스도 UN회원국이 되도록 만들어 새로운 소련 국경에 추가적 정당성을 제공했다. 독일이 패배하고 유럽에서 적대행위가 종식된 후인 1945년 여름 미국, 영국, 소련 지도자가 다시 모여서 진행한 포츠담 회담에서도 스탈린의 요구를 수용해 폴란드 서쪽의 독일 영토를 동쪽에서 상실된 영토에 대한 보상으로 제공하기로 합의했다. 소련 당국은 새로운 폴란드 국가의 영토가 된 지역에서 750만 명의 독일인을 추방해 동쪽에서 이주해 오는 폴란드인들을 위한 공간을 만들었다. 소련 당국은 소련군이 독일 동부 영토를 점령하기 전부터 폴란드인들을 서쪽으로 이동시키기 시작했다. 이런 상황에서 1944년 9월 브레슬라우(폴란드어 브로츠와프) 지역으로 이동하기로 예정된 르비우 지역의 폴란드인들을 일시적으로 루블린 인근 마이다네크의 나치 집단수용소이자 처형장소에 일시적으로 '머물게' 만들었다. 이들은 이후에야 자신들의 최종 목적지인 독일 영토로 이동했다.

---

* 이에 대한 상세한 논의는 이 책의 저자가 쓴 『얄타: 8일간의 외교 전쟁』(허승철 옮김, 2020)에 나와 있다.

우크라이나 지하 저항세력과 폴란드 지하 저항세력 사이의 전투와 이에 따른 인종청소로 많은 폴란드인들과 우크라이나인들은 목숨을 구하기 위해 고향을 떠나고 싶어했다. 그러나 일부 주민은 이동을 거부했다. 그러나 결국 이것은 아무 문제도 되지 않았다. 스탈린과 폴란드 괴뢰정부는 전쟁 기간 중 NKVD가 소수민족이 없는 국가라는 목표를 달성하기 위해 수행한 강제 인구 이주 경험을 그대로 활용해 주민 이주를 강행했다. 소련 관리들은 강제 이주 조치를 '고국 귀환'(repatriation)이라고 불렀다. 대부분의 이주자들이 고향으로 돌아오는 것이 아니라 고향을 떠난다는 의미로 '고국'(patria)이라는 단어가 이해되었다. 우크라이나에서만 약 78만 명의 폴란드인이 몰로토프-리벤트로프 경계선 서쪽으로 '고국 귀환'했다. 거의 비슷한 숫자의 폴란드인들이 벨라루스와 리투아니아 영토에서 새로운 폴란드 국가 영토로 이주했다. 실향민 중에는 소련에서 홀로코스트에서 살아남은 10만 명 가까운 유대인이 포함되어 있었다. 재정착 주민 대부분은 스탈린이 마지못한 서방의 동의를 얻어 폴란드에 새로 배정한 과거 독일 지역으로 이동했다.

폴란드인들과 유대인들이 서쪽으로 이동하는 동안 우크라이나인들은 동쪽으로 이동했다. 1944년부터 1946년 2년 동안 50만 명 가까운 우크라이나인이 몰로토프-리벤트로프 경계선 서쪽으로부터 우크라이나 공화국으로 강제 이주되었다. 거의 같은 시기에 서부 우크라이나에서 18만 명 이상의 우크라이나인이 체포되어 시베리아와 소련 내륙 지역으로 이송되었다. 이들은 진실이건 뒤집어씌운 혐의이건 민족주의 지하 저항세력과 협력했다는 고발을 받았다. 추가적으로 7만 6,000명의 우크라이나인들이 같은 혐의로 강제 이주되었다. 이러한 강제 이주는 제2차 세계대전 종전 후에도 한참 동안 지속된 우크라이나 민족주의 저항운동을 분쇄하는 것이 목적이었다. 니키타 흐루쇼프는 후에 스탈린이 이 지역의 모든 우크라이나인들을 동부 지역으로 강제 이주시키는 준비를 해왔지만, 그 숫자가 너무 많아 이를 포기했다고 주장했다.

적은 규모이기는 해도 이것은 폴란드의 공산당국도 사용할 수 있는 선택지였다. 1947년 비스툴라라는 암호가 붙은 작전으로 폴란드 공산당국은 폴란드에 남아 있는 우크라이나인 전체를 동부 국경 지역에서 강제 이주시켰다. 총 14만 명의 남녀노소가 강제 이주되었고, 그 자리를 폴란드인들이 채웠다. 바둑판같이 인종적, 종교적으로 혼합되었던 폴란드인-우크라이나인의 경계선은 선명한 경계선의 소련-폴란드 국경이 되어 한쪽에는 폴란드인, 다른 한쪽에는 우크라이나인들이 거주했다. 역사 대부분 기간 동안 다민족 영토였던 우크라이나 자체도 유대인을 멸절하고, 폴란드인과 독일인들을 강제 이주한 결과로 우크라이나인-러시아인 공동 주거 지역이 되었다.

스탈린은 민족주의자들을 달래기 위해서가 아니라 민족주의와 싸우고 국경 지역에 대한 자신의 통제권을 견고하게 만들기 위해 주민들을 강제 이주시킨 것이다. 그는 새로운 분할선과 국경 경비대만으로 국경을 봉쇄한 것이 아니라, 자본주의 서방에 대한 끊임없는 선동으로도 국경을 봉쇄했다. 그는 전간기 혹은 역사상 어느 시기보다 훨씬 엄격하게 유럽으로 향한 우크라이나의 문을 걸어 잠갔다. 나치의 우크라이나 점령으로 유럽에 가담한다는 우크라이나 지식계층의 꿈은 무너져버렸다. 독일군이 우크라이나에 가져온 유럽은 식민제국 형태였고, 그 행위자들은 인종과 착취, 인간이하의 존재 멸절이라는 의식에 사로잡혔다. 소련 당국은 서방에 대한 최근의 실망을 냉전시대 선전선동에 이용했다. 이제 앞으로 소련 당국은 우크라이나 저항군을 '독일-우크라이나 민족주의자들'이라고 칭하며 우크라이나 민족주의를 독일 파시즘과 끊임없이 연계시켰다.

소련 당국은 유구한 문화 경계선도 지우려고 했다. 1946년 3월 NKVD는 요원들을 동원해 우크라이나 가톨릭 공의회를 개최했고, 이 공의회는 가톨릭교회를 해산하고 러시아 정교회에 가담하기로 결정했다. 이 공의회는 주교들 없이 진행되었다. 1년 전에 NKVD는 이미 모든 가톨릭 주교들을 체포했다. 가톨릭교회를 해산하는 결정은 얄타 회담 직후에 내려졌고, 3거두 회담에서 결정된 국경 안에서 실행되었다. 트란스카르파티아는 아직 완전히 우크라이나 공화국의 일부가 아니었기 때문에 가톨릭교회는 3년을 더 존재하다가 냉전이 시작된 1949년 해체되었다. 소련 당국은 가톨릭교회 전체가 바티칸과 서방 국가들이 지시하는 바를 따른다고 의심했다. 서방과의 모든 제도, 종교, 문화적 연계는 차단되어야 했고, 오랫동안 가톨릭 서방과 정교회 동방을 연결하던 가교 역할을 하던 가톨릭교회는 사라졌다. 불과 몇 년 만에 500만 명의 우크라이나 가톨릭교도는 명목적인 정교도가 되었다.

1945년 군사력으로 승전국이 된 소련은 국경선을 중·동유럽 안쪽 깊숙이 밀어버렸다. 소련군은 명목적인 우크라이나 공화국이 전통적으로 우크라이나인들이 거주하던 폴란드와 체코슬로바키아, 루마니아 영토를 포함하도록 확장해서 우크라이나 민족주의를 모방했다.

이러한 영토 획득은 우크라이나의 소비에트 정권에 새로운 도전을 제기했다. 1917년 혁명 후 소련 당국은 동부와 남부 우크라이나의 산업지대에 대한 우크라이나의 영유권 주장을 인정해서 드니프로 우크라이나가 소련 안에 들어오도록 하는 데 성공했다. 전간기중 폴란드와 루마니아, 체코슬로바키아가 영유권을 주장한 과거 오스트리아-헝가리 제국의 우크라이나인 거주 지역을 획득함으로써 스탈린은 소비에트 우크라이나에 잘 발달된 자치와 의회민주주의, 공동체적이고 민족적인 자치조직을 도입했다. 이러한 전통은 중부와 동부 우크라이나 지역에는 존재하지 않던 것이다. 소련 정권은 새로운 이념적 도전을 만났다. 그것은 자체 파르티잔 군사력인 우크라이나 저항군을 보유한 잘 조직된 정치구조가 대표한 급진적 민족주의였다.

이 영토들을 경제, 사회, 문화와 함께 소비에트 우크라이나와 소련에 통합하는 것은 수십 년이 걸려야 완성될 수 있었다. 소련 당국은 민족주의적 저항세력을 지하로 숨어들게 만들고 이것을 파괴해야 이 지역을 평정할 수 있었다. 이 과정은 1950년대까지 지속되었다. 이 지역을 완전히 소비에트화하기 위해서 농업집단화와 산업화 과정이 필요했고, 젊은 층을 소비에트 마르크스주의로 교조화해야 했다. 그러나 시간이 지나도 새로 획득한 소련 영토와 중·서유럽의 역사적 연계는 사라지지 않았다. 소련 국경이 서쪽으로 이동한 것은 과거 소련의 일부가 아니었던 우크라이나 지역을 내부적 국경 지역으로 만들었다. 소련 당국은 수십 년 동안 이 지역에서 나머지 우크라이나 지역에서 강행하던 정책과는 다른 정책을 시행했다.

소련 당국은 우크라이나 카드를 이 지역 획득을 정당화하는 데뿐만 아니라 이 지역을 소비에트화하는 데 사용했다. 모스크바는

1920년 우크라이나 정책으로 되돌아가서 정치, 문화생활의 우크라이나화를 통해 소련 사회에 들어올 기회를 이 지역에 제공했다. 그러나 소련 정권은 신뢰하지 못하는 지역 엘리트들을 통합하는 데는 노력을 기울이지 않고, 우크라이나 중부, 동부 지역에서 관리들을 데리고 왔다. 이것은 이 지역의 통합을 더디게 만든 요인이 되었다. 이와 동시에 정치적 충성의 대가로 우크라이나 문화를 인정한 것은 우크라이나 나머지 지역에서 러시아화 과정을 더뎌지게 만들었다. 마지못한 우크라이나화 정책은 오스트리아-헝가리 제국 다음으로 폴란드 영토 내의 민족 동원의 역사적 전통과 맞물리고, 또한 민족주의적 저항 기억과 연계되어 소련 시대 나머지 기간 동안 서부 우크라이나, 특히 갈리시아를 우크라이나의 문화, 정치활동의 중심으로 만들었다.

독립으로의 여정

역설적이게도 상호 적대적인 지식인들과 당간부들은
고르바초프와 중도파를 공동의 적으로 생각했다.
주권과 궁극적으로 완전한 독립이 우크라이나의 정치 지형에서
서로 대립하는 다양한 세력들이 협력할 수 있게 하는
공통의 정치적 플랫폼이 되었다.

제24장 제2소비에트 공화국

1945년 4월 샌프란시스코에서 열린 UN창립총회에서 우크라이나가 UN회원국*이 된 것은 우크라이나의 국제적 위상을 영연방 국가인 캐나다나 오스트레일리아 또는 심지어 독립국가인 벨기에나 브라질에 견줄 수 있게 높여주었다. 그럼에도 불구하고 UN회원국 약속을 국가 독립 달성과 맞추는 데는 반세기의 시간이 필요했다. 그 노정을 가면서 우크라이나는 제국들의 해체와 그 터 위에서 생겨난 새로운 국가들의 탄생에 이바지했다. 이 과정으로 1945년 70여 개였던 독립국가 숫자는 오늘날 190개로 늘어났다.

UN에서 얻은 자리와 고양된 지위에도 불구하고 제2차 세계대전 종전 후 우크라이나는 처참한 모습을 보여주었다. 우크라이나 공화국은 영토가 15퍼센트 확장되어 전쟁으로 인해 큰 덕을 본 것처럼 보이기는 했지만, 사실은 전쟁의 가장 큰 희생자였다. 우크라이나는

---

* 1945년 2월 초에 열린 얄타 회담에서 소련은 원래 15개 공화국 모두 UN회원국이 되어야 한다는 주장에서 한 발 물러나 러시아 연방 외 우크라이나, 벨라루스, 리투아니아가 회원국이 되는 안을 제시했고, 최종적으로 러시아, 우크라이나, 벨라루스가 회원국으로 인정되었다.

700만 명에 이르는 인구를 잃었고, 이것은 전체 인구의 15퍼센트에 달했다. 전쟁에서 살아남은 3,600만 명의 주민 중 약 1,000만 명이 살 집이 없었고, 약 700개의 도시와 소도시, 2만 8,000개의 마을이 잿더미가 되었다. 우크라이나는 재산의 40퍼센트를 잃고, 산업과 농업장비 80퍼센트를 상실했다. 1945년 우크라이나 공화국의 산업생산은 전쟁 전에 비해 1/4로 줄어들었고, 농업생산은 40퍼센트에 그쳤다.

소련군의 초토화 작전과 독일군의 산업파괴, 도시파괴 정책, 또한 양측의 치열한 전투로 산업 기반이 망가진 상태에 이른 우크라이나는 일부 지역의 모든 것을 처음부터 다시 건설해야 하는 상황에 처했다. 서방 자문관들은 이전 공장을 재생시키는 것보다 새 공장을 짓는 것이 더 쉽다고 제안했지만, 소련 당국은 1930년대 엄청난 희생을 치르고 건설한 공장들을 다시 건설하기로 결정했다. 이전과 마찬가지로 당국은 중공업 건설에 우선순위를 두었다. 크렘린 수뇌부는 나머지 분야는 재생을 기다려야 한다고 생각했다.

1948년이 되자 전쟁 중의 미국, 영국과의 동맹관계는 소련과 서방 사이의 냉전에 자리를 내주었다. 중·동유럽에 대한 소련의 통제권과 이란, 터키, 그리스에 대한 서방의 입장이 서로 충돌했다. 소련군이 독일에까지 주둔하는 상황에서 우크라이나는 전간기 때처럼 적대적인 서방과 경계를 맞댄 국경 공화국이 아니었다. 그러나 우크라이나가 소연방에서 차지하는 산업, 농업 비중은 전쟁 전과 마찬가지로 아주 컸다. 우크라이나는 곧 벌어질지 모르는 공산주의 동방과 자본주의 서방 사이의 충돌에 대비해 무기와 식량, 병사들을 생산해내야 했다. 이것은 우크라이나인에게 식량이 부족한 상황에서 총포를 만들어내는 것을 의미했다. 우크라이나는 1950년대 경제 잠재력을 회복했지만, 농업생산은 계속 뒤처져 있었고, 1960년대가 되어서야 제2차 세계대전 전 생산량에 도달할 수 있었다.

우크라이나는 제2차 세계대전 종전 후 10년은 무너진 경제를 재건하고, 충격과 트라우마에 쌓인 사회를 다시 살리는 데 모든 힘을 집중했다. 또한 전쟁 중 적군에게 일시적으로 점령당했던 지역에서 당의 이념적·정치적 통제를 다시 확보하는 데도 노력을 기울였다. 이전에 폴란드와 루마니아, 체코슬로바키아에 속했던 서부 우크라이나 지역은 제2차 세계대전 전 독-소 불가침 협약 이후 독일군이 침공하기 전까지 2년 동안만 소련에 속했기 때문에 공산당 통제를 재건하는 것은 사실상 당의 통제를 도입하는 것과 같았다. 우크라이나 전역에 걸쳐 이 기간 동안 1930년에 도입된 정치, 사회, 경제 모델을 재집행하는 데 노력이 기울여졌다. 스탈린 정권 말기 그는 이러한 실험을 진행하는 데 열을 올렸다. 말기 스탈린주의는 혁명적 열기가 소진된 것이 분명해 보였다. 이제 막 끝난 전쟁 경험과 크렘린이 판단하기에 곧 벌어질 수 있는 서방과의 새 전쟁을 준비해야 한다는 생각은 스탈린과 그의 측근들이 내리는 모든 정치, 사회, 문화적 결정에 큰 영향을 미쳤다.

재건 프로젝트 중에 소비에트 권력 피라미드의 최상부 사람들이 가장 우선순위를 둔 것은 전쟁 전 소비에트 산업 거인 중 하나인 자포리자의 드니프로 수력발전소였다. 후퇴하던 소련군은 1941년 자포리자 댐 일부를 파괴했지만, 1943년 독일군이 댐을 파괴하려고 할 때 남아 있는 시설을 구했다. 소련군 정찰대는 폭발물에 연결된 전선을 절단했다. 이 댐과 발전소의 재건은 새로 자포리자 지역 당책임자로 임명되고, 나중에 소련의 지도자가 되는 레오니트 브레즈네프의 최우선 과제가 되었다. 1946년에 자포리자에 온 그는 발전소와 그 주변에 건설된 산업시설들이 완전히 파괴된 것을 발견했다. "벽돌과 철근 사이에 이미 풀이 자라나고 있었고, 개들이 짖는 소리가 멀리서도 들렸으며, 주변에는 폐허만 남아 있었고, 불에 탄 나뭇가지 위에는 까마귀 집만 보였다"라고 1946년 자포리자 산업단지를 처음 방문한 브레즈네프는 자신이 본 첫 인상을 기록했다. "나는 내전 후 이와 유사한 것을 보았다. 그러나 그 당시에는 쥐죽은 듯한 공장들이 무서웠지만, 지금은 모든 것이 완전히 잿더미가 되어 버렸다."

정부 조사위원회의 보고에 따르면 자포리자는 전기, 수도가 모두 끊겼다. 1,000개 이상의 아파트 건물, 74개 학교, 5개 영화극장, 2개 대학, 239개의 상점이 파괴되었다. 그러나 모스크바가 브레즈네프를 자포리자에 파견한 이유는 도시를 재건하는 것이 아니라 수력발전소와 자보리자스탈이라고 불리는 철강공장이 다시 가동하도록 하기 위해서였다. 그는 자신에게 지시된 일을 기록적으로 짧은 시간에 완수했다. 수력발전소는 1947년 3월 첫 전기를 생산했고, 그해 9월 첫 철강이 생산되었다. 1947년 11월 브레즈네프의 성취를 인정한 크렘린은 그를 자포리자에서 소환해 우크라이나 경제생산 거점의 하나인 드니프로페트롭스크 지방 책임자로 임명했다. 브레즈네프는 전기와 철강을 생산했지만 아직 폐허로 남아 있는 자포리자를 떠났다. 이것이 제2차 세계대전 후 우크라이나 재건의 모델이었다. 산업시설이 우선순위였고, 주민들은 계속 고통을 당하며 죽기도

소련의 미래 지도자 흐루쇼프(왼쪽)와 브레즈네프
브레즈네프가 자신이 고위직을 맡고 있는 정권의 새로운 범죄,
즉 수십만 명의 주민들이 기아로 사망한 것에 대해 침묵한 것은
크게 놀랄 일이 아니었다. 그러나 잠자코 있기를 거부한 고위 관리는
당시 브레즈네프의 상관이었던 흐루쇼프였다.

했다.

1978년 처음 출간된 회고록에서 브레즈네프는 도시에서의 어려운 시기에 대해서 썼지만, 시골 지역에 대해서는 언급하지 않았다. 시골 지역에서는 1932년과 1933년에 비견될 만한 규모의 기근이 1946년과 1947년에 시작되었다. 100만 명 가까운 주민이 새로운 기근으로 사망했고, 특히 브레즈네프가 담당했던 자포리자와 드니프로페트롭스크를 포함한 남부 우크라이나 지역의 피해가 컸다. 브레즈네프가 자신이 고위직을 맡고 있는 정권의 새로운 범죄, 즉 수십만 명의 주민들이 기아로 사망한 것에 대해 침묵한 것은 크게 놀랄 일이 아니었다. 그러나 잠자코 있기를 거부한 고위 관리는 당시 브레즈네프의 상관이었던 니키타 흐루쇼프였다. 1970년 미국으로 몰래 반입되어 출간되었지만, 1980년대까지 소련 독자들에게 알려지지 않았던 흐루쇼프의 자서전(이와 대조적으로 브레즈네프의 자서전은 1970년대에 출간되어 150만 부가 팔렸다)에서 흐루쇼프는 기근만 기술한 것이 아니라, 희생자들을 구하기 위해 아무 일도 하지 못한 우크라이나 공화국 지도부의 무능력도 비판했다. 모스크바는 여전히 우크라이나에 영향을 주는 사활적 결정을 직접 내리고 있었다.

흐루쇼프는 1930년대와 1940년대 일어난 일의 대부분에서와 마찬가지로 스탈린에게 기근의 책임을 돌렸다. 이 경우 스탈린은 분명한 목표가 되었다. 1946년 여름 반세기만에 최악의 가뭄이 우크라이나를 덮쳤지만, 모스크바 당국은 전쟁과 흉작으로 큰 타격을 입은 우크라이나 농촌 지역에서 계속 곡물 징발을 요구했다. 이번에 중앙정부는 도시의 재산업화와 소련군이 점령한 동유럽을 위해 곡물이 필요했다. 스탈린은 동유럽의 공산 정권을 유지하기 위해 수백만 톤의 곡물을 그곳으로 보냈다. 임박한 재앙을 막기 위해 흐루쇼프는 직접 스탈린에게 호소하고, 도시 주민들과 마찬가지로 농촌 주민들에게도 배급 카드를 지급할 것을 요청했다. 그러나 이 요청에 대한 답은 오지 않았다. 여기다가 누군가가 흐루쇼프가 우크라이나 민족주의를 조장하고 있다는 소문을 퍼뜨리며 그를 비난했다. 곧 흐루쇼프는 스탈린의 신임을 잃고 좌천되었지만 우크라이나 정부 수반직은 유지했다. 대신에 그는 우크라이나 공산당 책임자직을 잃었다. 그의 새로운 상관이자 우크라이나 공산당 지도자가 된 것은 라자르 카가노비치였다. 그는 1920년대 우크라이나화 정책 추진자이자 1930년대 대기근 원인 제공자였다.

카가노비치는 우크라이나에서 자신의 임무가 모스크바의 이념적 통제를 강화하는 것이라고 생각했다. 신고전주의 시인이자 우크라이나 작가동맹 회장인 막심 릴스키가 카가노비치의 이념적 마녀사냥의 주요 희생자가 되었다. 그는 언론에서 우크라이나 민족주의 혐의로 비난받았고, 1947년 가을 직위를 상실했다. 스탈린은 얼마 안 있어 카가노비치를 모스크바로 소환하고 흐루쇼프가 당 제1서기직을 다시 찾았지만, 우크라이나 문화인물들에 대한 공격은 계속되었다. 이것은 전 연방 차원에서 진행되고 있던 스탈린의 하수인(watch dog) 안드레이 즈다노프가 주도하는 운동과 관련이 깊었다. 즈다노프는 '부르주아 개인주의', '이념적 선명성 결여'를 이유로 소련 작가들과 예술가들을 공격했다. 즈다노프 운동의 희생자 중에는 러시아의 풍자작가 미하일 조셴코와 우크라이나의 오스탑 비슈냐가 있었다. 작가들은 자신의 작품에서 오직 하나의 갈등, 즉 좋은 것(the good)과 더 나은 것(the better) 사이의 갈등만을 묘사할 수 있었다. 이런 상황에서 풍자작가들이 할 일은 없었다. 작가들에서 시작한 이념적 일탈에 대한 수색은 음악가와 역사가들에게로 확대되었다. 우크라이나에서는 1951년 『프라우다』가 볼로디미르 소슈라의 「우크라이나를 사랑하라」는 시를 공격하면서 절정에 이르렀다. 이 작품은 1944년 이 저명한 시인이 쓴 애국주의 시였다. 소련 정권은 독일 침공에 대항하는 우크라이나의 애국심을 동원하는 데 유용했던 것을, 과거에 독일군에게 점령되었던 영토에 대한 통제를 강화하면서 민족주의로 보았다.

1941~45년 독일과의 전쟁에 대한 소련의 공식 명칭인 대조국전쟁은 이 전쟁에서 살아남고 외적의 침략을 물리친 정권에 새로운 정통성을 제공해 주었다. 그러나 이 전쟁은 소련의 정치 지형도 바꾸어 놓아서 주민들에게 혁명 후 볼 수 없었던 능동성도 제공해 주었다. 제2차 세계대전 전 존재했던 이념적 통일성과 중앙 통제를 다시 집행하려는 시도는 부분적으로만 성공을 거두었다. 특히 소련 정권에 대한 민족주의적 저항이 1950년대까지 존재했던 우크라이나에서는 더욱 그랬다. 특히 서부 우크라이나와 갈리시아, 볼히냐는 전쟁이 끝난 후 몇 년 동안 사실상 군사 점령상태 아래 있었고, 우크라이나의 다른 지역과 차별되는 취급을 받았다.

우크라이나 저항군은 1950년대까지 갈리시아에서 소련의 통치에 도전했다. 이것은 소련이 점령한 다른 어느 동유럽 지역보다 길게 지속된 무장투쟁이었다. 1947년 저항군 지휘관들은 전술을 바꾸어 부대를 50명이 넘지 않는 소부대로 나눈 후 다시 최대 10명 단위의 집단으로 나누었다. 이들은 훨씬 숫자가 많은 소련군과의 대결을 피하면서 어느 때라도 발생할 수 있는 소련과 서방 사이의 새 전쟁에 대비했다. 이 기간 동안 소규모 저항군 부대도 당관료들과 정부 관리들을 공격하고 농업집단화와 학교 교육을 통한 소비에트화 노력을 방해하며 소련 정권에 계속 문제를 만들고 있었다. 소련 정권은 지하저항군을 지원하는 것으로 의심되는 수십만 명의 우크라이나인들을 강제 이주시키는 것을 포함한 압제적 조치를 취했다.

소련 비밀경찰은 오랜 시간 고생한 끝에 1950년 봄에야 우크라이나 저항군 사령관 로만 슈헤비치를 추적해 사살할 수 있었다. 다른 사령관이 그를 대체했지만, 이후 몇 년 만에 조직적인 저항운동은 대체적으로 진압되고 소규모 지하부대는 상호 연락이 두절되었다. 저항군 중 일부는 폴란드와 체코슬로바키아 영토를 통해 서방으로 이동해 서독에서 활동 중인 스테판 반데라가 이끄는 망명 민족주의자 집단에 가담했다. 1951년 영국과 미국은 반데라 부대원과 다른 민족주의 조직 요원들을 우크라이나 후방에 공중 침투시켜 정보를 수집했다. 소련 당국은 반데라와 다른 우크라이나 이민사회 지도자들을 암살하려는 시도를 강화했다. 1959년 소련 비밀경찰 요원이 KGB제 청산가리가 든 살포권총으로 반데라를 암살하는 데 성공했다. 이 암살자는 1961년 서방으로 망명한 후 자신이 반데라를 살해하고, 1957년에는 다른 우크라이나 망명 지도자를 살해했다고 자백했다. 서방 법원에서 그가 행한 증언은 망명 지도자들을 살해하라는 지시가 소련 정부 최고위층에서 내려왔다는 것을 의심의 여지가 없게 만들었다.

진정한 우크라이나 민족주의자이건 상상적으로 만들어진 민족주의자이건 간에 이들만이 스탈린 통치 마지막 시기 소련의 선전선동과 비밀경찰의 목표물이 된 것은 아니다. 당시 새로운 인종집단인 소련의 유대인들이 적 리스트의 가장 우선순위에 올랐다. 유대인들은 1930년 스탈린 숙청의 희생자들에 포함되었지만, 1940년대 말이 되자 이들은 하나의 집단으로 탄압 대상이 되었다. 이러한 변화는 냉전이 시작되고 이스라엘 국가가 창설되면서 찾아왔다. 이제 소련의 유대인 시민은 이중적 충성과 소련 조국에 대항해 서방 편을 들고 있다는 의심을 받게 되었다.

1948년 1월 소련 유대인 사회의 지도자이며 저명한 배우이자 예술감독인 솔로몬 미호엘스가 스탈린의 명령으로 처형당했다. 그해 말 스탈린은 자신의 오른팔인 뱌체슬라브 몰로토프의 부인 폴리나 젬추지나를 투옥했다. 남부 우크라이나 출신인 그녀는 미호엘스의 강력한 지지자였다. 소련 언론은 유대인의 별칭인 세계주의자에 대한 전쟁을 선포했고, 당과 비밀경찰 조직 내 많은 유대인이 숙청되었다. 우크라이나 유대인들은 자신들이 이 차별의 핵심 목표가 된 것을 알았다. 1952년 반유대주의 운동은 많은 유대인 의사들이 체포되면서 절정에 이르렀다. 이들은 슬라브인 동지들과 함께 1948년 자연사한 안드레이 즈다노프를 비롯한 소련 지도부를 암살했다는 혐의를 받았다. 스탈린이 죽은 다음에야 반유대운동은 끝났다. 소련 지도부는 진행 중이던 이 운동을 끝내고 체포된 의사들을 석방했지만, 반유대주의는 모스크바와 키이우, 다른 소련 중심지의 권력 회랑에 여전히 존재했다.

이오시프 스탈린은 1953년 3월 5일 사망했다. 그의 죽음으로 소련 역사에서 가장 무서운 시대가 끝나고 그의 후계자들과 이들이 통치하는 나라를 오랜 기간 쫓아다니는 유산이 남게 되었다. 반유대주의도 이 유산의 많은 부문 중 하나였다. 스탈린 유산에 대한 투쟁이 스탈린의 후계자인 니키타 흐루쇼프 통치를 규정하는 특징 중 하나가 되었다. 그러나 얼마 전까지 우크라이나 공산당 책임자였던 흐루쇼프가 당과 국가의 권력을 완전히 장악하고 반스탈린 노선을 택하기까지는 시간이 걸렸다.

니키타 흐루쇼프가 소련 권력의 정상으로 올라가는 과정은 1949년 12월에 시작되었다. 스탈린은 르비우에서 민족주의 지하 저항세력과 전투를 지휘하고 있던 흐루쇼프를 불러 이전에 맡았던 모스크바 당을 맡겼다. 그는 화려하게 진행된 스탈린의 70세 생일 축하행사 며칠 전에 모스크바에 도착했다. 공식 축하연에서 스탈린은 흐루쇼프를 자신의 왼쪽에 앉히고, 중국 지도자인 마오쩌둥을 오른쪽에 앉혔다.

스탈린 사망 직후 흐루쇼프는 네 명의 가장 막강한 소련 지도자 중 한 사람으로 떠올랐다. 1953년 그는 가장 위험한 경쟁자인 비밀경찰 차르 라브렌티 베리아의 체포를 진두지휘했다. 1955년 2월 그는 한때 베리아의 동맹세력이었던 소련 정부의 수장 그리고리 말렌코프를 제거했다. 1957년 흐루쇼프는 스탈린의 전 측근이었던 뱌체슬라브 몰로토프와 라자르 카가노비치가 중심이 된 반대파를 분쇄하고 1958년 3월 공산당과 소련 정부의 수장을 겸했다. 우크라이나의 그의 피후견인들이 그의 성공을 가능하게 만들어주었다. 러시아는 별도의 당조직을 가지고 있지 않았기 때문에 우크라이나는 소연방에서 가장 큰(당원 수에서) 당조직을 가지고 있었고, 전 연방 당중앙위원회에서 가장 큰 투표집단을 형성했다.

스탈린과 그의 후계자 흐루쇼프(1936)

스탈린은 1953년 3월 5일 사망했다. 그의 죽음으로
소련 역사에서 가장 무서운 시대가 끝났다. 스탈린 사망 직후
흐루쇼프는 막강한 소련 지도자 중 한 사람으로 떠올랐다.

홀루쇼프는 우크라이나의 피후견인들을 모스크바로 불러들임으로써 이들에게 넉넉한 보상을 해주었다. 가장 먼저 움직인 것은 올렉시 키리첸코였다. 그는 혁명 후 우크라이나인으로는 최초로 우크라이나 공산당 책임자가 된 인물이었다. 1957년 그는 전 연방 당중앙위원회의 서기가 되어 소련에서 명실상부한 2인자 자리에 올랐다. 흐루쇼프의 피후견인 중에는 전에 자포리자와 드니프로페트롭스크 당 책임자였던 레오니트 브레즈네프도 포함되었다. 그는 소련 최고회의(Supreme Soviet) 의장이 되어 흐루쇼프 밑에서 법률적으로는 소련 국가 원수가 되었다. 우크라이나 당조직이 배출한 또 다른 인물은 전 우크라이나 공산당 제1서기였던 니콜라이 포드고르니(미콜라 피드호르니)였다. 흐루쇼프는 1963년 그를 전 연방 당중앙위원회에 임명했다. 이와 함께 흐루쇼프에 대한 수십 명의 우크라이나 출신 피후견인들은 자신들의 부하들도 중앙으로 불러들였다. 스탈린이 자신의 오랜 경력 기간 동안 코카서스 출신 당간부들에게 의존한 반면, 흐루쇼프는 우크라이나 출신 당간부들에게 의존했다. 우크라이나 당간부들을 모스크바의 권력직에 임명함으로써 흐루쇼프는 다민족 소비에트 제국을 운영하는 데 우크라이나 공산당 엘리트를 러시아 공산당과 당 수뇌부의 하급자로 만들었다. 우크라이나 엘리트들은 중앙에서 내리는 결정에 영향력을 행사하고 우크라이나 내부 문제를 결정하는 데 더 많은 자율권을 누렸다.

소비에트 공화국과 민족들 위계체제에서 우크라이나가 영예로운 두 번째 자리에 오르는 과정은 1954년 페레야슬라우 조약(1654) 체결 300주년 전 연방 기념식과 함께 시작되었다. 공식 당 프로파간다는 헤트만령을 모스크바 공국 차르 보호 아래로 들어가는 것을 승인한 이 조약을 '우크라이나가 러시아와 재결합한 것'으로 칭송했다. 이 공식은 19세기 전제적인 러시아 국가의 노력과 후원에 힘입은 '루스의 재통합'이라는 제국의 공식 수사에 그 뿌리를 두고 있었다. 모스크바의 당중앙위원회에 의해 공식 승인된 「우크라이나와 러시아의 재통합 300주년 테제」라는 제목의 특별 문건은 이 공식이 새로운 환경에서 의미하는 것을 설명해 주었다. 이 문건은 러시아인을 '우리나라의 모든 민족들 중 소련의 지도적 세력'으로 다루는 스탈린 시대 정책에 기초하고 있었다. 이 공식은 스탈린이 1945년 5월 독소전 승전 축하연의 한 건배사에서 실체를 드러냈다. 이 문건은 또한 우크라이나인들을 두 번째로 중요한 소비에트 민족의 지위로 올려놓았다. 이 문서에 의하면 러시아인과 우크라이나인들은 역사와 문화에서 서로 밀접한 관계를 맺었지만, 각각 별개의 민족이었다.

소련 당국은 이 기념일을 기리는 많은 기념비를 만들도록 지시했고, 많은 기관에 '우크라이나와 러시아 재통합 300주년'이라는 긴 수식어를 붙이도록 했다. 여기에는 드니프로페트롭스크 대학도 해당되었다. 역설적이게도 헤트만 파블로 스코로파드스키는 러시아 세력이 우크라이나에서 쫓겨나고 우크라이나가 독일 통제 아래 있었던 1918년에 이 대학을 설립했다. 그러나 두 동슬라브족의 '영원한 우정'을 기리는 가장 화려한 상징적 조치는 1954년 1월 크림 반도를 러시아 연방 관할에서 우크라이나 관할로 이전한 것이었다. 10년 전 크림 타타르는 민족 전체가 독일군에게 부역했다는 혐의를 받고 크림 반도에서 강제 이주되었다. 크림 반도 관할권을 이양한 것을 두 민족 간의 형제적 우애의 표현으로 선전했음에도 불구하고 실제 이유는 좀더 단순했다. 가장 중요한 요인은 지리였다. 케르치 해협으로 러시아 본토와 단절되고, 우크라이나 본토와 좁은 지협으로 연결된 크림 반도는 제2차 세계대전과 독일군 점령뿐만 아니라 크림 타타르의 추방으로 훼손된 경제를 재건하기 위해 우크라이나의 도움을 필요로 했다.

1950년 크림 반도는 1940년에 비해 1/5로 줄어든 곡물을 국가에 공납했고, 담배는 1/3, 포도는 1/2로 생산량이 줄어들었다. 러시아 연방에서 이주한 정착자들은 남부 지역 환경에 적응하지 못해 경제 재건에 별 도움이 되지 못했다. 1953년 가을 니키타 흐루쇼프가 크림 반도를 방문했을 때 낙담한 현지 주민들은 그의 자동차를 둘러싸고 도움을 요청했다. 크림에서 바로 키이우로 간 그는 크림 반도를 우크라이나에 양도하는 문제를 논의했다. 흐루쇼프는 우크라이나가 경제적으로 고통을 겪고 있는 크림 반도를 도울 수 있고, 우크라이나의 농업전문가들은 가뭄을 다루고 스텝 환경에서 곡물을 생산하는 법을 알고 있다고 믿었다. 키이우의 흐루쇼프 부하들도 이에 동의했고, 모스크바의 당관료들도 동의했다. 1954년 2월 우크라이나와 러시아, 전 연방 최고회의는 모두 이 관할권 이양을 승인했다.

이렇게 해서 크림 반도는 우크라이나의 일부가 되었다. 이것은 인종적 이유가 아니라 지리적·경제적 고려에 의해 공화국 영토를 확대시킨 처음이자 마지막 조치가 되었다. 크림 반도에 거주하는 120만 명의 주민 중 71퍼센트는 러시아인이었고, 22퍼센트는 우크라이나인이었다. 크림 반도는 관할권 조정과 우크라이나 공화국 정부가 제공한 투자와 전문성으로 혜택을 입었다. 1953년부터 1956년 기간 동안 크림 와인 생산량은 두 배로 늘었고, 전력 생산량도 거의 60퍼센트 늘었다. 그러나 크림 경제에 대한 중요한 진작책은 1960년대에 완공된 북 크림 운하였다. 이 공사의 1단계는 1963년 완공되었고, 건설작업은 이후 계속되었다. 이 운하로 드니프로 유량의 30퍼센트까지 크림 반도로 끌어왔고, 6,000평방킬로미터가 넘는 땅을 농경지로 개발할 수 있었다. 이 운하는 페오도시야시와 케르치시, 수다크시에 물을 공급했다.

1956년 2월 모스크바에서 열린 제20차 당대회에서 니키타 흐루쇼프가 행한 비밀연설은 소련과 구성 공화국들의 생활에 새로운 시대를 열었다. 새 지도자인 흐루쇼프는 당원들을 대량 숙청해 사회주의 법치 원칙을 파괴한 이오시프 스탈린을 비난했다. 그는 당에 속하지 않고 숙청당한 사람들, 1932~33년 대기근 희생자들과 강제이주 희생자들은 언급하지 않았다. 흐루쇼프의 비밀연설로 촉발된 탈스탈린화 운동이 계속되는 동안 스타니슬라브 코쇼르, 블라스 추바르, 미콜라 스크립니크를 포함한 과거 우크라이나 지도자들은 정치적으로 복권되었다. 우크라이나 KGB(비밀경찰의 새 이름)와 검찰국은 100만 명 가까운 정치적 테러 희생자들의 사안을 재검토했고, 이 가운데 30만 명 미만이 복권되었다. 민족주의 지하운동에 참여하거나 독일군에게 부역한 사람들에 대한 기소와 판결은 계속 효력을 유지했다. 그럼에도 불구하고 수만 명의 우크라이나 지하운동 요원들이 강제수용소에서 석방되었고, 아직 살아 있는 우크라이나 가톨릭교회의 주교와 사제들도 석방되었다. KGB는 이 사람들 대부분을 석방 직후부터 특별감시 대상으로 삼았다.

흐루쇼프는 공산주의 신봉자였다. 그는 공산주의가 우월한 사회질서라는 믿음을 가지고 있었다. 1960년대 초 그는 소련 국민과 세계에 공산주의 사회의 기초가 앞으로 20년 안에 만들어질 것이라고 선언했다. 당시의 마르크스-레닌주의 어법으로 이것은 소련에 만성적으로 부족한 소비재를 풍족하게 생산한다는 것을 의미했다. 흐루쇼프는 또한 공산주의 건설의 새 당강령도 채택했다. 공산주의 낙원 도래의 분명한 시기를 천명한 새로운 세속 종교의 선전은 전통 종교에 대한 투쟁과 나란히 진행되었다. 전후 스탈린 정책을 번복하면서 흐루쇼프는 종교집단에 대한 새로운 탄압을 시작했다. 그는 공산주의 도래 전에 종교의 소멸을 약속하고, 머지않은 장래에 마지막 종교 신봉자를 TV로 보여주겠다고 약속했다. 수천 개의 정교회 교회, 모스크, 시나고그, 기도의 집이 1920년대와 1930년대의 반종교정책 부활로 문을 닫았다. 우크라이나에서 1960년부터 1965년 사이 정교회 수는 8,207개에서 4,565개로 거의 절반으로 줄어들었다. 특히 중부와 동부 우크라이나 지역에 그 여파가 가장 컸다. 갈리시아에서 당국은 새로 정교회로 개종한 신도들을 지하 우크라이나 가톨릭교회로 내몰지 않기 위해 너무 많은 교회의 문을 닫지 않게 하려고 노력했다.

많은 사람들은 공산주의 도래 약속은 프로파간다에 불과하다는 것을 분명히 알았지만, 스탈린 공포정치의 종언과 일부 정치범의 석방, 스탈린 정권의 죄상을 폭로하는 서적의 출간(1945년부터 1953년까지 강제수용소에서 생활한 정치범인 알렉산드르 솔제니친의 작품도 여기에 포함되었다)은 '흐루쇼프 해빙'이라는 상대적 자유 분위기를 만들었다. 우크라이나에서는 스탈린주의 후반 작품 출간이 금지된 작가와 예술가 세대가 공동생활로 돌아온 것이 새 분위기를 대표했다. 이들 중에는 가장 유명한 올렉산드르 도브젠코도 포함되었다. 그는 모스크바에서의 유형생활을 마치고 고국으로 돌아올 수 있었다. 1940년대와 1950년대 공격 대상이었던 막심 릴스키, 볼로디미르 소슈라 같은 시인도 다시 창작활동을 시작했다. 이들은 '1960년대 세대'라고 알려진 이반 드라흐, 비탈리 코로티치, 리나 코스텐코 같은 새로운 세대의 우크라이나 시인들을 키워냈다. 이들은 사회주의 리얼리즘 문학과 문화의 한계에 도전했다.

우려하는 당간부들에게 '레닌주의 규범'의 회복이라는 명분으로 새로운 당노선이 설득되었다. 이것은 다른 무엇보다도 당기구의 대량숙청 종언과 일정 부분 권력의 분산을 의미했다. 두 변화는 지역과 공화국 엘리트들에게 권한 위임을 가져왔고, 우크라이나 당간부들은 기꺼이 새로운 기회를 받아들였다. 경제발전 주도권을 맡은 지역평의회의 창설(1920년대 정책으로의 회귀의 예)로 우크라이나 당국자들은 우크라이나에 있는 기업의 90퍼센트 이상과 농업시설 전체를 통제할 수 있게 되었다. 이들은 전임자들보다 훨씬 중앙으로부터 독립적이었다. 1950년대 초반부터 지역 관리들은 러시아나 다른 소년 공화국으로부터 당이나 정부 요원들이 유입되지 않는 상태에서 우크라이나를 운영했다. 지역 당관료들은 후원 네트워크로 연결되어 각 당조직 책임자는 자신의 상관에 대한 개인적 충성심으로 자신의 자리를 유지했다. (당간부 중에 여성은 극히 적었다.) 우크라이나 당 네트워크는 크렘린까지 이어져서 소연방 내의 다른 공화국 네트워크보다 더 안정적이고 독립적이었다.

흐루쇼프의 개혁은 소련 산업의 눈부신 팽창과 소련 사회의 도시화를 가속화하는 데 이바지했다. 흐루셰브키(khrushchevki)라고 알

흐루쇼프 해빙 세대 대표 올렉산드르 도브젠코
시나리오 작가이자 영화감독, 소비에트 몽타주 영화의
개척자이다. 흐루쇼프의 '해빙'은 이른바 '1960년대 세대'로 불리는
새로운 세대의 우크라이나 시인들과 예술가들을 탄생시켰다.

려진 값싼 5층 아파트를 건설하는 흐루쇼프의 건설 프로그램은 모든 소련 도시의 스카이라인을 변화시켰고, 수십만 명의 주민들은 임시 주거지나 비좁은 공동주택에서 난방과 수도, 내부 화장실이 있는 개별 아파트로 이사할 수 있게 해주었다. 흐루쇼프 시기에 대부분의 자원이 카자흐스탄의 처녀지 개발과 시베리아 천연자원 개발에 투입되었지만, 우크라이나는 새로운 산업 성장의 주된 수혜자이자 희생양이 되었다.

1950년대와 1960년대 3기의 수력발전소가 드니프로강에 건설되어 강물의 자연적 흐름을 전환시켜 거대한 농업용 저수지를 조성해 인근 농지와 광산을 물에 잠기게 하고 이 지역의 생태환경을 영구히 바꾸어놓았다. 농업용 비료와 소비재 생산을 위해 건설된 화학 공장 단지는 공화국의 경제 잠재력을 높였지만, 생태환경 체계에 압박을 가중시켰다. 우크라이나는 또한 소련의 원자력과 우주개발 프로젝트에 깊이 관여했다. 두 가지 모두 냉전 시기 내내 지속된 군비 경쟁의 산물이었다. 1648년 보흐단 흐멜니츠키와 폴란드군의 첫 전투가 벌어졌던 곳과 가까운 조우티 보디시에서 우라늄광이 발견되어 광산이 개발되었다. 유럽에서 제일 규모가 큰 미사일 공장이 드니프로페트롭스크시 인근에 건설되었다. 소련이 우주로 진출하는 데 우크라이나가 기여한 바는 엄청났다. 이러한 기여와 소련 공화국 위계질서에서 우크라이나의 상징적 위치를 인정해 우크라이나는 소비에트 우주 로켓을 발사한 첫 비러시아 지역이 되었다. 키이우 출신인 파블로 포포비치는 1962년 첫 우주여행을 했다. 그의 두 번째 우주비행은 1974년에 이루어졌다.

예상한 대로 소련의 우주개발 프로그램과 군산복합체는 우크라이나 주민들의 복지 개선에 큰 역할을 하지 못했다. 우크라이나는 1960년대 초 다시 한 번 기근 문턱에 다다랐었다. 식량 부족의 직접적 원인은 소련 농업을 강타한 여러 번의 가뭄이었다. 1932~33년 다음으로는 1946~47년처럼 곡물을 해외로 수출하는 대신 이번에는 과거의 재앙을 피하기 위해 해외에서 곡물을 수입하기로 결정했다. 이것은 스탈린 시대 관행과 확실히 결별한 것이었다. 흐루쇼프는 농민들의 곤경을 해결하려 했고, 농산물 가격을 극적으로 인상해 집단농장의 생산성을 높이려 했다(곡물 가격은 일곱 배 올랐다). 그는 집단농장 농가의 개인 영농지를 절반으로 축소시켰는데, 이 조치는 각 농가의 추가적 노동에서 농민을 해방시키고 집단농장에서 일할 시간과 힘을 남겨주는 것이 목적이었다.

그러나 좋은 의도로 시작된 흐루쇼프의 정책은 기대한 결과를 가져오지 못했다. 그는 집단농장이 무엇을 재배하고, 어떻게 영농을 해야 하는지를 계속 지시하고 옥수수 생산을 늘리도록 장려했다.* 그러나 이것은 모스크바에 있는 당관료들이 지정한 장소에서 자랄 수 없었다. 농민들에게 좀더 많은 여가 시간을 주려던 흐루쇼프의 시도는 개인 텃밭에서의 농산물 생산량을 크게 감소시켰다. 1958년부터 1962년 사이 각 농가가 사육하는 가축 수는 2,200만 두에서 1,000만 두로 절반 이상 감소했다. 생산성을 높이고, 농촌마을의 생

---

* 흐루쇼프는 1957년 미국 방문 때 미국 소고기 질이 뛰어난 것이 옥수수를 사료로 사용했기 때문이라는 말을 듣고, 귀국 후 밀밭 상당 면적을 옥수수밭으로 전환하도록 지시했는데, 이것이 농업사정을 더욱 악화시켰다. 1962년 쿠바 미사일 위기로 인한 국제적 위신 추락과 농업개혁 실패가 흐루쇼프의 실각을 가져온 2대 원인이 되었다.

활수준을 개선하려고 시도된 개혁은 도시에서 농산물 가격을 턱없이 올려버렸다. 버터 가격은 50퍼센트, 육류 가격은 25퍼센트 올랐다. 많은 도시 주민들은 1950년대를 잃어버린 낙원으로 기억했다. 농민들은 1960년대에 대해 더 좋은 기억을 가지고 있다.

1964년 10월 흐루쇼프의 우크라이나 피후견인인 레오니트 브레즈네프와 니콜라이 포드고르니를 포함한 핵심층 당원들은 궁정혁명으로 흐루쇼프를 권좌에서 제거했다. 소련의 가장 큰 개혁가 중 한 사람이었던 흐루쇼프에 대해 좋은 얘기를 하는 시민들은 거의 없었다. 그러나 시민들은 흐루쇼프의 탈스탈린 정책이 제공한 기회를 최대한 이용해 실각한 지도자와, 상점을 텅텅 비게 만들고 농산물 가격이 치솟게 만든 그의 경제개혁에 대해 공개적인 불만을 털어놓았다.

흐루쇼프가 경제침체에 대한 책임을 물어 자신들을 쫓아낼 것을 두려워한 것이 한 원인이 되어 쿠데타를 일으킨 새 지도자들은 안전한 길을 택하기로 했다. 이들은 지역 경제평의회를 철폐하고, 소연방 정부 부처들이 소련 경제의 주요 통제기관이 되게 만들며 1930년대의 중앙통제 경제 모델로 회귀했다. 그러나 이들은 농산물 가격을 상대적으로 높게 유지하는 정책을 지속하면서 스탈린 시대처럼 농업이 수입의 근원이 아니라 새로운 보조를 항시 요구하는 경제 블랙홀이 되게 만들었다. 늘 열악했던 집단농장 농민들의 생활여건은 다소 개선되었지만, 이들의 생산성은 개선되지 않았다. 여기다가 새 지도부는 농민들의 개인 영농지를 원래 크기로 되돌리는 정책을 추진하지 않고 농업 부문에서 개인의 주도권을 계속 억눌렀다.

흐루쇼프와 마찬가지로 새 지도부는 국민들의 생활수준을 향상시키는 것을 목표로 했지만 사적 소유권과 창의성의 힘을 두려워했다.

흐루쇼프의 실각과 덜 이념적인 당 지도자가 그를 대체하면서 '내일이면 공산주의'라는 프로파간다 운동도 축소되었다. 이것은 또한 스탈린 시대의 공공토론 통제를 복원시키고 정치 탄압을 재개하게 되었다. 새 지도부는 서방에서 자신들의 작품을 출간하고 반소비에트 활동으로 기소된 두 작가인 안드레이 시냡스키와 유리 다니엘을 재판에 회부하면서 이러한 변화의 신호를 분명히 보냈다. 두 사람은 흐루쇼프가 실각하고 1년 후인 1965년 가을에 체포되었다. 1966년 두 작가는 각각 7년형과 5년형을 선고받았다. 이 재판은 흐루쇼프 해빙의 종언을 알렸다.

우크라이나에서는 몇 달 전인 1965년 여름에 체포가 시작되었다. KGB는 해빙 기간 중에 문학, 문화활동을 시작한 키이우와 르비우의 젊은 지식인들을 체포 대상에 올렸다. 우크라이나 반체제운동의 초기 활동가인 예브헨 스베르츄크는 후에 이러한 운동이 본질적으로 문화운동이었으며 "젊은 이상주의… 진실과 정직함에 대한 모색… 공식 문학에 대한 거부, 저항, 반대에 의해 추진되었다"고 회고했다. 우크라이나 민족과 문화의 운명에 대해 우려한 젊은 지식인들은 자신들의 주장을 마르크스-레닌주의 언어로 표현하며 흐루쇼프의 탈스탈린화와 '레닌으로 돌아가기' 운동의 경계를 넓혔다. 이것은 우크라이나 반체제운동 최초의 지하출판물(*samvydav*, 러시아어로는 사미즈다트*samizdat*)은 『국제화인가 러시아화인가』(*Internationalization or Russification*)라는 제목의 책자에 나타났다. 1965년 우크라이나 반체제인사들 체포 직후 젊은 문학평론가 이반 쥬바가 쓴 이 논설은 스탈린 치하에서 소련의 민족정책은 레닌의 정신을 잃었고, 국제주의를 배격해 러시아 국수주의의 인질이 되었다고 주장했다.

정치적 경직성의 강화와 모든 형태의 반대에 대한 불관용적 태도가 심화되었음에도 불구하고 '흐루쇼프 해빙'은 젊은 지식인들이 체포 후에도 끝나지 않고 1970년대 초반까지 일부 형태로 지속되었다. 이것은 민족공산주의도 마찬가지였다. 민족공산주의는 최초로 우크라이나 공산당 중앙위원회 서기와 소연방 정치국원이 된 페트로 셸레스트의 적극적인 지원을 받았다. 동부 우크라이나 하르키우의 농민의 아들로 태어난 셸레스트는 1920년대 공산당에 가담했다. 그 시기 민족공산주의자들(미콜라 스크립니크는 1960년대에 복권되었을 뿐 아니라 우크라이나에서 추앙받았다)과 마찬가지로 셸레스트는 자신의 핵심 임무는 모스크바의 명령을 따르는 것이 아니라 우크라이나의 경제발전을 추진하고 문화를 지원하는 것이라고 생각했다. 우크라이나어는 러시아어의 점증하는 압박 아래 처한 상태였다. 우크라이나어 학교 학생 수는 제2차 세계대전 전부터 계속 감소 추세에 있었다. 러시아어 학교 학생 비율은 1939년 14퍼센트, 1955년 25퍼센트, 1962년 30퍼센트로 계속 증가했다.

셸레스트는 이러한 통계에 우려를 하지 않을 수 없었다. 그는 독일 침공을 격퇴하는 데 우크라이나가 수행한 역할과 소연방 내에서 고양된 우크라이나 공화국의 지위에 대해 자부심을 갖는 새로운 형태의 우크라이나 정체성을 만드는 작업을 주도하고, 사회주의 실험을 지역 애국주의, 우크라이나 역사와 문화에 대한 존중과 결합시켰다. 새로운 정체성은 1920년대에 형성된 소비에트 정체성과 전간기

**우크라이나 당 책임자
페트로 셸레스트**
그는 자신의 핵심 임무가 모스크바의
명령을 따르는 것이 아니라 우크라이나의
경제발전을 추진하고 문화를 지원하는
것이라고 생각했다.

중 폴란드, 루마니아, 일정 부분 트란스카르파티아에서 형성된 민족
정체성을 혼합한 것이었다. 이 정체성에는 소련의 구성요소가 지배
적이기는 했지만 이러한 상황에 적응을 해야 했고, 문화적으로 우크
라이나 성격이 강화되고 자기주장이 강해졌다.

1920년대와 일면 비슷한 점이 있었던 모스크바의 정치 상황은
셸레스트가 민족공산주의 사상으로 돌아오고 흐루쇼프 실각 후 이
것을 추진하는 데 도움을 주었다. 여러 정파가 당과 정부의 주도권
을 놓고 경쟁하는 상황에서 우크라이나 당관료들의 지지는 1920년
대와 마찬가지로 1960년에도 모스크바에 중요했다. 셸레스트는 전
KGB 의장인 알렉산드르 셸레핀과 경쟁을 벌이고 있는 브레즈네프
사단을 기꺼이 지원하고, 그 대가로 제한적인 우크라이나 정치와 문
화 자치를 얻어냈다. 이러한 비공식 거래는 1972년 셸레핀 사단을
제압하는 데 성공한 브레즈네프가 셸레스트를 제거하기로 결정하
면서 끝났다. 1972년 5월 셸레스트는 정치국원 지위를 유지하면서
모스크바로 이동했다. 그는 우크라이나 역사와 사회주의 아래서 성

취에 대한 자부심으로 가득 찬 저서 『오 우크라이나, 우리의 소비에트 땅』이라는 책에서 민족주의적 일탈을 했다는 비난을 받았다.

브레즈네프는 셸레스트 대신 자신과 같은 드니프로페트롭스크 출신으로 자신에게 충성하는 볼로디미르 셰르비츠키를 우크라이나 당 책임자로 임명했다. 드니프로페트롭스크 사단은 모스크바와 키이우의 다른 우크라이나 당관료 파벌을 밀어내고 당과 국가기관에 대한 통제권을 강화했다. 셸레스트가 우크라이나를 떠나면서 그의 추종자들과 우크라이나 지식인들에 대한 탄압이 시작되었다. 『국제화인가 러시아화인가』를 쓴 이반 쥬바는 1965년에 쓴 책을 이유로 5년 감옥형과 5년 유형을 선고받았다. 우크라이나 과학 아카데미의 미하일로 브라이첸스키와 수십 명의 역사가 그리고 문학자들은 1917년 이전의 우크라이나 역사, 특히 '민족주의적인' 코자크 시대에 대한 연구를 수행했다는 이유로 숙청당했다. KGB는 셸레스트 시대에 완성되지 못한 작품들을 추적해 탄압했다. 그러나 이러한 탄압은 그 정도에서 끝났고, 오래 지속되지 못했다. 우크라이나 당 엘리트들과 지식인들이 다음에 모스크바에 대한 공동전선을 형성할 때는 레닌주의 이상으로의 회귀라는 구호만으로 이들의 목표가 제한되지 않았다.

제25장 굿바이, 레닌!

1982년 11월 15일 우크라이나 시민들은 소련의 다른 공화국 동포들과 TV 스크린에서 눈을 떼지 못했다. 모든 채널이 모스크바로부터의 소식을 방송하고 있었다. 소련의 지도자들. 많은 외국과 국제기구 대표들, 수만 명의 모스크바 시민들이 붉은광장에 모여 18년 동안 소련을 통치해온 우크라이나 출신 정치인 레오니트 브레즈네프에게 작별을 고했다. 오랫동안 만성 질환을 앓아온 그는 며칠 전 잠을 자다가 사망했다. 다른 지도자를 알지 못하는 많은 TV 시청자들은 공식 프로파간다가 "세계 평화를 위한 지칠 줄 모르는 전사인 레오니트 일리치 브레즈네프"라고 찬양한 지도자가 세상을 하직하는 모습을 보았다. 70대 지도자들이 중요한 자리를 차지한 그의 정권은 소련 사회의 상향 이동을 막았고, 변화에 대한 모든 희망을 꺾었으며, 시간을 멈추게 할 수 있는 것처럼 보였다. 정권의 작전명은 '안정'이었다. 얼마 안 있어 브레즈네프 시대는 정체 시기로 알려졌다.

1966년부터 1985년까지 20년 동안 연 경제성장률은 8.4퍼센트에서 3.5퍼센트로 줄어들었고, 한 번도 상황이 좋지 않았던 농업 성장률은 3.2퍼센트에서 0.5퍼센트로 떨어졌다. 이것은 공식 숫자였고, 거짓보고는 큰 문제가 되지 않았다. 소련은 석유와 가스를 외국에 수출한 대가로 받은 경화에 점점 더 의존하게 되었다. 소련과 서방 기술자들이 시베리아와 중앙아시아 가스를 유럽에 보내기 위한 파이프라인 건설에 바빴던 1970년대 초 다샤바와 셰벨린카 가스전에서 생산되는 우크라이나 가스는 국내 소비자들이 아니라 경화 수입을 위해 중유럽에 수출되었다. 자체 가스전이 메말라가면서 우크라이나는 시간이 가면 가스 수입국가가 될 터였다.

소련 국민이 공산주의 사회에 살게 될 것이라는 흐루쇼프의 약속은 실현되지 않았고, 정권의 선전선동가들도 이를 더 이상 언급하지 않았다. 생활수준은 급격히 떨어지고 있었지만 세계시장에서 높은 유가 덕분에 그 속도가 느려졌을 뿐이다. 브레즈네프가 사망했을 당시 공산주의뿐만 아니라, 소련 사회질서의 정의에서 공산주의를 대체한 개념인 '발전된 사회주의'에 대한 엘리트와 일반 국민들의 냉소주의는 최고조에 달했다. 브레즈네프의 관이 크렘린 성벽 아래 새로 만들어진 무덤으로 하관될 때 크렘린 시계탑은 새로운 시간을 알렸고, 한 시대가 끝나고 새로운 시대의 시작을 알리는 조포가 발사되었다. 이것은 급진적 개혁과 극적인 경제 하락, 막강한 소련의 정치적 분화를 가져올 터였다. 정치적 분화의 결과로 우크라이나는 독립을 향한 길로 나갔고, 결의가 덜한 소비에트 공화국들도 이 길에 들어섰다.

브레즈네프에게 조의를 표하기 위해 레닌 묘 위에 모인 정치국원 중에 한 사람이 다른 사람들보다 돋보였다. 은빛 머리를 한 우크라이나 공산당 책임자 볼로디미르 셰르비츠키는 추운 11월 날씨에도 경의의 표시로 모자를 쓰지 않은 채 서 있었다. 정치생활 내내 브레즈네프의 후원을 받아온 그는 특히 슬퍼할 이유가 있었다. 브레즈네프가 갑작스레 죽기 전 앞으로 열리는 당중앙위원회 전체회의에서 브레즈네프가 하야하고 셰르비츠키에게 권력을 넘겨 드니프로페트롭스크 사단이 계속 국가권력을 유지한다는 소문이 돌았다. 이 지역 출신인 셰르비츠키는 키이우로 오기 전 드니프로페트롭스크의 당 지도자를 맡았다. 그러나 당중앙위원회가 열리기 전 브레즈네프가 사망한 것이다. 새로운 당 지도자인 전 KGB 의장 유리 안드로포프는 드니프로페트롭스크 사단과 아무 관련이 없었고, 곧 브레즈네프의 피후견인들을 부패 혐의로 조사하게 된다.

장례식 후 셰르비츠키는 우크라이나로 내려가서 불확실한 시대를 살아남으려고 노력하면서 자신의 입지를 강화할 수 있었다. 64세의 나이에 건강이 좋은 그는 정치국원들 중 젊은 편에 속했다. 그의 즉각적 경쟁자들은 그보다 나이가 많고 건강상태가 좋지 않았다. 여기다가 우크라이나 권력의 정상에 있으면서 그는 충성스러운 지지자 그룹을 만들어 놓았다. 그는 1984년 12월 사망한 안드로포프와 1985년 3월 사망한 콘스탄틴 체르넨코보다 오래 살았다. 그러나 그가 모스크바 권력의 정점에 오를 가능성은 이제 과거의 일이 되어버렸다. 니키타 흐루쇼프가 만들어놓고, 브레즈네프가 견고하게 쌓은 러시아 엘리트와 우크라이나 엘리트의 파트너 관계는 이제 다 끝나버렸다. 1985년 3월 권좌에 오른 활력 넘치는 소련의 새 지도자 미하일 고르바초프는 우크라이나 당조직과 아무 관련이 없었다. 러시아인 아버지와 우크라이나인 어머니 사이에 태어난 고르바

**우크라이나 당 책임자
블로디미르 셰르비츠키**
정치생활 내내 브레즈네프의
후원을 받았다.

초프는 러시아인과 우크라이나인이 섞여 사는 북코카서스 지역에
서 성장하며 어려서 우크라이나 민요를 배웠다. 그러나 그는 러시아
외 다른 공화국에 특별한 애착이 없는 전형적인 소비에트 애국자였
다. 그는 브레즈네프가 만들어 놓은 각 공화국의 지지자 피라미드를
자신의 입지와 집권 후 곧 시작하는 개혁 프로그램에 핵심적인 위협
으로 보았다.

이전 30년 동안 우크라이나 당간부들을 모스크바로 올라오게 만
든 컨베이어는 이제 곧 작동을 멈추게 되었다. 고르바초프는 새로운
인물들을 러시아 지역에서 데려왔다. 이 가운데에는 앞으로 그의 적
수가 되는 보리스 옐친도 있었다. 1986년 12월 고르바초프는 스탈
린 사후 존재해 왔던 중앙과 공화국들 간의 묵시적 합의를 깼다. 합
의 내용은 각 공화국의 당 책임자는 토착 민족 당간부 중에서 임명
한다는 것이었다. 고르바초프는 브레즈네프 충성파였고 카자흐스
탄 당서기였던 딘무크하메드 코나예프를 경질하면서 러시아인인
겐나디 콜빈을 내려 보내는 '낙하산 인사'를 단행했다. 옐친과 마찬

가지로 스베들롭스크(현재는 예카테린부르크인 우랄 지역의 산업 중심지) 당조직 출신으로 카자흐스탄과 아무 관련이 없고, 그곳에서 일한 경험도 없는 콜빈을 임명하자 카자흐 학생들은 거리로 쏟아져 나와 전후 카자흐스탄 최초로 민족주의 봉기를 일으켰다.

모스크바의 새로운 지도부와 우크라이나 지도자들 사이의 첫 갈등은 세계 역사상 최악의 기술 사고인 체르노빌 원전 사고 직후에 표면화되었다. 1986년 4월 키이우에서 70마일도 떨어져 있지 않은 체르노빌 원자력발전소에 일어난 폭발사고가 우크라이나를 덮쳤다. 원자력 에너지를 우크라이나에 도입한다는 아이디어는 우크라이나 과학자들과 경제학자들이 제안한 것이었다. 새로운 에너지원을 만들고 싶었던 페트로 셸레스트는 우크라이나 당 책임자로 있던 1960년대에 이를 위한 로비를 벌였다. 체르노빌 원자력발전소가 가동한 1977년, 1960년대 세대의 등불과 같은 존재였던 우크라이나 지식인 이반 드라흐는 자신의 나라에 원자력 시대가 시작된 것을 환영했다. 드라흐와 다른 우크라이나 애국자들에게 체르노빌은 우크라이나의 현대화를 상징하는 것이었다. 그러나 그와 다른 원자력 옹호자들은 이 프로젝트는 모스크바가 운영하고, 숙련된 인물과 경영진 대부분은 우크라이나 외부에서 오게 된다는 사실을 알아차리지 못했다. 우크라이나 공화국은 전기를 얻게 되지만, 원자력발전소에서 일어나는 일에 대한 통제권은 거의 없었다. 소련의 모든 원자력 시설과, 우크라이나 산업체 대부분과 마찬가지로 체르노빌 원전은 소연방 부처가 직접 관할했다. 발전소 자체와 사고는 가장 가까운 마을의 우크라이나식 이름인 초르노빌(Chornobyl)이 아니라 러시아식 이름인 체르노빌(Chernobyl)로 알려졌다.

1986년 4월 26일 밤 4번 원자로의 터빈 실험이 잘못되면서 원자로가 폭발했을 때 우크라이나 지도자들은 자신들 운명과 공화국 운명에 자신들이 얼마나 통제권이 없는가를 갑자기 깨닫게 되었다. 일부 우크라이나 관리들이 사고 수습을 위해 구성된 중앙정부 사고대책위원회에 들어갔지만, 거의 영향력을 발휘하지 못하고 모스크바와 현지에 내려온 중앙정부 관리들의 지시를 따라야 했다. 이들은 원자력발전소 반경 30킬로미터 이내에 사는 주민들의 소개를 조직했지만, 사고의 규모와 이것이 주민들 건강에 제기하는 위협에 대해서는 주민들에게 알리지 말라는 명령을 받았다. 우크라이나의 운명에 대해 공화국 당국의 통제력 한계는 1986년 5월 1일 더할 나위 없이 분명히 드러났다. 북쪽과 동쪽으로 불던 바람의 방향이 바뀌어 남쪽으로 불어오면서 방사능 구름이 우크라이나 수도로 몰려왔다. 200만 명 이상이 사는 도시의 급격히 바뀌는 방사능 상황을 고려해 우크라이나 당국자들은 모스크바가 국제 노동자 행사를 취소하도록 설득시키려 했지만 실패했다.*

당 행사 조직자들은 5월 1일 아침 행진을 시작하기 위해 학생과 노동자 대열을 키이우 시내에 집결시켰다. 이때 공화국 지도자 중 한 사람이 눈에 띄지 않았다. 그 사람은 볼로디미르 셰르비츠키였다. 그는 처음으로 노동절 행진에 지각했다. 그가 탄 승용차가 키이우의 주 도로인 흐레샤티크 거리의 행진 사열대에 도착했을 때 우크라이나 당 지도자들은 그가 매우 화난 것을 보았다. "그는 나에게 행

---

* 체르노빌 원전 사고에 대한 상세한 서술은 저자의 『체르노빌 히스토리』(허승철 옮김, 2021)에 나와 있다.

폭발사고 직후 체르노빌 원전
모스크바의 새로운 지도부와 우크라이나 지도자들
사이의 첫 갈등은 세계 역사상 최악의 기술 사고인
체르노빌 원전 사고 직후에 표면화되었다.

진을 진행하지 않으면 당원증을 책상 위에 올려놓으라고 말했어"라고 셰르비츠키는 보좌진에게 말했다. '그'가 누구를 말하는지를 모르는 사람은 없었다. 셰르비츠키를 당에서 추방시킬 권한을 가진 사람은 미하일 고르바초프밖에 없었다. 급격히 상승하는 방사능 수치에도 불구하고, 고르바초프는 우크라이나의 부하들에게 행사를 예정대로 진행해서 소련과 세계에 상황이 잘 통제되고 있고, 체르노빌 폭발사고는 주민들의 건강에 아무런 위험도 제기하지 않는다는 것을 보여주고 싶어했다. 셰르비츠키와 당관료들은 다른 생각을 하고 있었지만, 모스크바에서 하달된 명령을 수행하는 것 외에 다른 선택의 여지가 없다는 것을 알았다. 축하행진은 예정되로 진행되었고, 단지 그 시간만 4시간에서 2시간으로 줄었다.

체르노빌 원전의 4번 원자로 폭발과 부분적 용융으로 약 5,000만 퀴리의 방사능이 대기로 유출되었다. 이것은 히로시마에 투하된 원폭에서 방출된 방사능의 500배 규모였다. 우크라이나에서만 벨기에보다 더 큰 면적인 5만 평방킬로미터 이상의 토양이 방사능에 오염되었다. 원자로 주변 접근금지 구역만 2,600평방킬로미터에 달했고, 이 지역에 거주하는 9만 명 이상이 폭발이 일어난 첫 주에 소개되어야 했다. 이들 대부분은 다시 고향땅을 보지 못하게 되었다. 약 5만 명의 건설 노동자와 원자로 운영 직원들은 오늘날까지 현장에 남았고, 체르노빌은 소련의 마지막 날들을 기억하는 현대판 폼페이가 되었다. 블라디미르 레닌과 공산주의 건설자들의 초상화는 공산당을 축하하는 구호들과 함께 아직도 프리파트 건물 벽에 남아 있다.

우크라이나에서 방사능 낙진은 300만 명 이상이 거주하는 200~

300개의 거주지에 직접적 영향을 미쳤다. 이 폭발은 드니프로강과 다른 강에서 물을 공급받는 3,000만 명 가까운 사람들을 위험에 처하게 만들었다. 이 사고는 북부 우크라이나 삼림 지역에 재앙이 되었다. 이 지역은 우크라이나에서 가장 오래된 거주지였고, 1,000년 동안 주민들이 스텝 침입자들로부터 피난지로 이용하던 곳이었다. 이제 유목민으로부터 피난처를 제공하고, 1932~33년 대기근 생존자들에게 먹을 것을 제공해주었던 지역이 파괴의 원천이 되었다. 이 지역 나뭇잎들은 방사능을 배출했고, 이것은 피난처를 찾을 수 없는 눈에 보이지 않는 장애물이었다. 이것은 전 세계적 재앙이 되었고, 인접한 벨라루스를 제외하고는 우크라이나보다 이 재앙에서 더 심하게 영향을 받은 곳은 없었다.

체르노빌 사고는 당과 모든 사회계층에서 모스크바와 그 정책에 대한 불만을 크게 증가시켰다. 방사능은 당관료나 일반 주민을 가리지 않고 모든 사람에게 영향을 미쳤다. 우크라이나 당 지도자들이 재앙의 여파를 처리하고 중앙에서 만든 사고를 처리하기 위해 주민들을 동원하자, 많은 사람들은 왜 자신들과 가족들의 생명을 위험에 처하게 해야 하는지를 스스로 묻지 않을 수 없었다. 각각의 집 부엌 식탁에서는 중앙정부의 실패한 정책에 대한 성토가 이어졌고 자신들이 믿었던 사람들에 대한 불만이 쏟아져 나왔다. 우크라이나 작가들이 침묵을 깨고 나섰다. 1986년 6월 우크라이나 작가동맹 회의에서 이전에는 원자력 에너지의 도래를 환영했던 작가 중 많은 사람들이 이제 이것을 우크라이나에 대한 모스크바 지배수단이라고 비판했다. 이런 비난을 주도한 사람 중에는 이반 드라흐도 있었다. 키이우 의과대학 학생인 그의 아들은 사고 직후 적절한 교육이나 보호장비 없이 체르노빌로 파견되었다가 이미 방사능 피폭으로 고통을 받고 있었다.

체르노빌 재앙은 우크라이나를 잠에서 깨어나게 하고, 중앙정부와 우크라이나 공화국 간의 관계, 공산당과 주민들 관계에 대한 근본적인 의문을 제기했으며, 수십 년간 브레즈네프 시대 침체 후에 자신들의 목소리를 찾기 위해 투쟁하던 사회가 중요한 첫 대중적 토론을 하도록 자극했다. 1960년 세대가 최전선에 섰다. 이들 중에는 유리 셰르바크도 있었다. 그는 1987년 말 환경운동을 조직했고, 이 단체는 녹색당으로 발전했다. 우크라이나를 모스크바의 희생자로 인식한 환경운동은 고르바초프의 개혁 기간 중 최초로 조직된 우크라이나의 민족운동이 되었다. 크렘린의 새 권력자는 우크라이나 공산당 지도부를 소외시켰을 뿐만 아니라 민주적 사고방식을 가진 지식인들과 민족주의적 의식을 가진 지식인들이 공산당간부들에 대항해 일어서게 만들었다. 이후 진행된 대로 우크라이나의 상호 충돌하는 두 집단인 공산당 기득권 세력과 새로 발아하는 민주적 반정부집단은 모스크바와 고르바초프에 대항하는 공동전선을 형성하게 되었다.

미하일 고르바초프는 여러 면에서 1960년대 세대 중 한 명이었다. 그의 세계관은 흐루쇼프가 추진한 탈스탈린 운동에 강한 영향을 받아 형성되었고, 1960년대 소련과 동유럽의 자유주의적인 경제학자들과 정치학자들이 추진한 사회개혁 아이디어에서 많은 영감을 받았다. 1968년 프라하의 봄의 핵심 이념가였던 즈데네크 플리나르는 1950년대 모스크바 대학 법과대 시절 고르바초프의 룸메이트였다. 고르바초프와 그의 참모들은 사회주의를 좀더 효율적이고 '사용자에 편하도록'(user-friendly) 만들기 위해 사회주의를 개혁하려고 했다. 이것을 1968년 소련군 침공 이전 프라하에서 사람들이 한 말을 이용해 표현한다면, '인간의 얼굴을 한 사회주의'를 만들기 위한 개혁이었다.

고르바초프는 근본적인 개혁을 요구하는 것이 아니라 기존의 제도와 자원을 좀더 효율적으로 사용하는 것을 강조하고, 소련 경제발전을 '가속화'하는 프로그램으로 개혁하기 시작했다. 그러나 소련 경제는 침체율 외에는 어떤 것도 가속화할 수 있는 상황이 아니었다. "우리는 벼랑 끝에 있었습니다. 그런데 그때 우리는 커다란 발걸음을 앞으로 내딛었습니다"라고 브레즈네프 시대에 한 정치만평가가 말한 적이 있었다. '가속화'라는 수사는 곧 '페레스트로이카' 또는 재구조화(reconstructuring) 정책에 자리를 내주었다. 이것은 의사결정 과정을 모스크바 중앙부처에서 뺏어서 흐루쇼프 시대처럼 지역이나 공화국이 아니라 개별 기업에 넘겨주었다. 이것은 중앙의 관료제와 지방 행정 담당자들을 화나게 했고, 고르바초프의 '글라스노스트' 또는 정보 개방정책도 이들을 적대시했다. 이 정책으로 인해 관리들은 아래부로부터의 비판에 노출되었고, 모스크바의 주요 언론들은 이를 장려했다. 페레스트로이카는 처음에 지식인들과 도시 지식층에서 새로운 지도자와 그가 추진하는 개혁에 대한 지지를 끌어 모았다. 이들은 브레즈네프 시대 공공생활에 대한 통제와 정부 공식 프로파간다의 허위에 염증을 느끼고 있던 상태였다.

고르바초프의 개혁은 아래로부터 정치적 동원의 기회를 만들었다. 우크라이나에서는 강제수용소에서 석방된 1960년대와 1970년대 반체제인사들이 새로운 정치, 문화환경을 이용한 첫 주자들이었다. 1988년 봄 이들은 페레스트로이카 시대 우크라이나에서 공개적으로 결성된 첫 정치조직인 우크라이나 헬싱키 연맹(Ukrainian Helsinki Union)을 조직했다. 모스크바에서 교육받은 법률가인 렙코 루키아넨코는 25년 이상을 감옥과 유형생활로 보냈고, 과거에도 브레즈네프 시대 헬싱키 모임의 일원이었다. 1976년 결성된 이 반체제조직은 1975년 헬싱키에서 개최된 안보협력회의에서 정의된 소련 정부의 인권 준수 의무를 감시하는 것을 임무로 삼았다. 헬싱키 모임과 후신인 헬싱키 연맹의 구성원 상당수는 1960년 민족주의 정책에서 '레닌주의 규범'을 되살리고자 하는 마르크스주의자들이었다. 1972년 우크라이나 당 지도자인 페트로 셸레스트의 제거와 함께 시작된 지식인 체포 물결로 이들의 공산주의적 이상도 막을 내렸다. 헬싱키 운동은 우크라이나 반체제인사들에게 새로운 이념인, 정치와 문화적으로 규정된 개인뿐만 아니라 민족의 권리도 포함한 인권개념을 제시해 주었다.

민족문화, 특히 민족어의 방어는 페레스트로이카 초기 우크라이나 사회에 큰 자극을 준 핵심 이슈 중 하나였다. 우크라이나에서 최초로 조직된 진정한 대중단체는 우크라이나어 보호회(Society for [the Protection of] the Ukrainian Language)였다. 이 단체에는 창설된 해인 1989년 말 기준으로 15만 명의 회원이 가입한 상태였다. 우크라이나 지식인들은 우크라이나 언어와 문화를 우크라이나 민족의 가장 핵심적인 기반으로 보았고, 이것이 지금 위협을 받고 있다고 느꼈다. 언어문제는 특별한 도전을 제기했다. 1989년 전 소련 인구사회조사에 따르면 5,100만 명의 우크라이나 인구 중 73퍼센트를 차지하는 우크라이나인 88퍼센트만이 우크라이나어를 모국어로 간주했고, 40퍼센트만 이 언어를 일상언어로 사용했다. 이것은 대체적으로 시골 지역 주민들이 도시로 이주해 온 다음 문화적 러시아화 동화를 겪은 도시화 과정의 진행 결과였다. 1980년대가 되자 대부분의 우크라이나 도시에서는 우크라이나인이 주류 주민이 되었지만(러시아인이 아직 다수를 차지하는 도네츠크는 드문 예외다), 르비우를 제외하고 주요 도시의 일상생활에서 사용되는 언어는 러시아어였다. 우크라이나어 보호회는 이 과정을 되돌리는 것을 목표로 삼았다. 우선 일상생활에서 우크라이나어를 사용하지 않지만 자신의 우크라이나 정체성을 표현하고 자신과 자녀들은 우크라이나어를 사용해야 한다고 생각하는 사람들을 대상으로 계몽운동을 펼쳤다. 그러나 이것은 힘겨운 싸움이었다.

1980년대 말 소련은 때때로 예측할 수 없는 미래뿐만 아니라 예측할 수 없는 과거를 가진 나라로 묘사되었다. 다른 비러시아계 민족들과 마찬가지로 우크라이나인들도 수십 년간 소련 역사학과 프로파간다에 의해 자신들에게 가려졌던 과거를 찾아내려고 노력했다. 이 '회복'은 미하일로 흐루솁스키의 역사적 저작들이 대중들에게 다시 돌아오는 것으로 시작되었다. 그의 저작 수십만 부가 출간되었다. 또한 1930년대 대숙청에서 상당수가 살아남지 못한 '우크라이나 문화의 처형된 르네상스'(Executed Renaissance of Ukrainian culture)라고 불린 시대를 대표하는 작가들과 시인들 작품도 출간되었다. 러시아와 다른 공화국에서와 마찬가지로 '역사기억회'(Memorial Society)가 대숙청 시기 스탈린이 저지른 범죄를 찾아내는 데 주도적 역할을 했다. 이런 면에서 우크라이나 지식인들은 자신들

나라에만 해당되는 이야기를 가지고 있었다. 이 가운데 첫 번째는 소련 정권이 완전히 덮어버린 1932~33년 대기근 이야기였다. 두 번째는 1940년대 말과 1950년대 초 소련 정권을 상대로 전개한 무장 투쟁이었다. 이 전투는 우크라이나 민족기구와 우크라이나 저항군 전사들이 벌였었다.

대기근은 동부 우크라이나가 경험한 것이었고, 민족주의 저항과 반란은 서부 우크라이나의 운동이었다. 그러나 다시 살아난 한 역사적 담론의 매력은 동부와 서부를 단결시켰는데 이것은 코자크의 과거에 대한 이야기였다. 1972년 페트로 셸레스트가 제거된 후 당국은 이른바 역사학자와 작가들 중 코자크 역사에 관심을 가진 코자크주의자들(Cossackophiles)을 민족주의를 표현한 죄로 탄압했다. 이제 공식 역사학의 세계관이 붕괴된 상태에서 코자크 신화는 공공 영역으로 들어왔고, 브레즈네프 선전가가 주장한 대로 민족주의 사상과 밀접하게 연계되었다.

1990년 여름 갈리시아와 서부 우크라이나 출신이 대부분인 우크라이나 활동가들은 ‘동쪽으로의 행진’, 즉 자포리자와 드니프로강 하구 코자크 유적지를 찾는 대중 순례를 조직했다. 이 행진은 우크라이나 공화국의 동부 지역에서 우크라이나 정체성을 ‘일깨우는’ 것을 목표로 했다. 이 운동은 대성공을 거두어서 수십만 명의 참여자를 동원했고, 아직 친공산주의적인 남부 우크라이나를 지배한 역사에 대립되는 우크라이나 역사 해석을 대중화시켰다. 1991년 원래이 행진에 반대했던 당국은 부상하는 코자크 신화학에 같이 참여하기로 결정했다. 당국은 동부와 서부 우크라이나에서 자체적인 코자크 행사를 지원했지만 기대했던 정치적 배당금을 얻지는 못했다. 공산당과 당에 대한 신뢰는 급격히 쇠락하고 있었다.

"어떤 멍청이가 '페레스트로이카'라는 말을 만들어낸 거야?" 이 용어를 처음 들었을 때 셰르비츠키는 보좌진들에게 물었다. 키이우를 방문한 고르바초프가 KGB가 미리 선별해 놓은 대중들 앞에서 지역 지도자들에게 압박을 가하자, 그 회의에 참석했던 셰르비츠키는 보좌관에게 돌아서서 자기 머리를 손가락으로 가리키며 고르바초프의 머리가 멍청하다는 표시를 하고, "그러면 누구를 믿고 이를 추진한다는 거야?"라고 물었다. 1989년 9월 고르바초프는 정치국에 마지막 남은 브레즈네프 시대 임명자인 셰르비츠키를 제거할 만큼 공고한 권력을 쌓았다고 판단했다. 그 달 그는 키이우로 내려와 당간부들에게 소련 정치국은 셰르비츠키를 정치국에서 해임하기로 결정했다고 알렸다. 우크라이나 당 중앙위원회는 그를 우크라이나 당 제1서기직에서 해임하는 것 이외의 다른 선택이 없었다. 이로부터 6개월도 지나지 않아 셰르비츠키는 자신의 정치생명이 끝난 것뿐만 아니라 자신이 평생을 바친 정치, 사회질서가 무너진 것을 견디지 못하고 자살했다.

1989년은 여러 면에서 우크라이나 정치사의 전환점이 되었다. 이 해에 대중정치가 시작되고 새로운 소비에트 의회 의원 선출을 위한 반(半)자유선거가 실시되었으며, 페레스트로이카를 지지하는 대중운동인 루흐(Rukh, '운동' 또는 '움직임')라고 불리는 최초의 대중정치 조직이 결성되었다. 1989년 가을 루흐의 회원 수는 30만 명에 이르렀고, 1990년 말에는 이보다 두 배 이상 늘어났다. 스탈린의 탄압으로 지하로 들어갔던 우크라이나 가톨릭교회가 합법화되면서 교인 수는 100만 명에 이르게 되었다. 1990년 새로운 우크라이나 의회 선거는 우크라이나의 정치환경을 극적으로 바꾸었다. 친민주주의파 의원들은 국민평의회라는 정파를 구성해, 의원 수가 전체 의석이 1/4에 불과했지만 우크라이나 정치의 성격을 바꾸는 데 성공했다. 1990년 여름 우크라이나 의회는 발트 공화국들과 러시아 의회의 뒤를 이어 우크라이나를 주권국가로 선언했다. 이 선언은 소련에서 우크라이나 공화국이 탈퇴하는 것을 의도하지는 않았지만 공화국 법률이 연방 법률에 우선한다는 것을 선언했다

소련 중앙은 공화국들의 주권 선언을 막을 힘이 없었다. 소련 개혁의 아버지인 고르바초프는 이제 심각한 위기에 처했다. 그는 공산당 엘리트들을 소외시켰을 뿐만 아니라 중앙과 각 공화국의 지식계층(intelligentia)의 지지도 상실했다. 그의 경제개혁은 경제체제를 불안정하게 만들어서 생산이 급감하고 이미 낮은 수준에 있던 생활수준을 더욱 악화시켰다. 당간부들은 자신들이 권력을 위협한 개혁에 불만이 많았고, 개혁이 실패할 수밖에 없다고 주장하며 자신들의 입지를 더욱 위험하게 만들었다. 이와 대비되게 지식인들은 개혁이 충분하지 못하고 제대로 이행되지 않고 있다고 생각했다. 역설적이게도 상호 적대적인 이 두 집단은 고르바초프와 중도파를 공동의 적으로 생각했다. 주권과 궁극적으로 완전한 독립이 우크라이나의 정치 지형에서 다양한 서로 대립하는 세력들의 협력을 가능하게 하는 공통의 정치적 플랫폼이 되었다.

우크라이나의 대중 동원은 역사에 의해 정의된 다양한 지역적 양상을 따랐다. 몰로토프-리벤트로프 비밀협약에 의해 소련에 합병된 갈리시아, 볼히냐 그리고 부코비나에서의 대중 동원은 제2차 세계

대전 발발과 함께 소련에 병합된 발트 공화국들의 대중 동원과 유사한 면이 많았다. 이곳에서는 과거 반체제인사들과 지식인들이 민주 민족주의 기치 아래 운동을 주도해 나갔고, 지역 정부를 통제했다. 소련 나머지 지역에서는 고르바초프의 정치개혁에 의해 공화국이나 지역의회에 선출되는 것으로 정치적 생존이 결정된 공산당 엘리트들은 혼란에 빠졌지만 권력은 그대로 유지했다. 우크라이나 최고회의가 볼히냐 출신의 56세 레오니트 크라프추크를 새 의장으로 뽑은 것은 당시로는 대수롭지 않을 일로 보였다. 그러나 상황은 변해갔다. 고르바초프의 개혁으로 의회는 가장 중요한 정부 기관이 되었다. 1990년 말 영민한 레오니트 크라프추크는 우크라이나에서 가장 강력하고 인기 높은 지도자로 부상했다. 그는 주로 서부 지역에 기반을 둔 새로 부상하는 반대파 정치인들과 대화를 나눌 수 있는 유일한 우크라이나 관료였다. 그는 우크라이나의 정치, 경제 자치를 원하는 친주권적 공산주의 집단인 당간부 중에도 큰 지지세력을 확보했다.

1991년 크라프추크는 다양한 의원 그룹들의 이해관계를 조정하며 의회를 주권과 그다음 단계로 독립 방향으로 나가게 하는 데 탁월한 정치적 수완을 발휘했다. 그의 능력의 첫 시험대는 1990년 가을에 왔다. 그해 3월 리투아니아의 독립선언에 크게 놀라고, 다른 공화국들에서 부상하는 친독립운동에 대응해 고르바초프는 강경파의 압력에 굴복해 민주적 자유의 일시적 후퇴에 암묵적으로 동의했다. 우크라이나에서 다수당인 공산당은 의회 건물 근처에서 시위를 금지하는 법안을 통과시키고, 의회 내 국민평의회 소속 의원들의 체포에 동의했다. 그러나 공산당 강경파들에게는 예상치 못한 일이 닥

유로마이단 혁명

1990년 10월 키이우 시내에서 일어난 사건은 후에
제1차 마이단('광장'이라는 뜻) 혁명으로 불렸다. 제2차 혁명은
2004년에 일어났고, 제3차 혁명은 2013~14년에 일어났다.

쳤다. 1990년 10월 2일 키이우, 르비우, 드니프로페트롭스크에서 온 수십 명의 학생들이 시내 중심가의 10혁명광장(후에 마이단이라고 알려진 독립광장으로 이름이 바뀜)으로 내려와서 단식투쟁에 돌입했다. 이들은 총리의 사퇴와 우크라이나가 새 연방조약안 협상에서 철수할 것을 요구했다. 이 조약안은 고르바초프가 각 공화국에 좀더 많은 자치를 허용하는 대가로 소연방을 구하기 위해 마련된 것이었다.

당국자들은 학생 단식투쟁에 여러 대응으로 나뉘었다. 정부는 시위자들을 해산시키기 위해 경찰을 배치했지만, 시당국은 시위가 계속되도록 허용했다. 이후 며칠 동안 단식 투쟁자 숫자는 150명으로 늘어났다. 정부가 지지자들을 동원해 시위를 해산시키려고 하자, 5만 명 가까운 키이우 시민들이 학생들을 보호하기 위해 광장으로 모여들었다. 곧 키이우의 모든 대학의 학생들이 파업에 돌입했다. 시위대는 의회로 행진해 의사당 앞 광장을 점거했다. 거리에서의 압박과 크라프추크가 양보를 촉구하자 공산당 다수파인 온건파는 뒤로 물러났다. 이들은 학생 지도자들에게 TV에 나와 자신들의 요구를 개진할 시간을 주고, 총리를 해임했다. 이것은 우크라이나 학생들과 우크라이나 사회정치의 큰 승리였다. 1990년 10월 키이우 시내에서 일어난 사건은 후에 제1차 마이단 혁명으로 불렸다. 제2차 마이단 혁명은 2004년에 일어났고, 제3차 마이단 혁명은 2013년과 2014년에 일어났다.

1991년 8월 1일 미국의 조지 H. W. 부시 대통령은 모스크바에서 키이우로 날아와 우크라이나가 소련에 남아 있어야 한다고 연설했다. 우크라이나 정치집단들은 이 목표에 대해 의견이 나뉜 상태였다. 민족주의 민주주의 소수파는 완전한 독립을 원했다. 이것은 1990년 3월 리투아니아가 독립을 선언한 이후 우크라이나에서 점점 커지고 있던 요구였다. 우크라이나 의회 내 공산당 다수파는 개혁된 연방 내에서 좀더 많은 자치를 원했다. 이것은 고르바초프가 바라는 것이기도 했다. 리투아니아와 라트비아, 에스토니아의 독립 운동을 저지하는 데 실패한 고르바초프는 연방의 지속에 대해 국민투표 실시를 요구했다. 1991년 3월 국민투표에 참가한 유권자의 70퍼센트는 개혁된 연방의 지속을 원했다. 고르바초프는 러시아 연방공화국의 보리스 옐친과 카자흐스탄의 누르술탄 나자르바예프를 비롯한 공화국 지도자들과 협상을 재개해 좀더 느슨한 연방을 구성하는 문제를 이들과 논의했다. 그는 1991년 7월 이들과 합의점에 도달했지만, 우크라이나는 이 협약에 서명할 준비가 되어 있지 않았다. 레오니트 크라프추크와 그의 집단은 다른 해결책을 추진하고 있었다. 그것은 우크라이나가 원하는 조건으로 가입하는 러시아와 다른 공화국들과의 국가연합 구성안이었다.

우크라이나 의회에서 연설한 부시 미국 대통령은 고르바초프 편을 들었다. 민족민주주의 의원들의 독립 열망을 지지하는 데 주저했기 때문에 그의 연설을 미국 언론에서 '치킨 키이우 연설'(Chicken Kiev speech)이라고 조롱받았다. 부시는 발트 국가들을 자유롭게 해방시키고 싶었지만, 우크라이나와 나머지 공화국들은 그대로 소련에 남기를 바랐다. 그는 세계무대에서 신뢰할 만한 파트너인 고르바초프와 그가 이끌고 나가는 소련을 잃고 싶지 않았다. 여기다가 부시와 그의 참모들은 소련의 통제할 수 없는 해체 가능성을 우려했다. 영토 내에 핵무기를 보유한 공화국 사이의 전쟁이 일어날 수도 있었다. 우크라이나 의회 연설에서 부시는 '자살적 민족주의' (suicidal nationalism)를 거부하고 자유와 독립을 혼동하지 말 것을 촉구했다. 다수파 공산당 의원들은 부시의 연설에 열렬한 박수를 보냈다. 소수파인 민주 성향 의원들은 연설에 실망했다. 워싱턴과 모스크바, 그리고 우크라이나 의회의 공산당 의원들 사이의 연합은 우크라이나 독립에 큰 장애로 작용했다. 그러나 그 달이 가기 전에 우크라이나 의회가 거의 만장일치로 우크라이나 독립선언에 찬성투표를 하고, 11월 말이 되자 포스트-소비에트 국가의 혼란과 핵전쟁을 우려했던 백악관이 이 결정을 지지한 것은 거의 상상하기 어려웠다.

우크라이나 의회의 보수파 의원들의 생각을 바꾸게 하고, 시간이 가면서 세계의 여론을 바꾼 사건은 1991년 8월 19일 모스크바에서 고르바초프에 대항해 일어난 보수파의 쿠데타였다. 사실 쿠데타는 우크라이나에서는 좀더 특정해 말하면 고르바초프가 휴가를 보내던 크림 반도에서는 하루 전에 시작되었다. 8월 18일 저녁 쿠데타 음모자들은 포로스 인근 대통령 별장에 나타나 계엄령 선포를 요구했다. 고르바초프는 이들이 들이민 계엄령 포고문에 서명하기를 거부해 음모자들이 자신들 방식으로 행동하게 만들었다. 다음날 KGB 의장, 국방장관, 내무장관이 이끄는 쿠데타 주모자들은 소련 전역에 비상계엄을 선포했다. 크라프추크가 이끄는 지도부는 우크라이나 내에 계엄령을 선포하는 것을 거부했지만, 러시아 연방 대통령 보리스 옐친과 확연히 대비되게 쿠데타에 도전하는 아무런 행동도 하지 않았다. 크라프추크는 우크라이나 시민들에게 평정을 유지하도록 촉구한 반면, 옐친은 자신의 지지자들을 거리로 나오게 해 사상자가 발생한 군대와 시위대의 충돌 후 군대가 모스크바에서 철수하도록 했다. 결국 쿠데타 세력은 뒤로 물러났고, 이들의 기도는 실패로 끝났다. 72시간도 채 지나지 않아서 쿠데타는 종결되고 주동자들은 체포되었다. 모스크바 시민들은 거리로 쏟아져 나와서 독재에 대한 자유의 승리뿐만 아니라 소련 중앙권력에 대한 러시아의 승리를 축하했다.

고르바초프는 모스크바로 귀환했지만, 권력을 다시 잡을 수는 없었다. 사실 그는 중앙권력이 약화된 틈을 타서 러시아가 소련을 대신하는 보리스 옐친이 일으킨 또 하나의 쿠데타의 희생양이 되었다. 옐친은 고르바초프의 군, 경찰, 보안기관 책임자 임명안을 철회하도록 만들고 공산당 활동을 불법화해 고르바초프가 당 서기장에서 물러나게 만들었다. 러시아가 사실상 소련을 대체하게 되면서 1991년 8월까지 소련의 일부로 남아 있었던 공화국들이 연방을 유지하는 관심은 급격히 줄어들었다. 우크라이나는 이제 소연방 탈퇴 움직임에 앞장섰다.

옐친이 연방정부를 장악한 다음날인 1991년 8월 24일 우크라이나 의회는 독립을 선언했다. 렙코 루키아넨코가 작성한 독립선언문은 "1991년 8월 19일 발생한 쿠데타와 관련해 우크라이나가 당면한 엄중한 위험과 1,000년 동안 계속되어온 우크라이나의 국가건설 전통을 고려해 우크라이나 사회주의 소비에트 공화국 최고회의는 우크라이나의 독립을 선언한다"라고 발표했다. 투표 결과는 루키아넨코를 비롯한 모든 사람들을 깜짝 놀라게 했다. 찬성 346표, 반대 2표, 기권 5표였다. 1990년 봄 열린 의회 첫 회기 이후 독립에 반대해 온 공산당 다수파들은 더 이상 자신들 의견을 고집하지 않았다.

쿠데타에 반기를 들지 않았다는 이유로 반대파의 공격을 받아온 크라프추크와 '친주권 공산주의자들'은 민족민주주의 의원들과 손을 잡았고, 모스크바에 의해 배신당했다고 느끼고 공산당에 대한 옐친의 공격에 위협을 느낀 강경 보수파 의원들도 여기에 동참했다. 투표 결과가 발표되자 의사당에는 박수 소리가 넘쳐났다. 의사당 밖에 있던 시민들도 환호했다. 우크라이나는 드디어 소련에서 벗어나 자유국가가 된 것이다.

루키아넨코의 선언은 1,000년이 된 우크라이나 국가성(statehood)을 지적하며 키이우 루스에 의해 세워진 국가임을 밝혔다. 그의 선언은 우크라이나로서는 20세기 들어와 사실상 네 번째 독립선언이었다. 처음은 1918년 키이우, 두 번째는 1939년 카르파티아, 세 번째는 1941년 르비우에서 독립선언이 있었지만, 이 모든 독립 시도는 전쟁 중 일어난 것이었고, 다 비참한 결말을 맞았다. 이번 독립선언은 다를 것인가? 앞으로 세 달이면 이에 대한 답이 나올 터였다. 1991년 12월 1일 대통령 선거와 함께 진행된 독립 찬반 국민투표가 의회의 독립선언을 인정하거나 거부하게 되어 있었다. 국민투표로 독립 찬반 여부를 결정한다는 규정은 여러 이유에서 중요했다. 8월 24일 독립에 회의를 느껴왔던 공산당 다수파가 독립선언에 찬성투표를 한 것은 최종적 결정이 아니었고, 앞으로 번복될 수도 있었다. 또한 국민투표는 우크라이나가 중앙과 공개적 갈등을 빚지 않고 소연방을 떠날 수 있는 기회를 주었다. 1991년 3월 고르바초프가 조직한 국민투표에서 약 70퍼센트의 우크라이나 시민들이 개혁된 연방에 남고자 한다는 의사를 밝혔다. 이제 또 다른 국민투표가 이와 분명히 결별할 수 있는 기회를 마련해 줄 수 있었다.

고르바초프는 우크라이나에서 독립에 대한 지지가 절대 70퍼센트 이상을 넘지 않을 것이라고 생각했다. 옐친은 결과에 확신을 갖지 못했다. 우크라이나 의회가 독립선언을 한 직후인 1991년 8월 말 옐친은 공보비서에서 우크라이나와 다른 공화국들이 독립을 선언하면 러시아는 이 공화국들과 국경문제를 논의할 권리를 갖는다는 내용의 발표문을 준비하도록 지시했다. 옐친의 공보비서는 크림 반도와 돈바스 탄광 지역을 포함한 우크라이나 동부 지역이 분쟁 대상이 될 수 있다는 암시를 했다. 이 위협은 만일 우크라이나가 독립을 주장하면 국토를 분할할 수도 있다는 내용이었다. 옐친은 부통령인 알렉산드르 루츠코이를 단장으로 하는 고위급 대표단을 파견해 우크라이나가 입장을 바꾸도록 압력을 넣었다. 그러나 우크라이나는 자신의 입장을 확고히 지켰고, 루츠코이는 빈손으로 돌아가야 했다. 위협은 통하지 않았고, 옐친은 자신의 위협을 실행할 정치적 의지나 자원을 가지고 있지 못했다.

1991년 9월 우크라이나에 정치의 계절이 시작되었다. 6명의 후보가 대통령 선거에 나섰고, 이들 모두가 독립을 목표로 내세웠다. 크라프추크는 크림 반도 당국이 우크라이나로부터 크림의 독립을 묻는 별도의 국민투표를 하지 못하도록 설득하는 데 성공했다. 여론조사에 의하면 모든 국민 계층과 지역에서 독립에 대한 지지가 점점 늘어나고 있었다. 우크라이나 내 가장 큰 소수민족인 1,100만 명의 러시아인과 두 번째로 큰 민족인 50만 명에 달하는 유대인 상당수도 독립을 지지하는 것으로 나타났다. 1991년 11월 조사에 의하면 러시아인의 58퍼센트, 유대인의 60퍼센트가 독립을 지지했다. 소수민족들은 1918년과 다르게 우크라이나 국가 이상(Ukrainian cause)

을 지지했고, 우크라이나 수도보다 모스크바를 더 우려하는 눈으로 바라보았다.

1991년 12월 1일 다양한 인종 배경을 지닌 모든 우크라이나인들이 자신들의 운명을 결정하기 위해 투표소로 갔다. 투표 결과는 가장 낙관적인 독립 지지자들에게도 믿기지 않는 깜짝 놀랄 만한 것이었다. 투표율은 84퍼센트에 달했고, 투표자의 90퍼센트가 독립에 찬성했다. 서부 지역의 찬성표가 선두에 나서 갈리시아 지역 테르노필주(州, oblast'로 소련과 포스트-소비에트 지방행정 구역)의 찬성률은 99퍼센트에 달했다. 그러나 중부, 남부, 심지어 동부 지역도 크게 뒤떨어지지 않았다. 우크라이나 중부의 빈니챠주는 투표자 95퍼센트가 찬성표를 던졌고, 남부의 오데사주는 85퍼센트, 동부의 도네츠크 지역도 찬성률이 83퍼센트에 달했다. 크림 반도에서도 투표자의 절반 이상이 독립을 지지했다. 세바스토폴시는 57퍼센트, 크림 반도 전체는 54퍼센트가 찬성했다. (당시 러시아인이 크림 주민의 66퍼센트를 차지했고, 우크라아나인이 25퍼센트, 이제 막 크림으로 귀환하기 시작한 크림 타타르인이 1.5퍼센트를 차지했다.) 우크라이나 중부와 동부에서 투표자 대부분이 독립에 찬성했고, 대통령으로는 크라프추크에게 표를 던졌다. 그는 61퍼센트를 득표해 갈리시아를 제외한 전 지역에서 1위를 차지했다. 갈리시아에서는 오랫동안 강제수용소에 수감되어 있었고, 르비우 지역 행정책임자인 뱌체슬라브 초르노빌이 1위를 차지했다. 우크라이나는 독립에 투표를 했고, 나라의 장래는 우크라이나 여러 지역과 민족들 사이뿐만 아니라, 우크라이나의 공산주의 과거와 독립국가로서의 미래에 균형을 잡을 것으로 기대되는 후보에게 표를 던졌다.

우크라이나 독립 투표는 소련 시대에 종지부를 찍었다. 국민투표에 참여한 사람들은 자신들의 운명뿐만 아니라 세계 역사의 방향도 바꾸어 놓았다. 우크라이나는 아직 모스크바에 종속되어 있는 나머지 공화국들로부터 자유로워졌다. 옐친은 1991년 12월 8일 벨라루스 벨라베자의 사냥 휴양숲에서 크라프추크를 만났을 때 한 번 더 새 연방조약안에 서명하도록 설득했다. 크라프추크는 크림 반도와 동부를 포함한 우크라이나 모든 주의 국민투표 결과를 언급하며 이를 거부했다. 만일 우크라이나가 연방조약안에 서명하지 않는다면, 러시아도 서명할 수 없다고 옐친은 새로 대통령에 선출된 크라프추크에게 말했다. 옐친은 몇 차례에 걸쳐 미국 대통령에게 우크라이나가 없는 상태에서 연방에 러시아가 남아 있으면 이슬람계 주민들에 비해 수적 열세에 처한다고 말했다. 거대한 에너지 자원을 가진 러시아와 우크라이나가 포함되지 않는 연방은 다른 공화국들에게 아무런 정치적·경제적 매력이 없었다. 벨라베자에서 세 슬라브 공화국 지도자인 옐친과 크라프추크, 스타니슬라우 슈스케비치는 새로운 국제적 연합체인 독립국가연합(CIS, Commonwealth of Independent States)을 창설했고, 중앙아시아 국가들은 12월 21일 여기에 가입했다. 소비에트 연방은 더 이상 존재하지 않게 되었다.

크리스마스인 1991년 12월 25일 고르바초프는 전국에 중계된 TV연설로 사임을 발표했다. 크렘린 첨탑에서 소련의 적기(赤旗)가 하강하는 대신 붉은색, 파란색, 흰색으로 이뤄진 3색의 러시아 국기가 게양되었다. 우크라이나의 국기 색은 파랑과 노랑이었다. 이제 더 이상 모스크바와 키이우 사이의 상징적 연계는 없었다. 여러 상황에서 다양한 정치세력이 시도한 네 번의 실패 끝에 우크라이나는

1991년 12월 8일 벨라베자 숲 회의
세 슬라브 공화국 지도자인 옐친과 크라프추크, 슈스케비치는
새로운 국제적 연합체인 독립국가연합을 창설했고, 중앙아시아
국가들은 12월 21일 여기에 가입했다. 소비에트 연방은
더 이상 존재하지 않게 되었다.

이제 단합되었을 뿐만 아니라 독립을 얻었고, 자신의 길을 갈 자유를 획득했다. 불과 몇 달 전만 해도 불가능한 일로 여겨졌던 것이 이제 현실이 되었다. 제국은 사라지고, 새로운 국가가 탄생했다. 구 공산당 엘리트들과 젊고 야망에 찬 민족민주주의 지도자들이 역사를 만들기 위해 힘을 합쳐서 우크라이나는 마지막 유럽 제국을 무덤으로 보냈다. 이들은 이제 미래를 만드는 길을 찾아야 했다.

제26장 독립광장

미하일 고르바초프의 소련 대통령직 사임 연설은 소련의 공식 종지부를 의미했지만 그 해체과정은 그날 시작되었다. 소련은 망가진 경제뿐만 아니라 사회경제 체제, 군대, 사고방식과 공통의 과거와 공유된 정치문화로 묶인 정치, 사회 엘리트를 유산으로 남겼다. 사라진 제국의 자리를 차지한 새로운 독립체(entity)는 진정한 독립국가들의 공동체였건, 아니면 러시아가 지배하는 독립체였건 간에 그저 주어진 것이 아니었다. 고르바초프 사임 이후 새로 우크라이나 대통령에 선출된 레오니트 크라프추크와 그의 참모들이 당면한 첫 번째 도전은 독립국가연합은 소련이 다시 부활한 것과 다름 아니라는 것을 러시아 지도부에 설득하는 일이었고, 이것은 쉬운 과제가 아니었다.

1991년 12월 12일 독립국가연합 협약 비준을 촉구하는 러시아 의회 연설에서 보리스 옐친은 "오늘날 상황에서 독립국가연합만 여러 세기 동안 건설되었지만 지금은 거의 상실한 정치, 법률, 경제공간의 보존을 보장할 수 있다"라고 강조했다. 옐친의 후계자인 블라디미르 푸틴은 2014년 3월 크림 반도 합병 축하 연설에서 옐친이 당시 가졌던 생각과 감정을 다시 드러냈다. "러시아와 우크라이나뿐만 아니라 다른 공화국들의 많은 사람들은 당시 결성된 독립국가연합이 새로운 공동 주권의 형태가 되기를 희망했다"라고 말했다. 만일 이 생각에 동의하는 사람이 우크라이나에 있었다면, 그는 우크라이나 의회에 있지는 않았다. 의회는 1991년 12월 20일 이에 정반대되는 결의문을 채택했다. "법률적 지위에 의하면 우크라이나는 독립국가이고, 국제법의 적용 대상이다. 우크라이나는 독립국가연합을 자체적 통치, 행정기구를 가진 국가 구성체로 바꾸는 것을 반대한다."

옐친의 의도가 어찌 되었건 간에 우크라이나는 자국의 독립을 진지하게 생각하고, 독립국가연합을 재결혼이 아닌 이혼 조건을 협상하는 창구로 사용하려 했다. 독립국가연합을 포스트-소비에트 공간을 재통합하는 수단으로 본 러시아와, 모스크바로부터의 완전한 독립을 주장한 우크라이나 사이의 긴장은 1993년 1월 우크라이나 의회가 독립국가연합 협약 비준을 거부하고 2년 전 창설을 도왔던 이 기구의 정회원이 되는 것을 거부하면서 표면으로 부상했다. 우크라이나는 독립국가연합의 경제 프로그램과 조치에는 적극적으로 가담하지만, 군사활동에는 가담하지 않기로 결정했다. 우크라이나는 이 협약에 정식으로 서명하지 않았다. 1990년대 내내 우크라이나는 다른 독립국가연합 국가들과 집단적인 안보 협약에 서명하기를 거부했다. 키이우는 소련군의 장래와 핵무기 통제, 소련 흑해함대 처리문제에 대해 러시아와 심각한 이견을 보였다.

우크라이나 지도부는 진작부터 자국에 주둔 중인 소련군 편제와

**우크라이나 초대 대통령
레오니트 크라프추크**

1991년 12월 25일, 고르바초프
사임 이후 우크라이나 대통령에 선출된
크라프추크가 직면한 첫 번째 도전은
독립국가연합이 소련의 부활과
다름없다는 사실을 러시아 지도부에
설득하는 일이었다.

우크라이나 영토에 주둔하는 해군을 바탕으로 자국 육군과 해군을 구성하기로 결정했다. 발트 국가들은 자국에서 소련군이 철수하도록 요구하고, 백지상태에서 자국군을 만든 데 반해 우크라이나는 그렇게 할 수 없었다. 우크라이나에 있는 80만 병력이라는 거대한 군대의 장교와 사병들은 자기들 뜻대로 떠날 수 없었다. 러시아가 이미 중·동유럽에서 귀환하는 수십만 명의 소련군을 받아들이는 것도 힘겨워했으므로 이들은 갈 곳도 없었다. 중·동유럽 국가들은 완전한 주권을 찾기 위해 소련군이 자국에서 영구히 떠났으면 했다.

우크라이나 지도부는 소련군을 우크라이나군으로 전환하는 과업을 47세의 코스탄틴 모로조프 장군에게 맡겼다. 우크라이나 주둔 공군 사령관이었던 그는 1991년 가을 초대 우크라이나 국방장관에 임명되었다. 돈바스 지역 출신인 모로조프는 벨라베자 회담과 독립국가연합 창설 직전인 1991년 12월 6일 우크라이나에 충성을 맹세하면서 자신의 운명을 우크라이나 장래에 걸었다. 1992년 1월 3일 소련군 장교였던 장교들 첫 집단이 독립 우크라이나에 충성을 맹세했다. 우크라이나가 80만 병력을 가진 소련군을 우크라이나군으로 재편하는 작업은 1992년 봄에 완료되었다.

장교들은 우크라이나에 충성하거나, 러시아에 계속 복무 또는 소련의 다른 지역으로 이동할 자유가 있었다. 우크라이나에 근무하는 러시아군에는 7만 5,000명의 러시아 민족(ethnic Russians)이 있었다. 장교 약 1만 명이 우크라이나에 대한 충성 선서를 거부하고 퇴역하거나 러시아로 이동했다. 소련군에 징집된 사병들과 부사관들은 집으로 돌아갔다. 새로운 징집병은 우크라이나에서만 모집되었다.

1992년 1월 소련 흑해함대 소속 병사들도 우크라이나에 충성을 맹세하기 시작했다. 그러나 우크라이나가 흑해함대를 인수하는 것은 여러 가지 문제에 부딪쳤다. 흑해함대 사령관인 이고르 카사토노프 제독은 모든 수병을 승선하게 한 후 함대를 출항하도록 명령했다. 이것은 1992년 5월 러시아-우크라이나 관계에 첫 번째로 심각한 위기를 초래했다. 9월 크라프추크 대통령과 옐친 대통령은 양국 간의 직접적 충돌을 방지하기 위해 흑해함대를 분할하기로 결정했다. 그러나 이것은 오랜 시간이 걸리는 과정을 거쳐야 했다. 당분간 800척이 넘는 함정과 10만 명에 가까운 수병들은 러시아의 관할 아래 있었다. 1995년 러시아는 함정 18퍼센트를 우크라이나에 넘겼지만, 세바스토폴항을 떠나려 하지 않았다. 1997년 양국은 일련의 협상을 통해 2017년까지 300척 이상의 함정과 2만 5,000명의 수병으로 구성된 러시아 흑해함대가 세바스토폴항을 모항으로 유지하는 데 합의했다. 우크라이나는 흑해함대 인수 전투에서 패배했지만, 이 합의는 우크라이나의 영토적 통합성을 보장한 러시아-우크라이나 우호협정에 이르는 길을 열어놓았다. 양측은 1997년 이 협정을 체결했다. 이 과정이 끝나면서 우크라이나는 이웃국가 러시아와 과거 제국 주인이었던 러시아와 '고상한 이혼'(civilized divorce) 과정을 완료한 것으로 보였다.

1990년대 말까지 우크라이나는 러시아와 국경과 영토문제를 해결하고, 자체 육군, 해군, 공군을 창설하며, 유럽의 정치와 경제, 안보 기구에 통합될 수 있는 외교적·법적 기초를 확립했다. 우크라이나가 유럽 국가와 문화 공동체의 구성원이 된다는 아이디어는 19세기 사상가 미하일로 드라호마노프부터 1920년대 민족 공산주의 주창자였던 미콜라 흐빌료비에 이르기까지 우크라이나 지식인들을 사로잡아 온 생각이었다. 1976년 유럽 아이디어는 우크라이나 헬싱키 그룹이 발표한 첫 선언에도 들어 있었다. "우리 우크라이나인들은 유럽에 살고 있다"가 이 선언의 첫 문장이었다. UN 창설 회원국인 우크라이나는 헬싱키에서 열린 유럽 안보협력회의(OSCE)에 초청되지 않았다. 그러나 우크라이나의 반체제인사들은 소련이 헬싱키 회의에서 서약한 인권 의무는 우크라이나에도 적용된다고 간주했다. 이들은 자신들의 신념을 지키다가 감옥에 가고 오랜 강제수용소와 유형생활을 해야 했다.

1991년 독립된 우크라이나 국가가 탄생하면서 반체제인사들의 꿈을 현실로 실현시킬 수 있는 여건이 조성되었다. 제도적 관점에서 이것은 유럽 연합에 가입하고, 소비에트 과거와 결별하며, 우크라이나 경제와 사회를 개혁하고, 모스크바가 이전 제국 지역에 행사하던 정치와 경제, 문화적 영향력을 떨쳐버리는 것이었다. 우크라이나의 완전한 주권 행사는 유럽 국가 공동체에 가입하려는 열망과 밀접히 관련되었다. 이 상호 연계된 과제는 우크라이나 엘리트의 정치적 기술과 우크라이나 지역들의 통합, 그리고 우크라이나의 가장 큰 이웃이며 역사적으로 가장 중요한 국가였던 러시아와의 소련 시대 대화(Soviet-era discourse)를 시험하게 되었다.

우크라이나와 서방의 정치적 결합관계는 1994년 1월 미국이 중재한 우크라이나가 소련으로부터 물려받은 세계 3위의 핵전력을 포기하는 합의로 진지하게 시작되었다. 1994년 12월에 체결된 부다페스트 양해각서(Budapest Memorandum)에서 미국과 러시아, 영국은 핵확산금지조약에 가입한 우크라이나에 안보를 보장했다. 키이우의 많은 정치인들은 핵무기를 포기하는 데 좀더 신중할 필요를 제기했지만(2014년 우크라이나의 주권과 영토적 통합성을 보장한 양해각서 서명 국가 중 하나인 러시아가 우크라이나를 침공한 것은 이들의 주장을 설득력 있게 만들었다), 당시로서는 이렇게 하는 것이 훨씬 이익이 되었다. 우크라이나는 그때까지 핵확산금지조약 가입을 거부한 국가로서 처해 있던 사실상(de facto)의 고립에서 벗어나 이스라엘, 이집트 다음으로 미국의 세 번째 원조 수혜국이 되었다.

1994년 6월 우크라이나 정부는 유럽 연합과 첫 협력협정(cooperation agreement)을 체결했다. 우크라이나는 포스트-소비에트 국가 중 유럽 연합과 이 협정을 체결한 첫 국가가 되었다. 같은 해 우크라이나는 독립국가연합 정회원 또는 준회원 국가 중 처음으로 NATO와 평화동반자협정(Partnership for Peace agreement)을 체결했다. 1949년 냉전 시작과 함께 서유럽을 소련으로부터 방어하기 위해 결성된 이 군사동맹은 새롭게 변모하기 시작했다. NATO는 우크라이나보다 몇 달 후 이 협정에 서명한 러시아를 포함해 과거 적이었던 동유럽 국가들과 제도적 다리를 만들기 시작했다. 1997년 우크라이나는 NATO와 선별적 동반자(Distinctive Partnership) 협정을 체결하고 키이우에 NATO정보센터를 개설했다. 1998년 4년 전 유럽 연합과 서명한 협력협정이 작동하기 시작했다. 모든 것이 낙관적으로 보였다. 그러나 대부분의 지식인들이 바랐던 것처럼 우크라이나가 유럽 국가가 되는 것을 가로막는 장애가 있었고, 그 대부분은 우크라이나 내부에 있었다.

다른 많은 포스트-소비에트 국가들처럼 독립 직후 몇 년 동안 우크라이나는 경제 침체와 사회적 혼란에 의해 야기되고, 대통령과 의회관계에 집중된 정치위기를 겪었다. 두 헌법기관은 소련 말기 정치적 혼란 속에서 탄생했다. 러시아는 1993년 9월 옐친 대통령이 탱크로 러시아 의사당 건물을 쏘아 부수라고 명령하고, 러시아 부통령과 의회 의장이 대통령에 대항하는 쿠데타를 꾸민 혐의로 이들을 체포함으로써 이 문제를 해결했다. 옐친의 보좌진은 의회 권한을 축소하는 방식으로 헌법을 개정해 의회를 러시아 정치무대의 적극적 행위자가 아니라 형식상의 기관으로 전락시켰다. 우크라이나는 대통령과 의회 사이에 싹트는 위기를 타협을 통해 해결했다. 크라프추크 대통령은 조기 대선을 실시해 이 선거에서 패배했고, 1994년 여름, 후임자인 레오니트 쿠치마에게 권력을 평화롭게 넘겼다. 쿠치마는 유럽에서 가장 큰 미사일 공장 책임자였다가 총리가 된 후 대통령에 도전해 권력을 잡았다.

혼란이 극심했던 1990년대 내내 우크라이나는 두 경쟁자 사이에 평화적으로 대통령직 인수인계를 이루었을 뿐만 아니라, 경쟁적 정치체제를 유지하고 생존 가능한 민주주의의 법적 기반을 만들었

제2대 대통령 레오니트 쿠치마
그는 크라프추크에 이어 경쟁적
정치체제를 유지하고 생존 가능한
민주주의 법적 기반을 만들었다.

다. 1996년 쿠치마는 헌법을 개정했지만, 의회의 손을 잡고 이 작업을 진행해 의회는 우크라이나 정치과정에서 핵심 역할을 수행할 수 있었다. 우크라이나가 민주국가로 성공할 수 있었던 중요한 이유 중 하나는 지역적 다양성이었다. 먼 역사와 최근 역사의 유산이 정치, 경제, 문화 차이로 변환되어 의회에 반영되었고, 정치무대에서 협상을 통해 해결되었다. 산업화된 동부 지역은 되살아난 공산당의 지지 기반이 되었다. 과거 오스트리아와 폴란드에 의해 지배받던 서부 우크라이나는 과거 강제수용소 수감자였던 뱌체슬라브 초르노빌이 이끄는 민족민주주의 정파 루흐에서 활동했던 인물들을 의회로 보냈다. 그러나 누가 의회의 다수파가 되든 이것은 연정을 통해서만 가능했고, 쉽게 만족시키거나 회유하기 힘든 반대파를 상대해야 했다. 어느 정파 연합도 다른 정파를 파괴하거나 무력화시킬 만큼 강하지 못했다. 당시 우크라이나의 민주주의는 우연에 의한 민주주의라는 소리를 많이 들었다. 그러나 이것은 좋은 현상임이 드러났다. 포스트-소비에트 공간에서 인위적으로 만들어진 민주주의는 오래

가지 못했다.

이전 식민 지역의 행정가들에게서 자주 나타나는 현상으로 키이우 엘리트들은 러시아 관료들에 대해 강한 열등감을 느끼고 있었고, 자신들의 정치와 사회, 문화적 문제를 다루는데, 처음에는 러시아에서 발전된 모델을 모방하는 경향이 있었다. 러시아 모델이 우크라이나에서는 작동하지 않는다는 것을 깨닫는 데는 얼마간의 시간이 필요했다. 이것이 가장 분명하게 나타난 분야는 종교였다. 1992년에 과거 소련 지역의 정교회 공동체의 60퍼센트를 차지했던 우크라이나 정교회는 네 분파로 나뉘었다. 첫 분파는 지하에서 나온 그리스 가톨릭교회였고, 두 번째는 모스크바의 관할로 계속 남은 정교회였으며, 세 번째는 키이우 총대주교좌 관할 아래 있는 독립 우크라이나 정교회였고, 마지막으로는 1920년대에 뿌리를 두고 있으며 모스크바의 권위를 인정하지 않는 자치(Autocephalous) 우크라이나 정교회였다. 러시아가 모스크바 총대주교좌를 독립시킨 것처럼 키이우 총대주교좌를 사실상 국가교회로 만들려는 크라프추크의 노력은 실패로 돌아갔다. 쿠치마 대통령도 모스크바 총대주교좌 산하의 우크라이나 교회를 국가교회로 만들려고 시도했으나 역시 실패했다.

우크라이나는 독립선언 이후와 마찬가지로 2000년대에 들어서 다원적 사회로 남으면서 오히려 다양성이 더 큰 사회가 되었다. 결국 모든 정치세력은 러시아식 정치 해결이 전반적으로 우크라이나에서는 작동하지 않는다는 현실을 받아들여야 했다. 쿠치마 대통령은 자신의 첫 임기 말인 2003년에 출간한 책에서 그 이유를 설명했다. 그 책의 제목 자체로 시사하는 바가 컸다. 책 제목은『우크라이나는 러시아가 아니다』였다.

우크라이나 정치과정의 민주적 본질에 대한 가장 큰 도전은 독립선언 후 지속된 경제 침체였고, 이것이 모든 문제의 근원으로 지목되며 레오니트 브레즈네프 시대뿐 아니라 미하일 고르바초프의 개혁을 잃어버린 낙원처럼 보이게 만들었다. 1991년부터 1997년 6년 동안 우크라이나 산업생산은 48퍼센트 감소했고, 국내총생산(GDP)은 60퍼센트 줄어들었다. 가장 큰 감소(전해에 비해 23퍼센트 감소)는 대통령 선거가 치러지고 유럽 연합과 협력협정을 체결한 1994년에 발생했다. 이러한 통계는 대공황시대에 미국에서 발생한 경제 손실보다 더 큰 것이었다. 당시 미국 산업생산은 45퍼센트 줄어들었고, GDP는 30퍼센트 감소했다.

1990년대에는 우크라이나에 엄청난 어려움이 가중되었다. 1990년대 말 우크라이나인 절반은 식품을 간신히 살 정도의 돈만 있다고 말했고, 비교적 안락한 생활을 영위하는 주민은 전체 인구의 2~3퍼센트에 불과했다. 이것은 높은 사망률과 낮은 출산율을 유발했다. 1991년 이후 출산율 감소는 사망률을 추월했다. 10년 후 정부가 첫 인구조사를 실시했을 때 총인구는 1989년 조사 때의 5,140만 명에서 300만 명이 줄어든 4,840만 명으로 조사되었다.

다시 한 번 우크라이나에서는 해외이민 물결이 일어났다. 많은 사람들이 국내에서는 벌 수 없는 돈을 찾아 몇 개월 혹은 몇 년을 외국으로 나가 일을 했다. 이들은 석유와 가스 부(富)가 있는 러시아로 주로 갔고, 동유럽이나 유럽 연합 국가로도 나갔다. 다른 사람들은 우크라이나를 영구히 떠났다. 우크라이나 유대인들이 해외이민의 선두에 섰다. 많은 유대인들은 소련 당국이 출국 비자를 발부하지 않는 '비자 거절자'(refuseniks)였고, 대학이나 직장에서 쫓겨난

2류 시민이었다. 이제 이들은 자유롭게 떠날 수 있게 되었고, 엄청나게 많은 숫자가 떠났다. 1989년과 2006년 사이 150만여 명의 소비에트 유대인이 살던 나라를 떠났는데, 거기에는 우크라이나의 많은 유대인이 포함되어 있었다. 1989년부터 2001년 사이 우크라이나 인구는 대략 5퍼센트 정도 줄었지만, 유대인 인구는 78퍼센트가 감소해서 48만 7,300명에서 10만 5,500명으로 줄어들었다. 당시 우크라이나를 떠난 사람들 중에는 페이팔(Paypal) 공동창업자(맥시 레브친)와 왓스앱(WhatsApp)의 창업자(얀 코움)도 있었다. 그러나 유대인만 떠나고 싶어한 것은 아니었다. 해외 이주자 중 많은 수는 우크라이나인, 러시아인과 다른 인종 사람들이었다. 또한 우크라이나는 독립국가연합의 다른 지역이나 아프가니스탄과 파키스탄 등지에서 온 불법 이민자들의 통과국가가 되었다.

급격한 경제 쇠퇴의 원인은 다양했다. 소련 경제의 붕괴는 다른 공화국 간의 경제적 연계를 파괴했을 뿐만 아니라 구소련 군대의 조달도 끝났다. 고도로 발달한 군산복합체가 밀집해 있던 우크라이나는 이 면에서 큰 타격을 입었다. 여기다가 소련 붕괴를 견뎌내고 우크라이나 국가 예산의 상당 부분을 담당한 산업 부문인 철강금속 부문은 전적으로 러시아의 가스 공급에 의존했고, 계속 상승하는 가스 값을 감당하기가 어려웠다. 그러나 경제 쇠퇴의 가장 큰 원인은 우크라이나 정부가 절실히 필요한 경제개혁을 늦추고 신용을 늘려 돈을 찍어내며 적자가 나는 국영기업에 계속 보조금을 지급한 것이다. 1992년에 2,500퍼센트에 달한 초인플레이션은 급격한 경제 쇠퇴의 대미를 장식했다.

독립 후 초기 시기 정부는 점점 더 많은 보조금을 필요로 하는 소련 시대 산업, 농업기업에 대한 소유권과 통제권을 포기하는 것을 주저했다. 결국 정부가 소유권을 포기하기로 결정하자 이번에는 대부분이 '붉은 관리자들'(red directors)인 의회 내 반대세력의 저항에 부딪쳤다. 1995년 의회는 6,300개 국영기업을 사유화 대상에서 제외시켰다. 그 시점에 산업체의 1/3 이내만 사적 소유로 전환되었다. 사유화 첫 단계는 우크라이나 전 국민에게 배부된 민영화 바우처로 진행되었다. 이것은 주로 자산을 소유하되, 투자 재원이 없는 '붉은 관리자들'이 득을 보게 만들었다. 그러나 투자와 재구조화가 없는 민영화는 우크라이나 경제를 재건시킬 수 없었다. 전체 기업의 85퍼센트 가까이 사유화된 1999년 시점에 이 기업들은 전체 산업 생산의 65퍼센트 이하를 생산했다. 기업의 절반가량이 적자상태였다. 대기업, 중소기업 모두 소련 시대 관리자들과 정부에 연줄이 있는 사람들 수중에 들어갔다. 이들은 독점을 유지하고 경쟁을 제한하며 경제위기를 심화시켰다.

우크라이나는 경제를 재건하기 위해 새로운 기업 소유주와 관리자를 필요로 했다. 소련 시대 계획경제에 아무 연고가 없지만 페레스트로이카 시기 경제 혼란과 1990년대 마피아 전쟁에서 길을 개척한 젊고 야심차며 수단방법을 가리지 않는 사업가들이 두 역할을 다 맡았다. 러시아에서와 마찬가지로 우크라이나에서도 올리가르히(oligarchs)라고 알려진 이 사업가들은 정부 자산을 헐값에 매각한 두 번째 단계 사유화의 가장 큰 수혜자였다. 올리가르히는 혁신적 방법과 기회 포착능력으로 재산을 쌓았지만, 이와 동시에 아첨과 뇌물, 폭력을 동원해 '붉은 관리자'의 자리를 차지했다. 군산복합체가 급격히 쇠락하면서 우크라이나의 철강금속 산업은 1990년대와

2000년대 초반 황금알을 낳는 쟁취 대상이 되었다. 당시에 우크라이나 산업생산의 절반 이상이 철광석과 석탄 매장량이 풍부하고 우크라이나의 제1 수출품목인 철강을 생산하는 드니프로페트롭스크와 자포리자, 도네츠크, 루한스크 네 지역에서 생산되었다.

새로운 '철강의 사나이'(men of steel)에는 도네츠크 그룹의 지도자인 리나트 아흐메토프가 포함되었다. 그는 1990년대 초반 우크라이나 당국에 범죄적 기원과 연줄로 잘 알려진 룩스라는 회사의 경영권을 인수했다. 드니프로페트롭스크에서는 두 사업가가 핵심 철강산업 자산을 나누어 가졌다. 한 사람은 쿠치마 대통령의 사위가 된 빅토르 핀추크였고, 다른 한 사람은 우크라이나에 최초의 사적 은행을 설립한 이고르 콜로모이스키였다. 다른 사업가들도 포스트-소비에트 우크라이나 사유화의 노획물을 챙겼다. 그러나 부패하고 종종 범죄적 성격이 있는 사유화 과정을 떠나서 우크라이나 경제의 '올리가르히화'(oligarchization)는 경제 쇠락의 종언과 시기가 일치했다. 우크라이나는 새천년을 급격한 경제성장으로 시작했고, 좋건 나쁘건 간에 올리가르히들은 새로운 성공 스토리의 주인공들이 되었다.

우크라이나 산업의 사유화 대부분은 1994년부터 2004년까지 대통령으로 재임한 쿠치마의 감독 아래 진행되었다. '붉은 관리자' 출신인 쿠치마는 궁극적으로 올리가르히들에게 이익을 주는 사유화 과정을 감독하며 이들의 경제, 정치 지지를 확보했다. 쿠치마는 자신이 공산주의자들을 패배시킬 수 있는 유일한 후보라는 것을 내세우며 1999년 재선에 성공했다. 공산당 후보는 경제 침체와 어려움을 이용하고 민족민주주의 진영의 분열을 꾀하며 부흥을 시도했다,

쿠치마의 주 경쟁자는 '우파' 쪽에 있었다. 루흐 지도자인 뱌체슬라브 초르노빌은 선거를 몇 달 앞둔 시점에 의심스러운 상황에서 자동차 사고로 사망했다. 1999년 시작된 2기 임기에서 쿠치마는 경제계의 새로운 올리가르히 족벌과 정치 사이의 관계의 최고 중재자가 되었다. 그는 개인 권력을 강화하고 의회를 약화시키려고 노력했다. 그러나 이것은 계획한 대로 진행되지 않았다. 우크라이나는 정말로 러시아가 아니었다.

2000년 가을 반대파 지도자인 사회당 당수 올렉산드르 모로즈가 쿠치마 경호원이 몰래 녹음한 테이프를 공개하면서 쿠치마 대통령의 추락이 시작되었다. 이 녹음 테이프는 민영화와 관련된 지방 관리를 다루는 방식, 뇌물 수수, 반대파 언론을 탄압하려는 그의 노력이 담겨 있었다. 이 테이프에 언급된 기자 중 한 사람인 헤오르히 곤가제는 인터넷 신문인『우크라이나 진실』(Ukrain'ska pravda) 편집자였다. 쿠치마는 그를 체포해서 반군이 러시아군과 싸우고 있는 체첸으로 보내고자 했다. 2000년 9월 곤가제의 시신이 머리가 잘린 채 키이우 인근 숲에서 발견되었다. 쿠치마가 이 살인 사건에 관련되었다는 것은 법원에서 입증되지는 않았지만, 녹음 테이프를 들은 사람들은 쿠치마 자신이 내무 장관에게 곤가제를 위협하고 납치하라는 명령을 내렸다는 것에 아무런 의심도 갖지 않았다.

우크라이나에서 쿠치마게이트로 알려진 녹음 테이프 스캔들은 우크라이나 정치의 전환점이 되었다. 이것은 대통령직에서 독재적 경향이 강화되는 것에 종지부를 찍었다. 이 스캔들은 1기 임기 동안 흑해함대를 둘러싼 분쟁을 해결하고, 크림 반도를 확보하며, 러시아로 하여금 우크라이나 국경을 인정하게 만들고, 우크라이나를 서방으로 향하게 하며, 오랫동안 미루어졌던 민영화를 시작한 공을 인정받은 쿠치마 정책의 부패한 모습을 노출시켰다. 이제 대통령 자신이 범죄자이고, 아마도 살인자라는 것이 드러났다. 과거 민족민주주의자, 사회주의자, 심지어 공산주의자가 포함된 반대파는 '쿠치마 없는 우크라이나'라는 구호 아래 반정부운동을 시작했다. 시민들도 정치적·경제적 부패 단속에 대한 호소에 긍정적으로 반응했다. 경제붕괴로 사라진 소련 시대 지식계급을 대체한 부상하는 중산층은 정부의 부패, 정치활동 탄압, 언론자유에 대한 제약에 염증을 느꼈다. 우크라이나는 변화를 원했다.

쿠치마는 테이프 스캔들의 직접적 낙진에서 살아남았지만, 정치활동의 강화는 막을 수 없었다. 소련 시대와 마찬가지로 기존 정치 기득권 밖에서 성장한 새로운 세대는 정권에 대한 반대 운동을 이끌었다. 정부 부패를 종식시키고, 쿠치마게이트로 훼손된 서방과의 관계를 개선하고 유럽 연합과의 통합과정을 시작하고자 하는 사람들은 잘생긴 47세의 전 총리 빅토르 유셴코에서 자신들의 지도자를 찾았다. 그는 동부 우크라이나의 정치, 경제 족벌과 아무 관련이 없었고, 농촌 지역인 북동부 출신이었다.

빅토르 유셴코는 경제 회복을 주도했다. 1999년 12월부터 2001년 5월까지 짧게 총리로 재직하는 동안 유셴코는 부총리인 율리야 티모셴코와 함께 올리가르히가 탈세하는 구멍을 막았다. 그는 중소기업에 대한 세율을 낮추고, 우크라이나 경제 상당 부분을 암시장에서 끌어내 세수를 늘렸다. 늘어난 세수로 임금과 연금 연체금을 지불할 수 있게 되었다. 유셴코가 경제를 이끌면서 우크라이나 국

전 총리 빅토르 유셴코(왼쪽)와 부총리 율리야 티모셴코
유셴코는 1999년 12월부터 2001년 5월까지 짧게 총리로
재직하는 동안 경제 회복을 주도했다. 부총리 티모셴코와 함께
올리가르히의 탈세를 막는 데도 힘썼다.

내총생산은 감소를 멈추고, 2000년에는 6퍼센트라는 견고한 성장
률을 기록했다. 이 해에 산업생산은 12퍼센트 증가했다. 이러한 경
향은 2000년대 거의 내내 지속되었다. 쿠치마게이트 와중에 총리
직에서 해임된 유셴코는 우리 우크라이나당으로 부상했고, 이 당은
2002년 총선에서 의석의 1/4을 차지했다.

　친개혁적 유권자들이 유셴코에 희망을 건 반면, 전 도네츠크 주지
사이며 쿠치마 정권 마지막 총리인 빅토르 야누코비치는 쿠치마 대
통령의 올리가르히 정권이 미는 후보자였다. 그는 2000년 옐친으로
부터 정권을 물려받은 러시아 대통령 블라디미르 푸틴의 선택이기
도 했다. 푸틴은 우크라이나에서 피후견인이 아니더라도 동지를 찾

고 있었다. 2004년 유셴코와 야누코비치는 독립 이후 가장 경쟁이 치열한 대통령 선거에서 자웅을 겨루게 되었다. 2004년 9월 초 선거운동의 선두를 달리고 있던 유셴코가 갑자기 쓰러지는 사건이 일어났다. 병명을 확실히 모르고 그의 생명이 위험에 처하자 그의 보좌진은 그를 빈의 병원으로 후송했고, 현지 의사들은 놀라운 진단 결과를 발표했다. 유셴코에게 독살 시도가 있었고, 여기에 사용된 독극물은 우크라이나에서는 생산되지 않고 러시아를 포함한 몇몇 나라에서만 제조되는 다이옥신이었다. 올바른 진단과 치료로 유셴코는 목숨을 구했다. 독극물 영향으로 얼굴이 망가지고 극심한 통증을 이기기 위해 강한 약을 복용해야 하는 유셴코는 선거운동으로 돌아왔고, 그의 지지도는 점점 높아졌다.

2004년 10월 말 우크라이나 유권자들은 24명의 대통령 후보자 중에 자신의 후보를 선택하기 위해 투표장으로 갔다. 여론조사에서 유셴코가 선두를 달리고 있었고, 야누코비치가 뒤를 바짝 쫓고 있었다. 1차 선거에서 두 후보 모두 40퍼센트 가까운 득표를 했다. 그런 다음 결선 투표에서 유셴코는 나머지 군소 후보들 표 대부분을 흡수했다. 11월 21일 치러진 결선 투표 출구조사 결과는 유셴코 53퍼센트, 야누코비치 44퍼센트 득표로 나왔다. 그러나 선거관리위원회의 최종 집계 발표는 많은 유권자들을 깜짝 놀라게 만들었다. 공식 집계 결과는 야누코비치 49.5퍼센트, 유셴코 46.9퍼센트 득표로 발표되었다. 공식 집계는 날조된 것이었다. 야누코비치 선거 진영 운동원 사이의 전화 감청은 이들이 키이우로 올라오는 인터넷 투표 집계를 중간에 가로채서 조작한 사실을 보여주었다.

유셴코 지지자들은 격노했다. 약 20만 명의 키이우 시민들이 선거 부정에 항의하기 위해 독립광장인 마이단으로 몰려들었다. 유셴코 선거운동의 공식 색깔에서 이름을 딴 오렌지 혁명이 시작된 것이다. 이후 여러 날 동안 우크라이나 전역에서 시위대가 모여들어서 시위 참가자 수는 50여만 명으로 불어났다. TV카메라가 마이단 시위 광경을 전 세계에 중계하면서 유럽 시청자들은 우크라이나를 직접 보게 되었고 지도상 먼 곳에 있는 나라가 아니라는 것을 처음으로 깨닫게 되었다. 이 광경들은 우크라이나 주민들이 자유와 정의를 원하고 있다는 것을 분명히 보여주었다. 유럽과 세계도 방관자로 남아 있을 수 없었다. 유권자들의 지원을 받은 유럽 정치인들이 우크라이나 위기에 직접 관여하며 그 해결에 중요한 역할을 했다. 가장 중요한 역할을 한 것은 폴란드 대통령 알렉산데르 크바시니예프스키였다. 그는 공식 선거 결과를 무효화하고 재선거를 실시하라는 대법원의 결정을 받아들이라고 쿠치마를 설득했다.

2004년 12월 26일 우크라이나 유권자들은 새 대통령을 뽑기 위해 두 달 사이에 세 번째로 투표장에 나갔다. 예상한 대로 유셴코가 52퍼센트를 득표해 44퍼센트를 얻은 야누코비치를 누르고 승리했다. 이것은 제2차 선거 출구조사에 가까운 결과였다. 오렌지 혁명으로 새 대통령이 탄생했다. 그러나 그는 혁명의 약속을 충족시킬 수 있을 것인가? 정실 자본주의를 척결하고 부패를 일소하며 나라를 유럽에 더 가깝게 가져갈 수 있을 것인가? 유셴코는 자신이 그 일을 할 수 있다고 믿었다. 우크라이나를 변화시키는 그의 길은 유럽 연합을 통과하게 되어 있었다.

유셴코는 외교정책을 정책의 우선순위로 삼았고, 한 보좌관에게

2004년 오렌지 혁명 이튿날 마이단 시위 광경
대통령 부정선거를 규탄하는 시민들은 유셴코의 야당을
상징하는 오렌지색 깃발을 흔들며 대규모 시위를 벌였다. 이 광경은
먼 나라로 여겼던 우크라이나를 유럽 사람들에게 각인시켰다.
우크라이나 주민들이 자유와 정의를 원하고 있다는 것을
분명히 보여주었다. 유럽과 세계도 방관자로
남아 있을 수 없었다.

유럽 연합에 가입하는 것이 모든 것을 걸 만한 가치가 있다고 말했다. 우크라이나 외교관들은 오렌지 혁명으로 서방에 각인된 우크라이나에 대한 긍정적 이미지를 최대한 이용해 유럽 연합 확장 기차에 올라타려고 최선을 다했다. 2004년 유럽 연합은 10개국을 새 회원국으로 받아들였고, 이 가운데 8개국은 과거 소련 위성국이거나 공화국이었다.* 그러나 우크라이나는 너무 늦어서 기차가 역을 떠난 상태였다. 유럽 의회는 2005년 1월 장래 회원 가입을 염두에 두고 우크라이나와 좀더 밀접한 관계를 맺는 결정을 내렸지만, 유럽 연합 확장에 대한 결정을 내리는 유럽 집행위원회(European Commission)는 너무 신중했다. 집행위원회는 유럽 연합 가입을 위한 협상을 시작하는 대신 좀더 밀접한 협력관계를 제안했다.

역사의 기관차가 오렌지 혁명 와중에 우크라이나를 이웃한 서쪽 국가들과 함께 유럽 연합에 태우지 않은 데에는 몇 가지 이유가 있었다. 이 가운데 일부는 우크라이나가 손쓸 수 없는 것도 있었다. 유럽 연합의 대주주인 독일과 다른 국가들은 이미 진행된 유럽 연합 확장의 경제적·정치적 결과에 대해 우려를 했다. 이 국가들은 우크라이나의 '유럽 국가' 지위에 대해서도 의문을 제기해 일을 더욱 어렵게 만들었다. 그러나 우크라이나가 민주주의 국가들의 유럽 클럽에 가담하지 못한 핵심 이유는 우크라이나 자체와 관련이 컸다. 오렌지 혁명 후 기간 동안 내부 투쟁이 끊이지를 않았다. 정부정책 중크게 성공을 거둔 것은 실패와 섞여 빛이 바래 버렸다.

---

* 2004년에 유럽 연합에 새로 가입한 나라는 폴란드, 체코, 슬로바키아, 헝가리, 슬로베니아, 에스토니아, 라트비아, 리투아니아, 몰타, 사이프러스다.

유셴코 정부는 정치 반대파에 대한 탄압을 중단하고 시민들과 언론에 대한 표현의 자유를 보장했다. 경제적으로 우크라이나는 예상을 뛰어넘는 성과를 보였다. 세계경제 침체의 영향을 받은 2000년부터 2008년 사이 우크라이나의 국내총생산은 두 배로 늘어나서 4,000억 달러에 달했고, 소련의 마지막 해인 1990년의 수준을 넘어섰다. 그러나 유셴코 정권은 우크라이나를 생활하고 사업을 하는 더 공정한 사회로 만드는 데는 실패했다. 유셴코 정권은 만연한 부패를 척결하는 데는 이렇다 할 만한 성과를 거두지 못했다. 설상가상으로 2004년 12월 유셴코 진영이 부정선거를 무효화하기 위해 동의한 헌법 개정안은 나라를 통치하는 것을 어렵게 만들었다. 야누코비치 지지자들이 제안하고 유셴코가 수용한 헌법 개정안에 따르면 대통령은 총리 지명권을 상실하고, 의회가 총리를 선출하게 되어 총리는 우크라이나 정치의 독립적 행위자가 될 수 있었다. 대통령과 총리 중 누구도 스스로의 힘으로 개혁을 수행할 충분한 권한을 갖지 못했다. 또한 유셴코는 과거 동지였던 율리야 티모셴코 총리의 협조를 확보하는 데도 큰 어려움을 겪었다.

2010년 초 유셴코 임기가 끝날 때 그의 통치에 대한 폭넓은 실망이 자리 잡았다. 티모셴코와의 경쟁으로 우크라이나 정치는 끝없는 연속극 드라마 같은 혼란이 이어졌고 개혁과 유럽 통합이라는 목표를 훼손시켰다. 1932~33년 대기근에 대한 기림을 강화하고, 우크라이나 조국 군대의 소련 정권에 대한 투쟁을 강조해 우크라이나의 민족 정체성을 강화하려는 유셴코의 시도는 폭넓은 선거 지지로 이어지지 않았다. 오히려 기억정치는 우크라이나 사회를 분열시켰다. 특히 논란이 된 것은 유셴코가 1930년대와 1940년대 우크라이나의 급진적 민족주의의 지도자인 스테판 반데라에게 사후 '우크라이나 영웅' 훈장을 수여한 것이었다. 반데라 문제는 동부와 남부뿐만 아니라 키이우와 르비우의 자유주의적 지식계층에서 강력한 부정적 반응을 불러일으켰고, 유럽의 우크라이나 친구들도 소외시켰다. 당시 유셴코는 우크라이나를 유럽에 통합시키겠다고 선언했지만, 그가 생각한 유럽은 21세기의 유럽이 아니라 20세기 전환기의 유럽이었다.

우크라이나뿐만 아니라 포스트-소비에트 지역 전체가 뒤처진 상태로 제국의 신민 정치체에서 독립국가로의 변신을 꾀하고 있었다. 이것은 중유럽 국가들이 이미 한 세기 전에 완성한 과제였다. 얼마 안 있어 우크라이나는 19세기에 발생한 많은 문제들을 연상시키는 위기에 빠져들게 되었다. 이 위기로 외국의 간섭과 전쟁, 병합, 세계를 영향권으로 나누는 사고방식을 가지게 되었다. 이것은 우크라이나가 독립국가로 계속 존재할 결의를 시험하고, 민족 정체성의 핵심 요소들에 도전을 제기했다.

제27장 자유의 대가

보흐단 솔차니크는 2014년 2월 20일 아침 이른 시간 기차를 타고 르비우에서 키이우에 도착했다. 28세의 역사학자이며 사회학자이자 아마추어 시인인 그는 르비우의 우크라이나 가톨릭 대학에서 강의를 하며, 바르샤바 대학 교수를 지도교수로 모시고 우크라이나의 선거제도에 대한 박사논문을 쓰고 있었다. 2월의 그 추운 날 키이우 기차역 플랫폼에 발을 디딘 솔차니크는 연구 출장을 온 것이 아니었다. 키이우에서는 선거가 아니라 혁명이 진행되고 있었다. 그는 2008년에도 이것을 꿈꾸며 "나의 혁명은 어디에 있는가?"라는 시를 썼고, 이 시에서 2004년 오렌지 혁명 중 약속했지만 결코 이루어지지 않은 것들에 대한 자신 세대의 실망을 표현했다.

이제 새 혁명이 우크라이나에 왔고, 2013년 11월 말 수십만 명의 사람들이 다시 한 번 키이우 중심부로 쏟아져 나왔다. 이들은 개혁, 집권층 부패 종식, 유럽 연합과의 좀더 가까운 관계수립을 요구하며 시위를 벌였다. 솔차니크 자신도 이 혁명 대열에 가담해야 한다고 생각했다. 2월 20일은 그에게 네 번째이자 마지막 혁명에 참가하게 되었다. 그가 키이우에 도착한 지 몇 시간 후 저격수가 솔차니크와 수십 명의 다른 시위자들에게 총격을 가해 사살했다. 사망 후 그는 '천국으로 간 100명의 의인'(Heavenly Hundred) 중 한 사람이 되었다. 2014년 1월과 2월 100명 이상의 시위대가 사망했다. 이 인명 살상으로 22년간 지속되어 온 우크라이나의 비폭력정치는 막을 내리고 역사의 극적인 새로운 페이지가 열렸다. 소련 말기에 평화적으로 얻은 민주주의와 1991년 12월 투표함에서 승리한 독립은 이제 말과 행진뿐만 아니라 무기를 들고 지켜야 했다.

마이단 광장 시위자들의 대량살상으로 이어진 사건들은 2004년 마이단 시위의 핵심 대상이었던 빅토르 야누코비치가 2010년 대통령 선거에서 승리하면서 시작되었다. 대통령이 된 야누코비치는 정치 게임의 규칙을 바꾸는 것으로 자신의 임기를 시작했다. 그가 원한 것은 강력한 권위주의 정권이었고, 그는 가능한 많은 권력을 자신과 가족 손에 넣으려고 시도했다. 그는 의회로 하여금 2004년 헌법 수정안을 취소하게 하고 더 많은 권력을 대통령에게 넘겨주도록 만들었다. 그런 다음 2011년 여름 자신의 핵심 정적인 전 총리 율리야 티모셴코를 우크라이나에게 불리한 가스 공급 협상안에 서명한 죄목으로 기소해 수감했다.* 자신의 손에 권력을 집중하고, 반대자들을 침묵시키거나 겁먹게 만든 후 야누코비치와 그의 측근들은 지배 클랜(clan)이 부를 축적할 수 있게 하는 데 주의를 집중했다. 짧은 기간 동안 야누코비치와 그의 가족 그리고 측근들은 엄청난 재

---

* 티모셴코는 2010년 대통령 선거 결선투표에서 3.5퍼센트 차이로 야누코비치에게 패배했다. 그녀에게는 7년형이 선고되었는데, 이런 징벌은 2015년 대통령 선거에 티모셴코가 출마할 수 없도록 만들기 위한 것이었다.

유로마이단 혁명 진압 장면
야누코비치 측근들은 또 하나의 오렌지 혁명을
미연에 방지하기 위해 가능한 신속히 시위를 진압하고자 했다.
11월 30일 진압 경찰은 마이단에서 천막을 치고 농성 중인
학생들을 무자비하게 진압했다.

산을 축적했고, 700억 달러에 달하는 금액을 외국으로 빼돌려 국가 경제와 재정 안정을 위태롭게 만들었으며, 그 바람에 우크라이나는 2013년 가을 지급 불이행(default) 위기에 빠졌다.

반대파가 제압되거나 회유된 상태에서 우크라이나 사회는 다시 한 번 유럽에 희망을 걸었다. 빅토르 유셴코 대통령 시기 우크라이나는 유럽 연합과 협력협정 체결을 위한 협상을 시작했다. 여기에는 자유경제 지역 창설과 우크라이나 국민의 비자면제도 포함되었다. 일단 협력협정이 체결되면 우크라이나의 민주제도를 구해내 강화하고, 반대파의 권리를 보호하며, 유럽의 비즈니스 기준이 우크라이나에 도입되어 국가의 최정상 피라미드부터 퍼져 있는 만성적 부패를 제어할 수 있을 것이라는 희망이 퍼졌다. 대통령과 측근 클랜의 권력이 커가는 것을 두려워한 일부 올리가르히들은 투명한 정치와 경제 규칙을 수립해서 자신들의 재산을 보호하고 싶은 생각에서 EU 협력협정을 지지했다. 거대 사업(big business)도 유럽 시장에 접근하고자 했고, 우크라이나가 러시아가 이끄는 유라시아 관세동맹에 가입하면 러시아의 경쟁자들에게 흡수될 가능성을 두려워했다.

2013년 11월 28일 빌니우스에서 열릴 예정인 EU 정상회담에서 협력협정 체결을 할 모든 준비가 끝났다. 그러다가 정상회담을 일주일 남겨놓고 우크라이나 정부는 갑자기 노선을 바꾸어 협력협정 체결을 연기한다고 발표했다. 야누코비치는 빌니우스 정상회담에 참석했지만 아무런 문서에도 서명하지 않았다. 유럽 지도자들이 이에 실망했다면, 우크라이나 시민들은 격노했다. 정부는 그때까지 반복적으로 국민에게 한 약속을 파기했고, 유럽의 일원으로서의 좀더 밝은 미래에 대한 희망을 산산조각 냈다. 이것이 정부가 협력협정 체결을 번복한다는 발표가 있은 후인 11월 21일 저녁 독립광장인 마이단*에 천막을 치고 농성에 들어간 우크라이나 시민들, 특히 젊은 이들이 느낀 감정이었다. 야누코비치 측근들은 또 하나의 오렌지 혁명을 미연에 방지하기 위해 가능한 신속히 시위를 진압하고자 했다. 11월 30일 진압 경찰은 마이단에서 천막을 치고 농성 중인 학생들을 무자비하게 진압했다. 이것은 우크라이나 사회가 용인할 수 없는 일이었다. 다음날 50만 명이 넘는 사람들이 키이우 시내로 쏟아져 나왔다. 이 가운데 일부는 경찰에게 폭행을 당한 학생들의 부모와 친척들이었다. 마이단 광장과 그 주변은 순식간에 부패한 정부와 경찰력으로부터 자유를 외치는 장소가 되었다.

유럽에 가입하는 것을 요구하면서 시작된 것은 '존엄혁명'(Revolution of Dignity)으로 바뀌었고, 여기에는 주류 정치계의 자유주의자부터 급진주의자와 민족주의자에 이르기까지 다양한 정치 세력이 참여했다. 다시 한 번 2004년처럼 시위자들은 거리를 떠나지 않으려 했다. 2014년 1월 중순 몇 주일 동안 평화시위가 벌어진 후 한편에는 경찰과 정부가 고용한 깡패, 다른 한편에는 시위대 간에 유혈충돌이 벌어졌다. 폭력사태는 2월 18일 절정에 달했다. 사흘 동안 최소한 77명이 사망했다. 이 가운데 9명은 경찰, 69명은 시위대였다. 이 인명 살상은 우크라이나와 국제 공동체에 거대한 변화를 일으켰다. 국제적 제제 위협에 직면한 우크라이나 의회는 대통령의 보복을 두려워하지 않고 정부에 의한 무력 사용 중지를 촉구하는

---

* 우크라이나 중심가인 흐레샤티크 거리 끝에 있는 광장으로 마이단은 아랍어로 '광장'이라는 뜻이다.

결의안을 통과시켰다. 의원들 상당수는 자신들도 제재에 영향을 받을 것을 우려했다. 2월 21일 의회도 반기를 들고, 진압 경찰이 시내에서 사라지자 야누코비치 대통령은 혁명이 진행 중인 키이우를 탈출했다. 마이단은 축제 분위기에 휩싸였다. 독재자는 사라지고, 혁명은 승리한 것이었다. 우크라이나 의회는 야누코비치를 탄핵하고, 임시 대통령을 임명해 반대파 지도자들이 이끄는 새로운 정부를 구성했다

키이우의 시위는 정치 관측가들을 놀라게 만들었다. 이것은 외교정책 의제로 촉발된 대중 동원이라는 흔치 않은 사례를 만들어냈다. 시위대는 유럽과의 좀더 밀접한 관계를 원했고, 러시아가 주도하는 관세동맹에 우크라이나가 가입하는 것을 반대했다.

우크라이나를 지배하려는 러시아의 의도는 마이단 시위의 중요한 요인이었다. 2000년부터 처음에는 대통령으로, 다음에는 총리로, 그리고 다시 대통령으로 러시아 정부를 이끌어 온 블라디미르 푸틴은 소련의 붕괴를 20세기에 가장 큰 지정학적 재앙이라고 말한 것으로 알려졌다. 2012년 대통령으로 복귀하기 전 푸틴은 포스트-소비에트 공간의 재통합이 자신의 가장 중요한 과제라고 선언했다. 1991년과 마찬가지로 이 공간은 우크라이나 없이는 완결될 수 없었다. 푸틴은 2004년과 2010년 자신이 지원한 야누코비치가 러시아가 주도하는 관세동맹에 가담하기를 원했다. 관세동맹은 장래에 포스트-소비에트 국가들의 좀더 포괄적 경제, 정치연합이 될 터였다. 야누코비치는 세바스토폴 해군기지 임차를 25년 더 연장하는 양보를 러시아에 했지만, 그는 러시아가 주도하는 연합에 가담하

기를 주저했다. 대신에 그는 점점 커지는 러시아의 영향력과 야망에 균형을 맞추기 위해 유럽 연합과의 협력협정으로 기울었고, 이 협정에 서명할 준비를 하고 있었다.*

러시아는 2013년 우크라이나와 무역전쟁을 시작하고, 우크라이나 일부 상품을 대상으로 자국 시장 문을 닫는 것으로 이에 반응했다. 모스크바는 우크라이나의 서방 지향을 막기 위해 당근과 채찍 모두를 사용했다. 당근으로는 외화가 부족하고 부패의 늪에 빠진 우크라이나 정부가 임박한 지불불능을 피하게 하기 위해 150억 달러의 차관을 제공한다고 약속했다. 이 자금의 첫 지급액이 야누코비치가 EU 협력협정 서명을 거부한 다음 제공되었다. 그러나 마이단에서 일어난 시위로 크렘린은 생각을 바꿨다. 나중에 우크라이나 보안 기관의 조사에 의하면 마이단에 총격을 함으로써 양측에서 수십 명을 살상하고, 궁극적으로 야누코비치를 하야하게 만든 저격수들은 러시아에서 온 것으로 드러났다. 2014년 2월 초 우크라이나의 내부 혼란을 이용해 크림 반도를 병합하고, 다음으로 동부와 남부 우크라이나 지역에 소요를 일으켜 러시아에 합병하자는 제안이 러시아 대통령 행정실에서 검토되었다. 후에 일어난 사건들을 보고 판단하건대 이 제안은 흐지부지 사라진 것이 아니었다. 푸틴 대통령에 의하면 그는 크림 반도를 러시아에 '복귀시키는' 결정을 정치 참모와 군사 지휘관들과 함께 2014년 2월 22일 밤 내렸다.

---

* 협력협정 체결이 실제로는 거의 불가능했던 이유로 꼽을 수 있는 것은 야누코비치가 수감된 율리야 티모셴코를 석방해야 하는 선결조건을 이행할 생각이 없었고, 2015년 대통령 선거에서 러시아가 야누코비치를 더 이상 지원하지 않을 수 있다는 것이다.

나흘 후인 2월 26일 밤 표식이 없는 군복을 입은 일군의 무장세력이 크림 자치공화국 의회를 점거했다. 이들의 보호 아래 러시아 정보기관 요원들이 총선에서 4퍼센트밖에 얻지 못한 친러시아당 지도자를 크림의 새로운 행정 수반으로 앉혔다. 러시아 병력은 작전 개시 최소한 일주일 전 러시아 연방에서 크림에 들어온 용병과 코자크 병사들, 현지에서 모집된 용병과 함께 우크라이나군 기지를 봉쇄했다. 우크라이나 중앙정부는 이전까지 야누코비치에게 충성하던 경찰과 보안기관 병력에 대한 통제권을 확립하느라 애를 쓰고 있었다. 크렘린은 크림의 운명에 대한 주민투표를 서둘러 준비하며 크림 반도를 완전히 병합하는 준비에 속도를 냈다. 크림의 새 정부는 우크라이나 TV방송을 차단하고 우크라이나 신문이 주민들에게 배부되는 것을 막으며 크림을 우크라이나에서 분리시키는 선전선동을 벌였다. 크림 타타르인을 포함해 주민투표에 반대하는 사람들은 위협을 당하거나 납치되었다.

2014년 3월 16일 크림 주민들은 주민투표에 불려 나갔다. 러시아가 조직한 주민투표 결과는 브레즈네프 시대 선거를 연상케 했다. 투표율 99퍼센트에 정부가 지명한 지방 의원 후보자에 표를 던진 비율도 99퍼센트로 나왔다. 주민의 97퍼센트가 크림이 러시아에 병합되는 것을 찬성한다고 발표되었다.* 세바스토폴에서는 관리들이

---

* 모스크바 인터넷 뉴스에 잠깐 올랐다가 삭제된 인권평의회 발표에 의하면 투표자 중 약 60퍼센트가 합병에 찬성했다고 한다. 크림 주민 구성 비율로 따져 볼 때 정부 공식 발표는 큰 모순이 보인다. 크림 인구 중 러시아계가 차지하는 비율은 58퍼센트이고, 나머지는 우크라이나인, 크림 타타르인 등인데, 투표율이 83퍼센트였다면, 찬성률이 97퍼센트가 나올 수 없고, 러시아계 주민이 주로 투표에 참여해 높은 찬성률을 보였다면, 투표율이 60퍼센트 이하로 나

친 러시아 등록 유권자의 123퍼센트가 합병에 찬성했다고 발표하는 일도 벌어졌다. 새 크림 당국은 전체 투표율을 83퍼센트로 발표했다. 그러나 러시아 대통령 부속 인권평의회(Human Rights Council)에 의하면 등록 유권자의 40퍼센트 미만이 주민투표에 참여한 것으로 집계되었다. 주민투표가 실시된 지 이틀 후인 3월 18일 블라디미르 푸틴은 러시아 의회에 소련의 해체로 러시아에 가해진 타격을 복원하는 역사적 정의의 실현을 위해 크림 합병을 승인하도록 요청했다.

키이우의 우크라이나 정부는 주민투표 결과를 인정하지 않았지만, 이에 대해 어떤 조치도 취하기 힘들었다. 우크라이나 정부는 '존엄혁명'의 정치적 혼란으로 분열된 자국이 전쟁에 말려드는 것을 막기 위해 우크라이나군을 크림 반도에서 철수시켰다. 수십 년 동안 예산 부족에 시달리고, 전쟁 경험이 없는 우크라이나 군대는 러시아 연방의 잘 훈련되고 뛰어난 장비를 보유한 군대의 상대가 될 수 없었다. 러시아 군대는 오랜 기간 체첸에서 전쟁을 수행했고, 2008년 조지아를 침공했다. 우크라이나 정부는 자국 다른 지역에서 소요를 일으키려는 러시아의 기도를 막기 위해 힘을 쏟았다. 크렘린은 우크라이나를 각 지역이 국제조약에 대해 거부권을 행사할 수 있는 '연방화'(federalization)를 요구했다. 러시아는 크림 반도만을 눈독 들인 것이 아니었다. 러시아는 우크라이나 동부와 남부 지역 엘리트와 주민들을 조종해 우크라이나가 유럽으로 접근하는 것을 막으려고 노

왔어야 했다. 실제로 비러시아계 주민 상당수는 투표를 보이콧했고, 반대표를 던질 것이 분명한 지역 주민들은 투표장에 나갈 수 없었다.

력했다.

만일 우크라이나가 러시아의 '연방화' 시나리오를 거부하면, 러시아는 다른 선택지가 있었다. 그것은 우크라이나 동남부를 새로운 완충 지역으로 만들면서 우크라이나를 분할하는 것이었다. 러시아가 통제하는 새 러시아(New Russia)라고 불리는 정치체는 하르키우, 루한스크, 도네츠크, 드니프로페트롭스크, 자포리자, 미콜라이우, 헤르손, 오데사 지방을 포함해 러시아가 새로 점령한 크림 반도와 러시아가 통제하는 몰도바의 트란스니스트리아까지 육로로 연결하는 것이었다.* 그러나 이것은 실현 가능해 보이지 않았다. 2014년 4월 수행된 여론조사에 의하면 해당 지역 주민의 15퍼센트만 러시아의 합병을 원하고, 70퍼센트가 이에 반대하는 것으로 나타났다. 그러나 남동부 지역도 단일하지는 않았다. 친러시아 성향은 우크라이나 동부의 돈바스에서는 강했다. 이 지역에서는 조사 대상 30퍼센트가 러시아와 합병에 찬성했고, 드니프로페트롭스크는 찬성 비율이 가장 낮아서 인구의 7퍼센트만 합병에 찬성했다.

러시아 정보 당국은 2014년 봄 돈바스 지역을 시작으로 우크라이나의 소요를 조장했다. 돈바스는 우크라이나에서 경제적으로 사회적으로 가장 문제가 많은 지역이었다. 소련 시대 그리고 그 후 우크라이나의 철강산업(rust belt) 중심지인 돈바스는 쇠퇴하는 석탄 채굴산업을 지탱하기 위해 중앙으로부터 가장 큰 재정 지원을 받아왔었다. 이 지역의 중심지인 도네츠크는 우크라이나 주요 도시 중 유

---

* 이것은 2022년 4월 키이우 점령이 불가능하다고 판단한 러시아가 새로 추진하는 전쟁 전략을 정확히 예측한 것이다.

일하게 러시아계 주민이 다수를 차지하는 곳으로, 인구의 48퍼센트가 러시아계였다. 돈바스는 소련 시대의 이념과 상징에 여전히 집착하고 있었다. 레닌 동상들이 이 지역의 소비에트 정체성을 상징하고 있었다. (우크라이나 중앙 지역에서는 존엄혁명 기간 중 대부분의 레닌 동상이 철거되었다.) 야누코비치 정부는 동부 우크라이나 유권자들의 지지를 동원해 정권을 잡고 이를 유지했다. 야누코비치 정권은 중앙 지역과 특히 서부 지역과 구별되는 이 지역의 언어적·문화적·역사적 차이를 강조했다. 또한 이 지역에서 주로 사용되는 러시아어가 키이우로부터 위협을 받고 있고, 대조국전쟁에 대한 역사적 기억도 서부 우크라이나의 우크라이나 조국군대(Ukrainian Insurgent Army)에 의해 위협받고 있다고 주장했다. 언어적 분리와 상반된 역사적 기억이 우크라이나의 동부와 서부 사이에 균열의 쐐기를 박은 것은 사실이지만, 정치인들은 선거에서 이기기 위해 이것을 실제적 중요성보다 훨씬 더 과장했다. 이러한 정치적 기회주의는 러시아가 우크라이나에 간섭할 수 있는 좋은 토양을 만들어주었다.

러시아 정부가 훈련시키고 재정지원을 한 준(準)군사집단(paramilitary units) 그리고 크렘린과 가까운 올리가르히들이 2014년 4월 돈바스에 나타났다. 5월이 되자 이들은 이 지역의 도시 중심 지역 대부분을 장악했다. 쫓겨난 야누코비치 대통령은 남아 있는 자신의 정치적 연줄과 상당한 재원을 자신의 고향 지역에 소요를 일으키는 데 사용했다.* 망명한 대통령으로부터 급여를 받는 갱단이 키이

---

* 돈바스에서 소요가 성공적으로 진행되고 중앙정부의 행정력이 미치지 못하게 되면 야누코비치가 도네츠크로 돌아와 자신이 합법적인 대통령임을 선언하며, 키이우의 새 정부의 정통성을 부인하고 우크라이나를 동서로 나누는

우 새 정부를 지지하는 시민들을 공격했고, 부패한 경찰은 이들에게 잠재적인 희생자의 이름과 주소를 넘겨주어 이들을 도왔다. 야누코비치의 사업 파트너이자 우크라이나 최고 갑부 올리가르히인 리나트 아흐메토프가 이끄는 지역 엘리트들은 이에 맞추어 행동했다. 이들은 스스로 독립을 선언한 도네츠크 인민공화국과 루한스크 인민공화국 깃발 아래 돈바스를 일종의 속령(appanage principality)으로 만들어서 키이우에서부터 오는 혁명적 변화로부터 자신들을 보호하려고 했다. 이 두 공화국은 돈바스 산업 지역을 구성하는 두 주(州)의 일부 영역을 차지했다. 그러나 이들은 오판을 해 5월 말이 되자 반올리가르히 혁명을 시작한 러시아 민족주의자들과 지역 활동가들에게 지역 통제권을 빼앗겼다. 키이우에서와 마찬가지로 돈바스 주민들도 부패에 염증을 냈지만, 이들 중 상당수는 유럽이 아니라 러시아에 기울어서 부패가 없는 시장경제가 아니라 소련 시대의 국가 통제경제와 사회보장을 희망했다. 마이단의 시위자들이 우크라이나를 유럽 문명의 일부로 본 데 반해, 친러시아 반군들은 자신들을 폭넓은 '러시아 세계'의 일부로 여겼고, 이들이 벌이는 전쟁은 부패한 유럽 서방의 전진에 대항해서 정교회 가치를 지키는 것이라고 생각했다.

크림 반도를 상실하고 돈바스에서 소요사태가 발생해 러시아가 하르키우와 오데사의 안정을 흔들려는 상황은 우크라이나 시민사

계획을 했던 것으로 보이나, 도네츠크에서도 야누코비치의 인기와 지지가 낮아 이 시나리오는 실행되지 않았다.

회의 새로운 동원을 이끌어냈다. 마이단 시위에 참여했던 많은 시민을 포함해서 수만 명의 우크라이나인들은 군대에 자원하고 자발적 부대를 조직해서 러시아가 이끄는 반군과 전투를 하기 위해 동부 전선으로 갔다. 정부는 자원병들에게 무기만 공급할 수 있었기 때문에 우크라이나 전역에서 자발적 조직들이 수도 없이 생겨나서, 기부금을 거두고 보급품을 구입하고 이것을 전선으로 운송했다. 우크라이나 사회는 우크라이나 국가가 수행할 수 없는 과제를 떠맡아 수행했다. 키이우 국제사회연구소가 조사한 바에 따르면 2014년 1월과 3월 사이에 우크라이나의 독립을 지지하는 성인 인구의 비율은 84퍼센트에서 90퍼센트로 높아졌다. 2014년 1월 10퍼센트였던 우크라이나가 러시아와 합쳐지기를 원하는 비율은 9월 조사에서 5퍼센트로 줄어들었다. 돈바스 지역의 조사 대상자 대부분도 자신들의 지역을 우크라이나 국가의 일부로 여겼다. 2014년 3월부터 9월 사이 독립이나 러시아와 합병을 원하는 '분리주의자들'은 30퍼센트에서 40퍼센트 이상으로 높아졌으나 과반수를 넘은 적은 없었다. 이것은 친 유럽적 우크라이나인들에게 이 지역을 계속 보유할 수 있다는 희망을 주었지만, 앞으로 공통의 민족 정체성을 형성하는 데는 문제가 있다는 것을 보여주었다.

정치적 단합을 보여주는 행사가 된 2014년 5월 치러진 대통령 선거에서 우크라이나 유권자들은 우크라이나에서 가장 눈에 띄는 사업가로서 마이단 시위에 적극 참여한 49세의 페트로 포로셴코에게 1차 선거에 승리를 안겨주었다. 야누코비치 축출도 야기된 정통성 위기를 종식시키고 우크라이나는 공개적 침략과 은밀한 침략 모두에 대항을 준비를 갖추었다. 7월 초 우크라이나 정규군은 중요한 첫 승리를 거두어 슬로뱐스크시를 해방했다. 이 도시에는 잘 알려진 러시아인 사령관이며 전 러시아군 정보국 중령 이고르 기르킨(스트렐코프)의 사령부가 있다. 러시아는 친러 반군에게 지대공 미사일을 비롯한 새로운 무기를 공급했다. 우크라이나와 미국 관리들에 의하면 이 미사일 중 하나가 2014년 7월 17일 298명이 탑승한 말레이시아 항공의 보잉 777 여객기를 격추했다. 이 사고의 희생자에는 말레이시아, 네덜란드, 오스트렐리아, 인도네시아, 영국과 다른 많은 나라 시민들이 포함되어 있어서 우크라이나 분쟁을 세계적 성격의 사건으로 만들었다.

말레이시아 여객기 비극은 서방 지도자들이 우크라이나 지원에 나서게 만들었다. 이들은 침략에 직접 책임이 있는 러시아 정부 관리와 사업가들을 대상으로 경제 제재조치를 시행했다. 그러나 이것은 너무 작고, 너무 늦은 것으로 드러났다. 8월 중순이 되자 러시아가 지원하는 분리주의 지역인 도네츠크 인민공화국과 루한스크 인민공화국은 패배의 위기에 직면했다. 모스크바는 공세를 강화하고 러시아 정규군을 용병과 함께 전투에 투입했다. 1,000명 이상의 우크라이나 군인과 지원병 대대 병사들이 일로바이스크에서 진격해 오는 러시아군에 포위되었다. 우크라이나군이 러시아 지휘관들과 일로바이스크시에서 퇴각에 대해 합의하고 철수하는 순간, 러시아 장교들은 새로운 요구를 제기하고 철수하는 군대에 포격을 퍼부어서 우크라이나군에 막대한 희생을 입혔다. 2014년 9월 초 우크라이나군의 돈바스 공세가 중단되자 새로 선출된 페트로 포로셴코 우크라이나 대통령은 적대행위의 중단을 위해 벨라루스 수도에서 블라디미르 푸틴 러시아 대통령을 만났다. 이 회담에는 독일의 앙겔라

메르켈 총리와 프랑스의 프랑시스 올랑드 대통령도 참석했다. 9월 5일 교전 당사국은 민스크 의정서에 서명해 휴전에 대한 복잡한 합의를 이루었지만 다른 문제를 해결하지 못했다.

2015년 1월 양측은 다시 전쟁에 돌입했다. 러시아군은 전해의 성공을 재현하려고 시도하며 데발체베 인근의 철도 분기점을 포위했다. 우크라이나군은 이번 공세에는 준비가 되어 있었다. 이 전투는 2월까지 이어졌고, 독일과 프랑스가 다시 개입했다. 2월 14일 독일과 러시아, 프랑스, 우크라이나 지도자들은 민스크 II라고 알려진 새로운 의정서에 서명했다. 이 의정서의 핵심 합의 중 하나는 휴전이었지만, 의정서 서명 이후에 교전은 계속되었다. 데발체베 전투는 우크라이나군이 철수한 2월 20일까지 격렬하게 계속되었다. 의정서의 다른 합의사항도 준수하기가 쉽지 않았다. 여기에는 분리 지역에서 선거를 실시한다는 우크라이나 측의 약속과 우크라이나-러시아 국경 지역을 우크라이나 군대에 넘겨준다는 러시아의 약속도 들어 있었다. 그러나 어느 것이 먼저 이행되어야 하는지가 이후 몇 년 동안 논쟁의 핵심이 되었다.

크렘린은 자체 독립을 선언한 두 공화국을 구했지만 새 러시아를 만든다는 원래 계획을 실현하지 못했다. 동쪽의 도네츠크에서 서쪽의 오데사까지 이어지는 새 러시아는 러시아에서부터 크림 반도에 이어지는 육로를 제공할 수 있었다. 러시아는 우크라이나가 서방과 정치, 경제 협력을 강화하는 것도 막지 못했다. 우크라이나는 어떠한 영토 상실도 받아들이지 않고, 서방과의 정치적·경제적·문화적 통합 목표를 포기하지 않으며, 러시아는 우크라이나가 자신의 영향권을 벗어나는 것을 거부하고 있다. 국제질서에 대한 위협을 우려하는 서방이 러시아의 야망을 견제할 최선의 전략에 대해 분열되어 있는 상황에서 우크라이나 동부의 전쟁은 끝이 보이지 않는 장기적인 분쟁이 되어 버렸다.

제28장 새로운 여명

　우크라이나 국가의 "우크라이나는 아직 사라지지 않았다"는 가사는 예언적이라는 것이 드러났고, 러시아와 그 대리세력과의 군사적 충돌 와중에서 비관적이기보다는 낙관적 의미를 담고 있다. 2014년 5월부터 2015년 1월까지 압도적으로 우세한 러시아가 지원하는 세력에 맞서 영웅적으로 도네츠크 공항을 방어한 우크라이나군은 국가에 새로운 신화를 제공해 주었다. 방어자들은 '사이보그'(cyborgs)라고 널리 알려졌고, 생명이 연장되었다.

　우크라이나가 러시아 연방과의 싸움에서 스스로를 방어하고 독립을 지킬 수 있는 능력을 보여준 것은 우크라이나를 새로운 길(trajectory)에 들어서게 했다. 돈바스 전선의 안정화는 아르세니 야체뉴크 내각과 볼로디미르 그로이스만 내각이 마이단 시위에 참가한 사람들의 기대와 요구가 정의한 야심 찬 의제를 던지는 것을 가능하게 해주었다. 우크라이나는 새 정부가 국가 피라미드 정상에서 전제적 경향이 강화되는 것을 종식시키고, 유럽 연합과 협력협정을 체결해 서방의 정치, 경제구조에 통합되는 것을 앞당기는데, 가장 중요한 것이 우크라이나 중앙정부를 훨씬 넘어 전이된 부패를 척결하기를 원했다.

　2013년 가을 서명을 갑자기 포기해 시위를 촉발시켰던 유럽 연합과의 협력협정은 시위가 끝나고 러시아가 크림 반도를 병합한 직후인 2014년 3월 우크라이나 관리들이 서명했다. EU는 우크라이나에 재정과 물류 지원을 제공하기로 동의했지만, 이보다 훨씬 중요한 협정 체결의 결과는 자유무역지대 창설이었고, 우크라이나가 정치적으로뿐만 아니라 경제적으로도 서방으로 재방향 설정을 하도록 도와준 것이다. 2013년부터 2018년까지 러시아로의 수출이 전체 수출에서 차치하는 비중은 26퍼센트에서 12퍼센트로 떨어진 대신 유럽 연합으로의 수출은 28퍼센트에서 40퍼센트로 늘었다. 1917년 유럽 연합 국가로의 무비자 여행 허가는 2013년 시위가 친유럽 열망이라는 관점에서 상징적으로 중요한 조치였다. 이후 3년 동안 우크라이나인들은 4,900만 번이나 유럽 연합 지역으로 여행했다.

　전제정치에 대한 반란과 아직 미해결로 남은 지역주의, 전쟁으로 극명화된 간헐적인 분리주의는 그동안 필요했던 탈중앙화와 지방정부의 개혁을 이끌었다. 2019년 중반까지 인구의 29퍼센트 이상이 의사결정권과 재정에 대한 권한을 중앙에서 각 지도와 지방에 재분배한 지방 분권제도가 실시되었다. 이 새로운 권력과 책임은 우크라이나어 흐로마다(hromada)라고 알려진 새로 형성된 공동체에 할당되었다. 흐로마다의 구성은 자발적 기초로 진행되었고, 중앙정부에 대한 지방정부의 의존도를 크게 낮추었다. 이제부터 지방 공동체는 자신들이 어렵게 모든 지방세를 사용할 권한을 갖게 되었다. 유럽 연합에서는 규범이 된 이러한 조정이 우크라이나에서도 규범이 되었다.

유럽 연합으로의 목표 설정은 사기를 높였고, 러시아의 군사적 침략과 혼합 전쟁 전술에 대한 저항은 국가적 단합의 근원으로서 민족문화의 중요성에 대한 평가를 강화했다. 2017년 외무부는 해외에서 우크라이나의 문화와 이미지를 증진시키는 우크라이나 협회(Ukrainian Institute) 창설을 주도했다. 우크라이나 문화재단과 도서협회의 창설로 문화와 출판 증진을 위한 첫 정부 투자가 이루어졌다. 이것은 금액은 크지 않았지만, 지난 10년 동안 첫 재정 투자였다. 이것과 다른 조치에 힘입어 우크라이나 영화산업은 다시 살아났고, 당시까지 주로 러시아 책으로 채워졌던 우크라이나 서점의 서가는 우크라이나 출판사들이 발행한 책들로 채워지기 시작했다.

2013년 마이단 시위 때 시작되어 2014년에 계속된 '레닌 붕괴'(Leninfall)로 알려진 블라디미르 레닌 동상 철거는 공산주의 과거와의 상징적 단절을 표시했다. 마이단 시위 주도자의 한 사람인 볼로디미르 뱌트로비치가 이끄는 민족기억연구소(Institute of National Memory) 같은 정부기관들은 의회의 이른바 탈공산화 입법을 유도했다. 이 법률로 우크라이나 전역에서 레닌과 다른 공산주의 지도자에 대한 기념물 제거가 의무화되었다. 그 결과 1900년 이전 우크라이나에 세워졌던 5,500개의 레닌 기념물 중 1,300개가 철거되었다. 거리, 마음, 도시, 지역 전체가 공산주의 시대의 이름을 털어버렸고, 지방 공동체는 새로운 이름을 선택할 자유를 갖게 되었다. 우크라이나 공산당 지도자였던 흐리호리 페트롭스키에서 이름을 딴 드니프로페트롭스크는 드니프로가 되었고, 우크라이나와 아무 관련이 없는 소련 지도자 세르게이 키로프의 이름을 딴 키로보흐라드는 이 지역 출신 19세기 극작가이자 연극배우인 마르코 크로피브니츠키의 이름을 따서 크로피브니츠키가 되었다. 우크라이나 지도는 말 그대로 하룻밤 사이에 바뀌었다.

우크라이나 종교계에도 역사적 변화가 일어났다. 포로셴코 대통령은 2018년 12월 두 독립적인 우크라이나 정교회를 하나로 통합하고, 새 교회가 콘스탄티노플 총대주교의 인정을 받는 데 핵심 역할을 했다. 이것은 우크라이나 정교회 교구 상당수를 장악하고 있고, 교구들이 새 정교회에 가입하는 것을 금한 모스크바 총대주교청의 항의 속에 진행되었다. 17세기 이후 처음으로 동방 정교회의 대표적 총대주교청이 모스크바 관할을 받지 않는 정교회를 인정한 첫 사례였다. 이것은 1921년 시작된 자치(autocephalous) 우크라이나 정교회 구성을 달성하기 시작된 긴 과정과 소련 붕괴 전후 정교회의 독립적 지파를 재건하려고 시도한 과정이 완성되었다.

이 모든 변화가 논란 없이 진행된 것은 아니었다. 탈공산화 법률은 국내외에서 역사를 재구성하고 민족주의적 담론을 강화하기 위한 시도라는 비판을 받았다. 새 교회를 만드는 데 정부가 한 역할에 대해서도 의문이 제기되었고, 우크라이나에서 러시아어와 문화의 장래에 대한 우려도 나타났다. 이러한 비판은 단지 구체제와 정책 옹호자뿐 아니라 마이단 시위를 지지했던 우크라이나 자유주의 진영에서도 나왔다. 이들은 우크라이나에서 민족주의가 강화될 잠재적 위험성에 대해 우려했다. 전쟁과 새로운 정치 노선이 우크라이나의 민족 정체성을 강화하고 우크라이나어와 문화를 고양시켰음에도 불구하고 이것은 민족주의가 눈에 띄게 부상하는 결과를 가져오지는 않았다. 민족주의 정당은 2014년과 2019년 총선에서 우크라이나 의회 등록 기준선인 5퍼센트 득표를 하지 못해서 의회에 진출하지 못했다. 이것은 우크라이나 동쪽과 서쪽 이웃국가들과 비교하면 극적인 대조를 이루었다. 애국주의 또는 민권민족주의(civic nationalism)가 전쟁에 휩싸인 우크라이나의 주된 이념으로 남았다.

돈바스에서 진행되는 전쟁은 우크라이나 엘리트들에게 우크라이나가 독립국가로 계속 존재하는 것이 부다페스트 양해각서 같은 국제적 합의보다는 더 이상의 공격을 막아낼 수 있는 자국 군사력에 달려 있다는 것을 분명히 깨닫게 해주었다.

우크라이나는 훈련이 잘 되고, 전투 준비를 갖춘 군대가 필요했고, 이것은 징집제에서 모병제로의 전환을 요했다. 2014년 큰 공을 세운 의용군 부대를 해산해 정규군이 내무부 휘하 부대로 재편성한 것은 또 다른 시급한 과제였다. 이 두 가지는 2016년까지 완결되었다. 그해에 징병제는 철폐되고, 6만 3,500명의 병사와 장교가 복무 계약에 서명하고 우크라이나 군대에 가담했다. 군 병력 수는 남녀 병사를 합쳐 14만 명에서 25만 명으로 늘어났다. 의용군 부대는 일부 지휘관들과 사업적·정치적 후원자들의 저항에도 불구하고 규율을 갖춘 전투 부대로 재편성되었다.

두 배로 늘어난 국방예산에도 불구하고 우크라이나 단독으로 이런 재편성 과정을 완수할 수는 없었다. 군사개혁은 미국과 몇몇 나토 회원국들의 지원을 받았다. 돈바스 전쟁 발발 이후 4년 동안 미국은 160억 달러의 안보자금을 지원했다. 미국과 캐나다 장교들은 우크라이나 장교들의 훈련을 도왔고, 육상과 해상 공동 군사훈련이 진행되었다. 목표는 우크라이나군이 자국 영토를 방어하는 것이지 점령된 영토를 탈환하거나 외국을 대상으로 공격하는 것이 아니었다. 이러한 목표는 오랜 논쟁 끝에 미국이 우크라이나에 지원한 무기 목록을 보아도 알 수 있다. 이러한 무기 중에는 개별 병사가 운송할 수 있는 대전차 미사일인 재블린 미사일이 포함되었다. 우크라이나군은 2014년과 2015년 이러한 무기 없이 싸웠었다.

국제 지원을 떠나서 우크라이나군을 종종 백지상태에서 재건하는 것은 우크라이나의 경제 부흥 없이는 불가능했다. 러시아의 크림 합병과 도네츠 분지의 주요 산업지대를 도네츠크, 루한스크의 괴뢰 '인민공화국들'에게 상실한 것은 우크라이나 국가, 사회, 경제에 큰 타격이었다. 크림 합병으로 우크라이나 영토의 3퍼센트와 인구의 5퍼센트를 잃었다. 돈바스 지역 상실은 영토의 7퍼센트와 상당한 인구 상실(집계하기 어려움)을 가져왔다. 우크라이나 내부에서 재이주한 주민 수는 170만 명에 달했다. 전쟁과 영토, 주민, 산업체의 상실은 우크라이나 나머지 지역 경제에 심각한 타격을 입혔다.

2014년 우크라이나의 국내총생산(GDP)은 전년도 대비 6.6퍼센트 줄어들었고, 2015년에는 거의 10퍼센트 감소했다. 자국에서 제대로 된 일자리를 찾을 수 없는 200만 명 가까운 우크라이나인들이 해외로 일하러 나갔고, 그것이 대부분 EU 국가였다. 설상가상으로 우크라이나는 영토의 일부를 빼앗아간 러시아에 대한 경제 의존도가 상당히 높았다. 우크라이나 수출의 총 26퍼센트가 러시아 시장으로 갔고, 러시아로부터의 수입은 전체 수입액의 29퍼센트에 육박했다. 우크라이나 자체 공급이 수요의 절반을 조금 넘게 감당하는 천연가스가 러시아로부터의 수입이 큰 비중을 차지했다.

전쟁으로 인한 정치, 사회, 경제 충격은 우크라이나가 만성적으로 제대로 작동하지 않는 경제, 특히 부패와 전횡에 악명 높게 취약한 재정 부문을 개혁하고 재구조화하는 방법을 찾아야 할 필요성을 대두시켰다. 동원된 시민사회의 지원을 받은 우크라이나 지도부는 유럽 연합 지도자들과 다른 선진국 지도자들에게 우크라이나에 상당한 재정 지원을 해주어야 한다는 확신을 심어주는 데 성공했다. 전쟁 발생 후 몇 년 동안 EU 단독으로만 10억 유로의 원조를 포함해 140억 유로의 재정을 우크라이나 경제에 지원했다. 미국은 22억 달러, 캐나다는 7억 8,500만 달러의 신용을 제공했고, 일본도 15억 달러의 차관을 제공했다. 서방 신용공여국들과 우크라이나 시민사회는 경제 부문을 뛰어넘는 개혁을 원했고, 우크라이나의 경제를 정체시킨 부패를 척결하는 데 나섰다. 서방 지원에 의존한 우크라이나 정부는 이런 요구에 부응하고 나섰다.

첫 과제는 우크라이나 은행제도의 문제점을 척결하는 것이었다. 한 관측가는 우크라이나 은행을 소유주의 자동현금출납기(ATM)라고 평하기도 했다. 예금 예치자와 투자가가 맡긴 돈은 은행 소유주가 자신 회사로 넘어간 다음 회사 문을 닫아서 정부가 나서서 예금자의 손실을 보상해야 했다. 이러한 재정제도는 작동을 하지 않았고, 예산 적자는 만성적인 일이 되었다. 은행개혁은 국립은행장인 발레리아 혼타리에바와 그녀가 이끄는 일원이 앞장서서 우크라이나 은행 역사에 ATM/자금세탁기 시대를 마감했다. 은행 소유주는 자신의 자본 출처를 밝히고 은행 자본을 마련해야 했다. 많은 은행 소유주들이 돈을 상환하는 것을 거부해서 정부는 이 은행들을 문 닫을 수밖에 없었다. 185개 은행 중 85개만이 은행개혁에서 살아남았다.

2016년 우크라이나 정부는 최대 상업은행인 프리바트 은행을 국유화했다. 이 은행은 2014년 러시아가 우크라이나의 동부와 남부 지역을 장악하지 못하도록 큰 역할을 한 올리가르히인 이고르 콜로모이스키가 공동 소유주였다. 프리바트 은행의 손실은 55억 달러에 달했다. 콜로모이스키는 해외 망명지인 스위스에서 자신의 언론제국, 정치적 영향력, 심지어 그가 전쟁 초기에 자금을 대서 만든 민병대 조직까지 동원해 필사적으로 정부에 대항했다. 절대적으로 필요한 재정 부문의 구조조정과 재융자는 우크라이나 GDP에 12퍼센트의 손실을 가져왔지만 결국 예정대로 진행되었다. 이 조치가 없었더라면 우크라이나의 거시경제적 안정과 회복 그리고 추가적 경제발전은 불가능했을 것이다.

다음으로 우크라이나 에너지 부문 개혁이 진행되었다. 에너지 부문은 1990년대 우크라이나 올리가르히들의 주요 축재 수단이었고, 2014년 이전 우크라이나 경제에서 가장 부패한 부문이었다. 기업과 가정 소비용 천연가스(절반은 러시아에서 수입)의 가격 차별제는 끝없는 부패의 기회를 만들어주었다. 일부 추산에 의하면 매년 30억 달러를 국가 소유인 석유, 가스 기업인 나프토가스(Naftogas)가 횡령했다. 2014년 이 회사의 적자는 우크라이나 전체 GDP의 5.5퍼센트에 달할 정도로 컸다. 에너지 부문은 러시아에서 직접 수입을 중단하고 동유럽 국가들로부터 역수입하는 방식으로 전환해 개혁을 했다. 가스 소비자 가격을 인상하는 과제도 큰 문제였다. 당시 가정은 평균적으로 실제 가스 가격의 12퍼센트에 해당되는 가격을 지불하고 있었다. 가스 가격 인상은 정치적으로 불가능한 일처럼 보였지만, 결국 포로셴코 정권의 임기 마지막 1년 전해 집권기인 2018년 이를 이행했다.

전쟁으로 인한 산업 재배치와 같이 진행된 개혁은 우크라이나 경제의 소유구조를 크게 바꾸어놓았다. 부의 규모로 측정한 올리가르히들의 힘은 크게 축소되었다. 2013년부터 2018년까지 가장 부유한 올리가르히 100명의 재산은 GDP의 52퍼센트에서 20퍼센트로 떨어졌다. 가장 부유한 10명의 재산 비율도 29퍼센트에서 10퍼센트로 낮아졌다. 부의 재분배에 부분적으로 관계 있는 요인인 우크라이나의 경제구조도 역시 변화되었다. 렌트 추구(rent-seeking) 경제의 한 부분이었고 구 올리가르히 클랜과 관계가 깊었던 광업 부문의 비중은 줄어둔 대신 경제의 이익 추구(profit-seeking) 부문에 속하고 전통적 올리가르히 집단과 관련이 없었던 기술과 통신산업 부문 비중이 크게 늘어났다.

몇 가지 개혁은 특별히 부패 청산을 목표로 했다. 인터넷을 통한 정부 관리의 의무적인 재산 신고(e-declaration of income), 특별 반부패 조사기관의 설립, 오랜 지연 끝에 결국 설치된 반부패 법원은 우크라이나 시민 사회와 서방 지원 국가들의 공동 노력의 결과였다. 반부패 개혁 중 가장 효과가 큰 프로조로(ProZorro, 우크라이나어로 '투명')는 전 세계에서 가장 투명한 정부 조달체제의 도입을 가져와 이 분야의 부패 기회를 극적으로 감소시켰다. 그러나 시간이 지나면서 포로셴코 집권 첫 해에 활발하게 추진된 반부패개혁은 많은 문제에 부닥쳤다. 정부 피라미드 최상층에서 개혁을 막은 사법제도는 거의 바뀌지 않은 상태로 남았다.

2019년 봄 국민들이 다음 대통령 선거에 투표할 시점에 정치적 의제 중 가장 중요한 문제는 우크라이나가 유럽 연합으로 통하는 길을 계속 가면서 러시아로부터 국가를 방어하며 국내적 개혁을 계속 수행할 수 있는 능력이 있는가였다.

2014년 사실상의 붕괴상태에서 국가를 안정화시키고, 이후 개혁을 시작한 현직 대통령인 페트로 포로셴코는 큰 문제에 당면했다. 돈바스 전쟁을 국가의 자원을 계속 소진시키고, 우크라이나 병사와 시민들의 생명을 계속 희생시켰다. 재정과 경제개혁이 상황을 개선시키기는 했지만 일반 국민에게는 큰 고통을 안겨주었다. 주민들은 가스, 전기, 다른 공공요금의 큰 인상에 당황했다. 인구의 거의 1/4이 최소생활비 이하의 수입으로 살고, 550만 명의 주민들이 정부 보조금을 받고 살고 있었다. 대통령 재선운동 기간 동안 부패 스캔들에 휩싸인 포로셴코 대통령과 측근들은 유권자들에게 자신의 정부개혁이 경제 주요 부문의 부패를 척결했다는 확신을 심어주지 못했다.

2019년 5월 우크라이나 국민은 41세의 볼로디미르 젤렌스키를 대통령으로 선출했다. 그는 법학 석사학위를 가지고 있는 코메디언이자 사업가였다. 계속되는 전쟁과 경제적 어려움에 지친 국민에게 젤렌스키는 전쟁과 가난, 부패의 종식을 약속했다. 포퓰리즘 물결에 영향을 받은 많은 나라의 유권자들과 마찬가지로 우크라이나 투표자들은 자신들의 불만을 적극 표현하고 정치 국외자를 선택했다. 대통령 선거에서 승리한 볼로디미르 젤렌스키는 여러 가지 면에서 새로운 역사를 만들었다. 41세인 그는 우크라이나 역사상 가장 젊은 대통령이 되었다. 또한 우크라이나 최초의 유대인 대통령이었다. 2019년 여름 우크라이나는 짧은 기간 동안 유대인 대통령과 유대인 총리를 갖게 되었다. 이것은 유대인-우크라이나인 관계의 자주 비극적 사건이 일어난 오랜 역사를 가진 나라에서 아주 예외적인 일이었다.

선거정치 관점에서 볼 때 2019년 대통령 선거는 변화보다는 지속을 상징했고, 전쟁으로 우크라이나는 좀더 동질적 국가가 되었다는 것을 보여주었다. 전쟁 중 서로 대적하는 후보들은 반복적으로 나라를 분열시키고 동부와 서부가 거의 대등하게 맞서게 만든 반면, 새 선거는 아주 다른 지형을 보여주었다. 2014년의 포로셴코와 2019년 젤렌스키는 우크라이나 거의 대부분 지역에서 승리를 거두었다. 유권자들은 2014년 포로셴코를 압도적으로 지지한 것처럼 2019년에는 젤렌스키를 압도적으로 지지했다. 이 경향은 총선이 치러진 2019년 7월에도 계속되었다. 대통령이 만든 당이자 젤렌스키가 우크라이나 대통령 역할을 한 풍자 TV연속극의 이름을 딴 완전히 새로운 정당인 '국민의 일꾼'(Servant of the People)이 다수당이 되었다.

키이우의 정치 엘리트의 변화에도 불구하고 우크라이나 사회가 당면한 주된 도전은 그대로 남아 있었다. 안보와 제도개혁, 우크라이나의 경제, 정치에서 올리가르히의 지속적 지배문제는 그대로였다. 취임 후 첫 몇 달 동안 볼로디미르 젤렌스키는 우크라이나의 '청년 튀르크인'(Young Turks)*과 동맹을 맺었다. 이 집단은 포로셴코 정권의 개혁 속도에 불만을 가졌던 젊고 야심찬 개혁가들이었다.

---

* 청년 튀르크인(Young Turks, 터키어 Jön Türkler 또는 Genç Türkler)은 20세기 초 오스만 군주정을 입헌제로 바꾸는 것을 목표로 하는 정치개혁운동으로 1908년 술탄 정부에 혁명을 일으켜 오스만 제국을 붕괴시켰다.

2019년 9월 대통령 선거 공개토론에서
인사를 나누는 포로셴코와 젤렌스키

여러 가지 면에서 새로운 역사를 만들었다. 41세인 그는
우크라이나 역사상 가장 젊은 대통령이 되었다. 또한 우크라이나
최초의 유대인 대통령이었다. 이것은 유대인-우크라이나인 관계에서
자주 비극적 사건이 일어난 오랜 역사를 가진 나라에서
아주 예외적인 일이었다.

35세의 총리 올렉시 혼차루크가 이끄는 내각은 경제개혁과 부패에 대한 전쟁을 지속하는 것을 과제로 삼았다. 정부 소유 자산의 사유화가 두 목표를 달성하는 가장 빠른 길로 보였다. 사유화 대상 국유재산 목록이 극적으로 늘어났고, 2001년 이후 지속된 농지 매매금지(moratorium) 법안이 2020년 의회 입법으로 철폐되었다.

'청년 튀르크인'은 직무를 시작한 지 6개월도 되지 않은 2020년 3월 해임되었다. 이들이 개혁은 올리가르히 클랜의 불만을 샀고, 이들의 무경험으로 우크라이나의 산업생산은 7퍼센트 감소했다. 세관에 대한 반부패 조치는 역효과를 가져와 정부 수입을 크게 감소시켰고, 젤렌스키의 반부패개혁에 대한 진정성에 의문을 제기했다. 반부패 프로그램의 가장 시급한 도전은 이고르 콜로모이스키의 영향력이었다. 국유화된 프리바트 은행 전 소유주인 그는 젤렌스키가 선거에서 승리한 후 즉시 귀국해 이 은행의 반환을 요구했다.* 우크라이나 은행개혁을 지원한 서방 정부들과 기관들은 경종을 울렸다. 국제통화기금이 계속 우크라이나와 협력하는 조건은 은행을 파산하게 만든 전 소유자들에게 은행을 반환하는 것을 불가능하게 만드는 입법의 시행이었다.

2020년 5월 의회는 부패한 은행에 대한 국립은행의 파산 선고에 대한 법원의 이의제기를 금지하는 법안을 통과시켰다. 우크라이나 반부패세력의 승리로 평가받은 이 법안은 부패에 대항해 투쟁하는

---

* 콜로모이스키는 2014년 개인 재산을 투입해 동부 주들이 반군에 장악되는 것을 막았고 젤렌스키의 선거운동에 재정지원을 해서 사실상 젤렌스키를 뒤에서 조종하는 것이 아니냐는 의심을 받았다. 젤렌스키는 대통령 당선 후 콜로모이스키의 영향력에서 사실상 벗어난 것으로 평가받았다.

정부의 가장 큰 문제를 부각시켰다. 정부는 법원 판결에만 의존해서 반부패 척결을 진행할 수 있었던 상태였다. 2020년 우크라이나 헌법재판소는 우크라이나 관리들의 부정확한 재산신고에 대한 형사적 책임을 제거하는 결정을 내려서 지난 몇 년 동안의 반부패 노력에 큰 타격을 입히고, 헌법적 위기를 초래했다. 이 위기는 사법제도 개혁이 2020년대 시작 시기에 우크라이나가 당면한 가장 큰 도전이라는 것을 보여주었다. 법에 기반한 번영하는 사회로 향하는 우크라이나의 운명은 반부패 조치의 성공적 집행에 달려 있었다.

2020년까지 양측에서 1만 4,000명의 인명 손실을 가져온 끝나지 않은 돈바스 전쟁은 우크라이나의 가장 시급한 외교정책 문제가 되었고, 돈바스의 재통합과 크림 반도 영유권 재확보도 중요한 과제였다.

우크라이나의 바람에 관계없이 러시아는 분쟁 해결의 열쇠를 쥐고 있고, 자신들이 부과한 조건으로 이 분쟁을 해결하려는 압력을 계속 우크라이나에 가하고 있었다. 러시아가 사실상 돈바스의 정치 생활을 통제하면서 경제적으로 큰 타격을 입은 돈바스를 우크라이나에 돌려주는 이러한 조건들은 우크라이나의 안정을 해치고, 우크라이나의 개혁 의제와 유럽 연합을 향한 움직임을 완전히 무산시키지는 않아도 상당히 지연시킬 수 있었다. 이것이 러시아 침공의 원래 목표였다. 개혁과 유럽 통합의 길을 계속 가기 위해서 우크라이나는 자국이 보유한 자원을 동원해야 할 뿐만 아니라 국제 공동체의 계속적인 지원을 확보할 필요가 있었다.

현재 우크라이나가 러시아와 벌이는 전쟁에서 우크라이나의 정치적 주권을 확보하는 데 미국만큼 중요한 국가는 없다. 2014년부터 미국은 우크라이나에 정치, 군사, 그리고 상당한 수준의 경제 지원을 제공하는 데 주도적 역할을 담당해 왔다. 그러나 연대를 유지하고 강화하기 위해서 양국은 지난 10년 동안 양국 관계에 발생한 많은 문제들을 극복해야 할 것이다. 이 문제의 공통분모는 부패다. 이 문제는 대서양 양안의 미국-우크라이나 관계의 발목을 계속 잡아왔다.

우크라이나는 2016년 도널드 트럼프가 대선운동 때 미국 국내 정치에서 첫 주목을 받았다. 당시 우크라이나에서 나온 타격을 주는 정보로 인해 트럼프의 선거운동 책임자인 폴 매너포트가 사임하는 사태가 발생했다. 매너포트는 러시아의 주도적 올리가르히 한 명과 여러 계약을 맺은 후 몇 년 동안 장래 우크라이나 대통령이 되는 빅토르 야누코비치를 위해 일해 왔었다. 매너포트는 2010년 야누코비치의 대통령 당선을 도왔지만, 야누코비치를 실각시킨 존엄혁명이 발생하자 2014년 러시아를 떠났다. 또한 이 혁명으로 야누코비치 집권당이 체결한 수백만 달러의 계약 문건이 발견되었다. 이 계약은 미국이나 우크라이나 세무당국에 신고된 적이 없었다. 매너포트는 트럼프 선거운동 책임자 자리에서 물러나게 되었고, 이후 러시아와 우크라이나에서 벌인 활동으로 인해 처음에는 47개월, 후에 43개월이 추가된 감옥형을 선고받았다.

매너포트 스캔들이 2016년 트럼프의 대선운동에 타격을 입힌 반면, 이번에는 민주당 대통령 후보인 조셉 바이든이 관련된 문제가 터져 나왔다. 트럼프의 백악관은 이 문제가 트럼프의 2020년 재선에 도움을 줄 것으로 기대했다. 2014년부터 2016년까지 버락 오바마 행정부에서 우크라이나 정책 결정의 핵심 역할을 한 바이든은 워싱턴이 보기에 부패한 우크라이나 검찰총장의 사임을 촉구했다. 2019년 바이든이 대통령 선거 출마 선언을 하자, 그의 반부패운동에 불만을 품은 우크라이나 관리들이 반격을 가했다. 이들은 바이든이 아들 헌터 바이든에게 이사 자리를 제공한 우크라이나 회사에 대한 수사를 막으려 했다고 폭로했다.

트럼프 대통령은 2019년 7월 젤렌스키 대통령과의 통화에서 바이든이 우크라이나에 관여한 문제를 제기했다. 젤렌스키는 이 통화를 이용해 미국이 재블린 미사일을 추가적으로 우크라이나에 판매하도록 요청했다. 트럼프는 이에 대한 보상을 요구했다. "바이든 아들에 대한 여러 소문이 있다. 바이든은 이 사건 기소를 막으려고 했고, 많은 사람들이 이 일에 대해 알고 싶어한다. 그래서 당신이 미국 법무장관과 할 수 있는 일이 있다면 아주 좋을 것이다"라고 트럼프는 말했다. 젤렌스키는 도와주겠다고 약속했다. "우리는 의회에서 절대다수파가 되었기 때문에 100퍼센트 내 사람이 다음 검찰총장이 될 것이다"라고 젤렌스키는 선언했다.

우크라이나 당국은 이 문제에 대한 수사를 시작하지 않았다. 젤렌스키는 트럼프가 우크라이나에 대한 군사원조를 자신의 정치적 이익을 위해 이용하려 한다는 내부 고발자의 불만이 공개되는 것을 오랫동안 막았고, 트럼프가 제시한 조건을 충족하지 않고도 군사원조를 받아냈다. 우크라이나-미국 관계의 특정 사건과 관련된 첫 트럼프 탄핵 시도로 이 문제는 새로운 시험을 받았다. 그러나 워싱턴과 키이우의 핵심 관계자들의 노력으로 양국 간의 관계는 이 혼란으로 큰 손상을 입지 않았다. 우크라이나의 미국, 유럽 연합과의 연대는

2022년 4월 키이우 방어 성공 후 부차 지역을 방문한 젤렌스키 대통령
러시아의 침공은 우크라이나에게 통합된 국가로서의 존속
과 독립, 정치제도의 민주적 기초에 대한 근본적인 문제를 제기했다.

우크라이나가 완전한 독립국가로서 살아남는 문제뿐만 아니라 러시아의 우크라이나 침공과 영토 침탈로 훼손된 국제질서를 재건하고 강화하는 데도 중요한 조건이 되었다.

우크라이나에게 러시아의 침공은 통합된 국가로서 존재의 지속과 국가로서의 독립, 정치제도의 민주적 기초에 대한 근본적인 문제를 제기했다. 우크라이나의 정치적 민족을 주조하는데 역사와 인종, 언어, 문화가 수행하는 역할을 포함해서 우크라이나의 민족국가 건설 프로젝트도 이에 못지않게 중요했다. 주민들이 다른 인종에 속하고, 하나 이상의 언어를 사용하며(서로 소통하는데 큰 문제가 없는), 하나 이상의 교회에 속하고, 다양한 역사적 지역에 거주하는 나라가 군사적으로 우월한 제국적 전 종주국의 학살과, 러시아어를 사용하고 정교회를 신봉하는 사람들의 충성에 대해 자국의 권리를 주장하는 러시아에 맞서 나라를 지킬 수 있을 것인가?

러시아의 침공은 우크라이나를 언어와 종교, 지역, 인종 경계선을 따라 분열시키기를 획책하고 있다. 이 전술은 일부 지역에서는 성공할 수 있겠지만, 우크라이나 사회 대부분은 행정적·정치적 조건에서 결합된 다언어, 다문화 민족 아이디어를 중심으로 단합되어 있다. 종종 비극적 사건을 일으킨 우크라이나의 내부적 분열의 역사에서 얻은 교훈에서 탄생한 이 아이디어는 오랜 기간 지속되어 온 서로 다른 언어, 문화, 종교의 공존 전통에 의존하고 있다. 우크라이나인들은 자국의 장래에 정치적 민족의 존속을 보장하는 방법으로 파란만장한 자국의 역사를 해석하고 있다.

역사의 의미

• 에필로그

　우크라이나 위기에서 여러 번에 걸쳐 역사가 이용되고 남용되었고, 위기를 조장하는 사람들에게 정보와 자극을 주었을 뿐만 아니라 국제법 위반을 정당화했다. 예상하지 못한 가운데 발생하고, 많은 사람들을 놀라게 한 러시아와 우크라이나의 충돌(conflict)은 그 역사적 뿌리가 깊고, 역사적 선례와 암시로 가득 차 있다. 역사적 주장을 선전선동 목적으로 이용하는 것을 떠나서 과거에 뿌리를 둔 최소한 세 개의 평행한 과정이 현재 우크라이나에서 진행되고 있다. 하나는 17세기 이후 모스크바가 획득한 과거 제국 공간에서 정치적·경제적·군사적 통제권을 재확보하려는 러시아의 시도이고, 다른 하나는 러시아인과 우크라이나인 모두 관련이 있는 근대적 민족 정체성의 형성이며(후자의 경우 이 정체성은 지역적 경계선을 따라 자주 나뉘었다), 마지막은 역사, 문화 분열선(fault lines)을 놓고 벌어지는 투쟁이다. 이것은 분쟁 참여자들이 이 분열선을 동방과 서방, 유럽과 러시아 세계의 경쟁으로 상상하도록 만들었다.

　러시아-우크라이나 분쟁은 18세기 마지막 10년 동안 진행된 러시아의 크림 합병과 우크라이나 남부에 잠시 지속되었던 새 러시아라는 러시아 제국 지방 창설을 상기시켜 주었다. 현재의 러시아 행위를 제국적 팽창으로 묘사하는 외부 관측가들이 아니라 새 러시아 프로젝트라는 생각을 떠올린 우크라이나에서 벌어지는 혼합 전쟁의 이념가들이 이 지역으로 러시아 제국세력이 확장된 것에 대한 기억을 떠올리게 만들었다. 이들은 원래 노가이 타타르족과 자포리자 코자크들이 거주하던 지역을 러시아가 정복하고 지배권을 확립한 것에 기초를 두고 역사적 이념을 발전시키려고 시도했다. 이것은 특히 세바스토폴을 러시아 영광의 도시로 찬양하는 비유와 관련이 깊다. 이 역사적 신화는 다민족 러시아 제국 군대가 도시를 방어하는 데 보인 영웅적 행동을 러시아 단독으로 치른 것으로 묘사한 1853~56년 크림 전쟁(러시아 제국에게는 재앙이었던 전쟁)에 뿌리를 두고 있다.

도네츠크와 루한스크에 '인민공화국'을 만들고, 오데사와 하르키우에도 공화국 설립을 선언해 미래의 새 러시아 지역을 만들려는 시도는 역사적 기억에 뿌리를 두고 있다. 이것은 독일과 브레스트-리톱스크 조약(1918년 2월)을 체결한 직후 우크라이나 동남부의 통제권을 유지하려는 볼셰비키 정권의 시도로 거슬러 올라간다. 볼셰비키는 이 지역을 우크라이나로 이양시켰다. 당시 볼셰비키는 크림 소비에트 공화국과 도네츠크-크리비리흐 소비에트 공화국을 포함한 자치를 선언한 국가들을 이용해 이 부분이 우크라이나의 일부가 아니라서 조약의 적용을 받지 않는다고 주장했다. 도네츠크 공화국 독립선언자들은 1918년 도네츠크-크리비리흐 공화국 국기를 사용했지만, 혁명 직후 공화국과 마찬가지로 모스크바의 후원과 지지 없이는 이 공화국이 만들어지거나 살아남을 수 없다는 것을 보여준 셈이었다.

러시아 제국과 혁명 과거와 비유하는 것은 우크라이나에 대한 러시아의 공격을 정당화하는 역사적 담론의 일부이지만, 이 역사적 동기는 좀더 최근에 생겨난 것이다. 소련의 신속하고도 예상치 못한 해체는 블라디미르 푸틴 대통령이 크림 합병 기념식 연설에서 밝힌 것처럼 이 위기의 가장 직접적인 역사적 배경이 되었다. 현 러시아 정부는 우크라이나가 인위적으로 형성된 국가이고, 그 동부 지역 영토는 제2차 세계대전 후 크림 반도와 마찬가지로 볼셰비키가 선물로 준 지역이라는 주장을 계속 펼치고 있다. 이 담론에 의하면 유일하게 진정하고도 역사적으로 정당한 정치체는 제국이다. 이 제국은 처음에는 러시아 제국이었고, 다음으로는 소련이었다. 러시아 정부는 1932~33년 대기근 기림이나 1944년 소련 정부의 크림 타타르 강제 이주처럼 제국의 정당성을 훼손하는 역사적 전통이나 기억을 강력하게 싸움을 걸고 압제를 했다. 2014년 5월 크림 타타르 강제 이주 70주기 기념행사를 금지한 러시아 당국의 조치도 이에 해당한다.

오늘날 러시아는 제국이 사라진 지 오래된 후에도 자신들의 제국에 대한 향수를 키워온 제국적 전임자들의 발자취를 따르고 있다. 소련의 붕괴는 러시아 엘리트로 하여금 제국과 강대국 지위 상실에 대해 큰 고통을 안겼고, 소련에서 일어난 일은 서방의 악의나 미하일 고르바초프와 보리스 옐친 같은 정치인들의 바보 같은 싸움에 의해 일어난 사건이라는 환상을 키워왔다. 소련 종말에 대한 이러한 시각은 역사를 다시 쓰고 싶은 유혹을 참기 어렵게 만든다.

러시아-우크라이나 분쟁은 역사적 뿌리와 영향을 가지고 있는 또 다른 중요한 의제를 부각시켰다. 그것은 끝나지 않은 현대적 러시아 정체성과 우크라이나 정체성의 성립과정이다. 러시아의 크림 합병과 러시아의 돈바스 공격을 정당화하는 프로파간다는 러시아 민족과 러시아어 사용자 전체를 보호한다는 명분으로 진행되었다. 러시아어를 러시아 문화뿐만 아니라 러시아 민족 소속과 동일시하는 것은 돈바스에 들어온 많은 러시아 의용군이 갖는 세계관의 중요한 부분이다. 러시아 정체성에 대한 이러한 해석의 한 가지 문제는 러시아 민족이 크림 반도에서 주민의 다수를 차지하고, 돈바스 일부에서는 중요한 소수민족을 차지하지만, 지금 기획된 새 러시아 주민의 대부분은 우크라이나 민족(ethnic Ukrainian)이라는 사실이다. 러시아 분리주의자 프로파간다는 많은 우크라이나 민족에게 호소력을 가지고 있기는 하지만, 이들 대부분은 러시아어를 계속 사용하면서 러시아 또는 러시아 민족성과 자신을 동일시하기를 거부했다. 이것은 새 러시아 계획이 실패한 중요 이유 중 하나이고, 이 계획을 세운 사람들이 전혀 예상치 못한 일이었다.

우크라이나인을 러시아 민족의 구성요소로 보는 시각은 근대 러시아를 민족으로 만든 신화이자 '모든 러시아(루스가 아니라) 도시들의 어머니'인 키이우에서 잉태하고 탄생되었다. 모스크바 공국 차르들의 보호를 원하던 키이우 수도사들이 최초로 편찬해서 인쇄한 러시아 역사책 1674년 『개요서』는 이 신화를 처음으로 공식화하고 러시아에 널리 퍼뜨렸다. 제국 시대 대부분 동안 우크라이나인들은 소러시아인으로 간주되었고, 이것은 우크라이나 민속문화와 구어의 존재를 허용했지만, 고급문화나 근대문학을 허용하지 않았다.

1917년 혁명 이후 우크라이나인들을 문화적 관점에서는 별개의 민족으로 인정하되, 정치적 관점에서는 인정하지 않은 것은 이 비전에 대한 도전이었다. '러시아 세계'(Russian World)라는 이념의 지원을 받은 2014년의 러시아의 공격은 오늘날 우크라이나인들을 소비에트 관습과 비교해 과거 사람들로 만들어버렸다. 장래의 새 러시아에서 구상된 민족건설은 더 범위가 큰 러시아 민족 내에서 별도의 우크라이나 인종이 존재할 공간을 허용하지 않는다. 이것은 전투의 열기 속에 간과되거나 과장된 것이 아니다. 크림 합병 1년 이전에 블라디미르 푸틴은 러시아인과 우크라이나인이 하나의 민족이고, 같은 민족이라고 공식적으로 주장했다. 크림 합병 1주년인 2015년 3월 18일 행한 연설에서도 이 말을 반복했다.

소련 붕괴 이후 러시아 민족국가 건설 프로젝트는 그 초점을 분파로 나뉘지 않고, 러시아어와 문화를 바탕으로 통합된 동슬라브인으로 구성된 하나의 러시아 민족이라는 아이디어에 초점을 맞추었다. 우크라이나는 러시아 연방 밖에서 이 모델에 대한 첫 시험대가 되었다.

러시아 민족의 분할 불가를 강조하고, 러시아어 그리고 문화와 밀접히 연관된 러시아 정체성의 새 모델은 우크라이나 민족국가 건설에 근본적인 도전을 제기한다. 19세기 초반부터 우크라이나 민족국가 건설 프로젝트는 우크라이나어와 문화를 그 중심에 놓았지만, 출발선부터 다른 언어와 문화의 사용도 허용했다. 이것은 여러 면에서 우크라이나 민족의 정신적 설립자로 간주되는 타라스 셰브첸코의 작품활동으로도 증명된다. 이중언어 사용과 다문화주의는 포스트-

소비에트 우크라이나의 규범이 되었고, 다양한 인종적·종교적 배경을 가진 주민들을 우크라이나 민족에 들어오게 했다. 크렘린의 기대와 정반대로 우크라이나의 공격은 러시아군이 직접 통제하는 지역인 크림 반도와 러시아 용병 그리고 반군들이 장악한 돈바스 지역 밖의 러시아 민족을 동원하는 데 실패했다.

권위 있는 키이우 국제사회연구소가 조사한 자료에 따르면 러시아인은 우크라이나 인구의 17퍼센트를 차지하지만, 조사받은 사람 중 5퍼센트만이 자신을 전적으로 러시아인이라고 생각했다. 나머지는 러시아인이자 우크라이나인이라고 생각하는 것으로 나타났다. 자신을 전적으로 러시아인이라고 생각하는 사람들도 자주 우크라이나 문제에 러시아가 간섭하는 것을 반대했고, 자신을 푸틴 정권과 연계짓는 것도 거부했다. "우크라이나는 나의 고국이고, 러시아어는 나의 토박이어다. 나는 푸쉬킨에 의해 구원받기를 원한다. 또한 푸쉬킨에 의해 슬픔과 불안으로부터 구원받기를 원한다. 푸쉬킨이지 푸틴이 아니다"라고 한 키이우의 러시아 민족이 자신의 페이스북에 썼다. 러시아 민족주의를 러시아 정교회와 결합하고, 러시아의 지원을 받고 있는 반군들이 마이단 시위의 친서방 선택이 대안으로 내세운 '러시아 세계' 이념은 1991년 이후 우크라이나에서 발전하고 있는 우크라이나인-유대인-친유럽 연대가 강화되는 것을 도와주었다. "나는 오랫동안 우크라이나인과 유대인의 연대가 우리의 공통의 미래를 향한 약속이라고 말해왔다"라고 마이단 활동가 중 한 사람이 자신의 페이스북에 썼다.

역사는 우크라이나를 하나의 국가로 통합되도록 만들었지만, 과거의 문화와 정치적 경계를 반영한 다양한 지역 경계선을 따라 나누어진 국가로 만들었다. 중부 우크라이나의 대정원과 남부 스텝 사이의 경계선은 북쪽의 농업 중심 지역과 남쪽의 광물자원이 풍부한 스텝의 도시 중심 지역 간의 다공성(多孔性) 경계가 되었다. 17세기와 18세기 드니프로강까지 전진한 서방 기독교와 동방 기독교 전선은 갈리시아로 후퇴했고, 지금은 제1차 세계대전 이전 시대 합스부르크 제국과 러시아 제국 사이의 경계를 회상시킨다. 합스부르크 제국에 속했던 갈리시아는 주로 헝가리 지배를 받았던 트란스카르파티아, 과거 부코비나의 몰다비아 지방과 구별된다. 과거 러시아 제국 영역 내에서 전간기에 폴란드 통치 아래 있었던 볼히냐 지방은 20세기 대부분 기간을 소련 지배 아래 있었던 포돌리아와 구별된다. 드니프로강 우안 지역의 과거 폴란드 통치 지역과 과거 코자크 헤트만령이었다가 18세기와 19세기 러시아 제국의 중앙집권화 노력으로 대부분 식민화된 좌안 지역 사이에도 차이가 있다. 이 지역 간의 경계선은 우크라이나어를 좀더 편하게 사용하는 우크라이나인과 일상생활에서 러시아어 사용을 선호하는 사람들 사이의 경계선으로도 작용한다.

현실에서 우크라이나 지역주의는 지금 제시한 설명보다 훨씬 복잡하다. 과거 헤트만령 중세 코자크 땅과 자유공동체 우크라이나 사이에도 차이가 있고, 미콜라이우 남부 지역은 인종 구성, 언어 사용, 투표 형태가 1954년에야 우크라이나에 포함된 크림 반도와 크게 다르다. 그러나 이 모든 차이에도 불구하고 우크라이나의 지역들은 서로 단합했다. 그 이유는 과거에는 선명했던 앞에 지적된 과거의 경계선들이 오늘날 다시 만들기가 거의 불가능해졌기 때문이다. 오늘날 다른 지역들을 연결하고 나라를 하나로 만드는 조각보 같은 언어, 문화, 경제, 정치 전이지역(transition zones)을 볼 수 있다. 실제로 크림 반도를 이웃한 우크라이나 남부 지방과 분리하거나 돈바스를 다른 동부 지역과 분리하는 문화적 경계선은 찾기가 쉽지 않다. 역사적 지역 어느 곳도 우크라이나를 떠나겠다는 강한 바람을 보이지 않았고, 지역 엘리트들도 분리를 지지하지 않았다. 이러한 동원이 크림 반도와 돈바스에서 진행된 것은 사실이지만, 이것은 러시아 합병과 간섭의 결과로만 나타난 일이었다.

소비에트 과거와의 상징적 결별은 남아 있는 레닌 동상의 철거였다. 이 작업은 존엄혁명 후 불과 수주 만에 500개의 레닌 동상이 철거되었다. 돈바스의 반키이우 반군 중에는 과거 소련 가치 옹호자들이 많다. 그러나 러시아 용병과 자원병들은 다른 종류의 아주 중요한 아이디어를 이 지역에 가지고 들어왔다. 러시아 지휘관 중 가장 유명한 이고르 기르킨과 마찬가지로 이들은 서방에 대항하는 "러시아 세계"의 가치를 수호하기 위해 돈바스에 온 것이다. 이런 맥락에서 이들은 우크라이나를 민주주의, 개인의 자유, 인권 특히 부패한 서구 가치, 성 소수자 권리를 포함한 부패한 서구 가치와 전통적인 러시아의 전통 가치의 전장으로 보았다. 이러한 논리에 의해 서방 프로파간다는 우크라이나인들의 마음을 혼란스럽게 만들었을 뿐이다. 이들에게 빛을 제공하는 것이 러시아인들이 할 일이었다.

전쟁에 대한 이러한 식의 해석은 러시아 문화와 지적 전통에 깊은 뿌리가 있다. 러시아가 유럽 문화에 참여한 것을 제외하고 근대 러시아 역사를 상상하는 것은 어렵지만, 오랫동안 서방과 단절되어 있었거나 중동부 유럽 국가들과 대치상태에 있었다는 것도 사실이다.

이 가운데 어느 역사적 경험이 러시아가 서방과 이어온 애증관계를 가장 잘 정의할 수 있는가? 19세기 초에 시작되어 오래 지속된 러시아의 서구주의자와 슬라브주의자 사이의 지적 논쟁에서 러시아를 유럽의 일부로 보는 시각과 러시아가 세계적 사명을 띤 별도의 문명이라는 사고가 대립해 왔었다. 지금은 슬라브주의자와 반서구주의자 후손들이 우위를 점한 상태다.

우크라이나의 경우 독립에 대한 주장은 항상 유럽 지향적이었다. 이것은 우크라이나가 정교회와 가톨릭, 중유럽 제국과 유라시아 제국의 동-서 경계점에서 겪어온 경험의 결과이고, 또한 이런 상황이 가져온 정치적·사회적 관행의 결과다. 여러 개의 문화공간 접경에 위치한 우크라이나는 접촉 지역(contact zone)이 되었고, 이곳에서 다른 생각을 가진 우크라이나인들은 공존하는 법을 배워왔다. 또한 이런 상황은 현재 진행되는 분쟁 참가자들이 이용하고 있는 지역 간 분할을 조성하는 데도 기여했다. 우크라이나 사회의 문화적 혼합성(hybridity)은 그간 널리 알려졌고, 최근에는 이것이 높은 평가를 받아왔다. 그러나 한 민족이 얼마나 혼합성을 감당하면서 '혼합 전쟁'(hybrid war)을 치르는 단합된 상태로 남아 있을 수 있는가는 러시아와 우크라이나의 전쟁에서 결정되어야 하는 중요한 질문 중 하나다.

냉전 종식 25년 후 일어난 친유럽 혁명은 폴란드, 체코슬로비카아와 이 지역의 다른 나라의 반체제 인사들과 공유한 서유럽에 대한 환상을 모방했고, 일부 경우에는 이 환상을 새로운 민족 종교로 바꾸었다. 존엄혁명과 전쟁은 우크라이나 사회의 지정학적 방향 재설정을 하게 했다. 러시아에 대한 긍정적 태도를 가진 우크라이나인 비율은 2014년 1월 80퍼센트에서 같은 해 9월 50퍼센트 이하로 떨어졌다. 2014년 11월 조사 대상자 우크라이나인 64퍼센트는 유럽 연합 가입을 지지했다(이 비율은 2013년 11월 39퍼센트였다). 2014년 4월 우크라이나인의 1/3만 나토 가입을 지지했지만, 11월이 되자 절반 이상이 이 노선을 지지했다. 전쟁 경험이 우크라이나인 대부분을 단합시켰을 뿐만 아니라 우크라이나를 서방 지향으로 돌려놓았다.

역사적으로 전쟁의 충격과 패배의 모욕, 상실한 영토에 대한 치유되지 않은 상처는 민족 단합을 구축하고 잠재적 민족 정체성을 형성하는 강력한 수단으로 작용해 왔다. 18세기 후반 폴란드의 분할은 근대 폴란드 민족주의 형성의 출발점이 되었고, 19세기 초 나폴레옹의 독일 침입은 범독일주의 사상을 형성시켰으며, 근대 독일 민족주의 발전을 촉진했다. 패배와 영토 상실의 기억은 프랑스인과 폴란드인, 세르비아인, 체코인들의 민족적 상상에 불을 댕겼다. 침략당하고 모욕당하며 전쟁으로 큰 상처를 입은 우크라이나도 같은 길을 갈 것으로 보인다.

러시아의 크림 반도 병합과 돈바스의 혼합 전쟁, 우크라이나 나머지 지역을 불안정하게 만들려는 시도는 우크라이나뿐만 아니라 유럽 전체에 새롭고 위험한 상황을 만들어냈다. 제2차 세계대전 종전 후 처음으로 주요 유럽 강대국이 자신보다 약한 이웃국가를 상대로 전쟁을 벌이고, 주권국가 영토의 일부를 병합한 것이다. 러시아의 침공은 1997년 러시아-우크라이나 우호조약을 파기했을 뿐만 아니라 1994년 부다페스트 의정서도 파기한 것이다. 이 의정서에서 우크라이나는 핵무기를 포기하고 핵확산금지조약에 가입하는 대가로 안전보장을 약속받았다. 도발받지 않은 러시아의 우크라이나 공격은 국제질서의 근간을 위협했고, 이 위협에 대해 유럽 연합과 세계 대부분 국가는 대응할 준비가 되어 있지 않았지만, 적절한 대응 방안이 요구되고 있다. 현재의 우크라이나 위기의 결과가 어찌 되건 이 위기의 해결에 우크라이나의 미래뿐만 아니라 유럽의 동·서부, 즉 러시아와 유럽 연합 관계의 미래 그리고 결국 유럽 전체의 미래가 달려 있다.

감사의 말

나는 이 원고에 뛰어난 집을 찾아준 질 크니림에게 감사하고, 이 책을 편집하고 출판하는 도전을 받아들인 라라 하이머에 감사한다. 그녀의 베이직북스 팀, 특히 로저 래브리는 이것이 가능하도록 해 주었다. 미로슬라브 유르케비티는 이 원고의 여러 버전을 편집해 주었다. 나의 부인 올레나는 원고를 비판하고 최종적으로 이를 승인해 주었다. 볼로디미르 쿨리크와 로만 프로추크는 당황스러운 오류를 수정해 주었다. 나의 대학원생 메간 던컨 스미스는 이 책에 제시된 몇 가지 아이디어를 시험적으로 가르친 나의 과목 「유럽의 전선들: 1500년 이후 우크라이나」의 훌륭한 강의 조교가 되어 주었다. 2014년 가을 학기 내 과목을 수강한 하버드 대학 대학원생과 학부생들의 질문, 이메일, 과목 질의와 평가에도 사의를 표한다. 이들은 이 책 출간의 일원의 되었다. 마지막으로 나는 역사학자와 교사라는 나의 경력 내내 나에게 이 책이 써야 할 내용과 쓰지 말아야 할 것을 가르쳐 준 모든 사람에게 감사한다. 물론 그들은 이 책의 부족한 부분에 대해서는 아무런 책임이 없다.

우크라이나 역사 연표

- 첫 행의 고딕 강조체는 세계 역사다.

기원전 4만 5000년 인간이 남유럽에 도착함

기원전 4만 5000~4만 3000: 네안데르탈인 맘모스 사냥꾼들이 우크라이나
에 주거를 만듦

기원전 4500~3000: 진흙으로 된 조각상(statues)과 채색 토기를 만들어낸 신
석기 쿠쿠테니-트리필리아 문화 부족이 다뉴브강과 드니프로강 사이
를 자신들의 근거지로 삼음

기원전 약 3500: 다뉴브강과 드니프로강 사이에 거주하는 인류가 말을 길들임

기원전 3500년 수메리아인이 메소포타미아로 이동해 옴

기원전 1300~750: 키메리아 왕국이 남부 우크라이나 폰트 스텝에 통치권
확립함

기원전 750~250: 스키타이족 기병들이 키메리아족을 몰아냄

기원전 750~500: 흑해 북쪽 연안에 그리스 무역 식민지가 세워짐. 그리스
인들은 더 북쪽 우크라이나 스텝에 아마존 전사 같은 전설적 인간들이
살고 있다고 상상함

기원전 753년 로마의 전설적 건국

기원전 512: 페르시아의 다리우스 대왕이 폰트 스텝을 행군해서 스키타이군을 추격했으나 허탕침

기원전 약 485~425: 헤로도토스 시대. 그는 스키타이와 그 주민들을 왕족 스키타이인, 스키타이 농경민, 삼림-스텝 변경 지역의 정착민 등 다양한 계층으로 분류함

기원전 250~기원후 250: 사르마티아족이 스키타이족으로부터 스텝 통제권을 빼앗음

1~100: 로마인들이 그리스 식민지에 진출함, 스트라보는 돈강을 유럽의 동쪽 경계로 설정하고, 오늘날 우크라이나 영토를 유럽-아시아 구분에서 유럽 쪽에 둠

30년경 예수가 예루살렘 입성함

250~375: 고트족이 사르마티아족을 패퇴시키고 우크라이나 땅에 통치권 확립함

375~650: 대이주 시기. 훈족, 아바르족, 불가르족이 폰트 스텝을 지나 이동함

551경: 역사가 요르다네스는 다뉴브강과 드니프로강 사이 거주하는 스클라베니족과 안테족을 찾아냄. 5세기 초 안테족은 로마 제국을 공격해 이름을 알림

650~900: 하자르 칸국이 우크라이나의 슬라브 부족들로부터 공물을 거둠

800년 샤를마뉴가 신성 로마 제국의 황제가 됨

838: 서방 문헌에 루스 바이킹이 처음 언급됨

860: 흑해 북쪽 해안으로부터 루스의 첫 콘스탄티노플 공격

950: 비잔틴 황제 콘스탄티누스 7세 포르피로게니투스는 루스와의 교역관계를 서술했고, 드니프로-흑해 통로는 교역과 전쟁에 이용됨

971: 요한 치미스체스 황제가 비잔틴과 루스 사이의 평화를 협상하기 위해
　　　다뉴브강에서 키이우 루스의 스뱌토슬라우 공을 만남

987~989: 키이우 루스의 볼로디미르 공은 크림 반도 헤르소네수스의 비잔
　　　틴 요새를 포위. 그는 비잔틴의 바실 2세 황제의 여동생 안나와 결혼하
　　　고 자신도 세례를 받고 공국에 기독교를 수용함

1037: 야로슬라우 현재는 루스 대주교좌와 루스 첫 도서관이 있는 성 소피아
　　　성당을 완성함

1054년 로마 가톨릭교회와 콘스탄티노플 교회의 분열

1054: 딸들이 유럽 통치자들과 결혼해 역사가들로부터 '유럽의 장인'으로 불
　　　린 야로슬라우 현재 사망으로 키이우 루스의 해체가 시작됨

1113~25: 볼로디미르 모노마흐 공은 키이우 루스의 통합을 일시 재건하고,
　　　중세 우크라이나 역사의 주요 사료인 「원초 연대기」 작성을 고취함

1187~89: 키이우 연대기 작가가 동쪽으로 페레야슬라우에서 서쪽을 갈리
　　　시아에 이르는 변경 스텝 지역을 일컫는 말로 '우크라이나'라는 용어
　　　를 처음 사용함

1215년 마그나카르타가 영국 존왕에 의해 발표됨

1238~64: 교황으로부터 왕관을 받은 갈리시아-볼히냐의 다닐로 공은 동쪽
　　　의 금 칸국을 서쪽의 폴란드 왕국과 헝가리 왕국을 견제하는 데 이용
　　　하며 우크라이나 땅 대부분의 통치권을 확립하고 르비우시를 건설함

1240: 키이우가 몽골군에 함락되고 우크라이나는 금 칸국 영향권에 들어감

1241~61: 트란스카르파티아가 헝가리 왕들 통제 아래 들어감

1299~1325: 루스 대주교가 몽골군에 의해 황폐화된 키이우에서 클랴즈마,
　　　다음으로 모스크바로 대주교좌를 옮김. 별도의 대주교좌가 갈리시아
　　　에 설치됨

1340~92: 한때 강력했던 갈리시아-볼히냐가 분할되어 갈리시아는 폴란드
　　　　 관할이 되고, 볼히냐는 드니프로강 지역과 함께 리투아니아 공후들 통
　　　　 제 아래 들어감

1347년 흑사병이 유럽을 덮침

1362: 리투아니아군과 루스군이 시니 보디 전투에서 금 칸국 칸들의 우크라
　　　 이나 통치에 도전함. 우크라이나 땅 대부분이 리투아니아 대공국에 복
　　　 속됨

1386: 리투아니아의 요가일라 공이 폴란드의 야드비가 여왕과 결혼하며 리
　　　 투아니아 엘리트들이 가톨릭으로 개종하고, 폴란드 왕국과 리투아니
　　　 아 대공국이 점차로 통합됨

1430~34: 리투아니아 대공국의 루스(우크라이나와 벨라루스) 엘리트들은 대
　　　　 공국의 가톨릭교도들의 차별적 정책에 반기를 듦

1449~78: 크림 칸국은 금 칸국에서 독립했으나 오스만 제국의 통제 아래 들
　　　　 어감

1492: 역사 자료에 우크라이나 코자크가 처음 언급됨

1514: 코스탸틴 오스트로즈키는 과거 키이우 루스 땅을 놓고 리투아니아와
　　　 모스크바 공국의 경쟁으로 벌어진 오르샤 전투에서 모스크바 공국군
　　　 을 무찌름

1517년 마르틴 루터가 95개 조항 발표함

1569: 폴란드 왕국과 리투아니아 대공국의 루블린 연합으로 폴란드-리투아
　　　 니아 대공국(연합국가)이 탄생함. 이 국가 내에서 폴란드는 우크라이나
　　　 에 대한 관할권을 확립하고, 리투아니아는 벨라루스 통치를 유지하며
　　　 두 동슬라브 땅 사이에 최초의 행정적 경계를 만듦

1581: 최초의 교회 슬라브어 성서 번역본이 오스트리흐에서 출간됨

1590~1638: 코자크 반란의 시대는 코자크를 막강한 군사력과 별도의 사회
집단으로 만듦

1596: 브레스트 연합으로 키이우 정교회 대주교좌는 로마의 관할 아래 들어
가고, 오늘날까지 이어지는 정교회와 연합교회(후에 그리스 가톨릭교
회) 사이의 분열이 시작됨

1632~46: 키이우 대주교 페테르 모힐라는 키이우 대학(장래의 키이우 모힐라
아카데미)을 설립하고, 가톨릭 개혁에 따라 자신의 정교회를 개혁하고,
첫 정교회 신앙고백 초안 작성을 감독함

1639: 프랑스 토목 기술자이자 지도 제작자인 레바쉬르 드 보플랑이 최근의
스텝 변경 지역 식민화를 반영한 최초의 우크라이나 지도 만듦

1648년 베스트팔렌 조약으로 새로운 국제질서가 형성됨

1648: 코자크 장교 보흐단 흐멜니츠키는 폴란드-리투아니아 대공국에 대한
봉기를 일으켜 폴란드 지주들을 몰아내고 유대인을 학살하며 헤트만
령이라고 불리는 코자크 국가 건설

1654: 코자크 장교들은 모스크바 공국 차르의 종주권을 인정해 우크라이나
통제권을 놓고 오래 지속된 모스크바 공국과 폴란드의 대결을 초래함

1667: 안드루소보 조약으로 우크라이나는 드니프로강을 경계로 모스크바 공
국과 폴란드 영역으로 나뉘었고, 헤트만 페트로 도로셴코는 양 국가에
대항하는 코자크 봉기를 일으킴

1672~99: 오스만 제국 우크라이나 우안 통치

1674: 키이우 동굴수도원의 수도사들은 키이우를 러시아 군주정과 민족의
중심으로 제시하는 『개요서』(Synopsis)를 발간하고, 폴란드와 오스만 제
국의 위협에 당면한 동슬라브인들이 종교적·왕조적·인종민족적 단합
을 주장함

1685: 키이우 대주교좌는 콘스탄티노플 총대주교 관할에서 모스크바 총대주

교 관할로 이전됨

1708: 코자크 권리에 대한 러시아의 공격에 분노한 헤트만 이반 마제파는 표
트르 대제에 대한 반란을 주도하고 스웨덴의 칼 12세의 침공군 편에
가담함

1709: 러시아군이 거둔 폴타바 전투의 승리로 헤트만 제도가 철폐되고, 헤트
만령의 자치가 더욱 축소됨

1721년 니스타드 강화조약으로 러시아는 유럽 열강 중 하나가 됨

1727~34: 헤트만 제도가 일시 부활해 다닐로 아포스톨이 헤트만이 됨

1764~80: 발 셈 토우로 더 잘 알려진 랍비 이스라엘 벤 엘리에제르는 포돌
리아의 메드지비즈에 학생과 추종자들을 모아 하시디즘을 설파함

1768: 예카테리나 여제가 러시아 중앙집권화 개혁의 일환으로 헤트만 제도
철폐함

1775: 폴란드 귀족들의 바르 동맹과 하이다마키 농민반란으로 우크라이나
우안 연합교회 교인들과 유대인들이 학살당함

1783: 러시아가 크림 반도를 병합함

1789년 프랑스 혁명 시작됨

1772~95: 폴란드의 분할로 갈리시아는 합스부르크 제국의 통제 아래 들어
가고, 우안 우크라이나와 볼히냐는 러시아 제국 관할로 들어감

1791: 예카테리나 여제는 유대인 거주허가 지역을 지정하고, 과거 폴란드와
리투아니아 지역 유대인들이 러시아 중앙 지역으로 들어오는 것을 금
지함. 우크라이나는 허가 지역이 됨

1792: 러시아 제국이 오스만 제국과의 전쟁에서 또 한 번 승리해 남부 우크
라이나에 대한 통제를 확고히 함

1798: 폴타바 귀족 코틀랴렙스키는 근대 러시아어로 쓴 첫 서사시인 『에네이

다』를 출간해 근대 우크라이나 문학 시작됨

1812: 우크라이나 코자크들은 나폴레옹과 싸우는 러시아 제국 군대에서 전
　　　투를 치름

1818: 우크라이나어 최초 문법서가 출간됨

1819: 급격히 성장하는 도시 오데사가 자유항이 되어 새로운 사업과 정착자
　　　들을 끌어들임

1830: 폴란드 봉기로 폴란드 지주들과 러시아 정부 사이에 우크라이나 농민
　　　들의 충성에 대한 경쟁이 벌어짐

1834: 차르 니콜라이 1세 키이우 대학 설립해 키이우를 러시아 제국 정체성
　　　의 보루로 만들려는 노력 시작

1840: 많은 사람들이 우크라이나 민족의 아버지로 생각하는 화가이자 시인
　　　인 타라스 셰브첸코가 『유랑시인』 출간

1847: 미콜라 코스토마로프는 발아하는 우크라이나 운동의 첫 정치 프로그
　　　램을 만듦. 『우크라이나 민족 탄생의 책』에서 그는 우크라이나를 중심
　　　에 둔 슬라브 연방 창설을 주장함

1848년 혁명

1848: 민족의 봄이 합스부르크 제국을 뒤흔들며 폴란드와 우크라이나 민족
　　　운동을 촉발함. 우크라이나인들은 루테니아 최고평의회를 중심으로
　　　단합하고, 제국 당국은 농노해방을 결정함

1850년대: 갈리시아에서 석유 탐사 시작되어 드로호비치 지역은 세계에서
　　　가장 석유 생산량이 많은 지역으로 바뀜

1854: 영국군, 프랑스군, 오스만튀르크군이 크림 반도에 상륙하고 세바스토
　　　폴을 포위한 후 우크라이나 영토에 최초의 철도를 발라클라바와 세바
　　　스토폴 사이에 부설함. 러시아는 크림 전쟁에서 패배, 흑해함대를 잃음

1861년 미국 남북전쟁 시작됨

1861: 알렉산드르 2세의 러시아 제국 농노해방령과 자유주의적 개혁으로 우크라이나의 경제, 사회, 문화 지형이 변화됨

1863: 새로운 폴란드 반란과 '전 러시아 민족'의 분할 가능성에 경각심을 가진 러시아 내무장관 표트르 발루예프는 우크라이나어 출판을 금지함

1870: 웨일스 사업가 제임스 휴즈가 철강공장을 세우기 위해 남부 우크라이나로 와서 도네츠 산업 분지의 발전을 시작하고, 우크라이나로 러시아 노동자들 이주 시작됨

1876: 알렉산드르 2세가 서명한 엠스 칙령으로 우크라이나어 사용이 더욱 제한됨. 키이우 대학의 젊은 역사 교수인 미하일로 드라호마노프는 스위스로 망명해 우크라이나 자유주의와 사회주의의 기반을 닦음

1890년대: 농지 확장열(land-hunger)로 오스트리아-헝가리 제국의 우크라이나인들이 미국과 캐나다로 이민을 가고, 러시아령 우크라이나 농민들은 북코카서스와 러시아 극동 지역으로 이주함

1900: 하르키우 변호사인 미하일 미흐놉스키는 우크라이나의 정치적 독립사상을 구체화하고 유사한 사상이 갈리시아에도 나타남

1905: 러시아 제국 혁명으로 우크라이나어 사용 금지가 종료되고 합법적인 정당의 창설이 허용됨. 혁명의 혼란은 러시아 민족주의, 반유대주의 포그롬을 유발함. 숄렘 알레이쳄은 키이우를 떠나 뉴욕으로 감

1914년 제1차 세계대전 발발

1914: 제1차 세계대전 발발로 우크라이나는 러시아 제국, 오스트리아-헝가리 제국, 독일의 전장이 됨

1917: 러시아 군주정 붕괴로 우크라이나 국가 창설의 길이 열리고, 우크라이나의 혁명의회인 중앙 라다의 사회주의자들이 이 과정을 이끌어감

1918~20: 과거 러시아 통치 지역 우크라이나 정부와 오스트리아 통치 지역

우크라이나 정부가 각각 독립을 선언했으나, 보다 강한 세력인 볼셰비키와 새로 설립된 폴란드 공화국 전쟁에서 패배함

1920년대: 소비에트 우크라이나의 민족공산주의 시기

1921~23: 우크라이나 영토는 소비에트 러시아, 폴란드, 루마니아, 체코슬로바키아 영토로 분할됨

1927~29: 볼셰비키 정권은 대규모 산업화와 농업집단화, 문화혁명, 경제와 사회를 공산주의식으로 전환하는 정책을 도입함

1929년 검은 금요일로 대공황 시작

1932~33: 오늘날 홀로도모르라고 알려진 인위적인 기근으로 우크라이나에서 400만 명 가까이 사망함

1934: 우크라이나 민족기구 요원들이 폴란드 내무장관 브로니스와우 피에라츠키를 암살해 우크라이나인 사회에서 폴란드 통치에 대한 점증하는 불만과 급진적 민족주의의 강화되는 힘을 보여줌

1937: 수백만 명의 시민을 강제수용소로 보내고, 수십만 명을 처형한 스탈린 숙청이 절정에 달함

1939년 제2차 세계대전 발발

1939: 몰로토프-리벤트로프 비밀협약으로 폴란드령 볼히냐와 갈리시아, 루마니아령 부코비나가 소련에 점령되고, 짧게 지속된 독립을 선언했던 과거 체코 통치 트란스카르파티아는 헝가리에 복속됨

1941: 나치의 소련 침공으로 우크라이나는 독일군과 루마니아군에게 점령되고 홀로코스트의 주요 살해현장이 되어 모든 인종의 수백만 명의 우크라이나 주민 살해됨

1943: 소련은 우크라이나에 공산 통치를 복원하고 서부 우크라이나에서 소련 보안병력과 우크라이나 게릴라 사이에 오래 지속된 전투를 시작함

1944: 크림 타타르인들이 독일군에세 부역했다는 혐의로 크림 반도에서 중
앙아시아로 강제 이주됨

1945: 얄타 회담으로 새로운 폴란드-우크라이나 국경이 국제적 정당성을 부
여해 르비우는 우크라이나 지역에 들어오고, 우크라이나가 UN 회원국
이 되는 것을 가능하게 함. 이해 말 소련이 체코슬로바키아를 위협해
트란스카르파티아를 소비에트 우크라이나에 병합시킴

1946: 우크라이나 그리스 가톨릭교회 강제 해산되고 교회 지도자들은 바티
칸의 반공산주의를 따르고 민족주의 지하 저항세력과 연계되었다는
혐의로 탄압받음

1948년 냉전 시작

1953: 스탈린의 사망으로 반유대주의 운동과 민족주의적 일탈 혐의를 받은
우크라이나 문화인물들에 대한 탄압 끝남

1954: 니키타 흐루쇼프는 우크라이나에 본토로부터 보급에 의존하고 있는
크림 반도의 경제 재건을 촉진하기 위해 크림을 러시아 관할에서 우크
라이나 관할로 이전하는 작업 주도함

1956: 탈스탈린화의 시작과 소련을 운영하는 러시아 지도부의 하위 파트너
로 우크라이나 당 엘리트 부상

1964: 니키타 흐루쇼프 실각으로 정권에 의한 이념적·문화적 양보 종료되고
후기 스탈린주의 정치 규범으로 일부 회귀함

1970년대: 경제성장 정체와 사회문제 누적으로 특징지어지는 침체의 시대
시작됨

1975~81: 헬싱키 최종협약은 우크라이나 반체제 인사들이 인권 옹호 조직
을 구성하게 고무함. KGB는 우크라이나 헬싱키 그룹 회원들을 체포하
고 수감함

1985: 미하일 고르바초프가 권좌에 오르고 소련의 정치·경제체제를 개선하

는 것을 목표로 개혁 시작함

1986: 체르노빌 원전 사고는 환경재앙에 대처하는 중앙정부 당국의 책임에
　　　의문을 제기하고, 소련 최초의 대중 정당인 녹색당의 구성을 촉발함

1990: 최초의 경쟁선거에 의한 우크라이나 의회 구성은 의회 반대파의 형성
　　　과 우크라이나 공화국의 소련 내에서의 주권 선언 가져옴

1991년 소련 붕괴

1991: 모스크바에서 일어난 쿠데타가 실패한 후 우크라이나는 다른 공화국
　　　들이 소연방에서 이탈하는 것을 이끌고, 1991년 12월 1일 독립 투표
　　　실시로 소연방에 결정적 타격을 가함

1994: 러시아, 미국, 영국은 우크라이나가 소련으로부터 계승한 핵무기를 러
　　　시아에 넘기면서 우크라이나의 주권과 영토 통합성을 보장함

1996: 새 헌법은 민주적 자유를 보장하고, 대통령과 의회 사이의 권력을 분할
　　　해 의회를 우크라이나 주요 행위자로 만듦

1997: 러시아와 우크라이나는 크림 반도에 대한 우크라이나의 주권을 인정
　　　하고, 세바스토폴 해군기지를 러시아에 임대하는 협약에 서명함

2004: 정부의 부패와 대통령 선거에 러시아의 관여를 거부하는 광범위한 시
　　　위로 촉발된 민주적 오렌지 혁명은 친개혁적이고 친서방적인 빅토르
　　　유센코 대통령 정부를 출범시킴

2008~2009: 우크라이나는 유럽 연합 가입 희망을 선언하고, NATO 행동계
　　　획 멤버 지원 신청을 하고, 유럽 연합의 동방 파트너십에 가입함

2013: 러시아는 우크라이나와 무역전쟁을 시작해 빅토르 야누코비치 대통령
　　　정부가 유럽 연합과 협력협정을 체결하는 것을 포기하게 만들면서 유
　　　로마이단과 존엄혁명이라고 알려진 대중시위를 촉발함

2014: 키이우 거리의 시위가 유혈사태로 번지면서 우크라이나 의회는 빅토
　　　리 야누코비치를 탄핵하고, 러시아는 크림 반도를 장악하며, 돈바스 지

역에 병력과 보급품을 보내면서 혼합전쟁을 시작함

2015: 러시아-우크라이나 충돌로 제2차 세계대전 종전 후 동서관계에 가장
심각한 위기 발생

우크라이나 역사의 주요 인물

키이우 공후(~1054)

헬기(올레그/올레흐)(912경)

잉그바르(이호르/이고르)(945경)

올하(올가/헬가)(945경~962)

스뱌토슬라우(962~972)

야로폴크(972~980)

볼로디미르 대공(980~1015)

스뱌토폴크 저주받은 자(the Accursed)(1015~19)

야로슬라우 현재(1019~54)

갈리시아-볼히냐 통치자(1199~1340)

로만 대공(1199~1205)

할리치의 다닐로(1205~64)

레프(1264~1301)

유리(1301~1308)

안드리와 레프(1308~25)

볼레스와우--유리(1325~40)

종교와 문화 지도자들(1580~1648)

이반 페도로프(1525경~83): 오스트리히 성서 발행인

코스탸틴 (바실) 오스트로즈키 공(1526~1608): 볼히냐 대지주이자 정교회 개혁 추진자

이파티 포티(1541~1613): 연합교회 창설자이자 대주교

멜레티 스모트리츠키(1577경~1633): 종교 변증학자이자 최초의 교회 슬라브어 문법책 저자

페트로 코나셰비치-사하이다치니(1582경~1622): 코자크 헤트만이자 정교회 후원자

페테르 모힐라(1596~1647): 정교회 개혁가이며 키이우 대주교(1632~46)

코자크 헤트만(1648~1764) * 괄호는 재임 기간

보흐단 흐멜니츠키(1648~57)

이반 비홉스키(1657~59)

유리 흐멜니츠키(1659~63)

파블로 테테리아(1663~65)

이반 브류홉스키(1663~68)

페트로 도로셴코(1665~76)

데먄 므노호흐리쉬니(1668~72)

이반 사모일로비치(1672~87)

이반 마제파(1687~1709)

이반 스코로파드스키(1708~21)

다닐로 아포스톨(1727~34)

키릴로 로주몹스키(키릴 라주몹스키)(1750~64)

예술과 문학 인물들(1648~1795)

이노겐티 기젤(1660경~83): 키이우 동굴수도원장(1656~83), 『개요서』 출간

나탄 하노버(1663 사망): 탈무드 학자, 신비주의자, 『절망의 심연』(1653) 저자

사미일로 벨리츠코(1670~1728): 코자크 장교이자 역사가

테오판 프로코포비치(1681~1736): 키이우 대학 학장이자 표트르 대제 자문관

랍비 발 셈 토우(1760 사망): 하시디즘 창시자

흐리호리 스코보로다(1722~94): 철학자, 시인, 작곡가

올렉산드르 베즈보로드코(1747~99): 코자크 장교, 러시아 제국 궁정장관
(chancellor), 헤트만령 역사가

민족 '각성자들'(1709~1849)

이반 코틀랴렙스키(1769~1838): 『에네이다』(『아이네이스』 모방작) 작가

올렉산드르 두흐노비치(1803~65): 트란스카르파티아 사제, 시인, 교육가

타데우슈 차츠키(1765~1813): 크레메네츠 리체움 설립자(1805)

마르키안 샤슈케비치(1811~43): 시인, 『드니스트르의 인어』(1873) 연감 창
간자

미콜라 호홀(니콜라이 고골)(1809~52): 소설가, 우크라이나 역사·문화 전파자

타라스 셰브첸코(1814~61): 화가, 시인, 우크라이나 민족의 아버지로 추앙받
는 작가

야키프 홀로바츠키(1814~88): 역사가, 인류학자, 『드니스트르의 인어』 창간
자, 러시아주의 운동 지도자

미콜라 코스토마로프(1817~85): 역사가, 정치 활동가, 우크라이나 운동의 첫
프로그램 저자

행정가와 기업가들(1800~1900)

아르망 에마뉘엘 리슐리외 공작(1766~1822): 프랑스 왕정주의자, 오데사 총

독(1803~14), 오데사의 진정한 설립자로 자주 간주됨

니콜라이 레프닌-볼콘스키(1778~1845): 러시아 군지휘관이자 소러시아 총
독(1816~34)으로 소러시아의 농노 여건 개선에 힘쓰고 코자크 권리 침
해에 반대함

프란츠 스타디온(1806~53): 오스트리아 정치가, 갈리시아 총독(1847~48)으
로 갈리시아에서 농노를 해방하고 우크라이나 정치운동에 자극을 줌

존 제임스 휴즈(1814~89): 웨일스 사업가, 요즈브카시(현재의 도네츠크) 창설
자, 돈바스 분지 산업 지역 개발자

플라톤 시미렌코(1821~63): 사업가, 셰브첸코의『유랑시인』출간 후원

라자르 브로드스키(1848~1904): 키이우의 가장 큰 시나고그 건설을 후원한
사업가이자 자선가

스타니슬라우 세파노우스키(1846~1900): 사업가, 정치인,『갈리시아의 불
행』(1888) 저자로 증기시추법을 도입해 갈리시아 석유산업 발전에 기여

작가와 예술가들(1849~1917)

미하일 유제포비치(1802~89): 교육자이자 우크라이나주의 운동 초기 지원자
였으나 엠스 칙령(1876) 지지함

미하일로 드라호마노프(1841~95): 역사가, 정치 활동가, 사상가, 우크라이나
사회주의 창시자

이스마일 가스프린스키(이스마일 가스피랄리)(1851~1914): 교육가, 정치 활
동가, 크림 타타르 민족 부흥운동 지도자

이반 프란코(1856~1916): 시인, 작가, 언론인, 갈리시아 사회주의 운동 창시자

미콜라 미호놉스키(1873~1924): 변호사, 정치 활동가, 우크라이나 독립사상
초기 주창자

정치와 문화 활동가들(1849~1917)

유리 페드코비치(1834~88): 부코비나 생활에 대한 이야기로 알려진 시인, 민속학자

레오폴트 리테르 폰 사허-마조흐(1836~95): 언론인, 작가 갈리시아에 대한 낭만적 이야기의 저자

미콜라 리센코(1842~1912): 작곡가, 우크라이나 국립음악학교 창설자

일리야 레핀(1844~1930):「자포리자 코자크들의 답장」이라는 세기적 작품으로 잘 알려진 사실주의 화가

숄렘 알레이헴(솔로몬 라비노비치)(1859~1916):「지붕 위의 바이올린」의 원작인『우유배달부 테베』이야기로 가장 잘 알려진 이디시어 작가

올하 코빌랸스카(1863~1942): 현대주의 작가이자 초기 페미니스트

헤오르히 나르부트(1886~1920): 시각예술가, 우크라이나 예술 아카데미 창설자(1917), 우크라이나 국가 문장 디자인함(1918)

우크라이나 혁명 인물들(1917~21)

예브헨 페트루셰비치(1863~1940): 변호사, 정치 활동가, 서부 우크라이나 국민공화국(1918~19) 수반

미하일로 흐루셉스키(1866~1934): 저명한 역사가이자 우크라이나 혁명기 의회인 중앙 라다(1917~18) 의장

파블로 스코로파즈스키(1873~1945): 유명한 코자크 가문 후손으로 제국 군대 장군, 1918년 우크라이나 헤트만 정부 수반

시몬 페틀류라(1879~1926): 언론인, 정치 활동가, 중앙 라다 군사담당 서기, 우크라이나 국민공화국 집정내각 수반

볼로디미르 빈니첸코(1880~1951): 대중적 인기가 높은 작가이자 1917년부터 1919년 우크라이나 정부 수반

네스토르 마흐노(1888~1951): 무정부주의 혁명가이자 남부 우크라이나 농

민운동 지휘관

이삭 바벨(1894~1934): 언론인, 작가,『적군 기병대』저자

유리 코츄빈스키(1896~1937): 미하일로 코츄빈스키의 아들, 볼셰비키, 1918년 우크라이나 적군 지휘관

문화부흥 인물들(1921~33)

미콜라 스크립니크(1872~1933): 공산당 관료로 우크라이나화 주도자, 대기근 중 자살함

파블로 티치나(1891~1967): 상징주의에서 사회주의 리얼리즘으로 작품이 변화한 저명한 시인

미콜라 흐빌료비(니콜라리 피틸례프)(1893~1933): 지도적 공산주의 작가로 우크라이나 프롤레타리아 문학 창시자, 대기근 중 자살함

올렉산드르 도브젠코(1894~1956): 시나리오 작가, 영화감독, 소비에트 몽타주 영화 개척자

지가 베르토프(다비트 카우프만)(1896~1954): 기록영화의 개척자로 대표작 「카메라를 든 남자」(1929)를 우크라이나에서 제작함

제2차 세계대전 영웅과 악당

대주교 안드레이 셉티츠키(로만 알렉산드르 마리아 셉티츠키)(1865~1944): 우크라이나 그리스 가톨릭교회 수장(1901~44)이자 갈리시아 사회 지도자

시디르 콥차크(1887~1967): 소비에트 파르티잔 지휘관

미하일로 크리포노스(1892~1941): 적군(赤軍) 장군으로 1941년 키이우 방위 사령관

에리흐 코흐(1896~1986): 동프러시아 나치 총독(1928~45)이자 우크라이나 제국 정부 수반

니콜라이 바투틴(1901~44): 적군 우크라이나 제1전선군 사령관

오토 폰 웨흐터(1901~49): 갈리시아 지역 나치 총독

로만 슈헤비치(1907~50): 우크라이나 민족기구 지도자 중 한 사람으로 우크라이나 저항군 사령관(1943~50)

스테판 반데라(1909~59): 우크라이나 민족기구와 유럽, 북아메리카 지부 지도자(1933~59)

우크라이나 공산주의 지도자들(1938~90) * 괄호는 재임 기간

니키타 흐루쇼프(1938~49)

라자르 카가노비치(1925~28, 1947)

레오니트 멜니코프(1949~53)

올렉시 키리첸코(1953~57)

미콜라 피드호르니(1957~63)

페트로 셸레스트(1963~72)

볼로디미르 셰르비츠키(1972~89)

볼로디미르 이바쉬코(1989~90)

반체제운동 지도자들(1960~80년대)

렙크 루키아넨코(1927 출생): 변호사, 정치 활동가로 25년 이상을 감옥과 유형생활로 보내고, 우크라이나 독립선언 작성(1991)

게오르기 빈스(1928~98): 침례교 목사, 종교 활동가로 소련 당국에 의해 두 번 체포되어 실형을 선고받은 다음 1979년 추방됨

뱌체슬라브 초르노빌(1937~99): 언론인, 1960년대 우크라이나 반체제운동 연대기 작가, 소련 감옥과 강제노동수용소 수감 후 1999년 우크라이나 대통령 선거운동 중 사망

무수타파 드제밀례프(1943 출생): 크림 타타르 민족운동 지도자로 소련 당국에 여섯 번 체포당하고 감옥과 유형생활을 함

세묜 글루즈만(1946 출생): 정신병 의사, 인권운동가. 소련이 반체제 정치 인
사들에게 정신요법을 사용한다는 것을 폭로한 죄로 7년 감옥생활을 함

우크라이나의 대통령(1991~2022) * 괄호는 재임 기간

레오니트 크라프추크(1991~94)

레오니트 쿠치마(1994~2005)

빅토르 유셴코(2005~10)

빅토르 야누코비치(2010~14)

페트로 포로셴코(2014~19)

볼로디미르 젤렌스키(2019~)

옮긴이 후기

2022년 2월 말 러시아의 우크라이나 침공 이후 우크라이나에 대한 국내의 관심이 크게 높아졌다. 우크라이나를 제대로 알고자 하는 독자들에게 기존에 출간된 책도 어느 정도 유용하지만, 깊이와 넓이 면에서 우크라이나 역사를 충실히 서술한 책을 선보여야 할 필요가 커졌다. 옮긴이도 그간 『우크라이나의 역사』『코자크와 우크라이나의 역사』『우크라이나 현대사』『우크라이나 문화와 지역학』 등의 책을 번역하거나 저술했지만, 늘 교과서처럼 옆에 놓고 읽던 책은 『유럽의 문』(*The Gates of Europe*)이었다. 지난 몇 년간 번역하고 싶었던 이 책을 최근 사태로 인한 국내 독자들의 관심 덕분에 비교적 짧은 시간에 번역·출판하게 되어 기쁘다.

우크라이나인들은 "자연은 축복받았지만 역사는 저주받았다"라는 말을 하는데, 최근의 참혹한 전쟁으로 이 말의 실존적 울림이 더 커진 상황이다. 그간 국내 학계에서는 러시아를 공부한 사람에게 우크라이나는 별도로 공부할 필요가 없는 러시아의 부속적 존재라는 것이 일반적 시각이었다. 같은 동슬라브족으로서 러시아와 한 나라로 살아온 시기가 길었고, 같은 정교회 국가이며, 현지에서 러시아어 사용에 아무 지장이 없고, 민속·관습·음식뿐만 아니라 사람들 외모까지 구별하기 어렵기 때문에 전문가라 하더라도 우크라이나인과 러시아인을 한 민족으로 치부하는 것을 크게 잘못되었다고 보기 어려웠다. 그러나 다른 책에서도 여러 번 강조했지만, **양국의 결정적 차이는 정치문화에 있다.** 전제적이고 강압적 통치 전통에서 벗어난 시기를 찾아보기 힘든 러시아 역사에 비해 우크라이나는 평등적·민주적 전통이 강하며, 권력을 집중하는 독재자의 장기 집권을 허락지 않는 정치문화를 유지해 왔다. 그 기원을 우크라이나 역사의 가장 특징적 시기인 자포리자 코자크의 민주적 자치 전통에서 찾을 수 있다. 이러한 전통은 러시아에 복속되어 있었던 지난 250여 년 동안 정치 지형의 표층 아래 내려가 있었지만, 1991년 독립 후 되살아나 독재에 항거하는 오렌지 혁명과 마이단 혁명으로 표출되었다. 현재 불리한 전쟁 여건에서 결사 항전하는 우크라이나인들의 정신은 어디에서 비롯되는지 많은 사람이 의문을 가질 법한데 우크라이나와 러시아 양국의 극단적으로 다른 정치문화 차이에 그 답이 있다고 볼 수 있다.

지역학을 전공하는 사람들이 빠지기 쉬운 큰 오류는 한 지역의 지배적 중심 국가 위주로 그 지역이나 나라들을 이해하는 것이다. 중국 중심의 아시아 이해와 해석, 영국이나 프랑스 중심의 유럽 대륙 이해는 주변의 수많은 국가와 민족의 특이성 그리고 국가들 사이의 갈등을 파악하는 데 큰 걸림돌이 된다. 중국을 잘 아는 전문가라 하더라도 한국에 대한 별도의 공부가 없으면 한-중 갈등이나 한국의 반중 감정을 이해하기 어려운 것처럼, 러시아만 아는 지식으로 러시아-우크라이나 갈등과 우크라이나인들의 생각과 감정을 이해하려고 하는 것은 큰 한계가 있다. 지역 전문가는 같아 보이는 현상에서 차이점을 찾아내려는 태도를 늘 견지해야 한다. 한 나라를 온전히 이해하려면 적어도 10년 이상은 관심을 가지고, 그 나라 역사는 물론 언어와 국민성, 사고방식 등을 깊이 있게 공부해야 한다. 이번 우크라이나 사태로 언론의 수요가 급증하면서 우크라이나에 관심을 가진 학자 수도 크게 늘었다. 그것은 반가운 현상이지만, 지식과 식견을 갖추기 위해서는 많은 공부와 시간이 필요하다는 사실을 가볍게 여겨서는 안 될 것이다.

이 책의 저자 플로히 교수는 우크라이나 드니프로 출신으로 30세까지 조국에 거주하다가 캐나다를 거쳐 미국 학계에 자리를 잡았고, 현재 하버드 대학 역사학과 미하일로 흐루셉스키 석좌교수와 우크라이나 연구소 소장을 맡고 있다. 옮긴이도 연구교수 시절 (1988~90) 이 연구소에서 우크라이나의 역사와 언어를 배운 바 있다. 저자처럼 우크라이나 현대사에 대한 실존적 체험과 정서가 있는 학자가 2차 자료에 의거해 서술하는 사람보다, 갈등과 고난이 많았던 우크라이나 역사에 대해 훨씬 깊이 있는 책을 쓸 수 있다. 이러한 배경 덕분에 플로히 교수의 여러 책은 학문적 수준을 유지하면서도 독자들의 가슴에 울림을 준다. 전문가와 비전문가를 떠나 우크라이나를 제대로 이해하고자 하는 사람은 이 책을 꼭 읽어보기를 적극 추천한다.

플로히 교수의 저술인 『얄타: 8일간의 외교 전쟁』 『체르노빌 히스토리』에 이어 『유럽의 문 우크라이나』를 번역하게 되었고, 조만간 『잃어버린 왕국』(*Lost Kingdom*)도 출간할 예정이다. 매번 자신의 저서 번역을 허락해 주고, 친밀한 교신으로 궁금한 사항에 답해주는 것은 물론, 원본 오류에 대한 의견까지 수용하는 플로히 교수의 혜량에 다시 한번 감사드린다. 30여 년 전 소련 붕괴 시기 『예브게니 오네긴』 『대위의 딸』 번역 이후 이번 우크라이나 관련 책을 제안해주신 한길사 김언호 대표님과 이 책이 나오도록 수고해준 편집부에 감사드린다.

2022년 6월
허승철

유럽의 문
우크라이나

지은이 세르히 플로히
옮긴이 허승철
펴낸이 김언호

펴낸곳 (주)도서출판 한길사
등록 1976년 12월 24일 제74호
주소 10881 경기도 파주시 광인사길 37
홈페이지 www.hangilsa.co.kr
전자우편 hangilsa@hangilsa.co.kr
전화 031-955-2000~3 팩스 031-955-2005

부사장 박관순 총괄이사 김서영 관리이사 곽명호
영업이사 이경호 경영이사 김관영 편집주간 백은숙
편집 박희진 노유연 최현경 이한민 김영길
마케팅 정아린 관리 이주환 문주상 이희문 원선아 이진아
디자인 창포 031-955-2097
CTP출력 및 인쇄 예림 제책 예림바인딩

제1판 제1쇄 2022년 6월 30일
제1판 제2쇄 2022년 9월 26일

값 35,000원
ISBN 978-89-356-7758-0 03920